Bibliothek der Internationalen Gustav Mahler Gesellschaft

GUSTAV MAHLER
BRIEFE

Neuausgabe
erweitert und revidiert von

Herta Blaukopf

PAUL ZSOLNAY VERLAG
WIEN · HAMBURG

Umschlag und Einband: Werner Sramek
Filmsatz: Typostudio Wien
Druck und Bindung: Wiener Verlag
Printed in Austria
ISBN 3-552-03330-0

CIP-Kurztitelaufnahme der Deutschen Bibliothek
Mahler, Gustav:
Briefe / Gustav Mahler. – Neuausg. / erw. u. rev.
von Herta Blaukopf. – Wien; Hamburg: Zsolnay, 1982.
(Bibliothek der Internationalen Gustav-Mahler-Gesellschaft)
ISBN 3-552-0330-0
NE: Blaukopf, Herta [Bearb.]; Mahler, Gustav:
[Sammlung]

INHALT

EINFÜHRUNG

Die erste Sammlung von Briefen Gustav Mahlers erschien im Jahre 1924 im Paul Zsolnay Verlag unter dem Titel GUSTAV MAHLER BRIEFE, 1879–1911. Als Herausgeberin zeichnete Alma Maria Mahler, die Witwe des Komponisten. Der Zeitpunkt war günstig: Die dreizehn Jahre, die seit Mahlers Tod vergangen waren, hatten Europa so radikal umgestaltet, daß der Briefschreiber der unmittelbaren Gegenwart entrückt schien. Viele Briefempfänger jedoch waren noch am Leben und bewahrten Mahlers Briefe als kostbare Erinnerung unversehrt in ihren Schreibtischen. Noch war die Schreckensherrschaft nicht in Sicht, die Mahlers Werk aus den Konzertsälen verbannte und viele seiner Freunde und deren Nachkommen aus der Heimat vertrieb. Der Zeitpunkt war günstig, und wir müssen Alma Mahler dankbar sein, daß sie ihn genützt hat.

Die vierhundertzwanzig Briefe an verschiedene Adressaten, die Alma Mahler vorlegte, stellten eine informative Auswahl aus Mahlers Korrespondenz dar, jedoch bloß eine Auswahl. So etwa fehlten seine Briefe an Eltern und Geschwister, die – von spärlichen Ausnahmen abgesehen – bis heute unveröffentlicht sind. So fehlten auch die Briefe an die Gattin, die Alma erst sechzehn Jahre später, ebenfalls in einer Auswahl in dem Buch *Gustav Mahler, Erinnerungen und Briefe* (Amsterdam 1940) vorlegte. Auch viele andere Zeitgenossen, mit denen Mahler in Korrespondenz gestanden war, blieben unberücksichtigt: Anton Bruckner, Richard Strauss, Hans von Bülow, Franz Schalk, Cosima Wagner, Ernst von Schuch, um nur einige von ihnen zu nennen. In ihrer Vorrede sagte Alma Mahler: „In diesem Band sind vor allem die Briefe an Gustav Mahlers Freunde vereinigt." Die Herausgabe solcher Freundschaftsbriefe war offenbar ihre Absicht, wenngleich der Name manches Freundes fehlt und besonders unter den Empfängern der nach 1902 geschriebenen Briefe viele sind, die man nicht unbedingt Freunde, sondern eher Bekannte oder Kollegen nennen würde.

Alma Mahler hat ihre Brief-Auswahl in vier große Gruppen unterteilt, die vier Lebensabschnitten Gustav Mahlers entsprechen: I. Jugend (1879–1888), II. Wanderungen (1889–1897), III. Wien (1897–1907), IV. Amerika (1907–1911). Innerhalb dieser Kapitel sind die Briefe jedoch nicht in chronologischer Reihenfolge, sondern nach den

Empfängern geordnet. Die Herausgeberin begründete diese komplizierte Struktur mit dem Bestreben, Mahlers Beziehungen zu den Empfängern der Briefe deutlich zu machen: „In dieser Form konnte das Bild jeder Verbundenheit klar werden.“ So sehr dieses Verfahren einleuchtet und wohl auch den Wünschen der Adressaten entsprach, die Mahlers Briefe zur Verfügung stellten, so wenig darf verschwiegen werden, daß dadurch biographische Zusammenhänge verwischt, ja sogar zerstört wurden. Briefe, die am selben Tag oder an aufeinanderfolgenden Tagen geschrieben wurden, waren im Druck durch viele Seiten getrennt, während Briefe, zwischen deren Abfassung mehrere Jahre lagen, dicht hintereinander gereiht wurden.

Alma Mahlers Helfer

Obwohl als Herausgeberin nur Alma Maria Mahler genannt wird, zeigt sich bei kritischem Studium des Bandes, daß wohl mehrere Herausgeber am Werk waren. Eindeutig darauf hingewiesen wird, daß Mahlers Jugendgefährte, der Archäologe Friedrich Löhr, die an ihn gerichteten Briefe nicht nur mit Anmerkungen versehen und datiert, sondern auch transkribiert hat. Das gleiche scheint für Mahlers Schulkollegen und späteren Rechtsvertreter Emil Freund zu gelten. Aber auch Bruno Walter mag sich selber der Mühe unterzogen haben, Mahlers Briefe abzuschreiben und mit Fußnoten zu versehen, ebenso der Kritiker, Komponist und Musikverleger Max Marschalk und mancher andere. Daraus erklären sich die mitunter recht uneinheitlichen Editionsprinzipien, was Datierung, Eigennamen, Ziffern, Abkürzungen und von Mahler unterstrichene Wörter betrifft. Friedrich Löhr war einer der zuverlässigsten, genauesten Herausgeber, der nichts dazutat und nur wenig wegließ, während Bruno Walter mitunter einen ganzen Absatz strich und Max Marschalk gar eine Erläuterung in einen Brief hineinschrieb, so als stamme sie von Mahler selbst.

Die genannten Mängel der Edition werden aber von den Vorzügen bei weitem aufgewogen. Die Brief-Empfänger konnten über Anlaß und Inhalt der an sie gerichteten Schreiben Aufschlüsse geben, über die nur sie verfügten und niemand anderer. Sie konnten aufgrund eines beiläufigen Wortes, über das jeder andere hinweggelesen hätte, das vermutliche Datum eines undatierten Briefes ermitteln und aus einer kurz hingeworfenen Bemerkung oder Frage den dahinterliegenden Sachverhalt rekonstruieren.

Eine Sonderstellung unter den Adressaten, die auch als Herausgeber fungierten, nahm die Sängerin Anna von Mildenburg ein, Mahlers große Liebe in Hamburg, die ab 1898 an der Wiener Hofoper wirkte. Anna von Mildenburg scheint sich, obwohl sie bereits in ihren 1921 erschienenen *Erinnerungen* Auszüge aus Mahler-Briefen veröffentlicht hatte, gegen die Mitarbeit an Alma Mahlers Ausgabe gewehrt zu haben. Alma Mahler jedoch drängte sie und räumte ihr jede editorische Freiheit ein:

„Es wäre unendlich lieb von Ihnen, wenn Sie mir doch noch Briefe heraussuchen würden [...]. Sie können ja diese Briefe ebenso unvollkommen veröffentlichen – wie die schon veröffentlichten – und Sie nennen es *aus* Briefen GM an A. Bahr-Mildenburg. Aber gerade die Briefe an Sie sind so schön ..."
(Aus einem unveröffentlichten Brief, ohne Datum, Autograph im Mildenburg-Nachlaß.)

Anna von Mildenburg überließ Alma Mahler die bereits veröffentlichten Briefstellen und suchte überdies noch einige Briefe heraus, die sie in ihren *Erinnerungen* nicht zitiert hatte. Obwohl diese Brieffragmente nicht ausdrücklich als solche bezeichnet wurden, war dem Leser klar, daß ihm keine vollständigen Dokumente vorlagen. Kaum einer jedoch wird geahnt haben, daß mancher wiedergegebene Text weniger als ein Fünftel des Gesamtbriefes ausmachte und daß Anna von Mildenburg in einigen Fällen Einzelsätze aus verschiedenen Briefen unter einem gemeinsamen Datum vereinte.

Auflagen, Übersetzungen

Der Band GUSTAV MAHLER BRIEFE, 1924 der Öffentlichkeit vorgelegt, fand so starkes Echo, daß bereits im folgenden Jahr eine zweite Auflage notwendig war, die allerdings nur auf wenigen Seiten von der ersten abweicht. Diese beiden Ausgaben stellen die wichtigste Quelle zur Erforschung von Mahlers Werk und Leben dar. Bis heute wird in ungezählten und unzählbaren Aufsätzen, Abhandlungen, Rezensionen, Konzerteinführungen, Vorträgen und Dissertationen aus ihnen zitiert und auf sie verwiesen. Mahlers Briefe sind überdies eine ergreifende Lektüre, die dem Musikliebhaber einen Eindruck von der Persönlichkeit des Komponisten verschafft.

Da seit 1925, abgesehen von einem photomechanischen Nachdruck (Hildesheim 1978), keine Neuauflage erfolgte, wurde diese Ausgabe bald zu einer Rarität. Sie war nicht nur für Musikwissenschaftler und Musikkritiker von unschätzbaren Wert, sondern bildete auch die unentbehrliche Grundlage für weitere Briefausgaben. So brachte František Bartoš einen Band mit Mahler-Briefen in tschechischer Sprache heraus *(Mahler, Dopisy,* Prag 1962). Von den darin enthaltenen dreihundertfünfundsiebzig Briefen stammt ein großer Teil aus der Sammlung von 1924. Dasselbe gilt für eine wesentlich kleinere Sammlung in russischer Sprache, die von Inna Barssowa herausgegeben wurde (Moskau 1964) und neben hundert Briefen auch Aufsätze und Erinnerungen an Mahler enthält. Im Jahre 1979 schließlich erschien, von Knud Martner herausgegeben, eine Ausgabe in englischer Sprache *(Mahler, Selected Letters,* London 1979), die sämtliche Briefe der Originalausgabe und dreiundzwanzig zusätzliche Briefe wiedergibt. Zu erwähnen wäre noch der Reclam-Band *Gustav Mahler Briefe,* Leipzig 1981, von Mathias Hansen ediert, der mehr als dreihundert Briefe umfaßt, die zum Teil aus der Zsolnay-Ausgabe stammen.

Die erweiterte und revidierte Neuausgabe

Als sich der Paul Zsolnay Verlag im Zusammenwirken mit der Internationalen Gustav Mahler Gesellschaft zu einer Neuausgabe von GUSTAV MAHLER BRIEFE entschloß, ergab sich bereits zu Beginn Übereinstimmung in der wichtigsten Frage: Es sollte eine Ausgabe werden, die den neuesten Stand der Mahler-Forschung berücksichtigt und dennoch die Besonderheit der Originalausgabe bewahrt. Mit anderen Worten: Die von Alma Maria Mahler betreute Sammlung von 1924 sollte durch Revision und Erweiterung nicht zerstört werden, sondern innerhalb der Neuausgabe bestehen bleiben. Dies gilt in erster Linie für die Auswahl, die trotz mancher Zufälligkeit unantastbar erscheint. Da viele Briefe, die 1924 veröffentlicht werden konnten, heute nicht zugänglich und manche wohl für immer verloren sind, muß die Edition von 1924 als ihre einzige Quelle betrachtet werden und erhalten bleiben. Zur Bewahrung der Originalausgabe gehört ferner, daß alle Fußnoten der Empfänger und Herausgeber in die Neuausgabe übernommen werden, selbstverständlich auch die biographisch so wertvollen Anmerkungen von Friedrich Löhr zu den an ihn gerichteten Briefen.

Ebenso selbstverständlich jedoch wie die Integrität der Originalausgabe war die Bemühung, das vorgegebene Briefmaterial so weit wie möglich an Hand der Autographe textkritisch zu revidieren: also ausgelassene Wörter, Sätze und Absätze einzufügen, Lese- und Druckfehler richtigzustellen und Personennamen, die 1924, als ihre Träger noch am Leben waren, durch X und Y verschlüsselt wurden, voll einzusetzen. Erstmals können nun auch die Briefe Mahlers an Anna von Mildenburg, in der Originalausgabe nur auszugsweise abgedruckt, im vollen Wortlaut erscheinen.

Mahlers Briefe, die Alma Mahler veröffentlichte, waren an österreichische, holländische oder deutsche Adressaten gerichtet; selbst der amerikanische Geiger Theodor Spiering weilte in Europa, als Mahler an ihn schrieb. Die politischen Ereignisse und der internationale Autographenhandel brachten es mit sich, daß die Originale von Mahlers Briefen heute in der ganzen Welt verstreut sind. Für diese Neuausgabe wurden rund zweihundert Briefe mit den Autographen oder Kopien der Autographe verglichen. Dies betrachten wir angesichts der schwierigen Quellenlage als Erfolg. Da es bedauerlicherweise nicht gelang – und wohl nie gelingen kann – alle Originale aufzufinden, entschlossen wir uns, von der Wiedergabe der Briefe in Mahlers Original-Orthographie abzusehen und bei der modernisierten Rechtschreibung von 1924 zu bleiben.

Datierung und Chronologie

Um das Material übersichtlich zu gestalten, lag es nahe, die Briefe nicht mehr nach Adressaten zu gruppieren, sondern in chronologischer Ordnung wiederzugeben, wie es bereits in der erwähnten tschechischen und der englischen Ausgabe der Fall gewesen ist. Ein neues, im Anhang befindliches Verzeichnis der Adressaten kann im Zusammenhang mit dem Brief- und Personenregister dazu dienen, die durch die Chronologie verdunkelten Einzelverbindungen jeweils deutlich hervortreten zu lassen. Die so selbstverständlich anmutende Reihung der Briefe nach ihren Daten stößt jedoch gerade bei Mahler auf teilweise unüberwindliche Schwierigkeiten, da Mahler die Mehrzahl seiner Briefe ohne Datum absandte. „Nämlich das ist der Grund, weshalb ich selten datiere", schrieb Mahler im Dezember 1896 an Max Marschalk, „ich weiß meistens das Datum nicht!"

Selbst wenn Mahler aber ein Datum über seinen Brief setzte, darf der Herausgeber nicht erleichtert aufatmen, da Mahler, wenn er sich zum Datieren zwang, oft Irrtümer unterliefen. Schon die Ausgabe von 1924 kämpfte bei Datierungsversuchen mit diesen Hindernissen; die gebotenen Lösungen sind bei weitem nicht in allen Fällen überzeugend. In der vorliegenden Neuausgabe erfolgte die Datierung, für die alle Kenntnisse der neueren Mahler-Forschung herangezogen wurden, darum in dauernder Auseinandersetzung mit den Herausgebern von 1924, ebenso wie mit den Datierungsversuchen von Knud Martner und zahlreichen anderen Autoren. Wenn keine besser fundierte Lösung vorzuschlagen war, dann blieben wir bei den Datierungen der Originalausgabe. Ergab sich jedoch aufgrund des Briefinhalts mit Sicherheit oder großer Wahrscheinlichkeit ein anderes Datum, so wurde in den Anmerkungen dennoch auf die Datierung der Ausgabe 1924 verwiesen, um dem kritischen Leser die Argumentation einsichtig zu machen.

Die neugewonnene chronologische Ordnung der Briefe läßt bereits vertraute Texte in neuen Zusammenhängen und in neuem Licht erscheinen. In zeitlicher Abfolge gewinnen die Briefe den Charakter einer biographischen Selbstdarstellung. Wir haben diese Selbstdarstellung durch vierundvierzig Briefe ergänzt. Die neu aufgenommenen Briefe dienen allein dem Zweck, biographische Lücken zu schließen (besonders in den spärlich dokumentierten Jugendjahren), bisher unberücksichtigte Verbindungen (zum Beispiel mit Verlegern) anzudeuten und die Hintergründe von Mahlers Berufung an die Wiener Hofoper zu beleuchten. Die neu eingegliederten Briefe sind besonders kenntlich gemacht. Abstand genommen wurde von der Neuaufnahme von Briefen, die in jüngerer Zeit in Buchausgaben erschienen und damit dem Interessenten mühelos zugänglich sind, also von Mahlers Briefen an seine Gattin Alma (Alma Mahler-Werfel, *Erinnerungen an Gustav Mahler,* Gustav Mahler, *Briefe an Alma Mahler,* herausgegeben von Donald Mitchell, Frankfurt/Berlin 1971), von den Briefen an diverse holländische Musiker (Eduard Reeser, *Gustav Mahler und Holland,* Wien 1980) und den Briefen an Richard Strauss *(Gustav Mahler – Richard Strauss, Briefwechsel 1888–1911,* herausgegeben von Herta Blaukopf, München 1980).

Mein Dank gilt allen Persönlichkeiten und Institutionen, die Einblick in Mahlers Briefautographe gewährten oder der Internationalen Gustav Mahler Gesellschaft Kopien solcher Autographe überließen. Dies sind, alphabetisch gereiht: Herr Franz Bartolomey, Wien; British Museum, Library, London; Deutsche Staatsbibliothek, Berlin, DDR; Gesellschaft der Musikfreunde, Wien; Haus-, Hof- und Staatsarchiv, Wien; Baron Henry-Louis de La Grange, Paris; Herr Professor Ferdinand Leitner, Zürich; Library of Congress, Washington; Willem Mengelberg Stichting, Amsterdam; New York Public Library, New York; Österreichische Nationalbibliothek, Theatersammlung und Handschriftensammlung, Wien; Pierpont Morgan Library, New York;

Ratsschulbibliothek Zwickau; Herr Dozent Dr. Dietrich Roller, Wien; Arnold Schoenberg Institute Archives, Los Angeles; Verlag B. Schott's Söhne, Mainz; Herr Ingmar Söderberg, Stockholm; Staatstheater Kassel, Archiv; Wiener Philharmoniker, Wien; Wiener Stadt- und Landesbibliothek, Wien.

Für die Genehmigung, Mahlers Briefe an Albert und Nina Spiegler erstmals in deutscher Sprache zu veröffentlichen, sind wir der Mary Flagler Cary Collection, Pierpont Morgan Library, New York, zu Dank verpflichtet.

Für Informationen und Hilfe anderer Art ist besonders Frau Vera Reiner, Berlin, DDR; Herrn Dr. Peter Revers, Wien; Herrn Prof. Zoltan Roman, Calgary; Frau Dr. Irmgard Scharberth, Köln; Herrn Dr. K. Sohl, Leipzig; Herrn Eberhard Steindorf, Dresden; Frau Eleonore Vondenhoff, Frankfurt; Frau Elisabeth Weiss, Wien, und Frau Dr. Sigrid Wiesmann, Bayreuth, zu danken.

Mit dem Sammeln von Autographen und Informationen und der Überprüfung von Daten hat Frau Emmy Hauswirth einen wichtigen Beitrag zu dieser Ausgabe geleistet.

Wien, im März 1982 HERTA BLAUKOPF

ALMA MARIA MAHLER

Vorrede zur Briefausgabe 1924

Ich habe mich bemüht, diese Briefsammlung nicht nur treu zu besorgen, sondern darüber hinaus durch Einteilung und Anordnung ein Lebens- und Entwicklungsbild *Gustav Mahlers* zu geben. An die Seite der Biographien und Kommentare tritt nun das Dokument.

Es ist so viel über ihn geschrieben worden, daß es mir unnötig erscheint, neuerdings seinen Lebenslauf zu skizzieren. Ich will mich darauf beschränken, einige persönliche Anschauungen und Erlebnisse mitzuteilen, die schon Bekanntes ergänzen und zum Verständnis der Briefe und ihres Autors beitragen mögen.

Die Sammlung wird von einem langen, schwärmerischen Briefe eröffnet, den der Achtzehnjährige an einen Jugendgefährten schreibt. Hier offenbart sich der tiefempfindsame, naturromantische Jüngling. Ein Klang, in den sich wohl noch geliebte Stimmen, vor allem die Jean Pauls, mischen, der aber für seine ganze Jugend, für all die Jahre der Kapellmeisterei an kleinen Bühnen charakteristisch bleibt. Was aber liegt vor diesen ersten Briefen, ersten Beichten? Unerhellt und nur von spärlichen Anekdoten durchblitzt liegt die Kindheit großer Naturen da. Auch von dem Kinde Mahler werden einige Züge und Begebenheiten berichtet: So, daß er um die Kaserne schlich, die Hornsignale zu erlauschen, daß man bei einem Besuche des Großelternhauses den Vierjährigen nach langem Suchen auf dem Bodenraum fand, wo er traumverloren auf einem alten Klavier phantasierte und bekannte Weisen mühelos nachspielte. Ferner wird erzählt, daß einst der Knabe auf die Frage, was er werden wolle, zur Antwort gab: „Märtyrer!“

Aber all diese kleinen Geschichten treten vor einem Ereignis zurück, das mir wie ein seltenes Sinnbild das Seelenschicksal *Gustav Mahlers* auszudrücken scheint:

Der Vater nimmt den kleinen Gustav mit in den Wald. Ein Versäumnis fällt ihm ein. Er befiehlt dem Kinde, sich auf einen Baumstrunk niederzusetzen und ihn wieder zu erwarten. Dann geht er nach Hause. Dort ist wie immer Lärm, Bewegung, Ablenkung. Nach Stunden erst wird der kleine Bub vermißt. Erregt – es dämmert schon – eilt der Vater in den Wald zurück. Er findet, wie er es verlassen, das

Kind unbeweglich noch immer auf dem Baumstrunk sitzen, die ruhig-versonnenen Augen ohne Angst und Verwunderung. Und es sind doch viele Stunden vergangen bis zum Abend.

Das Bild dieses im Wald einsam wartenden Kindes hat etwas Großartig-Erschütterndes und Wunderbar-Rührendes zugleich! Immer blieb *Gustav Mahler* dieses Kind, niemals wich von ihm die vereinsamende Traumwolke ganz, ob er nun der junge Dirigent in Olmütz, der mächtige Operndirektor in Wien, der gefeierte Meister in New York war.

Das Leben, dem er dienen wollte, die andere Seite seines Wesens, sein Ehrgeiz zwang ihn, die Gefahr dieser mystischen Versunkenheit immer zu bekämpfen. Dieser Kampf war voll Tragik, die sich schon äußerlich darin zeigt, daß *Gustav Mahler* zehn Monate des Jahres den Operngeschäften und zwei Monate nur seiner Produktion widmete, worunter er schwer litt. Vielleicht war das, was die Menschen an ihm hastig, nervös, tyrannisch, ungeduldig nannten, nichts anderes als das schreckhafte Auffahren eines immerwährend aus seinem Traum Geweckten.

Mit wunderbarer Konsequenz aber kehrt sein inneres Leben zu der visionären Kindheitsszene im Wald zurück. Ist sein Abschied, das „Lied von der Erde", nicht die entwickelte Frucht jener wehmütig-fernen Versunkenheit, deren Keim sich in dem wartenden Knaben geregt haben mochte? Zwischen diesen Grenzen verläuft sein Dasein, wandern seine Briefe.

Die Vorliebe für sentimentale Künstlerlebensläufe hat versucht, *Gustav Mahler* zu einem großen Unglücklichen zu stempeln. Das ist Irrtum. Er war heiter, aktiv, energisch. Selbst das schwerste Leiden des Künstlers, der Zweifel an seinem Genius, befiel ihn nur höchst selten und gab ihn bald wieder frei. Er glaubte an sich. Und er mußte an sich glauben, da sein kurzes Leben ein Crescendo sondergleichen war.

Nach einer Wanderepoche von Theater zu Theater ist er mit achtundzwanzig Jahren Direktor der kgl. Oper in Budapest, mit siebenunddreißig Direktor der Hofoper in Wien und somit ein König der musikalischen Welt, und das in einer autoritären Zeit, die sich jugendlichen Talenten noch streng verschloß.

Nach und nach schwinden die Geldsorgen und Schuldverlegenheiten, die seine Jugend und frühe Manneszeit belasteten. Sein Leben bekommt zunehmende Behaglichkeit. In den letzten Jahren gestattet er sich eine fürstliche Breite. Sein Sinn für Schönheit des äußeren Lebens wächst. Die Jünger, die ihn zu einem Asketen umdeuten möchten, wissen nicht, daß nicht zuletzt die Gabe des Genießens zu diesem vollen Menschen gehörte.

Endlich kommt auch für den schöpferischen Musiker der Erfolg. In den dreißiger Jahren seines Lebens wird er aufgeführt, erregt Erstaunen, Widerspruch, erhitzt die Gemüter. *Er ist aber da!*

Mit vierzig wird er langsam als Komponist berühmt. Die deutschen Musikfeste bringen die Symphonien. Willem Mengelberg wagt es, die Vierte zweimal an einem Abend aufzuführen.

Die Premiere der achten Symphonie in München endlich wird zu einem ungeahnten Triumph, wie ihn gewiß kein Musiker dieser Zeit genossen hat. Wochenlang vorher schon sind alle Zeitungen voll von aufgeregten Berichten über die „Symphonie der Tausend". Jede Probe ist eine Feierlichkeit. Freunde, bedeutende Menschen aus aller Welt kommen. Er fühlt sich gesucht, verstanden, gehegt, geliebt! Und als er am Abend das Dirigentenpodium betritt, erhebt sich das ganze Publikum und grüßt ihn mit einem tiefen erschütterten Schweigen.

Bald darauf reisten wir nach Amerika. Das Erlebte war so hoch und schön, daß es gar nicht mehr wirklich schien. War *Gustav Mahler* in seiner Wanderzeit ein empfindsamer Schwärmer, ein ungeduldiger Sucher, in Wien ein unbeugsamer Feldherr gewesen, in Amerika ward er zum gelassenen Souverän. Die gewaltige Natur drüben, der großzügige Enthusiasmus der Amerikaner begeisterten ihn. Er erlebte Dinge, die für Europa paradox klingen müssen: Zwei Damen, die einer Aufführung von „Fidelio" unter seiner Leitung beiwohnten, beschlossen auf dem Heimweg, daß Mr. Mahler ein eigenes Orchester haben müsse, und binnen vierundzwanzig Stunden hatte er *sein* Orchester. Und noch etwas ward ihm zum aufregenden Erlebnis. Sein Ensemble in New York war aus den herrlichsten Stimmen der Welt zusammengesetzt, und seine Freude am Musizieren wuchs neuerdings ins Grenzenlose. In Wien hatte er einige wenige ganz große Künstler an seiner Seite, mit denen er sorgsam haushalten mußte. Drüben war jede Nebenrolle mit Koryphäen besetzt: Caruso, Bonci, Scotti, Schaljapin, Burrian, die Frauen Sembrich, Fremstad, Farrar, Eames, und viele andere, die sich bedingungslos und freudig seiner Führung unterwarfen.

Nein, das Leben ist *Gustav Mahler* nichts schuldig geblieben.

Doch ebensowenig als die Erhöhung, hat ihm dieses Leben Schmerz erspart. Er hat ihn oft und schwer getroffen. Das erste große Leid seines Lebens war der Tod eines Bruders im Kindesalter, von dem er immer voll Trauer sagte, daß er viel begabter gewesen sei als er selber; später der Tod seiner geliebten Mutter. Und vier Jahre vor seinem eigenen Tode verloren wir unser älteres Kind. Dieses Kind liebte er unaussprechlich, es war ganz *sein!* Jeden Morgen holte er es in sein Arbeitszimmer und die beiden sprachen miteinander heftige und leidenschaftliche Dinge, die ich niemals erfahren habe, denn ängstlich vermied ich es, ihr Alleinsein zu stören.

Und dieses Kind ist gestorben.

Kurze Zeit darauf ließ sich *Gustav Mahler,* nur um meine ahnungsvolle Angst zu beruhigen, ärztlich untersuchen. So erfuhren wir das erstemal von dem alten Herzleiden, das sein Leben bedrohte. Jetzt überfielen ihn Todesgedanken.

Er sagte so oft: „All meine Werke sind ein Antizipando des kommenden Lebens."

Und er hatte ja die sechste Symphonie geschrieben, deren letzter Satz die drei furchtbaren Schläge enthält, das Symbol der Katastrophen, die das Leben des symphonischen Helden vernichten.

Dieses Werk war es gewesen, das schon bei seiner Generalprobe in Essen sein Gemüt auf das Schrecklichste bewegte. Er ging im Künstlerzimmer auf und ab und konnte ein aufschluchzendes Weinen nicht unterdrücken. Wir Wenigen in diesem Raum wagten kaum zu atmen, noch auch ihn anzusehen.

Von Jahr zu Jahr wurde *Gustav Mahlers* Lebenskurve steiler, sein Erlebnis reifer, sein Werk reicher, sein Ruhm bedeutender.

Die Korrespondenz der Jugend ist voll wirklichen Gefühls, wortbegeistert, immer voll starker Poesie. Später schwindet der gesteigerte Ausdruck. Ein neuer Ton beginnt. Knapp, zusammengedrängt, verhalten. Es ist nicht nur die Fülle der Beschäftigung, die den Schreibenden zu einer gewissen Kargheit zwingt. Es ist mehr. Es ist die sonderbare Wortkargheit des schöpferischen Musikers.

Aber gerade in gedrängteren Sätzen der reifen Briefe wird der Leser alle Phasen, Taten und Stimmungen dieses großen Menschen fühlen. Mahler hat, wie es mir scheinen will, der Musik einen ganz neuen Wert entdeckt: den ethisch-mystischen Menschen. Er hat die musikalische Darstellungswelt, die bis dahin Liebe, Krieg, Religion, Natur, Humanität zum Inhalt hatte, um den einsamen Menschen bereichert, der unerlöst auf dieser Erde durch das Universum kreist, um das verlassene Kind, das stillversunken im dämmernden Grün seines Vaters harrt. Er hat die Dostojewski-Frage an das Leben musiziert: „Wie kann ich denn glücklich sein, wenn irgendwo ein anderes Geschöpf noch leidet?" . . . Ein Ausspruch aus den Brüdern Karamasow, den er über alles liebte.

Ich habe das vorliegende Material von *Gustav Mahlers* Korrespondenz in vier Abschnitte geteilt. Jeder dieser Abschnitte umfaßt eine historisch geschlossene Periode. Innerhalb dieser Kapitel sind die Briefe chronologisch geordnet, aber dermaßen, daß die Brieffolge der einzelnen Adressaten nicht auseinandergerissen wird. Denn nicht allein der Schreiber, sondern auch seine Beziehung zum Empfänger des Briefes ist wichtig. In dieser Form konnte das Bild jeder Verbundenheit klar werden.

In diesem Bande sind vor allem die Briefe an *Gustav Mahlers* Freunde vereinigt.

Allen, die mir bei meiner Arbeit selbstlos geholfen haben, sage ich an dieser Stelle herzlichsten Dank.

BEMERKUNGEN ZUR EDITION DIESER AUSGABE

Mahlers Briefe erscheinen in der vorliegenden Ausgabe chronologisch geordnet und fortlaufend numeriert.

+ neben der Briefnummer bedeutet, daß dieser Brief in der Originalausgabe GUSTAV MAHLER BRIEFE, 1924 nicht enthalten war.

* in den Brieftexten verweist auf die Original-Fußnoten von GUSTAV MAHLER BRIEFE, 1924, die in der vorliegenden Ausgabe jeweils am Ende des betreffenden Briefs untergebracht sind.

[1] hochgestellte Ziffern in den Brieftexten beziehen sich auf die ANMERKUNGEN VON FRIEDRICH LÖHR im Anhang.

Weitere Erläuterungen stehen jeweils am Ende der Briefe, gegebenenfalls unter den Original-Fußnoten. Sie wurden eigens für die vorliegende Neuausgabe erarbeitet und scheinen unter einem dem Brieftext entnommenen *Bezugswort* auf.

Quelle: Wenn diese Erläuterungen keinen Quellenhinweis enthalten, folgt der Brieftext der Originalausgabe (GUSTAV MAHLER BRIEFE, 1924); steht an erster Stelle „*Quelle:* Briefautograph", dann bedeutet dies, daß der Text an Hand des Autographs oder einer Autographkopie revidiert wurde. Sinnverändernde Abweichungen des Autographs von GUSTAV MAHLER BRIEFE, 1924, wurden angemerkt, rein stilistische oder orthographische wegen der großen Anzahl jedoch nicht.

( ) Wörter zwischen runden Klammern wurden von Mahler selbst in Klammern gesetzt.

[ ] Wörter zwischen eckigen Klammern kennzeichnen Zusätze der Herausgeber von GUSTAV MAHLER BRIEFE, 1924, respektive der vorliegenden Ausgabe. Dies gilt auch für die Datierung der Briefe, soferne diese nicht von Mahler selbst stammt.

Datum: Eine eindeutige Entscheidung darüber, ob ein Datum von Mahler geschrieben oder von einem Herausgeber 1924 erschlossen wurde, war nur bei jenen Briefen möglich, die nach dem Autograph revidiert wurden. Datumszeilen wurden der Übersichtlichkeit halber grundsätzlich über die Briefe gesetzt, auch wenn Mahler selbst am Ende datiert hatte; Nachschriften und alle Zusätze, die außerhalb von Anrede und Unterschrift geschrieben wurden, stehen grundsätzlich nach dem Briefende.

Kursiv gesetzte Wörter innerhalb der Brieftexte zeigen an, daß das Wort oder die Wortgruppe von Mahler durch Unterstreichung betont wurde. Zwischen einfach und mehrfach unterstrichenen Wörtern konnte kein Unterschied gemacht werden. In GUSTAV MAHLER BRIEFE, 1924 sind unterstrichene Wörter teilweise gesperrt wiedergegeben. Da dieses Prinzip sehr inkonsequent gehandhabt worden ist, wurde von der Überleitung gesperrt gedruckter Wörter in kursiv gedruckte abgesehen.

Orthographie: Da Mahlers Schreibweise, die zumeist den Regeln seiner Schulzeit folgte, in der Originalausgabe der neueren Orthographie angepaßt war, wurden auch die nach den Briefautographen revidierten Texte an die heutige Rechtschreibung angeglichen. Hiezu sei bemerkt, daß Mahlers Schreibweise nur in wenigen Punkten von der unseren abwich, und zwar: Mahler schrieb n̄ und m̄ statt nn und mm; dirigiren statt dirigieren (ebenso alle ähnlichen Verben); in vielen Wörtern th statt einfachem t; gieng statt ging; wol statt wohl. Der Gebrauch von C und K ist uneinheitlich: wir finden bei Mahler sowohl Konzert als auch Concert und Conzert. Mahler bediente sich fast immer der Kurrentschrift, schrieb aber Anreden, Eigennamen, Titel etc. zumeist in Lateinbuchstaben. Dieser Wechsel konnte nicht wiedergegeben werden.

Abkürzungen: Ausgaben und Werke, die in den Anmerkungen zur vorliegenden Ausgabe häufig genannt werden, sind in abgekürzter Form wie folgt zitiert:

GMB, 1924: GUSTAV MAHLER BRIEFE 1879–1911. Herausgegeben von Alma Maria Mahler. Paul Zsolnay Verlag, Berlin/Wien/Leipzig 1924

Klemm: Eberhardt Klemm *Zur Geschichte der Fünften Sinfonie von Gustav Mahler.* Der Briefwechsel zwischen Mahler und dem Verlag C. F. Peters und andere Dokumente, in: Jahrbuch Peters 1979, Leipzig 1980.

La Grange: Henry-Louis de La Grange *Mahler.* Band I, New York 1973.

Martner: *Selected Letters of GUSTAV MAHLER.* Herausgegeben von Knud Martner, London 1979.

Reeser: Eduard Reeser *Gustav Mahler und Holland.* Wien 1980.

Roman: Zoltan Roman *Gustav Mahler und Ungarn.* Unveröffentlichtes englisches Manuskript.

Schaefer: Hans Joachim Schaefer *Gustav Mahler in Kassel,* in: Informationen aus Kassel, in Fortsetzungen ab Juni 1975.

DIE BRIEFE

1 + An Gustav Schwarz

RUM-, PUNSCH-, ROSOGLIO-, LIQUEUR- & ESSENZEN-FABRIK
DES
B. MAHLER IN IGLAU

Iglau, den 28. August 1875

Euer Wohlgeboren
Anschließend an das Schreiben meines l[ieben] Vaters danke auch ich Ihnen, geehrter Herr, für die ehrenvolle Aufnahme und Bewirtung, die Sie mir im vollsten Maße zuteil werden ließen, und ich kann nur hinzusetzen, daß es noch einen kleinen Kampf kosten wird, den l. Vater zur Übereinstimmung mit uns in Betreff unseres Projektes zu bewegen, obwohl er freilich sich schon ziemlich zu unserer Seite hinneigt; doch ist er noch immer nicht eins mit sich. Wie in Bürgers „wilder Jagd" stehen auch ihm 2 Ritter zur Seite, der linke und der rechte, welche beide ihn bald nach der einen, bald zur anderen Seite hinzerren. Ich hoffe übrigens, daß bei uns der rechte Ritter die Oberhand gewinnen wird u[nd]

„dazu mußt du, o Werner, mir verhelfen."

Der l. Vater fürchtet bald, daß ich mein Studium vernachlässigen oder unterbrechen würde, bald wieder, daß ich durch schlechten Umgang in Wien verdorben werden könnte; und wenn er auch, wie es mir scheint, sich zu unserer Seite hinneigt, so müssen Sie doch bedenken, daß ich im Kampfe gegen die Übermacht so vieler „verständiger u. gesetzter Leute" ganz allein auf mich angewiesen bin. Deshalb bitte ich Sie, uns Samstag, den 4. September, die Ehre Ihres Besuches zu schenken, denn nur durch Sie kann der Vater ganz gewonnen werden. Wollen Sie mich gefälligst der gnädigen Frau u. den Herrn und Damen in Ronow empfehlen.

In aufrichtiger Hochachtung
Gustav Mahler

Quelle: Briefautograph. – *B. Mahler in Iglau:* Gustav Mahlers Vater Bernhard (1827 bis 1889). – *in Betreff unseres Projektes:* Eintritt ins Konservatorium der Gesellschaft der Musikfreunde in Wien. – *mein Studium vernachlässigen:* Mahler besuchte das Gymnasium in Iglau. – *die Ehre Ihres Besuches:* Gustav Schwarz kam tatsächlich nach Iglau und fuhr wenige Tage später mit Mahler nach Wien. – *Ronow:* Landgut, auf dem Gustav Schwarz als Domänenverwalter wirkte.

2+ An das Konservatorium der Gesellschaft der Musikfreunde

[Ohne Datum. Wien 1876]

Löblicher Schulausschuß!
Der löbliche Schulausschuß möge entschuldigen, daß ich es wage, mein schon einmal zurückgewiesenes Gesuch um Schulgeldbefreiung zu erneuern.

Mein Vater ist nämlich nicht im Stande, mich zu unterstützen, geschweige denn, das Schulgeld für mich zu entrichten. Ich selbst bin nicht in der Lage es [zu] zahlen, weil meine Existenz in Wien, wegen Mangel an Lektionen, sogar sehr in Frage gestellt ist. Mein Lehrer, Herr Professor Epstein, hat mir versprochen, in kürzester [Zeit] mir einige Stunden zu verschaffen. Ich erlaube mir nun, noch einmal um Schulgeldbefreiung anzusuchen, weil ich aus den oben angeführten Gründen nicht im Stande bin, das Schulgeld zu entrichten, und also zu meinem größten Leidwesen gezwungen wäre, auf den mir so werten Unterricht im Konservatorium Verzicht leisten zu müssen.

Später wenn meine Verhältnisse es zulassen werden, will ich mit größtem Vergnügen meiner Pflicht nachkommen.

Mit Hochachtung
Gustav Mahler

Ich erlaube mir, dieses Gesuch zu befürworten, und bin erbötig, für die richtige Bezahlung des *halben* Schulgeldes Garantie zu leisten.

Julius Epstein

Quelle: Briefautograph. – *Datierung:* Mahlers Gesuch trägt ein Aktenzeichen des Jahres 1876. – *Schulgeld:* 120 Gulden pro Unterrichtsjahr. – *Professor Epstein:* Julius E., siehe auch Verzeichnis der Adressaten. – *Bezahlung des halben Schulgeldes:* wie aus den Dokumenten des Konservatoriums hervorgeht, hatte Mahler schließlich das halbe Schulgeld, nämlich 60 Gulden, in Raten zu zahlen.

3 An Julius Epstein

[Ohne Datum. Iglau, Sommer 1877]

Mein lieber und verehrter Lehrer!
Was für eine Freude mir Ihr werter Brief verursacht hat, können Sie sich gar nicht denken; ich weiß wirklich nicht, was ich zum Dank für

solche Güte sagen soll. Wenn ich aber auch Seiten damit vollschreiben sollte, würde ich auch nichts anderes sagen, als: „es sieht Ihnen ähnlich". Seien Sie versichert, daß das nicht nur leeres Gerede ist, sondern wirklich und treu gemeint. – Ihro „Wohltemperiertheit" werden entschuldigen, wenn ich aus diesem sanften Adagio meiner Gefühle durch die Dissonanzen meines Zornes in ein wildes Finale hineinmoduliere, das wirklich „ungemein rubato" aufzufassen ist. Ich bin nämlich hier in Iglau im Maturitätskonzert um einige Takte zu spät eingefallen, oder vielmehr ich bin einige Tage zu spät angekommen, so daß ich die Matura nicht mehr mitmachen konnte und gezwungen war, sie um zwei Monate zu verschieben. Ich hoffe aber nichtsdestoweniger, die mir von Ihnen gestellte Ferienarbeit zu Ihrer vollständigen Zufriedenheit zu vollenden.

In aufrichtiger Versicherung meiner Verehrung und Dankbarkeit empfehle ich mich

Ihr ergebener Schüler
Gustav Mahler

P. S. Wollen Sie die Güte haben, bei Gelegenheit mich dem H. Direktor Hellmesberger und H. Prof. Krenn zu empfehlen. Meine l. Eltern empfehlen sich höfl[ich].

Datierung: in GMB, 1924, ohne Datum. Jahreszeit und -zahl ergeben sich aus dem Maturatermin. – *„ungemein rubato":* in dem unvollständigen Klavierquartett (1876) verwendete Mahler gegen Ende des 1. Satzes die Vortragsbezeichnung „ungemein rubato und leidenschaftlich". – *einige Tage zu spät angekommen:* in Wahrheit war Mahler bei den Prüfungen im Juli 1877 durchgefallen und absolvierte sie erst im September. – *Direktor Hellmesberger:* Joseph H. (1828–1893), Direktor des Konservatoriums der Gesellschaft der Musikfreunde in Wien. – *Prof. Krenn:* Franz K. (1816–1897), Mahlers Kompositionslehrer am Konservatorium.

4+ An Gustav Schwarz

Iglau, den 6. Sept. 77

Euer Wohlgeboren!
Es wird Sie vielleicht nicht wenig wundern, daß es erst eines solchen traurigen Anlasses bedarf, einen brieflichen Verkehr mit Ihnen zu beginnen, und [Sie] haben wohl das Recht, mich der krassesten Undankbarkeit u. Taktlosigkeit anzuklagen. – Als ich vor 2 Jahren das Glück hatte, Ihr hochzuverehrendes Haus kennen zu lernen, als Sie mir mit der bereit-

willigsten Liebenswürdigkeit entgegenkamen u. sich meiner vielleicht mehr, als ich verdiente, annahmen, da ließ ich mir es kaum träumen, daß der Mann, der wie ein Poseidon mit seinem Dreizack die Wogen meines Schicksals ebnete, und ein trefflicher Steuermann, das Schiff meines Lebens einem besseren Hafen zuführte, daß der Mann einst Ursache haben würde, sich über meine Handlungen oder mein Benehmen ihm gegenüber bitter beklagen zu können. – Damals, in jenen glücklichen, inhaltsschweren Tagen, als Sie mir das Land der Verheißung zeigten, zog mir, dem gelehrigen Schüler, jener Anblick in die innersten Fasern meines Herzens ein, um dort zu herrschen wie ein König, und mich auf allen meinen Wegen zu leiten. Durch Ihre Vermittlung gelang es mir später in Wien, sich einen mächtigen Freund zu erwerben, der mir bis heute noch immer die größte Sympathie und das wärmste Wohlwollen entgegenbringt, und Sie waren es, welcher mir die Pforten des Musenhauses auftat, und mich hineinführte in das ersehnte Land. – Und nun, werden Sie fragen, wie kam es, daß ich so alle meine Pflichten Ihnen gegenüber vergessen konnte, und anstatt Ihnen von meinen Fortschritten und Erfolgen zu benachrichtigen, im unbegreiflichsten Stillschweigen verharrte? . . .

Ich weiß es selbst nicht mehr. Nur ein unseliges Zusammenfallen von Umständen und Verhältnissen machte es mir moralisch unmöglich, den geistigen Verkehr mit Ihnen abzubrechen und so auf mich eine Schuld zu wälzen, an der ich 2 Jahre meines Lebens zu tragen hatte. – Freilich heute, wo ich schon reifer und überlegter geworden bin; wenn ich darüber nachdenke, was sehr oft geschieht, so erscheint mir mein ganzes Gebaren nur kindisch, und beinahe, wenn ich nicht selbst dabei beteiligt wäre, lächerlich. Ich war damals ein junger Tor, der sich von seinen Leidenschaften blindlings meistern ließ, und immer nur den Eingebungen des Augenblicks nur folgte. Was Ihnen jetzt noch ein Rätsel scheint, werde ich Ihnen später einmal, wenn wir Angesicht zu Angesicht einander gegenüberstehen lieber und leichter erklären; aber wenn Sie alles auch tun wollen, der Undankbarkeit beschuldigen Sie mich nicht; ich habe nie vergessen, was ich Ihnen schuldig bin, und nie ist es mir eingefallen, auf Sie selbst nur den geringsten Makel zu werfen. Setzen Sie auf Rechnung meiner jugendlichen Unbesonnenheit, was mir schon oft böse Stunde[n] bereitet hat. Ich hoffe ferner, daß Sie mir dies alles glauben werden; daß es nicht nur leere Ausflüchte sind, dessen versichere ich Sie auf mein künstlerisches Ehrenwort, und das ist mir doch heilig. Was meine Fortschritte betrifft, so kann ich sagen, daß ich mich nicht täuschte, als ich jene Bahn betrat, und daß ich die Anforderungen meiner Lehrer zur größten Zufriedenheit erfülle;

vielleicht, wenn es das Schicksal will, werden Sie heuer mehr von mir hören. –

Und nun zur Angelegenheit, welche ich im Namen meines l. Vaters besorgen muß. Es tut mir sehr leid, daß uns der liebenswürdige Antrag, den Sie die Güte hatten, im letzten Briefe an uns zu stellen, nicht früher betraf; der Vater war letzte Woche in Wien, u. hat mir ein Quartier aufgenommen u. dasselbe für den 1.ten Monat (und zwar als Angabe) bezahlt. Wenn ich jedoch nach Wien komme, so werde ich so frei sein in Betreff dieser Angelegenheit mit der F. Mama u. Frl. Schwester mündlich zu verhandeln; ich bitte vor der Hand mich letztern höfl[ich] zu empfehlen.

Zum Schlusse bitte ich Sie noch auf's Dringlichste mich ja nicht mit gleicher Münze zu bezahlen, sondern mir gewiß hie und da ein paar Zeilen zukommen zu lassen. Meine Adresse in Wien werde ich Ihnen in ein paar Tagen zusenden.

Ich hätte vielleicht, um dies alles lieber mündlich abzutun, mir die Freiheit genommen, selbst auf 1 oder 2 Tage nach Morawan zu kommen, wenn mich nicht die Matura, die ich am 12ten d. M. bestehen muß, daran verhindert hätte. – Über den Trauerfall war ich wirklich sehr betroffen, doch will ich die gewöhnlichen Etiketten und Tröstungsphrasen unterlassen, da diese Zeilen doch an einen Mann u. kein Weib gerichtet sind. Ich bitte, an die Frau Gemahlin einen Handkuß zu bestellen. Ich erinnere mich noch heute mit Freuden an die herzliche u. zwanglose Aufnahme, die ich von Ihrer Seite getroffen; ich muß gestehen, ich habe noch nie eine liebenswürdigere Wirtin kennengelernt. Auch den Ronowern bitte ich höfl[iche] Empfehlungen u. Grüße zu überbringen.

Indem ich bald von Ihnen eine Nachricht zu empfangen hoffe, zeichne ich mit ausgezeichneter Hochachtung

Gustav Mahler

Von meinen l. Eltern folgen noch Empfehlungen u. Grüße.

Quelle: Briefautograph. – *Land der Verheißung:* das Wiener Konservatorium (siehe auch Brief 1) – *einen mächtigen Freund:* vermutlich Professor Julius Epstein.

5 An Josef Steiner

Puszta-Batta, 17. Juni 1879

Lieber Steiner!

Seien Sie mir nicht bös, daß ich Sie so lange ohne Antwort gelassen habe; aber alles ist so öde um mich herum, und hinter mir knacken die Zweige eines dürren, ausgetrockneten Daseins zusammen. Viel ist in mir vorgegangen, seit ich Ihnen nicht geschrieben. Doch ich kann es Ihnen nicht sagen. Nur soviel: ich bin ein anderer geworden; ob ein besserer, weiß ich nicht, ein glücklicherer jedenfalls nicht. Die höchste Glut der freudigsten Lebenskraft und die verzehrendste Todessehnsucht: beide thronen abwechselnd in meinem Herzen; ja oft wechseln sie mit der Stunde – eines weiß ich: so kann es nicht mehr fortgehen! Wenn mich der scheußliche Zwang unserer modernen Heuchelei und Lügenhaftigkeit bis zur Selbstentehrung getrieben hat, wenn der unzerreißbare Zusammenhang mit unseren Kunst- und Lebensverhältnissen imstande war, mir Ekel vor allem was mir heilig ist, Kunst, Liebe, Religion, ins Herz zu schleudern, wo ist dann ein anderer Ausweg als Selbstvernichtung. Gewaltsam zerreiße ich die Bande, die mich an den eklen schalen Sumpf des Daseins ketten, mit der Kraft der Verzweiflung klammere ich mich an den Schmerz, meinen einzigen Tröster. – Da lacht die Sonne mich an – und weg ist das Eis von meinem Herzen, ich sehe den blauen Himmel wieder und die schwankende Blume, und mein Hohnlachen löst sich in das Weinen der Liebe auf. Und ich *muß* sie lieben, diese Welt mit ihrem Trug und Leichtsinn und mit dem ewigen Lachen. O, daß ein Gott den Schleier risse von meinen Augen, daß mein klarer Blick bis an das Mark der Erde dringen könnte! O, ich möchte sie schauen, diese Erde, in ihrer Nacktheit, ohne Schmuck, ohne Zierde, wie sie vor ihrem Schöpfer daliegt; ich wollte dann hintreten vor ihren Genius. „Nun kenne ich dich, Lügner, hast mich nicht getäuscht mit deinem Heucheln, mich nicht geblendet mit deinem Schein! O, sieh her! Ein Mensch, umgaukelt von dem gleißendsten Spiele deiner Falschheit, getroffen von den furchtbarsten Schlägen deines Hohns, doch ungebeugt, stark! Angst treffe dich, wo du dich birgst! Aus dem Tale der Menschheit tönt's zu dir herauf, zu deiner kalten einsamen Höhe! Begreifst du den unsäglichen Jammer, der sich da drunten durch Äonen zu Bergen gehäuft hat? Und auf ihren Gipfeln thronst du und lachst! Wie willst du dich einst vor dem Rächer verantworten, der du nicht einmal den Schmerz einer einzigen geängstigten Seele zu sühnen vermagst!!!

18. Juni

Ich war gestern zu erschöpft und zu ergriffen, als daß ich hätte weiter schreiben können. Nun hat meine wild erregte Stimmung von gestern einer weit milderen Platz gemacht; mir ist zumute, wie einem, dem nach langem Zorne die Tränen der Erleichterung ins Auge treten. Lieber Steiner! Sie wollen wissen, was ich die ganze Zeit her getrieben? Nur einige wenige Worte genügen. – Ich habe gegessen und getrunken, gewacht und geschlafen, geweint und gelacht, ich bin auf Bergen gestanden, wo der Odem Gottes weht, ich bin auf der Heide gewesen, und das Geläute der Herdeglocken hat mich in Träume gesungen. Doch meinem Geschick bin ich nicht entflohen; der Zweifel folgt mir auf allen Wegen; ich kann mich über nichts ganz freuen, und mein seligstes Lächeln begleiten Tränen. Nun lebe ich hier auf einer ungarischen Pußta, bei einer Familie, die mich auf den Sommer gemietet hat; ich habe den Knaben Klavierunterricht zu erteilen und hie und da die Familie in musikalische Begeisterung zu versetzen, da sitze ich nun wie eine Mücke im Spinnennetz, und zapple. Doch der Mohr tut seine Schuldigkeit. Doch wenn ich des Abends hinausgehe auf die Heide und einen Lindenbaum, der dort einsam steht, ersteige, und ich sehe von dem Wipfel meines Freundes in die Welt hinaus: vor meinen Augen zieht die Donau ihren altgewohnten Gang und in ihren Wellen flackert die Glut der untergehenden Sonne; hinter mir im Dorfe klingen die Abendglocken zusammen, die ein freundlicher Lufthauch zu mir hinüber trägt, und die Zweige des Baumes schaukeln im Winde hin und her, wiegen mich ein, wie die Töchter des Erlkönigs und die Blätter und Blüten meines Lieblings schmiegen sich dann zärtlich an meine Wangen. – Überall Ruhe! Heiligste Ruhe! Nur von fern her tönt der melancholische Ruf der Unke, die traurig im Rohre sitzt. –

Da ziehen die blassen Gestalten meines Lebens wie der Schatten längst vergangenen Glückes an mir vorüber, und in meinen Ohren erklingt das Lied der Sehnsucht wieder. – Und wir wandeln wieder auf bekannten Gefilden zusammen, und dort steht der Leiermann, und hält in seiner dürren Hand den Hut hin. Und in den verstimmten Tönen hör' ich den Gruß Ernst's von Schwaben*, und er kommt selbst hervor und breitet die Arme nach mir aus und wie ich hinsehe, ist's mein armer Bruder; Schleier senken sich herab, die Bilder und Töne werden blässer:

Aus dem grauen Meere tauchen zwei freundliche Namen auf: Morawan, Ronow**! Und ich sehe Gärten und viele freundliche

Menschen darin, und einen Baum, da steht ein Name eingegraben: Pauline. Und ein blauäugiges Mädchen beugt sich zur Seite – sie bricht mir lachend eine Traube vom Stock – meine Wangen werden bei der Erinnerung zum zweiten Male rot – ich sehe die zwei Augen, die mich einst zum Diebe gemacht hatten – und wieder sinkt alles zurück. – Nichts! – Dort erhebt sich nun der verhängnisvolle Regenschirm, und ich höre die prophetische Stimme, die mir aus seinen Rippen und Eingeweiden, gleich einem römischen Auguren, Unglück weissagt. Plötzlich steigt ein Tisch aus dem Boden, an ihm eine gespenstische Gestalt, ganz in blaue Wolken eingehüllt: Es ist Melion***, der den „großen Geist" besingt, und ihn zugleich mit echtem „Dreikönig" räuchert! Und daneben sitzen wir wie zwei Ministranten, die zum ersten Male dem heiligen Amte dienen.

Und hinter uns schwebt grinsend, mit Piquékarten bekleidet, ein Kobold, mit dem Angesichte Buxbaums, der uns mit furchtbarer Stimme, in der Melodie der Bertinischen Etüden zuruft: „Beuget euch! Auch diese Herrlichkeit wird verschwinden!" Ein Wolkenstrom Melions bedeckt die Szene und die Wolken werden immer dichter und dichter, da plötzlich blickt, wie auf dem Raffaelschen Madonnenbild, ein Engelsköpfchen hervor, und unter ihm steht Ahasver mit seinen Leiden, und möchte hinauf zu ihm in die selige erlösende Nähe, doch der Engel entschwebt lachend, und er starrt ihm im unermeßlichen Schmerze nach, dann nimmt er seinen Stock, und ziehet weiter, ohne Tränen, ewig, unsterblich!

O meine vielgeliebte Erde, wann, ach wann nimmst du den Verlassenen in deinen Schoß; sieh! Die Menschen haben ihn fortgewiesen von sich, und er flieht hinweg von ihrem kalten Busen, dem herzlosen, zu dir, zu dir! O, nimm den Einsamen auf, den Ruhelosen, allewige Mutter!!

19. Juni

Lieber Steiner!

Nun kehre ich schon den dritten Tag zu Ihnen zurück, heute, um fröhlichen Abschied zu nehmen. Es ist die Geschichte meines Lebens, die in diesen Blättern verzeichnet steht. Seltsames Verhängnis, das mich auf den Wogen meiner Sehnsucht bald im Sturme umherwirft, bald im lachenden Sonnenschein fröhlich dahinweht. Ich fürchte nur, daß mich im Sturme einst eine Klippe zerschellt – meinen Kiel hat sie schon oft berührt!

Es ist sechs Uhr früh! Ich war draußen auf der Weide, und bin bei Fárkas, dem Hirten, gesessen, und habe dem Klange seiner Schalmei gelauscht. Ach, wie klang sie traurig, und doch so leidenschaftlich verzückt, die Volksweise, die er spielte. Die Blume, die ihm zu Füßen wuchs, erbebte unter der träumerischen Glut seines dunkeln Auges und das braune Haar wehte um seine sonnverbrannten Wangen. Ach, Steiner! Sie schlafen noch in Ihrem Bette, und ich habe schon den Tau auf den Gräsern gesehen. – Ich bin nun so friedlich heiter, und das stille Glück um mich herum schleicht sich auch in mein Herz wie die Frühlingssonne auf die winterlichen Gefilde. Wird's nun Lenz in meinem Busen?! Und so lassen Sie uns Abschied nehmen, treuer Freund!

Schreiben Sie bald, recht bald, denn ich bin so mutterseelenallein, habe weder Menschen, noch Bücher.

Leben Sie recht wohl

Ihr
Gustav Mahler

Meine jetzige Adresse lautet: Herrn Moritz Baumgarten in Tétény, Ungarn.

* „Ernst von Schwaben", eine Jugendoper Mahlers, deren Text von Steiner herrührte.
... „mein armer Bruder", Mahlers Bruder Ernst, geb. 1861, gest. 13. 4. 1874.
** Morawan, Ronow, Maierhöfe bei Časlau in Böhmen, wo Mahler 1875–1876 in den Ferien zu Besuch war.
*** Mahler war 1875–1877 Privatist am Gymnasium, Melion sein Korrepetitor.

Puszta-Batta: Landgut außerhalb von Nagytétény in der Nähe von Budapest. – *Bertinische Etüden:* Klavieretüden von Henri Bertini (1798–1876).

6 An Emil Freund

Batta, Juni 1879

Lieber Emil!
Ich habe bis heute gewartet, in der Hoffnung, daß H. Baumgarten* mir meinen Monatsgehalt ausbezahlt; dies ist aber bis heute nicht geschehen, so daß mir nichts anderes übrig bleibt, als ihn, bis ich diesen Brief zu Ende geschrieben, anzupumpen, und 11 fl. diesem Brief beizulegen.

Dein Brief hat mich im Zustande der furchtbarsten Sehnsucht

getroffen; ich halte es rein nicht mehr aus.

Zu meiner Freude teile ich Dir mit, daß die Familie am 12. August nach Norderney ins Seebad geht, daß ich also dann frei bin wie der Fink. Ich hoffe, Dich dann bald in Seelau aufzusuchen, oder noch besser von Dir abgeholt zu werden. Bis dahin aber büffle tüchtig, daß Du Dir etwas Erholung gönnen kannst, wenn ich bei Euch bin. Denn es wäre zu lästig, wenn die prophetische Weisheit Deiner Eltern immer hinter uns stünde (nämlich in betreff des Durchfalls, der Dir bei der Staatsprüfung passieren wird).

Dein Freund
Mahler

* Vergleiche Brief 5.

7+ An Anton Krisper

Wien, Café Imperial
[Poststempel: Wien 22. 9. 1879]

Mein lieber Anton!
Soeben bin ich in Wien angekommen und habe die Stätte aufgesucht, wo wir zusammen so oft Freud' und Leid geteilt haben. Ich bin der unglücklichste Glückliche, der sich je unter Rosen gewunden. Nun steht ein neuer Name in meinem Herzen neben dem Eurigen, zwar nur flüsternd und errötend aber nicht weniger mächtig. – Wann kommst Du nach Wien? Schreibe sofort. Ich ziehe jetzt in eine bekannte Wohnung. Ach, ich möchte den alten guten Zeiten näher sein. Bin wohl ein rechter Tor. Sei es doch! Kinder sind besser als Greise.

Ich bin zu unruhig, um mehr schreiben zu können. Meine Eltern grüßen Dich herzlich sowie auch Dein

treuer
Gustav Mahler

Wien, III. Rennweg 3.
Parterre, Tür 10 B.

Quelle: dieser und die weiteren Briefe an Anton Krisper erschienen erstmals in: Hans Holländer, *Unbekannte Jugendbriefe Mahlers,* Die Musik, Jg. 20 (1928), Nr. 11. – *ein neuer Name:* vermutlich Josephine Poisl, Tochter eines Iglauer Postbeamten. Das Autograph der im Februar und März 1880 entstandenen Lieder „Im Lenz", „Winterlied" und „Maitanz im Grünen" trägt die Widmung „Josephinen zugeeignet".

8+ An Anton Krisper

[Ohne Datum. Ende November
und 14. Dezember 1879]

Mein lieber Anton!
Auf die Gefahr hin, daß Dich dieser Brief nicht trifft, schicke ich ihn an Deine alte Adresse. Du sollst Dich auch nicht wundern, wenn derselbe etwas kurz ausfällt – ich wittere immer, daß ich ihn doch nur für die 4 Winde schreibe.

Was ist es denn, daß Du noch kein Lebenszeichen von Dir gegeben, sodaß ich nicht einmal eine Ahnung habe, wo Du zu finden bist?

Mein curriculum vitae dieser 2 Monate ist mit wenigen Worten gegeben: Ich habe

* * *

Nach einer halbstündigen Pause beginne ich wieder, da mir dieses Rabenvieh von einem Stubenmädel vergessen hat, die Lampe einzufüllen und ich nun gezwungen bin, bei allen möglichen Petroleumhändlern des Cottagevereines herumzurennen, bis mir ein barmherziger seinen Laden geöffnet hat – es ist nämlich schon ½11 Uhr. –

Nun, um wieder auf mein curriculum zu kommen. Lieber Freund, ich habe mich in den süßen Ketten des Götterlieblings gar arg verstrickt – der Held nun „seufzt er, ringt die Hände, stöhnt und fleht" etc. etc. Ich habe wirklich die Zeit meistens damit verbracht, daß ich auf die verschiedenste Weise in den süßen Schmerzen gewühlt, bin mit „ach" aufgestanden und mit „o" schlafen gegangen; im Traume habe ich gelebt und im Wachen geträumt und so sind nun die 2 Monate vergangen und das Christkindlein ist da – und soll mir etwas recht Schönes bringen. In einer Woche bin ich in Iglau und werde aus meinen rosigen Träumen zu einem noch rosigeren Tage erwachen.

Auch ein neuer Schatten schwebt nun im Hintergrunde meiner Traumbilder, doch ich muß erst seinen Träger abwarten. Wenn sich der zeigt, so will ich Dir dann mehr von ihm sagen – ich mutmaße nur, daß das so ein uralter nordischer König ist, der mich mit seinen Helden und Trinkgelagen aus meiner Ruhe scheuchen will. Ich habe auch ein bißchen Hippokrene genippt – nun weß das Herz voll ist, von dem geht der Mund über. –

Nun genug des verhaßten Lächelns – ich habe mich gezwungen, einen heiteren Pastoralstil anzunehmen, um nicht in das alte abgedroschene Lamento hineinzufallen. Ich will nicht seufzen, doch auch nicht lächeln. In meinem φρην halten sich einige Eskadronen Verwünschungen und Flüche im Quartier; die will ich nun ausmarschieren lassen. „Hole der Satan dieses ganze Lumpendasein!" Meine Augen sind wie ausgetrocknete Zitronen – auch nicht ein Tropfen steckt mehr darin. Die Betrübnisse dieser Welt soll ich alle kosten und kein einziges soll mir erspart bleiben. –

Das wird Dir rätselhaft scheinen, – ich fürchte, bald im Stande zu sein, Dir darüber furchtbaren Aufschluß zu geben. Bis dahin lebe recht wohl und schreibe bald. Ich will nun schlafen gehen, denn ich bedarf der Ruhe.

Gute Nacht, lieber Anton! Gute Nacht!

Dein treuer
Gustav Mahler

Wien, Cottageverein, Karl Ludwigstraße Nr. 24

Wenn du kannst, so pumpe mir fünf Spieße, aber nur dann, wenn ohne jede Schwierigkeit.

Wien, 14. Dezember. Diesen Brief trage ich schon 2 Wochen lang bei mir in der Tasche herum. Antworte sofort! Freitag fahre ich nach Hause.

Quelle: Siehe Brief 7. – *fünf Spieße:* Studentenjargon: fünf Gulden.

9+ An Anton Krisper

[Ohne Datum. Poststempel: Wien 3. 3. 1880]

Mein liebster Freund!
Warum schweigst Du denn? Hast Du meine Briefe nicht erhalten? Mein Leben geht den alten gewohnten Trott. Der Frühling ist über Nacht gekommen und mit ihm die alte Sehnsucht und Wehmut. Ich habe soeben einige Verse geschrieben, die ich Dir mitteile, weil sie Dir am Besten mein Inneres enthüllen können.

VERGESSENE LIEBE

Wie öd' mein Herz! Wie leer das All'!
Wie groß mein Sehnen!
O, wie die Fernen Tal zu Tal
sich endlos dehnen!

Mein süßes Lieb! Zum letzten Mal!?
Ach, muß ja ewig diese Qual
in meinem Herzen brennen!

Wie strahlt' es einst so treu und klar
in ihren Blicken!
Das Wandern ließ ich ganz und gar
trotz Winters Tücken!
Und als der Lenz vergangen war,
Da tat mein Lieb ihr blondes Haar
wohl mit der Myrthe schmücken!

Mein Wanderstab! Noch einmal heut
komm aus der Ecken!
Schliefst du auch lang! Nun sei bereit!
Ich will dich wecken!
Ich trug es lang mein Liebesleid
Und ist die Erde doch so weit –
So komm, mein treuer Stecken!

Wie lieblich lächelt Berg und Tal
in Blütenwogen!
Kam ja mit seinem süßen Schall
der Lenz gezogen!
Und Blumen blühn ja überall
Und Kreuzlein steh'n ja überall –
die haben nicht gelogen!

Vor allem teile ich Dir einen Plan für eine Sommerreise mit, die ich mit Heinrich und Rudolf Krzyzanowski im Juli machen will und bei der wir ganz sicher mit Deiner Beteiligung rechnen.

Zu Fuß durch den Böhmerwald (einziger Urwald in Europa, und ganz fremder und eigenartiger Volksstamm mit wunderbaren Frauen), dann ebenso durch das Fichtelgebirge. Eger – Beireuth [!] – Nürnberg – und zum Schluß nach Oberammergau zu den Passionsspielen – binnen 3 Wochen sind wir fertig und dann geht's direkt (wennmöglich hältst Du Dich bei mir in Iglau einige Tage auf) nach Hause. Gefällt Dir dieser Vorschlag nicht? Es wäre doch ganz herrlich, und übrigens haben wir dies ja vorigen Sommer besprochen. Ich bitte Dich, antworte sogleich Deinem allzeit

getreuen
Gustav Mahler

Quelle: siehe Brief 7. – *Heinrich und Rudolf Krzyzanowski:* Siehe die Anmerkungen von Dr. Friedrich Löhr Nr. 2 und Nr. 8, sowie Verzeichnis der Adressaten.

10+ An Albert Spiegler

[Ohne Datum. Poststempel: Hall 21. 6. 1880]

Als Kuriosum, lieber Freund, schreibe ich Dir auf diesem Carton. Das Haus, über das ich das Kreuz hingemalt habe, ist mein Wohnort. Freilich ist die Gegend viel schöner, als dieser Holzschnitt meint [?]; er hat nur so verweinte Augen: deshalb sieht er alles öd u. blaß.

Mir selbst geht es den Umständen angemessen. Weder lasse ich den Unmut vollends über mich Gewalt gewinnen, wie Du meinst – noch versuche ich, mir durch einen Scherz über diese Pein hinwegzuhelfen; noch aber stehe ich aufrecht; u. hoffe es für *alle* Zeit. Es wäre auch gar zu läppisch, wenn einen die Schmeißfliegen zum Jammern brächten. Wenn ich *klage,* so hat dies einen andern Grund – den Du nicht kennst – der nicht *jetzt* erst entstanden ist – und vor allem – der nicht so gering ist, als daß Du darüber nur die Achseln zucken solltest.

Wo ist Lipiner? Es ist wahrhaft rücksichtslos von ihm, daß er den Rübezahl mit seiner Bagage in der Welt herumschleppt, u. mir, der darnach jammert, nicht einmal ein Lebenszeichen gibt. – Ich weiß ja gar nicht, ob er noch existiert – denn es ist das einzige Exemplar, das ich besitze – möchte auch gerne weiter daran arbeiten, obwohl mir vor Ärger beinahe schon die Lust dazu vergangen ist. – Ich bitte Dich, gib mir seine Adresse an, u. tue selbst etwas, daß ich mein Manuscript erhalte.

Wenn ich zu allen Widerwärtigkeiten noch diese selbstgeschaffenen über mich ergehen lassen muß, so überläuft mir wahrlich die Galle. – Ich bitte Dich, vergesse [!] *ja nicht, sofort* etwas in dieser Sache zu tun. Ich möchte dem Lipiner selbst schreiben, aber ich weiß nicht, wo er wohnt.

Auch Krzyz[anowski], dem ich geschrieben, scheint vergessen zu haben, daß ich noch in der Welt bin. –

Ich habe vergessen, als ich von Wien fortging, mir den *Index* abzuholen. Ich habe ihn seinerzeit dem Fakultätsdiener zur Besorgung der Testierungen übergeben (im Beginn des Sommersemesters) u. dann vergessen ihn abzuholen. Wenn Du einmal auf die Universität kommst, so frage darnach. – Wirst Du mich nicht einmal in Hall besuchen? Hier lebst Du sehr billig und gut.

Was den Jean Paul anbetrifft, so wäre mir freilich das genannte

Exemplar genügend. – Aber wo die 5 Spieße aufzutreiben, die es kostet?

Noch einmal lege ich Dir es ans Herz, mir Lipiners Adresse zu schreiben u. die Rücksendung „Rübezahls“ zu veranlassen.

Mit herzlichem Gruß
Gustav Mahler

Hoffe, daß Du mir bald antwortest.

Dort, wo die 2 Kreuzlein stehen – auf dem Worte Schmeißfliegen – liegt, wenn die Perspektive gut geführt ist, das Theater u. Hall selbst.

Quelle: Briefautograph. – *Carton:* das Briefpapier zeigt oben eine Ansicht von Pfarrkirchen bei Hall. Mahler war im Sommer 1880 als Kapellmeister im Kurtheater von Hall engagiert. – *Lipiner:* siehe Verzeichnis und Biographie der Adressaten. – *Rübezahl:* von Mahler verfaßter Text zu einer Märchenoper, die allerdings nicht ausgeführt wurde. – *Universität:* Nach Abschluß seiner Studien am Konservatorium (1878) hatte Mahler an der Philosophischen Fakultät der Universität Wien inskribiert.

11 An Emil Freund

Wien, 1. Nov. 1880

Lieber Freund!
Ich habe in letzter Zeit so viel Erschütterungen erlebt, daß ich mich nicht recht darein finden kann, mit jemandem zu sprechen, der mich in meinen glücklicheren Zeiten gekannt hat.

Deiner Nachricht* habe ich leider eine ebenso erschütternde entgegen zu setzen: Mein Freund Hans Rott ist wahnsinnig geworden! – Und ähnliches muß ich mit Krisper** befürchten.

– Zugleich mit Deinen Zeilen kam mir jene Kunde – und zu einer Zeit, in der ich wohl eines besseren Trostes bedurft hätte. Überall ist das Elend zu Hause und es legt die seltsamsten Kleider an, um die armen Menschenkinder zu verspotten.

Kennst Du einen glücklichen Menschen auf dieser Erde, so nenne mir ihn schleunigst; bevor mir noch das bißchen Lebensmut entwischt ist. – Wer es miterlebt hat, wie eine durchaus edle und tiefe Natur im Kampfe mit der schalsten Gemeinheit zugrunde ging, der kann sich kaum des Schauders erwehren, wenn er an seine eigene arme Haut denkt; heute ist Allerheiligen. –

Wenn Du voriges Jahr um diese Zeit schon hier warst, so wirst Du wissen, in welcher Stimmung ich den heutigen Tag begrüße.

Morgen ist der erste Allerseelentag meines Lebens! Nun habe auch ich einen Kranz auf ein Grab zu stecken. Ich bin seit einem Monat vollkommener Vegetarianer. Die moralische Wirkung dieser Lebensweise ist in Folge dieser freiwilligen Knechtung meines Leibes und der daraus erwachsenen Bedürfnislosigkeit eine immense. Du kannst Dir denken, wie ich davon durchdrungen bin, wenn ich eine Regeneration des Menschengeschlechtes davon erwarte.

Alles was ich Dir sage, ist: Bekehre Dich zur naturgemäßen Lebensweise, aber mit zweckmäßiger Nahrung (Grahambrot) und Du wirst die Früchte gar bald selbst erkennen.

Mein Märchenspiel*** ist endlich vollendet – ein wahres Schmerzenskind, an dem ich schon über ein Jahr arbeite. – Dafür ist es aber etwas Rechtes geworden. Mein nächstes ist: Die Aufführung desselben mit allen nur erdenklichen Mitteln zu betreiben.

Schreibe wieder Deinem treuen

Gustav Mahler

Es ist übrigens nicht notwendig, daß Du den Lakonismus zuweit treibst.

* Siehe Anmerkung Dr. Freund.

** Hans Rott [1858–1884] und Anton Krisper, Musiker, Mitschüler Mahlers am Konservatorium.

*** „Das klagende Lied."

12 An Emil Freund

[Ohne Datum. 18. 8. 81?]

Lieber Freund!
Diesmal falle ich Dir in die hintere Flanke – d. h. – ich komme aus Wlaschim.

Sei also so freundlich und erwarte mich morgen Freitag um 9 Uhr vormittag in Czechtitz Gasthaus zur Post. Alles andere erspare ich mir. Auf Wiedersehen!

Gustav Mahler

Wlaschim: Ort in Böhmen, wo Mahlers Cousin und Freund Gustav Frank ansässig war.

13 An Emil Freund

Iglau, September [1881]

Lieber Emil!
Erst knapp vor meinem Abschied von Iglau kann ich Dir einige Zeilen schicken.

Ich fahre morgen.

Ich kann Dich und die Deinen aufrichtig versichern, daß ich seit langem wieder die liebsten Tage in Seelau verlebt habe, wie ehemals. Ich sage hiemit Deinen werten Eltern den herzlichsten Dank für ihre freundliche Aufnahme. –

Noch eine Begegnung muß ich Dir mitteilen.

Neulich gehe ich über den Platz, da ruft plötzlich eine Stimme von oben: Herr Mahler, Herr Mahler.

Ich blicke hinauf und sehe im 3. Stock Frl. Morawetz (die jüngste, die bei Euch war), die in ihrer Naivität und vielleicht auch Freude mich zu sehen, sich nicht enthalten konnte, mich anzurufen. –

Ich habe mich ihrer in Iglau tüchtig angenommen und sie in Kreuz und Quer herumgeführt, so daß sie mir nicht genug danken kann. Eben da ich diese Zeilen schreibe, sitzt sie im anderen Zimmer mit meiner Schwester. Und da sie schon ziemlich ungeduldig meiner harrt, so sage ich Dir ein herzliches Lebewohl

Dein
Gustav

Viele herzliche Grüße an die Deinen sowie Frl. Wiener.

Meine Adresse: G. M. Kapm. [Kapellmeister] am landsch. Theater in Laibach.

Datierung: in GMB, 1924, mit „September 1882" datiert. Mahler war aber nur in der Spielzeit 1881–82 in Laibach. – *Landsch. Theater:* das Landschaftliche Theater in Laibach.

14+ An Gustav Lewy

Triest, 4. 4. 82

Geehrter Herr!
Ich komme nächste Woche nach Wien, und werde Sie bitten, bei passender Vakanz wieder meiner zu gedenken. Ich wäre jetzt schon

gekommen, aber ich will die Gelegenheit, so nahe bei Italien zu sein, nicht unbenützt vorübergehen lassen.

Hochachtungsvoll
Gustav Mahler

Quelle: Autograph einer Korrespondenzkarte. – *Triest:* Mahler nützte nach Ende der Saison in Laibach die Gelegenheit zu einer kleinen Reise. – *wieder meiner zu gedenken:* Der Theateragent Lewy hatte Mahler nach Hall und nach Laibach vermittelt.

15 An Friedrich Löhr

[Postkarte. Ohne Datum. Poststempel: Olmütz, 20. 1. 83]

Lieber Fritz!
Komme absolut nicht dazu, Dir ausführlich zu schreiben. Schicke die Sachen bald. Meine Adresse G. M. Cap[ellmeister] in Olmütz, Michaelergasse 1, 1. Stock. Bin in der schlechtesten Stimmung.

Ich grüße Dich und die Deinen auf das herzlichste

Dein
Gustav

Cap. in Olmütz: durch Vermittlung des Theateragenten Gustav Lewy war Mahler mitten in der Saison an das Königlich Städtische Theater in Olmütz als Kapellmeister engagiert worden.

16+ An Gustav Lewy

Olmütz 6/1 83

Sehr geehrter Herr!
Ich bin so frei, Ihnen ein Referat über die vorgestrige Vorstellung der ersten *von mir* einstudierten Oper „Maskenball" zu übersenden; vielleicht darf man denselben eine um so entschiedenere Bedeutung zuschreiben, als dieses Journal gleich von Anfang an, noch bevor ich vor dem Publikum erschienen, gegen mich eine feindliche Haltung angenommen hatte – offenbar von einem hier domizilierenden „in Kraut gedünsteten" Kapellmeister beeinflußt. Übrigens verschweigt das Journal, ich weiß nicht, aus welchem Grunde, daß ich nach dem 3. Akte vom Publikum stürmisch gerufen wurde. Indem ich mich Ihrer Gewogenheit empfehle und Sie bitte, *meiner zu gedenken,* bin ich Ihr

hochachtungsvoller ergebener
Gustav Mahler

Quelle: Briefautograph. – *Datierung:* Mahler irrte sich. Der Brief muß vom 6. Februar stammen, da die Premiere von „Maskenball" am 4. Februar stattfand. – *„In Kraut gedünsteten" Kapellmeister:* Kalauer. Soll heißen: im Dienst ergraut. Bei dem Kapellmeister handelt es sich möglicherweise um Mahlers Vorgänger Emil Kaiser.

17 An Friedrich Löhr

Olmütz, 12. Feber 1883

Mein lieber Fritz!
Nur mit schwerem Kampfe raffe ich mich dazu auf, Dir zu schreiben. Ich bin gelähmt, wie einer, der vom Himmel gefallen ist. Von dem Moment, da ich die Schwelle des Olmützer Theaters übertrat, war mir zu Mute, wie einem, den des Himmels Strafgericht erwartet.

Wenn man das edelste Roß mit Ochsen vor einen Karren spannt, so kann es nichts anderes, als im Schweiße mitziehen. Ich wage fast nicht, vor Dich zu treten – so beschmutzt fühle ich mich.

Ich weiß, daß Du und die Deinigen mir es nicht übelnehmen werdet, daß ich Euch nicht für Eure übergroße Freundlichkeit gedankt. Es vergeht kein Tag, ohne daß ich mit Sehnsucht an [die] herzlich lieben Stunden zurückdenke, die ich bei Euch verlebt habe. Wie gut war ich aufgehoben! Jetzt hat sich ein bitterer Kontrast eingestellt. Ich bin so ziemlich immer allein – d. h. wenn ich keine Proben halte. – Bis jetzt habe ich – Gott sei Dank – beinahe ausschließlich *Meyerbeer* u. *Verdi* dirigiert. Wagner u. Mozart habe ich standhaft aus dem Repertoire hinausintrigiert; – denn das könnte ich nicht ertragen, hier etwa den Lohengrin – oder Don Juan – herunterzutaktieren. – Morgen ist „*Joseph* in *Aegypten*"! Ein ungemein liebenswürdiges Werk, in dem etwas von Mozarts Anmut steckt. – Ich habe es auch mit wahrer Freude einstudiert. Und ich muß sagen – trotz der unsäglichen Gefühllosigkeit meiner Leute – tun sie mir doch manches zulieb und haben diesmal etwas mehr Ernst eingesetzt – freilich – leider nur eine Art Mitleid mit diesem „Idealisten" – dies ist nämlich eine sehr verächtliche Bezeichnung – denn das können sie nicht fassen, daß ein Künstler ganz aufgehen kann in dem Kunstwerk. Oft, wenn ich so mitten im Feuer bin, und sie mitreißen möchte zu einem höheren Schwung – und sehe die staunenden Gesichter dieser Menschen, wie [sie] sich gegenseitig verständnisvoll anlächeln – da sinkt wohl mein schäumendes Blut auf eine Weile zusammen und ich möchte für immer davonrennen. Nur das Gefühl, daß ich für meine Meister leide, und doch vielleicht einmal einen Funken ihres Feuers in die Seele dieser armen Menschen werfen kann, stählt meinen Mut – und da gelobe ich mir in manchen bessern Stunden, mit Liebe auszuhalten – selbst gegen ihren Spott. – Du wirst lächeln, mit welchem Pathos ich von diesen Geringfügigkeiten spreche. – Aber ist denn dies nicht eigentlich so recht das Prototyp unsr[er] Stellung zur Welt? Nur zeigt es sich hier einmal auf einen einzigen Punkt konzentriert. –

Was mein sonstiges Leben betrifft, so geht es mir nicht viel besser. – Im Gasthaus hungere ich, denn hier wird *nur* Fleisch gegessen*[1]. In meiner Wohnung befinden sich *nur* 2 Klaviere, welche täglich *nur* je einige Stunden konzertieren. Leider gerade diejenigen, in welchen ich zu Hause bin. Zu lesen habe ich *gar nichts!* Möchtest Du mich nicht wieder einmal *ein bißchen versorgen?* Grüße *herzlichst* die Deinigen von mir und lebe recht wohl!

Dein
Gustav

Heinrich**[2] werde ich nächstens schreiben – grüße ihn vielmals von mir – sowie seine Braut u. deren Schwestern. Dem Reiff***[3] ebenfalls Dank u. Gruß.

* Mahler war eine Zeitlang Vegetarier.

** Heinrich Krzyzanowski, Schriftsteller; Rudolf Krzyzanowski, Musiker; beide Brüder Jugendfreunde Mahlers.

*** Josef Reiff, Opernsänger, Theaterdirektor, derzeit Gesangslehrer.

Quelle: Briefautograph. – *„Joseph in Ägypten“:* Oper von Etienne Méhul. Während seiner Kapellmeistertätigkeit am Stadttheater in Olmütz dirigierte Mahler 8 verschiedene Opern, darunter „Carmen“, „Troubadour“ und „Rigoletto“.

18+ An Freiherrn Adolph von und zu Gilsa

Wien, 19. Mai 1883.

Euer Hochwohlgeboren!

Euer Hochwohlgeboren beehre ich mich, sofort nach Erhalt des mir von Herrn Lewy zugesandten, von der Intendanz der kgl. Sch. [königlichen Schauspiele] in meiner Angelegenheit an ihn gerichteten Schreibens, zu erklären, daß ich mit den mir von Euer Hochwohlgeboren gestellten Bedingungen vollkommen einverstanden bin, und erlaube mir, gleichzeitig das verlangte curriculum vitae beizufügen:

Ich bin in Iglau (Mähren) von deutschen Eltern geboren, und stehe nun im 25. Lebensjahre. Meine ersten musikalischen Versuche habe ich unter der Leitung des Domorganisten meiner Vaterstadt gemacht, währenddem ich das Gymnasium daselbst besuchte. Als ich nach Beendigung der Gymnasialstudien die Universität zu Wien bezog, trat ich in das Conservatorium der Gesellsch[aft] d[er] Musikfr[eunde] als Schüler ein. Ich absolvierte an dieser Anstalt den Kompositions- und Klavierkurs und erhielt in beiden Fächern bei den regelmäßig am Ende eines Schuljahres abgehaltenen Konkursen *je 2 mal* den *I. Preis,* und beim gänzlichen Austritt aus dieser Anstalt die höchste Auszeichnung: Das Diplom mit der Medaille.

Hierauf nahm ich die mir angebotene Stelle des I. Kapellmeisters am *landschaft[lichen] Theater* zu *Laibach* an, wo ich eine Saison verblieb. Im nächsten Jahre bekam ich ebenfalls einen Antrag als I. Kapellmeister an das *königliche Theater* zu Olmütz, woselbst mich eben Herr Überhorst aus Dresden in meiner Amtstätigkeit kennen lernte, der nun so freundlich war, meine Bewerbung bei Euer Hochwohlgeboren zu unterstützen.

Ich kann von mir behaupten, daß ich mit Gewissenhaftigkeit und Fleiß mein Amt verwalten würde; über meine anderen Fähigkeiten zu sprechen steht mir nicht zu.

Ein[e] Photografie von mir habe ich leider momentan nicht zur Verfügung, werde jedoch in den nächsten Tagen so frei sein, eine solche einzusenden.

Zum Schlusse erlaube ich mir noch die höfliche Anfrage, ob es notwendig erscheint, daß ich mich Euer Hochwohlgeboren in Kassel persönlich präsentiere. Die Auslagen, die mit der weiten Reise verbunden sind, sind eben ziemlich groß, so daß es mir nicht leicht wird, dieselben zu bestreiten; doch bin ich eben in dem Falle, als es Euer Hochwohlgeboren wünschen, ohne Weiteres sofort bereit, dieses Opfer zu bringen. Indem ich Sie, hochverehrter Herr Baron, höflichst bitte, mir durch Herrn Lewy baldigst eine geneigte Antwort zukommen zu lassen, bin ich

mit ausgezeichneter Hochachtung
Euer Hochwohlgeboren ergebenster
Gustav Mahler

Quelle: Briefautograph. – *in Iglau . . . geboren:* Mahler wurde in Kalischt, Böhmen, geboren und wuchs in Iglau auf. – *im 25. Lebensjahre:* Mahler, am 7. Juli 1860 geboren, war in Wahrheit erst 22 Jahre alt. – *nach Beendigung der Gymnasialstudien:* Mahler legte 1877 die Matura ab, studierte aber schon seit 1875 am Konservatorium. – *Herr Überhorst:* Karl Ueberhorst [1823–1899], Opernregisseur am Hoftheater Dresden, hatte von Mahler geleitete Vorstellungen in Olmütz gesehen.

19 An Friedrich Löhr

[Ohne Datum. Ende Juni 1883]

Was soll ich Dir sagen, mein lieber guter Fritz*?[4] Was kann ich Dir sagen, da ich kein Wort finde, und doch nicht schweigen kann! Ich weiß, Du wirst aufrecht bleiben, und das schwere Kreuz tragen, das Dir Gott auf die Schultern gegeben hat. Wie gerne wollte ich Euch ein Stückchen abnehmen. Ich werde Dich bald wiedersehen. *Bis* dahin bleibe mein starker Fritz und vergesse nicht

Deinen
Gustav

* Der ältere Bruder Dr. Löhrs war einige Tage vor Absendung dieses Briefes gestorben.

Quelle: Briefautograph.

20 An Friedrich Löhr

Iglau, Sonntag? Juli 1883

Mein lieber Fritz!
Eben von Bayreuth zurückgekehrt, empfange ich Dein Geschenk in einem Augenblick, wo es wie ein Lichtstrahl des Himmels in meine dunkelste Dunkelheit hineinfällt.

Ich kann es nicht sagen, was mir diese Zeilen und mit ihnen Du geworden bist. – So blickst Du also mit Deiner unerschütterlichen Liebe durch die wüste Hülle der Gegenwart so tief in mein Herz und glaubst an mich, der ich es selbst schon verlernt. – Schwerlich könnte ich Dir schildern, was es mit mir jetzt ist. Als ich, keines Wortes fähig, aus dem Festspielhause hinaustrat, da wußte ich, daß mir das Größte, Schmerzlichste aufgegangen war, und daß ich es unentweiht mit mir durch mein Leben tragen werde. So kam ich nun wieder heim und finde diejenigen, die ich liebe, so arm, so dumpf – . . .[5] die Eltern mit ihren 3 eisernen Ringen um ihre Brust und ihren armen gequälten Herzen* – ich selbst, so hart und grausam gegen sie – und doch kann ich nicht anders und quäle sie aufs Blut. – Und da soll ich nun in 3 Wochen fort, meinem neuen „Beruf" entgegen! –

In Eger traf ich mit Heinrich zusammen; da sind wir nun ein bißchen auch im Fichtelgebirge herumgewandert und sind auch nach Wunsiedel gekommen. Indem ich Dir dies schreibe, geht schon das junge Ehepaar**[6] in Thüringen herum und freut sich des Lebens. Wie gern würde ich Dich noch einmal sehen. Ich hatte auch den festen Vorsatz, Dich in Wien aufzusuchen, aber leider ist dies unmöglich geworden. Sobald ich in Cassel ankomme, gebe ich Dir meine neue Adresse, schicke Dir auch bei Gelegenheit ein paar Ansichten von dort. In Iglau bleibe ich bis 10. August. Grüße mir die Deinen auf das herzlichste. Ich schreibe Dir bald mehr.

Dein treuer
Gustav

* Schwere Krankheiten der Eltern, die dann [1889] zu deren Tode führten.
** Heinrich Krzyzanowski hatte vor kurzem geheiratet.

von Bayreuth zurückgekehrt: Mahler hörte zum erstenmal Wagners „Parsifal". – *Dein Geschenk:* ein langes, von Löhr verfaßtes Gedicht mit dem Titel „Symphonisches Fragment", datiert 7. Juli 1883, offenbar zu Mahlers Geburtstag übersandt. – *meinem neuen „Beruf" entgegen:* Musik- und Chordirektor am königlichen Theater in Kassel. – *Wunsiedel:* Geburtsort von Jean Paul.

21 An Friedrich Löhr

Kassel, 19. September 1883
Mittlere Carlstraße Nro. 17. 2. Stock bei Frank

Mein lieber Fritz!
Nur wenige Zeilen! Wie es zu kommen pflegt, wenn sich weite Fernen zwischen zwei Menschen legen, so wird es mir – der ich gewohnt war, Dir Angesicht in Angesicht alles sagen zu können – schwer, mich an dieses unbefriedigende Mittel zu gewöhnen.

Alles ist wieder seinen gewöhnlichen Weg gegangen. – Willig habe ich mir Kette an Kette anschmieden lassen und bin so in die alte, beschämende Unfreiwilligkeit hineingeraten. –

Ich will es mutig durchkämpfen, obwohl auch mir die „Krummen im Dunkeln" zuflüstern: „Geh' herum!"* [7]

Wie sehr liegt es mir am Herzen, manche Andeutungen, die Du mir in Deinem letzten Schreiben gemacht, aufgeklärt zu sehen. – Ich ahne zwar, was Du meinst; doch möchte ich es von Dir selbst erfahren. – Heute Abend dirigiere ich „Robert der Teufel" – die Klassiker hat der Herr Hofkapellmeister** gepachtet; er ist der wohlgemuteste 4/4 Schläger, der mir noch vorgekommen ist. Natürlich bin ich der „bockbeinigste junge Mensch", der absolut nicht von ihm die Weihe der Kunst empfangen will. Rud. Krzyzan.[8] ist Kapellmeister in *Laibach,* meinem ersten Engagement***. – Von Heinrich weiß ich *gar nichts!* Nicht einmal seine Adresse! Könntest Du sie mir nicht verschaffen?

Viele herzliche Grüße an Deine liebe Familie.

Bald hoffe ich Dir mehr schreiben zu können.

Gustav

20. Sept.

Ich kann mich absolut nicht an den Namen der Gasse erinnern, in welcher Ihr wohnt. Ich muß also warten, bis ich dieselbe von meinen Eltern erfahre.

Schreibe bald!

* Zitat aus Ibsens „Peer Gynt".

** Hofkapellmeister [Wilhelm] Treiber [1838–1899].

*** Engagement Mahlers in Laibach 1881–1882. Das kurze Sommerengagement 1880 in Hall übergeht er.

Quelle: Briefautograph. – *„Robert der Teufel":* Oper von Giacomo Meyerbeer.

22 An Friedrich Löhr

Kassel, 10. Okt. 1883
Mittlere Carlstraße Nro. 17. II. St.

Dank, lieber Fritz! Vielen Dank für Dein liebes Schreiben. – Es geht mir so wie Dir! Ich mag nicht so viel Aufhebens machen über die bangen Stunden, die ich manchmal verlebe; – von denen gerade jetzt eine Abschied genommen hat.

Kannst Du mir einmal etwas zu lesen schicken, so wirst Du einem dringenden Bedürfnis von mir abhelfen. Berggeister kommen jetzt nicht zu mir* [9], denn sie wissen, daß sie wieder weggeschickt würden.

Dagegen Klopfgeister – in meiner Wohnung über und unter mir – das alte Übel!

Heinrich habe ich geschrieben, weiß aber nicht, ob er den Brief erhalten, denn die Adresse, die er mir auf kurz- und bündiger Korr.-Karte mitgeteilt, war etwas undeutlich. Wenn Du mir nächstens wieder einmal schreibst, so vergesse doch nicht, mir *ausführlich* über Deine Familie Bericht zu erstatten, über *jeden einzeln* – hörst Du? Mich freut das Geringste. Grüße mir Alle recht herzlich – auch jeden *einzeln.*

Baslers** [10] Brief erhielt ich, doch kann ich leider seinen Wunsch derzeit nicht erfüllen; vielleicht später einmal.

Wie oft denke ich mit inniger Wehmut an unseren ersten Spaziergang nach Heiligenstadt und auch an die folgenden – bis zu dem an den Aussichtsturm in den schönen Wienerwald bei Perchtoldsdorf – und wie ich damals geschwitzt habe und ein Hemd von Dir anziehen mußte. – Das war unser letzter![11] Wann werden wir den nächsten machen?

Das ist für heute alles, was ich aufs Papier bringe – nur noch einen innigen Gruß von

Deinem
Gustav

* Berggeister: Damit ist die Arbeit an der geplanten Oper Mahlers „Rübezahl" gemeint.
** Ludwig Basler, Landesbeamter und Sängerdilettant.

Quelle: Briefautograph.

23+ An Gustav Lewy

[Ohne Datum. Kassel, Ende Oktober 1883]

Geehrter Herr!
Ich sende Ihnen wieder einige Rezensionen über meine Direktion des „Glöckchen des Eremiten". Ich muß hervorheben, daß gerade diese beiden Kritiker *sehr streng* sind, und mich bei jeder Gelegenheit gegenüber dem I. Kap[ellmeister] Treiber herausstreichen. Überhaupt haben sich die Verhältnisse dahin geändert, daß ich sowohl von den *Intendanz, Orchester* u. Sängern, als auch von der *Kritik* u. dem *Publikum* eine dominierende Stellung gegenüber dem *Treiber* erhalten habe, und die Kritik verfehlt nie, dies ausdrücklich hervorzuheben.

Freilich ist der Kontrakt des H[errn] Treiber *vor der Hand* nicht umzustoßen, so daß er natürlich viel mehr zu dirigieren bekommt als ich. Aber es ist nicht ganz unmöglich, daß dem genannten Herrn plötzlich etwas Unangenehmes passieren könnte. – Ich mag mich nicht deutlicher aussprechen.

Es wurde mir auch schon mitgeteilt, daß ich in der nächsten Zeit *definitiv* (das heißt *lebenslänglich*) angestellt werden soll. Doch bitte ich dies als eine vertrauliche Mitteilung zu betrachten. Sie können sich auch leicht denken, daß ich es nicht gar zu lange in der Stellung eines 2. Kapellm[eisters] aushalten werde.

Haben Sie nicht einen *festen, stimm*begabten I. Chortenor? Wir möchten denselben *sofort* oder wenigstens vom Palmsonntag an engagieren. Übrigens steht bei uns das Fach eines *Bariton* u. einer *Opernsoubrette* offen, und werden wir in der nächsten Zeit auf Engagement gastieren lassen. Haben Sie etwas?

Natürlich lassen Sie nicht merken, daß ich Ihnen dies letztere mitgeteilt, da ich keinen Auftrag der Intendanz habe, und mir jede Eigenmächtigkeit sehr übel genommen würde.

Indem ich um baldige Nachricht bitte bin ich

Ihr ganz ergebener
Gust Mahler
mittlere Carlstraße Nro 17. II.

Quelle: Briefautograph. – *Datierung:* Mahler dirigierte das „Glöckchen des Eremiten", Oper von Louis Maillart, erstmals am 22. Oktober 1883 (lt. Schaefer).

24 An Friedrich Löhrs Mutter

[Ohne Datum. Kassel, Ende Dezember 1883]

Ihnen allen [12] die innigstgefühltesten Glückwünsche zum neuen Jahr

vom verlorenen Posten
aus Kassel.

Quelle: Briefautograph.

25+ An Hans von Bülow

[Ohne Datum. Kassel, 25. oder 26. Januar 1884]

Hochverehrter Meister!
Verzeihen Sie, daß ich trotz der Abweisung, welche ich vom Portier Ihres Hotels erfuhr, dennoch vor Sie trete, auf die Gefahr hin, daß Sie mich für einen Unverschämten halten. Als ich Sie um eine Unterredung bitten ließ, wußte ich noch nicht, welch einen Brand Sie durch Ihre unvergleichliche Kunst in meine Seele werfen würden. Ohne Umschweif: Ich bin ein Musiker, der in der wüsten Nacht des zeitgemäßen Musiktreibens ohne Leitstern wandelt und den Gefahren des Zweifels und der Verirrung ganz anheimgegeben ist.

Als ich im gestrigen Konzert das Schönste erfüllt sah, was ich geahnt und gehofft, da war es mir klar: Hier ist deine Heimat, – dies ist dein

Meister – nun soll deine Irrfahrt enden oder nie!

Und nun bin ich da und bitte Sie: Nehmen Sie mich mit – in welcher Form es immer sei – lassen Sie mich Ihren Schüler werden, und wenn ich das Lehrgeld mit Blut bezahlen sollte. – Was ich kann – könnte – weiß ich nicht; doch das werden Sie ja bald heraus haben. Ich bin 23 Jahre alt, war Student auf der Wiener Universität, habe auf dem Konservatorium daselbst Komposition und Klavier getrieben, und bin nach den unseligsten Irrfahrten hier am Theater als 2. Kapellmeister angestellt worden. – Ob dies schale Treiben einen Menschen befriedigen kann, der mit aller Sehnsucht und Liebe an die Kunst glaubt und sie auf die unerträglichste Weise aller Orten mißhandelt sieht, werden Sie selbst nur allzugut beurteilen können. – Ihnen gebe ich mich nun ganz und gar, und wenn Sie dieses Geschenk annehmen, so wüßte ich nicht, was mich glücklicher machen könnte. Wenn Sie mir eine Antwort gönnen, so bin ich zu Allem bereit, was Sie mit mir vorhaben. Ach, antworten Sie doch wenigstens! Es harrt

Gustav Mahler

Quelle: Briefautograph. – *im gestrigen Konzert:* Bülow konzertierte am 24. und 25. Januar 1884 mit der von ihm geleiteten Meininger Hofkapelle in Kassel. – *Wenn Sie mir eine Antwort gönnen:* Bülow antwortete nicht, sondern übergab Mahlers Schreiben dem Hofkapellmeister Wilhelm Treiber.

26 An Friedrich Löhr

[Ohne Datum. Kassel, April 1884]

Mein lieber Fritz! Du wirst lachen, wenn Du erfährst, daß ich Dir nun etwa den 4. oder 5. Brief schreibe, und daß sie alle noch geduldig in meinem Schreibtisch liegen. Und auch heute – wie es wohl zu kommen pflegt, wenn man lange stillgeschwiegen – weiß ich nicht, wovon ich beginnen soll. – Nun mag denn der Anfang sein, Dir zu sagen, wie innig und immer ich Deiner gedacht, und wie ich keine liebere Hoffnung hege, als Dich bald wiederzusehen und mit Dir wieder einige Tage in alter, unveränderter Freundschaft zu verleben. – Wie könnte ich nun in dürre Worte zusammenfassen, was mir durch Herz u. Kopf schießt, da ich nun zu Dir mich wende, wie in früherer Zeit. Dank, vielen Dank für Deinen Frühlingsgruß, für Deine Treue!

Durch Heinrich erfuhr ich, mein lieber Fritz, welches Leid Dir der erste Weihnachtstag gebracht. Nun sollst Du auch wissen, daß ich am *selben Tag dasselbe* ertragen mußte, und daß seitdem eine Zeit des *fortwährenden,* unerträglichsten Kampfes über mich hereinbrach, dessen Ende vorderhand nicht abzusehen ist; täglich, ja stündlich muß ich ihn bestehen.

Die Ferien beginnen hier am 24. Juni; ich hoffe, in den ersten Tagen des Juli in Wien sein zu können. Ich bitte Dich, lasse mich bald wissen, wie Du lebst und was die Deinigen machen. Deiner lieben Mutter danke ich innigst für ihre herzlichen Zeilen, die ich Neujahr empfing.

Grüße sie wie Deinen Vater aufs wärmste von mir; ebenso Deine Schwestern!

Dein Gustav

Quelle: Briefautograph. – *Heinrich:* H. Krzyzanowski.

27 An Friedrich Löhr

Kassel, 22. Juni 1884

Mein lieber Fritz! In kurzem zeige ich Dir an, daß ich, ohne Starnberg oder Kissingen zu berühren, nach Iglau fahren und in den ersten Tagen des Juli nach Wien und dann zu Euch nach Perchtoldsdorf kommen werde. Wie Du aus dem Datum siehst, hast Du ganz recht gehabt – und vor allem mir durch Deine herzlichen Zeilen eine rechte Freude bereitet. Ich habe in den letzten Tagen über Hals und Kopf eine Musik zum „Trompeter von Säkkingen“ schreiben müssen, welche *morgen* mit lebenden Bildern im Theater aufgeführt wird. Binnen 2 Tagen war das Opus fertig und ich muß gestehen, daß ich eine große Freude daran habe. Wie Du Dir denken kannst, hat es nicht viel mit *Scheffel*scher Affektiertheit gemein, sondern geht eben weit über den Dichter hinaus. Deinen Brief erhielt ich eben, als ich die letzte Note in die Partitur schrieb; wie Du wohl fühlen wirst, schien er mir mehr eine himmlische als irdische Stimme.

Nun sei alles zwischen uns aufgeschoben bis zu unserem *baldigen* Wiedersehen. Grüße mir herzlichst die Deinen.

In Treue
Dein Gustav

Quelle: Briefautograph. – *Der Trompeter von Säkkingen:* ein vielgelesenes episch-lyrisches Gedicht von Josef Victor von Scheffel. Die Kasseler Aufführung vom 23. Juni 1884 wurde folgendermaßen angezeigt: „Der Trompeter von Säkkingen, dargestellt in sieben lebenden Bildern mit verbindender Deklamation. Unter Benutzung des gleichnamigen Gedichtes von Victor von Scheffel. Die begleitende Musik ist von Herrn Musikdirektor Mahler komponiert.“ Mahlers Partitur ist als verloren anzusehen.

28 An Friedrich Löhr

[Ohne Datum. Iglau, 29. Juni 1884]

Lieber Fritz! Morgen früh, wenn nichts dazwischentritt, fahre ich nach Wien und gedenke übermorgen nachmittag (Dienstag) zu Dir nach Perchtoldsdorf hinauszukommen und dann einige Tage bei Euch zu bleiben. Ich freue mich schon unendlich darauf. Für jeden Fall zeige ich Dir noch von Wien aus die genaue Stunde meiner Ankunft in P[erchtoldsdorf] an. Herzliche Grüße an die Deinigen

von
Gustav

29 An Friedrich Löhr

Iglau, 20. Juli [1884]

Mein lieber Fritz! Vor allem nehmt Alle meinen tiefgefühltesten Dank für Eure liebevolle Aufnahme; ich durfte mich unter Euch wohl heimisch fühlen, wie es ja auch in der Tat die ersten Tage waren, die ich seit langem wieder in meiner Heimat verlebte.[13] – Du findest mich unter den Büchern vergraben, die ich gleich den nächsten Tag nach meiner Ankunft erhielt. Viel Freude hat mir der „Ponce“ gemacht*[14], wenn es auch nur zu erklärlich ist, daß dies Theaterstück von der Bühne herab auf kein Publikum der Welt wirken kann. Es ist so ganz und gar für den „Leser“ berechnet und das Schönste und Duftigste müßte dem „Hörer“ entgehen. Auch in „Boisserée“**[15] bin ich ein gutes Stück schon hineingeraten, und es hat sich wieder ein großes, reiches Stück aus jener Zeit vor mir aufgetan. Höchst eigentümlich für mich sind die paar Blicke, die einem in das Leben Goethes dadurch vergönnt sind. Wenn ich es recht verstehe, so geht aus dem Ganzen hervor, daß sich der „Alte“, wie er ihn öfters nennt, bis zu jener Zeit gegen die deutsch-christliche Kunst vollkommen ablehnend verhalten; er spricht ja oft genug seine Freude aus, Goethe *bekehrt* zu haben. Zu jener Zeit begann Goethe seine „Wahrheit und Dichtung“ aufzuzeichnen – und da scheint mir wirklich manches in höchst auffälliger Weise rekonstruiert zu sein; wie z. B. der Abschnitt aus dem Straßburger Aufenthalt, der ja voll von Beziehungen zur Gotik ist. Andererseits scheint die Begeisterung dafür doch wieder mehr ästhetischer Natur zu sein, und dieser Zug mag es wohl sein, der Dich stört. Ich hätte jetzt wohl Lust (leider auch Zeit) ein tüchtiges Stück der Goetheliteratur durchzuknuspern, um mir doch so aus den verschiedenen Strahlen das gute weiße Licht zusammenzusetzen; denn gar zu unerträglich ist es mir, diesem Mißton über den so innig verehrten sozusagen das letzte Wort zu lassen. – Diese Dorothea Schlegel, die so oft auftritt, spielt für mich keine besonders sympathische Rolle; ich möchte sie den weiblichen Klein nennen, wenn mir nicht ihr Geschlecht zu heilig für diesen Namen wäre; ebenso ihr Mann Friedrich, aus dem ich auch nicht recht klug werden kann; seltsamerweise glaube ich den beiden nicht, so oft sie herzlich werden. Am allerliebsten von allen, die bisher aufgetreten, ist mir Freund Bertram.

– Nein, dieses Papier könnte [ein] Lamm zur Raserei bringen; Du mußt einsehen, daß ich nicht weiter schreiben kann, bis mir mein kleiner Bruder Otto ein besseres aus der Papierhandlung bringt.

Wann kommst Du? Schreibe bald darüber! Grüße alle Deinigen herzlichst: Mama, Papa, Louise, Ernestine, Berta, Gretel.

Dein
Gustav

* Ponce de Leon, Lustspiel in fünf Akten von Clemens Brentano.
** Sulpiz Boisserée, Kölner Kunstforscher und Sammler, Freund Goethes.

Quelle: Briefautograph. – *Dorothea Schlegel . . . ihr Mann Friedrich . . . Freund Bertram:* Korrespondenzpartner von Sulpiz Boisserée, deren Briefe Mahler in „Sulpiz Boisserée. Tagebücher und Briefwechsel", Stuttgart 1862, kennenlernte. – *Mein kleiner Bruder Otto:* Otto Mahler (1873–1895), damals also elfjährig.

30 An Friedrich Löhr

[Ohne Datum. Iglau, Sommer 1884]

Mein lieber Fritz! Mit Freuden empfing [ich] die endgültige Nachricht Deines Kommens. Lachen mußte ich, Du närrischer Fritz, über Deine Bedenken, welche ich trotz nochmaliger Lektüre Deines ersten Briefes nicht verstehen konnte. Könnte es denn zwischen uns beiden noch Mißverständnisse geben? Wir sind ja immer klar und offen gegeneinander gewesen und können uns gewiß der sorglosesten, von keinem Zweifel getrübten Freundschaft sicher fühlen.

Wir alle freuen uns schon, Dich in unserer Mitte zu sehen. Wenn ich Dich recht verstanden habe, so fährst Du *Montag* mit dem *Mittags-*

zug (¾1 Uhr) von Wien *ab* und bist demnach Abend 7 Uhr hier in *Iglau,* zu welcher Stunde ich Dich am Bahnhof erwarten werde. Du findest übrigens Schwester Poldi* [16] hier bei uns, vielleicht auch ihren Mann. Leider mußt Du Dich auch noch auf eine andere Überraschung gefaßt machen; vor das Zimmer, das wir bewohnen werden (es ist das einzige vollkommen separierte, weshalb ich es in unserem Interesse doch beibehalten möchte) hat uns der liebe Herr Nachbar einen Schweinsstall hingesetzt, dessen liebliche Bewohner uns meist in den Schlaf singen und immer mit einem Morgenlied erfreuen werden. Dazu legt noch eine muntere Hühnerschar allmorgendlich ihre Eier und gackert dies Ereignis auf die unausstehlichste Weise in die Welt hinaus.

Also auf baldigstes Wiedersehen!

Von mir und den Meinigen die herzlichsten Grüße an *alle*

Dein
Gustav

Montag abends also erwarte ich Dich auf dem Iglauer Bahnhof[17].

* Leopoldine Mahler [geb. 1863], verehelichte Quittner, starb 1889.

Quelle: Briefautograph.

31 An Friedrich Löhr

[Ohne Datum. Kassel, Ende August 1884]

Mein lieber Fritz!
Gestern bin ich hier angekommen und habe nun bereits die erste Probe hinter mir. Kaum, daß ich das Pflaster Kassels berührt, hat mich der alte *schreckliche* Bann ergriffen, und ich weiß nicht, wie ich das Gleichgewicht in mir wied[er] herstellen soll. Ich bin *ihr** wieder entgegengetreten, sie ist so rätselhaft wie immer! Ich kann nur sagen: Gott helfe mir! Du wirst schon letztere Zeit unseres Zusammenseins bemerkt haben, daß sich manchesmal etwas Finsteres auf mich gelegt hat – es war immer die Angst vor dem Unausbleiblichen. Heute Nachmittag gehe ich zu ihr, „mache ihr meine Visite", darnach [wird] meine Lage sofort bestimmte Gestalt gewinnen.

In Dresden hielt ich mich 2 Tage auf, sah zuerst *Così fan tutte* in entzückender Darstellung, dann nächsten Tag – *„Tristan"!* Leider bat mich Kapellmeister *Schuch* (der Dirigent der Vorstellung), in den Zwischenakten zu ihm heraufzukommen u. Du kannst Dir denken, wie ungemein störend das für mich war. Er selbst war außerordentlich liebenswürdig, stellte mich den Künstlern vor und bat mich, ihm zu schreiben. Er will einmal nach Kassel kommen, um mich dirigieren zu sehen. Es ist nicht ausgeschlossen, daß ich dennoch [?] in Dresden Platz finde. Über die Vorstellung selbst kann ich Dir sagen, daß sie „vortrefflich zusammen ging", und daß mich die Darstellung der „Isolde", *Frl. Malten,* gerade[zu] zur freudigsten Begeisterung hinriß. – Das ist leider auch alles. So gut und für mich geradezu verblüffend Schuch den Taktstock zu führen weiß, so wenig befriedigend war für mich seine Intention. Auch Überhorst** sprach ich (er war es übrigens, der mich mit Schuch bekannt machte) und empfand mit vielem Dank seine wärmste Teilnahme für mich.

Ich wohne noch im Hotel, meine Adresse ist übrigens schlechthin Kassel „kgl. Theater".

Nachträglich will ich Dir noch sagen, wie sehr wir alle Dich vermißten und wie Dich alle die Meinen liebgewonnen haben. Grüße herzlichst *alle* von mir und schreibe bald.

Immer Dein
Gustav

* Johanna Richter, eine Sängerin am Kasseler Theater.
** Überhorst, damals Regisseur der Dresdener Hofoper.

Quelle: Briefautograph. – *Datierung:* In GMB, 1924, „Herbst 1884". Mahlers Dienst in Kassel begann jedoch schon Ende August. – *Così fan tutte:* die Vorstellung vom 23. August 1884. – *„Tristan":* die Vorstellung vom 24. August 1884. – *Kapellmeister Schuch:* Ernst (von) Sch. (1846–1914), aus Österreich stammender Dirigent, ab 1872 an der Dresdener Hofoper, mit Mahler bis zu dessen Tod in freundschaftlichem Kontakt. Ihre Korrespondenz ist leider als verloren anzusehen. – *Frl. Malten:* Therese M. (1855–1930), bedeutende Sopranistin, seit 1873 in Dresden; sang 1882 bei der Uraufführung des „Parsifal" in Bayreuth die Kundry.

32 An Friedrich Löhr

Kassel, 1. Jänner 1885

Mein lieber Fritz! Heute am Neujahrsmorgen sollen meine ersten Gedanken Dir geweiht sein. Seltsam genug habe ich die ersten Minuten dieses Jahres verlebt. Ich saß gestern abend allein bei ihr und wir erwarteten beinahe stumm die Ankunft des neuen Jahres. Ihre Gedanken weilten nicht bei dem Gegenwärtigen, und als die Glocke schlug, und Thränen aus ihren Augen stürzten, da kam es so furchtbar über mich, daß ich, ich sie nicht trocknen durfte. Sie ging in das Nebenzimmer und stand eine Weile stumm am Fenster, und als sie wiederkam, still weinend, da hatte sich der unnennbare Schmerz wie eine ewige Scheidewand zwischen uns aufgestellt, und ich konnte nichts anderes, als ihr die Hand drücken und gehen. Als ich vor die Türe kam, da läuteten die Glocken, und vom Turm tönte der feierliche Choral.

Ach, lieber Fritz, – es war alles, als ob der große Weltenregisseur es recht kunstgerecht hätte machen wollen. Ich habe die Nacht im Traume durchgeweint[18].

Meine Wegtafeln: Ich habe einen Zyklus Lieder geschrieben, vorderhand sechs, die alle ihr gewidmet sind. Sie kennt sie nicht. Was können sie ihr anderes sagen, als was sie weiß. Das Schlußlied will ich mitschicken, obwohl die dürftigen Worte nicht einmal einen kleinen Teil geben können. – Die Lieder sind so zusammengedacht, als ob ein fahrender Gesell, der ein Schicksal gehabt, nun in die Welt hinauszieht, und so vor sich hin wandert.

Meine „Trompetermusik“ ist in Mannheim aufgeführt worden und wird demnächst in Wiesbaden und Karlsruhe aufgeführt werden. Alles natürlich ohne das geringste Zutun von meiner Seite. Denn Du weißt, wie wenig mich gerade dieses Werk in Anspruch nimmt.

Den Weihnachtsabend habe ich allein zugebracht, obwohl sie mich zu sich geladen hatte.

Lieber Fritz! Alles, was Du von ihr weißt, ist nur ein Mißverständnis. Alles habe ich ihr abgebeten, meinen Stolz und Egoismus von mir geworfen. Sie ist alles, was liebenswert auf dieser Welt ist. Ich möchte jeden Blutstropfen für sie hingeben. Aber ich weiß doch, daß ich fort muß. Ich habe auch alles dafür getan, aber noch immer zeigt sich mir kein Ausweg. Leb recht wohl! Ich muß nun fort, meine Neujahrsvisiten zu machen. Schreibe mir bald, lieber Fritz. Auch von den Deinigen berichte mir!

Gustav

einen Zyklus Lieder geschrieben: von den sechs Gedichten, die Mahler schrieb, hat er vier vertont. Sie bilden den Zyklus „Lieder eines fahrenden Gesellen“. Über die Geschichte dieser Komposition ist fast nichts bekannt; im Druck erschien der Lied-Zyklus erst 1897. – *„Trompetermusik“:* siehe Brief 27. Von den genannten Aufführungen scheint nur die in Karlsruhe zustandegekommen zu sein.

33+ An Albert Spiegler

[Ohne Datum. Poststempel: Kassel, 23. Januar 1885]

Lieber Albert!
Sehr erfreut war ich, wieder einmal von Dir ein Lebenszeichen zu bekommen. Aber sehr spärlich zugemessen hast Du mir es schon. Ich bin ohne jede Nachricht von Euch allen, und weiß nicht – wie die Verhältnisse jetzt stehen – ob ich so bald wieder einen von Euch sehen werde. Ich bin nämlich (höchst wahrscheinlich schon vom kommenden Sommer ab) als (I.) Kapellmeister am Leipziger Stadttheater engagiert – neben Nikisch, dem ich vollkommen gleichgestellt bin. – Der Kontrakt geht auf 6 Jahre, und ich werde während dieser Zeit nur schwer loskommen – höchstens im Hochsommer 3–4 Wochen, wo Ihr ja alle nicht zu finden seid. – Wie Du siehst, begünstigt mich sozusagen das Glück. Aber glaube mir, ohne mich um einen Gran glücklicher zu machen.

Ich lebe wie ein Hottentotte. Ich kann kein vernünftiges Wort mit jemandem sprechen. Die Kasselaner sind so fürchterliche Haubenstöcke, daß ich eine Unterhaltung mit einem Wiener Fiaker vorziehe.

Gearbeitet habe ich manches – wenn auch nur für die „Schublade“. Ich hätte nun Macht und Gelegenheit, meine Kompositionen aufzuführen; doch ist mir in Anbetracht der Stupidität der hiesigen Verhältnisse jede Aufführung so gleichgültig, daß ich nicht einen Finger darum rühre.

Schreibe mir die Adresse von *Sax.* Schon lange wollte ich ihm schreiben, – doch wohin? Herzlichst bedanke ich mich bei allen – Adlers, Pernerstorfer u. Bondi – für den Neujahrswunsch. *Vielleicht wäre es Euch durch Friedjung möglich,* mein Avancement in den Wiener *Zeitungen zu veröffentlichen.* Womöglich mit einem *„kleinen Nekrolog“* dazu. Das könnte mir für die Zukunft sehr förderlich sein, obwohl ich jetzt nicht viel Staffeln mehr zu steigen habe. Aber mein letztes Ziel ist und bleibt einmal Wien – ich kann mich nirgends anderswo heimisch fühlen. Schreibe mir doch bald wieder, lieber Albert – und vor allem *berichte* ausführlich über *Dich* und die *Freunde!* Von mir seid *alle* herzlichst gegrüßt! Den Deinigen sende ich meine innigsten Wünsche zur Genesung von der schweren Wunde. Ich kann mir denken, wie grimmig nun das Leben an Euch herantritt.

Schreibe bald! Dein
Mahler

Quelle: Briefautograph. – *Nikisch:* Arthur N. (1855–1922), aus Ungarn stammender, in

Deutschland wirkender Dirigent, späterhin weltberühmt. – *Ich hätte nun Macht:* Mahler leitete seit Herbst 1884 den Chorverein in Münden. – *Sax:* Hans Emanuel S. (1858–1896), Nationalökonom (siehe auch Anmerkung Dr. Löhr Nr. 32.). – *Adlers:* Victor Adler (1852–1918), der spätere Führer der sozialdemokratischen Partei in Österreich, und dessen Gattin Emma. – *Pernerstorfer:* Engelbert P. (1850–1918), Publizist, Freund Victor Adlers, später auch Sozialdemokrat. – *Bondi:* Dr. Seraphin B. (siehe Anmerkung Dr. Löhr Nr. 24). – *Friedjung:* Heinrich F. (1851–1920), Historiker, Freund Victor Adlers, zu jener Zeit bei der in Wien erscheinenden „Deutschen Zeitung" tätig.

34 An Julius Epstein

Kassel, 26. März 1885
Wolfsschlucht 13

Verehrter Herr Professor!
Sie sind so gütig, mir noch immer in Ihrer Erinnerung ein kleines Plätzchen zu bewahren. Dies ermutigt mich, Ihnen eine Mitteilung zu machen, welche zugleich eine Bitte in sich schließt.

Wie Sie aus beiliegendem Zeitungsausschnitt ersehen, findet hier im Juni unter meiner Leitung ein großes Musikfest statt, in welchem unter anderem auch die 9. Symphonie zur Aufführung gebracht werden soll.

Da dies ein für einen jungen Menschen doch ungewöhnliches Vertrauensvotum ist, welches mir beinahe ein ganzes Land ausstellt – es sind die großen Musikvereine von Hessen und teilweise Hannover – so hege ich den verzeihlichen Wunsch, daß auch die Wiener etwas davon erfahren. – Hätten Sie diese große Güte? Nicht wahr, ich bin noch immer so „arrogant" als ich war?

Ich werde übrigens binnen Jahresfrist einem Rufe als Kapellmeister an das Stadt-Theater in Leipzig folgen.

Ich bitte mich H.[errn] Hofkap.[ellmeister] Hellmesberger u. Professor Krenn zu empfehlen und – mir meine Freiheit zu verzeihen.

In alter Verehrung Ihr dankbarer Schüler

Gustav Mahler

die 9. Symphonie: die Aufführung von Beethovens Neunter Symphonie beim Kasseler Musikfest (29. Juni bis 1. Juli 1885) kam nicht zustande. Mahler leitete lediglich eine Aufführung von Mendelssohns Oratorium „Paulus" am 29. Juni.

35 An Friedrich Löhr

Kassel, 1. April 1885

Liebster Fritz!
Ich kann nichts sagen* [19]. Ich war so ahnungsvoll in den letzten Tagen. Unnennbar war meine Angst und Schmerz. – Immer wollte ich Dir schreiben und immer stieß es mich zurück.

Die Heiligkeit Deines Gefühls läßt mich über meines schweigen.

In kurzem will ich Dir nur sagen, daß wir das nächste Jahr zusammen verleben werden. Heute habe ich um meine Entlassung gebeten und werde sie voraussichtlich erhalten.

Ich habe für das nächste Jahr nichts vor, als mit Dir zusammen zu sein. Ich bin so zerrissen. Aus vielen Wunden blutet mein Herz.

Sage Deinen Lieben von mir, wie ich bei Ihnen weile und mit Ihnen trauere.

Schreibe bald! Und denk' an mich. Gustav

* Die Mutter Dr. Löhrs war kurz vorher gestorben.

Quelle: Briefautograph.

36 An Friedrich Löhr

[Ohne Datum. Kassel, April 1885]
Sonntag Nachmittag

Mein lieber Fritz!
Meine Fenster stehen offen und der sonnige, duftende Frühling schaut zu mir herein, überall unendlicher Friede und Ruhe. Zu dieser schönen Stunde, die mir geschenkt ist, will ich mit Dir zusammen sein. – Habe Dank für alles, Brief, Blumen und Verse. Vor allem habe ich empfunden: „Ich trag' ein gülden Ringelein" – (wohl aus der jüngsten Zeit) – dann „Es war Winter geworden" und „War das ein Abschiednehmen heut Nacht" und „Ein Blinder von den Farben spricht"!

– Du denkst zu gut von mir, wenn Du meinen Entschluß „groß" nennst. Die unausweichliche Notwendigkeit hat mir abgerungen, was deutliche Einsicht nicht hat bewirken können.

Viel ist geschehen, seit ich Dir nach Starnberg berichtet [20]; das Schmerzlichste hat noch kommen sollen. Bis wir zusammen sind, sollst Du alles erfahren. Jetzt mögst Du nur wissen, daß ich der schönsten Erfüllung nahe war und dann mit *einem Male alles* verloren habe – ohne

Schuld eines Menschen. – Eine lange Zeit habe ich nicht ein und aus gewußt – ein einziger dumpfer Wunsch war in mir: schlafen – ohne Traum!

Mit dem Frühling ist es wieder gar lind in mir geworden. Von meinem Fenster aus sehe [ich] über die Stadt hin auf die Berge und Wälder, und die freundliche *Fulda* zieht sich behaglich durch; wenn so die Sonne nun ihre farbigen Lichter hineinwirft, da weißt Du ja, wie sich alles in einem löst. So ist mir nun heute zu Mute, während ich an meinem Schreibtisch beim Fenster sitze und von Zeit zu Zeit einen Blick des Friedens hinauswerfe in die Stätte der Ruhe und Unbekümmertheit. Die Menschen um mich herum, die mich durch den Lärm ihrer Geschäfte unsäglich quälen, sind heute alle draußen. Kein Laut des Tages dringt zu mir, nur von Zeit zu Zeit verkündet die Glocke, daß die Menschen zu einander gehören. Und siehe, da bist Du mir mit einem Male so nahe, und kaum empfinde ich es, daß wir durch so weite Räume getrennt sind. Ich sehe uns auf diesen blinkenden Pfaden dort zwischen Wiesen und Bergen; und bin mit Dir und habe Dich. – Du glaubst mir, daß ich Dir nun keinen Bericht abstatten kann über die äußeren Umstände meines Lebens. – Du möchtest gerne wissen, ob mir das „Musikfest" eine Freude gebracht hat. – Damit ist es, wie mit aller Erfüllung, die man von außen erwartet. – Glaubst Du, wenn sich ein paar Gesangsvereine zusammentun, um Kunst zu machen, daß etwas Rechtes daraus werden kann. – Es ist jetzt einmal Mode, musikalisch – patriotisch – festlich zu sein. – Meine Wahl hat einen furchtbaren Parteikampf hervorgerufen, und wäre die ganze Sache zuletzt sogar daran gescheitert. – Meine *Jung*heit kann man mir hier, besonders bei der Zunft nicht verzeihen. – Unser Orchester macht Strike, weil Herr Hofkapellmeister sich blamiert sieht; und hat sogar der Intendant die Unverfrorenheit gehabt, an meinen Edelmut zu appellieren und mich zum Verzichten [bewegen wollen]. Ich habe ihm natürlich heimgeleuchtet und bin nun im Theater ein toter Mann.

– Doch in 3½ Monaten habe ich das alles hinter mir, Musikfest, Theater, Amtspflicht, und hoffe bei Dir zu sein. Du weißt ja, daß ich *Juli* hindurch in Leipzig meine Probezeit ablegen soll. Wenn die vorüber ist, gehe ich nach Wien und werde mir *Lektionen* suchen und so sehen, die Zeit bis zum Antritt meines Amtes in Leipzig (Juli 1886) wieder mir selbst und denen, die mir gut sind, zu sein. – Ich denke, etwa August und September in Iglau zuzubringen, und bin gewiß, daß Du zu uns kommst und mit mir einige Zeit da lebst. Dann gehen wir zusammen nach Wien. So habe ich mir es ausgedacht. Warum schreibst Du mir denn gar nichts von Deinen Schwestern? Und wie geht es

Deinem Papa? Ich bin Euch allen so innig zugetan. Wie freue ich mich, wieder einmal an Euerem Tische sitzen zu dürfen, wo ich so wohl und sicher geborgen bin. – Wenn ich nach Wien komme, soll auch die Bertl was Ordentliches lernen.[21] Malt die Louise noch bei Hofmann? Wie geht es der Ernestine und der kleinen Gretl! – Schreibe bald und erzähle mir, wie Ihr lebt.

Gustav

Quelle: Briefautograph. – *in Leipzig meine Probezeit:* diese fand nicht statt, weil Mahler schon im Sommer 1885 sein Engagement in Prag antrat. – *Unser Orchester macht Strike:* da ihm das Theaterorchester nicht zur Verfügung stand, mußte Mahler für das Musikfest ein Orchester zusammenstellen, das aus Musikern der Hofkapellen Meiningen, Weimar und Braunschweig und der Musikkapelle des Kasseler Infanterieregiments bestand. – *der Intendant:* von Gilsa. – *Bertl ... Louise ... Ernestine ... Gretl:* Friedrich Löhrs Schwestern. – *Hofmann:* vermutlich Joseph Hoffmann (1831–1904), Wiener Maler und Bühnenbildner (siehe auch Anmerkung Dr. Löhr Nr. 76.).

37 An Friedrich Löhr

Kassel, 12. Mai 1885

Mein lieber Fritz!
Dein Stillschweigen macht mir Sorge! Sage mir doch ein Wort, wie es Dir und den Deinen ergeht. – Auch von Heinrich bin ich ohne jede Nachricht. –

Von meinen Angelegenheiten kann ich nur sagen, daß sie immer verwirrter werden. – Vom 1. Juli ab habe ich hier meine Entlassung. Hierauf gehe ich auf einen Monat nach Leipzig. Was dann folgt, ist für mich noch eben so dunkel, als was wir in 50 Jahren machen werden. – Hier geht es nun sehr heiß zu – „Hie Mahler“, – „hie Treiber“ – die Parteien schlagen sich herum und – ich bekomme die Prügel. – Mit dem Herrn Intendanten bin ich auch schon fertig, d. h. nachdem ich ihm offen gesagt habe, daß ich anderer Meinung in künstlerischen Dingen bin als er, hat er mich als einen Mensch[en], der die Subordination nicht kennt, zu den Verfemten geworfen. Dabei wird tüchtig an dem Musikfest gearbeitet; ich muß fleißig und heimlich bei den Vereinen herumfahren und Proben halten und, da ich mich oft in Geldklemmen befinde, so geht es auch da nicht ohne seine Not ab.

Meine Sphinx hört nicht auf, mir rätseldrohend in die Augen zu starren – und sonst wird mit mir als einem Halbwahnsinnigen verfahren – teilweise wohlwollend mitleidig, teilweise hämisch neugierig. – Da hast [Du] nun mein neuestes Bulletin, das Du Dir nach altbekannter Methode ergänzen und ausmalen kannst. --

Der Mai hat seine Versprechungen bei uns nicht gehalten, ich bin innen und außen recht eingefroren.

Von den Meinigen bekomme ich recht betrübende Nachrichten; nichts ist so, wie es sein soll, und ich, der ich bei alledem als der rettende Anker ersehnt werde, befinde mich mitten im Schiffbruch. Dabei aber verliere ich weder den Mut noch die Festigkeit und weiß, daß ich recht tue. – Ich konnte nicht mehr hier bleiben, wenn ich nicht *mich* selbst einbüßen wollte, und nur der Gedanke, daß ich den Ausweg ergriffen, hält mich in meiner jetzigen Bedrängnis aufrecht.

Schreibe mir, wenn Du kannst, einige Zeilen über Euch, und was Ihr im Sommer zu tun gedenkt.

Ich grüße Euch *alle* aufs herzlichste.

Dein Gustav

Quelle: Briefautograph. – *meine Entlassung:* Mahler hatte dreimal schriftlich um vorzeitige Entlassung aus dem Engagement angesucht. – *die Parteien schlagen sich herum:* Mahlers Berufung zum Leiter des Kasseler Musikfestes war durch antisemitische Zeitungsartikel zu einem Politikum geworden.

38 An Friedrich Löhr

Kassel, 28. Mai 1885

Liebster Fritz!
Wie sehr kennst Du meine Krankheit! Du kannst es wohl sagen, daß Du die rechte Arznei bietest, denn wer wäre so liebevoll und immer nur für andere bedacht, wie Du! Auf der ganzen Welt bist Du der *einzige,* den ich lieb habe, und der mich doch noch nicht verwundet. Mein ganzes Denken schließt hier nur einen Gedanken ein: – *fort* u. zu Dir, zu Euch hin. – Meine Verhältnisse und Lebensfäden werden hier immer verwirrter – es hilft nur mehr das Schwert des Alexanders. – Wenn ich Dir vorlängst schrieb, daß mein Verhältnis zu „ihr" in ein neues und letztes Stadium getreten, so war dies nur der Coup eines schlauen Theaterdirektors, der ankündigt: Letzte Vorstellung!, um nächsten Tag noch eine allerletzte anzubieten. Aus dem letzten ist ein allerletztes geworden, und da mich vom *Abschied für immer* nur noch 3 Wochen trennen, so ist es nicht sehr wahrscheinlich, daß noch „auf allseitiges Verlangen" ein *allerallerletztes* daraus wird. – Doch stehe ich für nichts. –

Wie steht es denn mit meinen Aussichten in Wien? Werde ich denn ein paar Lektionen bekommen? Es macht mir dies nicht geringe Sorge, da ich hier, wie Du denken kannst, nichts erspart habe. Ich werde sogar [nur] mit großer Schwierigkeit dem „Schuldgefängnis" entgehen können. – Was es mir sein wird, wieder so einmal auf unbestimmte Zeit hin, ohne „Amt" und „Pflichten" mit Dir zu leben, läßt sich gar nicht sagen. Gar zu gerne möchte ich noch einige Tage zu Euch nach Perchtoldsdorf – doch dürfte es mir diesmal nicht vergönnt sein, da ich kaum vor Oktober nach Wien komme. Dafür hoffe ich Dich im September bei uns in Iglau zu haben. Nicht wahr, Du kommst doch. – Nach Starnberg komme ich nicht, weil dies aus „verschiedenen" Gründen unmöglich ist; ich weiß gar nicht, woher Freund Heinrich diese Kunde hat. Deine Briefe von der Clothilde[22] und die anderen Schriftstücke habe ich wohl verwahrt und werde Dir dieselben bei unserem ersten Zusammentreffen einhändigen.

Sende mir doch die Nummer der deutschen Worte, in welcher Dein Aufsatz erscheint[23].

Seid Alle herzlichst gegrüßt!

Schreibe mir noch einmal nach Kassel!

Herzlichst Dein
Gustav

Quelle: Briefautograph.

39 An Friedrich Löhr

[Ohne Datum. Kassel, Juni 1885]

Liebster Fritz!
Warum schreibst Du nicht? Was macht Ihr denn alle? – Ich habe Dir heute manches mitzuteilen. – Vor allem sollst Du wissen, daß ich vom 1. August als I. Kapellmeister nach Prag v[on] Angelo Neumann engagiert bin, und daß ich an diesem Tage zum ersten Male daselbst den Lohengrin dirigiere. Im Laufe des Jahres studiere ich daselbst die Nibelungen ein – Trist[an] – Meistersinger! Ich werde, um die Vorproben zu leiten, schon am 15. Juli dort eintreffen müssen und nur wenige Tage anfangs Juli zuhause verbringen können. – Ich hoffe Dich ganz sicher bei mir zu treffen; auch könntest Du, wenn ich in Prag eingerichtet bin, auf einige Zeit dann zu mir kommen.

– Wie Du siehst, „mache ich schnelle Carrière!" Das Theater wird unter *Neumann* sehr bedeutend werden – und mir ein außerordentlich bedeutender Wirkungskreis geboten werden. – Leider glaube ich, wird die Herrlichkeit nur ein Jahr dauern, denn von da ab bin ich in Leipzig gebunden, und Direktor Staegemann schrieb mir dieser Tage, daß ich jede Hoffnung aufgeben soll, daß er mich meiner Verpflichtungen gegen ihn enthebt. – Nun – sollen sich die Herren Direktoren nur um mich streiten!

– Das Musikfest schreitet ebenfalls schnell fort und wird unter kolossalem Pomp in den nächsten Tagen vom Stapel gelassen. – Ich bin ordentlich populär geworden, eine Art Löwe des Tages. – So, nun habe ich das vom Hals.

Bis auf das, daß ich mich in Geldschwulitäten befinde, geht es mir auch sonst besser. Die vielen Arbeiten und Aussichten haben mich, den alten Sanguiniker, über manche Bitternis hinweggelogen. Von *ihr* werde ich höchstwahrscheinlich ohne ein Wort des Abschieds gehen! Seit einem Monat habe ich sie nicht mehr gesehen, außer in der Probe. Wie das gekommen ist, werde ich Dir vielleicht erzählen, wenn wir zusammenkommen. Manchmal, wenn ich aus dem Schlaf aufkomme, kann ich es gar nicht glauben.

Schreibe mir doch einige Zeilen.

Ich habe nun so viel zu tun, daß ich kaum Zeit und Muße zu dieser verwirrten Mitteilung finde. Grüße die Deinigen von mir. – Auch Seemüller, Bondi* [24]! Reiff!

Herzlichst Dein
Gustav

* Josef Seemüller, Germanist. S. Bondi, Advokat.

Quelle: Briefautograph. – *Angelo Neumann:* Theaterdirektor (1838–1910), wurde durch Gründung und Leitung eines „Fliegenden Richard-Wagner-Theaters" international bekannt. Mahler bewarb sich bereits am 3. Dezember 1884 schriftlich bei Neumann um eine Kapellmeisterstellung, als dieser noch Direktor der Oper in Bremen war. Mit August 1885 übernahm Neumann die Leitung des Deutschen Theaters in Prag. – *daselbst den Lohengrin dirigiere:* Diese Vorstellung wurde von Anton Seidl (1850–1898) dirigiert, der Prag aber schon wenige Wochen später verließ. – *Direktor Staegemann:* Max St. (siehe Verzeichnis der Adressaten).

40 An Friedrich Löhr

Münden, 5. Juli 1885

Lieber Fritz!

In aller Eile nur die herzlichsten Wünsche zum heutigen Tage. – Ich habe so viel noch zu tun vor, daß ich mich nicht einmal ein Stündchen hinsetzen kann und ordentlich an Dich denken.

Mir selbst ist bisher alles aufs beste gelungen. Ehren u. Liebe habe ich [in] reichem Maße eingeheimst* [25].

Einen großen Brillantring, ein[e] goldene Uhr, Lorbeerkranz – Album etc. etc! – Nebsther aber bin ich um meine alte Uhr gepfändet worden und werde höchstwahrscheinlich auf der Reise nach Iglau, welche ich morgen antrete, meine eben errungenen Kostbarkeiten großenteils einbüßen.

Grüße mir die Deinigen herzlichst. – Bleibe mir treu! Lieber Fritz!

Gustav

Donnerstag lange ich in Iglau an, am 13. Juli in Prag.

* Großes Musikfest zu Kassel, 29., 30. Juni, 1. Juli, bei welchem Mahler Mendelssohns „Paulus" dirigierte.

Quelle: Briefautograph.

41 An Friedrich Löhr

Iglau, 10. Juni [richtig: Juli] 1885 [26]

Lieber Fritz!

Nun bin ich wieder zu Hause, und, wenn ich aufrichtig sein soll, recht zerstreut und schläfrig aufgelegt. Zu meinem größten Leidwesen fand ich meinen Brief an Dich, als ich bei meiner Ankunft in Prag nach dem Gepäcksschein suchte. – Du wirst mir es nicht übel nehmen, es wird verzeihlich scheinen, wenn Du weißt, daß ich zu all der Übermüdung noch eine tüchtige Halsentzündung damals durchgemacht.

– Wie gerne ich, wir alle Dich jetzt hier bei uns sehen würden, kannst Du Dir denken; doch ist es vielleicht so besser, Du kommst erst zu mir nach Prag, bis ich wieder in geordneten Verhältnissen bin, woselbst Du Dich natürlich als meinen Gast betrachten wirst (so weit die vorhandenen Kräfte reichen). Wir werden dann beide von einander mehr haben.

Es ist alles noch recht hübsch geworden, lieber Fritz, freilich nachdem sich die beiden elektrischen Lager entladen haben – wobei freilich bei mir zuerst die Funken gekommen sind. – Alles erzähle ich Dir, bis Du zu mir kommst.

Soll ich Dir Deine Briefe (v. Cloth.[ilde] etc.) jetzt schon senden, oder warten, bis Du kommst. –

Ich bitte Dich übrigens dringend, mir wieder Mitteilungen zu machen 1. über Deine *Familie,* 2. über *Dich speziell* in Bezug auf *Perfectum, Praesens* u. *Futurum.* Von mir weißt Du alles! Ich bin im Begriffe, was man sagt, Carrière zu machen. Lebe recht wohl und grüße die Deinigen vielmals

von Deinem
Gustav

Quelle: Briefautograph.

42 An Friedrich Löhr

Prag, 28. November 85 [27]
Rittergasse 24

Mein lieber Fritz!
Wie geht es Dir? So kann ich doch diesmal fragen? Das Letzte, was ich von Dir weiß, ist, daß Du in Starnberg warst und dacht' ich immer, daß es Dir einmal ankommt, mir Nachricht zu geben. – Was ich treibe, ist schwer zu beschreiben. Am liebsten fing' ich meine Briefe mit Seufzern an, das ist schon die alte Gewohnheit! Daß ich die Meistersinger bereits 3 mal dirigiert habe, und in der nächsten Zeit Rheingold u. Walküre unter meiner Leitung von Stapel geht, ist wohl etwas Erfreuliches, das ich Dir mitteilen kann. Daß solche Aufgaben den Musiker ganz ausfüllen, ist wohl nicht anders möglich – besonders, wenn er so wie ich, als Streiter für das Heiligtum in die Schranken treten muß.

Doch trotz alledem ist die Zeit so leer und trübe für mich, wie je, und wäre mir so ein inniges Aussprechen mit Dir im tiefsten Bedürfnis ersehnt. Wie hohl klingt der Ruf der Liebe an diesen starren Felsen zurück, daß man vor der eigenen Stimme zurückschaudert. Oft dacht ich mir: wenn nun Fritz hereinträte, wie könntest Du wieder alles sagen und tief tauchen in das Heilbad der Freundschaft! Wie viel ist geschehen, seitdem wir uns das letztemal sahen! Um wieviel ärmer sind wir beide geworden! Wenn Du Dich an die Zeiten erinnerst, als ich von

Olmütz kam und bei der italienischen Stagione in Wien Chöre einstudierte, so dürftest Du ein ziemlich getreues Bild von mir haben – nur mit dem Unterschied, daß ich damal[s] jünger und hoffnungsreicher war und von irdischen Wandlungen noch ungetrübt; etwa, wie der den Staub der Reise nicht fühlt, der die frische Quelle vor sich sieht. Lieber Fritz! Was ist wieder alles in mich hineingekommen! Du mußt herkommen und mich

3. Dezember 85

und mich? – tüchtig durchprügeln wahrscheinlich! Prügel verdien' ich! Aus einer Dummheit falle ich in die andere. So habe ich mir in dieser kurzen Pause ein Süppchen eingebrockt, an dem ich wieder eine Zeitlang zu essen haben werde. Komm her! Alles will ich Dir sagen! Nichts kann ich schreiben. –

Wenn ich nur wüßte, wie es Euch allen geht! Deinem Papa, Deinen Schwestern! Wie Du weißt, bin ich vom August 86 nach Leipzig engagiert. Da es mir hier so „gut geht" und ich sozusagen die erste Geige spiele, während ich in Leipzig an Nikisch einen eifersüchtigen und vielvermögenden Rivalen finden werde, so habe ich alle Hebel in Bewegung gesetzt, um mich von dort loszumachen. Leider ist jeder Versuch fruchtlos geblieben, und so bleibt es denn dabei.

28. Dez. 85

Wenn es gut geht, so werfe ich diese Zeilen heute in den Postkasten.

Vielen Dank für Deine Gabe! Sie war beinahe ein stiller Vorwurf für mich! Rheingold und Walküre ist glücklich heraus, und ist besonders letztere wirklich glücklich gelungen; Du mußt herkommen und hören! Schreibe doch, Allzusaumseliger! Schreibe gewiß!

Seid *Alle* vielmals gegrüßt und geht froh ein in das Jahr 1886.

Treulichst Dein
Mahler

Quelle: Briefautograph. – *bei der italienischen Stagione:* Mahler war von März bis Mai 1883 als Chorleiter bei der italienischen Stagione am Wiener Carltheater tätig. – *Aus einer Dummheit falle ich in die andere:* Anspielung auf eine Liebesbeziehung zu der am Deutschen Theater in Prag engagierten Sängerin Betty Frank. Betty Frank sang am 18. April 1886 in einem Konzert drei Lieder von Mahler. – *Rheingold und Walküre:* am 19. und 20. Dezember 1885 erstmalig in Prag, dirigiert von Mahler.

43+ An Freiherrn Adolph von und zu Gilsa

Prag, 29. Dez. 85

Hochverehrter Herr Baron!
Gestatten Sie mir, obwohl aus weiter Ferne, Ihnen zum Jahreswechsel meine ehrerbietigsten Glückwünsche darzubringen, wie es mir seit 2 Jahr[en] eine angenehme Pflicht war.

Ich kann nicht umhin, es bei dieser Gelegenheit auszusprechen, wie dankbar ich all' der Güte und Freundlichkeit gedenke, welche Sie mir im Laufe der Zeit erwiesen, da ich das Glück hatte, unter Ihrer Leitung meinen künstlerischen Idealen nachstreben zu dürfen.

In Ihrer Schule lernte ich, was das Allerschwerste ist, zu gehorchen, um befehlen zu können, seine Pflicht getreu zu erfüllen, um dies von anderen verlangen zu dürfen. Welche Not machte Ihnen wohl oft der ungebärdige Schüler, und es bedurfte gewiß oft Ihrer weitgehendsten Nachsicht, um mit mir nicht die Geduld zu verlieren.

Ich hoffe, Ihnen von nun an zu beweisen, daß ich meinem Meister keine Schande machen werde, und daß Ihre wohlmeinenden Ermahnungen auf fruchtbaren Boden gefallen sind.

Hier geht es mir recht gut. Ich habe bisher dirigiert: *Neu einstudiert:* Don Juan, Wasserträger, Fidelio, Tannhäuser, Meistersinger, *Novitäten:* Trompeter, Rheingold, Walküre, und bin eben daran, *Tristan* (neu) und einen *Mozart*-Zyklus vorzubereiten. Also für 5 Monate eine ganz erkleckliche Arbeit. Gerne hätte ich meinen Vertrag in Leipzig gelöst, um hier bleiben zu können; doch wollte Dir. Stägemann absolut darauf nicht eingehen. Und so muß ich mich denn im nächsten August auf den schweren Weg nach Leipzig machen, wo meiner gewiß der peinlichste Rivalismus mit Nikisch harrt.

Nehmen Sie die Versicherung meiner immer währenden Verehrung.

Ihr dankbarster
Gustav Mahler

Quelle: Briefautograph. – *Wasserträger:* Oper von Luigi Cherubini. – *Trompeter:* Oper nach Scheffels „Der Trompeter von Säkkingen“ von Victor E. Nessler, 1884 uraufgeführt. – *Tristan (neu):* Die Prager Aufführungen von „Tristan und Isolde“, 1886, wurden nicht von Mahler dirigiert.

44 An Friedrich Löhr

[Postkarte. Ohne Datum.
Prag, Anfang Februar 1886]

Lieber Fritz, ich freue mich unendlich, Dich bald zu sehen, zeige mir Deine Ankunft an; wenn ich keine Probe habe, erwarte ich Dich am Bahnhof – wenn nicht, so komme direkt in meine Wohnung: Langegasse Nr. 18, I, es wird alles vorbereitet sein. Ich bewohne eine Wohnung zusammen mit einem Kollegen – dies zur Vorbereitung. Ich trage nur einen Schnurrbart. Schreibe sofort!

Dein
Gustav

mit einem Kollegen: dem schwedischen Bassisten Johannes Elmblad (1853 – 1910). – *nur einen Schnurrbart:* Mahler hatte um 1880 einen Vollbart, in Kassel einen Schnauzbart getragen.

45 An Max Staegemann

Prag, den 3. Juni 1886
Langegasse 18, I.

Sehr geehrter Herr Direktor!
Die Zeit ist nahe, da ich meine neue Stellung unter Ihrer Leitung antreten werde, und ich nehme die Gelegenheit wahr, mich mit Ihnen nun in Verbindung zu setzen.

Vor allem habe ich die ganz ergebene Bitte an Sie, mir als Antrittsleistung die Direktion des Tannhäuser zu gewähren. Diese Oper bietet Gelegenheit, mich sowohl als Orchesterdirigenten einzuführen, als auch Beherrschung der Gesangsmassen und Aufbau von opernhaften Ensembles zu zeigen. Da ich in gutem Einvernehmen von Direktor Neumann scheide, so wird es für mich ein leichtes sein, wenn Sie es wünschenswert finden, mich hier noch vor Ablauf der kontraktlichen Zeit (bis 1. August) frei zu machen und nach Bedarf baldigst in Leipzig einzufinden.

Doch müßte dies natürlich ehetunlichst angebahnt werden.

Ich bitte Sie daher, mich baldigst von Ihren Wünschen zu benachrichtigen.

Ich bin mit ausgezeichneter Hochachtung

Ihr ganz ergebenster
Gustav Mahler

46 An Max Staegemann

Prag, 7. Juni 1886

Sehr geehrter Herr Direktor!
Nehmen Sie meinen besten Dank für Ihre freundliche Antwort und gütige Fürsorge. Ich werde – nach der mir heute von Dir. Neumann gegebenen Zusage – circa am 24. oder 25. Juli in Leipzig eintreffen können und die Zeit zu den mir von Ihnen gewährten Vorproben bestens ausnützen („Meistersinger" etc.). Ich wiederhole übrigens nochmals meine Bitte, mit „Tannhäuser" anfangen zu dürfen, da dies nach Lage der Dinge keine Schwierigkeiten bereiten dürfte. – Sie haben vielleicht die Güte, mir bei Gelegenheit eine diesbezügliche Mitteilung zukommen zu lassen; auch bitte ich, wenn Sie irgendwelche Kommissionen auf dem Wege von Prag nach Leipzig haben, sich an mich zu wenden.

Ich bin mit ausgezeichneter Hochachtung

Ihr ganz ergebenster
Gustav Mahler

Quelle: Briefautograph. – *mit „Tannhäuser" anfangen:* Mahler debütierte in Leipzig am 3. August 1886 mit „Lohengrin".

47 An Friedrich Löhr

[Ohne Datum. Prag, 30. Juni 1886]

Lieber Fritz!
Nur ganz kurz! Bis 15. Juli bleibe ich hier. Dann gehe ich nach *Iglau*, bleibe daselbst bis 24. und gehe dann direkt nach Leipzig!

Morgen ist Glucks Iphigenie in der Wagnerischen Bearbeitung. Du kannst Dir denken, was das wieder für ein Tag wird. Dann dirigiere ich wahrscheinlich noch den Fidelio!

Wo werde ich Dich sehen und sprechen. Noch hier oder in Iglau? Bitte um baldige Auskunft darüber.

Von Heinrich habe ich einmal einen Brief gehabt. Dort scheint es recht gut zu gehen.

Grüße mir die Deinigen herzlichst

Dein
Gustav

Quelle: Briefautograph. – *Datierung:* In GMB, 1924, mit Fragezeichen. Der 30. Juni ist richtig, da Mahler am 1. Juli 1886 „Iphigenie in Aulis“ von Gluck dirigierte. – *Fidelio:* am 9. Juli 1886.

48 An Max Staegemann

[Ohne Datum. Juni oder Anfang Juli 1886]
Prag, Langegasse 18,
nicht [Hotel] blauer Stern

Hochgeehrter Herr Direktor!
Ein Unwohlsein des Fräulein Hudl, infolgedessen ich sie erst gestern vornehmen konnte, ist Schuld, daß ich Ihnen so spät darüber berichte.

Die Stimme ist entschieden schön, hat einen warmen Klang – nicht üble Mittellage und Tiefe, für mich ist es überhaupt zweifelhaft, ob die Dame nicht ein Mezzosopran ist. –

Sie ist jedoch totale Anfängerin! Sie war zwar eine Saison hindurch in Olmütz engagiert, hat jedoch dort – aus welchen Gründen ist mir unbekannt – nur drei Partien gesungen, und zwar Agathe, Gretchen und Leonore-Troubadour!

Ich habe mir verschiedenes aus diesen wie aus anderen Partien (Elsa, Elisabeth) vorsingen lassen und daraus ersehen, daß sie bisher in schlechten Händen war, doch entschieden bildsam ist.

Ich weiß nicht, wofür Sie die Dame brauchen, doch könnte ich sie für ausschließlich erstes Fach für Leipzig derzeit nicht empfehlen.

Die Oper Gioconda habe ich durchgesehen und hat mir dieselbe entschieden mißfallen.

Jedenfalls steht Dejanice*, von der ich Ihnen geschrieben, viel höher. Ich weiß nicht, ob das Leipziger Publikum die „Aïda“ goutiert, in diesem Falle dürfte Dejanice auch gefallen.

Übrigens war ich hier einige Male im böhmischen Nationaltheater und habe mir manches von Smetana, Glinka und Dworzak [!] usw. angehört, und muß gestehn, daß mir besonders ersterer sehr bemerkenswert scheint.

Wenn seine Opern in Deutschland auch nie Repertoire werden können, so wäre es doch immerhin der Mühe wert, einem gebildeten Publikum, wie das Leipziger ist, einen so durchaus originellen und ursprünglichen Musiker vorzuführen.

Auch einmal wieder einen Spontini zu bringen, wäre ja ganz interessant! Überhaupt muß man da mit den Verhältnissen rechnen und die zu Gebot stehenden Sänger in Betracht ziehen. Oft macht auch die besondere Eignung eines solchen für eine Partie den Erfolg einer Oper aus.

Mit ausgezeichneter Hochachtung

ganz ergebenst
Gustav Mahler

* „Dejanice" italienische Oper von Catalani (Mailand 1883).

Fräulein Hudl: lt. Almanach der Genossenschaft deutscher Bühnen-Angehöriger, 1886, war in Olmütz ein Fräulein Huld, dramatischer Sopran, engagiert. „Hudl" ist entweder ein Druckfehler oder einer von Mahlers Späßen, denn „hudeln" heißt im Wienerischen soviel wie übereilen. – *Die Oper Gioconda:* „La Gioconda" von Amilcare Ponchielli.

49 An Friedrich Löhr

Prag, 5. Juli 86.

Lieber Fritz!
Nimm meinen innigsten Wunsch zu dem heutigen Tage.

Ich komme eben von einer Fidelioprobe nach Hause, und bin, wie Du Dir denken kannst, sehr abgehetzt. – Die Iphigenie ist mit dem gewöhnlichen Theatererfolg in Szene gegangen. –

Ich erwarte Dich ganz *bestimmt* in der Zeit vom 20. bis 24. Juli in *Iglau!* Am 25. fahre ich ab! Ich freue mich schon herzlichst, Dich zu sehen.

Wir haben wohl beide viel zu erzählen.

Grüße die Deinigen herzlichst

Gustav

Quelle: Briefautograph.

50 An Friedrich Löhr

[Ohne Datum. Leipzig, 18. August 1886.]

Mein lieber Fritz!
Ich habe mir es aufgehoben, Dir zu schreiben, bis ich über den Wust der ersten Zeit hinaus bin. – Da es nun aber so immer weiter zu gehen scheint, so muß ich ohne besondere Eignung dazu doch nun daran gehen, namentlich, da es mich wirklich drängt, mit Dir wieder einmal

zu sprechen. Meine Position habe ich schnell errungen – obwohl es manchmal auch eine Opposition ist – wie Du aus der einen Beilage siehst. Dieselbe ist doppelt interessant, weil darin ein matter Finsterling sich in mein eigenstes Lager begibt, um mir von da in den Rücken zu fallen[28]. – Wer dies liest, muß wohl glauben, ich bin so ein eleganter Dirigent der Mendelssohnischen Schule.

Ich will Dir nur sagen, daß die Aufführung wirklich einen großartigen Eindruck hinterließ und an Kühnheit und Schwung nichts zu wünschen übrig ließ – Schott sang den Tannhäuser und bot Wunderbares. An dem ursprünglichen und kräftigen Menschen würdest Du Deine Freude haben. Damit Du nicht glaubst, es geht immer so in diesem Tone über mich her, sende ich Dir auch eine andere Kritik über Rienzi. –

Ich bin jetzt wieder so einsam, wie je; was wäre es mir, wenn ich Dich nur ein paar Tage hier hätte.

Ist es denn wirklich unmöglich, daß Du ein bißchen herkommst – Du wohnst und ißt mit mir! –

Rudolf hat mir noch im letzten Moment abgeschrieben, weil er nicht mehr im Stande war, seine Reise zu unterbrechen und ist, wie Du vielleicht wissen wirst, nach Starnberg.

Die F. schreibt mir oft – es tut mir sehr weh, daß aus allen ihren Briefen ein ungemein trauriger entsagungsvoller Ton herausklingt. – Von ihr erfahre ich auch, daß Elmblad aus Rom mit seiner Frau gekommen ist und nun sehr glücklich zu sein scheint. – Mir hat er noch nicht geschrieben – merkwürdigerweise hat er ihr noch keinen Besuch gemacht, obwohl vielen andern seiner Kollegen.

Die Photographien Deiner Schwestern haben mir eine große Freude gemacht und stehen nun sämtlich mit Deiner und Udas* [29] auf meinem Schreibtisch und blicken alle in mein vor Sehnsucht und Heimweh trauriges Gesicht.

In der ersten Zeit war ich immer mit Schott beisammen, von dem ich Dir noch viel erzählen muß – jetzt bin ich immer allein, da er schon weg ist.

Heute abend dirigiere ich die „Jüdin" – ich bin ganz hingerissen von diesem wundervollen, großartigen Werke und zähle es zu dem Höchsten, was je geschaffen worden ist. Komme doch her, denn ich muß Dir es vorspielen.

Grüße vielmals Deine Schwestern und Vater, Deine Uda – Lipiner[30] und welche Dir sonst lieb sind.

Schreibe bald!

Gustav

Wie steht die Angelegenheit mit meinem Vater? Ich mache Dich noch aufmerksam, daß, wenn es mit meinem Vater schlecht stehen sollte, Ihr ihm davon ja schweigen sollt – auch der Arzt; nur mir sollt Ihr es mitteilen.

* Uda, Dr. Löhrs Frau. [damals noch Braut]

Datierung: In GMB, 1924, nur „August 1886"; bei Martner 18. August, dem Tag, an dem Mahler Halévys „Jüdin" dirigierte. – *Schott:* Anton Sch. (1846–1913), bedeutender Wagner-Sänger, sang in der Vorstellung v. 11. August unter Mahler. – *Rudolf:* R. Krzyzanowski. – *Die F.:* zweifellos Betty Frank (siehe Brief 42).

51 An Friedrich Löhr

[Ohne Datum. Leipzig, August 1886]
Gottschedstraße, Nro 4. II.

Mein lieber Fritz!
Hoffentlich hast Du meinen letzten Brief erhalten; in diesem Falle muß ich Dich tüchtig ausschimpfen! Jetzt soll es nicht mehr so werden wie sonst, daß wir uns eine Zeitlang ganz aus den Augen verlieren. – Ich verspreche wenigstens, von nun an keinen Brief ohne Antwort zu lassen.

Hier sieht es für mich noch ziemlich unklar aus. Ich komme um vor Sehnsucht und Heimweh. Ich habe ganz famose Menschen hier kennengelernt und beinahe überall herzliches Entgegenkommen gefunden. Der Direktor* hat mich in seiner Familie eingeführt, wo ich schon herrliche Stunden verlebt habe. Wenn Du diese prächtigen Orgelpfeifen sehen würdest mit der lieblichen vox celesta obenauf – dann würdest Du begreifen, daß mir das Wort des Dankes nicht aus dem Munde kommen wollte, und ich beinahe unfreundlich, jedenfalls kalt erschien.

Außerdem bin ich gezwungen, meiner „geschäftlichen Interessen" wegen meine Ohren mit Baumwolle gegen diese Sirenenstimmen zu verstopfen. – Ein paar prächtige Kerls habe ich unter unserem männlichen Personal. Erstens unser Konzertmeister, ein junger Holländer namens *Petri,* mit einem echten warm schlagenden Herzen, der die geheimsten Figuren meines Stabes abliest und in Musik verwandelt. Dann *Schelper* und viele andere. –

Es wird Dich „interessieren", daß es in Prag jetzt ziemlich schlecht aussieht. Der tapfere Duellant[31] hat bei den Mensuren auf dem großen

Kampfplatz schon manchen Hieb erhalten. Neumann hat mir vor einigen Tagen den Antrag gestellt, wieder zu ihm zurückzukehren. Ich möchte wohl schon, doch würde ich hier nie freigegeben – und ich will nun schon eine Zeit hier aushalten.

Denke Dir, die arme F[rank] hat sich noch lange Zeit mit ihren Gefühlen herumgequält, bis sie vor wenigen Tagen die offene Frage an mich gestellt hat, ob ich ihr mehr als ein bloßer Freund bin. Dies habe ich aufrichtig beantwortet, und nun scheint sie, tapfer u. vernünftig wie sie ist, sich in alles zu finden.

Elmblad lebt auf vornehmstem Fuße in Prag mit seiner Frau, hat mir auf meinen Brief noch nicht geantwortet.

Grüße mir herzlichst Deine lieben Schwestern, die Uda, und Deinen Vater!

Schreibe bald!

Immer Dein
Gustav

* Der Direktor des Leipziger Stadttheaters Staegemann.

Quelle: Briefautograph. – *diese prächtigen Orgelpfeifen:* zwei von Max Staegemanns Töchtern wurden bekannte Sängerinnen. – *Petri:* Henri P. (1856–1914). – *Schelper:* Otto Sch. (1840–1906), Bariton am Leipziger Stadttheater.

52 An Friedrich Löhr

[Ohne Datum. Leipzig, 1. Oktober 1886]

Liebster Fritz!
Ich danke Dir vielmals für Deine lieben Zeilen und auch für die Beilagen, welche ich Dir beiliegend retourniere. An Elmblad schrieb ich und erhielt von seiner Frau beigeschlossene Zeilen. Nach der ersten Seite ist die 4. zu lesen. Der Hauptzweck meines heutigen Briefes: Sende *mir sofort* die genaue *Adresse* Rudolfs. Vielleicht habe ich etwas für ihn, was eventuell augenblicklich erledigt werden müßte.

Ich bin in großen Sorgen über meine Mutter, welche wieder krank ist!

Grüße die Deinigen. Bald mehr von

Deinem
Gustav

Quelle: Briefautograph.

53 An Friedrich Löhr

DIE DIREKTION DES
STADT-THEATERS LEIPZIG

[Ohne Datum, Leipzig, Oktober 1886]

Liebster Fritz!
In aller Eile! (im Theater).

Mein Vater kommt in den nächsten Tagen nach Wien. Ich bitte Dich, dafür zu sorgen, daß, wenn sein Zustand keine Hoffnung auf gänzliche Genesung zuläßt, es *ihm* verschwiegen wird. Dieses ist, wie ich sein Temperament kenne, *notwendig!* Natürlich bitte ich Dich, mir rückhaltslos die volle Wahrheit mitzuteilen!

Leider sind meine Pläne in Bezug auf Rudolf vorderhand wieder ins Wasser gefallen; doch werde ich wieder anderes versuchen. Er soll nur Kopf oben behalten. (Ich weiß wie schwer das ist.)

Grüß mir die Deinigen, Uda – Rudolf – Sax* [32], Lipiner herzlichst

Dein
Gustav

* H. E. Sax, Sekretär der Wiener Handelskammer, Privatdozent f. Nationalökonomie.

Quelle: Briefautograph.

54 An Friedrich Löhr

[Ohne Datum. Leipzig, Oktober ? 1886]

Mein lieber Fritz!
Vor allem innigen Dank für alles, was Du an meinem Vater getan hast. – Wie mich das alles schmerzt, kannst Du Dir denken. – Ich kann den Meinigen nichts sein und ich muß die Wogen über ihnen zusammenschlagen sehen, ohne eine Hand zu rühren. Wie fremd und einsam komm ich mir manchmal vor! Mein ganzes Leben ist ein großes Heimweh.

Du willst wissen, wie ich mit Nikisch stehe! Ich habe über ihn oft eine große Freude, und kann so beruhigt einer Vorstellung unter ihm zusehen, als wenn ich selbst dirigierte – obwohl ihm das Höchste und

Tiefste verschlossen ist. – Aber wie selten komme ich selbst dazu, es an den Tag zu bringen – ich muß mich doch meistenteils begnügen, wirklichen Rohheiten vorzubeugen, und muß es rechts und links laufen lassen.

Mit seiner Person habe ich nie etwas zu tun; er ist kalt und verschlossen gegen mich – ob aus Eigenliebe oder aus Mißtrauen – was weiß ich! Genug, wir gehen aneinander wortlos vorüber! – An Anerkennung fehlt es mir sonst nicht, und sie kommt oft von sehr lieber Seite. Jetzt studiere ich die „Armida" ein. – Neulich war ich bei Reinecke mit Rubinstein (ganz allein) geladen! Leider war ich ihm ganz unbekannt, so daß ich nur „schauen und nicht schaffen" konnte. Bei einer solchen Gelegenheit ist es allemal schmerzlich, so ganz und gar einer von vielen zu sein. Mir geht es dann immer so, daß ich den Mund halte, um nicht beschwerlich zu fallen; da ich weiß, wie lästig und lächerlich mir diese bewundernden Anonymi sind.

Einen schönen Menschen habe ich doch, seitdem ich in Leipzig bin, gefunden – und, damit ich es gleich sage – einen von denen, durch welche man seine Dummheiten anstellt. – Du verstehst doch, amice? – Diesmal will ich jedoch vorsichtig sein, sonst ergeht es mir wieder schlimm.

Gelesen habe ich viel und will Dir nächstens eine kleine Tabelle darüber liefern. – Wie ist denn die Sache mit Rudolf ausgefallen? Natürlich bekomme ich von ihm nichts darüber zu hören.

Elmblad schrieb mir. Der Brief – – – – –[33]

Leider scheinst Du mit Deiner Befürchtung doch recht zu haben. Denn wie mir die F[rank] mitteilt, befinden sich die beiden wieder auf dem besten Wege, miteinander recht unglücklich zu werden. –

Auch von Heinrich bekam ich einige Nachrichten. Er arbeitet fleißig. Seid mir Alle herzlichst gegrüßt und schreibt bald!

Dein
Gustav

Zu einsam! Zu einsam!

„Armida": Oper von Gluck. Mahlers Einstudierung wurde zum erstenmal am 6. Dezember 1886 gespielt. – *Reinecke:* Karl R. (1824–1910), Komponist, Klaviervirtuose und Kapellmeister, seit 1860 Leiter der Leipziger Gewandhauskonzerte. – *Rubinstein:* Anton R. (1829–1894), russischer Hofpianist, Gründer des Petersburger Konservatoriums, vielgespielter Komponist. – *Einen schönen Menschen:* vermutlich der erste Hinweis auf Mahlers Zuneigung zu Marion von Weber (1856–1931).

55 An Max Staegemann

Leipzig, 6. 11. 86

Hochverehrter Herr Direktor!
Ich sollte mich nun über Ihr Erstaunen wieder erstaunt stellen – doch ich weiß, dies würde nicht zu meinem Gesicht passen.

Ich bitte Sie, mit mir offen und geradezu vorzugehen, wie ich es Ihnen mir gegenüber zutraue.

Sie wissen es selbst, daß es zwischen uns bis zu einem gewissen Zeitpunkt stillschweigend ausgemacht war, daß, wenn bei uns die Nibelungen dran kämen, ich mich mit meinem Kollegen in die Direktion dieser Werke zu teilen hätte. Belege stehen dafür zu Gebote.

Sie wissen auch, daß ich vermöge meiner Fähigkeiten und meiner Art unmöglich in einer Stellung verbleiben könnte, in der ich von Aufgaben dieser Art ausgeschlossen wäre.

Ich bitte Sie auch, zu bedenken, daß mir sogar aus geschäftlichen Rücksichten diese exzeptionelle Gelegenheit nicht entzogen werden darf, das Vertrauen des Publikums zu gewinnen.

Ich wage es, mich auch darauf zu berufen, daß ich mich bisher Ihres Vertrauens und Wohlwollens nicht unwürdig erwiesen habe – und Sie können mir glauben, daß ich redlich bestrebt bin, mir dies für immer zu bewahren.

Ich wünsche nunmehr, daß ich Ihnen nicht auch in diesem Briefe unverständlich geblieben bin, und bitte Sie herzlichst um eine Antwort, wie ich sie nach der Güte, mit welcher Sie mich bis jetzt behandelt haben, zu erhoffen berechtigt bin.

Mit vorzüglicher Hochachtung

Ihr ganz ergebener
Gustav Mahler

56 An Max Staegemann

Leipzig, 26. 11. 86

Hochverehrter Herr Direktor!
Gestatten Sie mir die ganz ergebenste Anfrage, ob die in der heutigen Nummer des „Leipziger Tageblatts" erschienene Notiz bezüglich der musikalischen Direktion der „Nibelungen" mit Ihren eigenen Erwägungen im Einklange steht. – Nunmehr darf ich mich wohl für

berechtigt halten, in dieser für mich vitalen Frage Aufklärung zu erbitten.

Mit vorzüglicher Hochachtung

Ihr ganz ergebenster
Gustav Mahler

57 An Max Staegemann

Leipzig, 27. 11. 1886

Hochverehrter Herr Direktor!
Nach reiflicher Erwägung der vorliegenden Verhältnisse bin ich zu der Überzeugung gelangt, daß es von mir sehr ungerecht wäre, Ihnen irgend welche Schuld an der für mich nun so peinlich gewordenen Situation beizumessen.

Es ist mir im Gegenteil ganz klar, daß Sie von Ihrem Standpunkte aus vollkommen im Rechte sind, und nicht anders handeln können.

Indem ich mich auf meinen Brief vom Dezember des vorigen Jahres berufe, in welchem ich es vorausgesagt, wie es nun gekommen ist, drücke ich Ihnen persönlich mein aufrichtigstes Bedauern aus über alle Maßnahmen, zu denen ich mich von nun an genötigt sehen werde.

Ich bitte Sie hiemit um meine Entlassung. – Sobald ich dies ausgesprochen, werden Sie hoffentlich glauben, daß es mir vollkommen Ernst damit ist, und ich erkläre mich meinerseits zu jedem Opfer für diese – ich erkenne es an – gewiß auch von Ihnen teuer erkaufte Gefälligkeit bereit.

Selbstverständlich ist Ihnen die Wahl des Zeitpunkts meines Abganges von hier ganz nach Ihren Bedürfnissen und Bequemlichkeit überlassen; nur bitte ich Sie in unserem beiderseitigen Interesse dieses Gesuch nicht abschlägig zu bescheiden.

Mit dem Ausdruck meiner unveränderlichen Hochachtung bin ich

Ihr ganz ergebenster
Gustav Mahler

meinen Brief vom Dezember: dieser Brief ist bisher nicht bekannt geworden. Hingegen hat Mahler diesen „Rivalismus" mit Nikisch in einem Brief an Baron von Gilsa (Brief 43) vorhergesehen. – *meine Entlassung:* Mahler war es mit seinem Ersuchen um Vertragslösung so ernst, daß er bereits mit dem Hamburger Stadttheater verhandelte. (Siehe Brief 58.)

58 An Friedrich Löhr

[Ohne Datum, Leipzig, 25. Dezember 1886]

Mein lieber Fritz!
Bestimme *sofort* den Rudolf, sich *sämtliche Empfehlungen,* deren er habhaft werden kann, zu verschaffen und dieselben an Dir. Staegemann hier einzusenden mit einem Briefe folgenden Inhalts: „Sehr g. Herr D.! Ich bin der u. der, war 2 Jahre Theaterkapellmeister in Laibach u. Würzburg, hierauf Dirigent des Hannoveranischen Chorvereins, habe das Wiener Konservatorium vorher mit I. Preis absolviert, *kann das* u. *das,* und bitte Sie, bei einer eventuell nun sich ereignenden Vakanz meine Person ins Auge zu fassen. Ich bin zu jeder Probetätigkeit gerne bereit. Ihr etc. R. Krz."

Meine eigene Angelegenheit ist seit gestern wieder etwas komplizierter geworden – insofern als ich gestern erhielt: I. Gegenkontrakt v. Pollini (*er* ist gebunden, *ich* habe mich bis 18. Jänner 87 zu entscheiden) II. einen Antrag an das Hoftheater in Karlsruhe (als Nachfolger Mottls) III. einen famosen Antrag von Neumann in Prag.

Nun steht der Esel zwischen 4 Heubündeln. Was soll ich tun?

In Folge von allen dem habe ich mir vorgenommen, nichts mehr selbst zu tun, sondern zuzusehen, welches Rad mich packen wird.

Gestern habe ich ein trauriges Weihnachtsfest gehabt, ich saß wieder einmal allein zu Hause, und sah aus meinem Fenster die ganze gegenüberliegende Häuserreihe voller Weihnachtsbäume und Lichter. – Dann sah ich zu Hause meine armen Freudelosen im Dunkeln traurig wartend – dann sah ich Euch, den alten, für mich verlorenen trauten Kreis – und dann – sah ich gar nichts mehr, sondern vor meine Augen zog sich der Schleier aus Tau und bedeckte mit ein paar Tropfen die ganze Welt, über welche ruhelos zu wandern ich bestimmt bin.

Ich bitte Dich, lieber Fritz, schiebe den Rudolf nur ordentlich, sonst geschieht wieder nichts. – War er beim *Agenten* im Hotel *Imperial?* Für den Fall, daß er meinen Brief nicht bekommen hätte, setze ich es noch einmal her: Er soll sofort zu H. *Ledner,* Vertreter des Agenten Entsch in Berlin, der sich derzeit im *Hotel Imperial* in *Wien* befindet. Derselbe ist durch mich bereits von allem unterrichtet, und ist gewillt, ihn eventuell nach *Hamburg* zu bringen. Von Leipzig weiß er nichts, denn das besorge ich schon allein.

Er soll mir aber gewiß von allem Unternommenen *sofort* Nachricht geben. Ich bin bei Euch in diesen Tagen!

Herzlichst Dein
Gustav

Wie meinst Du das mit dem „*absolut* nicht *mehr lange aufschiebbar*"? Weißt Du, Lieber, daß mir das viele Sorgen macht? Ich bitte Dich, wenn es nur *um wenig* aufschiebbar ist, so tue es, und warte noch ein wenig[34].

Ich bitte Dich, mir einmal die Kollektion der Gedichte zu schicken, die Du jetzt veröffentlichen möchtest, vielleicht kann ich etwas dafür tun. – Ich kenne nämlich so einen verrückten Kerl von Verleger, der das imstande wäre!!

Quelle: Briefautograph. – *Rudolf:* Rudolf Krzyzanowski. – *Pollini:* Bernhard P. Siehe Verzeichnis der Adressaten. – *als Nachfolger Mottls:* Felix Mottl (1856–1911), aus Wien stammender Kapellmeister, seit 1881 Hofkapellmeister in Karlsruhe, wo er bis 1903 blieb. (Die Nachricht von den Anträgen aus Hamburg und Karlsruhe wurde am 4. Januar 1887 vom Leipziger Tageblatt und Anzeiger veröffentlicht.) – *schiebe den Rudolf nur ordentlich:* Satz in GMB, 1924, verstümmelt.

59 An Friedrich Löhr

[Ohne Datum. Leipzig, Anfang Januar 1887]
Gottschedstraße 4, II

Mein lieber Fritz!
Warum schreibst Du so lange nicht? Meinen letzten Brief hast du doch?

In meinen äußeren Verhältnissen bereitet sich wieder eine neue Krisis vor. Um Dir lange Auseinandersetzungen zu ersparen, will ich Dir das nackte Factum und Resultat heftigster und kompliziertester Vorgänge geben.

Wie Du wahrscheinlich weißt, ist meinem Kollegen Nikisch ein glänzender Antrag gemacht worden.

Geht er, so trete ich als unumschränkter I. Kapellm[eister] an seine Stelle. – *Bleibt* er, so folge ich einem wirklich geradezu *glänzenden* Rufe als *Leiter* der Oper nach Hamburg. In letzterem Falle hätte ich eine Gage von 6000 Mk jährlich und *3 Monate* Urlaub, das *ausschließliche* Recht auf „*Die Nibelungen, Meistersinger, Tristan, Fidelio, Don Juan*" und das Recht nach dem ersten Jahre zu kündigen. Daß ich natürlich nur wünschen könnte unter solchen Bedingungen nach Hamburg zu gehen, kannst Du Dir denken – jedoch steht mir die Wahl nicht frei, weil mir Dir. Staegemann, im Falle Nikisch nach Pest gehen sollte, die Entlassung nicht gewähren würde. Die ganze Angelegenheit entscheidet sich längstens bis 15. Jänner. Ich habe mir zugleich (in *beiden Fällen*) ausbedungen, daß *Rudolf* (Krzyz.) mit engagiert würde. – Ich bitte Dich, ihn davon zu verständigen und mir sofort seine Adresse anzuzeigen. Er müßte sich natürlich im Anfange mit einer bescheidenen Stellung begnügen – ich würde ihm schon nach und nach einen seiner würdigen Wirkungskreis verschaffen. –

Ich bin natürlich durch alles dieses rein außer Kontakt mit „mir" geraten – obwohl ich mir in allem wieder recht treu geblieben und wieder bereits einige „Dummheiten" anzustellen im Begriffe bin. – Manchmal ist mir so bange, daß ich davonlaufen möchte. – An zu Hause wage ich gar nicht zu denken.

Lieber Fritz, laß mich doch mal wissen, wie es Euch *allen* geht!

Elmblads Frau ist wieder nach Paris! Neumann seufzt riesig nach mir! Die Frank dto.! Die Leipziger bekommen einen ziemlichen Respekt vor mir; Nikisch und ich sind uns während der letzten Phase der Dinge viel näher getreten und betragen uns als gute Kameraden.

Seid *Alle* herzlichst gegrüßt und schreibe doch schnell Deinem

nun etwas konfusen
Gustav

Quelle: Briefautograph. – *ist . . . Nikisch ein glänzender Antrag gemacht worden:* als Direktor des königlich ungarischen Opernhauses in Budapest. Nikischs Berufung kam damals nicht zustande; er wurde erst 1893 Direktor in Budapest.

60 An Friedrich Löhr

[Ohne Datum. Leipzig, Januar 1887]

Lieber Fritz! Es macht mir wirklich viel Sorgen, daß Du Dich so schnell zu diesem wichtigen Schritt entschlossen hast! Was werdet Ihr denn machen? Schreibe mir es ausführlich[35]!

Vom Hause habe ich sehr betrübende Nachrichten erhalten. Auch die Mutter ist krank, und meine arme, arme Schwester* steht ganz allein da in schwerer Zeit. Hier ist die Entscheidung für mich nun insofern etwas näher gerückt, als Nikisch sich nun definitiv entschlossen hat zu bleiben, und Staegemann sich bereit erklärt, mir eventuell nichts in den Weg zu legen.

Dieser Tage war ich mit Spiegler**[36] in Berlin, und mit Braun beisammen. Beide sind noch die Alten; nur Spiegler finde ich unendlich gereifter als früher. Er ist jetzt so frei und selbständig, daß ich wirklich eine rechte Freude von ihm habe. Leider geht er wieder bald fort, und [ich] bleibe wieder – in meiner eigenen traurigen Gesellschaft.

Gestern bin ich in eine neue Wohnung[37] gezogen, welche wirklich beinahe zu prächtig für mich ist. Beinahe gönne ich mir sie nicht. Wenn einer von Euch zu mir herkommt, so wohnt er natürlich bei mir.

Vorderhand ist es nicht unwahrscheinlich, daß ich vom Herbst ab nach Karlsruhe gehe. –

Ich bitte Dich, schreibe und berichte bald! Herzliche Grüße an Euch alle!

Dein
Gustav

An Louise einen herzlichen Gruß und Dank, daß sie sich meiner erinnert.

Inliegend 20 Mk.

* Justine [1868–1938], später verheiratet mit Arnold Rosé.
** Dr. Albert Spiegler, einer der frühesten Freunde Mahlers.

Quelle: Briefautograph. – *Datierung:* In GMB, 1924, nur „1887", Martner datiert den Brief unter Berufung auf Nikischs Entschluß zu bleiben mit Januar 1887. – *Braun:* Heinrich B. (1854–1927), angesehener Sozialwissenschaftler, Bruder von Emma Adler. – *Louise:* Schwester von Friedrich Löhr.

61 An Friedrich Löhr

[Ohne Datum. Leipzig, Februar 1887]

Mein lieber Fritz!
Nur wenige Zeilen – Nikisch ist plötzlich erkrankt und ich muß ganz allein die Arbeit versehen –.

Dir und Deiner Frau meine innigsten treuesten Wünsche für immer!

Du weißt, wie gerne ich nur einige Augenblicke wenigstens bei Euch wäre. – Es ist leider schon so bestimmt, daß ich mein ganzes Leben hindurch meine Lieben allein lassen muß, wenn sie mich vielleicht am notwendigsten brauchen.

Ich denke die ganze Zeit zu Euch hin und vergegenwärtige mir Euere Jean Paulsche Klause –

Meine Angelegenheiten werden immer undurchdringlicher. – Hier habe ich die Walküre dirigiert (infolge der plötzlichen Erkrankung meines Kollegen) und dadurch eine sehr starke Position erobert.

Zu gleicher Zeit habe ich einen Antrag nach *Neuyork* an Anton Seidls Stelle bekommen – den ich vielleicht zuletzt annehmen werde! –

Seid mir vielmals gegrüßt, und schreibe mir, was sich schreiben läßt – vielleicht hilft Dir die Uda ein bißchen dabei.

Ich muß fort – zur Probe mit der Lucca, welche morgen hier gastiert.

Herzlichst Dein
Gustav

Quelle: Briefautograph. – *Nikisch . . . erkrankt:* an einer Lungenentzündung, die ihn lange vom Theater fernhielt. – *Walküre:* Premiere am 9. Februar 1887. – *eine sehr starke Position:* selbst der mißgünstige Kritiker Martin Krause gestand Mahler zu, daß die drei Vorspiele „ganz herrlich“ ausgeführt wurden (Leipziger Tageblatt und Anzeiger, 11. Februar 1887). – *an Anton Seidls Stelle:* Anton S. (1850–1898), Kapellmeister, seit 1885 in New York, wo er bis zu seinem Tod blieb. Siehe Anmerkung zu Brief 39. – *Lucca:* Pauline L. (1841–1908), gefeierte Sopranistin, gastierte am 19. Februar als Carmen und am 22. als Katharina in „Der Widerspenstigen Zähmung“ von Goetz.

62 An Emil Freund

Leipzig, April 87

Lieber Emil!
Du kannst Dir denken, mit welch innigem Anteil ich die traurige Botschaft von Euch empfangen habe und verschob ich es – in meiner ungeheuren Arbeitslast – von Tag zu Tag, Dir einige Zeilen zu schreiben. – Ich bitte Dich, mir, wenn Du es im Stande bist, etwas Näheres über das Ereignis* mitzuteilen und zugleich Dein gegenwärtiges Leben in Seelau zu beschreiben. Da ich etwa um Mitte Juli nach Iglau zu kommen gedenke, so hoffe ich Dich jedenfalls zu sehen und zu sprechen, – zum Schreiben habe ich aber noch immer keine Zeit. Daß es mir gut geht, weißt Du ja – auch, daß ich meine Portion Leiden zugemessen habe – das müssen wir ja alle hinnehmen.

Grüße mir die Deinen recht herzlich und schreibe einmal

Deinem
Mahler

* Tod des Bruders Dr. Emil Freunds.

63 An Friedrich Löhr

[Ohne Datum. Leipzig, etwa Anfang Mai 1887]
Gustav Adolfstr. 12

Mein lieber Fritz!
Ich kann es mir gar nicht erklären, warum Du mir kein Sterbenswörtchen zukommen läßt – gerade jetzt, wo ich es so notwendig hätte, von Dir etwas zu wissen.

Daß ich seit etwa 3 Monaten in unerhörter Weise angeschmiedet bin – ich habe durch die Erkrankung meines Kollegen das Amt *2er* Menschen zu verwalten – wirst Du wohl wissen. Ich dirigiere beinahe täglich große Oper, und komme buchstäblich kaum aus dem Theater hinaus. Wie aufreibend das für einen ist, der es *ernst* meint mit der Kunst, kannst Du Dir denken, und welcher Anspannung es bedarf, um so große Aufgaben mit der denkbar geringsten Vorbereitung würdig durchzuführen. Jetzt bin ich daran „Siegfried“ „herauszubringen“. – In der öffentlichen Meinung bin ich bereits ziemlich gestiegen, werde sehr oft „gerufen“ etc.

Mit meinem Chef stehe ich geradezu in freundschaftlichem Verhältnis und in seiner Familie wie das Kind vom Haus. Es ist beinahe der einzige Verkehr, den ich hier habe. Wahrscheinlich kommt Nikisch nächsten Monat aus Italien zurück und dann dürfte mein Dasein wieder etwas menschlicher werden. Selbstverständlich ist nun auch mein Hierbleiben wieder etwas näher gerückt, da ich doch nun eigentlich keinen Grund habe, fortzugehen.

Durch die letzte Wendung der Dinge bin ich dem Nikisch faktisch in jeder Weise gleichgestellt worden und kann nun ganz ruhig mit ihm um die Hegemonie kämpfen, die mir schon um meiner physischen Überlegenheit willen zufallen muß. Ich glaube, daß es Nikisch mit mir nicht aushalten, und über kurz oder lang das Weite suchen wird.

Mit Rudolf habe ich riesige Sorgen; ich schreibe und rede in einem fort herum und bis jetzt ohne jedes Resultat. Es ist furchtbar schwer, als Anfänger wo anzukommen. Aber ich gebe die Hoffnung nicht auf und werde ihn endlich doch *durchbringen.*

Meine Familie bereitet mir nach wie vor großen Kummer, und dies ist auch [der Grund], daß ich mich nun so bereitwillig in diese Arbeit gestürzt habe; denn ich darf und will nicht über alles nachdenken, da ich ja doch nicht helfen kann. Wann wird's wohl besser werden. –

Wie oft denke ich jetzt an Dich und Deine liebe Frau und frage mich, warum Ihr gar nichts von Euch hören laßt. Vielleicht wirkt der Appell an Deine Frau; sie soll Dir einmal tüchtig die Feder eintunken.

Deine Familie grüße herzlichst von mir und danke der Louise für ihre Grüße; wie gerne möchte ich sie alle wieder einmal sehen! Grüße alle, alle vielmals und schreibe endlich

Deinem
Gustav

Quelle: Briefautograph. – *„Siegfried“ „herauszubringen“:* Premiere „mit neuer Ausstattung“ am 13. Mai 1887.

64+ An die Eltern

[Ohne Datum. Leipzig, Ende Dezember 1887]

Liebe Eltern!
Heute wünsche ich Euch nur in Kurzem ein glückliches neues Jahr und hauptsächlich Gesundheit; da ich bestimmte Hoffnung habe, nunmehr für das andere selbst sorgen zu können. Eben hat sich aus New York der Direktor der deutschen Oper, Mr. Stanton, gemeldet; er kommt zur Aufführung herüber und wünscht die Oper für Amerika zu erwerben. – Na, da kann er sich ein ordentliches Säckchen Dollars mitbringen.

Am Weihnachtsabend war ich zuerst bei Webers, und dann mit denen bei Staegemanns. Ich habe von allen Seiten soviel Geschenke bekommen, daß ich Euch gar nicht alles aufzählen kann. Von Webers nebst vielem Anderen ein goldenes Medaillon, zwei Dutzend feine Sacktücher, seidene Halstücher etc. Von Staegemann eine große Uhr mit Weckapparat, eine Briefmaschine etc. etc. – massenhafte Weihnachtsstritzeln, Bücher, Photographien-Ständer, Brieftaschen etc. Von Frau Weber ein Tischchen mit Stickereien darauf.

Im Theater wird fleißig Pintos studiert. Alle sind mit einem Eifer daran, wie dies hier noch nicht der Fall war. Nun habe ich noch einen neuen Entré-Akt geschrieben, der zum besten gehört, was in der Oper vorkommt. Vorderhand aber darf noch niemand wissen, was von mir ist und was von Weber ist, sonst hätten die Rezensenten „leichtes Spiel“. Das Geld habe ich noch nicht in Händen, solltet Ihr aber momentan etwas nötig haben, so kann ich nun mit Leichtigkeit 1000 Mark ausleihen und sende sie Euch sofort. Also schreibt mir darüber.

Herzliche Grüße von
Gustav

Schreibt bald.

Quelle: Hans Hollander, Gustav Mahler vollendet eine Oper von Carl Maria von Weber, in: Neue Zeitschrift für Musik, Jg. 116 (1955) H. 12. – *Mr. Stanton:* Edmund C. St., Leiter der Metropolitan Opera, New York, von 1885–1891. – *kommt zur Aufführung:* Mahler hatte im Sommer und Herbst 1887 aus Webers nachgelassenen Skizzen zur Oper „Die drei Pintos" eine spielbare Bühnenfassung geschaffen, deren erste Aufführung am 20. Januar 1888 in Leipzig stattfand. – *bei Webers:* Carl von W. (1849–1897), Enkel des Komponisten, bearbeitete das Textbuch der „Drei Pintos". Seine Gattin war Marion v. Weber (siehe Anmerkung zu Brief 54)

65 An Friedrich Löhr

[Ohne Datum. Leipzig, Ankunfts-Poststempel: 4. Januar 1888[38]]

Lieber Fritz!
Ich muß Dir einige Zeilen schreiben. Es ist alles, was ich jetzt aufbringen [kann] in dieser Trilogie der Leidenschaften und Wirbelwind des Lebens!

Alles in mir und um mich *wird!* Nichts *ist!* Laßt mich jetzt noch ein bißchen durch! Dann sollt Ihr alles erfahren!

Seid innigst von mir gegrüßt

Gustav

Ich denke an Dich!

Quelle: Briefautograph.

66 An Max Staegemann

[Ohne Datum. Eingangsvermerk: Leipzig, 5/1 88]

Lieber, verehrter Herr Direktor!
Nehmen Sie es nicht übel, daß ich schreibe, da doch der Weg zu Ihnen nicht so weit ist.

Ich bemerke schon seit geraumer Zeit eine Verstimmung an Ihnen, welche gewiß großenteils den kleinlichen Sorgen und Unannehmlichkeiten zuzuschreiben ist, mit denen Sie es so unausgesetzt zu tun haben; ich kann aber doch nicht umhin, ein wenig auch den Grund davon in mir zu suchen.

Ich fürchte, daß diese Verstimmung wachsen und endlich das schöne Verhältnis ernst gefährden könnte, welches mir so viel Freude gemacht und meine Stellung zu einer so angenehmen gestalt[et] hat. Ich gebe hiermit gerne zu, daß Sie Grund genug haben, sich über mich zu beklagen, da ich bereits seit langem aufgehört habe, meine Pflicht so zu tun, wie Sie es an mir gewohnt waren.

Ich weiß auch, daß ich [es] Ihnen gegenüber nicht nötig habe, Entschuldigungen vorzubringen, da die Ursache meiner Nachlässigkeit Ihnen dieselbe wohl in milderem Lichte erscheinen lassen wird. Sie selbst, der Sie die gute Sache gleich von Anfang an so tatkräftig und interesselos gefördert haben, sind gewiß auch der Erste, für ihr Gelingen ein Opfer zu bringen, und auf eine Kraft eine Zeit lang teilweise Verzicht zu leisten, welche Sie für Ihr Institut vollauf und ganz in Anspruch zu nehmen berechtigt sind.

Nur noch ein klein wenig Geduld!

Geben Sie Ihrem Mißbehagen keinen Boden zum Wachsen und bleiben Sie mir ein wenig gut!

Lassen Sie noch 2 Wochen ins Land gehen, und Sie sollen [sehen], daß ich wieder „der Alte" sein werde*.

Und nun, nichts für ungut!

Ich wollte zwar noch viel sagen, – aber, ich überlege mir eben, daß es besser ist hier zu schließen, und verspare mir den 2. Teil meines Briefes auf eine günstigere Zeit. Indem ich Sie versichere, daß mir Ihre Anerkennung und Freundschaft zu den kostbarsten Gütern zählen, welche ich besitzen und mir erhalten möchte, bin ich und bleibe ich

Ihr vom Herzen ergebener

Gustav Mahler

P. S. (Ich rede also als „Gemütsmensch".) (Na, manchmal darf doch selbst ein Kapellmeister Gemüt haben.)

* Im März dieses Jahres hat Mahler die Komposition seiner I. Symphonie beendet.

Quelle: Briefautograph. – *2 Wochen ins Land gehen:* in GMB, 1924, heißt es irrtümlich „zwei Monate ins Land gehen". Dadurch wurde der Zusammenhang mit der Vollendung der Ersten Symphonie hergestellt. Der von Mahler tatsächlich genannte Zeitraum von zwei Wochen ließe den Schluß zu, daß er wegen der Vorbereitung der „Drei Pintos" seine übrigen Theaterpflichten vernachlässigte.

67 An Emil Freund

Leipzig, 17. 1. 88

Lieber Emil!
Bitte nicht zur I. Aufführung* zu kommen, da ich in diesem Falle weder etwas von Dir, noch Du von mir hättest. Ich habe nicht einen Moment Zeit an diesen Tagen; da, wie Du weißt, hier die ganze Welt zusammenkommt und ich zur Disposition der großen Herren stehen muß.

Komme lieber in der nächstfolgenden Woche, wo wir uns dann gemütlich zusammensetzen und aussprechen können.

Ich nehme zur I. Aufführung keinen Sitz – es dürfte wohl auch ohnehin keiner mehr zu haben sein.

Herzlichen Gruß an alle von

Gustav Mahler

* Der von Mahler ergänzten Weberschen Oper: „Die drei Pintos", zu deren Erstaufführung [20. Januar] er E. F. ursprünglich eingeladen hatte.

68+ An die Eltern

[Ohne Datum. Leipzig, Ende Januar 1888]

Liebe Eltern!
Nur in Eile noch ein kurzer Bericht! Alles ging großartig. Der Jubel war großartig! Heute ist das Haus wieder ausverkauft. Wundert Euch nicht, wenn mein Verdienst in den Zeitungen etwas geschmälert wird. Aus „Geschäftsrücksichten" muß es vorderhand verheimlicht werden, was von mir ist, und was von Weber ist. Soviel kann ich Euch schon sagen, daß zwei Lieblingsnummern, welche gerade in den Zeitungen überall erwähnt werden (Studentenchor und die Ballade von Kater Mansor), von mir sind, wie noch viele andere. Das muß leider alles geheim gehalten werden, bis die Oper überall aufgeführt worden ist. Jetzt heißt es, je weniger Ehre desto mehr Geld! Das kommt dann noch, wenn die Enthüllungen folgen.

Jedenfalls bin ich vom heutigen Tag an ein „berühmter" Mann. Kapellmeister Levi von Bayreuth war auch da, und gegen mich furchtbar enthusiastisch. Er erzählte mir auch, daß Cosima Wagner an ihn über mich einen vier Seiten langen Brief geschrieben hatte.

Übrigens bekam ich eine Masse Kränze, darunter einen von Direktor

Staegemann und Frau mit einer wunderbaren Widmung. Die 10 000 Mark vom Verleger sind bereits für mich in der Reichsbank angelegt. Denkt Euch, daß Weber und seine Frau das Geld durchaus nicht in meine Hand legen wollten, sondern es selbst in die Bank trugen, und mir nur den Depotschein gaben, aus Angst, ich möchte das Geld verschleudern. Nun kommen die Tantiemen, deren Höhe man jetzt absolut nicht berechnen kann, weil es eben darauf ankommt, auf wieviel Bühnen und wieviel Mal die Oper aufgeführt wird. Derzeit also verfüge ich über obgenannte Summe, oder vielmehr verfüge nicht, sondern habe den Depotschein darüber. Jetzt gehe ich wieder Pintos dirigieren. Bis sie in Wien aufgeführt werden, müßt Ihr dazu kommen und zuhören. Bald schreibe ich ausführlicher.

Herzlichen Gruß von Gustav

Quelle: Siehe Brief 64. – *Kapellmeister Levi:* Hermann L. (1839–1900), Hofkapellmeister in München, erster Dirigent des „Parsifal“ in Bayreuth. – *Cosima Wagner:* Richard Wagners Witwe (1837–1930). Der erwähnte Brief ist bisher nicht aufgefunden worden. – *vom Verleger:* „Die drei Pintos“ wurden von C. F. Kahnt in Leipzig verlegt. – *in Wien aufgeführt:* zum erstenmal am 18. Januar 1889.

69 An Friedrich Löhr

[Ohne Datum. Leipzig, Januar oder Februar 1888]

Liebster Fritz!
Ich empfinde es schwer, daß ich jetzt Dir nichts sagen und schreiben kann! Verzeih mir dieses Schweigen, lieber Freund – Du sollst wohl noch alles erfahren. Jedenfalls magst Du wissen, daß ich schon manches fünfzeilige System beschrieben habe – und nach dieser Richtung alles schön geworden ist – mein Gott, vielleicht nach jeder! Ja! Es ist alles sehr schön und groß!

Lebe wohl Fritz – und schreibe Du mir!

Dein
Gustav

Grüße die Deinigen!

70 An Friedrich Löhr

DIE REGIE DES
STADT-THEATERS LEIPZIG

[Ohne Datum. Leipzig, März 1888]

Mein lieber Fritz!
So! Mein Werk ist fertig*! Jetzt möchte ich Dich neben meinem Klavier haben und es Dir vorspielen!

Wahrscheinlich bist Du der einzige, dem darin an mir nichts *neu* sein wird; die andern werden sich wohl über manches wundern! Es ist so übermächtig geworden – wie es aus mir wie ein Bergstrom hinausfuhr! Heuer im Sommer sollst Du hören! Wie mit einem Schlag sind alle Schleußen in mir geöffnet! Wie das gekommen ist, erzähle ich Dir vielleicht einmal[39]!

Beiliegend sende ich Dir mit Dank Dein Werk zurück[40]?

Über Dein Neugebornes wollte ich schon so gerne Dir einige Worte sagen[41] – es ist mir so eigentümlich, Dich als Vater anzusehen!

Heute kann ich nicht! Der Frühling läßt mich nicht im Hause! Ich muß hinaus – und wieder einmal mit vollen Zügen Luft einziehen. Seit 6 Wochen hatte ich bloß den Schreibtisch vor mir!

Sei vielmals gegrüßt – und schreibe bald, wie es Dir und Deiner Frau geht. Grüße alle Deinen!

Dein
Gustav

* Gemeint ist die I. Symphonie.

Quelle: Briefautograph.

71 An Max Staegemann

Leipzig, 16. Mai 1888

Hochverehrter Herr Direktor!
In der bekannten zwischen mir und Herrn Goldberg obschwebenden Differenz muß ich nochmals auf meine von Ihnen erbetene Entlassung zurückkommen.

Indem ich mein bezügliches Gesuch aufrecht erhalte und hiemit ausdrücklich wiederhole, gestatte ich mir, Ihnen die Gründe, aus denen ich berechtigt zu sein glaube, die Enthebung aus dem Kontrakte zu verlangen, in folgendem darzulegen:

Zunächst halte ich es schlechterdings mit der mir als Kapellmeister zukommenden und für den Dienst notwendigen Autorität unvereinbar, daß ich ungesühnt in der Weise vor dem Personal bloßgestellt werde, wie es durch die Handlungsweise des H[errn] G[oldberg] gegen mich der Fall gewesen ist. Ich glaube deshalb meinen Dienst nach jenem Vorgange nicht mehr mit der Autorität verwalten zu können, die in meinem Interesse ebenso notwendig ist wie in dem Ihrigen und dem des Kunstinstituts, dem ich angehöre. Ich vertrete daher in erster Stelle die Ansicht, daß mir durch jenen Vorgang die pflichtgemäße fernere Leistung meiner Dienste geradezu unmöglich gemacht worden ist, und daß ich deshalb schon aus diesem Grunde berechtigt bin, die Lösung meines Vertrages mit Ihnen zu beanspruchen.

An 2. Stelle bin ich auch der Ansicht, daß Sie mir die erbetene Entlassung tatsächlich bereits bewilligt haben. Wie ich Ihnen bereits mitgeteilt, hat nach dem fraglichen Vorfall H. G. wörtlich und vor dem anwesenden Personal mir zugerufen: „*Sie haben heute zum letzten Male dirigiert* etc.!" Wenn auch nicht angenommen werden kann, daß H. G. in dem Augenblicke, als er jene Äußerung tat, in Ihrem ausdrücklichen Auftrage gehandelt hat, so habe ich es für meine Pflicht gehalten, in meinem vom Tage nachher datierten Schreiben Sie besonders auf jene Äußerung hinzuweisen, um zu erfahren, ob Sie auch insoweit mit dem Vorgehen des H. G. einverstanden sind.

Es wird Ihnen nun erinnerlich sein, daß Sie sich in der Unterredung, die ich am selben Tage mit Ihnen hatte, unter Bezugnahme auf meinen Brief ausdrücklich dahin erklärt hatten: „*Was H. G. tut, tue ich – Er ist ich* etc. . . ."

Hieraus glaubte ich den Schluß ziehen zu dürfen, daß Sie auch mit der von H. G. in jener Äußerung zweifellos gegen mich ausgesprochenen Entlassung einverstanden sind.

Nach vorstehender Darlegung hoffe ich zuversichtlich, daß Sie meinen rechtlichen Standpunkt [anerkennen], und abgesehen hiervon, in jedenfalls allseitigem Interesse die von mir erbetene Entlassung bestimmt bewilligen werden.

Mit dem Ausdrucke meiner ausgezeichneten Hochachtung bin ich

ganz ergebenst
Gustav Mahler

Quelle: Briefautograph. – *Herr Goldberg:* Albert G. (1847–1905), Oberregisseur der Oper am Leipziger Stadttheater. –

72 An Max Staegemann

Leipzig, 17. Mai 1888

Kapellmeister Gustav Mahler bittet ergebenst um Dispensation vom Dienste bis zur Erledigung seines Gesuches.

zur Erledigung seines Gesuchs: Mahlers Entlassungsersuchen wurde entsprochen. Die Leipziger Zeitungen berichteten bereits am 24. Mai 1888 von Mahlers Ausscheiden aus dem Verband des Stadttheaters.

73+ An Max Steinitzer

[Ohne Datum. Iglau, Frühsommer 1888]

Mein lieber Freund!
Sie haben Recht – bald hör' ich auf, Mensch zu sein! – Mein Lieber, wenn Sie mich sehen würden, dann würden Sie mir mein Stillschweigen verzeihen! Zunächst bin ich dort angelangt – wo etwa der Anfang des vierten Satzes der in Frage stehenden Symphonie zu suchen ist. Wie lieb ist es von Ihnen, daß Sie so gut gegen mich sind! Bitte, geben Sie mir auch fernerhin Nachrichten über Leipzig – und Alles! Wegen der Symphonie weiß ich mir keinen Rat! Als erste Aufführung möchte ich nicht gerne ein Bierkonzert wünschen. Zunächst möchte ich doch anderswo mein Glück versuchen. – Könnte man sie denn nicht einmal in Leipzig aufführen? Schreiben Sie mir darüber, ob sich dort etwas tun ließe. In Wien will ich im Herbst die notwendigen Schritte tun. Steinitzer, es geht mir schlecht! Von hier gehe ich wieder nach München zurück. – Dort erwarte ich unter meiner Starnberger Adresse Ihren nächsten Brief! Nicht wahr, Sie lassen sich nicht abschrecken, lieber Steinitzer! Wir kommen wohl in ein ordentliches Geleise, damit wir uns nicht ganz aus den Augen verlieren. Zunächst bin ich wirklich unfähig, über mich zu berichten. Nur so viel, daß sich keine Aussicht zeigt, so bald wieder ein Engagement zu bekommen, und ich gestehe Ihnen aufrichtig, daß mich dies in große Sorgen setzt. – Denn ich habe jetzt eine *starke* Tätigkeit notwendig, um nicht zu Grunde zu gehen! Schreiben Sie bald! bitte und bleiben Sie der Freund Ihres sehr in Unordnung geratenen

Gustav Mahler
Adresse: München poste restante.

Quelle: Max Steinitzer, Erinnerungen an Gustav Mahler, in: Musikblätter des Anbruch, Jg. 2 (1920), H. 7–8, S. 297 f. – *der Anfang des vierten Satzes der in Frage stehenden Symphonie:* Mahlers Erste Symphonie war damals fünfsätzig; der vierte Satz demnach der Trauermarsch. – *daß sich keine Aussicht zeigt:* im August 1888 studierte Mahler am Deutschen Theater in Prag seine Fassung der „Drei Pintos" ein.

74 An Friedrich Löhr

[Ohne Datum. Iglau, Sommer 1888]

Lieber!
Sonntag abend komme ich nach Wien in sehr wichtigen Angelegenheiten[44]. – Bitte Dich, mir ins Hotel Höller eine kurze Nachricht zu geben, wann ich Dich zunächst in der Stadt[45] sehen kann. Wir verabreden dann alles Nötige. Wahrscheinlich kommt mein Bruder Otto mit[46].

Herzlichst Dein
M.

Quelle: Briefautograph.

75 An die Mitglieder der Budapester Oper

[Budapest, vor dem 10. Oktober 1888]

Verehrte Damen und Herren!
Ich habe die Ehre, mit dem heutigen Tage an die Spitze eines Institutes zu treten, welches in jeder Hinsicht dazu berufen ist, die Heimat und der Hort der nationalen Kunst dieses Landes zu sein. – Zunächst danke ich unserem verehrten Chef, dem Herrn Staatssekretär von Beniczky für das Vertrauen, mit welchem er ein so verantwortungsreiches aber auch ehrenvolles Amt in meine Hände gelegt hat, und gebe hiemit das Versprechen ab, mich mit ganzer Seele und allen Kräften der mir übertragenen Aufgabe zu widmen. An Sie, meine Damen und Herren, möchte ich auch einige Worte richten!

Mit Stolz und mit Freude sehe ich um mich eine Künstlerschar versammelt, welche zum Siege zu führen, sich kein Heerführer schämen darf. Es muß jeden von uns mit Stolz erfüllen, einem Institute anzugehören, welches der erhabene Beschützer der Künste, Se. Majestät, der König, in so huldreicher und munifizenter Weise fördert, für welches die oberste Vertretung des Reiches immer offene Hände gehabt hat, welches den Mittelpunkt aller künstlerischen Bestrebungen Ungarns und zugleich den Stolz der Nation bildet – bilden sollte. – Andererseits aber – mit welchen strengen Anforderungen an uns selbst muß uns das Bewußtsein erfüllen, daß wir diejenigen sind, denen es obliegt, die Bedeutung eines solchen Institutes zu erhalten und zu steigern. –

Meine Damen und Herren – geloben wir es uns zu, mit ganzer Seele und voller Hingebung uns der stolzen Aufgabe zu weihen, welche uns zufällt! Strengste Pflichterfüllung des Einzelnen und vollstes Aufgehen und Hingabe an das Ganze – dies sei der Wahlspruch, welchen wir auf unsere Fahne schreiben.

Erwarten Sie nun zunächst weder Versprechungen noch Maßnahmen von mir. Auch werde ich Ihnen heute kein Programm aufstellen.

Wir wollen uns zunächst gegenseitig kennen lernen und sammeln zu dem schwierigen Werke, das uns zufällt.

Wenn ich Ihnen heute eines versprechen darf, so ist es das, Ihnen mit gutem Beispiel voranzugehen in der Freudigkeit des Tuns und Redlichkeit des Wollens!

Begeben wir uns an die Arbeit – und tun wir nun das unserige! Dann wird auch das Gelingen unser Werk krönen!

Ich entlasse Sie nun mit der freudigen Hoffnung, daß Sie mir alle als echte Künstler zustimmen und daß Sie mich auch in der schwierigen Aufgabe unterstüzen werden.

Gustav Mahler

Datierung: In GMB, 1924, „September 1888“. Mahlers Amtsantritt als Direktor des königlich ungarischen Opernhauses verweist das Dokument in die Tage vor dem 10. Oktober. – *Staatssekretär von Benicky:* Ferenc (Franz) von B. (1833–1905), Regierungskommissär, später Intendant des Opernhauses. – *Se. Majestät der König:* Franz Josef I., Kaiser von Österreich, König von Ungarn. – *Ich entlasse Sie nun:* Wendungen wie diese zeigen, daß es sich bei diesem Text um keinen Brief handelt. In der noch unveröffentlichten Studie „Gustav Mahler und Ungarn“ mutmaßt Zoltan Roman, daß damit ein Konzept der Ansprache vorliegt, die Mahler am 10. Oktober 1888 bei seiner offiziellen Amtseinführung hielt.

76 An Max Staegemann

Budapest, 20. 12. 1888

Hochverehrter Herr Direktor!
Beifolgende Briefe klären Sie über die Situation auf; ich bitte, dieselben wieder diskret zu behandeln.

Können Sie sich schon entscheiden? Und wie soll ich mich in der Angelegenheit verhalten. – Ich bin in entsetzlicher „Soubrettennot!"

Zu gleicher Zeit wünsche ich Ihnen und Ihrer lieben Familie glückliche Feiertage und bitte mitfolgende „echt magyarischen" Spezialitäten zu versuchen.

Die Wurst muß gebraten werden. Ich bitte, beim Öffnen der einzelnen Büchsen vorsichtig zu sein, da eine kleine mit Paprika gefüllt ist und leicht für Nase und Augen unangenehme Folgen haben könnte.

Ich werde wohl den heurigen Weihnachtsabend recht einsam verbringen – da kein Theater ist – und ich noch absolut keinen Privatverkehr habe.

Jetzt bin ich fest in den „Nibelungen"-Proben, habe aber rechte Tenornot und die absurdesten Schwierigkeiten an allen Ecken und Enden. – Ich lasse aber nicht eher locker!

Ich bitte, Ihre liebe Familie von mir recht herzlich zu grüßen – ich nehme auch an, daß dieser Gruß auch zu Freund Perron gelangt – und wünsche Ihnen allen einige ruhige und gemütsfrohe Tage.

Ihr ganz ergebenster

Gustav Mahler

Bitte die Pakete nicht zu lange auf der Post liegenzulassen, sonst verdirbt das Obst.

Zum Spaß sende ich beide Artner Briefe* zugleich, damit Sie sie recht genießen können.

* Josephine von Artner, Opernsängerin am Leiziger Stadttheater.

Beiliegende Briefe: vermutlich hatte sich Josephine von Artner (1867–1932) bei Mahler um ein Engagement beworben. – *„Nibelungen"-Proben:* Mahler studierte „Rheingold" und „Walküre" an der Budapester Oper in ungarischer Sprache ein. Die Premieren fanden am 26. und 27. Januar 1889 statt. – *Freund Perron:* Karl P. (1858–1928), Bariton am Stadttheater Leipzig.

77 An Friedrich Löhr

[Ohne Datum. Pest, April 1889]

Liebster Fritz!
Ich freue mich schon gewaltig!

Mein Hotel heiß[t] „Hotel Tiger“ und befindet sich Palatingasse (ungarisch Nádor-utcza); ich bitte Dich aber jedenfalls, mir Deine Ankunft *rechtzeitig* anzuzeigen, da ich Dich am Bahnhof erwarten möchte. – Sollte ich verhindert sein, so fahre nur direkt zu meinem Hotel, es wird dort alles vorbereitet sein[47].

Was Otto betrifft, so ist es mir sehr unangenehm, daß er so lange mit der Arbeit aussetzen will.

Zu Hause kann er ja nicht spielen. Am liebsten wäre es mir, er bliebe einige Tage in Iglau und ging dann nach Wien zurück, wieder im alten Geleise.

Auf baldiges Wiedersehen Dein

Mahler

Grüße herzlichst alle Deinigen[48].

Quelle: Briefautograph.

78 An Friedrich Löhr

[Ohne Datum. München. Juli 1889[42]]

Lieber Fritz!
Endlich bin ich aus dem Krankenhaus entlassen*. – Schmerzen habe ich noch immer und bin ziemlich herunten. Es wird jetzt mit mir hoffentlich sehr rasch vorwärtsgehen. Ich gehe heute auf 5 Tage nach Bayreuth, von dort aus auf 3 Wochen nach Marienbad. – Mitte August hoffe ich in Wien zu sein[43].

Herzlichste Grüße von
Gustav

* Bezieht sich auf eine überstandene Operation.

Quelle: Briefautograph. – *Datierung:* lt. Roman. In GMB, 1924, „Sommer 1888“. Am 22. Juli befand sich Mahler bereits in Bayreuth, am 31. Juli schon seit mehreren Tagen in Marienbad.

79 An Friedrich Löhr

[Ohne Datum. Pest, Herbst 1889]

Lieber Fritz!
Beifolgend 47 fl., wovon 31 fl. 60 kr. an die Quartierfrau abgehen – 10 fl. an die Berta – und 5 fl. sollen Taschengeld für Otto sein[49].

In 2 Wochen bin ich [in] Wien.

Herzlichst Dein
Gustav

Quelle: Briefautograph.

80 An Friedrich Löhr

[Ohne Datum. Pest, September 1889]

Lieber Fritz!
Ende nächster Woche komme ich also mit Justi nach Wien.

Wenn ich bei Dir, *ohne Dich irgendwie zu stören, bequem* wohnen kann, so komme ich zu Dir – wenn aber nicht, so bitte ich Dich, in einem Deiner Wohnung zunächst gelegenen *angenehmen* Hotel ein ruhiges Zimmer für einige Tage aufzunehmen. – Ich glaube, letzteres wäre sogar in jedem Falle vorzuziehen.

Bitte niemandem etwas davon zu sagen, daß ich komme. – Warum, erkläre ich Dir mündlich[50].

Wir werden also nach langer Zeit wieder einige Tage miteinander zubringen. –

Wenn ich kann, richte ich mir es so ein, daß ich schon Sonntag (an dem Du doch gewiß Dich frei machen kannst) bei Euch bin. –

Herzlichst Dein
Gustav

Quelle: Briefautograph. – *Justi:* Justine Mahler.

81 An Uda Löhr

[Ohne Datum. Pest, vor dem 15. September 1889]

Liebe Freundin[51]!
Schönen Dank für Ihre lieben Zeilen. Beifolgend 75 fl. für Sept. u. Okt. –

Ich bin mitten in der Arbeit – Sonntag Lohengrin!

Vom Hause sehr schlechte Nachrichten – die Katastrophe wird stündlich erwartet. – Unter keiner Bedingung kann ich vor Montag hier fort. –

Wäre es Ihnen möglich, wenn das Schlimmste früher eintritt, als ich hin könnte, auf einen oder 2 Tage zur Stütze meiner Schwester nach Iglau zu gehen?

Denn ich weiß nicht, was die allein anfangen werden! –

In diesem Falle würde ich an Sie telegrafieren, und bitte Sie mir anzuzeigen, ob Sie können oder nicht. – In meinem Zustande ist bisher keine Verbesserung eingetreten * – um die Proben zu ermöglichen, esse ich Morphium.

– Sind [!] Sie alle herzlichst gegrüßt von Ihrem

Mahler

* Mahler hatte sich einer Operation unterziehen müssen.

Quelle: Briefautograph. – *Datierung:* In GMB, 1924, „Herbst 1889". Die Premiere des neueinstudierten „Lohengrin" am 15. September, mit der die neue Saison eröffnet wurde, ermöglicht eine genauere Datierung.

82 An Friedrich Löhr

[Ohne Datum. Pest, Mitte Oktober 1889]

Lieber Fritz!
Eben bekomme ich die Post von Iglau. – Bitte Dich, mir umgehend etwas Ausführliches über alles Dir bekannte – besonders über die jetzt eingetretene Ordnung der Dinge zu berichten. –

Wie ich höre, geht die Justi auf kurze Zeit zu Euch; wohin stecken wir die Emma?

Etwaige Kosten natürlich brauchen nicht gescheut zu werden; es kommt mir jetzt alles darauf an, daß die kurze Übergangszeit bis zu dem Moment, wo ich die beiden Schwestern zu mir nehme, für diese einigermaßen erträglich wird[52]. Ich kann momentan *nicht* ab.

Herzlichst
Gustav

Quelle: Briefautograph. – *Datierung:* In GMB, 1924, nur „Oktober". Der Tod von Mahlers Mutter am 11. Oktober läßt die Datierung „Mitte Oktober" zu. – *die Post von Iglau:* Nachricht vom Ableben der Mutter. – *Emma:* Mahlers jüngere Schwester (1875–1933), heiratete später den Cellisten Eduard Rosé.

83 An Friedrich Löhr

[Ohne Datum. Ankunftsstempel:
1. November 1889]

Lieber Fritz!
Zugleich erhältst Du pr. Postanw[eisung] 86 fl. 69 kr. – Ich bitte Dich, mir zur Übersicht genau mitzuteilen, was ich nunmehr, da sich die Verhältnisse doch schon so weit konsolidiert haben werden, wie viel ich für beide Kinder* monatlich *regelmäßig* einzusenden haben werde – wobei ich freilich einen kleinen Stoßseufzer nicht ganz unterdrücken kann. – Der Alois** in Brünn muß auch fortwährend Geld haben, und hier scheinen sich die Ausgaben infolge der ungemein empfindlichen und geschwächten Konstitution der Justi auch beträchtlich höher zu stellen, als ich anfänglich gehofft habe. – Also – Gott helfe weiter!

Morgen nehme ich einen *Vorschuß* auf!

Beiliegender Brief ist an Emma.

Mein Zustand ist von Tag zu Tag besser.

Herzliche Grüße von
Gustav

Eben unterhandle ich in München bei Levi für Rudolf, welchen ich für eine dortige Vakanz am Hoftheater als Kapellmeister sehr dringend vorschlage.

Ich hoffe sicher, daß die Sache zustande kommt.

– Er weiß noch nichts – ich will ihn damit von dort überraschen lassen.

* Mahlers Geschwister.
** Bruder Mahlers, damals 22 Jahre alt, Kaufmann.

Quelle: Briefautograph. – *für Rudolf:* Rudolf Krzyzanowski wurde im August 1890 zum Kapellmeister in München ernannt.

84 An Friedrich Löhr

[Ohne Datum. Pest, Anfang November 1889]

Lieber Fritz!
Ich sende Dir hiemit 60 fl. und bitte Dich, für Otto das Nötige anzuschaffen. – Ich war der Meinung, daß Otto schon einen Winterrock [hat]; meinen habe ich nicht mehr. – Wenn es also unumgänglich notwendig, so bitte ich auch dies für ihn zu besorgen (mit bescheidensten Ansprüchen) und mir den Preis mitzuteilen. Ich bitte Dich, mir zu berichten, wie es dem Otto nunmehr mit seiner Gesundheit [geht] – u. [wie es] mit seinen Bestrebungen steht.

Ich hoffe, Euch jedenfalls am 6. *November* hier zu sehen[53]!

Herzlichst
Gustav

Meine 20 fl. hat er bekommen?

Quelle: Briefautograph.

85 An Friedrich Löhr

[Ohne Datum. Pest, Ankunftsstempel:
15. November 1889]

Lieber Fritz!
Nur in aller Eile[54]! Hier schick ich das Zertifikat und schlage Euch vor, daß Ihr beide erst *Dienstag* früh hier eintrefft. – Otto kann sich Urlaub nehmen und dann *länger,* cca. über Sonntag, bleiben. Willst Du es anders einrichten, ist es mir auch gleich. Bitte mich nur sicher von Euerer Ankunft zu verständigen.

Schönsten Gruß
Gustav

Komme *Du* nur *auch** [55]!

* Anläßlich der Erstaufführung von Mahlers I. Symphonie in Pest.

Quelle: Briefautograph.

86 An Friedrich Löhr

[Ohne Datum. Pest, Winter 1889]

Lieber Fritz!
Nun möchte ich doch was von Euch erfahren – Deine K[orrespondenz]k[arten], auf die ich mich gefreut, blieben leider in der Einzahl. – Verzeih, daß ich Dir heute nichts schreibe – so eilig bin ich – Justi erzählt wohl alles. Übrigens bin ich besorgt, daß ich noch immer ohne Nachricht bin.

Heute sende ich Dir 100 fl. und bleiben somit noch 300 fl. an Dich von mir [zu] zahlen. – Bitte, teile mir mit, wann Du das andere haben willst; natürlich steht es Dir jeden Moment zur Verfügung.

Schreibe recht bald.

Grüß die Uda und die Deinen

Gustav

Quelle: Briefautograph.

87 An Friedrich Löhr

[Ohne Datum. Pest, Weihnachten 1889]

Lieber Fritz!
Ich komme Montag Mittag mit der Justi in Wien an (mit demselben Zug, mit dem Du gefahren bist). Justi bleibt dann bei Euch und ich gehe weiter nach Iglau, um die Angelegenheiten zu ordnen[56].

Vielleicht erwartet uns jemand an der Bahn.

Herzlichst Dein
Mahler

Quelle: Briefautograph. – *in Wien:* fehlt in GMB, 1924.

88 An Friedrich Löhr

[Ohne Datum. Pest, Februar 1890]

Lieber Fritz!
Bei uns liegt immer der eine oder die andere! Seit Wochen habe ich es vor entweder selbst zu kommen oder zu schreiben – aber glaub mir's, ich komme nicht dazu.

– Ich hätte schon sehr viel mit Dir zu sprechen! Was glaubst Du – kannst Du nicht auf ein paar Tage zu mir herunter, wenn sich's trifft; es würde Dir nichts schaden, ein bißchen auszuspannen[57].

Wenn nicht, so komme ich doch einmal hinauf.

Das Gedicht von Sax werde ich „komponieren" – ich sage Dir: eine *schwere* Pflicht*!

Mit Emma bitte ich Euch nur *streng* zu sein. Es steckt halt der alte Teufel noch zu fest.

Zugleich sende ich heute pr Postanweisung die gewünschten 50 fl. Für den Sommer hätte ich einen hübschen Plan, den ich Dir gelegentlich mitteilen werde – am liebsten mündlich, um ihn mit Dir zu besprechen.

Hier geht es toll zu – ich komme nicht zu Atem.

Herzlichst Dein
Mahler

* Das Gedicht von Sax wurde nicht vertont.

Quelle: Briefautograph.

89 An Friedrich Löhr

[Ohne Datum. Pest, Frühjahr 1890]

Lieber Fritz!
Anbei die Summe für den Finanzminister. – Ich bin so erregt beschäftigt – muß so viel Ärger schlucken, daß ich zur Korrespondenz nicht fähig bin! – Wie *macht sich denn der Otto? Komm her.* – Wann ich hier abkomme, weiß ich momentan nicht.

Schreibe bald Deinem sehr sorgenvollen
Gustav

Quelle: Briefautograph.

90 An Uda Löhr

[Ohne Datum. Pest, Mai 1890]

Liebe Freundin!
Ich möchte Sie um einen Gefallen ersuchen. – Der Billigkeit wegen werde ich vielleicht genötigt sein, Justi *allein* nach Franzensbad zu

schicken. Für diesen Fall ist mir ein Doktor, dessen Adresse ich unten beifüge, empfohlen, dessen Frau meine Schwester in ganze Pension und unter ihre Aufsicht nehmen will[60].

Ich habe nun die Bitte, Sie gingen in den *nächsten* Tagen dorthin – schauten sich die Verhältnisse an, und erkundigten sich, *ob* und *wie* das ginge.

Ich bitte, sich auf mich zu berufen, da ich ihm eben auch schreibe.

Viele Grüße und auf baldiges Wiedersehen

Ihr
Mahler

Dr. Fellner, I. Grünangergasse 2

Quelle: Briefautograph. – *Dr. Fellner:* Name und Adresse fehlen in GMB, 1924.

91 An Friedrich Löhr

[Ohne Datum. Pest, Anfang Mai 1890]

Lieber Fritz!
Ich bin Mittwoch und Donnerstag in Triest, Hotel Delorme. Bitte, verständige mich durch einige Zeilen, ob Uda meinen letzten Brief bekommen, und wann sie mir darauf antworten kann.

Von da aus gehe ich nach Venedig; meine nähere Adresse schreibe ich Dir dort. – Die Reise mache ich mit Justi *umsonst,* da ich mir von der Südbahn eine Freikarte verschafft habe.

Eiligst Dein
Gustav

schreibe Expreß wie ich.

Quelle: Briefautograph.

92 An Friedrich Löhr

[Ohne Datum. Pest. Wiener
Ankunftsstempel:
9. Mai 1890]

Lieber Fritz!
Deinen aufklärenden Brief bekam ich erst knapp vor meiner Abreise, als ich den Expreßbrief[58] schon abgeschickt hatte.

Für Emma auf Kleider sende ich 30 fl. – Macht nur in der Hinterbrühl alles fertig, daß wir Anfang Juni hinaus können[59]. Ich werde, so wie ich meine Rundreise hier festgestellt habe, Euch meine jeweiligen Adressen, wo mich Briefe treffen, angeben.

Herzlichste Grüße von

Gustav

Quelle: Briefautograph.

93 An Friedrich Löhr

GRAND HOTEL BRUN
BOLOGNA

[Ohne Datum. Bologna, Mai 1890]

Lieber Fritz!
Unsere Adresse lautet in einigen Tagen: *Mailand,* „Hotel Milano"! Dorthin gehen wir über Florenz und Genua.

Teile mir einiges mit, wie es Euch geht und ob wir am 1. oder 2. Juni mit dem Zuge der Südbahn schon in Mödling aussteigen können, was sehr wünschenswert wäre, da wir dabei manches ersparen können. –

Wir sind von Wetter und Umständen sehr begünstigt. –

Herzliche Grüße von mir und Justi an Alle

von Eurem
Gustav

Quelle: Briefautograph. – *Mödling:* Ort südlich von Wien, an der Südbahn, von dem aus man die Hinterbrühl, Mahlers Sommersitz von 1890, erreichte.

94 An Uda Löhr

Florenz, 18. Mai [1890]

Liebe Uda!
Eben senden wir eine Schachtel mit Kleidern an Sie ab, welche uns auf der Reise zu sehr inkomodieren. Bitte, dieselben auszupacken und auszuhängen.

Ich schreibe auch nach Pest, und lasse an Sie 700 fl. absenden, damit der Zins beim Einziehen beglichen werden kann.

Wir kommen wahrscheinlich am *31.* Mai in Mödling an und können hoffentlich bereits in unserer Wohnung absteigen. Ich hoffe diesbezüglich in Mailand Nachrichten von Ihnen vorzufinden.

Wird die Wohnung schon im Stande sein? Das wäre sehr schön!

Wir haben eine herrliche Zeit hinter uns und hoffen nun noch in *Genua, Mailand, Gardasee,* Laibach [auf] schöne Tage[61]. Justi blüht ordentlich auf; die Reise schlägt famos an.

Schreiben Sie auch etwas über Sie und die Kinder.

Herzliche Grüße von mir und Justi.

Gustav Mahler

Adresse: Mailand, Hotel Milano.

Quelle: Briefautograph.

95 An Friedrich Löhr

MILAN
GRAND HOTEL DE MILAN

[Ohne Datum. Mailand, Ende Mai 1890]

Lieber Fritz!
Wir kommen *Dienstag Abend* in der *Hinterbrühl* an und finden Euch hoffentlich teilweise vor.

Noch heute schreibe ich nach Pest und lasse direkt an Dich 800 fl. Vorschuß einsenden. Wir rechnen dann bis wir zusammen sind. Das verfluchte Geld! – Mir geht es hier auch schon aus.

Auf Wiedersehen!

Gustav

Ich telegrafiere noch genau meine Ankunft.

Quelle: Briefautograph. – *Dienstag Abend:* jedenfalls nicht der in Brief 94 genannte 31. Mai, der ein Samstag war.

96 An Uda Löhr

[Ohne Datum. Pest, August 1890[62]]

Liebe Uda!
Hoffentlich sind Sie bereits im Besitze des Gesandten! Einer Bemerkung Bertas auf der letzten Korrespondenzk[arte] [nach] muß die brave Hinterbrühler Post mit dem braven Herrn Meier sich recht Zeit gelassen haben[63].

Daß Fritz wieder fort mußte, ist doch zu traurig[64]!

Was macht die Gesundheit Ottos? Und wie beträgt sich Emma? Ich lebe hier noch ganz behaglich, da die Nachmittage für mich noch frei sind.

So mache ich noch schöne einsame Spaziergänge.

Das Geld für Sept[ember] werde ich doch lieber per Post schicken.

Diesmal hat Ihre Mama glücklicher Weise hübsches Wetter getroffen. Da werden Sie wohl fleißig ins Kienthal mit ihr spazieren.

Die herzlichsten Grüße von Ihrem

Gustav Mahler

97 An Friedrich Löhr

[Ohne Datum. Pest, September 1890]

Liebster Fritz!
Ich kann mich leider nur zu einigen flüchtigen Zeilen aufschwingen.

Es wäre mir lieb, wenn Du das Geld für die Fracht jetzt für mich auslegtest. Ich bliebe Dir dann also 412 fl. noch schuldig. – Die Zeit, wann Du das Geld zurückhaben willst, richte Dir ganz *nach Deiner Bequemlichkeit* ein. – Du kannst entweder das *Ganze* auf einmal am 1. Oktober bekommen – oder wenn es Dir lieber, in 2 oder 3 Raten. – Schreibe mir darüber.

Es ist mir schrecklich, Dich jetzt so bepackt zu wissen. – Nimm Dir nur diese Sorgen nicht nach Italien mit. Auch die Übersiedlung nach Wien liegt mir im Kopf. – Wird das alles die Justi nicht zu sehr herunterbringen? Habt Ihr schon die Möbel? Wer ist die Dame, welche aufgenommen ist? – Wann fährst Du schon? Die Quittungen laß nur sein! Mit Reiseermäßigung steht es sehr mau – ich habe einen Versuch gemacht, hoffe mir aber nichts davon.

Vor Deiner Abreise schreibe ich noch ausführlicher[65].

Eiligst Dein
Gustav

Quelle: Briefautograph.

98 An Bernhard Pollini

Budapest, 11. 10. 90.

Sehr geehrter Herr Hofrat!
Leider ist es mir nicht möglich, meine Forderung Ihrem Antrage gemäß zu modifizieren, und drücke ich hiemit mein Bedauern aus, falls unsere Unterhandlungen daran scheitern sollten: um so mehr, als ich bereits die einleitenden Schritte getan und bereits gegründete Hoffnung hatte, meine Absicht durchsetzen zu können.

Mit dem Ausdrucke meiner vorzüglichen Hochachtung bin ich Ihr

ganz ergebenster
Gustav Mahler

unsere Unterhandlungen: wann und wo diese begonnen haben, ist nicht bekannt. Offenbar war Mahler durch die zunehmende Feindseligkeit der ungarischen Presse und durch bevorstehende innenpolitische Veränderungen bereits im Frühherbst 1890 überzeugt, daß er seinen Vertrag mit der Budapester Oper vorzeitig lösen müsse.

99 An Bernhard Pollini

Budapest, 14. Okt. 1890

Herrn Hofrat
Direktor B. Pollini
in Hamburg, Stadttheater

Sehr geehrter Herr Hofrat!
Antwortlich Ihres geehrten Schreibens vom 9. d. M. erkläre ich mich nunmehr bereit, Ihren Vorschlag zu akzeptieren, wenn Sie mir meine

Gage ohne jeden Abzug bewilligen, so daß Sie also die Steuern, den Pensionsbeitrag und andere eventuelle Gebühren zu tragen hätten.

Indem ich so hoffe, Ihnen mein Entgegenkommen bewiesen zu haben, muß ich es auf das Bestimmteste aussprechen, daß ich nicht in der Lage bin, auf eine weitere Reduzierung meiner Forderung einzugehen, und sehe daher Ihrer endgültigen Entscheidung in dieser Angelegenheit entgegen.

Mit vorzüglicher Hochachtung

ergebenster
Gustav Mahler

100 An Bernhard Pollini

Budapest, 7. November 1890

Sehr geehrter Herr Hofrat!
Eben von einer Reise zurückgekehrt, finde ich Ihr Geehrtes vom 2. November mit inliegendem Vertrag. Nach Einsicht in denselben muß ich noch einmal auf einen Punkt zurückkommen, welcher in Folge der neuen Richtung unserer Verhandlungen wahrscheinlich von Ihnen nicht weiter beachtet wurde, auf den ich aber, wie Sie aus dem betreffenden Briefe ersehen werden, ein großes Gewicht legte.

Ich hätte Ihr Angebot von 12.000 Mk Jahresgage unter der Bedingung akzeptiert, wenn Sie die üblichen Abgaben, Steuer- und Pensionsbeitrag auf sich nehmen wollten.

Nachdem ich nunmehr meine Bereitwilligkeit Ihnen gegenüber nach allen Seiten bewiesen habe, bitte ich, daß Sie mir in diesem Punkte entgegenkommen und mir erlauben, diesen Zusatz in den mir zugesandten Vertrag einzufügen.

Meinem Eintritt in den Verband Ihres Instituts wird dann nichts mehr im Wege stehen.

Ich bin mit dem Ausdrucke meiner vorzüglichen Hochachtung

Ihr ergebenster
Gustav Mahler

101+ An Richard Heuberger

DIE DIREKTION DER KGL. UNGARISCHEN OPER
in Budapest, 23. Dezember 1890

Verehrter Freund!
Ich freue mich riesig, daß Sie uns das Vergnügen machen wollen. Das Billett liegt für Sie bereit, bitte es in der Kanzlei holen zu lassen – oder teilen Sie mir das Hotel mit, in dem Sie absteigen, dann lasse ich es dorthin schicken. Jedenfalls bitte ich, daß wir nach der Oper zusammen sind. Vielleicht kommen Sie auf die Bühne? Daß Brahms so anerkennend, macht mich ganz glücklich – ich halte dies für den größten Erfolg, der mir bis jetzt zuteil wurde. Ich hoffe den Termin der Aufführung einzuhalten. Sollte was passieren, so telegraphiere ich sofort. Auf Wiedersehen hier! Lieb wäre es mir zu wissen, wo Sie absteigen.

Mit vielen Grüßen Ihr aufrichtig ergebenster

Gustav Mahler

Könnte ich bei dieser Gelegenheit nicht Ihren „Manuel" kennenlernen?

Quelle: Robert Hernried, Ungedruckte Briefe von Gustav Mahler, in: Anbruch, Jg. 18 (1936), Heft 3. – *nach der Oper:* Heuberger hatte sich zur Erstaufführung von Mascagnis „Cavalleria rusticana" (26. Dezember 1890) angekündigt. – *Daß Brahms so anerkennend:* Johannes Brahms hatte am 16. Dezember 1890 in Budapest eine Aufführung von Mozarts „Don Juan" unter Mahlers Leitung gehört und sich bewundernd darüber ausgesprochen. – *Ihren „Manuel":* Heubergers Oper „Manuel Venegas".

102 An Friedrich Löhr

[Ohne Datum. Pest, Ankunftsstempel:
Rom, 28. Januar 1891]

Liebster Fritz!
Es ist ein wahres Glück, daß ich Dir nun schreiben muß – denn sonst würdest Du noch weiß Gott wie lange auf einen Brief warten müssen. – Weiß Gott, einen schrieb ich schon und wartete so lange drauf ihn zu schließen, bis er verloren ging. Es ist wirklich scheußlich von mir, daß ich [Dich] da unten so ganz ohne Gruß lasse. – Was nützt es aber, die Gründe dafür ans Tageslicht zu ziehen. Lassen wir das![66]

Ich führe ein gänzlich nach außen gerichtetes Dasein. In dieser Hinsicht habe ich auch vieles Ersprießliche zuwege gebracht, sogar manche Freude erlebt. Was Dir interessant sein wird, ist, daß Brahms hier unter mir den Don Juan gehört hat und seitdem mein enragiertester Freund und Gönner ist. Er hat mich in einer für ihn unerhörten Weise ausgezeichnet und ein wirklich freundschaftliches Verhältnis zu mir angebahnt. –

Von dem Unglück mit Hausmann habe ich auch schon gehört. – Du wirst in der nächsten Zeit die Freude haben, mit der Berta auf dem Aventin spazieren zu gehn. – Es ist aber gar nicht so unmöglich, daß auch [ich] Dich plötzlich anpacke!

Es geht jetzt alles mögliche vor – weiß der Kuckuck, welcher Wind mich plötzlich aus Pest hinausweht[67].

Ich schließe schnell, sonst geht dieser Brief auch wieder nicht weg.

Grüße Uda und das Kind.

Herzlichst Dein
Gustav

103 An Géza Graf Zichy

[Ohne Datum. Pest. Ende Februar–Anfang März 1891]

Hochgeehrter Herr Graf!
Mit Bezugnahme auf unsere heutige Unterredung und im Sinne derselben erkläre ich mich – unter voller Wahrung meiner kontraktlichen Ansprüche – bereit, auf meinen alten bisherigen Vertrag zu verzichten und mit Hochgeboren einen neuen, auf der Grundlage der neuen Statuten zu schließen.

Die Bedingungen dieses neuen Vertrages müßten folgende sein:

I. Dauer des Vertrages vom Tage des Abschlusses bis zum 1. Oktober 1892.

II. Die Bedingungen wären durchaus die alten bis auf jene Spezialbestimmungen, welche im Widerspruch mit den neuen Statuten stehen und welche mit denselben in Übereinstimmung zu setzen wären.

III. Am 15. Mai 1892 erhalte ich, falls nicht unterdessen ein neuer Vertrag mit mir geschlossen wurde, eine Abfindungssumme von 25.000 fl. – sage fünfundzwanzigtausend Gulden ö. W., welche mir an der Kassa der Kgl. Oper ohne jeden Abzug in Barem auszuzahlen wären.

IV. Wären mir sowohl die Stempelgebühren, welche ich bereits für eine 10jährige Dauer vorausbezahlt, als auch alle jene Beträge, welche ich während der Dauer meiner Amtsführung an den zu gründenden Pensionsfond[s] der Kgl. Oper gezahlt habe, an der Kassa der Kgl. Theater am selben Tage zurückzuerstatten . . .*

* Schluß des Briefes fehlt.

Datierung: In GMB, 1924, „März 1891“. Die neuen Statuten für das Budapester Opernhaus wurden am 18. Februar veröffentlicht; am 14. März trat Mahler zurück. Verhandlungen über einen neuen Vertrag können nur zwischen diesen beiden Daten stattgefunden haben, vermutlich noch im Februar, da im März kaum mehr Aussicht auf ein Kompromiß bestand. – *der neuen Statuten:* Zichy, am 22. Januar 1891 zum neuen Intendanten bestellt, schuf neue Statuten, die seine eigenen Rechte vergrößerten, die Handlungsfreiheit Mahlers als Operndirektor aber weitgehend beschnitten. – *Schluß des Briefes:* es handelt sich vermutlich um ein Briefkonzept, das Alma Mahler unter den Papieren ihres Gatten entdeckte. Ob dieser oder ein ähnlicher Brief Zichy erreichte oder nicht, ist unbekannt. Laut Roman war es völlig ausgeschlossen, daß Mahler unter den nun herrschenden Umständen im Amt blieb.

104 An Friedrich Löhr

[Ohne Datum. Hamburg, September 1891]

Mein lieber Fritz!
Nun sei also willkommen in der Heimat. – Gern säh ich Dich gleich, solange Du noch von südlicher Sonne gebräunt bist! Aber leider, leider! Neun Monate müssen wir jedenfalls noch warten. (Meinst Du nicht, daß das gerade Zeit genug ist, Junge zu kriegen? Dieser Witz ist natürlich nicht für die Deinen berechnet.) – Ich habe Heimweh.

Viele angefangene Briefe an Dich liegen – meist noch aus der Pester Zeit – in meiner Mappe. – Ich weiß es nicht, wie es kam, – aber mich schriftlich mitzuteilen, ist mir unerträglich geworden. So will ich mich auch heute darauf beschränken, Dir aus der Fremde, die mich ja leider mein Leben lang nicht herausgeben will, einen Herzensgruß in die Heimat zu senden, die Du jetzt wohl nach so langer und Dir ganz ungewohnter Trennung, doppelt freudig begrüßt hast. Eines möchte ich bald und schnell von Dir wissen, wie sich nunmehr Dein äußeres Leben gestalten soll. – – –[68]

Gelesen habe ich viel in diesem Jahr, und viele Bücher haben einen nachhaltigen Eindruck hinterlassen, ja sie haben sogar in Weltanschauung und Lebensansicht einen Umschwung – eigentlich Fortentwicklung verursacht. – Darüber jedoch kann ich mich nur mündlich aussprechen. –

Im Sommer heuer hoffe ich, Dir darüber viel zu sagen.

Ich hoffe, mein lieber Fritz, wir sind die Alten – wir können gar nicht anders, Du altes Haus. – Ist es Dir noch nie eingefallen, daß wir nun schon die nächste Generation haben heranwachsen gesehen – die neuen Ideen, die wir uns erkämpft haben, schon Gemeinplätze geworden sind – ja, daß wir sogar schon im Kampfe gegen die Jüngern Erworbenes bewahren müssen? – Denke einmal darüber nach, und Du wirst Dich dann ebenso kopfschüttelnd umsehen in dieser schönen Welt wie ich, wenn ich manchmal meinen Kopf in diese hineinstecke.

Lasse nun bald was von Dir hören!

Herzlichst Dein alter
Gustav

Mit Heinrich und Rudolf war ich im Sommer zusammen.

Datierung: in GMB, 1924, nur „Herbst 1891". Löhr kehrte Mitte September nach Wien zurück (siehe seine Anmerkung Nr. 65).

105+ An Ludwig Strecker, Verlag Schott

[Ohne Datum. Eingangsvermerk: 16. Oktober 1891]

Sehr geehrter Herr Doktor!
Seit einer Reihe von Jahren habe ich eine Anzahl eigener Kompositionen auf verschiedenen Gebieten gesammelt – unter anderem: *Eine Symphonie.* – Ein großes *Märchen* für Chor, Orchester und Soli. – Eine sym*phonische* Dichtung, und ungefähr *20* ausgewählte *Lieder.* –

Nachdem ich nunmehr der bekannten horazischen Forderung einigermaßen Genüge geleistet und nach strenger Selbstprüfung finde, daß diese Sachen vielleicht der Ehre nicht unwert sind, von weiteren Kreisen gekannt zu sein, denke ich daran, mich um einen *Verlag* für dieselben umzusehen.

Indem ich mich unserer persönlichen Begegnung in Leipzig anläßlich der Première der „3 Pintos" im Hause des Hauptmanns von Weber erinnere, ist es in erster Linie Ihre Firma, welche ich dabei in Betracht ziehe. –

Ich bemerke, daß in nächster Zeit speziell meine Lieder von verschiedenen Sängern ersten Ranges in Berlin – Leipzig – Dresden – Hamburg gesungen werden, und halte es für vorteilhaft, wenn dieselben dann schon gedruckt sind.

Hiemit frage ich an, ob Sie eventuell geneigt sind, mit mir hierüber in Verbindung zu treten, und welche Bedingungen bei Ihnen in solchen Fällen geschäftlich gestellt werden. –

Indem ich um freundliche baldige Mitteilung bitte, bin ich

Ihr ganz ergebenster
Gustav Mahler
derzeit am Hamburger Stadttheater

Quelle: Briefautograph. – *Eine Symphonie:* die in Budapest uraufgeführte I. Symphonie. – *Ein großes Märchen:* „Das klagende Lied". – *Eine symphonische Dichtung:* „Todtenfeier" (nunmehr 1. Satz der II. Symphonie). – *20 ausgewählte Lieder:* der Verlag B. Schott's Söhne veröffentlichte Anfang Februar 1892 14 dieser Lieder unter dem Titel „Lieder und Gesänge" (aus der Jugendzeit).

106 An Heinrich Krzyzanowski

[Ohne Datum. Hamburg, Herbst 1891]

Lieber Heinrich!
Du glaubst es nicht, wie mich dies Lebenszeichen von Dir hoch erfreute. – Ich habe mir besonders in der letzten Zeit so verschiedene Sorgen um Dich gemacht. – Ich weiß ja gar nichts mehr von Dir – nicht einmal die Richtung, welche meine Gedanken und Sorgen nehmen sollen. – Eines beeile ich mich Dir schnell zu versichern, daß ich ganz der Alte zu Dir stehe und daß Du auf mich in jeder Lage des Lebens zählen sollst. – Ich weiß auch, wie schwer es gerade Dir wird, das Wort zu einem andern zu sprechen: Hilf mir! Auf die Gefahr, Dich, Du alte Schnecke, die sich ganz in ihr Haus zurückgezogen, zu verletzen, sage ich Dir doch: wenn es der Fall ist, daß Du mich ein wenig brauchen kannst, so sage es mir und zähle auf mich.

– Dein Anerbieten betreffs einer Oper kann ich nicht so gradlinig beantworten. Schicke mir doch Deine Ideen – Pläne ein. – Wenn ich mich angeregt fühle, so werde ich mit Freuden an die Arbeit gehen! – Du weißt ja – ich nehme mir nie vor, „etwas zu machen" – manchmal kommt auf meinem Zickzackwege durch das Leben, dessen Fäden sich für uns alle so unaufhörlich verwirren, ein Anstoß, der mich dann irgendwohin wirft. Dann „mache ich eben was". Nachdem ich jetzt so viele Märchen, Lieder und Symphonien im „Pulte" liegen habe, ist es wohl möglich, daß ich mich plötzlich dabei finde, eine Oper zu komponieren. – Daß diese dann alle Aussicht hat, aufgeführt zu werden, ist natürlich.

Deine „Andeutung“ verstehe ich dahin, daß ich Dir einen „Vorschuß“ leisten müßte. – Meine Verhältnisse sind sehr kompliziert. Es würde zu weit führen, Dir alles auseinanderzusetzen. Einen „Vorschuß“ könnte ich Dir wohl nicht geben. Auch ist dies unter uns wohl nicht angebracht. – Das Wenige, was ich für mich übrig habe, mit Dir zu teilen, wird mir eine Herzensfreude sein – ob Du mir einen Text lieferst oder nicht. – Schreib doch, Du altes Haus, wie es Dir geht, und gleich!

– Wie kommst Du denn nach Innsbruck? Hättest Du nicht Lust, ein bißchen zu mir nach Hamburg zu kommen? Ein gutes Bett, einen ordentlichen Schreibtisch und die unentbehrlichen Butterbrote findest Du bei mir.

Vielleicht findest Du hier ein Loch, durch das Du in irgendeine Dir passende Stellung durchschlüpfen kannst. – Willst Du aber in Innsbruck bleiben und kann ich Dir sonst dienen – Geld oder Bücher, etc., so bitte, laß es mich umgehend wissen.

Jedenfalls schreibe endlich mal, wie es Dir geht, was Du vorhast, was Dir fehlt.

Herzlichst Dein sehr eiliger

Gustav Mahler

107 An Friedrich Löhr

[Ohne Datum. Hamburg, 28. November 1891]

Mein lieber Fritz!
Nun ist es wirklich Zeit, daß ich Dir nach so vielen gedachten Briefen nun wieder einmal einen geschriebenen sende. –

Nun kommt schon der zweite Weihnachtsabend, den wir fern von einander verbringen – ich wohl diesmal wieder allein, wie damals in Leipzig im ersten Jahr! – Wie viel ist seitdem geschehen und wie hat sich alles verändert! Nur – seltsam – ich glaube – ich habe mich gar nicht verändert. – Nur ist jetzt zu viel Winter in mir – käme nur bald wieder der Frühling.

Mitteilen muß ich Dir doch, daß ich ein kärgliches Lebenszeichen von Heinrich aus Innsbruck erhalten habe. – Von sich schreibt er gar nichts – nur bietet er mir an, einen Operntext zu schreiben – in dürren Worten, welche lediglich eine Andeutung auf die geschäftlichen Formen dieser eventuellen Verbindung enthalten. – Ich ersehe, daß er sich einsam da unten herumschlägt und mit der leidigen Misère kämpft, die uns ja allen so wohl vertraut ist.

Rudolf ist, wie ich in einer lakonischen Anzeige von ihm erfuhr, von nächstem Jahr ab in Prag engagiert. Ob in erster Stellung (als mein mittelbarer Nachfolger) kann ich noch nicht mit Sicherheit entnehmen; doch ist dies zu hoffen.*

Ich wünschte von Herzen, daß wenigstens Otto endlich in absehbarer Zeit mit der Prüfung und seinem Militärjahr fertig wäre[69], damit sich für mich dieser endlos komplizierte Geldherschaffungsapparat vereinfacht; – ich bin schon recht mürbe und sehne mich danach, nicht mehr so viel Geld verdienen zu müssen. Auch ist es sehr in Frage, wie lange ich noch in der Lage dazu bin.

Gerne käme ich Weihnachten zu Euch – Zeit hätte ich wohl dazu – aber es ist mir zu kostspielig. – Im Weihnachtsmonat gibt es hier keine großen Opern – so daß ich wirklich einfach spazieren gehen kann. – Das wäre ja sonst nicht so unangenehm, wenn ich nur einen ordentlichen Kameraden dazu hätte. Damit ist es, wie Du ja schon erfahren haben wirst, mit mir hier heuer schlecht bestellt.

Gestern gab ich ein großes Orchesterkonzert in Lübeck. Beigeschlossen erhältst Du das Programm, welches ich Dich übrigens bitte, der Justi zuzustellen, da ich das andere, welches ich für diesen Zweck zurechtgelegt, nicht finden kann.

Bülow ist hier ansässig und ich besuche jedes seiner Konzerte; es ist komisch, wie er in seiner abstrusen Manier mich bei jeder Gelegenheit in aufsehenerregender Weise coram publico „auszeichnet". Er kokettiert mit mir (ich sitze in der ersten Reihe) bei jeder schönen Stelle. – Er reicht mir vom Pult die Partituren der unbekannten Werke, damit ich während der Aufführung mitlesen kann. – So wie er meiner ansichtig wird, macht er mir ostentativ eine tiefe Verbeugung! Manchmal spricht er auch vom Podium herab mich an etc. – Trotzdem mißglückte mir der Versuch, von ihm eines meiner Werke aufgeführt zu sehen. – Als ich ihm meine Totenfeier** vorspielte, geriet er in nervöses Entsetzen und erklärte, daß Tristan gegen mein Stück eine Haydnsche Symphonie ist, und gebärdete sich wie ein Verrückter. –

Du siehst, ich beginne bereits selbst zu glauben: Entweder sind meine Sachen abstruser Unsinn – oder – – na! Ergänze Dir's und wähle selbst! Ich bin dessen schon müde!

Herzlichst mit Grüßen an Uda

Dein
Gustav

* R. Krzyzanowski war als Nachfolger Mucks 1892–95 erster Kapellmeister in Prag.

** So nannte Mahler damals noch den I. Satz der Zweiten Symphonie.

Datierung: In GMB, 1924, „Dezember 1891". Das genannte Konzert in Lübeck gestattet eine genaue Datierung. – *von Heinrich aus Innsbruck:* siehe Brief 106. – *ein großes Orchesterkonzert in Lübeck:* am 27. November 1891 mit dem Orchester des Stadttheaters Hamburg.

108 An Emil Freund

[Ohne Datum. Hamburg.
Spätherbst 1891 oder Winter 1891/92]

Lieber Emil!
Vielen Dank für Deine Zeilen, und für Deine freundschaftlichen Bemühungen. Ich habe wegen der Militärtaxe – leider ganz ohne an Dich zu denken – an Spitz geschrieben, welcher mir in einem sehr laxen Tone anzeigte, daß er einen Rekurs versuchen wolle, ohne auf sichern Erfolg zu rechnen. –

Auch wegen meiner Ersatzansprüche an Ottos Vermögen zugunsten Justis geschieht scheinbar gar nichts und doch ist mir die Sache wichtiger, als Du Dir vorstellen kannst. Glaube mir, lieber Emil, ich werde ruhiger schlafen, wenn diese Sache einmal in Ordnung ist – tu alles dafür, was Du nur kannst.

Dieser Dr. Spitz kümmert sich um gar nichts.

Wie steht es mit dem Rechnungsfehler und mit den Zinsen, die ich noch bekommen sollte. –

Ich bin ganz wütend, daß mein Rechtsanwalt meinen Wunsch und Willen permanent ignoriert. – Bitte, lieber Emil, urgiere so viel als möglich und berichte mir darüber.

Über meine „Stimmung" hast Du Dir ein zureichend richtiges Bild aus meinen Briefen herausgelesen. – Ich habe so viel in den letzten Wochen durchgemacht – ohne äußere erkennbare Veranlassung – es packt mich die Vergangenheit – alles, was ich verloren – die Gegenwart mit ihrer Einsamkeit – und alles mögliche – Du kennst an mir solche Stimmungen aus früheren Jahren – wenn mich früher solche Traurigkeit befiel inmitten meiner Freunde – als ich noch die ganze Jugend, Frische u. Regenerationskraft besaß – so kannst Du Dir es vorstellen, wie ich hier diese langen, einsamen Nachmittage und Abende zubringe. – Kein Mensch, mit dem ich nur Einiges, – sei es gemeinsam Erlebtes oder Erschautes oder Erhofftes gemein hätte. –

Auch habe ich in diesen Wochen eine so merkwürdige Lektüre* beendet, die wohl einen epochemachenden Einfluß auf mein Leben zu nehmen scheint. –

Darüber vielleicht einmal mündlich. –

Aber alles, nur nicht dieses ewige, ewige Alleinsein! Schon in Norwegen da oben, als ich wochenlang herumstreifte, ohne den Mund zu öffnen – nachdem ich schon vorher mich genugsam ausgeschwiegen, nun wieder in diese Atmosphäre – in der ich keinen gesunden Atemzug tun kann.

Zeige diesen Brief nicht der Justi! Daß ich übrigens gerne alle Opfer bringe, kannst Du Dir denken – aber ich versichere Dich, daß ich das nicht lange aushalten kann. –

– Ich muß mich hier so einschränken, wie ich das seit den Wiener Zeiten nicht getan habe. –

Otto muß heuer seine Prüfung machen!

Der scheint ganz in den Bengeljahren zu sein. –

Deine Betrachtungen über Justi freuen mich sehr. Bitte, schreibe mir doch öfters u. berichte über alles!

Es grüßt Dich herzlichst

Dein
Gustav

* Nietzsche.

Datierung: in GMB, 1924, „1894". Die Erwähnung Norwegens, wo sich Mahler im Sommer 1891 aufhielt, verweist den Brief jedoch in das darauffolgende Theaterjahr. – *Militärtaxe:* Zahlung für nichtgeleisteten Militardienst. Es ist unklar, ob Mahler für sich selbst oder für seinen Bruder Otto zu zahlen hatte. – *Dr. Spitz:* vermutlich der Rechtsanwalt, der den Nachlaß von Bernhard und Marie Mahler abwickelte. – *tu alles dafür:* Emil Freund war zu dieser Zeit schon selbst Rechtsanwalt. – *eine so merkwürdige Lektüre:* es könnte sich im Hinblick auf die revidierte Datierung auch um andere Lektüre als Nietzsche handeln, da Mahlers musikalische Auseinandersetzung mit Nietzsche (III. Symphonie) wohl erst später einsetzte.

109 An Emil Freund

[Ohne Datum. Hamburg 1892]
Bundesstraße 10. III

Lieber Emil!

Schon lange hätte ich Dir Beiliegendes einsenden sollen; was Du (resp. ich) zu tun habe in dieser Sache, wirst Du ja leicht herausbekommen können. – Sehr lieb wäre es mir (auch hätte ich es schon längst erwartet), von Dir eine Ansicht über den Verlauf der Dinge Otto* zu hören, und auch sonst über alles. Was hat Dir denn eigentlich gefehlt, daß

[Du] so lange an das Zimmer gefesselt warst!? Hoffentlich bist Du wieder ganz gesund.

Du kannst Dir denken, was ich für Sorgen habe, bei dieser ewigen Bewegung der „Moleküle“ in meiner Familie. Bitte, schreibe bald ein paar Zeilen.

Herzlichst mit Grüßen an Deine Mama Dein

Mahler

* Gemeint ist der jüngere Bruder.

110+ An Anton Bruckner

Hamburg, 16. April 92

Hochverehrter Meister und Freund!
Endlich bin ich so glücklich, Ihnen schreiben zu können: Ich *habe* ein Werk von Ihnen aufgeführt. Gestern (Karfreitag) dirigierte ich Ihr herrliches und gewaltiges „*Tedeum*“. Sowohl die *Mitwirkenden,* als auch das ganze *Publikum* waren auf's Tiefste ergriffen von dem mächtigen Bau und den wahrhaft erhabenen Gedanken, und ich erlebte zum Schluß der Aufführung, was ich für [den] größten Triumph eines Werkes halte: das Publikum blieb lautlos sitzen, ohne sich zu bewegen, und erst nachdem der Dirigent und die mitwirkenden Künstler ihre Plätze verlassen, brach der Beifallssturm los. An der Aufführung hätten Sie Ihre Freude gehabt. Ich habe selten ein Personal in solcher Begeisterung wirken gesehen, wie gestern. –

Die Kritiken erscheinen in Folge der Feiertage erst in einigen Tagen; ich werde nicht verfehlen, Ihnen dieselben zuzusenden. – „Bruckner“ hat nun seinen siegreichen Einzug in Hamburg gehalten.

Ich drücke Ihnen herzlichst die Hand, hochverehrter Freund, und bin, im wahren Sinne des Wortes

der Ihrige
Gustav Mahler
Bundesstraße 10/III.

Quelle: Briefautograph.

111 An Arnold Berliner

[Ohne Datum. Poststempel:
9. Juni 1892, London*]
69 Torrington Square W. C.

Dear Berliner!
I shall only to give you the adresse of my residence, because I hope to hear by you upon your life and other circumstances in Hambourg.

I myself am too tired and excited and not able to write a letter.

Only, that I found the circumstances of orchestra here bader than thought and the cast better than hoped.

Next Wednesday is the performance of „Siegfried" which God would bless.

Alvary: Siegfried, Grengg: Wotan,
Sucher: Brünhilde, Lieban: Mime.

This is the most splendid cast I yet heard, and this is my only trust in these very careful time.

Please to narrate me about all and am

yours
Mahler

I make greater progress in English as you can observe in this letter.

* Mahler weilte damals in London als Gastdirigent im Drury Lane Theatre, – Als die Reise nach London beschlossene Sache war, fing Mahler an englisch zu lernen. Er hatte ein Notizbuch zum Wörterbuch gemacht und schrieb Wörter und Wendungen auf, die er im Theater nötig haben würde. B. mußte ihn auf seinem täglichen Spaziergange „überhören" und ihn veranlassen, entsprechende Sätze zu bilden. Mahler benützte jede Gelegenheit zur Übung – daher die englischen Briefe und Karten.

Next Wednesday: der 8. Juni 1892. Mahler, der erst am 5. oder 6. in London eingelangt war, scheint die Karte verspätet aufgegeben zu haben. – *Alvary:* Max A. (1856–1898), Heldentenor am Stadttheater Hamburg. – *Grengg:* Karl G. (1853–1904), Baßbariton an der Berliner Hofoper. – *Sucher:* Rosa S. (1849–1927), dramatischer Sopran, Berlin. – *Lieban:* Julius L. (1857–1940), Tenor an der Berliner Hofoper. – *Gastdirigent im Drury-Lane Theatre:* die deutsche Stagione, bei der Mahler dirigierte, fand in der Covent Garden Opera statt. Der Erfolg war so groß, daß im Drury Lane Theatre einige zusätzliche Vorstellungen gegeben wurden.

112 An Arnold Berliner

[Karte. Ohne Datum. London.
Zwischen 9. und 14. Juni 1892.]
Bedford-Street S.O.

Dear Berliner!
Siegfried – great success I am myself satisfied of the performance. Orchestra: beautiful Singers: excellently – Audience: delighted and much thankfull.

Mittwoch: Tristan (Sucher)

I am quite done up!

Yours
Mahler

Datierung: in GMB, 1924, „1892". Martner stellte die obige Datierung mit Hilfe des Londoner Repertoires fest. – *Mittwoch: Tristan:* vermutlich Mittwoch, der 15. Juni 1892.

113 An Arnold Berliner

[Postkarte. Ohne Datum.
Poststempel: London 29. Juni 1892]

L. B.
Tristan wieder richtig noch größerer Erfolg. – Alles im ganzen wirklich famos.

Meine Position hier: „Star"! Poll.* sehr geschmeidig: H.=0.** Mittwoch Rheingold.

Lassen Sie wieder was von sich hören.

M.

* Pollini, zu dessen Theater Mahler und [die Altistin] Frau S[chumann]-H[eink] gehörten.
** H=Null bedeutet: (Schumann-) H(eink)=Null. Frau S.-H., [1861–1936] deren Genialität Mahler stets anerkannt hat, hat Mahler auf den Proben oft vorsätzlich geärgert und gereizt, obwohl sie Mahlers Größe zu erkennen wohl befähigt gewesen wäre. In London hat sie nach der Gleichung H=Null Mahler gegenüber keine besondere Veranlassung zum Ärger gegeben.

Datierung: Da die einzige Mittwoch-Vorstellung von „Rheingold" am 22. Juni stattfand, korrigiert Martner den Poststempel in 19. Juni. Es wäre allerdings auch möglich, daß Mahler die geschriebene Karte verspätet zur Post getragen hat.

114 An Arnold Berliner

[Ohne Datum. London, 14. Juli 1892]

Lieber Berliner!
Gestern endlich nach Besiegung unglaublichster Schwierigkeiten Götterdämmerung gewesen.

– Die Vorstellungen von Tag zu Tag mittelmäßiger – der Erfolg größer! – „I war halt wieder der Beste"! – Samstag 23. fahre ich von hier ab und direkt nach Berchtesgaden, wo ich Sie hoffentlich sehen werde.

Was haben Sie denn diese Zeit gemacht? Was macht „Beethoven"*.

Apropos meine Aufführung des Fidelio – insbesondere der Leonorenouvertüre** ist hier von der Hälfte der Kritik aufs heftigste angegriffen und bekämpft worden – Das Publikum allerdings hat mir durch einen wahren Beifallsorkan Absolution für meine Blasphemie erteilt – wie mich unbedingt das Publikum mit überschwenglichen Sympathiebezeigungen überhäuft. Ich muß faktisch nach jedem Akt vor die Rampe – das ganze Haus brüllt so lange „Mahler" – bis ich erscheine. – In Hamburger Zeitungen soll alles mögliche gestanden sein. Warum schrieben Sie mir nichts darüber! Oder führen Sie auch „Buch" – über Briefe und Antwort?

Wenn Sie umgehend ein paar Zeilen schreiben, so erhalte ich sie noch hier.

Adresse: W. C. Alfredplace 22

Herzlichst
Ihr
Mahler

* Wagners Schrift über Beethoven, die Mahler vor seiner Abreise nach London B. gegeben hatte. Mahler hat öfter geäußert, daß über das Wesen der Musik außer Wagner im „Beethoven" nur Schopenhauer in der „Welt als W[ille] u. V[orstellung]" Wertvolles zu sagen gehabt hätte. Die Stelle in der „Welt als W. u. V." hat B. ihn einmal als das Tiefste bezeichnen hören, was seiner Kenntnis nach je darüber geschrieben worden sei.

** Bezieht sich z. B. auf die Einfügung der dritten Leonorenouvertüre unmittelbar vor die Schlußszene, also in die Verwandlungspause; bis dahin wurde die Ouvertüre stets vor dem Beginn des zweiten Aktes gespielt.

Datierung: in GMB, 1924, „Poststempel: 15. Juni", was lt. Martner ein Versehen sein muß, da die erste Aufführung der „Götterdämmerung" unter Mahler am 13. Juli in Covent Garden stattfand. – *Insbesondere der Leonorenouvertüre:* Mahler dürfte die Große Leonorenouvertüre nicht, wie die Originalanmerkung lautet, in der Verwandlungspause, sondern vor dem 2. Akt aufgeführt haben. Auch in Wien folgte er dieser Praxis und verlegte die Große Leonorenouvertüre erst bei der Neuinszenierung im Oktober 1904 in die Verwandlung des 2. Aktes.

115 An Friedrich Löhr

[Ohne Datum. Berchtesgaden, August 1892]

Liebster Fritz!
Vor allem – was den ersten Teil Deines Briefes anbelangt – laß Dir keine grauen Haare wachsen; ich habe mit Justi schon alles in Ordnung gebracht; also kümmere Dich nicht weiter darum.

In München war ich 2 Tage mit Heinrich und eine Zeitlang mit Gustl und Marie beisammen. – Du weißt, man kann über so was nur mündlich berichten ...[70]

Dieses Unglück in Hamburg*! Es ist furchtbar; welchen Teil ich davon auf mich nehmen muß, weiß ich noch nicht! Am 16. wird das Theater wieder eröffnet – ich bin noch nicht entschlossen! Soll ich hin oder nicht? – Na, kommt Zeit (respektive der 16.), kommt vielleicht Rat[71]!

Schade, schade, daß wir nicht noch ein paar Stündchen für uns haben! Oder könntest Du es nicht doch vielleicht möglich machen – irgendwie?

Vielleicht auch, daß wir uns in Salzburg träfen und dort einen Tag miteinander verbringen! Denk' nach, altes Haus!

Hier, always raining[72] – doch machen wir uns nichts draus und stiefeln unter never failing impuls unseres lustigen, lieben Kerls Natalie** [73] fleißig herum!

Mit Justi ist es doch ein rechtes Kreuz – jeden Moment schnappt sie zusammen und will und will kein ordentlicher Mensch werden***. –

Grüße Uda von mir und lasse schnell ein Wörtchen hören über Obiges[74]!

Herzlichst Dein
Gustav

* Die schwere Choleraepidemie.
** Natalie Bauer-Lechner [(1858–1921). Geigerin, Bratschistin im Soldat-Roeger-Quartett, führte von 1893–1902 ein Tagebuch über Mahler, aus dem nach ihrem Tod wesentliche Auszüge veröffentlicht wurden. (Natalie Bauer-Lechner, Erinnerungen an Gustav Mahler, Leipzig, Wien, Zürich 1923)].
*** Ihre Gesundheit war noch immer durch die Pflege der Eltern schwankend.

116 An Arnold Berliner

[Ohne Datum. Poststempel:
Berlin, 27. August 1892]

Lieber Freund!
Eben im Begriffe abzufahren*, begegnet mir Hr. Bertram zähneklappernd und erzählt, daß er, wie verschiedene andere Mitglieder Reißaus genommen – vor der entsetzlichen Panik, die Platz gegriffen** etc. etc. –

Ich leide seit 2 Wochen an einer totalen Magen- und Darmindisposition und überlege ernstlich, ob es unter diesen Umständen nicht geraten ist, noch einige Tage von Hamburg fern zu bleiben, bis meine akuten Zustände behoben sind. Bitte, lieber Freund, telegraphieren Sie mir auf meine Kosten sofort nach Erhalt d[ieses] B[riefes] pr. Expreß ausführlich, wozu Sie mir – ganz ohne jede Verantwortlichkeit – raten! Ihr Telegramm müßte bis Mittag in meinen Händen sein, damit ich noch über meine Abreise, welche eventuell nachmittags erfolgen müßte, disponieren könnte.

– Wie geht es Ihnen und sind Sie unbesorgt?

Herzlicher Gruß und Dank von Ihrem

Gustav Mahler

* Auf der Rückreise aus den Ferien, von Berlin nach Hamburg, da die Ferien zu Ende gingen.
** Choleraepidemie in Hamburg.

Hr. Bertram: Theodor B. (1869–1907), Bariton, seit 1891 in Hamburg engagiert.

117 An Arnold Berliner

[Ohne Datum. W. Berlin, 29. August 1892]
Kurfürstendamm 148

Im Leben hängt doch alles zusammen und so knüpfe ich jetzt an die Mittagsstunde in dem entsetzlichen Hotel Royal* bei Gaslicht und „Feld“ eine trauliche Kaffeeplauderstunde auf der Ihnen gewiß wohlbekannten Veranda bei Sonnenschein und Lö – Li – und Rosenfeld**. – Wir staunen alle Ihre tapfere Haltung an und freuen uns, und sind weit weniger besorgt um uns, als es Zeit und Umstände mit sich bringen. – Ihren Antrag, eine Zeit bei Ihnen in Uhlenhorst zu wohnen, nehme ich für meine Rückkunft (ungefähr am 10. September) an.

Heute hoffe ich noch Ihre Schwester hier kennen zu lernen und in der Nacht dampfe ich wieder nach Berchtesgaden ab. – Meine Schwester scheint halb besinnungslos vor Angst zu sein und hat heute ein Telegramm an Kapellmeister Frank gerichtet, das ich schließlich aber doch noch in meine Hände bekam.

Sind Sie herzlichst gegrüßt von Ihrem

ergebenen
Mahler

* Kleines (längst verschwundenes) Hotel in Hamburg (Hohe Bleichen), in dem Mahler in der Saison 1891/92 wohnte, und in dem er B. beim Mittagessen (durch Vermittlung des Kapellmeisters Feld vom Stadttheater) kennengelernt hatte.

** Löwenfeld, Lilienfeld, Rosenfeld – drei Mitglieder bei dieser Kaffeeplauderstunde; Löwenfeld [1854–1910] ist der nachmalige Begründer des Schiller-Theaters in Berlin.

in Uhlenhorst: Stadtteil von Hamburg. – *Kapellmeister Frank:* konnte nicht identifiziert werden.

118 An Arnold Berliner

[Postkarte. Ohne Datum. Poststempel: Berchtesgaden, 4. September 1892]

Lieber Freund!
Nun sitze ich wieder hier, und werde die Zeit der mir diesmal sehr unsanft aufgedrungenen Ferien hier abwarten. – Allem menschlichen Ermessen nach, bin ich am 12. wieder in Hamburg. Sollte die Epidemie noch immer grassieren, so nehme ich Ihren Antrag, bei Ihnen draußen zu wohnen, gerne an. Bitte, lassen Sie mich einige Worte wissen, wie es Ihnen geht, und wie es dort steht.

Herzlichst Ihr
Mahler

am 12. wieder in Hamburg: Mahler trat seinen Dienst in Hamburg erst Anfang Oktober an.

119 An Emil Freund

Hamburg, 28. Oktober 1892

Lieber Emil!
Du kannst Dir vorstellen, in welcher Sorge* ich bin. Bitte Dich, schau darauf, daß unter keiner Bedingung Justi in der Nacht auf ist, sondern nehmt unbedingt eine Wärterin!

Schreib' jeden Tag, wenigstens eine Korr.-Karte.

Herzlichst in Eile
Dein
Mahler

* Mahlers nächstjüngerer Bruder [Alois] lag damals in der Wohnung der Schwestern an Lungenentzündung krank darnieder.

120 An Friedrich Löhr

[Ohne Datum. Hamburg,
November/Dezember 1892]

Liebster Fritz! Ich habe mich unbändig gefreut, von Dir, altem Freund, wieder was Geschriebenes zu sehen! – Gerne würde ich erwidern! Aber zum 3.mal[?] schickt Bülow eben wieder zu mir und fordert mich auf, sein 3. Konzert zu dirigieren[84]! Diesmal wird's wohl wahr sein, und ich muß wieder über Hals und Kopf *auswendig lernen!*

Hätte ich dabei nur nicht soviel Sorgen – mit[?] einem etwas ruhigeren Kopf will ich den Wettstreit mit Bülow schon aufnehmen!

Sei *heute* nur herzlichst gegrüßt – Du hast Recht, wir müssen ab und zu kurze Botschaften loslassen – aus vielen kleinen Fäden dreht sich schließlich auch ein Seil – und mancher Gefangene ist mit so einem Seil zum Loch hinaus.

Dein
Gustav

Quelle: Briefautograph. – *Datierung:* in GMB, 1924, „September 1895" (siehe auch die Zweifel Dr. Löhrs in der Anmerkung). Das Konzert, in dem Mahler für den erkrankten Bülow einsprang, fand am 12. Dezember 1892 in Hamburg statt.

121 + An Gisela Tolnay-Witt

Hamburg, 7/II 93.

Liebes Fräulein!
Obwohl ich nicht leicht zu einem „Briefwechsel" zu bewegen bin, und meine besten Freunde sich nach dieser Richtung über mich beklagen müssen, so fühle ich mich doch gereizt, eine Frage in Ihrem letzten Briefe zu beantworten: „ob es denn eines so großen Apparates wie des Orchesters bedarf, um einen großen Gedanken auszudrücken". – Ich muß aber etwas weit ausholen, um Ihnen verständlich zu machen, wie ich die Sache sehe. –

Sie scheinen sich in der musikalischen Literatur umgesehen zu haben, und ich nehme an, daß auch die alte und ältere Musik bis Bach nicht ganz unbekannt ist. Ist Ihnen da nicht *2erlei* aufgefallen?

Erstens, daß, je weiter Sie in der Zeit zurückgehen, desto primitiver die Bezeichnungen für den Vortrag werden, d. h. desto mehr die Autoren die Auslegung ihres Gedankens den Interpreten überlassen. – Z. B. bei Bach finden Sie nur in den seltensten Fällen eine Tempobezeichnung oder sonst irgend eine Andeutung, wie er sich die Sache vorgetragen denkt – selbst die allergröbsten Unterscheidungen wie p oder ff etc. fehlen. (Dort wo Sie sie finden, sind sie gewöhnlich erst von den Herausgebern, meist sogar ganz verkehrt, hinzugefügt.)

Zweitens: Je weiter sich die Musik entwickelt, desto komplizierter wird der Apparat, den der Komponist aufbietet, um seine Ideen auszudrücken. Vergleichen Sie nur einmal das Orchester, das *Haydn* in seinen Symphonien anwendet (d. h. so wie Sie es in der Redoute in den philharmonischen Konzerten sehen, war es nicht – denn da sind schon mehr als die Hälfte der Instrumente *hinzu*gekommen) mit dem Orchester, das Beethoven in seiner IX. fordert – von Wagner und den Neuern gar nicht zu reden.

Woher kommt das? – Glauben Sie, daß so etwas *Zufall* ist oder gar eine *unnötige,* bloß aus anmaßlicher Laune hervorgegangene Verschwendung des Komponisten? –

Nun will ich Ihnen meine Ansicht darüber sagen!: Die Musik war in ihren Anfängen lediglich „Kammermusik", d. h. darauf berechnet, in einem kleinen Raum vor einem kleinen Auditorium (oft bloß aus den Mitwirkenden bestehend) zu erklingen. Die Empfindungen, welche ihr zu Grunde lagen, der Zeit gemäß *einfach,* naiv, nur in allergröbsten Zügen die Erlebnisse des Gemüts wiedergebend: Freudigkeit, Traurigkeit, etc. Die „Musicantes" waren ihrer Sache sicher, sie bewegten sich in einem ihnen geläufigen Kreise der Ideen, und auf Grund einer festbegrenzten und innerhalb dieser Grenzen wohlgegründeten Kunstfertigkeit! Daher schrieben die Komponisten nichts vor – es war selbstverständlich, daß alles richtig gesehen, gefühlt und gehört wurde. „Dilettiert" wurde kaum (Beispiel[e], wie etwa Friedrich d. Gr. und andere waren wohl nur sehr vereinzelt.); sondern die Vornehmen, Besitzenden ließen sich höchstens von Bezahlten und „Gelernten" in der Kammer zu ihrem Vergnügen vormusizieren, und daher wurden die Kompositionen auch nicht von dem Unverstand mißhandelt! Gewöhnlich dürfte sogar Autor und „musicans" ein und dasselbe Individuum gewesen sein.

In der Kirche, welche natürlich die Haupt-Domäne dieser Kunst war, und woher sie ja auch gekommen, war von vorneherein Alles durch das Rituale genau bestimmt. Mit einem Worte, die Komponisten fürchteten nicht, mißverstanden zu werden, und begnügten sich mit skizzenhaften Aufzeichnungen für den eigenen Gebrauch – ohne besonders daran zu denken, daß andere dieselben zu interpretieren hätten, oder gar falsch interpretieren könnten.

Mit der Zeit dürften sie jedoch schlimme Erfahrungen gemacht haben und wurden nun darauf bedacht, durch nicht mißzudeutende Zeichen ihre Intentionen dem Ausführenden mitzuteilen. – So entstand allmählich ein großes System einer Zeichensprache, welche – wie die Notenköpfe für die Tonhöhe – für Zeitmaß oder Tonstärke bestimmte Anhalte gab.

Hand in Hand damit ging aber auch die *Aneignung neuer Gefühlselemente* als Gegenstände der Nachbildung in Tönen – d. h. der Komponist fing an, immer tiefere und kompliziertere Seiten seines Gefühlslebens in das Gebiet seines Schaffens einzubeziehen – bis mit Beethoven die *neue Ära* der Musik begann: Von nun an sind nicht mehr die *Grundtöne* der Stimmung – also z. B. bloße Freudigkeit oder Traurigkeit etc. – sondern auch der Übergang von einem zum anderen – Konflikte – die äußere Natur und ihre Wirkung auf uns – Humor und poetische Ideen die Gegenstände der musikalischen Nachbildung.

Hier genügten nicht mehr noch so komplizierte Zeichen – sondern anstatt dem einzelnen Instrument eine so reichhaltige Palette von Farben (wie Herr Aug[ust] Beer sagen würde) zuzumuten, nahm der Komponist für je eine Farbe ein Instrument (die Analogie ist ja im Worte „Klangfarbe" festgehalten). So wuchs allmählich aus diesem Bedürfnis heraus das moderne, das „Wagnerische" Orchester.

Ich hätte nur noch drittens die äußerliche Nötigung zur Vergrößerung des musikalischen Apparates zu erwähnen: die Musik wurde mehr und mehr Gemeingut – der Hörer und Spieler wurden immer mehr und mehr – aus der Kammer wurde der Konzertsaal und aus der Kirche mit ihrem *einen* Instrument, der Orgel, wurde das Operntheater. Also Sie sehen, wenn ich noch einmal resumiere: Wir Modernen brauchen einen so großen Apparat, um *unsere* Gedanken, ob groß oder klein, auszudrücken. – *Erstens* – weil wir gezwungen sind, um uns vor falscher Auslegung zu schützen, die zahlreichen Farben unseres Regenbogens auf verschiedene Paletten zu verteilen; *zweitens,* weil unser Auge im Regenbogen immer mehr und mehr Farben und immer zartere und feinere Modulationen sehen lernt, *drittens,* weil wir, um in den übergroßen Räumen unserer Konzertsäle und Operntheater von vielen gehört zu werden, auch einen großen Lärm machen müssen.

– Sie werden nun zwar vielleicht nach Art der Frauen, welche beinahe nie überzeugt, höchstens überredet werden können, mir einwenden: „Ja, war denn Bach kleiner als Beethoven oder ist Wagner größer als er?" – Dann aber werde ich Ihnen sagen, Sie kleiner „Plagegeist" (wirklich Plagegeist, denn ich plage mich nun schon bald eine Stunde an diesem Brief) – „dies zu beantworten müssen Sie sich an Einen wenden, der die ganze geistige Geschichte der Menschheit mit einem Blick übersehen kann". – Wir sind einmal so, wie wir sind! Wir „Modernen"! Sogar Sie sind so! Wenn ich Ihnen nun beweise, daß Sie, kleiner Plagegeist, einen größer[en] Apparat für Ihr Leben beanspruchen als die Königin von England im 17. Jahrhundert, welche, wie ich kürzlich gelesen, zum Frühstück ein Pfund Speck und eine Maß Bier bekam, und am Abend beim Scheine einer Talgkerze in ihrer Kemenate sich die Langeweile mit Spinnen oder Ähnlichem vertrieb? Was sagen Sie nun?

Also fort mit dem Klavier! Fort mit der Violine! Die sind gut für die „Kammer", wenn Sie allein oder in Gesellschaft eines guten Kameraden sich die Werke der großen Meister vergegenwärtigen wollen – als Nachhall – etwa wie ein Kupferstich Ihnen das farbenglänzende Gemälde eines Raffael oder Böcklin in die Erinnerung zurückruft. – Hoffentlich war ich Ihnen verständlich – und in diesem Falle soll es mich nicht verdrießen, Ihnen, die ein so liebenswertes Vertrauen in einen Unbekannten setzt, eine Stunde meines Lebens gewidmet zu haben. –

Da nun die Epistel so lang geworden, möchte ich auch wissen, ob ich sie nicht umsonst geschrieben, und bitte, mich wissen zu lassen, ob sie richtig in Ihre Hände gekommen. Mit den besten Wünschen

Gustav Mahler

Quelle: Briefautograph. – *in der Redoute in den philharmonischen Konzerten:* gemeint ist der Redoutensaal in Budapest. – *August Beer:* Musikkritiker der Budapester Zeitung „Pester Lloyd" (1850–1915).

122 An Friedrich Löhr

[Hamburg] 18. V. 93.

Lieber Fritz!
Es hilft Dir nichts – Du *mußt* wenigstens auf ein paar Tage zu mir an den Attersee kommen! – *Vielleicht* komme ich nach Wien – kann es aber jetzt noch nicht bestimmen.

Justi ist hier und nimmt nun allen Raum wieder ein – Du mußt daher auf einen Brief verzichten. Auch bist Du mir ja noch die Antwort auf den vorigen[75] „schuldig".

Schreibe über obige Angelegenheit.

Grüße vielmals Uda.

Herzlichst Dein
Gustav

Quelle: Briefautograph. – *an den Attersee kommen:* im Sommer 1893 verbrachte Mahler zum erstenmal seine Ferien in einem Gasthof in Steinbach am Attersee.

123 An Friedrich Löhr

[Postkarte. Ohne Datum. Poststempel:
Berlin, 16. Juni 1893]

Lieber Fr.!
Wir kommen morgen abend (Samst. 17. d. M.) ungefähr um 10 Uhr abends am Nordwestbahnhof an, und bitte, erwarte uns am Bahnhof. Otto wird auch da sein, um Justi zur Nina* zu geleiten[76].

Herzlichst
Gustav

* Frau Nina Hoffmann-Matscheko [1844–1914], Gattin des Malers Josef Hoffmann, Verfasserin einer Dostojewski-Biographie.

Quelle: Briefautograph.

124 An Arnold Berliner

[Steinbach], 21. Juni 93

Lieber Freund!
Hier sind wir also und herrlich ist es! Sie werden entzückt sein, bis Sie im August herkommen! Ich lese in verschiedenen Blättern sogar im Hamburger Fremdenblatt, daß ich nach Boston engagiert bin.

Mir ist es aus verschiedenen Gründen äußerst wichtig, daß diese Nachricht dementiert wird. Bitte, tun Sie mir den Gefallen, und veranlassen Sie dies in Hamburger und womöglich auch in Berliner Blättern. Und zwar soll dieses Dementi ganz lakonisch ohne jeden Zusatz geschehen.

Was sagen Sie zu den Wahlen? Ich habe an Sie gedacht! Zu erzählen habe ich gar nichts! Ich lebe wie ein Fisch im Wasser. Bitte, antworten Sie mir gleich und ob, und was Sie in meiner Angelegenheit tun könnten. Kommen Sie nur möglichst bald!

Herzlichste Grüße von mir und meiner Schwester.

Ihr
Mahler

Adresse: Steinbach am Attersee im Salzkammergut.

125 An Friedrich Löhr

[Postkarte. Ohne Datum. Poststempel:
Steinbach am Attersee, 4. Juli 1893]

L. Fr.!
Es ist also all right! Ich erwarte Dich bestimmt hier *Samstag* am 8. – Bitte mir noch genaue Stunde Deiner Ankunft anzuzeigen, damit ich Dich erwarten kann [77].

Herzlichst
G.

Quelle: Briefautograph.

126 An Arnold Berliner

[Ohne Datum. Poststempel:
Hamburg, 30. April 1894]

Lieber Berliner!
Es tut mir leid, daß ich Sie gestern in meiner Heftigkeit gekränkt habe, und bitte Sie um Entschuldigung, falls es dessen bedarf. Sie haben aber auch ein Talent, mich zur Maßlosigkeit aufzureizen wie kein anderer*. In diesem Falle ist wirklich p=qu. Von Weimar noch keine Antwort**, also schlechtes Indizium.

Herzlichst Ihr
Mahler

* Bei einer Unterhaltung über die Vivisektion, in der M. die Ansicht Richard Wagners vertrat, B. die entgegengesetzte.
** Wegen Annahme der I. Symphonie zur Aufführung bei der Tonkünstlerversammlung.

Von Weimar: Die XXX. Tonkünstlerversammlung des Allgemeinen Deutschen Musikvereins fand zwischen 1. und 3. Juni 1894 in Weimar statt. Mahlers I. Symphonie war durch Vermittlung von Richard Strauss angenommen worden und wurde am 3. Juni unter Mahlers Leitung aufgeführt.

127 An Otto Lessmann

15. Mai 94

Hochverehrter Herr!
Nehmen Sie meinen herzlichsten Dank für Ihr liebenswürdiges Anerbieten. – Es entspricht jedoch nur sehr wenig meinen Intentionen, das Publikum einer Musikaufführung mit musikalisch technischen Bemerkungen zu verwirren – denn etwas [anderes] ist es meiner Ansicht nach nicht, wenn man ihm ein „Programmbuch" in die Hand gibt, und es so zwingt, statt zu *hören* zu *sehen!*

Gewiß halte ich es für notwendig, daß das motivische Gewebe jedem Hörer klar ist. Aber glauben Sie wirklich, daß bei einem modernen Werke die Angabe einiger Themen dazu hinreicht? – Die Kenntnis und Erkenntnis eines Musikwerks muß man sich durch *eingehendes* Studium desselben verschaffen, und je tiefer ein Werk ist, desto schwieriger ist dies, und desto länger dauert es. – Bei einer ersten Aufführung hingegen ist es die Hauptsache, daß man sich dem Werke auf Gnade und Ungnade ergibt, das allgemeine Menschlich-Poetische daraus auf sich einwirken läßt; und wenn man sich dann angezogen fühlt, dann sich eingehend damit befaßt! Wie sollte man es dann machen, wenn man den *Menschen* kennenlernt, der doch noch tiefer und besser ist als sein Werk? Wo ist das Programmbuch? Da heißt es dann auch: recht fleißig mit ihm umgehen, aufmerksam und liebevoll in ihn hineinsehen! Allerdings wächst er und verwandelt sich, währenddem das Werk immer dasselbe ist. – Aber Vergleiche hinken immer irgendwo!

Nochmals meinen herzlichsten Dank und auf baldiges Wiedersehen in Weimar!

Ihr ganz ergebenster, sehr eiliger

Gustav Mahler

Quelle: Briefautograph. – *An Otto Lessmann:* In GMB, 1924, ist dieser Brief mit „Unbekannter Adressat" überschrieben. Der Briefumschlag jedoch, der gemeinsam mit dem Briefautograph in der Deutschen Staatsbibliothek, Berlin, DDR, liegt, ist an „*Herrn Redakteur Otto Lessmann* in Charlottenburg 27. Spreestraße" adressiert. Auch der Briefinhalt macht es wahrscheinlich, daß Lessmann der Empfänger war. – *für Ihr liebenswürdiges Anerbieten:* Lessmann, der im Vorstand des Allgemeinen Deutschen Musikvereins wirkte, hatte Mahler offenbar aufgefordert, für das Programmheft der Tonkünstlerversammlung in Weimar eine Analyse seiner Ersten Symphonie zu schreiben.

128 An Arnold Berliner

Hotel Erbprinz, Weimar
5. Juni 94

Lieber Berliner!
Beiliegend gehen 2 Pakete an Sie ab; meine Symphonie resp. Orchesterstimmen dazu, und – mein Frack u. Claquehut. Beides zur Aufbewahrung. Bitte, bestätigen Sie mir den Empfang für alle Fälle pr. Korrespondenzk. nach Steinbach am Attersee, Oberösterr., damit ich über die Ankunft beruhigt bin. Die hiesigen Erfahrungen lassen sich in folgendes zusammenfassen: Hänsel und Gretel von Humperdinck ist ein Meisterwerk, und ist mir eine liebe Bereicherung der dramatischen Literatur. Meine Symphonie* wurde einesteils mit wütender Opposition, andererseits mit rückhaltslosester Anerkennung aufgenommen. – Die Meinungen platzten auf offenen Straßen und in Salons in ergötzlicher Weise aufeinander! – Na – wenn die Hunde bellen, sehen wir, daß wir reiten! „Natürli war i wieder der Beste!" (nach meiner Ansicht, welche jedoch wohl kaum von einem Häuflein geteilt werden dürfte). –

Allerhöchstderselbe, höchstdieselbe, hochdieselben waren äußerst gnädig, auch durch Erteilung von vorzüglichen Butterbroten und Sekt.

Aufführung mit höchst mangelhaften Proben äußerst schundig. – Orchester infolge eines Fassels Bier nachträglich von Symphonie äußerst befriedigt, und von meiner Direktionsmanier sympathetisch berührt. Mein Bruder anwesend – über halben Mißerfolg äußerst befriedigt** – ich dto. über halben Erfolg!

Wenn Ihnen Rezensionen unterkommen (Voss etc?), bitte mir nach Steinbach einsenden.

Morgen reise ich dorthin!

Mit bestem Gruß Ihr wohlaffektierter

Gustav Mahler

* I. Symphonie.

** Mahlers Bruder [Otto] hatte geäußert, daß die Symphonie, wenn sie Erfolg hätte, ganz bestimmt nichts tauge.

Hänsel und Gretel: Oper von Engelbert Humperdinck, am 23. Dezember 1893 in Weimar uraufgeführt und bei der XXX. Tonkünstlerversammlung in einer Festvorstellung dargeboten. – *(Voss etc.):* Die in Berlin erscheinende angesehene „Vossische Zeitung".

129 An Friedrich Löhr

[Postkarte]

Steinbach am Attersee, 29. Juni 1894

Lieber Fritz! Melde hiemit die glückliche Ankunft eines gesunden, kräftigen, letzten Satzes der II. Vater und Kind befinden sich den Umständen angemessen; letzteres ist noch nicht außer Gefahr.

Es erhielt in der heiligen Taufe den Namen: „Lux lucet in tenebris". Um stilles Beileid wird gebeten, Kranzspenden dankend abgelehnt. Andere Geschenke werden jedoch angenommen.

Herzlichst

Gustav

Dies wünsche ich Dir zum Geburtstag!

Quelle: Briefautograph. – *eines . . . letzten Satzes der II.:* der 1. Satz (ursprünglich „Totenfeier") war 1888 entstanden, die Mittelsätze 1892 und 1893. Die Inspiration zum letzten Satz empfing Mahler bei der Trauerfeier für Bülow im März 1894.

130 An Arnold Berliner

[Ohne Datum. Steinbach, 10. Juli 1894]

Eben lese ich, lieber Berliner, in Eckermann folgende Worte Goethes, welche ich Ihnen in Erinnerung an unsere damalige nächtliche Exkursion in die Aesthetik mitteilen muß.

Goethe „über die Bedeutung der Bezeichnung von classisch und romantisch, das Classische nenne ich das Gesunde, und das Romantische das Kranke. – Das meiste Neuere ist nicht romantisch, weil es neu, sondern weil es schwach, kränklich und krank ist, und das Alte ist nicht classisch, weil es alt, sondern weil es stark, frisch, froh und gesund ist. – Wenn wir nach solchen Qualitäten Classisches und Romantisches unterscheiden, so werden wir bald im Reinen sein." Eckermanns Gespräche II. Teil, Seite 63 (Brockhaus 76). Die innere Berührung meiner Ausführung mit den Goethischen dürfte in die Augen fallen. – Jedenfalls etwas anderes als die nur Ekel erregende Platitude des Konversationslexikons. –

Ich bin natürlich mitten im Arbeiten. Der 5. Satz ist grandios und schließt mit einem Chorgesang*, dessen Dichtung von mir herrührt.

Bleibt strengstens unter uns (die ganze Mitteilung). –

Die Skizzierung ist bis in die kleinste Einzelheit vollendet und eben bin ich daran, die Partitur auszuführen. – Es ist ein kühnes Stück von mächtigstem Aufbau. Die Schlußsteigerung ist kolossal. Anfang August bin ich in Bayreuth. In Ischl traf ich mit Brahms zusammen. Er war sehr interessant, ich erzähle Ihnen mündlich davon. Birrenkoven** erregt Aufsehen in Bayreuth, die Cosima und die anderen hatten nichts mehr zu tun mit ihm. Er singt übrigens die Eröffnungsvorstellung, nicht Van Dyck!

Lassen Sie von sich hören!

Herzlichst Ihr
Mahler

* II. Symphonie.

** Mahler hatte auf Bitten von Frau Cosima Wagner [Willy] Birrenkoven den Parsifal einstudiert. Nach der ersten Probe in Bayreuth beauftragte Frau Wagner Birrenkoven Mahler zu sagen, daß niemals ein Vertreter der Rolle so vortrefflich vorbereitet nach Bayreuth gekommen sei. Zu wiederholen waren nur solche Stellen, die ohne Kostüm nicht einstudiert werden können, zum Beispiel das Ablegen der Rüstung im dritten Akt. Birrenkoven hatte so großen Erfolg, daß Frau Wagner ihn auch den Lohengrin wiederholt singen ließ.

dessen Dichtung von mir herrührt: basierend auf einem Text von Friedrich Klopstock. – *Van Dyck:* Ernest van D. (1861–1923), Tenor, sang 1888–1901 in Bayreuth den Parsifal.

131 An Emil Freund

[Ohne Datum.
Steinbach am Attersee, Sommer 1894?]

Lieber Emil!
Vielen Dank für Deine Mitteilung und Bemühungen!

Ich bleibe bis 20. August hier, und hoffe Dich sicher auf einige Tage hier zu sehen. –

Das Geld bitte ich Dich nicht auf die erwähnte Weise zu verwenden, sondern sofort nach Empfang an meine Bank in Budapest zu senden, vorher aber 500 fl. davon wegzunehmen, und dem alten L. zu übergeben, der mich soeben darum ersucht, ihm diese Summe vorzustrecken. Er will dieselbe im September zurückzahlen. Mir ist der Zeitpunkt übrigens egal, mache das mit ihm nach seiner Bequemlichkeit ab. Bitte Dich um eine Nachricht kurzerhand über diese Dinge und auch, wann Du herkommst.

Herzlichst
Dein
Mahler

dem alten L.: möglicherweise Friedrich Löhrs Vater, Hermann Löwi.

132 An Arnold Berliner

Steinbach, 25. Juli 94

Lieber Berliner!
Morgen fahre ich von hier nach Bayreuth. – Von dort muß ich längstens am 4. August abreisen, welchen Tag Sie mir als den Zeitpunkt Ihres Eintreffens daselbst bezeichnet haben! Da ich den lebhaften Wunsch habe, mit Ihnen und Behns* wenigstens 1 bis 2 Tage beisammen zu sein, so ergeht hiemit mein ergebenstes Gesuch (welches Sie auch unseren Freunden sofort übermitteln sollen) – Ihre Abreise aus Hamburg etwas früher, respektive so anzusetzen, daß Sie bereits längstens am 3. August in Bayreuth sind. Von dort aus gebe ich Ihnen meine Adresse an, und Sie verständigen mich dann von der Stunde Ihrer Ankunft. Wenn ich kann, erwarte ich Sie am Bahnhof; wenn

nicht, hinterlasse ich in Ihrer Wohnung ein Rendezvous. Also, bis auf weiteres, auf Wiedersehen! Bitte, grüßen Sie herzlichst Behns und kommen Sie bestimmt zeitig!

Ihr
Mahler

Der letzte Satz (Partitur) der zweiten Symphonie ist fertig! Es ist das Bedeutendste, was ich bis jetzt gemacht habe.

* Hermann Behn [1859–1927] in Hamburg, bekannt durch seine meisterhaften Bearbeitungen für zwei Klaviere (Wagner, Mozart, Beethoven, Weber, Bruckner, Mahler).

133 An Friedrich Löhr

[Ohne Datum. Poststempel:
Steinbach, 19. August 1894]

L. F. Ich komme Dienstag ungefähr ½6 in Wien an und bitte Dich, am Abend zwischen 8 und 9 Uhr im „Igel" am Wildpretmarkt (Parterre) uns aufzusuchen[78]. – Ich bleibe Mittwoch und Donnerstag noch in Wien und bitte Dich, wenn möglich einen Tag oder wenigstens Nachmittag – ferner sämtliche Nächte, – für mich frei zu halten –

Herzlichst
G.

134 An Arnold Berliner

[Ohne Datum. Poststempel:
Hamburg, 19. Oktober 1894]

Lieber Freund!
Ich habe nicht das Herz, an Wolff schriftlich wegen Ihres Konzertbilletts heranzutreten, und warte, bis er herkommt, was, so viel ich weiß, in den nächsten Tagen geschehen soll. – Dann aber werde ich gleich gründlich sein und Ihnen, womöglich ein Passepartout für alle seine Konzerte herausschinden. – Gestern hatte ich die erste Probe. Es geht ganz passabel. Einige Marwege* sitzen leider wieder da – allen voran Herr Bignell**, der um die Reinheit des klassischen Prinzips zu trauern

scheint. – Schwamm drüber! Lassen Sie doch bald was von sich hören! Haben Sie Hänsel und Gretel im Opernhaus gehört? und Strauss?

Herzlichst Ihr
Mahler

* Marwege, Geiger am ersten Pult, als Mahler eines der „Bülowkonzerte" dirigierte, war äußerst indigniert über Mahlers Tempi, Phrasierung usw. Dieses Konzert (Winter 1892/93) und namentlich seine Besprechung durch Josef Sittard im Hamburger Korrespondenten ist ein wertvoller Beitrag zu dem Thema: Gustav Mahler im Urteile seiner Zeitgenossen. (Was räucherst du nun deinem Toten? Hättest du's ihm so im Leben geboten!)

** Geiger.

an Wolff: Hermann W. (1845–1902), Inhaber des Konzert-Büros Hermann Wolff in Berlin, das die Hamburger Abonnement-Konzerte, ursprünglich von Bülow dirigiert, veranstaltete. In der Saison 1894–95 übernahm Mahler diese Konzerte, mußte sie aber in der folgenden Saison wieder abgeben. – *die erste Probe:* das erste Konzert fand am 22. Oktober statt. – *und Strauss?:* Richard Strauss leitete in der Saison 1894–95 die ebenfalls von Hermann Wolff veranstalteten philharmonischen Konzerte in Berlin.

135 An Friedrich Löhr

[Ohne Datum. Hamburg,
Ende 1894 oder Januar 1895] [79]

Mein lieber Fritz!

Eben Deine Zeilen erhalten. – Setz ich mich nicht gleich hin, um wenigstens Deine Frage zu beantworten, so kommt's gewiß so bald nicht dazu – da ein so eingerosteter Karren wie unser „Briefwechsel" wohl leicht zum Knarren aber nicht zum Fahren zu bringen ist.

Also: Bis jetzt bin ich noch nicht in die große Planetenkonstellation inbegriffen. Wohl sind von einigen Agenten an mich „Anträge" gelangt, die Stelle Richters „anzunehmen" – aber das ist ja lauter Wind. Diese Herren versuchen es, ohne dazu beauftragt zu sein. – Ich glaube, daß Du mit Deiner reservatio das Richtige getroffen hast. Mein Judentum verwehrt mir, wie die Sachen jetzt in der Welt stehen, den Eintritt in jedes Hoftheater. – Nicht Wien, nicht Berlin, nicht Dresden, nicht München steht mir offen. Überall bläst jetzt derselbe Wind. In der eigentümlichen (durchaus nicht etwa trübseligen) Gemütsverfassung, in der ich mich befinde, geht es mir nicht sehr nahe. – Glaube mir, unser Kunstleben ist derzeit in keiner Form für mich mehr verlockend. Es ist schließlich immer und überall dasselbe verlogene, von Grund verpestete, unehrliche Gebaren. Gesetzt, ich käme nach Wien! Was würde ich mit meiner Art, die Dinge anzufassen in Wien erleben? Ich brauchte nur einmal zu versuchen, dem berühmten vom biederen Hans ausgebildeten Philharmonicum meine Auffassung einer Beethovenschen Symphonie beizubringen, um sofort auf den widerwärtigsten Kampf zu stoßen. Habe ich es doch hier erlebt, wo ich durch die rückhaltsloseste Anerkennung Brahms' und Bülows eine unbestrittene Position einnehme!

Welch einen Sturm muß ich jedesmal über mich ergehen lassen, wenn ich aus der gewöhnlichen Routine heraustretend, irgend etwas Eigenes mal aus mir heraus versuche. – Ich habe nur einen Wunsch: in einer kleinen Stadt, wo es keine „Traditionen" gibt, und keine Wächter der „ewigen Gesetze der Schönheit" unter einfachen, naiven Menschen zu wirken und im engsten Kreise mir und den wenigen, die mir folgen können, genug zu tun. – Womöglich kein Theater, und kein „Repertoir"! Aber freilich, so lange ich meinen Herrn Brüdern in ihrem kühnen Flug nachkeuchen muß, und so lange ich meine Schwestern nicht einigermaßen versorgt habe, muß ich meine lukrative und nahrhafte Kunsttätigkeit fortsetzen.

Schließlich muß ich mich noch glücklich schätzen, im Vergleich zu Dir, armer Kerl, der Du ja doch noch ganz anders vom Leben in die Enge getrieben und von den gemeinen Bedürfnissen unterjocht bist. – Wie sehr geht mir das nahe! Von Heinrich höre ich ab und zu – es geht ihm immer gleich schlecht.

Im Sommer müssen wir uns wiedersehen. Jedenfalls mußt Du zu mir an den Attersee! Vielleicht komme ich nach Wien!

Was kann man heute schon darüber sagen?

Brahm, den ich so ungemein aus seinem „Schiller", den Du von Justi haben kannst, schätzen gelernt habe, übernimmt jetzt die Direktion eines Berliner Theaters! Welch ein Verlust! Der weiß auch nicht, was er tut! Aber aus ist's mit Bücherschreiben! Es ist ein famoser, geistvoller Mensch. – Glaube nicht, daß ich mich etwa in „schlechter Stimmung" befinde! Im Gegenteil – ich bin bei einer Art Fatalismus angekommen, der mich schließlich mein eigenes Leben, wie es sich auch wendet, mit einem gewissen „Interesse" betrachten und – genießen lehrt. Die Welt gefällt mir immer besser! Bücher „fresse" ich immer mehr und mehr! Sie sind ja doch die einzigen Freunde, die ich mit mir führe! Und was für Freunde! Gott, wenn ich die nicht hätte! Alles vergesse ich um mich herum, wenn so eine Stimme von „unsere Leut" zu mir tönt! Sie werden mir immer vertrauter und tröstender, meine wahren Brüder und Väter und Geliebten.

Sei herzlichst gegrüßt mit Uda und schreibe doch Dein

Gustav

die Stelle Richters: Hans Richter (1843–1916), seit 1875 Kapellmeister am Wiener Hofoperntheater und Leiter der philharmonischen Konzerte, eminenter Wagner-Dirigent. – *Brahm:* Otto B. (1856–1912), deutscher Literaturhistoriker und Publizist, seit 1889 Vorsitzender des Vereins Freie Bühne, Vorkämpfer für Ibsen und Hauptmann, seit 31. August 1894 Leiter des Deutschen Theaters, Berlin. Brahms „Schiller" erschien 1888–1892.

136 An Arnold Berliner

[Ohne Datum. Poststempel:
Hamburg, 31. Januar 1895]

Lieber Freund!
Durch Fr. Michaels erfahre ich eben, daß Sie, „außer sich" sind, daß ich es Ihnen nicht schon lange angezeigt habe, daß meine II. in Berlin aufgeführt wird.

– Ja, woher weiß ich denn, daß dies geschieht? Strauss hat sie mit einigen nichtssagenden Worten „angenommen". Ich bin aber noch lange nicht überzeugt, daß er sie auch wirklich aufführt. – Wenn dies geschieht, erfahren Sie es ebenso durch die Zeitungen, wie ich selbst. – In diesem Falle komme ich selbst dazu, und dann sind wir wieder einige Tage beisammen.

Daß ich die ersten 3 Sätze neulich hier probierte, hat Ihnen meine Schwester geschrieben. –

Die Wirkung ist eine unbeschreiblich große! – Mich über das große Werk auszusprechen, wie ich darüber denke, würde brieflich zu anmaßend klingen. – Aber daß der fundus instructus der Menschheit dadurch vergrößert ist, steht für mich außer Frage.

Es klingt alles wie aus einer anderen Welt herüber. Und – ich denke, der Wirkung wird sich niemand entziehen können. – Man wird mit Keulen zu Boden geschlagen und dann auf Engelsfittichen zu den höchsten Höhen gehoben. – Ich habe in diesen Tagen „manch Schicksal erfahren" – davon einmal (vielleicht) mündlich!

Mit bestem Gruß
Ihr
Mahler

„manch Schicksal erfahren": möglicherweise Anspielung auf den jüngeren Bruder Otto, der seine Stellung aufgegeben hatte. Am 6. Februar 1895 endete er durch Selbstmord (siehe auch Anmerkung Dr. Löhr Nr. 76).

137 An Emil Freund

[Ohne Datum. Hamburg, 18. II. 1895]

Lieber Emil!
Am 4. März wird meine 2. Symphonie im Berliner philharmonischen Konzert aufgeführt. Würde es Dir Freude machen, resp. kannst Du es ermöglichen, dieser Premiere* beizuwohnen, so bist Du hiemit freundlichst eingeladen. Natalie Bauer L. kommt auch dazu. In diesem Falle jedoch avisiere mich sofort, damit ich Dir einen ordentlichen Platz reservieren lassen kann. Für Deinen Freundschaftsdienst zu danken, ist mir schon lange ein Bedürfnis gewesen, doch lastet jetzt eine solche Arbeitslast auf mir, daß ich faktisch kaum Zeit zum Essen habe.

Hoffentlich auf Wiedersehen in Berlin und alles andere mündlich.

Herzlichst
Dein
Gustav Mahler

* Damals wurden unter Mahlers Leitung drei Sätze [die Instrumentalsätze] dieser Symphonie aufgeführt.

138 An Oskar Eichberg

Hamburg, Parkallee 12. III.
30. III. 95

Hochverehrter Herr!
Erst heute komme ich dazu, Ihnen einige ungenügende Worte des Dankes zu sagen für 2 Wohltaten, die Sie mir erwiesen und die für mich von unermeßlicher Bedeutung sind. Die erste ist die Art, wie Sie sich anläßlich meines ersten Debüts in Berlin zu meinem Werke gestellt, und mit welchem Verständnis Sie dasselbe beurteilt haben. – Wenn ich von diesem Momente an als Komponist auf einige Beachtung in musikalischen Kreisen rechnen darf, so ist es lediglich Ihnen zu danken. Die zweite – für mich viel wichtigere – ist die Tatsache, daß ich überhaupt Teilnahme und Verständnis für meine Bestrebungen gefunden. Wenn Sie meinen Leidensweg als Autor kennen würden, wenn Sie die sich seit 10 Jahren ewig wiederholenden Zurückweisungen, Enttäuschungen, ja Demütigungen beobachten könnten – wie ich

Werk auf Werk, sowie es entstanden, in mein Pult verschließen muß und, wenn es mir über alle Hindernisse hinaus gelungen, mich mitzuteilen, nur auf Mißverständnis stoße – dann erst würden Sie es voll ermessen können, wie innig ich meinen Dank gegen Sie empfinde und dies wird auch wohl der Grund sein, daß ich solange mit meinem Briefe gezögert – Ich fühle, daß ein solcher Dank mit Worten nicht abgetan werden kann. – Wenn es Ihnen nicht zu stolz klingt, so möchte ich sagen: mich trägt die Zuversicht, daß ich es einst anders imstande sein werde: In der Zeit, da ich auf den Mann hindeuten kann, der es allein und zuerst war in einer Menge von den dazu Berufenen, der es gefühlt und verstanden, welche Sprache da gesprochen und welche Wege da betreten worden; und endlich, der es bekannt und laut bezeugt in einer Zeit, da noch der volle Mut des Mannes dazu gehörte gegen eine Flut von Gegnern und Verächtern. – Glauben Sie mir, lieber Herr Eichberg, ich habe es notwendig gehabt, solches zu erleben, wenn ich ausharren und weiterschaffen soll. – Ich bin jetzt 34 Jahre alt und habe mir à la Quintus Fixlein schon eine kleine Bibliothek zusammengeschrieben, deren „Leser" sich bis jetzt auf meine engsten Freunde beschränken. Die Schwingen, die immer wieder von neuem gelähmt werden, müssen endlich erlahmen. Jetzt werden Sie vielleicht verstehen, was ich Ihnen zu danken habe.

Ich bitte Sie, mir Ihre Teilnahme zu bewahren und zu glauben, daß ich es nie vergessen werde, was ich Ihnen schuldig geworden bin.

Ich bin, Ihnen warm ergeben,

Ihr
Gustav Mahler

zu meinem Werke: zu den ersten drei Sätzen der Zweiten Symphonie anläßlich der Aufführung vom 4. März 1895 in Berlin. Eichberg war Musikreferent des Berliner Börsen-Courier.

139 An Oskar Bie

3. April 1895
Hamburg, Parkallee 12, III.

Hochgeehrter Herr!
Erst heute komme ich dazu, Ihnen meinen tiefgefühlten Dank für Ihre warmen, anerkennenden Worte über mein Werk* und für die Zusendung der letzten Nummer Ihrer Zeitschrift**, in welcher dieselben

Platz gefunden haben, abzustatten. Ich war ganz ergriffen durch die Art, in welcher Sie von meinem Schaffen Notiz genommen. –

Wenn Sie es mir nicht als Unbescheidenheit auslegen wollen, so zögere ich nicht, zu sagen, daß mir in Ihren Worten eine Ahnung der Wege, die hier eingeschlagen, und der Ziele, denen hier zugestrebt war, ausgedrückt zu sein schien. Ich werde Gelegenheit suchen, mich einmal mit Ihnen darüber näher aussprechen zu können. –

Wie sehr bedauere ich, gerade einem solchen Manne, wie Sie, nur die Exposition eines Werkes haben bieten zu können, – denn eben das sind diese 3 Sätze, wie Ihnen ja wohl kaum entgangen sein wird.

Welche Genugtuung ich darüber empfand, wie wichtig, ja wie notwendig es mir war, nach einer Fülle von Unverständnis und Philisterium, die Stimme eines Sehenden und Verstehenden zu vernehmen, werden Sie leicht ermessen können, wenn ich Ihnen sage, daß ich seit 10 Jahren zum ersten Male Zustimmung und Aufmunterung erfahren habe.

Wie lähmend ist dieser fortwährende Windmühlenkampf! –

Auf Verständnis unter meinen „Zunftgenossen" rechne ich schon lange nicht mehr. Ich fühle, daß diejenigen, welche mir einst folgen werden, nicht dort zu suchen sind, wo Musik und Ähnliches „gemacht" wird.

Meine Musik ist „gelebt", und wie sollen sich diejenigen zu ihr verhalten, die nicht „leben", und zu denen nicht ein Luftzug dringt von dem Sturmflug unserer großen Zeit. –

Wenn ich demnächst durch Berlin komme, bitte ich, Sie persönlich aufsuchen zu dürfen; da sollen wir in wenigen Stunden uns näher kommen.

Nochmals herzlichen Dank mit der Bitte, mir auch fernerhin Ihre Beachtung nicht zu versagen.

Ihr ganz ergebenster
Gustav Mahler

* Teile der II. Symphonie.

** Märzheft der „Neuen Deutschen Rundschau" mit einem Aufsatz von Prof. Bie, Kunst und Theater, der eine Besprechung über Mahlers Werk enthält.

140 An Arnold Berliner

[Ohne Datum. Poststempel:
Hamburg, 11. Mai 1895]

Lieber Freund!
Schönsten Dank für Ihre „prompte" Sendung. Behns sind noch nicht hier – ich residiere indessen ganz wohlgemut in der Oberstraße. –

Heute erst bekomme ich die Antwort . . . 's auf meine Zusendung und Brief. – Es hat mich aufs tiefste berührt, mehr was in dieser Antwort verschwiegen, als [was] gesagt ist. Es ist wirklich höchste Zeit, daß für den armen Kerl etwas getan wird. – Das können allerdings am besten Sie durch Ihre wissenschaftlichen Verbindungen; ich bin ja ganz abgeschieden von der Welt. – . . . befindet sich jetzt in dem Stadium, wo man einfach alles mit Begierde ergreift, und es gibt in der Tat kaum eine Beschäftigung, die er nicht annehmen wird, wenn sie ihm auch nur das Geringste einträgt. – Bis dahin wird er durch unsere monatliche Zuwendung bei seinen äußerst bescheidenen Bedürfnissen vollständig gedeckt sein.

Bitte, tun Sie etwas, und schreiben Sie mir darüber, wenn Sie etwas wissen.

Prof. Neisser* danke ich herzlichst; beinahe schäme ich mich, ihn in Anspruch zu nehmen. Am letzten Mai treffe ich in Berlin ein! Hoffentlich sehe und spreche ich Sie noch.

Sehr Interessantes habe ich Ihnen noch zu berichten.

Herzlichst und eiligst
Ihr
Mahler

* Geheimrat Albert Neisser, der bekannte Dermatologe in Breslau [siehe Verzeichnis der Adressaten].

141 An Friedrich Löhr

[Ohne Datum. Hamburg, Frühjahr 1895]

Lieber Fritz!
Beifolgender Brief . . . 's ist das letzte, (eben angekommene) Stück eines Briefwechsels, der sich wieder einmal zwischen . . . und mir – – – entspann. – – – Diesmal jedoch (hauptsächlich infolge einer sehr ernstlich gemeinten und in der Ausdrucksweise dem . . . sich anpassen-

den gänzlich unlyrischen Epistel) hat sich die Konversation allmählich etwas menschlicher gestaltet und schließlich zu eben der beigeschlossenen Mitteilung . . . 's geführt. –

Ich kann hier kaum etwas für ihn tun! Natürlich werde ich alles versuchen! Aber ich habe zu wenig Verbindungen nach solcher Richtung. Und mir ist der Gedanke gekommen, daß vielleicht in Wien (Lipiner oder solche Menschen) etwas für ihn getan werden könnte (Nina M[atscheko] – etc. etc. Spiegler). – Bitte Dich, lieber Fritz, nimm das in die Hand! Laß Dich keine Mühe und keine Zurückweisung verdrießen! Nimm seinen Brief und meinen Brief zu solchen, denen Du ihn zeigen darfst. Tut etwas für den armen – – –

Ich habe ihn zuletzt im Sommer gesehen (auf meiner Rückreise nach Hamburg) – – – Er scheint sich eben in der Krise befunden zu haben! „Die Welt" und „das Leben" haben ihn klein gekriegt. – – – Nur eine Existenz, welcher Art immer! Zu bemerken, daß seine Bedürfnisse sehr kleine sind, und daß schließlich von mir immer noch eine Kleinigkeit zu seinem Unterhalt gerne beigestellt werden wird.

Ich schreibe dies in Eile und kann nicht umhin, noch beizufügen, daß ich es sehnlichst wünsche, daß die von Dir so verheißungsvoll begonnene „Korrespondenz in Fortsetzungen" nicht bei der ersten Lieferung schon eingestellt wird.

Fange doch irgendwo in der Mitte an – meinetwegen, wo Du Dich gerade befindest.

Herzlichst Dein
Gustav

Nachschrift über dem Briefkopfe.

Bitte, laßt mich wegen . . . schnell etwas wissen. Lauf, lauf herum! Scheue keine Mühe! Laß Dir von Natalie helfen[80]!

Datierung: In GMB, 1924, „Sommer 1895". Da sich Mahler Anfang Juni schon in Wien befand (siehe Brief 142), muß dieser Brief im Frühjahr geschrieben sein, vielleicht um dieselbe Zeit wie Brief 140, in dem sich gleichfalls Sorge um einen Freund – vielleicht Heinrich Krzyzanowski – ausdrückt.

142 An Friedrich Löhr

[Pneumatische Postkarte. Ohne Datum.
Poststempel: Wien, 2. Juni 1895]

Lieber Fritz! Bin eben in Wien angekommen. Bitte, halte Dich zu Hause! In den nächsten Stunden komme ich zu Dir, wo wir das andere dann gemeinsam bestimmen können.

Am liebsten möchte ich den heutigen Nachmittag und Abend mit Dir allein verbringen.

Herzlichst Dein
Gustav

143 An Friedrich Löhr

[Postkarte. Ohne Datum. Poststempel:
Steinbach, 17. August 1895]

L. Fr.! Leider kann ich nicht zu Dir kommen – ich muß schon morgen fort. – Der Sommer brachte mir die III. – wahrscheinlich das *Reifste* und *Eigen*artigste, was ich bisher gemacht.

Den Titel sende ich auf einer 2. Korresp.-Karte[81]. Es ist mir daran gelegen, zu wissen, welchen ungefähren Eindruck das Lesen des bloßen Titels macht – resp. ob es mir gelungen, den Leser auf die Straße zu setzen, auf der ich mit ihm reisen will. – Bitte teile mir sogleich etwas darüber mit, u. zw. nach *Hamburg,* Bismarckstr. *86.*

Herzlichst Dein
G.

Quelle: Briefautograph.

144 An Arnold Berliner

[Ohne Datum. Poststempel:
Steinbach, 17. August 1895]

Lieber Freund!
In den nächsten Tagen – wahrscheinlich Donnerstag abends – treffe ich in Berlin ein. Ich bleibe ungefähr 3 Tage, und hoffe, mit Ihnen ziemlich viel beisammen zu sein.

Die III. ist beinahe fertig.
Ganz eigenartig!

Herzlichst
Ihr
Mahler

wahrscheinlich Donnerstag: vermutlich 22. August 1895.

145 An Arnold Berliner

[Ohne Datum. Poststempel:
Steinbach, 17. August 1895]

Lieber Freund!
Auf der nächsten Seite ist der vollständige Titel meines neuen Werkes. Es kommt nur darauf an, zu erfahren, welchen Eindruck zunächst dieser Titel auf den Hörer hinterläßt, – resp., ob es mir gelungen, den Hörer durch den Titel auf den Weg zu bringen, den ich mit ihm dann schreiten will. –
Wir sprechen dann darüber

Ihr
Mahler

„Die fröhliche Wissenschaft"*

Ein Sommermorgentraum.

I. Der Sommer marschiert ein.
II. Was mir die Blumen auf der Wiese erzählen.
III. Was mir die Tiere im Walde erzählen.
IV. Was mir die Nacht erzählt.
V. Was mir die Morgenglocken erzählen.
VI. Was mir die Liebe erzählt.
VII. Das himmlische Leben.

(Alles fertig bis auf Nr. I)

* Mahler ließ die Überschrift fallen, weil man dabei an die „fröhliche Wissenschaft" von Nietzsche hätte denken können.

der vollständige Titel: die einzelnen Satztitel wurden von Mahler mehrfach variiert; sie sind auch im Autograph der Partitur enthalten. Bei Drucklegung wurden sämtliche Titel und auch alle programmatischen Überschriften innerhalb der Sätze weggelassen, weil sich Mahler inzwischen von jeglicher Programmusik distanziert hatte. – *VII. Das himmlische Leben:* wurde nicht in die Dritte, sondern in die Vierte Symphonie aufgenommen.

146 An Friedrich Löhr

Hamburg, Bismarckstraße 86, 29. Aug[ust] 95

Lieber Fritz!

In aller Eile!

Krzyz[anowski] soll wirklich ab 96 hier engagiert sein. Von ihm selbst habe ich seit Jahren nichts erfahren. Auch Pollini schweigt darüber, was aber seiner Gepflogenheit entsprechend ist. – In keinem Falle tangiert es irgendwie meine Stellung am hiesigen Theater – höchstens, daß es mir nur angenehm sein kann, einen solchen Mitarbeiter zu bekommen.

Über Wien habe ich seit meiner Unterredung mit Bezetzny* nichts erfahren.

Meine neue Symphonie wird circa 1½ Stunden dauern – es ist alles in *großer* Symphonieform. –

Die Betonung meines *persönlichen* Empfindungslebens (als, was die Dinge *mir* erzählen) entspricht dem eigenartigen Gedankeninhalt. II–V *inkl.* soll die *Stufenreihe* der Wesen ausdrücken, was ich demgemäß noch so ausdrücken werde

II. W[as] d. *Blumen* m[ir] e[rzählen]

III. W. d. *Tiere* m. e.

IV. W. d. *Nacht* m. e. (der *Mensch*)

V. W. d. *Morgenglocken* m. e. *(die Engel)*

letztere beide Nummern mit *Text* und Gesang.

VI. W. m. d. *Liebe* erzählt, ist ein Zusammenfassen meiner Empfindung *allen Wesen* gegenüber, wobei es nicht ohne *tief schmerzliche* Seitenwege abgeht, welche sich aber allmählich in eine *selige Zuversicht:* „die *fröhliche* Wissenschaft" – auslösen. Zum Schluß d[as] h[immlische] L[eben] (VII), dem ich endgültig aber den Titel:

„Was mir das Kind erzählt"

gegeben habe. –

Nro. I D[er] *Sommer marschiert ein,* soll den humoristisch-subjektiven Inhalt andeuten. Der Sommer ist als *Sieger* gedacht, – inmitten alles dessen, was da *wächst und blüht, kreucht und fleucht, wähnt und sehnt* und schließlich, *was wir ahnen.* (Engel – Glocken – transzendental). –

Über alles hin webt in uns die *ewige Liebe* – wie die Strahlen in einem Brennpunkte zusammenfließen. Verstehst Du nun? –

Es ist mein eigenartigstes und reichstes Werk.

Nro. I ist noch nicht gemacht und muß späteren Zeiten vorbehalten bleiben. – Schreibe mir nun noch einige Zeilen darüber, ob Du mich jetzt aufgefaßt hast.

Herzlichst Dein
Gustav

Mit großer Freude höre [ich], daß Du zur *Prüfung*[82] vorschreitest! *Ich bitte Dich, laß das nicht mehr wieder fahren!*

Was bedeutet der Passus mit dem „*Waldvenusbrünnlein*" in Deinem vorletzten Brief? Den kann ich absolut nicht verstehen!

BEIGELEGTES QUARTBLATT

Symphonie Nro. III.
„DIE FRÖHLICHE WISSENSCHAFT"

EIN SOMMERMORGENTRAUM

I. Der Sommer marschiert ein.
II. Was mir die Blumen auf der Wiese erzählen.
III. Was mir die Tiere im Walde erzählen.
IV. Was mir die Nacht erzählt. (Altsolo).
V. Was mir die Morgenglocken erzählen.
(Frauenchor mit Altsolo).
VI. Was mir die Liebe erzählt.

Motto: „Vater sieh an die Wunden mein!
Kein Wesen laß verloren sein"!
(Aus des Knaben Wunderhorn)

VII. Das himmlische Leben.
(Sopransolo, humoristisch).
Alles bis auf Nro. I ist in Partitur fertig[83].

* Generalintendant der Wiener Hofoper.

Quelle: Briefautograph. – *Krzyz[anowski]:* gemeint ist Rudolf K., der in der Saison 1896–97 neben Mahler als Kapellmeister am Hamburger Stadttheater wirkte. – *Über Wien:* Mahler hatte mit dem General-Intendanten der Hoftheater in Wien, Freiherrn Josef von Bezecny (siehe Verzeichnis der Adressaten), über die Möglichkeit eines Engagements nach Wien gesprochen. – *tief schmerzliche Seitenwege:* in GMB, 1924, irrtümlich „Seelenwege".

147 An Arnold Berliner

[Ohne Datum. Hamburg. Ende
August – Anfang September 1895]

Lieber Freund!
Anbei vorerst das Beethovenbild. Daß Behn einen 2klavierigen Auszug meiner Symphonie gemacht hat, wird er Ihnen schon selbst geschrieben haben. Er ist ganz vorzüglich und soll sofort auf B. Kosten gedruckt werden. Nun klärt sich also sein plötzlich eingetretenes und so lange anhaltendes Stillschweigen aufs schönste auf. – Denken Sie sich: Lohse ist also richtig fort, und ich einziger Kapellmeister, ohne daß Pollini den geringsten Versuch macht, einen Ersatz für L. zu bekommen. Ich dirigiere also faktisch täglich, da man mir nicht einmal die leichten Opern, die wahrhaftig Pohlig dirigieren könnte, abnimmt. – Bin neugierig, wie lange ich das aushalten werde. – Wirkt meine fröhliche Wissenschaft, ein wenig nach bei Ihnen, oder sind Sie nach wie vor misogynig? Wann kommen Sie her? Unser Häuschen ist herrlich, und für mich mein ganzes Leben darinnen eine wahre Ressource.

Lassen Sie bald was hören!

Herzlichst
Ihr
Mahler

Das „himmlische Leben“* kommt bald bei Ihnen an.

* Lied aus „Des Knaben Wunderhorn“, von Mahler selbständig komponiert [dann als 7. Satz der Dritten Symphonie geplant], später in den Schluß Satz der Vierten Symphonie aufgenommen.

Datierung: in GMB, 1924, „1894 oder 1895“. Der Hinweis auf den Abgang Kapellmeisters Lohses von Hamburg erlaubt die genauere Datierung. – *einen 2klavierigen Auszug meiner Symphonie:* der Zweiten. – *Auf B. Kosten:* Hermann Behn und der Hamburger Kaufmann Wilhelm Berkhan trugen die Druckkosten für Behns Klavierauszug und auch für die Partitur der Zweiten Symphonie. – *Lohse:* Otto L. (1859–1925), Kapellmeister am Hamburger Stadttheater, war im Sommer 1895 unter Kontraktbruch nach Amerika gegangen. – *Pohlig:* Carl P. (1864–1928), Kapellmeister am Hamburger Stadttheater seit Herbst 1894. – *Unser Häuschen:* gemeint ist vermutlich Hamburg Hoheluft, Bismarckstraße 86, wo Mahler mit seinen Schwestern Justine und Emma wohnte.

148 An Arnold Berliner

[Ohne Datum. Hamburg, September 1895]

Lieber Freund!
Ich beeile mich, Ihnen für Prof. N. und D.* 2 Bilder** zu schicken; bemerke Ihnen aber, daß mir keines übrig bleibt, da ich nur 6 habe machen lassen – ich lasse nun noch 6 anfertigen.

Richten Sie bitte Herrn Prof. N. aus, daß ich sehr glücklich bin, ihm eine Freundlichkeit erweisen zu können, und daß ich den dringendsten Wunsch hege, recht oft in dieser Lage zu sein.

Ich lasse prinzipiell keine weiteren Abzüge machen, damit sie durch ihre Seltenheit ihren Wert bewahren. Ich habe übrigens die weitere Vervielfältigung streng untersagt. – W.s*** Buch kenne ich nicht! Wir haben doch besprochen, daß wir es gemeinschaftlich kaufen. Also senden Sie mir, bitte, meine Hälfte. – Vielleicht geht es so, wie mit den sibyllinischen Büchern, daß die Hälfte mehr wert sein wird, als das Ganze – natürlich aus den entgegengesetzten Gründen. Also: senden Sie gleich ein! Bis jetzt hatte ich noch keinen freien Abend!

Meine Adresse ist: Bismarckstr. 86.

Sie könnten mir einen Gefallen tun. – Ich kann auf alle meine Briefe an Wolff keine Antwort erhalten. – Gehen Sie hin:

Karlsbad Nro. 19, und verständigen Sie sich in meinem Namen über 2 Punkte.

I. Ist der Saal und d. Orchester definitiv für 13. Dezember**** genommen?

II. Auf welchen Chor kann ich zählen? –

Bei dieser Gelegenheit lernen Sie Wolff kennen, was ja für später seinen Zweck hat.

Herzlichst u. in Eile

Ihr
Mahler

* Neisser in Breslau und Prof. Georg Dohrn [1867–1942] (Dirigent in Breslau).

** Das angebliche Beethovenbild, das nur einen Wiener wiedergab, der sich à la Beethoven hergerichtet hatte.

*** Weingartners Entwurf eines Mysteriums „Kain" in 3 Tagewerken, mit eigenem Festspielhaus usw.

**** Erste vollständige Aufführung der II. Symphonie.

149 An Arnold Berliner

[Karte. Ohne Datum. Poststempel:
Hamburg, 10. September 1895]

Lieber Freund!
Sie brauchen nicht zu Wolff gehen. Er hat mir aber schon geantwortet. Es ist leider noch alles in der Schwebe. – Vederemo! Würde es Ihnen Freude machen, statt einer Kopie das Manuskript vom „Himmlischen Leben" zu bekommen?

Mit herzlichstem Gruße
Ihr
Mahler

150 An Arnold Berliner

[Ohne Datum. Poststempel:
Hamburg, 16. September 1895]

L[ieber] Fr[eund]!
Können Sie mir noch 170 Mk. leihen? In diesem Falle bäte ich um umgehende Zusendung. Bei Gelegenheit erzähle ich Ihnen eine Ruppigkeit Pollinis, welche mich momentan in große Verlegenheit setzt*.

Jedenfalls bitte umgehende Benachrichtigung

Ihr
Mahler

* Mahler sorgte, ohne je an sich selber zu denken, für seine vier Geschwister.

151 An Friedrich Gernsheim

[Ohne Datum. Hamburg, Oktober 1895]

Hochverehrter Herr Professor!
Durch Herrn Wolff erfahre ich eben zu meiner größten Freude, daß Sie unter Umständen geneigt wären, mich bei meinem Unternehmen zu unterstützen. Wie tief Sie mich dadurch *verpflichten* würden, können Sie sich nicht denken. – Die Partie, welche dem Chore in meiner Symphonie* zufällt, ist zwar sehr wichtig, aber nur von sehr geringem

Umfang; er tritt erst am Schluß des letzten Satzes auf und ist größtenteils a capella gehalten. – Wenn Sie mir erlauben wollten, mich und mein Werk Ihnen persönlich vorzustellen, so käme ich *Montag* (übermorgen) oder Dienstag zu diesem Behufe nach Berlin und würde mich zu einer von Ihnen zu bestimmenden Stunde bei Ihnen einfinden, um Ihnen mein Werk vorzuführen. – Wie Sie wissen, sind die ersten 3 Sätze bereits in voriger Saison in Berlin zur Aufführung gekommen, und wie man mir erzählt hat, hatte ich die Ehre, Sie unter meinen Zuhörern zu haben. – Ich wage daher, den Schluß zu ziehen, daß Sie mir vielleicht einiges Interesse zuwenden. –

Erlauben Sie mir, Ihnen nochmals zu sagen, daß Sie mich durch Ihre kollegiale Förderung zu tiefstem Danke verpflichten würden, und daß ich mich glücklich schätzen würde, je in die Lage versetzt zu werden, diesen Dank Ihnen zu beweisen.

Ich bitte Sie, mich freundlichst auf telegrafischem Wege [zu] avisieren, wann Ihnen mein Besuch paßt und bin

Ihr
hochachtungsvoll ergebener
Gustav Mahler

Hamburg, Bismarckstraße 86, Hoheluft

* II. Symphonie.

Quelle: Briefautograph. – *mich bei meinem Unternehmen zu unterstützen:* Mahler brauchte für die Gesamtaufführung seiner Zweiten Symphonie einen Chor; Friedrich Gernsheim war zu dieser Zeit Dirigent des Stern'schen Gesangsvereins in Berlin.

152 An Friedrich Gernsheim

[Hamburg,] Bismarckstr. 86, 17. X. 95

Hochverehrter Herr Kollege!
Ich bin sehr glücklich über Ihre Nachricht, und sende morgen das ganze Chormaterial an die mir von Ihnen bezeichnete Stelle. Welchen Liebesdienst Sie mir durch Ihre kollegiale Bereitwilligkeit erweisen, können Sie kaum ermessen, und [ich] rechne es mir zur besonderen Ehre, daß gerade Sie mein[em] Werke einiges Interesse zuzuwenden vermögen.

Ich werde es Ihnen nie vergessen, und wünsche sehnlichst, bald in der Lage zu sein, Ihnen meinen Dank durch die Tat beweisen zu können.

Zur solistischen Mitwirkung habe ich Frau Ritter-Götze mir gesichert, und erwarte ich nur eine Aufforderung Ihrerseits, um mit ihr zu einer Chorprobe mich einzufinden.

Mit dem Ausdrucke meiner aufrichtigen Ergebenheit bin ich

Ihr dankbarer
Gustav Mahler

Quelle: Briefautograph. – *Frau Ritter-Götze:* Marie (Ritter) Goetze (1865–1922), hervorragende Berliner Altistin, ursprünglich für das Altsolo in der Zweiten Symphonie vorgesehen, schließlich aber durch Hedwig Felden (1874–1922) ersetzt.

153 An Friedrich Gernsheim

Hamburg, Bismarckstr. 86. 29. X. 95

Verehrter Herr Professor!
Herzlichsten Dank für Ihre Mitteilung. – Ich sandte Ihnen 30 Baß- und 30 Tenorstimmen. – Wäre es nicht doch angezeigt, mehr Herren zu nehmen? – In jedem Falle sende ich Ihnen in den nächsten Tagen noch eine weitere Anzahl zu.

Ihre Partituren* studiere ich mit großem Vergnügen; es wird mir schwer, mich für eine zu entscheiden. – Ich habe es fest vor, bei der ersten Gelegenheit eine derselben aufs Programm zu setzen. Zunächst danke ich Ihnen für die Mitteilung derselben, und frage an, wie lange ich dieselben noch bei mir behalten kann. – Mindestens Ihre III. möchte ich noch eine Zeit bei mir haben. Ich brächte dann im November, wenn ich mich zu einer Probe bei Ihnen einfinde, dieselbe mit.

Mit den besten Grüßen

Ihr dankbar ergebener
Gustav Mahler

* Der Symphonien Nr. 1 (op. 32; 1875), Nr. 2 (op. 46; 1882) und Nr. 3 (Mirjam, op. 54; 1888). Die 4. Symphonie Gernsheims (op. 62) erschien erst 1896 im Druck.

154 An Anna von Mildenburg*

[Ohne Datum. Hamburg, 21. November 1895]

Geschrieben nach der Nilszene! Über die letzte Szene mündlich!
Bin sehr froh und befriedigt! Daß Sie sich heute schwer gesungen

haben, hat außer mir (der ich jeden Atemzug von Ihnen mitatme) niemand gemerkt. Die Stimme klang *immer* schön – die *p* sehr schön, Haltung und Aussehen famos. – Sie halten sich auf dem errungenen Niveau.

Vieles gelang vortrefflich – unter anderem besonders

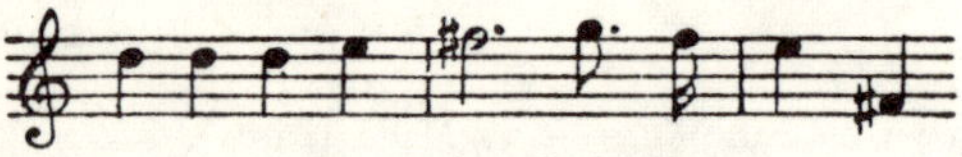

Daß der Schluß der Arie nicht nach *unserem* Plan ausfiel, daran trägt nur *Schlesinger* die Schuld, der die ganze vorhergehende Arie zu *hastig* nahm und überhetzte, so daß Sie zu keinem *ruhigen Atem* kamen; sonst wäre es Ihnen vortrefflich gelungen. Also machen Sie sich nichts daraus. Ich habe von heute die *Gewißheit,* daß Sie es können.

Das Publikum ist allgemein sehr begeistert. Sehr schön gelang Ihnen meistenteils das Duett mit *Amneris.* Ebenso mit Amonasro. Die erste Arie litt etwas unter Ihrer Befangenheit – aber trotzdem *schön.* (Daß Sie das 2. mal in der nächsten Szene bei dieser Stelle wieder niederknieten, war wohl nur Zerstreutheit). Im Vergleich mit Ihren Vorgängerinnen in dieser Rolle war alles *himmelhoch.*

Also seien Sie sehr froh und schlafen Sie gut! Ich bin *sehr* zufrieden mit dem Abend!

Sie haben wieder einen schönen, wohlverdienten Erfolg errungen!

Im Dezember *kommt Figaros Hochzeit* für Sie: am 8. Dezember, und am 18. Dezember die *Rezia.* Da werden wir wieder fleißig *studieren!* Also auf Wiedersehen *Samstag.* Ja? Kommen Sie *bald! Morgen* ruhen Sie sich aus, und *singen Sie keinen Ton!*

M.

* Anna Bahr-Mildenburg bemerkt hiezu: Die folgenden zwei Briefe [Briefe 154 und 161] beziehen sich auf mein erstes Auftreten als Aïda und Ortrud, stammen aus der allerersten Zeit am Hamburger Stadttheater (1895) und wurden mir während oder nach der Vorstellung in die Garderobe geschickt – zumeist offen.

Quelle: Briefautograph. – *Datierung:* In GMB, 1924, undatiert. Die „Aida"-Aufführung, in der Anna von Mildenburg erstmals die Titelpartie sang, fand am 21. November 1895 statt. – *Schlesinger:* bürgerlicher Name von Bruno Walter, unter dem er 1894–1896 im Stadttheater Hamburg wirkte. Er nahm den Künstlernamen Walter erst im Herbst 1896 in seinem Breslauer Engagement an. – *Im Dezember . . . Figaros Hochzeit:* Mozarts Oper wurde am 25. Dezember unter Mahlers Leitung gespielt. – *die Rezia:* in Webers „Oberon". Diese Oper wurde unter Mahlers Leitung am 18. und 29. Dezember 1895 aufgeführt.

155 An Anna von Mildenburg

HOTEL ZUM ASKANISCHEN HOF
BERLIN W. KÖNIGGRÄTZER STR. 21

Berlin, den 8. Dez. 1895

Meine liebste Anna!
Ein „langer, langer" Brief wird's wohl nicht werden. – Dazu ist hier nicht die Ruhe (innen und außen!). Die Entfernungen sind hier alle so mächtig, und ich habe noch viel zu tun, bevor ich nur meine Armee im Stand habe. Der gestrige Vormittag aber war so eigenartig und schön, daß ich Dir doch was davon erzählen will. – Ich hab' auch immer an Dich gedacht, und daß es auch Dir gefallen würde. –

Ich brauche zu meiner Symphonie, wie Du weißt, am Ende des letzten Satzes *Glockentöne,* welche jedoch durch kein musikalisches Instrument ausgeführt werden können. Ich dachte daher von vorneherein an einen Glockengießer, daß der allein mir helfen könnte. Einen solchen fand ich nun endlich. – Um seine Werkstatt zu erreichen, muß man pr. Bahn ungefähr eine halbe Stunde weit fahren. In der Gegend des „Grunewalds" liegt sie.

Ich machte mich nun in aller Frühe auf. Alles war herrlich eingeschneit. Der Frost belebte meinen etwas herabgestimmten Organismus, (denn auch in dieser Nacht fand ich nur wenig Schlaf). Als ich in *Zehlendorf,* so heißt der Ort, ankam und durch Tannen und Fichten, ganz von Schnee bedeckt, meinen Weg suchte – alles ganz ländlich – eine hübsche Kirche, im Wintersonnenschein fröhlich funkelnd, da wurde mir wieder *weit* ums Herz, und ich sah, wie frei und groß der Mensch sofort wird, wenn er aus dem unnatürlichen und unruhevollen Getriebe der großen Stadt wieder zurückkehrt in das stille Haus der Natur. Du bist ja auch in einer kleinen Stadt aufgewachsen und mußt es mir nachfühlen.

Nach längerem Suchen fand ich die Gießerei. Mich empfing ein schlichter alter Herr mit schönem weißen Haar und Bart – so ruhevollen freundlichen Augen, daß ich mich gleich in die Zeiten der alten Meisterzunft versetzt fühlte. – Alles war mir so lieb und schön. Ich sprach mit ihm – er war mir „Ungeduldigem" freilich etwas weitschweifig und langsam. Er zeigte mir herrliche Glocken, unter anderem eine große, mächtige, die er auf Bestellung des deutschen Kaisers für den neuen Dom gegossen. – Der Klang war geheimnisvoll mächtig. – So was Ähnliches hatte ich mir für mein Werk gedacht. Aber die Zeiten sind noch fern, wo das Kostbarste und Bedeutendste gerade gut genug sein wird, um einem großen Kunstwerk zu dienen. Indessen suchte ich mir einige etwas bescheidenere, aber immerhin meinen Zwecken genügende Glocken aus und verabschiedete mich nach einem Aufenthalt von etwa 2 Stunden von dem lieben Alten. – Der Weg zurück war wieder herrlich. – Jetzt aber in die Generalintendanz: da ging nun das Antichambrieren los! Diese Gesichter – diese knöchernen Menschen – jeder Zoll auf ihrem Gesicht trug die Spuren des sich selbst peinigenden Egoismus – der alle Menschen so *unselig* macht! Immer *ich* und *ich* – und nie *du, du, mein Bruder!*

Verstehst Du mich, meine Anna? Zufällig kam der Dir. Pierson, mit dem ich es vorhatte, aus seinem Bureau und sah mich kaum, als er mich sofort erledigte; sonst hätte ich vielleicht noch *Stunden lang* warten müssen; denke Dir! Ich war schon durch die halbe Stunde schon so deprimiert, daß ich schon fortgehen wollte. –

Nun aber, Gott sei Dank, habe ich alles erreicht, und nun heißt es: ins *Feld!* Das ist mir freilich schon lieber als die Vorpostengefechte. Nach meiner Erzählung dürfte es Dir scheinen, als ob ich auf meiner Fahrt *allein* gewesen wäre. – Es war aber *Behn* mit, der aber in wahrhafter Diskretion nie solche Augenblicke stört. Um 1 Uhr frühstückte [ich] in einem Restaurant und muß eben einen *fetten Bissen* gegessen haben. Nun war es aber um mich getan. Du mußt nämlich wissen, daß ich alles vertrage. – Nur nicht einen Bissen *Fett* oder Gewürz! Du wirst schon bemerkt haben, wie sorgsam in dieser Beziehung meine Schwestern sind.

Für 2 Stunden hatte ich meine Migräne, ein wahrhaft *peinvoller* Zustand. Einmal erlebtest Du ihn schon an mir, erinnerst Du Dich daran? Es war die Wertherprobe! nach welcher Du mir den Brief: Geehrter Herr – A. Mildenburg, schicktest. –

Deinen gestrigen Brief erhielt ich nun gestern Abend beim Nachhausekommen; die Kopfschmerzen hatten schon etwas nachgelassen; und so konnte [ich] mich nun ungetrübten [Sinnes] an Deinen lieben Worten freuen. Wie freue ich mich, daß Du so *einfach* und *ungeschminkt* bist; nichts ist mir entsetzlicher als ein Mensch, der sich anders und besser macht, als er ist.

Der junge Mensch hat es oft an sich, selbst der edelgeartete; so kann ich mich recht gut erinnern, wie sorgsam ich früher meine Briefe stilisierte und wie sehr ich darauf bedacht war, sogenannte „schöne Briefe" zu schreiben.

Aber wahrhaftig, es hing ganz damit zusammen, daß ich *mich* noch nicht gefunden hatte und daß mir der, an den ich schrieb, nur eine Gelegenheit war, meine Gedanken anzubringen. Meine liebe, süße (ich mag das Wort sonst nicht – aber es ist mir eben eingefallen, und so mag es denn da stehen – Du bist es auch für mich) Anna! Ich bitte Dich: Nie eine Pose annehmen – weder *innen* noch *außen Schminke!*

Meine Schwestern sind so arm geworden! Ich komme mir wie ein Verbrecher vor! Es geht mir nicht aus dem Sinn! Du hast recht! Es ist auf die *Zeit* zu rechnen, die allgewaltige Meisterin. Nur bleibe mit mir fest und *gut* – und erbarme Dich der lieben Menschen; dann wirst Du und ich schon das Richtige finden.

Bitte, schreibe von morgen an (wenn Du schreibst, wozu Du Dich *nie zwingen* darfst, so viel es mir auch ist, von Dir eine Zeile zu haben) mit *verstellter* Schrift, damit nicht alle wissen, daß Du es bist. – Nur den letzten Brief, in dem Du mir Deine *Ankunft* anzeigst, den kannst Du mit Deiner Hand (und dem feinen Ärmchen) schreiben. – Wie lieb, mein geliebtes Mädchen, daß Du mir den Gefallen tust und kleiner schreibst. – Tausendmal grüße und *küsse* ich Dich (wenn Du es erlaubst)

Dein Gustav

Nun, der Brief ist doch etwas länger geworden als ich zuerst gedacht.

Quelle: Briefautograph. In GMB, 1924, nur der Abschnitt über den Besuch beim Glockengießer enthalten. – *Ich brauche zu meiner Symphonie:* für die Gesamtaufführung der Zweiten am 13. Dezember 1895. – *Dir. Pierson:* Henry P. (1851–1902), Intendanturdirektor der königlichen Schauspiele, Berlin. – *Meine Schwestern sind so arm geworden:* Mahler hatte beschlossen nicht zu heiraten, ehe seine Schwestern durch Heirat versorgt waren.

156 An Anna von Mildenburg

HOTEL ZUM ASKANISCHEN HOF
BERLIN, W. KÖNIGGRÄTZER STR. 21

Berlin, den 9/XII 1895

Liebste Anna!
Heute werde ich die erste Probe halten: allerdings nur eine Vorprobe – aber doch wenigstens eine Probe. Ich muß die himmlischen Heerscharen einexerzieren. Gelt, da bist Du neugierig, was das ist. Das kann man aber nicht in Worten ausdrücken (natürlich, sonst schriebe ich ja

keine Musik dazu), aber wenn die Stelle im letzten Satz kommen wird, wirst Du Dich wahrscheinlich dieser Worte erinnern und es wird Dir alles klar sein.

Gestern habe ich mein erstes Diner abgesessen (wirklich beinahe wie ein Sträfling). – Auch einer der Kritiker war anwesend, gerade einer, der voriges Jahr am meisten geschimpft hat. Als ich in das gestrenge Ochsenantlitz hineinsah, mußte ich wirklich lachen. Zuerst wollte er mir auch imponieren, aber diese fruchtlosen Versuche gab er bald auf und gab sich dann bloß dem stillen Sauf und Freß hin. Da war er dann auf seinem richtigen Platz. Da das Diner wirklich sehr gut war, so dürfte seine Kritik darüber auch sehr wohlwollend ausfallen.

Also das Kaiserle accompagniert Dich zum Schnupfen. Das ist lieb von mir[!], und ich lasse sie grüßen. Die Brosa hast Du auch gelernt und ich habe gestern den ganzen Tag in meine Lippen gebissen.

Heute kommen meine Schwestern an, und morgen gehen die großen Proben los. Da kommt der Fisch endlich wieder ins Wasser. Wenn Du nur endlich auch da bist. Wenn wir auch wahrscheinlich wenig voneinander haben werden, so sehe ich Dich doch wenigstens. Sehr vorsichtig und klug werden wir sein, um uns und *anderen* diese bedeutsamen Tage nicht zu verdüstern.

Eben erhalte ich Deine lieben Zeilen! Mein Gott, wie kann dieser Mensch nur so *schlecht* sein! Wie traurig bin ich darüber! Daß *Du* nicht hier sein kannst in diesen Tagen, darüber könnte ich wirklich verzweifeln.

Mein liebes, teures Herz, sei Du nur nicht traurig! Es gehört nur eben auch zu den vielen Schmerzen, die wir werden tragen müssen. Ich werde tapfer sein, und es ist mir ein seliges Gefühl, mir zu sagen, was ich jetzt tue, und immer, tue ich auch für Dich. – Vielleicht versuche es noch einmal. Er erlaubt Dir vielleicht Freitag Mittag um 1 Uhr wegzufahren, da bist Du abend[s] im Konzert, und kannst, wenn alle Stränge reißen, mit dem Nachtzuge (Schlafwagen) wieder zurückfahren und versäumst dann nichts in Hamburg. Aber keinesfalls, meine Anna, fahr *ohne Urlaub.* Du weißt nicht, zu welchen Gemeinheiten gegen Dich und mich sich P[ollini] dann hinreißen ließe.

Ich muß jetzt schließen. So frohen Herzens habe ich diesen Brief begonnen, und so schweren Mutes muß ich ihn beenden! Leb wohl, mein teueres Mädchen! Sei klug und tapfer, für mich! Ich küsse Dich innig und sehnsüchtig

Dein Gustav

Eben habe ich Deinen Brief nochmals durchgelesen. Gehe Donnerstag wieder zu ihm. Wie ich ihn kenne, ist es doch möglich, daß er es Dir noch erlaubt. (auf die Art, wie ich Dir sie oben angegeben). – Sei getrost, mein Lieb!

Quelle: Briefautograph. In GMB, 1924, sind nur der 1. Absatz und der Anfang des 2. enthalten. – *der voriges Jahr am meisten geschimpft hat:* Mahler meinte die vorige Saison (Konzert vom 4. März 1895). – *das Kaiserle:* vermutlich Marie Kayser, Sängerin am Stadttheater Hamburg, lt. „Neuer deutscher Theater-Almanach", Berlin 1896, im selben Haus wie die Mildenburg wohnhaft, nämlich Welkerstraße 6 b I. – *Die Brosa:* Mahler machte sich über jemanden lustig, der B statt P aussprach.

157 An Anna von Mildenburg

HOTEL ZUM ASKANISCHEN HOF
BERLIN, W. KÖNIGGRÄTZER STR. 21

Berlin, den Mittwoch [11. Dezember] 189[5] morgens

Mein teueres Herz!
Heute stehle ich mir einige Minuten, um Dir zu schreiben. Ich bin mitten drin. – Gestern hat alles zum erstenmale geklungen! So über alles Erwarten gelang alles. Die Mitwirkenden waren so begeistert und ergriffen, daß sie von selbst für alles den richtigen Ausdruck fanden.

Wenn Du das hättest hören können! So groß und mächtig klingt es, wie man *noch nie* es vernommen. – Ich habe so an Dich gedacht!

Morgen telegrafiere ich an Pollini; Du gehe jedenfalls noch einmal zu ihm hin. – Ich sage ihm, daß Du Freitag 1 Uhr in Hamburg wegfährst, und wenn alle Stränge reißen, wieder in der Nacht zurückfährst. – Vielleicht kannst Du doch wenigstens dann die Erlaubnis bekommen, und dann sieh nur zu, daß Du Samstag vormittag keine Proben hast, damit Du Dich hier ausschlafen und mit uns dann zurückreisen kannst. – Wenn wir auch nichts von einander haben können, so wird uns doch das selige Gefühl unseres Beisammenseins über alles hinausheben – und die Hoffnung auf eine baldige ungestörte Stunde. – Solltest Du nicht kommen, so komme ich dann Samstag ungefähr *um* ½7 *Uhr zu Dir* (Abends). – Zu Hause sage ich, daß ich ins Theater muß!

Meine liebe Anna, auf Wiedersehen!
Ich küsse Dich tausendmal

Dein schon sehr sehnsüchtiger
Gustav

Schonen kann ich mich jetzt nicht! – Ich werde es schon spüren, wenn ich zurück bin – bis dahin hält mich die Erregung aufrecht. Jede Minute des Tages ist ausgefüllt. Mein[e] liebe, teuere Anna!

Eben kommt Dein Brief! Was für ein Zweigerl[?] ist das? Ich habe kein's bekommen! Wie schade – das hätte mir so viel sein können! [Sei] vielmals gegrüßt!

Quelle: Briefautograph. In GMB, 1924, nur 4. bis 7. Satz enthalten. – *Datierung:* In GMB, 1924, „10. Dezember", ebenso bei Martner. Der Mittwoch vor dem Konzert war jedoch der 11. Dezember. – *Morgen telegrafiere ich an Pollini:* Anna von Mildenburg war beim Konzert nicht anwesend.

158 An Max Marschalk

Hamburg, 17. XII. 95
Bismarckstraße 86

Sehr geehrter Herr!
Mit großer Freude empfing ich soeben Ihre werten Zeilen. Seit langer Zeit lese ich mit Vergnügen Ihre Aufsätze in verschiedenen Zeitschriften, und Ihr Anerbieten kommt meinen unausgesprochenen Wünschen entgegen. – Was die Sache selbst betrifft, so kann mir nichts willkommener sein, als wenn Sie mir erlauben, über meine Intentionen, die ich als Musiker so deutlich ausgedrückt zu haben glaube, – keine *Worte* zu machen. Ich weiß, ich [bin] bei Ihnen gut aufgehoben – und ohne daß ich ein Wort rede, werden Sie wissen, wie es mir ums Herz war. Haben doch sogar diejenigen, die jetzt wieder nach altem Brauche kritisch über mich den Stab brechen, überall herausgefunden, *worauf es ankommt,* wenn sie auch es nirgends unterließen, mich eindringlichst zu versichern, daß es *ihnen* durchaus nicht darauf ankommt. –

Jener von mir eingenommene Standpunkt entspricht durchaus meiner Art und Auffassung von meiner Kunst. Ich versichere Sie: ich hielte mein Werk für durchaus mißlungen, wenn ich es nötig hätte, Männern wie Ihnen auch nur eine Andeutung über den Gefühlsgang des Werkes zu geben.

Bei der Konzeption des Werkes* war es mir nie um Detaillierung eines *Vorganges,* sondern höchstens einer *Empfindung* zu tun. – Die *gedankliche* Basis des Werkes ist deutlich in den Worten des Schlußchores ausgesprochen, und auf die ersten Sätze wirft das plötzlich einfallende Altsolo ein erhellendes Licht. Daß ich hinterher oft bei verschiedenen einzelnen Partien einen realen Vorgang vor mir sich – sozusagen – dramatisch abspielen sehe, ist aus dem Wesen der Musik leicht zu begreifen. Der Parallelismus zwischen Leben und Musik geht vielleicht tiefer und weiter, als man jetzt noch zu verfolgen imstande ist. – Durchaus aber verlange ich nicht, daß mir jeder darin folge, sondern gerne überlasse [ich] die Auffassung der Details der individuellen Anschauungskraft des Einzelnen. –

Ich kann hier zum Schluß einen Stoßseufzer darüber nicht unterdrücken, daß mir durch die geschlossene Phalanx der Tagesjournale wieder, wie immer, so oft ich mit meinen armen Geisteskindern anrücke, der Durchzug verwehrt wird; und daß ich wahrscheinlich wieder ein volles Jahr warten muß, bis ich wieder zu Worte komme. Ich werde mich dann mit einem neuen Werke** einfinden, das, schon beinahe vollendet, im Pulte der Auferstehung harrt. –

Haben Sie Dank, mein werter Herr Marschalk, daß Sie, wie ich vermeine, mir zu folgen gesinnt sind, und der frische Hauch und die Kraft, mit der mich die Zustimmung und Unterstützung solcher Männer, wie Sie und Bie, belebt, möge Ihnen künftig beweisen, daß ich derselben nicht unwert bin. An meinen Verleger habe ich soeben den Auftrag gegeben, Ihnen sofort einen Klavierauszug zuzusenden.

Mit aufrichtiger Wertschätzung bin ich

Ihr ergebener
Gustav Mahler

Dürfte ich Sie mit der Bitte belästigen, mir ein Exemplar des Aufsatzes, den Sie veröffentlichen wollen, zugehen zu lassen?

* Die II. Symphonie.
** Die III. Symphonie.

Quelle: Briefautograph. – *solcher Männer wie Sie und Bie:* dieser Satzteil fehlt in GMB, 1924. Bie ist Oscar Bie (siehe Brief 139) – *Postscriptum:* fehlt in GMB, 1924.

159 An Max Marschalk

Hamburg, 29. 12. 95

Sehr geehrter Herr!
Nehmen Sie meinen herzlichsten Dank für Ihre Mitteilung und vor allem für die Gesinnung, die darin ausgesprochen ist. Glauben Sie, die Tatsache, daß Sie zu meinem Werk *ja* sagen, und daß *Sie* demselben

„Aktualität" beilegen, ist mir mehr wert, als daß die Leute eine lobende Kritik über mich zu lesen bekommen. Allerdings wäre es mir von höchster Wichtigkeit einmal zu ersehen, wie sich mein Werk in einer fremden Persönlichkeit widerspiegelt, und ob es mir gelungen, für meine Ideen den überzeugenden Ausdruck aufzufinden. – Natürlich genügt das einmalige Hören nicht, und selbst der geübteste und fähigste Hörer muß erst die Beziehungen der einzelnen Partien des Werkes zueinander aufsuchen, bevor sich ihm die Bedeutung des Ganzen erschließt.

Nun, ich kann warten (die Kunst habe ich gründlich gelernt) und werde mit ruhiger Zuversicht auf Ihren Aufsatz warten.

Nun seien Sie noch für Ihre Neujahrswünsche bedankt, die ich bestens erwidere.

Ihr aufrichtig ergebener

Gustav Mahler

Quelle: Briefautograph.

160 An Friedrich Gernsheim

Hamburg, Bismarckstr. 86. 30. Dezember 1895

Verehrter Freund!

Ich möchte dieses Jahr, in dem ich Ihnen so viel zu danken habe, nicht vorüber gehen lassen, ohne Ihnen nochmals auszudrücken, wie tief ich mich Ihnen verpflichtet fühle, und daß mir das Bewußtsein, mich Ihnen dankbar erweisen zu können, eine große Freude ist. Und zwar dankbar nicht in dem beschränkten und gemeinen Sinne der „Reziprozität", sondern in dem für mich beglückenden Bewußtsein, einen echten Gesinnungsgenossen und, trotz der verschiedenen Wege, wahlverwandten Kriegskameraden gefunden zu haben, welcher, nach seiner eigenen Art, doch dem gleichen Ziele zustrebt, wie ich. Ich habe das Bewußtsein, daß Sie diese Worte nicht als bloße Redensart nehmen, sondern daß Sie mit freundschaftlichem Vertrauen in die Hand einschlagen, die ich Ihnen biete.

Ich habe bis jetzt noch keine Gelegenheit gefunden, dem Stern'schen Vereine meinen Dank auszudrücken, und bitte Sie, wenn sich Gelegenheit dazu findet, der Dolmetsch meiner Empfindungen [zu] sein.

Die Stunden, die ich mit Ihnen und Ihren wackern Mitarbeitern verlebte, werden mir immer unvergeßlich bleiben.

Mit meinem Vorhaben in Hamburg steht es immer noch unentschieden. Pollini, der *schwer krank* ist, läßt sich absolut nicht sprechen. (Unter uns gesagt, wenn sich die Gerüchte bewahrheiten, welche jetzt nicht verstummen wollen, so hat seine fatale Stimmung noch andere Gründe.) Ohne ihn kann ich nichts bestimmen. Und so kann ich heute noch nicht Näheres bezüglich der Aufführung Ihrer C-moll* sagen. – Sie liegt immer auf meinem Schreibtisch, und mit wahrem Vergnügen nasche ich drin, und rekapituliere im Geiste die schöne Stunde, da Sie mich in Ihr Meisterwerk eingeführt haben. Ich glaube, daß ich nichts von den Andeutungen vergessen habe, die ich durch Ihre Vorführung am Klavier empfangen. Haben Sie absolut nichts *Chorales,* was ich zu einer Karfreitagsaufführung brauchen könnte? Es kann ja mit *deutschem* Text sein; nur *religiöser* Charakter ist conditio sine qua non. Nehmen Sie und Ihre Frau Gemahlin meine herzlichsten Neujahrswünsche entgegen von

Ihrem treu ergebenen
Gustav Mahler

* Nr. III. [Dritte Symphonie von Gernsheim].

Quelle: Briefautograph.

161 An Anna von Mildenburg

Hamburg, den 31. XII. 1895
Nach dem 2. Akt!

Heute mich sehr gefreut!
Herrlich bei Stimme: es hat wundervoll geklungen. Beim Publikum unbedingt *großer* Erfolg! Ton u[nd] Haltung überraschend gut.

Aussprache beinahe immer *deutlich* und großer Fortschritt. – Leider oft sehr inkorrekt (dadurch haben Sie auch viel „*verpatzt*", besonders: „*Zurück, Elsa*" etc. (wie in Tannhäuser). Auch leider sich nicht viel gemerkt von unserem Studium. Es war auch zu flüchtig. Wir werden es vor dem nächsten Lohengrin noch einmal tüchtig vornehm[en].

Die Szene mit Elsa war recht gut, aber *zu laut* – das war nicht die rechte Farbe für die geheimnistuerische, gleißende und *Demut* heuchelnde Ortrud.

Aussehen im 2. Akt wundervoll im ersten Kostüm – im 2. darum nicht mehr so gut, weil die *Haltung* nachlässig war. Lassen Sie doch um Gottes willen in solchen Rollen Ihre imposante [Größe] wirken. – Das

Hinauflaufen auf die Treppe vor der *Elsa* war auch noch nicht recht. – Besser, beinahe gut war das Aufspringen von den Stufen. Stimmlich wirklich kolossal klang die Anrufung an die Götter.

Das ganze Publikum wäre in offenen Sturm ausgebrochen, wenn nur einer angefangen hätte.

Alles in allem wieder ein *Fortschritt* mit Freuden zu konstatieren.

Welch gutes Omen für das neue heute anbrechende Jahr.

Gute Nacht! Auf Wiedersehen!

Quelle: Briefautograph. – *Datierung:* Der auf dem Briefpapier des Hamburger Stadttheaters (Briefkopf durchgestrichen) geschriebene Brief ist von Mahler selbst mit 31. XII. 1895 datiert. In GMB, 1924, wird er „ohne Datum" angeführt. Am Silvesterabend spielte das Stadttheater jedoch „Lumpazivagabundus"; „Lohengrin" stand am 1. Januar 1896 auf dem Spielplan.

162 An Friedrich Gernsheim

[Ohne Datum
Hamburg, Ende Januar? 1896]

Verehrter Freund!
Was werden Sie wohl gedacht haben, daß Sie von mir noch immer kein Lebenszeichen erhalten haben! – Leider hat die Sache einen (für mich) sehr traurigen Grund: die geplanten Konzerte finden in dieser Saison überhaupt nicht mehr statt. – Pollini ist seit Monaten schwer krank, und man kann mit ihm nichts mehr anfangen. Unter uns gesagt, sein Zustand ist so bedenklich, daß man sich hier eigentlich nur in einem Provisorium befindet. – So mußte unter anderem auch mein Plan ins Wasser fallen. Für die nächste Saison habe ich mir es vorgenommen, meine Konzerte unter Umständen – und sei es auf eigene Faust, festzuhalten. So lange muß ich auch die mir sehr liebe Idee, Ihre Symphonie aufzuführen, um Ihrem Talente eine Gasse zu öffnen, aufschieben, – aber diesmal ist wirklich: aufgeschoben nicht aufgehoben!

In Bälde hoffe ich Sie in Berlin aufzusuchen! Vielleicht höre ich da etwas von Ihrer 4? Wie war es denn in Mainz?

Seien Sie, wie auch Ihre Frau Gemahlin herzlichst gegrüßt von Ihrem

aufrichtig ergebenen
Gustav Mahler

163 An Richard Batka

[Ohne Datum]

Lieber Herr Batka!
Wir leben leider in einer Zeit, in der „über" das Schaffen sehr viel nachgedacht und geschrieben wird. – Das ist schon an und für sich ein trauriges Symptom. Daß Sie aber fragen, „woran" geschaffen wird, will mir erst recht nicht gefallen*. Darüber dürften doch wohl erst unsere Epigonen zur Erkenntnis gelangen, obwohl es auch damit übel steht, wie die kunsthistorischen und kritischen Werke aller Zeiten beweisen. Sie erweisen mir die Ehre, mich zu den „Schaffenden" zu zählen; das sind aber meiner Ansicht nach gerade diejenigen, die eine solche Frage am wenigsten beantworten können. Vielleicht spreche ich da nur pro domo. Aber ich könnte ebensogut darüber Aufschluß geben, „woran" ich lebe, als „woran" ich schaffe. – „Der Gottheit lebendiges Kleid" – das wäre noch etwas! Aber da würden Sie wohl weiter fragen? Nicht?

Wenn ich ein Werk geboren habe, so liebe ich es, zu erfahren, welche Saiten es im „Andern" zum Tönen bringt; aber einen Aufschluß darüber habe ich bisher weder mir selbst gegeben, noch viel weniger von anderen erhalten können. Das klingt mystisch! Aber vielleicht ist die Zeit wieder gekommen, wo wir und unsere Werke uns wieder ein wenig un–„verständlich" geworden sein werden. Nur, wenn dem so ist, glaube ich daran, daß wir „Woran" schaffen. – Verzeihen Sie meine Kürze, aber Sie glauben mir wohl, daß ich gegenwärtig nicht mehr Zeit erübrige. Nur noch die herzlichsten Grüße und Wünsche für Ihr Unternehmen.

Ihr ergebenster
Gustav Mahler

* Antwort auf eine Rundfrage über das künstlerische Schaffen und das Problem, an welchem gemeinsamen Kulturwerke der Künstler schafft.

Datierung: Lt. Martner „1896?" Der Brief könnte jedoch auch aus viel späterer Zeit stammen.

164 An Max Marschalk

[Hamburg] Bismarckstr. 86. 5/III 96.

Sehr geehrter Herr!
Schönen Dank für Ihre Sendung. Senden Sie mir getrost Ihr Werk ein. Einen Einakter können wir hier sehr gut unserem Repertoire einreihen. – Darf ich mir eine Bemerkung erlauben? Warum haben Sie den Titel verändert? *Flammen* scheint mir *sehr gut gewählt.* Er interessiert und bezeichnet sehr glücklich den Inhalt. Phanor und Phanette ist schablonenhaft und – schreckt Theaterdirektor und Publikum ab. –

Dagegen haben Sie recht, wenn Sie die Bezeichnung „Romanze" fallen lassen. Also nochmals, senden Sie mir Ihr Werk, ich freue mich, etwas von Ihnen kennen zu lernen. Sowie ich nach Berlin komme, suche ich Sie auf. –

Die Symphonie, die ich diesmal bringe, ist nicht die *neue,* von der ich Ihnen geschrieben, sondern *vor* der C-moll komponiert.

Ich würde mich nicht getrauen, mein neuestes Werk vorzuführen. Zuerst müssen die Menschen meine älteren Werke verdaut haben, und daher beeile ich [mich] ein wenig, Ihnen dazu Gelegenheit zu geben.

Meine neueste Symphonie geht so ziemlich darüber hinaus, was in der C-moll und auch in der *D-dur,* die diesmal kommt, schon ohnehin die Gemüter erregt hat – und ist überdies noch nicht fertig. –

Da ich schon Anfang nächster Woche in Berlin bin, so ersuche ich, Ihre Zusendung an mich bis zu meiner Rückkunft nach Hamburg zu verschieben, da das Paket sonst auf der Post liegen bleiben würde, weil niemand da ist, der es in Empfang nehmen könnte. –

Mit den herzlichsten Grüßen bin ich

Ihr ergebenster
Gustav Mahler

Die Proben sind am *Sonntag* u. *Montag* um 10 Uhr. Ich hoffe, Sie da zu begrüßen.

Quelle: Briefautograph. – *Flammen:* „In Flammen", einaktige Oper von Max Marschalk, Text von Emil Strauß, uraufgeführt in Gotha 20. Februar 1896. (lt. Stieger, Opernlexikon, Tutzing, 1977). – *Die Symphonie, die ich diesmal bringe:* Mahler dirigierte am 16. März 1896 in Berlin ein Konzert mit eigenen Werken, unter anderen seine Erste Symphonie. – *nicht die neue:* die Dritte Symphonie. – *vor der C-moll:* der Zweiten.

165 An Max Marschalk

Hamburg, 20. III. 96

Mein lieber Herr Marschalk!
Vielen, vielen Dank für alles – vor allem für Ihr Verständnis*! Mit dem Titel („Titan") und dem Programm hat es seine Richtigkeit; d. h. seinerzeit bewogen mich meine Freunde, um das Verständnis der D-dur zu erleichtern, eine Art Programm hierzu zu liefern. Ich hatte also nachträglich mir diese Titel und Erklärungen ausgesonnen. Daß ich sie diesmal wegließ, hat nicht nur darin seinen Grund, daß ich sie dadurch für durchaus nicht erschöpfend – ja nicht einmal zutreffend charakterisiert glaube, sondern, weil ich es erlebt habe, auf welch falsche Wege hiedurch das Publikum geriet. So ist es aber mit jedem Programm! Glauben Sie mir es, auch die Beethovenschen Symphonie[n] haben ihr inneres Programm, und mit der genaueren Bekanntschaft mit einem solchen Werk wächst auch das Verständnis für den Ideen-richtigen Empfindungsgang. So wird es endlich auch bei meinen Werken sein. –

Beim 3. Satz (Marcia funebre) verhält es sich allerdings so, daß ich die äußere Anregung dazu durch das bekannte Kinderbild erhielt („Des Jägers Leichenbegängnis"). – An dieser Stelle ist es aber irrelevant, was dargestellt wird – es kommt nur auf die *Stimmung* an, welche zum Ausdruck gebracht werden soll, und aus der dann jäh, wie der Blitz aus der dunklen Wolke, der 4. Satz springt. Es ist einfach der Aufschrei eines im Tiefsten verwundeten Herzens, dem eben die unheimlich und ironisch brütende Schwüle des Trauermarsches vorhergeht. Ironisch im Sinne des Aristoteles „eironeia". –

Die Texte zu den Liedern sind von *mir* selbst. Ich gab mich nur am Programm nicht an, um nicht eine bequeme Handhabe für Übelgesinnte, welche die naive und schlichte Art zu parodieren imstande wären, damit zu liefern.

Nehmen Sie meinen Dank, nochmals – ich bin so ermattet und flügellahm in diesem Moment. O, wie schwer ist mir zu Mut! Lassen Sie mich doch bald etwas hören!

Ihr aufrichtig ergebener

Gustav Mahler

Wo bleiben die „Flammen"!?

* Nach Mahlers Kompositionskonzert in Berlin am 16. März 1896, in dem er den ersten Satz der II. Symphonie, die „Lieder eines fahrenden Gesellen" (mit Orchester), gesungen von [Anton] Sistermans, und die I. Symphonie zur Aufführung brachte.

Quelle: Briefautograph. – *Mit dem Titel und dem Programm:* Mahler hatte den Titel „Titan“ und programmatische Titel für sämtliche (damals noch 5) Sätze in einem populären Konzert in Hamburg am 27. Oktober 1893 und später beim Musikfest in Weimar verwendet. – *„Des Jägers Leichenbegängnis“:* Holzschnitt nach einer Zeichnung von Moriz von Schwind: „Wie die Tiere den Jäger begraben“. – *Nachschrift:* Letzter Satz des Briefes und Nachschrift fehlen in GMB, 1924.

166 An Arnold Berliner

[Ohne Datum. Poststempel: Hamburg, 20. März 1896]

Lieber Berliner!
Da ich eben zu Reichtümern gelangt bin (nicht etwa die Einnahmen meines Konzerts), so bitte ich Sie, mir mitzuteilen, wie hoch sich mein „Konto“ bei Ihnen beläuft; ich habe es natürlich wieder vergessen.

A propos, mir wurde erzählt, daß Sie während meines Konzerts in einer der letzten Bänke gesessen sind.

Ich hatte an Wolff den Auftrag gegeben, Ihnen einige Billette (10) zuzusenden. Hoffentlich hat er Ihnen nicht etwa diesen schlechten Platz angewiesen, dies wäre ganz gegen meine Intention gewesen.

Ich bitte Sie, mich darüber freundlichst aufzuklären.

Mit bestem Gruße

Gustav Mahler

167 An Max Marschalk

[Hamburg] 26. März 1896

Mein lieber Herr Marschalk!
Ihre Auffassung meines Werkes ist so einheitlich und von innen heraus, daß ich eigentlich nichts daran geändert haben möchte. Wenn ich mir eine Bemerkung erlauben darf, so ist es die, daß ich es betont wissen möchte, daß die Symphonie über die *Liebesaffaire* hinaus ansetzt; sie liegt ihr zugrunde – resp. sie ging im Empfindungsleben des Schaffenden voraus. Aber das äußere Erlebnis wurde zum *Anlaß* und nicht zum Inhalt des Werkes. (der 3. u. 4. Satz ist von Ihnen *meisterlich* charakterisiert, und mir darum besonders sympathisch, weil er ins Typische, Allgemeine deutet; daran möchte ich kein Wörtchen geändert wissen. Das haben Sie kongenial erfaßt.) Durch dieses kleine Bedenken habe

ich keinen Einwand erhoben, sondern wir befinden uns damit überhaupt vor der bedeutsamen Frage, *wie,* sogar vielleicht *warum* Musik überhaupt mit Worten gedeutet werden soll. Aus einer Bemerkung Ihres werten Briefes geht mir hervor, daß wir uns hierin begegnen und wohl verstehen. Erlauben Sie mir, Ihnen in Kürze meinen Standpunkt darzulegen. –

Ich weiß für mich, daß ich, solang ich mein Erlebnis in Worten zusammenfassen kann, gewiß keine Musik hierüber machen würde. Mein Bedürfnis, mich musikalisch – symphonisch auszusprechen, beginnt erst da, wo die *dunkeln* Empfindungen walten, an der Pforte, die in die „andere Welt" hineinführt; die Welt, in der die Dinge nicht mehr durch Zeit und Ort auseinanderfallen. –

Ebenso, wie ich es als Plattheit empfinde, zu einem Programm Musik zu erfinden, so sehe ich es als unbefriedigend und unfruchtbar an, zu einem Musikwerk ein Programm geben zu wollen. Daran ändert die Tatsache nichts, daß die *Veranlassung* zu einem musikalischen Gebilde gewiß ein Erlebnis des Autors ist, also ein Tatsächliches, welches doch immerhin konkret genug wäre, um in Worte gekleidet werden zu können. – Wir stehen jetzt – dessen bin ich sicher – vor dem großen Schweidewege, der die beiden auseinanderlaufende[n] Pfade der symphonischen und dramatischen Musik bald ganz sichtbar dem Auge dessen, der sich über das Wesen der Musik klar ist, für immer von einander trennt. – Schon jetzt, wenn Sie eine Symphonie Beethovens und die Tongebilde Wagners zueinanderhalten, werden Sie den Wesen[s]unterschied beider leicht erkennen. – Wohl hat Wagner sich die *Ausdrucksmittel* der symphonischen Musik zu eigen gemacht, so wie jetzt wiederum der Symphoniker in seinen Mitteln vollberechtigt und vollbewußt in das Ausdrucksvermögen, welches der Musik durch Wagners Wirken gewonnen wurde, hinübergreifen wird. In diesem Sinne hängen alle Künste, ja sogar die Kunst mit der Natur zusammen. Man hat aber noch nicht genug darüber nachgedacht, weil man bis jetzt noch keine *Perspektive* darüber gewonnen hat. –

Auch ich habe mir nicht etwa dieses „System" konstruiert und darnach mein Schaffen eingerichtet; sondern, nachdem ich (unter wahrhaften Geburtsschmerzen) einige Symphonien geschrieben habe – und immer und ewig auf dieselben Mißverständnisse und Fragen gestoßen bin, habe [ich] nun endlich – für meine Person – diese Ansicht der Dinge gewonnen. –

Gut ist es deshalb immerhin, wenn für die erste Zeit, als meine Art noch befremdet, der Zuhörer einige Wegtafeln und Meilenzeiger auf die Reise miterhält – oder sagen wir: eine Sternkarte, um den Nachthimmel mit seinen leuchtenden Welten zu erfassen. – Aber mehr kann so eine Darlegung nicht bieten. – Der Mensch muß eben an etwas *Bekanntes* anknüpfen, sonst verliert er sich. Daher bin ich Ihnen sehr dankbar, wenn Sie Ihren Aufsatz* (er ist mir das Liebste, was bis jetzt über mich gesagt worden ist), veröffentlichen. Unter allen Deutungen, die gegeben werden können, ist mir die Ihre die angemessenste, weil sie die *schlichteste* ist und mit der zufälligen, resp. äußeren Ursache des inneren Erlebens am meisten zusammenfällt. –

Über die C-moll-Symph[onie] Ihnen nun etwas zu sagen, nachdem ich mich wie oben erklärt, hat für mich, wie Sie verstehen werden, etwas Mißliches. – Ich habe den ersten Satz „Totenfeier" genannt, und wenn Sie es wissen wollen, so ist es der Held meiner D-dur-Symph[onie], den ich da zu Grabe trage, und dessen Leben ich, von einer höheren Warte aus, in einem reinen Spiegel auffange. Zugleich ist es die große Frage: *Warum hast du gelebt?* Warum hast du gelitten? Ist das alles nur ein großer, furchtbarer Spaß? – Wir *müssen* diese Frage[n] auf irgend eine Weise lösen, wenn wir weiter leben sollen – ja sogar, wenn wir nur weiter sterben sollen! In wessen Leben dieser Ruf einmal ertönt ist – der muß eine Antwort geben; und diese Antwort gebe ich im letzten Satz.

Der 2. u. 3. Satz ist als Interludium gedacht: der 2. Satz, eine *Erinnerung!* Ein Sonnenblick, rein und ungetrübt, aus dem Leben dieses Helden.

Es ist Ihnen doch schon begegnet, daß Sie einen lieben Menschen zu Grabe getragen, und dann vielleicht auf dem Rückweg erstand plötzlich das Bild einer längst vergangenen Stunde des Glücks, das sich Ihnen nun wie ein Sonnenstrahl in die Seele legt – durch nichts verdüstert – beinahe können Sie vergessen, was eben geschehen! Das ist der 2. Satz! – Wenn Sie dann aus diesem wehmütigen Traum aufwachen, und in das wirre Leben zurückmüssen, so kann es Ihnen leicht geschehen, daß Ihnen dieses unaufhörlich bewegte, nie ruhende, nie verständliche Getriebe des Lebens *grauenhaft* wird, wie das Gewoge tanzender Gestalten in einem helle erleuchteten Ballsaal, in den Sie aus dunkler Nacht hineinblicken – aus so weiter *Entfernung,* daß Sie die *Musik* hierzu *nicht* mehr hören! *Sinnlos* wird Ihnen da das Leben, und ein grauenhafter Spuk, aus dem Sie vielleicht mit einem Schrei des Ekels auffahren! – Dies ist der 3. *Satz!* Was hierauf folgt, ist Ihnen ja klar! – – –

Also eigentlich knüpft meine 2. Symph[onie] direkt an die erste an!

Von nun an, wenn ich mit einem neuen Werke erscheine, bitte ich Sie um die Erlaubnis, es Ihnen noch vor der Aufführung vertraut zu machen. Das ist besser, als jedes Programm! Sie machen mir eine solche Freude durch Ihr Verstehen und „Mitgehen"! Wenn Sie erst noch wüßten, wie notwendig ich, fahrender Gesell, es habe, würden Sie sicherlich in Ihrer Teilnahme für mich und mein Schaffen nicht erlahmen. – Ich bitte Sie, behalten Sie mir Ihr freundwilliges Interesse, und halten Sie es nicht für Eitelkeit, daß ich das von Ihnen fordere. Vielen, vielen Dank! Senden Sie mir Ihren Aufsatz zu, sowie er erschienen.

Ihr wahrhaft ergebener
Gustav Mahler

Druckfehler:
Nicht „*wie* mein Schatz Hochzeit macht"
sondern „*wenn* mein Schatz Hochzeit macht"

* „Die redenden Künste", Leipzig, 3. Jahrgang, 1896/97, Heft 13, Aufsatz mit Analyse der I. Symphonie.

Quelle: Briefautograph. – *Nachschrift:* fehlt in GMB, 1924.

168 An Friedrich Gernsheim

[Ohne Datum. Frühjahr 1896?]

Verehrtester Freund!
Mit Ihrem Briefe haben Sie mir eine große Freude bereitet.

Ich sage Ihnen ganz offen: Ich nahm das letzte Mal von Berlin den Eindruck mit, daß Ihnen meine Kompositionen einen abstoßenden Eindruck gemacht, und zwar so, daß Ihr persönliches Verhältnis zu mir gelitten. – Nun, das hat sich durch Ihre Zeilen aufs schönste aufgeklärt, und ich bin sehr froh darüber, da ich meinerseits sowohl für Ihre Werke, als auch für Ihre Person mir ein dauerndes und warmes Interesse gewonnen und bewahrt habe. – Glauben Sie mir: daran würde die Tatsache gar nichts ändern, wenn Sie mir aufrichtig bekennen würden, daß Ihnen meine Art und mein Wesen als Komponist fremd und vielleicht auch unsympathisch geblieben ist. Ihre freundliche Bemerkung über meine Lieder gibt mir nunmehr sogar die Hoffnung, daß auch hierin noch eine Brücke sich auftun kann. Aber jedenfalls – wie dem auch sei: an meiner Sympathie und Freude an Ihren Geisteskindern wird in keinem Falle dadurch etwas geändert werden.

Meine Lieder werde ich kopieren lassen, und Ihnen einsenden. Herzlichst freue ich mich schon auf die Aufführung Ihrer IV. durch

Nikisch, zu welcher ich mich bestimmt in Berlin einfinden werde. Ich meinerseits werde die erste Gelegenheit, die sich mir darbietet, zur Propagierung Ihrer Werke ergreifen. – Daß Sie schlimme Erfahrungen gemacht haben, sagt mir ein Passus Ihres Briefes. Wenn Sie können, so trösten Sie sich ein wenig an meinem Schicksal. – Es kommen Momente der Entmutigung über mich, in denen ich alle Musik aufgeben möchte, und ein unbeachtetes und ruhiges Dasein in einem stillen Winkel der Erde als das höchste Glück ansehen würde. Besonders diese entsetzliche Tretmühle des Theaters preßt mir die Seele zusammen. Sollte es unmöglich sein, irgendwo an einem Konzertinstitute unterzukommen? Wissen Sie vielleicht Rat?

Anfang Juni komme ich durch Berlin durch, und werde mir die Freude machen, Sie auf ein Stündchen aufzustören. Woran denken Sie jetzt? Ich bin schon sehr gespannt, wie Ihre V. aussehen wird. Seien Sie wie auch Ihre liebe Frau von mir aufs herzlichste gegrüßt. Auch meine Schwestern empfehlen sich bestens.

Ihr aufrichtig ergebener
Gustav Mahler

Datierung: in GMB, 1924, „April 1897". Martner vermutet Januar 1897. Der zweite Absatz des Briefes jedoch bezieht sich offenbar auf Mahlers Berliner Kompositionskonzert vom 16. März 1896. Außerdem kündigt Mahler an, er werde Anfang Juni durch Berlin durchkommen, was 1896 zutraf (siehe auch Brief 174), 1897 aber nicht der Fall war. – *meine Lieder:* vermutlich die am 16. März 1896 uraufgeführten „Lieder eines fahrenden Gesellen". – *auf die Aufführung Ihrer IV.:* im Januar 1897.

169 An Max Marschalk

[Ohne Datum, Hamburg, 12. IV. 96]

Mein lieber Herr Marschalk!
Ihre Sendung kam gerade in einer Zeit, da mich „des Lebens Brandung" gerade sehr umtoste. Ich mußte die Antwort verschieben, obwohl mich das rein Menschliche in Ihrem Brief zu einer sofortigen Antwort aufforderte. – Sie sind also auch den Leidensweg gegangen, den auch ich so gut kenne. – In Ihrem Gesicht stak so etwas, daß ich es eigentlich auch ohne Ihre Bestätigung angenommen hätte.

Nun vor allem über Ihr Opus*, welches ich am liebsten mit Ihnen am Klavier durchsprechen möchte. Hier beschränke ich mich nur auf die wenigen allgemeinen Andeutungen, die Sie sich vielleicht schnell zurechtlegen werden. – Was mir vor allem darin aufgefallen, ist der

Zug, den Sie auch in Ihrem Briefe berühren: Sie gehen vorderhand noch sehr auf „Ton und Farbe“ aus! Es ist dies der Fehler aller begabten Anfänger, die *jetzt* schaffen. Ich könnte Ihnen aus meinem Entwicklungsgang Ähnliches vorweisen. – *Stimmungs*musik ist ein gefährlicher Boden. Glauben Sie mir: es bleibt vorderhand beim Alten: *Themen* – klar und *plastisch,* daß man sie in jeder Umgestaltung und Weiterentwicklung doch wieder deutlich erkennt – und dann eine *wechsel*volle und vor allem durch logische *Entwicklung* der inneren Idee – andernteils [durch] *echte Gegensätzlichkeit* der gegenübergestellten Motive fesselnde Ausführung. Bei Ihnen verschwimmt das alles noch. Ferner: Sie müssen den *Klavier*spieler loswerden! Das ist alles kein *Orchester*satz – sondern für Klavier gedacht – und dann ziemlich unfrei im *Geiste* dieses *Instrumentes* für Orchester übertragen. –

Auch *daran* habe ich gekrankt. – Wir sind ja alle jetzt vom Klavier ausgegangen, währenddem die alten Meister von *Geige* und *Gesang* herstammen. –

Natürlich drücke ich mich jetzt nur lapidar aus, und ließe sich nicht etwa *alles* aus Ihrer Oper unter dieses Maß bringen. –

Ich glaube entschieden, daß Sie Talent haben, und wäre sehr gespannt, ein weiteres Werk von Ihnen zu hören. – Übrigens noch eine Kleinigkeit: Sie führen *weite* Strecken oft in derselben *Rhythmisierung* und sogar Orchestrierung weiter. Das wirkt monoton: *Wechsel* und *Gegensätzlichkeit!* Das ist und bleibt das Geheimnis der *Wirkung!* Auf diese Weise bringen es sogar die Flachköpfe dahin, eine Zeitlang über den Mangel an Gehalt hinwegzutäuschen. –

Rein technisch hätte ich viel mit Ihnen zu sprechen: aber das geht nur an der Hand der Partitur und mündlich! Wenn ich durch Berlin durchkomme, suche ich Sie zu diesem Zwecke auf. – Manches ist hübsch erfunden:

z. B.

etc.

etc.

Begleitungsfiguren der Streicher wie

die sich monoton durch große Strecken Ihrer Partitur hinziehen, sind klaviermäßig. Wir sprechen einmal ausführlich darüber. – Und nun vor allem: Ist Ihnen die Aufführung an unserem Theater etwas wert? Dann will ich alles tun, was in meinen Kräften steht, um es dazu zu bringen. Natürlich *nächste Saison,* da wir Ende Mai schon schließen. –

Ich schreibe auch dies sehr eilig, und bitte Sie, vorderhand mit dem guten Willen vorlieb zu nehmen. Vielleicht suchen Sie mich mal in *Hamburg* auf? Und spielen mir Neues vor! Sie sind mir immer willkommen.

Herzlichst grüße ich Sie als

Ihr ergebener
Gustav Mahler

* Phanor und Phanette (In Flammen).

Quelle: Briefautograph. – *Datierung:* von fremder Hand, möglicherweise von Marschalk. – *Notenbeispiele:* die Wiedergabe folgt nicht dem Briefautograph, sondern GMB, 1924, wo Mahlers sehr flüchtige Notenzitate vermutlich von Marschalk selbst transkribiert und ergänzt aufscheinen.

170 An Adele Marcus

[Ohne Datum. April 1896?]

Liebste Freundin!
Ich werde jetzt schon so genügsam, daß ich zufrieden bin, zu wissen, ob Sie gut geschlafen haben. – – –

Meine Hand befindet sich jetzt schon so wohl, daß sie nicht mehr weiß, was die andere tut. – Ich lasse mir jetzt was Schönes „von den Blumen erzählen"*. Gott, sind die Menschen dumm, daß sie da durchaus nichts davon wissen wollen. Was das für Klänge sind, kann sich niemand vorstellen – kaum noch ich! So herrlich – lauter eingefangene Sonnenstrahlen! Es macht mich wieder so froh. Ich wünschte Ihnen nur, Sie könnten auch was davon haben.

Also, wie haben Sie geschlafen?

Herzlichst
Ihr
Gustav Mahler

* Anspielung auf den 2. Satz der III. Symphonie.

Datierung: in GMB, 1924, ohne Monat und Jahr. Da Natalie Bauer-Lechner in ihren „Erinnerungen an Gustav Mahler" (Leipzig–Wien–Zürich 1923), S. 33, von Mahlers

Arbeit an dem Satz „Was mir die Blumen erzählen" und von einer überanstrengten Hand im April 1896 berichtet, datiert Martner diesen Brief mit April 1896.

171 An Max Marschalk

[Ohne Datum. Hamburg, 21. IV. 96]

In Eile!

Mein lieber Herr Marschalk!

Nur wenige Blicke habe ich in „Lobetanz" getan! Aber *wie anders* wirkt dies Zeichen auf mich ein! Ich bin sehr gefangen und interessiert – dies ist *Eigen*art und man weiß, was Sie wollen! Unter Stimmungsmusik verstehe ich natürlich nur die schwächliche, auseinanderfließend kolorierende Manier, welche entweder der noch gärenden unfertigen Jugend oder aber der Impotenz eigen ist.

Auch ich habe die Periode durchgemacht, in der mir vor übergroßer Empfindung alles auseinanderfloß und ich mein Wesen nicht *zusammenhalten konnte.* Aber alle *Gestaltung* hängt wesentlich mit der Contenance zusammen, die der Künstler sich erringen muß. – Darüber also verstehen wir uns jetzt. – Nicht, daß „Ton und Farbe" in Ihren „Flammen" steckt, sondern, daß es meistenteils *nur* Ton und Farbe ist.

Ich will Ihnen sagen, was ich bedenke. – Ich bin jetzt im Wagnerzyklus und furchtbar überladen mit Arbeit. Gestern habe ich das *19.*mal hintereinander dirigiert. – Das ist in *Hamburg* so Sitte. Ich werde nun zuerst die Dichtung Bierbaums durchstudieren und dann wieder zu Ihrer Partitur zurückkehren. Indessen kommen die Ferien (Ende Mai). Da komme ich durch Berlin durch und suche Sie sofort auf. Da wollen wir eingehend mit einander verkehren. So lange gedulden Sie sich.

Ich bin herzlich froh, Ihnen hoffnungsvolle Worte schreiben zu können. Vorlügen hätte ich Ihnen nichts wollen, und die Sympathie, die ich für Sie persönlich gewann, hätte es mir doch schmerzlich gemacht, durch ein absprechendes Urteil vielleicht ein Verhältnis zu zerstören, das sich so verheißungsvoll angeknüpft hat. – Nun ist es ja gut!

Also schönsten Dank für Ihre Zusendung (und den *famosen* Artikel) und auf baldiges Wiedersehen

Ihr

Gustav Mahler

Die Kritik des H.[errn] Muck ist selbst für einen Kapellmeister zu borniert!

Quelle: Briefautograph. In GMB, 1924, fehlen die einleitenden Sätze über „Lobetanz", der Abschnitt über den Wagnerzyklus und Bierbaum sowie die Nachschrift. – *Datierung:* von fremder Hand, möglicherweise von Marschalk. – *„Lobetanz":* „ein Minnemärchen in 4 Bildern, Dichtung von Otto Julius Bierbaum, Musik von Max Marschalk". – *Die Kritik des H. Muck:* Carl Muck (1859–1940), Kapellmeister, 1886 Mahlers Nachfolger in Prag, seit 1892 an der Königlichen Oper in Berlin, hatte sich über Marschalk als Komponist offenbar abfällig geäußert.

172 An Max Marschalk

[Ohne Datum. Hamburg, 24. IV. 96]

Lieber Freund!
Wieder schnell eine Berichtigung! Daß ein absprechendes Urteil meinerseits über Ihre Leistung Ihre Meinung über mein Können nicht beeinträchtigen würde, setzte ich schon immer voraus! Und ich hätte diesbezüglich nicht gezögert – auf welche Gefahr immer – mich völlig aufrichtig Ihnen gegenüber auszusprechen. Aber glauben Sie es mir, dem Erfahreneren: auf die Dauer ist ein freundschaftliches Verhältnis zwischen 2 Menschen gefährdet, von denen der eine sich zum Werke des andern verneinend – also *unverstehend* verhalten muß.

Was heißt denn im Grund genommen: „es gefällt mir nicht" ander[e]s, als „ich verstehe es nicht"? Ebenso klar, als es mir ist, daß einem Muck (zu dem ich mich seit jeher instinktiv antipathisch verhielt, ohne ihn weiter zu kennen) Ihre Art nicht verständlich sein kann, so sicher spricht mich aus Ihren Worten und nunmehr aus Ihren Tönen ein verwandtes Menschentum an – und in weiterem Sinne, als Sie vielleicht jetzt noch ahnen können. Schon die Wahl Ihres Textes (Lobetanz, den ich mit wahrer Freude, die bis zur Verwunderung geht, als mir im innersten Wesen verwandt und *wohlbekannt* kennengelernt habe) ist mir bezeichnend. Ich glaube ordentlich einen Ton aus meinem jungen Leben wiederzuhören. Es muß für Sie mein „fahrender Gesell" diesbezüglich schon sehr belehrend gewesen sein. Finden Sie da nicht die Elemente des „Lobetanz" beisammen? Besonders „Ton u[nd] Farbe"? –

Was der Tropf über Ihre Instrumentation sagt, ist mir bei einem solchen Routinier völlig unbegreiflich! Seien Sie beruhigt: die Instrument[ation] ist *gut* und wird famos klingen! Ich habe sie nur oberflächlich angesehen und stehe Ihnen mit meinem Rotstift gerne zur Verfügung, insofern es nötig ist. Ich sende Ihnen übrigens unter Kreuzband einige Hefte Lieder von mir mit. Sie gehören in die Zeit vor meiner

D-Dur-Symphonie. Vielleicht lernen Sie manches Intimere aus meinem Wesen so am besten kennen.

In diesen Tagen fiel es mir ein, daß Sie vielleicht dazu berufen sind, ein *Märchen* zu schreiben. Vielleicht habe ich einen „Text" für Sie. Ich bringe Ihnen was [nach] Berlin mit.

Nun herzlichen Gruß von

Ihrem eiligen
Gustav Mahler

Quelle: Briefautograph. – *Datierung:* auf dem Briefautograph von fremder Hand, möglicherweise von Marschalk. – *daß einem Muck:* Name in GMB, 1924, ausgespart. – *bei einem solchen Routinier:* In GMB, 1924, statt Routinier „Pointeur", daneben noch andere Lesefehler. – *einige Hefte Lieder:* die 1892 gedruckten (14) „Lieder und Gesänge" für Singstimme und Klavier.

173+ An Max Marschalk

[Ohne Datum. Hamburg. Anfang Mai 1896]

Lieber Freund!
Hier sende ich Ihnen ein *Märchen.* In Ermanglung eines Bessern ist es Ihnen vielleicht möglich, diesem Kinde, das sich nach Vertonung sehnt, eine musikalische Stimmung abzugewinnen. Wie Sie erraten werden, stammt es aus meiner Feder und ist vor ungefähr 12 Jahren entstanden, zu einer Zeit, da ich noch an die Bühne dachte. – Durch allerlei Zufälligkeiten wurde ich an der musikalischen Ausführung verhindert und es ist mir beinahe aus meiner Erinnerung entschwunden.

Als ich Ihre Musik zu *Lobetanz* kennenlernt[e], kam es mir unwillkürlich in den Sinn, und ich stelle es Ihnen nun zur Verfügung, falls Sie ihm etwas Interesse abgewinnen können. Natürlich sollen Sie sich ja keinen Zwang auferlegen. Ich kann es kaum beurteilen, wie sich diese (wohl etwas naiven) Reime einem Unbefangenen präsentieren. Jedenfalls werden Sie daraus ersehen, daß ich zu Ihrem Talente Vertrauen gewonnen habe, und daraus selbst etwas Ermutigung schöpfen. Anfang Juni komme ich nach Berlin und suche Sie auf. Da müssen Sie mir manches von sich zeigen.

Herzlichst grüße ich Sie

Ihr ergebener
Gustav Mahler

Das *„1. Bild"* – im Königssaal ist natürlich als *Parodie* gedacht, – ob

Sie sich da gleich hineinfinden werden in diese Reim dich oder ich friß dich-Prosa, welche einen befremdlichen Eindruck machen muß für den, der den skurrilen Ton dafür nicht findet. – Darin kenne ich Sie noch nicht.

Quelle: Briefautograph. – *ein Märchen:* der von Mahler verfaßte Operntext „Rübezahl" (siehe Brief 10). – *vor ungefähr 12 Jahren entstanden:* Mahler irrte. Es waren 16 bis 17 Jahre; doch rechnete er vermutlich nur die Zeit, seit er sich zuletzt mit „Rübezahl" intensiv befaßt hatte.

174 An Max Marschalk

[Ohne Datum. Hamburg, Mai 96]

Lieber Herr Marschalk!
Machen Sie sich nur keine Gedanken über den armen R[übezahl]! Ich bin ihm schon ganz entwachsen. Es war nur so eine momentane Aufwallung von mir, ihn aus meinen Papieren für Sie herauszusuchen. Ich kann mir denken, daß auch Sie – der der Sache unbefangen gegenübersteht – dieser jugendlichen Phantasie kein Verhältnis mehr abgewinnen kann. – Mich leitete ja auch hauptsächlich nur der Wunsch, für Sie einen Stoff zu finden. – Jedenfalls wissen Sie jetzt, warum mich der Lobetanz so wahlverwandt angemutet hat. –

In den nächsten Tagen sende ich Ihnen Ihre Partituren. – Ich freue mich schon sehr auf ein Zusammensein mit Ihnen. Ich komme am 1. Juni nach Berlin. Wenn es Ihnen recht ist, so treffen wir uns am Abend in einer Kneipe. Vielleicht schlagen Sie auf einer Karte ein passendes Lokal vor.

Herzlichst
Ihr
Gustav Mahler

Quelle: Briefautograph.

175 An Anna von Mildenburg

Steinbach, Freitag [12? Juni 1896]

Mein liebes, teueres Annerl!

Gestern bekam ich noch Dein Telegramm, welches mich mit großer Freude erfüllte. Ich habe es ja gewußt, wie es ausfallen wird. Ich gehe den ganzen Tag herum, als ob ich meine Hände nicht bei mir hätte. Ich habe zu nichts Lust und ich wälze bei mir nur den Gedanken herum, wie ich es anstelle, um Dich bald wieder zu haben. Ich habe nicht Licht noch Luft. Hätte ich nur schon eine Zeile von Dir, was gäbe ich drum. – Denke Dir, ich habe die Entwürfe zu meinem Werk, die ich jetzt im Sommer ausarbeiten wollte, in Hamburg vergessen und bin ganz in Verzweiflung darüber. – Das ist ein so unglücklicher Zufall, daß es mich meine Ferien kosten kann. Kannst Du das verstehen, um was es sich dabei handelt? Es ist ungefähr so, als ob Du Deine Stimme irgendwo liegen gelassen hättest, und müßtest nun warten, bis sie Dir jemand wieder zusendet. Ich habe mich an *Behn* gewendet, er soll in meinem Schreibtisch nachsuchen.

Die letzten Tage in Wien waren so himmlisch für mich; wie glücklich werden wir einst sein, wenn wir uns für immer haben und nicht mehr trennen müssen.

Ich fühle, daß Du Dir jetzt Gedanken drüber machst, daß Du den letzten Nachmittag so zerstreut und nicht recht „bei der Sache" warst.

Liebes Herz, ich verstehe es ja so gut, daß Du mit Deinen Gedanken so geteilt warst, in Erwartung des nächsten Tags, der so wichtig und entscheidend für Dein (für mein) Leben war. Ich wär ja in einem ähnlichen Fall gerade so.

Hast Du mich noch lieb? Denkst Du mit Sehnsucht an mich? Justi und ich sprechen in Liebe von Dir. Sie ist sehr gewillt, Dich in Malborghet zu besuchen. Sie hat Dich sehr lieb und scheint zu wissen, wie die Dinge in uns stehen. O Gott, vielleicht wird noch alles gut! – Ich hab es vielleicht selbst noch nicht gewußt, wie ewig lieb Du mir bist und wie sehr ich in Deiner Liebe alles finde, was mich glücklich machen kann.

Wenn Du sie mir nur bewahren könntest, Anna, liebes, geliebtes Herz! Hoffentlich habe ich bald eine Zeile von Deinen süßen Hanterln[!], Du lieber Kerl. Ich küsse Dich und umarme Dich innigst, mein teueres, geliebtes Leben.

Dein Gustav

Grüße Deine liebe Mama und Geschwister.

Quelle: Briefautograph. In GMB, 1924, nur der Abschnitt über die vergessenen Entwürfe enthalten. – *Datierung:* In GMB, 1924, „24. Juni 1896“, ebenso bei Martner, ein Mittwoch. Es könnte sich um den 19. Juni, noch eher aber, wie auch La Grange annimmt, um Freitag, 12. Juni handeln. Mahlers Brief an Behn trägt den Poststempel 12. Juni. – *wie es ausfallen wird:* ein Probesingen der Mildenburg an der Wiener Hofoper.

176 An Anna von Mildenburg

[Steinbach] Samstag [20. Juni 1896]

Liebste, Einzige! Heute nur ein paar Zeilen, damit sie noch mit der *einzigen* Post weggehen, die die Briefe hier täglich befördert! Dies ist schon der 2. Brief nach Malborghet. – Ich habe mich über der Arbeit etwas versessen – die Skizzen sind schon eingetroffen, und ich muß sehen, was ich diesen Sommer zusammenbringe. *Es geht nicht vom* Fleck; ich bin so zerstreut. Diesen ganzen Tag ging ein Südwind; trotzdem er schlechtes Wetter bringt, war ich ihm doch nicht gram; ich bildete mir so gern ein, daß er mir ein Stück Deines Atems herübertrug; er hatte die Richtung aus Görz! Sei mir innigst gegrüßt, mein liebes Mädchen. – Daß Du an Deinen armen Papa so viel denkst, kann ich Dir nachfühlen. Auch ich habe ähnliche Empfindungen, so oft mir etwas Schönes oder Gutes geschieht. Es ist zu traurig, daß gerade diejenigen, die den größten Anteil an uns haben und nehmen, selten das an uns erleben, was sie wünschen. Sie gehen eine kleine Strecke des steinigen Weges mit uns und müssen uns dann verlassen; schon für beglückt müssen wir uns halten, wenn sie nur von ferne wenigstens einen Blick auf das schöne Ziel werfen können. Mein liebes Anni, gedenke auch der Lebenden, und vergiß nicht, daß auch da ein Tag einst kommen muß, wo nichts mehr gutzumachen ist; in solchen Momenten fühlt man [am] deutlichsten den Zusammenhang mit den *Seinigen.* Wär ich doch auch einst so glücklich zu *denen* zu *gehören,* die Du die *Deinigen* nennst.

In jedem Sinne gehöre ich jetzt schon Dir, so weit es in meiner Macht steht zu schenken, was *mein* ist. Mein liebes, süßes Annerl, erhelle Deine Augen und denk froh an mich her. Ich küsse Dich innigst, mein einziges, liebes Anni

Dein Gustav

2. Brief nach Malborghet
Grüße vielmals Deine liebe Mama.

Bitte *datiere* Deine Briefe, damit man weiß, wie lange einer geht.

Quelle: Briefautograph. In GMB, 1924, ist nur der Abschnitt über das Verhältnis der Kinder zu den Eltern enthalten. – *Datierung:* In GMB, 1924, „25. Juni 1896", ebenso bei Martner, ein Donnerstag. Da die Skizzen lt. La Grange am 19. Juni in Steinbach einlangten, muß es sich um Samstag, 20. Juni, handeln. – *nach Malborghet:* in Görz gelegener Sitz der Familie von Von Bellschan-Mildenburg.

177 An Anna von Mildenburg

[Steinbach] 26. Juni [1]896

Meine geliebte Anna!
Hoffentlich bist Du schon im Besitze wenigstens eines Briefes von denen, die ich an Dich gesandt. Ich glaube, daß ich mit Ausnahme von 2 Tagen *jeden* Tag an Dich geschrieben, seitdem ich mich von Dir in Wien getrennt habe. –

Heute ist von Dir kein Brief eingetroffen. Hoffentlich hat dies keinen schlechten Grund!? Dennoch macht es mich ein wenig traurig! Ja, so ist es, wenn man „jemanden" (das e kurz gesprochen) verwöhnt! Das Wetter ist trostlos! Draußen regnet es ohne Unterlaß, und drinnen frieren wir! D. h. *ich* tue mir nicht leid, bis auf das, daß ich meinen lieben Schatz so lange nicht sehen werde. –

Ich arbeite, lese, gehe spazieren, wie es die Stimmung mit sich bringt! Aber die armen Spatzen, Justi u. Emma, die haben es doch zu schlecht, und ich fühle mich ordentlich als Rabenbruder, daß ich die schon seit 4 Jahren in diese Einöde herschleppe, bloß weil ich den Sport habe, Symphonien und anderes zu komponieren! Die Natalie ist auch hier und so wenigstens für die Armen ein Leidensgenosse, der mitfriert und sich mitlangweilt. Ich hoffe sehr, daß Ihr unten besser daran seid als wir Salzkammergütler. Denn sonst wäre ich wirklich in Sorgen um Dich, mein Annakind! *Bade* täglich, aber übertreibe es nicht! In den nächsten Tagen mache ich einen kleinen Ausflug nach Ischl, wo ich seit Jahren immer Brahms treffe. Hier kann ich wirklich mit Faust sagen: „Von Zeit zu Zeit seh' ich den Alten gern!" Es ist ein knorriger und stämmiger Baum, aber reife, süße Früchte, und eine Freude, den mächtigen, reichbelaubten Stamm anzusehen. – „Wir" passen allerdings nicht sehr zusammen, und die „Freundschaft" wird nur aufrecht erhalten, weil ich dem alten großen Meister als junger, werdender gerne die schuldige Rücksicht und Nachsicht zolle und „mich" nur von der Seite zeige, von der ich glaube, daß sie ihm angenehm ist. – Schon beinahe 1 Monat ist um; – sonst wäre ich ganz wehmütig darüber gewesen. Aber heuer habe ich ein gutes *Pflaster* für solche Wunden: Je mehr die Ferien zu Ende gehen, desto näher rückt die Stunde, da ich in Deine Arme eilen werde, meine liebe, liebe Anni! Freust Du Dich auch schon?

Ich bitte Dich, schreibe mir immer ganz ausdrücklich, wie Du Dich fühlst; nach jeder Richtung! Ich bin wieder ganz munter und brauche nur noch Sonnenschein!

Sei mir innigst gegrüßt und geküßt, meine liebste, beste Anna!

In herzlichster Treue Dein Gustav

Geh, Annerl, warum schreibst Du nicht der Justi ein paar Zeilen?

Quelle: Briefautograph. In GMB, 1924, nur der Abschnitt über Brahms enthalten.

178 An Béla Dióssy

Steinbach am Attersee, 26. 6. 96

Verehrtester Freund!

Verzeihen Sie, daß ich Ihre liebenswürdigen Zeilen erst so spät erwidere. Der Hauptgrund davon ist, daß ich jetzt über Hals und Kopf in der Arbeit stecke, die mich rein jedes anderen Gedankens unfähig macht. – Daneben befinde ich mich Ihnen gegenüber auch in einer etwas ungeschickten Situation. Was soll und kann ich Ihnen auf Ihre so wohlgemeinten Ausführungen antworten? Daß ich gerne einem Rufe nach Budapest Folge leisten werde, wenn ein solcher an mich ergeht, habe ich Ihnen ja schon geschrieben. – Es kommt eben ganz darauf an, unter welchen Bedingungen und von welcher Seite eine solche Berufung erfolgt. – Aber mich in eine Intrigue einlassen, oder auch nur die Ursache einer solchen zu sein, steht mir ferne!

Ich gehe für den heurigen Winter nach Hamburg zurück. Erfolgt ein Ruf an mich, solange ich noch frei bin, so soll es mich aufrichtig freuen, wenn ich demselben Folge leisten kann. Natürlich muß derselbe von autoritativer Seite ausgehen. – Ich glaube selbst, daß man die Entwicklung der Dinge ruhig abwarten muß. Es ist ja hinreichend, wenn die Pester wissen, daß ich eventuell „zu haben“ bin. Das andere ist eben ihre Sache und nicht die meine! Ihnen, lieber Freund, bin ich von Herzen dankbar für die freundliche Erinnerung, die Sie mir bewahrt haben, und für den wahrhaft rührenden Eifer, den Sie an den

Tag legen. Ich wünsche sehr in die Lage zu kommen, auch meine freundschaftlichen Gesinnungen für Sie an den Tag legen zu können. Wenn Sie von einer neuen „Phase" der Dinge zu erzählen wissen, so werden Sie immer einen sehr gespannten Leser oder Zuhörer haben an

Ihrem aufrichtig ergebenen
Gustav Mahler

Wissen Sie nicht, wo Kößler* ist?

* Hans Kößler, [1853–1926] Komponist, Professor am Konservatorium in Budapest.

179 An Anna von Mildenburg

[Steinbach] *Samstag* [27. Juni 1896]

Mein liebstes Annerl!
Heute habe ich wieder keinen Brief von Dir bekommen. – Ich registriere so gewissenhaft, um bei etwaigem Verlust eines Briefes gleich zu konstatieren. Ich weiß ja, daß Du deshalb nicht weniger an mich gedacht hast, wenn Du auch nicht zum Schreiben gekommen bist. – Mir geht es heute entschieden besser! Gearbeitet habe ich auch schon fleißig! Herrgott, werde ich aufatmen, wenn ich dieses Werk auch wieder glücklich beendet haben werde. – Wie der Bauer, wenn er sein Korn in die Scheune gebracht hat. – Ungefähr 3 Wochen brauche ich wohl noch! Aber dann heißt es Juchhe! Ausruhen! Wenn auch noch der liebe Sonnenschein seinen Segen dazu gibt – denn jetzt benimmt er sich scheußlich! Nicht eine halbe Stunde vergeht bei uns ohne tüchtigen Regenschauer! Es ist so verzweifelt, daß man wirklich berechtigt ist, in einem fort vom Wetter zu sprechen.

Warum frägst Du, ob ich manchmal während der Arbeit an Dich denke? Weil ich sonst keine Zeit dazu hätte, drückst Du Dich aus! Aber, Lieb, sag mir! Was hast Du denn? Du kannst es mir trotz Deines Bemühens nicht verbergen, daß Du gegen mich was auf dem Herzen hast. – Daß Du es also weißt: Ich arbeite *nur* Vormittags, ungefähr von 8–12, manchmal 1 Uhr. Dann essen, und Nachmittag streife ich herum, besonders wenn das Wetter danach ist. – Während des Arbeitens denk ich nur höchst selten an irgend etwas, außer an meine Noten! Aber während meiner Spaziergänge, während der Mahlzeiten, wenn ich was Hübsches sehe oder lese, oder lebe, denk ich immer an Dich, mein liebes Annerl! Was frägst Du nur solche Dinge? Was hast Du? Geh, sag mir es! Oder hast Du mich nicht mehr so lieb? Hand aufs Herz!

Ja, ich wollte auch, Du häst [hättest] wenigstens etwas von mir schon gehört. – Die 3. Symphonie wird zunächst für alle, die meine früheren Werke nicht kennen, eine harte Nuß sein! Aber etwas daraus kennst Du ja schon! Erinnerst Du dich nicht, damals in der Bismarckstraße, als ich im Klavierzimmer dem Schlesinger ein Stück vorspielte, und die Markus sich zuerst den Eintritt erzwang, und als ich sah, daß es Dich verdroß, holte ich Dich selbst herein, und Du setztest Dich neben mich und zogst zuerst ein kleines Schnoferl! Erinnerst Du Dich noch? Das war Nro 4: „Was mir die Blumen auf der Wiese erzählen"! Sei mir vielmals geküßt, mein liebes Anni

von Deinem Gustav

Quelle: Briefautograph. In GMB, 1924, nur von: „Gearbeitet habe ich auch schon fleißig!" bis zum Ende des Absatzes enthalten. – *Datierung:* In GMB, 1924, „10. Juli 1896", ebenso bei Martner, ein Freitag. Da Mahler der Mildenburg in einem unpublizierten Brief vom 11. Juli mitteilte, daß seine Arbeit beendet sei, handelt es sich bei obigem Brief wohl um einen Samstag im Juni, vermutlich um den 27., denn Mahler bemerkt in Brief 180, er sei zwei Tage ohne Post. – *die Markus:* Adele Marcus (siehe Verzeichnis der Adressaten). – *Das war Nro 4:* Ein Irrtum Mahlers. Zur Reihenfolge der Sätze in der Dritten Symphonie siehe auch Brief 180, Anmerkung.

180 An Anna von Mildenburg

[Steinbach] Sonntag [28.? Juni 1896]

Liebste Anna!

Heute bin ich es wieder, der besorgt ist: Seit 2 Tagen ohne Brief! Solltest Du mir Gleiches mit Gleichem belohnen wollen? Oder bist Du krank? Bitte, schreibe gewiß gleich! Ich weiß, Du nimmst meine Briefe ungnädig – Du merkst, daß sie oft von einem zerstreuten Menschen herrühren – wie Du es oft gemerkt hast, wenn ich bei Dir war, daß meine Gedanken in der Ferne schweiften. Aber ich habe es Dir doch geschrieben, daß ich an meinem großen Werke arbeite. Begreifst Du nicht, wie das den *ganzen Menschen* erfordert, und wie man da oft so tief drin steckt, daß man für die Außenwelt wie abgestorben ist. – Erinnere Dich nur, daß Dich ein so geringfügiges Vorhaben wie ein Probesingen in der Oper schon so abzog, daß Du in der Stunde des Abschieds zerstreut warst, und ich hätte mich auch darüber kränken können, wenn ich es aus mir heraus nicht so gut verstehen könnte. – Nun aber denke Dir so ein *großes* Werk, in welchem sich in der Tat die *ganze*

Welt spiegelt – man ist, sozusagen, selbst nur ein Instrument, auf dem das Universum spielt. – Ich habe es Dir doch schon oft erklärt – und Du mußt es akzeptieren, wenn Du wirklich Verständnis für mich hast.– Sieh, das mußten alle lernen, die mit mir leben sollen. – In solchen Momenten gehöre ich nicht mehr mir – und Dir! Ich kann nicht anders – und sage mir, ob Du mich darin verstehen und billigen kannst. – Und diesmal kommen ohnehin so viele äußere Störungen dazu, wie physisches Übelbefinden und materielle Sorgen – da kostet es mich eine so unerhörte Anstrengung, alles in mir in künstlerischen Fluß zu bringen, und mich ganz in die Atmosphäre des Kunstwerks zu versetzen, das ich vollenden will, daß ich oft schon verzweifelt habe. – Eben aber fängt der Guß an, vorwärts zu gehen – ich bitte Dich, mein *liebes* Mädchen – unterstütze mich darin, und gib mir und erhalte mir meine Seelenruhe. Wenn ich es fertig habe, dann – dann wirst [Du] sehen, sollst Du wieder Deine Freude an mir haben, und ich an Dir. – Verstehst Du mich? Auch für alle Zukunft? Eben bin ich daran, fertig zu stellen:

I. Was mir das Felsgebirge erzählt;
II. *Der Sommer marschiert ein!*

Merk Dir das – die Welt wird sich es auch noch merken müssen. Dies sind die beiden ersten Sätze meines Werks. Hierauf folgen:

III. Was mir die Blumen auf der Wiese erzählen
III. Was mir die Tiere im Walde erzählen
IV. Was mir der Mensch erzählt } ist schon fertig!
V. Was mir die Engel erzählen
VI. Was mir die Liebe erzählt!

Das ganze heißt wahrscheinlich:
„*Die fröhliche Wissenschaft*
Ein Sommermittagstraum."

Quelle: Briefautograph. In GMB, 1924, Brief Nr. 153, sind aus diesem Brief bloß fünf Sätze wiedergegeben, an die sich Abschnitte aus anderen Briefen Mahlers an die Mildenburg vom Sommer 1896 schließen: „Es sind furchtbare Geburtswehen, die der Schöpfer eines solchen Werkes erleidet, und bevor sich alles in seinem Kopfe ordnet, aufbaut und ausbraust, muß viel Zerstreutheit, Insichversunkensein, für die Außenwelt Abgestorbensein vorhergehen." (Brieffragment ohne Datum)
„Meine Symphonie wird etwas sein, was *die Welt noch nicht gehört hat!* Die ganze Natur bekommt darin eine Stimme und erzählt so tief Geheimes, was man vielleicht im Traume ahnt! Ich sag Dir, mir ist manchmal selbst unheimlich zu Mute bei manchen Stellen, und es kommt mir vor, als ob ich das gar nicht gemacht hätte. – Wenn ich nur alles so fertig bekomme, wie ich mir vornehme." (Brief aus Steinbach, mit „Montag"

[29.? Juni] datiert.) – *Datierung:* In GMB, 1924, „18. Juli 1896", ebenso bei Martner, ein Samstag. Mahlers Brief vom 1. Juli (Brief 181), der offenbar eine Frage der Mildenburg nach „Was mir die Liebe erzählt" aufgreift, legt Sonntag, 28. Juni 1896, nahe. – *III. Was mir die Blumen . . . :* dies ist der 2. Satz von Mahlers Dritter Symphonie. Da Mahler den 1. Satz hier zweiteilig konzipiert (Felsgebirge – Sommer), gerät seine bereits vorhandene Numerierung so in Unordnung, daß er zwei 3. Sätze angibt. – *Schluß des Briefes:* ging entweder verloren oder Mahler sandte das Schreiben „zerstreut" ohne Gruß und Unterschrift ab.

181 An Anna von Mildenburg

[Steinbach] Mittwoch, 1. Juli 1896

Gute Nacht, liebste Anna! Ich bin eben nach Hause gekommen und möchte Dir noch einen Gruß schicken. – Wir waren alle in *Unterach* bei Brüll aus Wien – vielleicht kennst Du ihn auch, es ist der bekannte Komponist und Klavierspieler. Wir waren zu Tisch dort, und nachher haben er und ich auf 2 Klavieren meine II. Symphonie gespielt, die auf alle Zuhörer – es war eine Menge geladen – augenscheinlich einen tiefen Eindruck gemacht hat. Seine Schwester hat mit einer zwar schwachen, aber ausdrucksvollen Stimme das Alt-Solo sehr verständnisvoll gesungen. – Beim Nachhausefahren traf ich auf der Landungsbrücke – wen meinst Du wohl? – Carl Wagner, der eben von einer Gastspieltournée in Unterach, seinem gewöhnlichen Sommersejour, angekommen ist. – Er sah in seinem Gebirgskostüm wirklich prachtvoll aus, und ich kann es wirklich ganz gut begreifen, daß ihm die Frauenzimmer nachlaufen. – Ich habe, unter uns gesagt, den Verdacht, daß auch Justi zu seinen „Verehrerinnen" gehört, oder wenigstens gehört hat. – Beinahe hätte ich ihn gefragt, ob ich Dich nicht grüßen solle, da ich Dir noch vor dem Schlafengehen zu schreiben gedenke. – Warum fragst Du mich denn, ob Du mir täglich schreiben sollst und ob mich das nicht zerstreut? – Anni, mir kommt es noch immer vor, als [ob] Du ein bissel böse wärst – so was ich nenne: „den Bock haben"? Ist es nicht so? Glaubst Du wirklich, daß ich nicht *täglich* wissen möchte, wie es Dir geht, und was Du tust? Und daß ich sehr beunruhigt wär – und daher *sehr zerstreut,* wenn die Nachrichten auch nur einen Tag ausblieben? – *Warum* bist Du denn wieder übersiedelt? Vielleicht wegen Deines Schwagers?

„Was mir die Liebe erzählt" möchtest Du wissen? Liebes Annerl, die Liebe erzählt mir sehr schöne Dinge! Und wenn sie mir jetzt erzählt, so erzählt sie mir immer von Dir! – Aber in der Symphonie, liebes Anni, handelt es sich doch um eine andere Liebe, als Du vermutest. Das Motto zu diesem Satz (Nro. 7) lautet:

„Vater, sieh an die Wunden mein!
Kein Wesen laß verloren sein!"

Verstehst Du also, liebes Herz, um was es sich da handelt? – Es soll damit die Spitze und die höchste Stufe bezeichnet werden, von der aus die Welt gesehen werden kann. Ungefähr könnte ich den Satz auch nennen „Was mir Gott erzählt!" Und zwar eben in dem Sinne, als ja Gott nur als „die Liebe" gefaßt werden kann.

Und so bildet mein Werk ein[e] alle Stufen der Entwicklung in schrittweiser Steigerung umfassende musikalische Dichtung. – Es beginnt bei der leblosen Natur und steigert sich bis zur Liebe Gottes! Die Menschen werden einige Zeit an den Nüssen zu knacken haben, die ich ihnen da vom Baume schüttle. Gute Nacht, Lieb! Du hast mir aber schon lange keinen Kuß gegeben!? Es ist Dir vielleicht auch gar nicht recht, daß ich Dir einen gebe? – Justament gib ich Dir aber doch einen langen und festen! So! Du Fratz! Jetzt hast Du's!

Dein Gustav

Quelle: Briefautograph: In GMB, 1924, ist nur der Abschnitt über den letzten Satz der Dritten Symphonie enthalten. – *in Unterach bei Brüll:* Ignaz B. (1846–1907), österreichischer Komponist, bewohnte im Sommer mit seiner Familie den Berghof bei Unterach am Attersee. – *Seine Schwester:* Hermine Schwarz, die ein Buch „Ignaz Brüll und sein Freundeskreis" (Wien 1922) verfaßte; darin heißt es: „An einem Vormittag brachte Mahler seine zweite Symphonie, für zwei Klaviere arrangiert [von Hermann Behn], um sie mit Ignaz zu spielen. Ignaz spielte sie mit Mahler prima vista, so, als ob er die Symphonie schon gekannt hätte; ich sang das Urlicht." (S. 103) – *Carl Wagner:* (1865–1928), aus Wien stammender Schauspieler am Stadttheater Hamburg. – *Das Motto zu diesem Satz (Nro 7):* in Brief 180 als 6. Satz bezeichnet, jedoch durch einen Numerierungsfehler. In der endgültigen Fassung der Dritten Symphonie ist es wirklich der 6. Satz.

182 An Bruno Walter

[Steinbach am Attersee,] 2. Juli 1896

Lieber Schlesinger! Nur in kurzem will ich Ihre Grüße erwidern und Sie einladen, ungefähr am 16. Juli bei uns schon einzutreffen, wenn Sie nicht aus mir unbekannten Gründen eine andere Einteilung Ihrer Ferien vorgenommen haben. – Daß ich nicht faul war, dürften Ihnen meine Schwestern schon geschrieben haben, und ich hoffe, daß ich in wenigen Wochen die ganze III. zu einem fröhlichen Ende gebracht haben werde. – Ich bin schon an der Partitur, nachdem die erste Skizzierung schon ziemlich übersichtlich ausgefallen ist. – Ich glaube, die Herren Rezensenten engagierter und nicht engagierter Art werden wieder einige Anwandlungen von Drehkrankheit bekommen, dagegen werden Freunde eines gesunden Spaßes die Spaziergänge, die ich ihnen da bereite, sehr amüsant finden. Das Ganze ist leider wieder von dem schon so übel beleum[un]deten Geiste meines Humors angekränkelt, und finden sich auch oft Gelegenheiten, meiner Neigung zu wüstem Lärm nachzugehen. Manchmal spielen die Musikanten auch, ohne einer auf den andern die geringste Rücksicht zu nehmen und zeigt sich da meine ganze wüste und brutale Natur in ihrer nackten Gestalt. Daß es bei mir nicht ohne Trivialitäten abgehen kann, ist zur Genüge bekannt. Diesmal übersteigt es allerdings alle erlaubten Grenzen. Man glaubt manchmal, sich in einer Schänke oder in einem Stall zu befinden.

Also kommen Sie nur bald und wappnen Sie sich rechtzeitig! Sie werden Ihren vielleicht in Berlin etwas gereinigten Geschmack sich wieder gewaltig verderben. Schönste Grüße, mein lieber Schlesinger, an Sie und Ihre Familie und Auf baldiges Wiedersehen!

Ihr alter
Gustav Mahler

Die Titel der ersten beiden Sätze, die allerdings eng verbunden sind, lauten
1. Pan erwacht
attacca 2. der Sommer marschiert ein!

Quelle: Briefautograph. – *Nachschrift:* fehlt in GMB, 1924.

183 An Anna von Mildenburg

[Steinbach] 6. Juli 1896.
(Gestern habe ich nicht geschrieben!)

Mein liebes Annerl! Wir waren in *Unterach* und nicht in *Ischl!* Nach Ischl gehe ich erst, wenn ich mit meiner Arbeit fertig bin. Sonst hätte ich keine Ruhe. Denk Dir, morgen ist der Carl Wagner bei uns zu Tisch; ich hab ihn eingeladen, damit meine Spatzen (Justi und Emma) eine Unterhaltung haben. Die langweilen sich nämlich zu Tode, währenddem ich da unten im Häuschen Noten fabriziere.

An die Papier werde ich natürlich schreiben. Wie kannst Du nur denken, daß das „zu viel verlangt ist“!? Glaubst Du wirklich, daß ich für Dich eine Mühe, und wäre sie noch so groß, scheuen könnte? – Daß Dich Pollini im *September* beurlaubt, daran ist gar nichts zu zweifeln bei einiger Kenntnis seiner Gebarung.

Von der Klafsky höre ich übrigens, daß sie in Hamburg schon mit ihrem Lo[h]se munter herumvagiert. Offenbar mustert sie das Feld und macht Stimmung. – Ich bin wirklich neugierig, wie sich die Dinge entwickeln. Vermutungen kann man sicher keine anstellen. Ich habe bisher immer noch erlebt, daß alles *ganz anders* kommt, als man sich es vorstellt. Laß Dir daher Deine schönen lieben Haare nicht grau werden. Gott, könnte ich Dich schon wieder darauf küssen! – Mir ist schon so bange nach Dir, meine liebe Anna, hätte ich nicht meine Arbeit, „Deine Rivalin“, wie Du es nennst, dann würde ich es wahrscheinlich vor Sehnsucht nicht mehr aushalten. – Dafür sollt Ihr aber etwas *Schönes* bekommen. Der Sommer marschiert ein; da klingt es und singt es, wie Du Dir es nicht vorstellen kannst! Von allen Seiten sprießt es auf. Und dazwischen wieder so unendlich geheimnisvoll und schmerzvoll – wie die *leblose* Natur, die in dumpfer Regungslosigkeit dem kommenden Leben entgegenharrt. – Es läßt sich das nicht in Worten ausdrücken! Deine Schrift, mein liebes Annerl, ist jetzt so hübsch geworden! (Heute habe ich sie zwar nicht gesehen; hoffentlich ist nicht was Schlimmes daran schuld?) Empfiehl mich vielmals Deiner lieben Mama und Schwester. Leider, leider werden sie mich vergebens erwarten. Sei vielmals, vielmals geküßt und umarmt von Deinem Dich innig liebenden

Gustav

Quelle: Briefautograph. In GMB, 1924, nur fünf Sätze aus dem letzten Absatz. – *An die Papier:* Rosa P. (siehe Verzeichnis der Adressaten). – *Von der Klafsky:* Katharina K. (1855–1896), dramatischer Sopran, hatte gemeinsam mit ihrem Gatten Otto Lohse (siehe Brief 147) unter Kontraktbruch das Hamburger Stadttheater verlassen. Die meisten ihrer Partien hatte Anna von Mildenburg übernommen.

184 An Anna von Mildenburg

Steinbach, 9. Juli 96

Meine liebste Anna!
Mit Deinem letzten Schreiben habe ich mich sehr gefreut! Geh nur fleißig spazieren, wenn es Dir gut tut! Ich werde also von nun an nicht mehr besorgt sein, wenn kein Brief von Dir ankommt, und mich nur

darüber freuen. Auch daß Du badest, ist mir so erfreulich. Bitte Dich, vergiß nicht mir darüber zu berichten, wie es Dir anschlägt. – Als Dein Brief ankam, hatte ich einen seltsamen Spaß. Ich sah, wie gewöhnlich auf den Poststempel und bemerkte diesmal statt, wie sonst, Malborghet nur P. A. N. (dahinter stand noch 30, was ich aber nicht sah.[)] – Nun suche ich schon seit Wochen nach einem Gesamttitel für mein Werk und bin endlich auf: *„Pan“* verfallen, welcher wie Du ja wissen wirst eine altgriechische Gottheit, die später zum Inbegriff des „Alls“ geworden (Pan – griechisch alles). Nun kannst Du dir denken, welche Überraschung mir diese 3 zunächst unverständlichen Buchstaben bereitet, die ich nachträglich endlich als Post Amt Numero 30 entziffert. – Ist das nicht eigen? Ich schreibe diese Zeilen vor dem Schlafengehen, wie immer. Bin sehr müde von dem vielen Herumkraxeln auf den Bergen und Herumradeln heute. Nun nur schnell ein festes Bussl (weißt Du, was das ist?) und noch eins dazu – so und jetzt noch einige (es ist zu schwer aufzuhören) und tausend Grüße von

Deinem Gustav

Quelle: Briefautograph. In GMB, 1924, nur der Abschnitt über den Poststempel enthalten. – *Gesamttitel für mein Werk:* Mahlers Dritte Symphonie erschien schließlich ohne Titel.

185 An Anna von Mildenburg

Steinbach, 21. Juli 96

Liebste Anna!
Du hast Dich über mein langes Stillschweigen gekränkt – (6 Tage können es ja nicht gewesen sein, ich war doch nicht so lange aus?) –, und weißt doch, wie schwer man auf einer Tour dazukommt, zu schreiben. Man ist doch immer unterwegs und kommt man zur Ruhe, dann ist man vor Hitze und Müdigkeit indisponiert zum Schreiben. – Warum bist Du denn nur so schlecht gelaunt, meine liebe Anna? Ich habe das Gefühl, daß Du vielleicht einen Kummer hast, den Du mir nicht anvertrauen kannst oder magst? Aus Deinen Briefen klingt immer so etwas heraus. – Wegen Deiner Krankheit mußt Du unbedingt etwas tun. Ich glaube immer, daß Dein Hamburger Arzt das Richtige tut in dieser Sache. – Deshalb wäre es gar nicht so schlecht, schon früher nach Hamburg abzugehen, um noch vor Beginn der Saison sich kurieren zu lassen. –

Salzburg soll so nahe von Villach sein? Da muß ich doch einmal nachsehen. Ich kann es mir nicht denken, denn dann wäre es ja auch nahe von *Steinbach.* Salzburg ist nicht weit vom Attersee. (Allerdings nur auf dem langwierigen Seeweg zu erreichen.) Das wäre doch sonderbar! Emma bleibt währenddem ich mit Justi in Bayreuth sind [!], mit Natalie in Steinbach. – Vor Hamburg graut es mir diesmal ordentlich! Wie die Verhältnisse sich dort entwickeln werden, kann vielleicht Pollini selbst nicht einmal ahnen. Aber heiß wird es schon zugehen bei diesen vielen widerstrebenden Interessen, die da aufeinander platzen werden. Ob es Pollini gelingen wird, mich hinauszugraulen? Was ich dann täte, wüßte ich vorderhand wirklich nicht, da *nirgends* eine Stellung frei ist, die ich annehmen könnte. Ich werde schon sehr die Zähne zusammenbeißen müssen, und mein Annerl wird mir dabei ein bissel helfen. Denn ich weiß schon – *da* wird man den Punkt herausfinden, wo ich sterblich bin. Daher im Anfang *Vorsicht* und *Klugheit* von uns beiden!

Meine Arbeit zieht sich noch immer hin! Wie werde ich aufatmen, wenn ich Dir werde schreiben können: Ich bin fertig! – Und doch ist es eigentümlich, von einer solchen Arbeit Abschied zu nehmen, die einem 2 Jahre hindurch der Inbegriff des Lebens war! Kannst Du das verstehen, mein liebes Annerl? Mir kommt es immer so vor, wenn ich so etwas ausspreche, daß Dich das eigentlich kränkt? Ist es so? –

Nicht sich kränken und gescheit sein! Du weißt doch selbst, was *die Kunst* im Leben bedeutet – und Du kennst nur das *Reproduzieren!* Jetzt denke Dir erst die *Produktion!*

Sei herzlichst geküßt und umarmt von Deinem sich sehr sehnenden

Gustav

Mich kränkt es so, daß Du traurig bist, und *beunruhigt* mich auch sehr!

Quelle: Briefautograph. In GMB, 1924, nur ein Abschnitt über Hamburg und über die Arbeit an der Dritten Symphonie enthalten. – *auf einer Tour:* mehrtägiger Ausflug von Steinbach aus, bei dem Mahler auch Brahms in Ischl aufsuchte. – *mit Justi in Bayreuth:* Mahler und seine Schwester hielten sich etwa eine Woche in Bayreuth auf und kehrten am 14. August nach Steinbach zurück. – *Meine Arbeit:* an der Partitur zum 1. Satz der Dritten Symphonie. Der Kompositionsentwurf war vor der Tour abgeschlossen worden.

186 An Friedrich Gernsheim

[Ohne Datum, Sommer 1896]

Verehrtester Freund!
Als ich Ihnen Ihre Symphonie* zusandte, glaubte ich einige Stunden nachher bei Ihnen zu sein. Ich berührte auch Berlin auf meiner Durchreise, wurde aber unvorhergesehen telegraphisch abberufen.

Ende August komme ich wieder durch Berlin durch, und freue mich sehr, dann das Versäumte nachholen zu können.

Bis dahin die freundlichsten Grüße von Ihrem

Gustav Mahler

* Nr. 4 oder auch wohl Nr. 3; vgl. Brief vom 30. Dezember 1895 [Brief 160].

Datierung: In GMB, 1924, nur „1896". Die Erwähnung der Durchreise durch Berlin (Anfang Juni und lt. Brief Ende August) verweist den Brief in die Sommermonate.

187 An Max Marschalk

[Ohne Datum. 1896?]

Mein lieber Herr Marschalk!
Neulich empfing ich eine Nummer der „Welt"* und fand darin Ihren famosen Wochenbericht. (Sie haben mir namentlich über das „Wagnerianertum" aus der Seele geredet.) Aber, wie schade – Ihren Aufsatz über meine Wenigkeit fand ich nicht! Lieber Freund! Meine Gegner sind Legion – und haben alle das Maul voll! – Meine Freunde schweigen sich aus! wie soll es mir, armen Teufel (sagen wir Mahler-Teufel, wie ein geistreicher Rezensent gemeint), da ergehen? Soll denn das in alle Zukunft so bleiben? Ich bitte Sie, mein lieber Freund, reden Sie nun! Ihre Zustimmung ist mir weit über das bißchen Vorteil hinaus wert, das mir ein „lobender Bericht" bringen kann – aber dennoch ist es ja notwendig, daß auch die *Zustimmenden* ihre Meinung sagen. Ich bitte, lassen Sie es diesmal nicht dabei bewenden!

Ich bin jetzt stark in der „Dritten"!

Mit den herzlichsten Grüßen und der Bitte, mein Drängen dem Bedrängten zu verzeihen

Ihr herzlich ergebener
Gustav Mahler

Auch Bie schweigt sich aus?

* Die Welt am Montag.

Quelle: Briefautograph. – *Datierung:* Auch in GMB, 1924, mit „1896?“ datiert. Mahlers Satz: „Ich bin jetzt stark in der Dritten!“ verweist auf die Ferienmonate 1896 in Steinbach am Attersee.

188 An Max Marschalk

Steinbach am Attersee, 6. Aug. 1896

Lieber Freund!
Durchaus wären Sie im Unrecht, hätten Sie mich so verstanden, als ob ich mich nicht berechtigt fühlen würde, Ihre Werke zur Aufführung an unserem Theater zu empfehlen. Ganz im Gegenteil werde ich, da ich nunmehr ersehe, daß es auch Ihren Intentionen entspricht, alles tun, um entweder *Flammen* oder das Märchenspiel an unserer Bühne durchzusetzen. – Ich kann Ihnen nur nicht verhehlen, daß mein Einfluß derzeit nicht allzu hoch zu taxieren ist, da ich mich derzeit mit Pollini auf *Kriegsfuß* befinde, was ich Ihnen „unter 4 Augen“ gesagt haben möchte. Ich werde aber versuchen, für Lobetanz unseren Schauspielregisseur zu interessieren, und hoffe auf diesem Wege mehr zu erreichen als auf dem geraden. Es würde mich nicht nur Ihretwegen freuen, ein glückliches Resultat zu erzielen, sondern es wäre mir auch an [und] für sich äußerst interessant, die Wirkung dieses ganz eigenartigen Werkes zu erproben. Ich bitte Sie um Einsendung des Buches, wie der Musik, ungefähr Anfang September, zu welcher Zeit ich mich wieder in Hamburg befinde. –

Mein Werk ist fix und fertig*. Es hat folgende Titel, aus welchen Sie wohl schon einen kleinen Wegweiser zusammenlesen können.

Ein Sommermittagstraum.
I. Abteilung.
Einleitung: Pan erwacht.
Nr. I: Der Sommer marschiert ein (Bacchuszug).
II. Abteilung.
Nr. II: Was mir die Blumen auf der Wiese erzählen.
Nr. III: Was mir die Tiere im Walde erzählen.
Nr. IV: Was mir der Mensch erzählt.
Nr. V: Was mir die Engel erzählen.
Nr. VI: Was mir die Liebe erzählt.
Alle Kommentare hiezu erspare ich mir. Sie sollen das Werk

kennenlernen, bevor ich es in Berlin bringe.

Ich empfing Ihren Brief erst heute auf meiner Heimkunft von einer größeren Fußtour. Hoffentlich treffen Sie diese Zeilen noch in Berlin; sonst werden sie Ihnen wohl nachgeschickt.

Mit den besten Grüßen und Wünschen für Ihren Sommer

Ihr freundschaftlich ergebener
Gustav Mahler

Vom 24. Aug[ust] ab bin ich wieder in Hamburg.

* Die III. Symphonie.

Quelle: Briefautograph. – *unseren Schauspielregisseur:* Adolf Steinert (1864–1913), studierte am Wiener Konservatorium, seit 1895 in Hamburg tätig, später in Berlin und Wien.

189 An Bruno Walter

[Ohne Datum. Poststempel: Hamburg 8. 9. 96]

Mein lieber Schlesinger!
Nur wenige Zeilen in Eile: *Nur Mut und Kopf oben!* Aus allem ersehe ich nur, daß Weintraub dort einen Anhang und „Verwandtschaft" hat, weshalb sich Löwe mit ihm verhalten will – was ich übrigens ohnehin schon wußte und Löwe selbst mir heuer im Sommer andeutete. Ferner, daß Sie Weintraub sehr unangenehm sind und er Sie gerne hinausekeln möchte. – Nun werden Sie ihm aber *nicht* den Gefallen tun, und *rüstig* aushalten. Lassen Sie sich *nicht* aus der Contenance bringen – seien Sie lustig und freundlich mit jedermann. Sie haben ja Ihren Marschallsstab im Tornister – ob heute oder morgen, ist einerlei. Wenn es zu bunt wird, dann schreiben Sie mir; vielleicht kann ich dann etwas bei Löwe bewirken. Aber nur nicht das Pulver zu früh verschießen. Außerdem haben Sie doch an mir einen Rückhalt: *ich lasse Sie nicht im Stich!* Also Kopf oben, lieber Schlesinger!

Herzliche Grüße
Ihr
Mahler

Hier geht es besser, als ich anfänglich gedacht!

Quelle: Briefautograph. – *Weintraub:* Leopold W., in GMB, 1924, nicht genannt, erster Kapellmeister in Breslau. – *Löwe:* Theodor L. (siehe Verzeichnis der Adressaten), in GMB, 1924, einmal genannt, einmal durch „Y." ersetzt.

190 An Theodor Löwe

[Ohne Datum. Hamburg, Herbst 1896]

Verehrtester Freund*!
Ich erfahre seltsame Dinge aus Breslau, welche mir allerdings nicht ganz unerwartet kommen. Erlauben Sie mir ein offenes Wort! Wenn ein junger Löwe unter diese alten Esel (Herrn Weintraub und Konsorten) tritt, so möchten sie ihm natürlich gerne den berühmten Fußtritt erteilen. Nur dürfte das etwas schwer sein, so lange er lebt. Nun, lieber Freund, lassen Sie ihn einstweilen *leben,* das heißt, geben Sie ihm eine würdige Aufgabe und *lassen Sie ihn gewähren* und verleihen Sie ihm dazu Ihren direktorialen Schutz. *Ich stehe* für das Gelingen! Ihr Weintraub samt seinen Kollegen zusammen, ist nicht einen abgeschnittenen Nagel Schlesingers wert. Dies bekräftige ich Ihnen nochmals mit ff! Ich hoffe, Sie danken mir es noch einmal, daß ich es Ihnen gesagt. Seien Sie herzlichst gegrüßt von Ihrem aufrichtig ergebenen

Gustav Mahler

In Eile! Bitte, nichts für ungut!

* Dieser an Direktor Löwe in Breslau gerichtete Brief, der sich in Bruno Walters Besitz befindet, muß dem vorangehenden bald nachgefolgt sein; er wurde nicht abgesandt, vermutlich weil gleich nach seiner Abfassung eine bessere Nachricht von Walter eintraf.

Quelle: Briefautograph.

191 An Friedrich Löhr

[Ohne Datum. Hamburg Herbst 1896]

Mein lieber Fritz!
Mit Deinem Aufsatz habe ich eine große Freude! Er ist sehr schön (ich möchte dergleichen „gesammelt" sehen) und spricht aus, was ich denke und fühle. Du kommst von einer anderen Seite gerade dorthin, wo ich mich auch befinde. – Du mußt öfters so was machen! Es ist notwendig, daß in diesem entsetzlichen Stimmengewirr der „Jetztzeit" (das mir vorkommt wie das „Stimmen" im Orchester, bevor es angeht) auch solche Munde sich auftun. –

Ich schlage mich jetzt sehr in der Welt herum. Ich versichere Dich, es ist ein Kampf, ein rechter, in dem man gar nicht merkt, daß man aus tausend Wunden blutet. In den Pausen allerdings fühlt man plötzlich was Nasses und gewahrt erst, daß Einem das Blut rinnt. Meine „Erfolge" erst recht sind mir ein Schmerz, denn schon beginnt das *Mißverständnis,* bevor man mich noch recht hat zu Worte kommen lassen. – Ich habe ein rechtes *Heimweh!* Ein stilles Plätzchen zu Hause! Wann werde ich mir das gewinnen? Ich fürchte – erst dort, wo wir alle und alles zusammen sind.

Welch ein Kontrast ist es für mich – eben jetzt, wo ich eine Zeit lang den „Rudolf" (verstehst Du dieses Anführungszeichen?) neben mir sehe – Deine Stimme wieder einmal zu sehen! *Wir* sind Gott sei Dank die Alten geblieben. Gott sei es geklagt, daß man sich dessen *so* bewußt werden muß. Grüß Dich innigst, mein lieber Fritz – laß mal was hören von Dir! Uda und die Deinen grüße vielmals[85]!

Dein
Gustav

Quelle: Briefautograph. – *Datierung:* in GMB, 1924, „Hamburg 1896". Die Erwähnung des „Rudolf" (Krzyzanowski), der zu Beginn der Spielzeit 1896–97 ans Hamburger Stadttheater kam, läßt den Herbst 1896 als sicher erscheinen.

192 An Max Marschalk

[Ohne Datum. Poststempel:
Hamburg, 27. September 1896]

Lieber Herr Marschalk!
Von Lobetanz hatte ich schon mit dem hiesigen Schauspielregisseur *Steinert* gesprochen, und es kam mir Ihre Sendung zur rechten Zeit. Heute Abend bekommt er das Buch, und ich werde nicht ermangeln, es ihm recht ans Herz zu legen. Als ich mir wieder die Partitur ansah, mußte ich wirklich über den Ausspruch Mucks lachen. – Ich versichere Sie, daß die Sache *vortrefflich* und ganz eigenartig klingen wird, und mir wäre es sehr *interessant,* es zu „machen". – Was sind das doch für Leute, diese Hof-Kapellmeister. – Nächstens also mehr davon!

Nikisch führt leider nicht das ganze Werk, sondern nur den 3. Teil (Was mir die Blumen erzählen) auf (den kürzesten des Werkes, er dauert nur 9 Minuten).

Aber ich, armer Teufel, muß mir das gefallen lassen und mich noch dafür bedanken.

Herzlichst

Ihr
Gustav Mahler

Quelle: Briefautograph. – *Datierung:* In GMB, 1924, „27. Jänner 1896“. Martner entdeckte in der Deutschen Staatsbibliothek, Berlin, einen Briefumschlag mit dem Poststempel 27. September 1896. Für September spricht auch die Erwähnung des Schauspielregisseurs in Brief 188. – *Nikisch führt leider:* ... Arthur Nikisch hatte den 2. Satz aus Mahlers Dritter Symphonie auf das Programm des Berliner Philharmonischen Konzerts vom 9. November 1896 gesetzt. – *3. Teil:* Mahler meint den nunmehrigen 2. Satz (siehe auch Brief 180, Anmerkung). Die Numerierung stimmt jedoch wieder in Brief 193.

193 An Max Marschalk

[Ohne Datum. 2. 11. 96]

Lieber Freund!

Übermorgen, Mittwoch, um ½ 10 Uhr morgens probiere ich in der Philharmonie meinen 2. Satz aus der Symphonie*. – Ich hätte Sie sehr gerne dabei! Wollen Sie kommen? – Auch hätte ich Sie um einen Freundschaftsdienst zu ersuchen. Die Probe ist um ½ 12 Uhr aus. Falls Sie nicht vorher kommen können, so wäre dann ein *Stündchen* bis ½ 1 zum Abgang des Zuges für mich frei, welches ich gerne mit Ihnen verbringen möchte.

Also hoffentlich auf Wiedersehen in der Philharmonie.

Ihr ergebener
Gustav Mahler

* „Was mir die Blumen auf der Wiese erzählen“ aus der III. Symphonie.

Quelle: Briefautograph. – *Datierung:* auf dem Briefautograph von fremder Hand, möglicherweise von Marschalk.

194 An Max Marschalk

[Ohne Datum. Hamburg]

Lieber Freund!
Ich habe mich eben von einer scheußlichen Influenza aufgemacht. Dies der Grund, daß ich Ihren Brief so spät beantworte. –

Das Buch habe ich gelesen*. Ich bin ganz Ihrer Meinung: ich finde es ergreifend, zweifle aber, daß es für die Bühne und noch dazu für die „Oper“ taugt, die jetzt so heruntergekommen ist, daß man der sieghaften Kraft einer Dichtung eine Wirkung auf das Publikum nicht mehr zutrauen kann. Aber was bedeutet eine solche Meinung? – Wenn Sie sich als Musiker von dem Stoff und der Form befruchtet fühlen, dann machen Sie es getrost fertig. – Erstens kommt es sehr darauf an, ob nicht eben *Solches* uns wieder not tut. Hat Mascagni uns in dieses Dickicht hineingeführt, so sehe ich nicht ein, warum uns nicht ein anderer, z[um] B[eispiel] Sie, herausführen soll.

Die Hauptsache ist, *wie Sie es machen!* Und soll ich Ihnen aufrichtig sagen, was für mich der Hauptgrund ist, Sie anzutreiben, es zu Ende zu führen: ich bin immer aufs Peinlichste berührt, wenn man etwas Begonnenes ohne äußere Nötigung unvollendet stehen läßt. Glauben Sie mir: *fertig machen* und *fertig werden,* das ist auch eine Kunst, die gelernt werden muß.

Wenn Sie aber nächstens eine Wahl treffen, dann überlegen Sie sich es wohl, was Sie tun! Und denken Sie endlich daran, daß Sie – besonders als Opernkomponist, mit demoralisierten Neigungen des Publikums und mit der Schablone des Theaterdirektors und der Kritik zu rechnen haben. – Sie müssen einmal einen *Erfolg* haben. Nachher können Sie sich etwas zugute halten!

Letzteres werden Sie mir allerdings zur eigenen Beachtung empfehlen wollen. Aber Sie wissen ja, wie gut man anderen raten kann. – Ich selbst bin ein unverbesserlicher Unpraktischer, der es allerdings auch büßen muß. –

Wenn das „*Wichtelchen*“ fertig ist, möchte ich es bald sehen? Vielleicht daß ich Ihnen das unterbringen kann. Aber – *schwer* wird es gehen – da kenne ich meine Pappenheimer!

Herzlichst
Ihr
Gustav Mahler

* „Das Wichtelchen“.

Quelle: Briefautograph.

195 An Richard Batka

Hamburg, Hohe Luft, Bismarckstraße 86
18. 11. 1896

Hochgeehrter Herr!
Sehr gerne stelle ich Ihnen das gewünschte Material* zur Verfügung! – um so mehr, als ich seit längerer Zeit schon den Wunsch hege, eine Verbindung mit Ihrer Zeitschrift, die ich bereits mit großem Interesse und Genugtuung auf ihrem kurzen Wege verfolge, herzustellen.

Wenn Sie einen ausführlichen Bericht über mich wünschen, der von berufener und unterrichteter Seite kommen soll, so würde ich Ihnen die Feder des Herrn Max Marschalk in Berlin, Steinmetzstraße 20, I, empfehlen, der mit meinen Werken und Absichten von allen am meisten vertraut ist. Doch bin ich weit entfernt, Ihnen hierin vorzugreifen.

Ich bin 1860 in Böhmen geboren, habe den größten Teil meiner reiferen Jugend in Wien verlebt. Seit meinem 20. Lebensjahre gehöre ich meiner äußeren Tätigkeit nach, dem Theater an. Ein Jahr hindurch (85–86) war ich auch als Kapellmeister in Prag tätig, wie Sie sich vielleicht noch erinnern werden. Als schaffender Künstler trat ich zum ersten Male mit der Ausarbeitung und Vollendung der „drei Pintos" von Weber vor die Öffentlichkeit; ein Werk, das seinerzeit auch in Prag unter meiner Leitung in Szene ging.

Komponiert habe ich seit meiner frühesten Jugend alles, was man nur komponieren kann. – Als meine Hauptwerke bezeichne ich meine drei großen Symphonien, von denen die beiden ersten schon zu verschiedenen Malen, die letzte (III.) nur mit einem Bruchstück – eben dieses „in Schwung gekommen" (Blumenstück) – zu Gehör gekommen sind. – Letztes wird nun von den Dirigenten der meisten Konzertinstitute verlangt, was ich wohl den guten „Kritiken" zu verdanken habe, mit denen ich bis allhier nicht allzu sehr verwöhnt war. Daß dieses kleine Stück (mehr ein Intermezzo des Ganzen) aus dem Zusammenhange des großen Werkes, meines bedeutendsten und umfangreichsten, gerissen, Mißverständnisse erwecken muß, kann mich nicht daran verhindern, es einzeln frei zu geben. Es bleibt mir eben keine Wahl, wenn ich endlich einmal zu Worte kommen will, so darf ich nicht zimperlich sein und so wird nun wohl in dieser Saison dieses kleine bescheidene Stück noch oft „am Fußgestelle des Pompeius bluten" und mich dem Publikum als „sinnigen", duftigen „Sänger der Natur" vorstellen. – Daß diese Natur alles in sich birgt, was an Schauerlichem, Großem und auch Lieblichem ist (eben das wollte ich in dem ganzen Werk in einer Art evolutionistischer Entwicklung zum Aussprechen bringen), davon erfährt natürlich niemand etwas. Mich berührt es ja immer seltsam, daß die meisten, wenn sie von „Natur" sprechen, nur immer an Blumen, Vöglein, Waldesduft etc. denken. Den Gott Dionysos, den großen Pan kennt niemand. So: da haben Sie schon eine Art Programm – d. h. eine Probe, wie ich Musik mache. Sie ist immer und überall nur Naturlaut! Dies scheint mir das zu sein, was Bülow zu mir einst mit dem sinnvollen Worte „Symphonisches Problem" bezeichnet hatte. Eine andere Art von Programm erkenne ich, wenigstens für meine Werke, nicht an. Habe ich denselben ab und zu Titel vorgesetzt, so wollte ich für die Empfindung einige Wegweiser aufstecken, wo sich dieselbe in Vorstellung umsetzen soll. Ist das Wort hiezu nötig, so ist die menschliche artikulierte Stimme da, welche dann die kühnsten Absichten verwirklichen kann – eben durch die Verbindung mit dem aufhellenden Wort! Aber nun ist es die Welt, die Natur als Ganzes, welche sozusagen aus unergründlichem Schweigen zum Tönen und Klingen erweckt ist.

Mehr jemand zu sagen, der meine Werke selbst nicht kennt, dürfte nur die Dunkelheit vermehren, als welche ohnehin vielleicht diese meine Auffassung der modernen Musik erscheinen wird. Ich überlasse es Ihnen, für diesen Sinn den geeigneten Ausdruck zu finden. Wollen Sie sich aber hierfür meiner Worte bedienen, so sei es Ihnen unbenommen. Jedenfalls danke ich Ihnen herzlichst für Ihr gütiges Interesse und bin

Ihr hochachtungsvoll ergebenster
Gustav Mahler

Eine Photographie von mir ist eben nicht zur Hand, ich werde mir dieselbe ehemöglichst auftreiben und sie Ihnen senden.

* Die „Prager Neue musikalische Rundschau", welche die Absicht hatte über Mahler, der damals schon drei Symphonien vollendet hatte, Ausführliches und Aufklärendes zu veröffentlichen, wandte sich durch ihren Redakteur Dr. Batka direkt an Mahler mit der Bitte um Daten und Material. Der nachstehende Brief, der weiter keiner Erläuterung bedarf, ist die Antwort darauf.

196 An Bruno Walter

[Ohne Datum. Hamburg, Herbst 1896]

Lieber Freund!
Nur *Mut,* und *aushalten* um jeden Preis! Ich erinnere mich, daß es mir seinerzeit in *Prag* ebenso gegangen ist (fragen Sie mal Elmblad) und nachher kam alles anders! Vergessen Sie nicht, daß ich schließlich auch noch da bin. Die Hauptsache ist, daß Sie endlich einmal auch zum Dirigieren kommen, und das wird wohl doch geschehen.

Herzlichst
Ihr eiligster
Mahler

Eben bekomme ich Ihre Karte!
Freut mich riesig! Grüßen Sie Elmblad von mir vielmals! Sagen Sie ihm, er solle sich an meine 4 Probewochen bei Neumann erinnern u[nd] *Löwe* von mir grüßen!

Quelle: Briefautograph. – *in Prag ebenso gegangen ist:* Mahler hatte zu Beginn des Jahres 1886 eine heftige Kontroverse mit Direktor Angelo Neumann, aus der er als Sieger hervorging. – *Nachschrift:* fehlt in GMB, 1924.

197 An Max Marschalk

[Ohne Datum. Hamburg, 2. XII. 96]

Lieber Freund!
Beiliegender Brief* klärt Sie über den Anlaß meines Schreibens auf!

War es sehr anmaßend, daß ich Sie in meiner Antwort als „denjenigen, welcher" bezeichnet habe? – Wenn Sie ja sagen wollen, bitte, lassen Sie mich es *umgehend* wissen. Die Beilage schicken Sie wohl mit! Mit Material stehe ich natürlich zur Verfügung, und bitte Sie um einen diesbezüglichen Fragebogen!

Herzlichst grüßt Sie Ihr

Gustav Mahler

Wissen Sie, daß Weingartner meine III. zur Aufführung im kgl. Opernhaus angenommen? Sehr verbunden wäre ich Ihnen, wenn Sie mir ganz *kurz* Ihren Eindruck über „*Zarathustra*"** mitteilen wollten.

* Anfrage Richard Batkas. Die von ihm redigierte „Neue Musikalische Rundschau" (Prag) brachte in Nr. 15 ihres I. Jahrganges einen Aufsatz über Gustav Mahler von Max Marschalk.

** „Also sprach Zarathustra" von Richard Strauss.

Quelle: Briefautograph. – *Datierung:* auf dem Briefautograph von fremder Hand, möglicherweise von Marschalk. – *Weingartner:* Felix von W. (siehe Verzeichnis der Adressaten) führte am 9. März 1897 mit der königlichen Kapelle, Berlin, den 2., 3. und 6. Satz aus Mahlers Dritter Symphonie auf.

198 An Max Marschalk

[Ohne Datum. Hamburg 4. Dezember 96]

Mein lieber Freund!

Vor allem: Warum glauben Sie, daß mir Ihr Referat nicht „zugesagt" hat? Weil ich Ihnen nichts darüber geschrieben? Wäre dies der Fall, so hätte ich es Ihnen ganz gewiß gesagt. So stehen wir doch zueinander, daß ich mir das hätte erlauben dürfen! – Ganz im Gegenteil: Wie Sie schreiben, ist gerade nach *meinem* Geschmack! Um Gottes willen nur keine Lobhudeleien! Die *können nur schaden!* Es kommt doch nicht auf den Weihrauch an! Zum Teufel, wir geraten ja jetzt in einen solchen Strudel von Personenkultus, und galvanischer Begeisterung hinein, daß ein „kalter Kopf und warme Füße" doppelt nottut. Wie bin ich froh, daß es auch solche Menschen gibt, wie Sie und – ich. Gerade so ist es mir recht! Übrigens weiß ich gar nicht, warum Sie Ihren Aufsatz so zurückhaltend finden? Ich wüßte nicht, was Ehrenvolleres über mich hätte gesagt werden können. Und, aufrichtig gesagt, es war das erste Wort über mich, das mich wirklich befriedigt und erwärmt hat. – Lassen Sie mich sich von Strauss gründlich unterscheiden – und das, was Sie über mich sagen von dem, was die platten Korybanten über diesen – verzeihen Sie das harte Wort – Industrieritter! Man merkt es aus allen Äußerungen der Presse, daß er es versteht, seinesgleichen warm zu halten. – Kein Wort mehr über so etwas! So soll es bleiben, und lassen Sie sich nie zu einer anderen „Weise" verleiten! –

Hoffentlich hat Ihnen Sonne schon geschrieben. – Hier Daten: *60* in Böhmen geboren. – Meine Jugend auf dem Gymnasium verbracht – nichts gelernt, aber seit meinem 4. Lebensjahre immer Musik gemacht und komponiert, bevor ich noch Tonleitern spielen gekonnt. – In meinem 17. Jahre die Universität in Wien bezogen und statt der Vorlesungen (philos[ophische] Fak[ultät]) den Wienerwald fleißig besucht.

Konservatorium – Klavier – Komposition. 1. Preise erhalten – soll ich dies erwähnen? Hierauf im 19. Lebensjahre mit 30 Gulden monat[lich] ans Theater! Jahrelang an kleinen Bühnen herumgetrieben. Erstes größeres Engagement in *Prag.* Hierauf *Leipzig,* dann *Pest* als Operndirektor und von da nach *Hamburg,* wo ich seit 6 Jahren mich befinde. –

Mein erstes Werk, in dem ich mich als „Mahler" gefunden, ist ein *Märchen* für Chor, Soli u[nd] Orchester: *Das klagende Lied!* Dieses Werk bezeichne ich als Op. 1. – Zum 1. Male an die Öffentlichkeit getreten, als Vollender und Ausgestalter der Pinto-Skizzen von Weber. Ich halte dieses Werk für noch nicht abgetan und bin überzeugt, daß es noch wieder aufgenommen werden wird, wenn der Realismus-Rummel ausgetobt haben wird.

In Leipzig und Dresden steht es immer noch im Repertoire. – In *Leipzig* war übrigens die Erstaufführung unter meiner Leitung.

Als meine Hauptwerke bezeichne ich die Ihnen bekannten 3 Symphonien. Dazu eine ganze Menge von *Humoresken* für eine Singstimme mit Orchesterbegleitung nach Art des *„fahrenden Gesellen"*, den Sie gehört haben. Ein Mensch, der an die Galeere „Theater" gekettet ist, kann nicht so viel Musik zusammenlaichen wie die jetzigen Konzertmatadore. Er kann nur am „Feiertag" schreiben. Aber dann konzentriert sich sein Innenleben in *einem* Werke. – Ich kann nicht anders, als mich in *jedem* neuen *ganz* und *gar* geben.

Wie ich zur Musik und zur Kunst stehe, habe ich Ihnen voriges Jahr in einem längeren Briefe auseinandergesetzt, dessen Sie sich vielleicht noch erinnern. Und außerdem wissen Sie es besser, als ich es zu sagen vermöchte aus den Werken, die Ihnen bekannt [ge]worden sind. Das Leben eines Musikanten bietet ja an äußeren Ereignissen nichts. – Er lebt *nach innen.* Es ist vielleicht ungemein bezeichnend, daß die Musiker für die bildende Kunst nur ein geringes Interesse aufzuweisen haben; er ist geartet, den Dingen auf den Grund zu gehen – durch die äußere Erscheinung hindurch.

Ich weiß wirklich nicht, ob ich noch etwas zu erwähnen hätte. Vielleicht „fragen" Sie doch noch! – Ihre Meinung über Zarathustra ist mir sehr wertvoll. Belustigt hat es mich, daß Sträusschen nun auch zur *Es-Klarinette* gegriffen hat, was sogar in einigen Referaten als kühne Neuerung bezeichnet worden ist. Na – ich überlasse ihm diesen Ruhm. Denn eigentlich ist es mir immer wichtiger erschienen, *was* einer schreibt, als *wofür* man es notiert.

Ich dirigiere in Leipzig *Coriolan* von Beethoven u[nd] Fantastique von Berlioz! Kommen Sie vielleicht mit? Das wäre hübsch, und Sie sähen mich auch einmal dirigieren!

Nun herzlichen Dank für Ihr Freundeswerk. Ihr, unter der schneidenden Kälte eines winterlichen Ostwinds in einem noch nicht erwärmten Zimmer beinahe erstarrender

Gustav Mahler

Ich muß schnell zum Ofen hin, um mich zu erwärmen. Am Ende merken Sie es gar dem Briefe an.

Quelle: Briefautograph. – *Datierung:* auf dem Briefautograph von fremder Hand, möglicherweise von Marschalk. – *von Strauss gründlich unterscheiden:* in GMB, 1924, statt Strauss ein „X". – *Humoresken:* ursprüngliche Bezeichnung der frühen Lieder aus „Des Knaben Wunderhorn" für Gesang und Orchester. – *so viel Musik zusammenlaichen:* in GMB, 1924, „zusammenbringen". – *Ihre Meinung über Zarathustra:* Dieser Absatz fehlt in GMB, 1924. „Also sprach Zarathustra" von Richard Strauss wurde kurz nach der Frankfurter Uraufführung von Arthur Nikisch am 30. November 1896 in Berlin dirigiert. Siehe Mahlers Anfrage in Brief 197! – *Ich dirigiere in Leipzig:* am 14. Dezember 1896.

199 An Anna von Mildenburg

[Ohne Datum. Hamburg, Anfang Dezember 1896]

Mein liebes, gutes Annerl!
Sei mir gegrüßt in Bayreuth! Bald stehst Du in dem Raum, in dem einer der herrlichsten Geister gewaltet hat, die unter den Menschen gewandelt. Dieses Gefühl muß Dich über alle Befangenheit hinausheben, die Dich etwa beim Eintritt unter die gegenwärtigen Bewohner anwandeln könnte. – Denke nur immer daran: *Er* wäre mit Dir zufrieden; denn er schaut in Dein Herz, und weiß alles, was Du kannst und willst. Nun, Du trittst Deinen Weg *gerüstet* an, wie selten Eine! Dessen sei getrost!

Telegrafiere mir nur *gleich!* Auf Wiedersehen, mein Herz, am Montag! Und bringe ein fröhliches Gemüt, wie es auch ausfällt! –

Die Doxat hat übrigens gestern so falsch gesungen, daß selbst die gehörlosen Hamburger Au! geschrieben [!] haben. Dies erzählte mir Dr. Pfluger, bei dem ich heute war, um mir mein Zahngeschwür operieren zu lassen, was aufs Beste verlaufen ist.

Ich o Dich vielmals, mein liebes Annerl

Dein Gustav

Sei nur recht *vorsichtig!* Nach jeder Beziehung, besonders was Deine Gesundheit betrifft. Vergiß nicht, mich allerseits zu empfehlen.

Quelle: Briefautograph. In GMB, 1924, nur der erste Absatz enthalten. – *Datierung:* in GMB, 1924, „Dezember 1896", bei Martner Februar 1897. Anna von Mildenburg stellte sich am 5. Dezember 1896 bei Cosima Wagner in Bayreuth vor, an die Mahler sie empfohlen hatte. Der Brief stammt daher vom 3. oder 4. Dezember. – *Die Doxat:* Ida D., Sopranistin, mit Rudolf Krzyzanowski verheiratet und gleichzeitig mit diesem an das Stadttheater Hamburg engagiert. – *Ich o Dich:* vermutlich „Ich küsse Dich".

200 An Max Marschalk

[Ohne Datum. Hamburg, 6. 12. 96]

Lieber Freund!
Wie das bei solchen Gelegenheiten zugeht, weiß ich ja nicht! Es liegt wohl auch nicht an mir, danach zu fragen. – Jedenfalls bitte ich etwas zu bringen, da jetzt wohl die Zeit zu kurz ist. – Die Nachricht vom *Lobetanz* hat mich gefreut! Ist Lobetanz auf *der Bühne möglich,* dann getraue ich mich, *Ihre Musik* wenigstens *an manchen Bühnen* (Leipzig, Hamburg, Prag) durchzusetzen: hat übrigens Muckchen in Berlin sein langohriges Urteil abgegeben, so läßt sich vielleicht durch Weingartner entgegenwirken. Ihn werde ich jetzt einmal darüber anzapfen. Aber nur *mündlich,* schriftlich wirkt es nicht. Es bleibt doch wirklich immer das alte Lied! Ist einer einmal *er selbst,* dann wehe ihm! Er muß es wie eine Schuld abtragen; und die Todsünde wird nur nach seinem Tode verziehen! – Erfahrungen nützen der Welt nichts, denn die Sache schaut immer anders aus und bleibt „ewig neu". Siehe Fall Strauss! Diesmal tuen sich die Herrn gewaltig damit, daß es nun aus [ist] mit dem Verkennen des Genius; denn siehe: kaum ist er erschienen, so posaunen wir schon drein! Hurra: von nun an werden die Genies gleich bar bezahlt! – Wir müssen uns in Geduld üben: Ich sage Ihnen nochmals: seien Sie getrost: Ihr Lobetanz ist etwas *Eigenes,* und meiner Ansicht [nach] steht die *Musik* über dem Text. Jedenfalls kann nur eine solche Musik *wie die Ihre* das wahre „Milieu" für so ein Ding sein. Und wir *bringen es schon durch!* Lassen Sie mich aber *sofort erfahren,* wenn über die Aufführung definitiv entschieden ist. – *Schicken Sie mir* immer *Ihre Aufsätze* ein, so wie welche erscheinen! *Bitte darum!* Ich *lese nie* Zeitungen *(unter uns bleibe es).* Ich ärgere mich zu sehr! Herzlichst

Ihr
Gustav Mahler

Wie steht es mit Leipzig? Können Sie *mitkommen?* Das wäre famos!

Quelle: Briefautograph. – *Datierung:* auf dem Briefautograph von fremder Hand, möglicherweise von Marschalk. – *Die Nachricht von „Lobetanz":* es muß sich um eine in Aussicht stehende Aufführung handeln, die aber nicht nachgewiesen werden konnte. – *Muckchen:* Carl Muck (siehe auch Brief 171).

201 An Max Marschalk

$\frac{8\text{–}11}{\text{XII}}$ 96?

Lieber Freund!
Eben habe ich mit dem Regisseur gesprochen; derselbe ist nunmehr nach der Zeitungsnotiz „Feuer und Flamme", behauptet sogar, schon vorher mit Pollini darüber gesprochen zu haben. – Ich habe ihm klar gemacht, daß das Stück mit der Musik von Thuille ein totgeborenes Kind sei; daß dagegen Ihre Musik mir als das eigentlich Wertvolle an der Sache sei, um derentwillen allein ich ihm das Werk empfohlen hätte. – Ich hoffe, daß wir hier alles durchsetzen – vor allem eine *Aufführung* noch *vor* der Berliner Premiere.

Ich muß nur sehen, wie ich die Sache aus dem Thalia-Theater ins Stadttheater hineinbugsiere, wo die orchestralen Verhältnisse eine Aufführung Ihrer Musik erst möglich machen. Darüber nun nächstes Mal. – Ich bin heute sehr eilig, im Begriffe eben abzufahren. Übrigens, auf dringendes Ersuchen des Liszt-Vereins bringe ich statt *Phantastique die ersten beiden Sätze* aus meiner *C-Moll!*

Herzlichst
Ihr
Gustav Mahler

Nämlich dies ist der Grund, weshalb ich selten datiere: ich weiß meistens das Datum nicht!

Quelle: Briefautograph. – *Datierung:* von Mahler in dieser Form; von fremder Hand (Marschalk?) 10. 12. auf dem Briefautograph. – *Thuille:* Ludwig T. (siehe Verzeichnis der Adressaten) und Brief 282. – *aus dem Thalia-Theater ins Stadttheater:* das Hamburger Thalia-Theater, zu dieser Zeit ebenfalls unter der Leitung von Bernhard Pollini, diente als Sprechbühne, während das Stadttheater vorwiegend der Oper gewidmet war. – *auf dringendes Ersuchen des Liszt-Vereins:* Konzert vom 14. Dezember 1896 in Leipzig.

202 An Bernhard Pollini

[Ohne Datum. Hamburg, Dezember 1896]

Sehr geehrter Herr Hofrat!
Schon wiederholte Male ersuchte ich Herrn Bittong mir zum „Wasserträger" * keine Einzelproben aufzuschreiben, da die Oper in den einzelnen Partien „steht". – Dagegen wäre ich für Ensembleproben sehr dankbar. – Täglich stehen aber nach wie vor „Ensembleproben", ohne daß sich hiezu die Mitglieder vollzählig einfinden können, da sie in anderen Proben wichtig beschäftigt sind. –

Für morgen steht wieder eine solche Probe; da ich vorausgesehen, daß wegen der Orchesterprobe zu „Lustigen Weibern" Frau Doxat und andere Mitglieder sich nicht einfinden können, so habe ich die Probe aufgehoben und Herrn Bittong davon verständigt. Da das hier vor Ihnen nun zur Sprache kommen muß, so ist die Gelegenheit mir günstig, Sie, Herr Hofrat, auf das gänzlich unzweckmäßige Verfahren des Herrn Bittong, die Proben zu arrangieren, aufmerksam zu machen. Er schreibt, seitdem ich hier bin, alle Proben auf, ohne einen Kapellmeister zu Rate zu ziehen. – Dieses Verfahren ist in der ganzen Welt unerhört – vornehmlich aber in diesem Falle, da Herr Bittong musikalisch jede Eignung dazu fehlt, über das Bedürfnis der einzelnen Mitglieder, resp. Kapellmeister zu entscheiden. –

2 Übelstände sind es vornehmlich, auf welche ich hinweise, und welche, wie ich Ihnen beweisen kann, einzig in der Welt dastehen.

I. Es sind den Mitgliedern täglich zu gleicher Zeit 2 – ja sogar auch mehrere Proben angesagt. – Die Wahl der Probe fällt dem Sänger zu. –

II. Es werden täglich Einzelproben und auch „Ensembleproben" (gewöhnlich enden sogenannte, denn es können nie alle infolge dieser Methode zusammen sein) gehalten, die bloße Zeitvergeudung, und was noch schlimmer, Nervenvergeudung sind, da die betreffenden Mitglieder ihrer Partien bereits vollkommen mächtig sind. – Dagegen wären viele Proben sehr notwendig, ohne daß Herr Bittong dahin zu beeinflussen ist, dieselben anzusetzen. –

Die Antwort, die mir in einer Unterredung heute vormittag zuteil wurde, läßt darauf schließen, daß es auch fernerhin so bleiben wird; denn jeder Einwand wird ohne Prüfung einfach abgetan mit den Worten: „Der Herr Hofrat hat es befohlen."

Nun haben Herr Hofrat mir schon zu wiederholten Malen bestätigt, daß das Bedürfnis der Kapellmeister in Beziehung darauf maßgebend ist.

Ich ersuche daher freundlichst, ehestens die morgige Probe zum „Wasserträger“ gütigst absetzen zu lassen, und ferner Herrn Bittong zu einer zweckmäßigeren und überlegteren Weise die Probe anzusetzen, aufzufordern.

Mit ausgezeichneter Hochachtung ergebenst

Gustav Mahler

* Oper von Cherubini.

Datierung: In GMB, 1924, „Ohne Datum“. Martner datiert den Brief unter Berufung auf die Aufführung der „Lustigen Weiber“ am 27. Dezember 1896 mit Dezember 1896. – *Herrn Bittong:* Franz B. (1842–1904), Opern- und Schauspielregisseur am Hamburger Stadttheater, nach Pollinis Tod, 1897, Direktor des Theaters.

203+ An Freiherrn Josef von Bezecny

Hamburg, Hoheluft, Bismarckstr. Nro. 86
21. Dez. 1896

Ew. Exzellenz!
Hochverehrter Herr Generalintendant!

Wie ich von verschiedenen Seiten höre, wird in allernächster Zeit die Kapellmeisterfrage an der Wiener Hofoper akut. – Die gütige Aufnahme, mit der mich Ew. Exzellenz zu wiederholten Malen ausgezeichnet, ermutigt mich, Ew. Exzellenz mit diesen Zeilen meine Person in Erinnerung zu bringen. –

Ich brauche wohl nicht erst zu sagen, daß ich mich, falls unter den Kandidaten für diesen Posten die Wahl mich treffen sollte, mit dem Aufgebote aller meiner Kräfte bemühen würde, mich dieser Ehre würdig zu erweisen, und Ew. Exzellenz durch meine Ergebenheit und Pflichttreue meine Dankbarkeit zu bezeigen.

Meine Tätigkeit an der Pester Oper dürfte den beteiligten Kreisen noch in Erinnerung sein. Darf ich vielleicht noch hinzufügen, daß ich die 6 Jahre seither, die ich an der Hamburger Oper zugebracht, nicht unbenützt habe vorübergehen lassen, und mich glücklich schätzen würde, meine reichen Erfahrungen nach langer Wanderung nun endlich in meiner Heimat auszunützen.

Vornehmlich der Umstand, daß es gerade jetzt für mich hier leicht wäre, mich eventuell sofort Ew. Exzellenz zur Verfügung zu halten, legt es mir nahe, Ew. Exzellenz um eine gütige Benachrichtigung zu ersuchen, ob ich auf einen günstigen Ausgang meiner Bewerbung hoffen kann; und ich bitte mir in Hinsicht auf diesen Umstand meine Freiheit, an Ew. Exzellenz so unaufgefordert heranzutreten, zu Gute zu halten.

Zu einem späteren Zeitpunkte wäre ich vielleicht in Beziehung auf meine Entschlüsse nicht mehr so unabhängig.

Genehmigen Ew. Exzellenz den Ausdruck meiner tiefsten Ergebenheit

Ew. Exzellenz
verehrungsvoll ergebenster
Gustav Mahler
derzeit Direktor und 1. Kapellmeister der Oper
am Hamburger Stadttheater

Quelle: Briefautograph.

204+ An Carl Goldmark

23. XII. 1896
Hamburg, Hoheluft, Bismarckstraße 86

Lieber und verehrter Meister!
Ich bin in größter Aufregung, von allen Seiten zu hören, daß die Kapellmeisterfrage an der Wiener Hofoper nunmehr vor einer baldigen Lösung steht, und daß ich in erster Linie unter den Bewerbern genannt wurde.

Was es mir wäre, endlich in so wohlgeordnete künstlerische Verhältnisse eintreten zu können und dieser entsetzlichen „Theaterwirtschaft" für immer entronnen zu sein – können Sie wohl selbst ermessen. – Können Sie nun etwas für mich tun? Sie können sicherlich Mittel und Wege finden, die Hindernisse zu beseitigen, die sich eventuell dem erwünschten Ausgang in den Weg stellen. Hauptsächlich scheint es mir nötig, gewissen Verdächtigungen, welche mich als einen „Nervösen", „Exzentrischen", „Verrückten" etc. darstellen, zu begegnen; was in diesem Falle Ihnen leicht gelingen muß, da Sie ja durch persönliche Erfahrungen das Gegenteil darlegen können.

Bitte, mein lieber und verehrter Herr Goldmark, tun Sie, was Sie können. – Ich unterlasse es, Ihnen hier Versicherungen von „Dankbarkeit" und ähnlichem zu geben.

Mich bindet an Sie die Liebe und Verehrung, die ich dem Meister seiner Kunst seit jeher gewidmet. Daher auch meine Offenheit und beinahe Zudringlichkeit in diesem Falle. Ich weiß, daß ich Sie bitten und drängen darf.

Bitte, lassen Sie mich wissen, was Sie von alledem halten, und ob Sie in der Lage sind und wären, etwas für mich zu tun.

In unwandelbarer Verehrung

Ihr treu ergebener Gustav Mahler

Quelle: Ludwig Karpath, Begegnung mit dem Genius, Wien 1934, S. 36 f. – *daß ich in erster Linie . . . genannt wurde:* Mahler hatte sich durch Vermittlung Anna von Mildenburgs die Protektion der Sängerin Rosa Papier gesichert, die mit dem allmächtigen Kanzleidirektor der Hoftheater-Intendanz Eduard Wlassack (siehe Verzeichnis der Adressaten) eng befreundet war. Außerdem mobilisierte er seine Wiener Freunde (Löhr, Lipiner) und seine Budapester Anhänger (Graf Albert Apponyi, Ödön von Mihalovich, Ferenc von Beniczky, Max Falk), die alle bei der General-Intendanz zu seinen Gunsten intervenierten. – *durch persönliche Erfahrungen:* Goldmark war kurz zuvor in Hamburg gewesen, um der Aufführung seiner Oper „Das Heimchen am Herd" (Premiere: 26. Oktober 1896) beizuwohnen.

205 An Max Marschalk

Hamburg 2/I 97.

Liebster Freund!
Nehmen Sie meinen und meiner Schwester herzlichsten Dank für Ihre Wünsche und aufrichtigste Erwiderung derselben. – Ich stecke mitten in unerquicklichster Arbeit. – In Leipzig war es scheußlich. Ein unter aller Kritik stehendes Orchester und eine unter allem Orchester stehende Kritik. – Für Ihre Mitwirkung noch nachträglich meinen besten Dank. – Am 15. Jänner kommt übrigens in Dresden, kgl. Kapelle, ein sonderbares Potpourri aus meinen Werken, zu welchen soeben meine Sanktion eingeholt wurde, welche ich ebenso bereitwilligst erteilte als Marsyas, da er geschunden werden sollte. –

Was bleibt uns übrig. Also hören Sie: II. 2. u. 3. Satz, III. 2. Satz. Die Rosinen aus den verschiedenen Kuchen. Am 21. Jänner in Leipzig, Gewandhaus, das „Blumenstück"! – Aber immerhin geschieht etwas. – Was hören Sie denn in Berlin von der Aufführung des „Lobetanz"? – Sollten die Berliner etwa ebenso still geworden sein als hier mein Gewährsmann, dem ich wieder einmal (aber auf günstige Gelegenheit wartend) in die Flanke stoßen werde.

Herzlichst
Ihr
Gustav Mahler

Quelle: Briefautograph. – *in unerquicklichster Arbeit:* In GMB, 1924, „unergründlichster". – *Für Ihre Mitwirkung:* Marschalk hatte vermutlich einen Beitrag für das Programmheft verfaßt. – *in Dresden:* Konzert unter der Leitung von Ernst von Schuch; das Programm wurde noch abgeändert. – *Am 21. Jänner in Leipzig:* Gewandhauskonzert unter Arthur Nikisch.

206 An Bruno Walter

[Ohne Datum, Hamburg 1897]

Lieber Freund!
Daß die M. von hier loskommen könnte, daran ist gar nicht zu denken. Pollini würde sie unter keiner Bedingung freigeben. Sie singt hier sehr viel und alle Partien. – Beim Publikum ist sie sehr gestiegen und das gibt schließlich den Ausschlag. Grüßen Sie Dir[ektor] Löwe herzlichst von mir. Ich freue mich, daß alles den von mir gewünschten und vorausgesagten Verlauf nimmt. Halten Sie sich nur mit der Presse! – Gehen Sie ab und zu zu den Herrn! Denken Sie nur, daß Sie sich in einem Hundestall nicht mit „Manneswürde" benehmen können, sondern nur schauen, daß Ihnen die Köter Ruhe geben.

Herzlichst
Ihr
Gustav Mahler

Senden Sie mir *öfters* die Rezensionen ein.

Quelle: Briefautograph. – *die M.:* ungeklärt; möglicherweise Anna von Mildenburg.

207 An Max Marschalk

[Ohne Datum. Hamburg, 14. 1. 97]

Liebster Freund!
Ich verzweifle an der Lösung der mir von Ihnen gestellten Aufgabe. Mit bestem Willen weiß ich keine Geschichtchen von mir; habe alles vergessen: das „Böse" und das „Gute", das ich erfahren. Opposition hat sich an meine Fersen geheftet vom Augenblick an, da ich meine Füße in die Welt gesetzt.

Ich bitte daher: *Fragebogen!* Ich verspreche Ihnen, dieselben pünktlich und schleunigst zu beantworten.

Ich fahre morgen nach Dresden, wo Schuch ein buntgesprenkeltes Programm, 2. u. 3. u. 4. Satz aus C-moll und ,Blumenstück' bringt und mich durchaus dabei haben möchte. Am 21. kommt im *Gewandhaus* das Blumenstück und am 9. März bringt Weingartner 2–3 Stücke aus meiner Symphonie*. Da hoffe ich wieder einige Stunden mit Ihnen verbringen zu können. – Es geht übrigens jetzt bei [mir] „etwas vor". *Hier* habe ich für alle Fälle meine Entlassung erwirkt und scheide Ende Mai aus meiner hiesigen Stellung. – In Wien braucht man einen Direktor und findet, daß ich der geeignete Mann für diesen Posten wäre. – Aber das Hindernis aller Hindernisse – mein Judentum – liegt im Wege und dürfte mir denselben auch verrammeln. Ich denke wirklich halb und halb mich für eine Zeit in *Berlin* niederzulassen. Glauben Sie, daß ich da „Stunden", „Lektionen" oder Ähnliches bekommen kann? Bitte, vergessen Sie nicht, mir Ihre Ansicht darüber mitzuteilen. Sie können mich vielleicht orientieren! Wegen des „Lobetanz" schreibe ich Ihnen nächstens. Ich *lasse nicht nach!* Möglicherweise halte ich mich auf meiner Rückreise von Dresden in Berlin auf.

Hätten Sie Zeit (Sonntags) mit mir einige Stunden zu verbringen? Ich telegrafiere Ihnen rechtzeitig, wenn ich komme; und erfahre vielleicht in Dresden ein Wörtchen von Ihnen, falls Sie an diesem Tage verhindert sind! Ich wohne Sendig „Hôtel Europa".

Herzlichst
Ihr aufrichtiger
Gustav Mahler

Richtig! Jedenfalls – bitte, mein lieber Freund, die *„fahrenden Gesellen" Episode* meines Lebens nicht berühren. (Die *Verknüpfung* mit der I. Symphonie ist rein *künstlerisch*.)

* Die III. Symphonie.

Quelle: Briefautograph. – *Datierung:* auf dem Briefautograph von fremder Hand, möglicherweise von Marschalk. – *Hier habe ich . . . meine Entlassung erwirkt:* Mahler führte zu dieser Zeit Verhandlungen mit den Operntheatern in Wien und Dresden. – *mein Judentum:* Mahler wurde am 23. Februar 1897 in Hamburg nach katholischem Ritus getauft.

208 An Arnold Berliner

[Ohne Datum. Hamburg, Januar 1897]

Lieber Berliner!
Bis jetzt wartete ich immer darauf, daß ich Kapitalist würde – oder daß die Verleger bei mir Queue stehen; dies will nun absolut nicht eintreten. In den letzten Tagen hat mich jedoch ein anderes Ereignis, das auch Ihnen nicht uninteressant sein dürfte, darauf hingewiesen, „Ordnung zu machen", und so, mein lieber Berliner, gerate ich auf mein Konto bei Ihnen, welches schon hätte lange getilgt sein sollen. Hoffentlich rechnen Sie mir dies nicht mit allzuschwarzer Tinte an, und geben mir Gelegenheit, mich zu revanchieren, was mir immer eine Freude sein wird. Das „Ereignis", von dem ich gesprochen, besteht darin, daß ich vor einigen Tagen – von dem unaufhaltsamen Strom der Verhältnisse getrieben hier meine Entlassung gefordert und erhalten habe. – Einen Ersatz für meine Stellung habe ich noch nicht. – Nacheinander hatte ich Anträge aus München, Wien etc. – Überall bildete jedoch mein Judentum im letzten Momente den Stein, über den die Kontrahenten gestolpert. Und so ist es nicht ausgeschlossen, daß ich nächsten Winter in Berlin privatisierend zubringen werde. – Weingartner bringt im Herbst meine 3. in die kgl. Kapelle, an der er sich wahrhaft begeistert zeigt.

Nun die herzlichsten Grüße von

Ihrem
Mahler

Datierung: In GMB, 1924, nur „1897". Mahlers Bericht von seiner „Entlassung" in Hamburg läßt vermuten, daß der Brief Mitte Januar geschrieben wurde. – *Weingartner bringt im Herbst:* Da Weingartner drei Sätze aus der Dritten Symphonie im März aufführte, von einer geplanten Aufführung im Herbst 1897 aber nichts bekannt ist, liegt die Vermutung nahe, daß es sich bei „Herbst" um einen Lese- oder Druckfehler in GMB, 1924, handelt.

209 An Max Marschalk

[Ohne Datum, Hamburg, Januar 1897]

Mein lieber Marschalk!
Also am 9. März definitiv im Kgl. Opernhause: *Blumen, Tiere, Liebe.*

Wenn es so weit ist, werde ich Sie mit den Stücken jedenfalls ein wenig vertraut machen und bitten, sich einige Proben anzuhören.

Vielleicht sehe ich Sie vorher bei *Chenier**, der zunächst auf den *5. Feber* festgesetzt ist. – Daß ich von Hamburg weggehe, ist nun doch – ich weiß nicht, wodurch – bekannt geworden und jede Reserve nach dieser Richtung überflüssig. – Was macht *Wichtelchen?*** Bringen Sie es bestimmt nach Hamburg mit!

Herzlichst
Ihr
Gustav Mahler

* Erstaufführung in Hamburg der Oper „André Chenier" von Umberto Giordano unter Mahler.

** „Das Wichtelchen", Oper in einem Akt von Max Marschalk, Text von Moritz Heimann.

Quelle: Briefautograph. – *Datierung:* In GMB, 1924, „Januar oder Februar 1897". Die Einladung für den 5. Februar läßt vermuten, daß der Brief bereits im Januar geschrieben wurde.

210 An Arthur Seidl

Hamburg, Hoheluft, Bismarckstr. Nr. 86
21. Jänner 97

Verehrtester Herr Doktor!

Nehmen Sie meinen herzlichsten Dank – vor allem für den geistvollen Bericht über die Aufführung meines Werkes, aus welchem ich zu meiner größten Freude nicht nur eine für mich so schmeichelhafte Wertung meiner künstlerischen Persönlichkeit, sondern auch eine auf tiefstem Erfassen meiner Eigenart beruhende Zustimmung herauszulesen glaube. Zu dem Wertvollsten, was ich mir von Dresden heimgeholt, gehört dieses Bewußtsein für mich, und es kommt eigentlich alles andere kaum in Betracht. Wie konnten Sie nur nach diesen 3 Sätzen*, die eigentlich in dem ganzen Werke nur die Stellung eines „Interludiums" einnehmen, eine so umfassende und in allen Hauptsachen so richtige Erkenntnis meines Wesens gewinnen? – Ich muß annehmen – und dies wäre mir ein Geschenk – daß eine innere Wahlverwandtschaft Sie dabei geleitet, welche ich, noch ohne Sie persönlich zu kennen, aus Ihren Aufsätzen, die ich seit langem mit großem Interesse und Sympathie verfolge, herausgefühlt habe.

Den Klavierauszug werden Sie hoffentlich erhalten haben, und nun im ganzen Werke hoffentlich eine Bestätigung und Ergänzung von dem gefunden haben, was Ihnen diese 3 Zwischensätze angedeutet und versprochen. – Allerdings ist gerade für diese Ecksätze der lebendige Klang kaum zu entbehren. – Aber Sie machen vielleicht das Unmögliche möglich, und von Ihrer Phantasie und dem trefflichen Arrangement unterstützt, wird Ihnen das Werk gewiß nicht unklar bleiben. Sehr dankbar wäre ich Ihnen, wenn ich auf irgend einem Wege einmal etwas von Ihnen darüber erfahren könnte. – Und nun noch eine Bitte! Weingartner führt am 9. März 3 Hauptsätze meiner 3. Symphonie in Berlin auf! Würden Sie nicht auf diesen Abend aus Dresden herüberkommen? Sie gehören einmal zu „meinem Publikum", für das ich musiziere – und welch ein Glück, daß ein solches manchmal nicht „außer Zeit und Raum" sich befindet.

Ein Wörtchen von Ihnen möchte ich haben, damit ich für Sie einen Sitz besorgen kann, der dort, scheint es, schwer zu erhalten ist. –

Die Übersendung der beiden Karten hat mir das Rätsel gelöst, da ich ein Loch in meinen Taschen nicht habe entdecken können.

Nun nochmals herzlichsten Dank, mein verehrter Herr Doktor, und hoffentlich auf Wiedersehen! Verzeihen Sie meine Flüchtigkeit. Ich schreibe in großer Eile.

In aufrichtiger Wertschätzung
Ihr ergebener
Gustav Mahler

* Die drei mittleren Sätze der II. Symphonie (C-Moll).

211 An Bruno Walter

[Ohne Datum, Hamburg, etwa Anfang 1897]

Mein lieber Schlesinger!
Jetzt *müssen* Sie sich in Geduld fassen! Es läßt sich doch momentan nichts tun! Das kann sich jeden Tag ändern! Ich habe das auch durchmachen müssen! Sie sind doch noch so jung! Machen Sie nur keine Unbesonnenheiten und halten Sie jetzt einfach still. – So wie sich irgend wo was bietet, werden wir alle Hebel in Bewegung setzen! Also Kopf oben!

Ihr
Gustav Mahler

Quelle: Briefautograph.

212 An Friedrich Löhr

Hamburg, 5. II. 97

Mein lieber Fritz!
Daß Du nun einen „Jungen" hast, ist sehr schön von Dir! Nun sieh nur zu, daß er es auch bleibt! (Denn das muß man nicht nur sein, sondern auch sind*!)

Wer weiß, ob ich nicht im März komme und mir ihn ordentlich anschaue! Da ich darin so ziemlich Fachmann bin, so kannst Du Dich dann auf mein Urteil verlassen! – falls Du bis dahin noch Zweifel hegen solltest! – Hier ist es nicht mehr schön! Wenn nicht so ein wundervoller Schnee vor meinen Fenstern läge, und auf denselben Eisblumen, so würde mir wahrhaftig gar nichts daran gefallen. Es ist aber sehr schön vom lieben Gott, daß er Einem immer etwas schickt, was sich einigermaßen sehen läßt. Ist es nicht ein duftender Sommertag – so ist es wenigstens ein glitzernder Wintertag! – Es bleibt also dabei – wir wollen uns mit ihm wieder vertragen!

Nun laß aber einmal was von Dir hören! Du mußt doch eine Riesenfreude haben? Nicht wahr?

Grüße Uda herzlichst von mir! Das hat sie sehr gut gemacht!

Und sei auch Du innigst von mir gegrüßt, alter Fritz, und bleibe jung, trotz Deinem Jungen!

Dein
Gustav

* Eine von Mahler gern gebrauchte Wendung.

213+ An Rosa Papier

5. II. 1897
Hamburg, Hoheluft, Bismarckstraße Nro. 86

Hochverehrte Frau!
Daß ich meine Entlassung von Pollini genommen habe, werden Sie wohl schon aus den Zeitungen erfahren haben. Ich möchte es nun nicht unterlassen, Ihnen davon direkt Mitteilung zu machen. Da sich unsere gemeinschaftliche Freundin, Frau Bauer, seit Wochen auf Reisen befindet, bin ich ohne Nachrichten von dem Stand der Dinge in

Wien. – Wie ich höre, soll Mottl gegenwärtig am meisten begünstigt sein. Nichtsdestoweniger möchte ich erst den Verlauf der Angelegenheit abwarten, bevor ich mich anderswo „binde". Ich habe mich nun schon gewöhnt, Sie, verehrte Freundin, als meinen guten Stern in Wien zu betrachten, und wenn ich es recht bedenke, so tausche ich *den* selbst gegen die „hohe Gönnerin" Mottls nicht ein.

Mit Jahn kam ich in Dresden zusammen und nahm Gelegenheit, mich mit ihm offen auszusprechen. Soweit ich aus seiner vorsichtigen und zurückhaltenden Weise klug werden konnte, so werde ich von dieser Seite wenigstens keine Gegnerschaft zu überwinden haben.

Mir gegenüber sprach er sich dahin aus, daß er nicht [im] entferntesten daran denke, zu demissionieren, sondern nur den Ausgang seiner Operation abwarte, um dann einen Kapellmeister zu engagieren, den er unter den gegenwärtigen Umständen für notwendig halte. Wie er sich ausdrückte, werde er gegebenen Falls „an mich denken". – Mir persönlich wäre eigentlich diese Lösung der Frage sehr sympathisch. – Ich hätte Gelegenheit, im Lauf des März Wien zu berühren, da ich um diese Zeit in Moskau ein Konzert dirigiere, und ohne bedeutenden Umweg meine Reise zurück über Wien nehmen könnte. Wenn Sie glauben, daß meine persönliche Anwesenheit in Wien meinem Interesse förderlich sein möchte, so würde ich mit größter Leichtigkeit einen Aufenthalt von einigen Tagen dort bewerkstelligen können. – Hier steht die Sache so: Ich hatte am 15. Jänner das Recht, meinen Vertrag mit Pollini zu kündigen, und *tat dies* auf jede Eventualität hin, um mich für Wien für alle Fälle frei zu machen. Pollini, der mich nur ungern ziehen läßt, macht alle Anstrengungen, um mich zu einer Erneuerung meines Vertrages zu bewegen. Nun bitte ich Sie, verehrte Frau, mir durch wenig Worte *Ihre Ansicht mitzuteilen, wie lange* ich *mindestens* mit meiner Entschließung *warten soll,* da mir überdies für nächstes Jahr auch noch andere Anträge vorliegen. – Haben Sie herzlichen Dank für Ihr gütiges Interesse für mich, und für Alles, was ich Ihnen schon zu danken habe!

Ich wäre sehr glücklich, wenn ich eine Gelegenheit bekäme, Ihnen zu beweisen, daß diese meine Dankesempfindung keine bloße Phrase in meinem Munde ist.

Mit den herzlichsten Grüßen und Empfehlungen bin ich, verehrte Frau, Ihr verehrungsvoll ergebenster

Gustav Mahler

Quelle: Bernhard Paumgartner, Erinnerungen, Salzburg 1969, S. 56 ff. – *Frau Bauer:* Natalie Bauer-Lechner. – *soll Mottl . . . am meisten begünstigt sein:* Wenn man Ludwig

Karpath glauben darf („Begegnung mit dem Genius", Wien 1934, S. 31), hat der einflußreiche Kritiker Eduard Hanslick (1825–1904) gegen Mottls Berufung Einspruch erhoben. – *die „hohe Gönnerin" Mottls:* Fürstin Marie Hohenlohe, Gattin von Prinz Konstantin zu Hohenlohe-Schillingsfürst, bis 1896 kaiserlicher Obersthofmeister. – *Mit Jahn:* Wilhelm J. (1835–1900), Kapellmeister, Direktor des Wiener Hofoperntheaters von 1881–1897.

214 An Bruno Walter

[Ohne Datum. Hamburg, etwa Frühjahr 1897]

Lieber Freund!
In aller Eile! Also abgemacht: Ich werde Ihnen die verlangten 1200 Mk zur Verfügung stellen, und zwar am besten so, daß ich Ihnen von einem gegebenen Datum an durch 12 Monate an jedem 1. 100 Mk. übersenden werde. Ich bitte Sie nur, lieber Schlesinger, sparen Sie tüchtig, damit Sie damit auskommen.

Ich fürchte, daß mit dieser Summe die äußerste Grenze meiner Leistungsfähigkeit erreicht ist. Es ist am *besten* so, und lassen Sie sich gleich assentieren! Schreiben Sie bald wieder*.

Herzlichst
Ihr
Mahler

* Hiezu bemerkt Bruno Walter: Ich hatte in Breslau meine Entlassung mit Schluß der Saison erbeten und noch kein anderes Engagement gefunden, und schrieb dies Mahler mit der Bemerkung, es wäre am besten, ich diente mein Jahr ab, ich hätte jedoch nicht das Geld hiezu. Mahler schrieb mir zurück (der Brief ist leider verlorengegangen), ich sollte mein Jahr abdienen, er wollte es zahlen und ich möchte angeben, wieviel ich brauchte. Sein ganz spontanes Anerbieten ist ein so rührendes und wird um so generöser erscheinen, wenn man bedenkt, daß sein Gesamteinkommen in Hamburg 13.000 M. (12.000 M. Gage und 1000 M. „Benefiz"-Einnahme) betrug, daß also die angebotenen 1200 M. mehr als eine Monatsgage waren.

Quelle: Briefautograph.

215 An Max Marschalk

[Ohne Datum. Hamburg, 17. II. 97]

Lieber Freund!
Lassen Sie mir den Lobetanz noch eine Weile – und denken Sie nicht mehr daran. Ich freue mich sehr, daß Sie „mittendrin" sind; das ist

doch die Hauptsache. Es kommt schon auch die Zeit für Sie, und wenn ich etwas dazu tun kann, so bin ich jeden Moment parat. Durch mein Weggehen von hier fehlt mir jetzt das Hauptmittel der Pression. – Aber immerhin möchte ich die Flinte nicht zu früh ins Korn werfen. – Vielleicht aber kann ich doch für Sie wirken, wenn einmal über meine nächste Zukunft etwas entschieden ist. Und wenn nicht hier – so „*dort*“!

Ich höre, daß für Generalprobe u[nd] Konzert bei Weingartner alle Plätze vergriffen sind. – Für mich und meine Schwestern muß Weingartner die Plätze von *Suchers* akquirieren. – Wie werden *Sie* hineinkommen? Vielleicht durch die Zeitung? Das ist doch fatal, daß das auch noch in Frage ist? – Übrigens bin ich so mißtrauisch, daß ich nicht eher an die Aufführung glaube, als bis ich das gedruckte Programm sehe.

Jedenfalls komme ich Anfang März für einige Tage nach Berlin. Auf Wiedersehen in dieser Zeit!

Ihr ergebenster
Gustav Mahler

Die Partitur meiner II. ist nun endlich im Druck erschienen. Ich habe den Auftrag gegeben, Ihnen ein Exemplar zuzuschicken. – Bitte, benachrichtigen Sie mich auf einer Karte, ob dies auch geschehen!

Quelle: Briefautograph. – *Datierung:* auf dem Briefautograph von fremder Hand, möglicherweise von Marschalk. – *bei Weingartner:* Konzert der Königlichen Kapelle, Berlin, am 9. März 1897. – *die Plätze von Suchers:* Hofkapellmeister Josef Sucher (1843–1908) und seine Gattin, die Sängerin Rosa Sucher (siehe auch Brief 111). – *die Partitur meiner II.:* im Verlag Friedrich Hofmeister, Leipzig.

216 An Arthur Seidl

Hamburg, Bismarckstr. 86.
17. Februar 97

Mein verehrter Freund!
Mit Ihrem lieben und so gedankentiefen Schreiben haben Sie mir eine große Freude und eine mächtige Anregung geschenkt. Es ist eigentümlich, wie Sie mir in gewissem Sinn eine Aufklärung über mich selbst gegeben haben. Ganz zutreffend haben Sie meine Ziele, im Gegensatz zu denen Straussens charakterisiert; Sie haben recht, daß meine „Musik schließlich zum Programm als letzter ideeller Verdeutlichung gelangt,

währenddem bei Strauss das Programm als gegebenes Pensum daliegt". – Ich glaube, damit haben Sie überhaupt an die großen Rätselfragen unserer Zeit gerührt, und zugleich das aut – aut ausgesprochen. – Wenn ich ein großes musikalisches Gebilde konzipiere, so komme ich immer an den Punkt, wo ich mir das „Wort" als Träger meiner musikalischen Idee heranziehen muß. – So ähnlich muß es Beethoven bei seiner IX. gegangen sein; nur daß ihm die Zeit damals noch nicht die geeigneten Materialien dazu liefern konnte. – Denn im Grunde genommen ist das Schillersche Gedicht nicht imstande, das Unerhörte, was ihm im Sinn lag, zu formulieren. Ich erinnere mich übrigens, daß R. Wagner dies an irgend einer Stelle ganz unumwunden ausspricht. Mir ging es mit dem letzten Satz meiner II. einfach so, daß ich wirklich die ganze Weltliteratur bis zur Bibel durchsuchte, um das erlösende Wort zu finden – und schließlich gezwungen war, meinen Empfindungen und Gedanken selbst Worte zu verleihen.

Tief bezeichnend für das Wesen des künstlerischen Schaffens ist die Art, wie ich die Eingebung hierzu empfangen. –

Ich trug mich damals lange Zeit schon mit dem Gedanken, zum letzten Satz den Chor herbeizuziehen und nur die Sorge, man möchte dies als äußerliche Nachahmung Beethovens empfinden, ließ mich immer und immer wieder zögern! Zu dieser Zeit starb Bülow und ich wohnte seiner Totenfeier hier bei. – Die Stimmung, in der ich dasaß und des Heimgegangenen gedachte, war so recht im Geiste des Werkes, das ich damals mit mir herumtrug. – Da intonierte der Chor von der Orgel den Klopstock-Choral „Auferstehn"! – Wie ein Blitz traf mich dies und alles stand ganz klar und deutlich vor meiner Seele! Auf diesen Blitz wartet der Schaffende, dies ist „die heilige Empfängnis"!

Was ich damals erlebte, hatte ich nun in Tönen zu erschaffen. – Und doch – hätte ich dieses Werk nicht schon in mir getragen – wie hätte ich das erleben können? Saßen doch Tausende mit mir in jenem Momente in der Kirche! – So geht es mir immer: nur wenn ich erlebe, „tondichte" ich – nur, wenn ich tondichte, erlebe ich! – Ich weiß, Sie verstehen mich, ohne daß ich dies breiter ausführe. Das Wesen eines Musikers ist ja kaum in Worten auszudrücken. Es ließe sich eher sagen, was in ihm anders ist, als bei andern. – Was es aber ist, darüber vermöchte vielleicht er am allerwenigsten Auskunft zu erteilen. So ist es auch mit seinen Zielen! Er wandelt ihnen, wie ein Nachtwandler, zu – er weiß nicht, welchen Weg (vielleicht an schwindelnden Abgründen vorbei) er schreitet, aber er geht dem fernen Lichte zu – ob dies das ewig strahlende Gestirn oder ein lockendes Irrlicht ist! – Sehr gefreut hat es mich, was Sie über die „produktive" Kritik sagen! Dies fühle ich seit jeher bei Ihnen durch – in allem, was mir von Ihnen zu Gesicht und zu Gehör gekommen ist.

Wohl dem Künstler, dem solch ein „Kritiker“ sich zugesellt! – Ich muß es als einen seltenen Glücksfall betrachten, daß Sie mir begegnet sind. Hoffentlich sehen Sie dies nicht als Schmeichelei oder Reziprozität an! Daß Sie in Berlin nicht dabei sein werden, ist ein Tropfen Wermut in meinen Freudenbecher; Freudenbecher sage ich, weil ich noch ein Neuling im „Aufgeführtwerden“ bin. Sie können sich nicht denken, welche Seelenangst mich oft gepackt, wenn ich so Partitur nach Partitur in meine Lade gelegt, ohne daß jemand (trotz krampfhafter Anstrengungen meinerseits) von meinem Schaffen Notiz genommen hätte. – Ich werde dies Strauss nie vergessen, daß er in wahrhaft hochherziger Weise den Anstoß dazu gegeben. Mich als „Konkurrenten“ zu betrachten, wird mir allerdings niemand zumuten dürfen (wie dies leider jetzt schon so oft geschieht). – Ich wiederhole Ihnen, daß ich 2 solche Leute nicht als „Subtraktions“-exempel ansehen kann. Abgesehen davon, daß ich wohl mit meinen Werken als Monstrum dastehen würde, wenn nicht die Straussischen Erfolge mir die Bahn geöffnet, sehe ich es als meine größte Freude an, daß ich unter meinen Zeitgenossen einen solchen Mitkämpfer und Mitschaffer gefunden. Schopenhauer gebraucht irgendwo das Bild zweier Bergleute, die von entgegengesetzten Seiten in einen Schacht hineingraben und sich dann auf ihrem unterirdischen Wege begegnen. So kommt mir mein Verhältnis zu Strauss treffend gezeichnet vor. – Wie einsam müßte ich mich fühlen und wie hoffnungslos erschiene mir mein Streben, wenn ich mir nicht aus solchen „Zeichen und Wundern“ den künftigen Sieg herausdeuten könnte. Wenn Sie in einer für mich so schmeichelhaften Weise uns beide als die „Gegenpole“ der neuen Magnetachse bezeichnen, so haben Sie damit eine Ansicht ausgesprochen, die ich schon seit langem heimlich in mir nähre, und wenn Sie meine Partituren, die nach der II. entstanden sind, kennenlernen werden, so dürfte Ihnen erst klar werden, wie intuitiv Sie bei Ihrer Formulierung verfahren sind. – Verzeihen Sie meine Flüchtigkeit. Ich schreibe dies in fliegender Eile mitten unter den Vorbereitungen zu einer mehrwöchentlichen Tournee, die mich nach Moskau, Petersburg, München, Budapest etc. führen wird. Die Angst, ich könnte dann wochenlang nicht mehr zur Beantwortung Ihres werten Schreibens gelangen, nötigt mich zu diesen allzu hastig hingeworfenen Zeilen. Schließlich meinen schönsten Dank für die rührende Sorgfalt, mit der Sie die Dresdener Stimmen über meinen Besuch gesammelt. Über Wien und seine Direktionskrise läßt sich jetzt noch nichts Bestimmtes sagen. Unter uns gesagt – die Krise kann erst im Herbst gelöst werden, und scheint die Wahl nunmehr zwischen Mottl und meiner Wenigkeit zu schwanken.

Aufrichtig gesagt, ich weiß nicht, ob ich mir eine Berufung auf diesen Posten wünschen soll, der mich vielleicht meinen ureigenen Zielen entfremden könnte. Ich bin aber darin völlig Fatalist, und zunächst denke ich weiter nicht daran, sondern lasse die Sache einfach an mich herankommen.

Meine herzlichsten Grüße und nochmals Dank dafür – nicht was Sie mir getan, sondern, was Sie sind; dies betrachte ich als Geschenk für mein Leben und Wirken.

In aufrichtiger Freundschaft

Ihnen ergeben
Gustav Mahler

Ich bin bis 5. März noch in Hamburg, hierauf geht es auf die Wanderschaft.

Ich werde dies Strauss nie vergessen: Richard Strauss hatte die Aufführung der Ersten Symphonie in Weimar (1894) und die Teilaufführung der Zweiten Symphonie in Berlin (März 1895) erwirkt. – *zu einer mehrwöchentlichen Tournee:* im März 1897. Das Konzert in Petersburg kam nicht zustande.

217 An Anna von Mildenburg

HABSBURGER HOF
BERLIN S. W. ASKANISCHER PLATZ 1

[Ohne Datum. Berlin, 10. März 1897]

Meine liebste Anna!
Gestern also schlug ich die 2 Schlachten (Generalprobe u. Konzert) und muß Dir leider kommunizieren, daß der „Feind" gesiegt hat. – Es war sehr starker Beifall, aber eben so starke Opposition. Zischen und Applaudieren! Schließlich holte mich Weingartner doch und ich verneigte mich; da ging es erst recht vor dem Publikum los.

Die Presse wird mich wohl total verreißen. – Gestern konnte ich Dir nicht einmal schreiben; Du kannst Dir nicht denken, wie viel ich zu tun hatte. Vorbereitungen zum hiesigen Konzert – und zur Moskauer Reise. Und noch jetzt stehle ich mir ordentlich die Minute, um Dir zu schreiben.

Nicht wahr, meine liebe Anna, Du machst Dir deshalb nicht böse

Gedanken? Ganz glücklich bin ich über Deine Nachrichten bezüglich Deiner Stimme. – Daß Du Dir wegen Bayreuth Sorgen machst, begreife ich nicht! *Meiner Ansicht* nach ist alles ganz *fest.* Aber Du kannst jetzt einmal an *Gross* in Form einer *Frage* das Ersuchen richten, Dir, wie sonst üblich, den Revers zu senden.

Schicke mir gleich das Brouillon Deines Briefes nach *Moskau* Hôtel *Continental* (2 Marken) zu.

Aber ums Himmelswillen, laß Dich nicht mit *der Heink* auf irgend welche Mitteilungen ein. Die wird noch durch ihr verdammtes Maul weiß Gott, was, anrichten. *Rede nichts* mit ihr, als Ja, ja, und nein, nein!

Ich kämpfe nun ein bißchen mit der Migräne. Heute Abend geht es nach Moskau. Wenn Du mir *sofort* schreibst, bekomme ich dort rechtzeitig Deinen Brief. Sowie ich dort ankomme, schreibe auch ich sofort.

Die Mädels haben hier eine sehr „vornehme" Einladung bekommen, sie aber refusiert. Die Emma ist sehr unwohl und hat leider sehr wenig Vergnügen.

Gott sei Dank, daß Deine Stimme wieder anfängt, gesund zu sein. – Das ist ja doch die *Hauptsache!* Alles andere überlasse dem lieben Herrgott. Hier ist jetzt glänzender Sonnenschein. Da denke ich mir nun, daß mein Lieb an der Alster in der guten Luft ein wenig spazieren geht. Am meisten gibt mir der Reisepelz zu tun. Was ich damit für *Laufereien* habe, um mir einen zu verschaffen, ist zu ärgerlich. Ich küsse Dich innigst mein liebes Annerl, und drücke Dich an mein Herz. Schreib mir *gleich* nach Moskau.

Dein treuer
Gustav

Quelle: Briefautograph. In GMB, 1924, nur der Abschnitt über das Konzert. Daran schließt sich ein Absatz über Justine Mahler, der aus Mahlers Brief vom 18. März stammt. – *Datierung:* In GMB, 1924, nur „März 1897". Da das Weingartner-Konzert am 9. März stattfand, ist das Datum 10. März gesichert. – an *Gross:* Adolf von Groß (1845–1931), Bayreuther Bankier, geschäftlicher Leiter der Bayreuther Festspiele. – *das Brouillon:* französisch: Briefentwurf.

218 An Anna von Mildenburg

HOTEL CONTINENTAL
MOSCOU, PLACE DES THÉÂTRES

[Ohne Datum. Moskau. 12. ? März 1897]

Meine liebste Anna!
Eben nach entsetzlicher Fahrt mit andauernder starker Migräne ausgestiegen und ein wenig gereinigt. Sei vielmals gegrüßt, mein Liebling. Moskau macht einen wunderbaren, fremdartigen Eindruck. Erster Eindruck: Kein Wagengerassel – lauter Schlitten. Nur daß ich den Pelz mithabe, ist ein Glück. Ich hätte vor Kälte kaum die Fahrt vom Bahnhof ins Hotel machen können. Es gibt nur offene Schlitten! – Gegessen habe ich seit 2 Tagen nichts, und bin schon ganz schwach. Du machst da wieder sehr wilde Blicke, Lieb. Aber jeder Versuch wurde von meinem Magen durch unzweideutige Botschaften zurückgewiesen.

Und noch kann ich nichts nehmen. Jetzt mache ich einen kleinen Spaziergang, vielleicht geht es dann besser.

Herzlichst grüße und küsse ich Dich, schreibe bald wieder.

Dein treuer
Gustl

Quelle: Briefautograph: In GMB, 1924, nur ein Teil des ersten Absatzes. – *Datierung:* in GMB, 1924, „März 1897". Das Datum 12. März ist wahrscheinlich, wenn man den 10. als Abreisetag von Berlin annimmt und auch den folgenden Brief an Marschalk berücksichtigt.

219 An Max Marschalk

Moskau, 13. III. 97

Mein lieber Marschalk!
Das ging im Saus! Dienstag abend fiel ich in Berlin durch, und heute sitze ich schon hier – und alles ist für mich nur ein Traum. Ich habe noch keine Berliner Zeitung gelesen, da ich am nächsten Tag schon abfuhr. Bloß den Börsencourier! Daraus ersah ich allerdings, daß ich diesmal so zerschlagen und zerprügelt sein werde, daß mich wirklich kein Schneider mehr „aufbügelt"! Aber wissen möchte ich, ob ich mich Ihnen verständlich gemacht! * Ich mußte am selben Abend noch von Freund und Feind so viel dummes Zeug hören, daß ich ganz dumm davon wurde. Bitte, senden Sie mir, was Sie geschrieben, nach Mün-

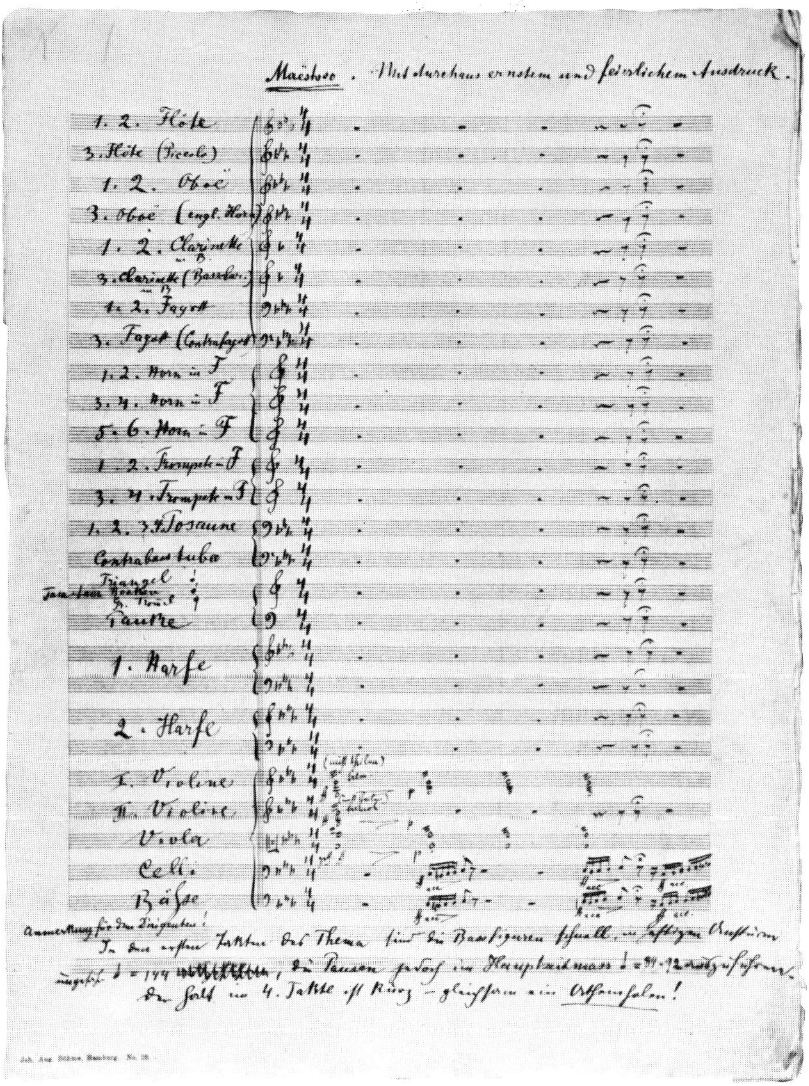

Zweite Symphonie, 1. Satz, Seite 1 der Partitur in Mahlers Handschrift. *(Im Besitz der Willem Mengelberg Stichting, Amsterdam)*

[Sommer 1896]

Sonntag

Liebste Anna! Heute bin ich sehr erschrocken, da besorgt ist: seit 2 Tagen ohne Brief! Solltest du mir Glauben und Glauben belohnen wollen? Oder bist du krank? bitte, schreibe gewiß gleich! Ich weiß, du nimmst meine Briefe ungnädig — du merkst, daß sie oft von einem zerstreuten Menschen herrühren — wie du es oft gemerkt hast, wenn ich bei dir war, daß meine Gedanken in der Ferne schwirrten. Aber ich habe es dir doch geschrieben, daß ich jetzt an einem großen Werke arbeite. Begreifst du nicht, wie das den ganzen Menschen erfordert, und wie man dann oft tief drin steckt, daß man für die Außenwelt wie abgestorben ist. — Warum das mir

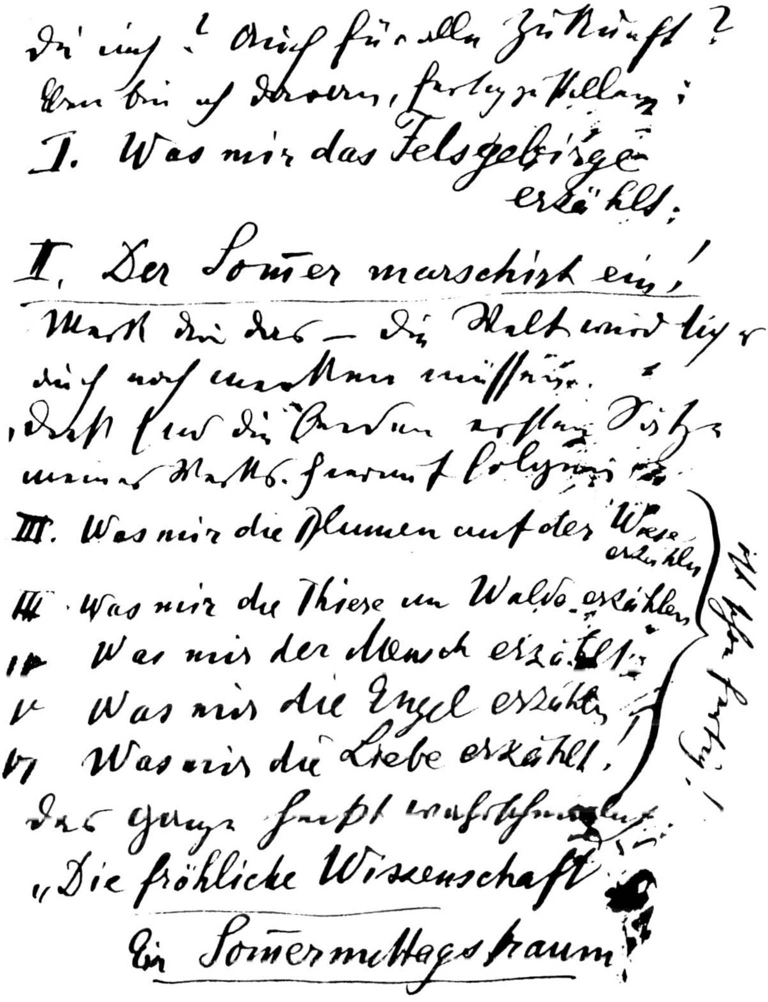
I. Was mir das Felsgebirge erzählt;
II. Der Sommer marschirt ein!
III. Was mir die Blumen auf der Wiese erzählen
IV Was mir die Thiere im Walde erzählen
V Was mir der Mensch erzählt;
VI Was mir die Engel erzählen
VII Was mir die Liebe erzählt.
„Die fröhliche Wissenschaft
Ein Sommermittagstraum

Gustav Mahlers Brief an Anna von Mildenburg, vermutlich vom 28. Juni 1896 (siehe Brief 180), Seite 1 *(links)* und Seite 4 *(rechts)*, mit der Erwähnung der Titel der Dritten Symphonie.
(Österreichische Nationalbibliothek, Theatersammlung)

Zehn Monate des Jahres verbrachte Mahler in Wien als Direktor und Dirigent des Wiener Hofoperntheaters — zwei Monate gehörte er sich selbst und seinem Schaffen. Rechts das Hofoperntheater mit der alten Pferdestraßenbahn; darunter Mahlers „Komponierhäuschen“ in Maiernigg am Wörthersee, in dem die Symphonien V—VIII und die Lieder nach Texten von Rückert entstanden.

Gustav Mahler 1897 oder 1898 zu Beginn seiner Tätigkeit als Hofoperndirektor in Wien.

Anna von Mildenburg als Brünhilde in Richard Wagners „Walküre“. *(Österreichische Nationalbibliothek, Bildarchiv)*

Grosser Musikvereins-Saal.

Verein „Nicolai“
Krankenkassa der Mitglieder des k. k. Hof-Opernorchesters.
13. Vereinsjahr.

Sonntag den 9. April 1899, Mittags ½1 Uhr:

CONCERT
veranstaltet von den
PHILHARMONIKERN
unter der Leitung des Herrn
Gustav Mahler,
k. u. k. Hof-Operndirector,
und gefälliger Mitwirkung der Damen: Fräulein **Marcella Pregi, Lotte v. Barensfeld** und des **Singvereines** der Gesellschaft der Musikfreunde.

PROGRAMM:

Gustav Mahler: Symphonie Nr. 2, C-moll, für Soli, Chor, Orchester und Orgel.

1. Satz: Allegro maëstoso. (Mit durchaus ernstem und feierlichem Ausdruck.)
2. Satz: Andante con moto.
3. Satz: Scherzo. (In ruhig fliessender Bewegung.)
4. Satz: „Urlicht“ aus „Des Knaben Wunderhorn“. — Altsolo, gesungen von Fräulein **Pregi.**
5. Satz: Finale.

(I. Aufführung in Wien.)

Streich-Instrumente: **Gabriel Lemböck's Nachfolger Carl Haudeck.**

Programme unentgeltlich.

Buchdruckerei Wien I. Dorotheergasse 7.

Das erste seiner Werke, das Mahler mit den Wiener Philharmonikern am 9. April 1898 aufführte, war die Zweite Symphonie.

Gustav Mahler im Jahre 1907. Der zehnjährige Kampf mit dem Opernbetrieb hat seine Spuren in Mahlers Zügen hinterlassen.

Der Höhepunkt in Mahlers Komponistenleben war die Uraufführung der Achten Symphonie in München am 12. September 1910.

AUSSTELLUNG MÜNCHEN 1910

Neue Musikfesthalle

Uraufführung:

Montag den 12. September 1910, abends 7½ Uhr

Zweite Aufführung:

Dienstag den 13. September

Gustav Mahler: Achte Symphonie

in zwei Teilen

für Soli, Chöre, Orchester und Orgel

I. Teil: Hymnus „Veni, creator spiritus"

II. Teil: Goethes Faust, II. Teil (Schlußszene)

Preis 20 Pfg.

Auf eigenen Wunsch wurde Mahler, todkrank, nach Wien gebracht, wo er am 18. Mai 1911 starb. Das Begräbnis auf dem Grinzinger Friedhof.

Alma Maria Mahler und ihr Töchterchen Anna Justine Mahler. Alma Mahler gab im Jahre 1924 die erste Sammlung von Briefen Gustav Mahlers im Paul Zsolnay Verlag heraus.

chen per Adresse Dr. Heinrich Krzyzanowski, Schellingstraße 70.

Daselbst treffe ich Donnerstag, den 18. ein. Montag ist hier Konzert – von der Stadt bin ich ganz berauscht! So eigenartig, fremdartig schön ist alles! Am Ende träume ich das alles nur, und wenn ich aufwache – zeigt es sich, daß ich eigentlich am Mars lebe!

Herzlichst
Ihr
Gustav Mahler

* Es handelt sich um die III. Symphonie, die Felix Weingartner, allerdings nur bruchstückweise, zum ersten Male im Rahmen der Symphonie-Abende der Königl. Kapelle in Berlin aufgeführt hatte.

220 An Anna von Mildenburg

HOTEL CONTINENTAL
MOSCOU, PLACE DES THÉÂTRES

Montag, *15.* März [1897].

Mein liebes Herz!
Eben komme ich aus der Generalprobe. Es geht ganz gut. – Ich bin doch sehr besorgt, daß ich noch kein Lebenszeichen von Dir habe. – Was kann denn der Grund hiervon sein? Hast Du alle meine Briefe bekommen? Dies ist mein *4.* aus Moskau! Hier spricht kein Mensch ein Wort deutsch und ich habe immer Angst, daß ich die Briefe nicht expediere. Morgen geht es fort nach *Berlin,* wo ich einen Nachmittag bleibe und bestimmt Briefe von Dir vorzufinden hoffe. – Von da nach *München,* wo ich unter Adresse

Dr. Heinrich Krzyzanowski, Schellingstr. 70

zu erreichen bin.

Wenigstens dahin schreibe sofort. *Freitag* treffe ich dort ein. Heute Abend kommt *Nikisch* hier an, der nächstens auch ein Konzert gibt. Da werde ich endlich mal ein deutsches Wort reden können. Ich bummle den ganzen Tag herum. Die Stadt ist herrlich anzuschauen und die Menschen beinahe südlich lebendig! Aber unglaublich bigott. Jeden 2. Schritt ein Heiligenbild oder eine Kirche, wovor alle Vorübergehenden stehen bleiben und sich an die Brust schlagen und kreuzigen nach russischer Sitte.

Ist Dir denn gar nicht ein bißchen bange nach mir? „Garstige"! Daß

Du nicht einmal eine Zeile schreibst. Oder sind Deine Briefe verloren gegangen.

Was gibt es wohl in Hamburg Neues?

Sei tausendmal gegrüßt u. geküßt, mein liebes Annerl

von Deinem treuen
Gustl

Quelle: Briefautograph. In GMB, 1924, nur der Abschnitt über Nikisch und die russische Frömmigkeit.

221 An Anna von Mildenburg

HOTEL CONTINENTAL
MOSCOU, PLACE DES THÉÂTRES

[Ohne Datum. Moskau, 16. März 1897]

Mein liebes Annerl!
Noch einen letzten Gruß vor der Abreise! Ich bin schon riesig froh, daß es fortgeht. So eine fremde Stadt lastet zu sehr auf dem Gemüt. Das Konzert ist sehr gut ausgefallen, so weit ich den Erfolg beurteilen kann. Das Publikum ist allerdings ganz undiszipliniert hier und nicht sehr aufmerksam. Das Konzert begann um *9 Uhr* und war um 12 Uhr zu Ende. – Nikisch war auch drin – nachher waren wir beide geladen. Um 4 Uhr kam ich erst in das Bett. Jetzt graut mir wieder vor [der] *3tägigen* Reise nach München, wo ich *Freitag* ankommen werde. (Heute ist Dienstag) Nun sind es noch 14 Tage, und dann bin ich wieder bei Dir, mein Lieb. Wie schaut jetzt wohl Hamburg aus?

Sei innigst umarmt und geküßt von

Deinem Gustav

Quelle: Briefautograph. In GMB, 1924, nur von „Ich bin schon riesig froh . . .“ bis „(Heute ist Dienstag)“. – *Datierung:* in GMB, 1924, nur „März 1897“. Die Erwähnung des Konzerts, das am 15. März westlicher Zeitrechnung stattfand, und die Nennung des Dienstag gestatten genaue Datierung.

222 An Adele Marcus

[Moskau, 16. März 1897]

Liebste Freundin!
Es wäre doch der Gipfel der Undankbarkeit, wenn ich nicht einen dieser Kartenbriefe an Sie richten würde. – Von Justi haben Sie meine kurzen Armeebefehle wohl auch erhalten? Ich habe also nur zuzufügen, daß das Konzert gestern anscheinend sehr gut ausgefallen ist. – Mitten im Siegfried-Idyll fiel es mir ein, daß ich zum erstenmal in meinem Leben für das liebe Geld allein Musik gemacht habe. Auch ein Fortschritt in diesem Jahre! Nun werde ich mir also bald die bürgerliche Achtung erringen!

Mit herzlichsten Grüßen

Ihr
Gustav Mahler

Datierung: In GMB, 1924, „Berlin, 19. 3. 97". Auch Martner datiert die Briefkarte überzeugend mit Moskau 16. März, weil das erwähnte „Siegfried-Idyll" zum Programm von Mahlers Moskauer Konzert am 15. März gehörte. Möglicherweise hat Mahler die Karte in Moskau geschrieben und in Berlin aufgegeben. Dann könnte es sich bei dem in GMB, 1924, angegebenen Datum um einen Poststempel handeln.

223 An Anna von Mildenburg

HABSBURGER HOF
BERLIN S. W. ASKANISCHER PLATZ 1

Donnerstag abends [18. März 1897]

Liebste!
Nach entsetzlich langer Fahrt von Moskau hier angekommen – sehr ermüdet und traurig, daß nicht eine Zeile von Dir hier zu finden war. Hoffentlich in *München*

(pr. Adr. Dr. Heinrich Krzyzanowski, Schellingstr. 70)

Riesig begierig bin ich auf Deine Nachrichten. Über Pollini lese ich in allen Zeitungen, daß er sich mit der Bianchi verlobt hat. Ich habe hell auflachen müssen! Die werden ein entzückendes Paar abgeben, und die arme Donna Elvira – [ein Wort: Eigenname, unleserlich]? Die Regentin von 30 Tagen!

Um 10 Uhr geht es wieder ab nach München, wo ich morgen um 11 Uhr ankommen werde. Seit 4 Tagen also werde ich in keinem Bett geschlafen haben!

Aber denke Dir, ich vertrage die Strapazen vortrefflich und bin in bester Laune. – Die Justi scheint sich über den Berliner Mißerfolg riesig zu kränken! Ich meinerseits dachte schon gar nicht mehr daran – und bin sogar in gewissem Sinn stolz darauf! In *10 Jahren* werden ich und die „Herren" uns wieder sprechen!

Bitte, schreibe mir, wie Siegfried und die Walküre ohne mich ausgefallen sind.

Denke Dir, auf der Fahrt zwischen Moskau und Warschau waren [!] kurz bevor mein Zug passierte ein Eisenbahnzusammenstoß geschehen – mitten im Felde mußte[n] wir plötzlich stehen bleiben und warten, bis die zertrümmerten Wagen aus dem Wege geräumt waren. – Sage aber *nichts* der Justi davon; die ist *zu ängstlich* und könnte die ganze Zeit nicht mehr schlafen. *Bitte, liebes Annerl,* sage ihr *bestimmt nichts!* Mir ist schon so schrecklich bange nach Dir! Vielleicht treffe ich in München den „Herrn Hofrat".

Sei vielmals geküßt und umarmt, mein liebstes Anni

von Deinem Gustav

Quelle: Briefautograph. In GMB, 1924, nur der Abschnitt über das Eisenbahnunglück (Brief. Nr. 160). Daran schließen sich zwei Absätze aus anderen Briefen Mahlers an die Mildenburg:

„Gestern also war die erste Probe. Die ist nun ein Martyrium für den Autor. Jetzt kommt gleich die 2., die mich hoffentlich für die gestrigen Leiden etwas entschädigen wird." (Mitte März 1896, als Mahler in Berlin für das Kompositionskonzert vom 16. März probte.)

„Mein Berliner Debut scheint die Gemüter noch immer lebhaft aufzuregen. Heute sende ich an Justi ein Referat der hiesigen Allgemeinen Zeitung, das mich lebhaft amüsiert hat. Die Herren bleiben sich immer gleich! Gott sei Dank, meine Wanderzeit geht ihrem Ende entgegen." (zwischen 20. und 23. März 1897, als Mahler in München das Konzert mit dem Kaim-Orchester vom 24. März probte.). – *Datierung:* in GMB, 1924, nur „März 1897". – *mit der Bianchi verlobt:* Bianca B. (1855–1947), Koloratursopranistin, unter Mahlers Direktion in Budapest tätig, wo sie am 13. November 1889 drei Lieder von Mahler sang. – *die arme Donna Elvira:* offenbar Anspielung auf eine von Pollini verschmähte Frau. – *den „Herrn Hofrat":* Bernhard Pollini.

224 An Friedrich Löhr

Donnerstag Abends [Ohne Datum,
Poststempel: Wien, 26. März 1897]

Lieber Fritz!
Halte mir den morgigen (Freitag) offen. Ich werde Dir noch Ort und Stunde angeben!

Ich bin riesig auf der Post [!] und muß mit jeder Minute geizen* [86].

Herzlichst
Gustav

* Bei diesem Aufenthalte Mahlers in Wien haben die Verhandlungen der Hoftheaterbehörden mit ihm begonnen, die zu seiner Berufung an die Wiener Oper führen sollten; hieraus erklären sich auch die folgenden Briefe.

Quelle: Briefautograph. – *Datierung:* „Donnerstag Abends" in GMB, 1924, nicht enthalten. Der 26. März des Poststempels war ein Freitag.

225 An Friedrich Löhr

HOTEL À LA REINE D'ANGLETERRE
BUDAPEST

[Ohne Datum. Pest, 31. März 1897]

Lieber Fritz!
Ich komme morgen (1. Apr.) Nachmittag in Wien an* [87] und werde Dich im Laufe des Nachmittags aufsuchen. – Richte es ein, daß ich die *Deinen* im Laufe des Nachmittags oder Abends sehen kann. – Den Abend möchte ich, falls Du Zeit hast, mit Dir allein verbringen. – Also hinterlasse, falls Du nicht zu Hause sein kannst, eine Nachricht für mich.

Herzlichst Dein
Gustav

NB. Ich bleibe nächsten Tag noch dort – muß aber jede Minute ausnützen.

* Mahler war von Wien nach Pest gefahren, um dort ein Konzert zu dirigieren.

Quelle: Briefautograph. – *Budapest:* Mahler dirigierte am 31. März ein Konzert der Budapester Philharmonie zugunsten des Vereins der Budapester Journalisten. Auf dem Programm standen das „Blumenstück" (2. Satz) aus Mahlers Dritter Symphonie, Beethovens Fünfte Symphonie u. a.

226 An Ludwig Karpath

[Wien] 3. April 1897

Lieber Freund!

Denken Sie sich das Pech. Exz. v. B.* hat bis 11 auf mich gewartet (mir wurde diese Stunde offenbar irrtümlich angegeben) und mußte dann fort. Um 12 kam er zurück, war aber so okkupiert, daß er mich nicht empfangen konnte, so daß ich, Verzweifelnder, wieder bis morgen warten muß.

Vielleicht sehe ich Sie zum Frühstück wieder Europa**, 1/29 Uhr.

Mit schönsten Grüßen

eiligst

Gustav Mahler

* Freiherr von Bezecny, der Generalintendant der Wiener Hoftheater.

** Das frühere Cafe de l'Europe.

227 An Ludwig Karpath

[Wien] 7. April 1897
[4. April 1897]

Lieber Freund!

Entscheidung fällt morgen; es soll nach wie vor günstig stehen*.

Ich muß leider infolge erhaltener Depesche eiligst zurück! Bitte, senden Sie mir alles Interessante nach Hamburg, Bismarckstr. 86.

Hoffentlich auf baldiges Wiedersehen!

Herzlichen Dank für Ihre Freundschaft.

Ihr

Gustav Mahler

* Es handelte sich um die Entscheidung über Mahlers Berufung als Kapellmeister an die Wiener Hofoper.

Datierung: Das Datum „7. April 1897" in GMB, 1924, beruht vermutlich auf einem Irrtum. Martner, dem Karpaths Entwürfe für GMB, 1924, vorliegen, nennt den 4. April. An diesem Tag unterzeichnete Mahler in der General-Intendanz der Wiener Hoftheater eine Erklärung, daß er bereit sei, „ein Engagement als Kapellmeister am Wiener Hofoperntheater auf ein Jahr ab 1. VI. mit einem Jahresbezug von 5000 fl.

anzunehmen" und „mit dieser Erklärung bis 15. April a. C. im Worte" zu bleiben. (Kurt Blaukopf, Mahler. Sein Leben, sein Werk und seine Welt in zeitgenössischen Bildern und Texten, Wien 1976, S. 211).

228 An Emil Freund

Hamburg, 9. April 1897

Lieber Emil!
Bitte, übersende mir die Wiener Abendpost und alle Wiener Morgenblätter, in denen meine Ernennung notifiziert ist! Womöglich umgehend!

Herzlichst
Gustav

die Wiener Abendpost: diese Zeitung brachte am 8. April 1897 kommentarlos die Nachricht von Mahlers Engagement als Kapellmeister an die Wiener Hofoper.

229+ An Eduard Wlassack

Hamburg, 9. Apr. 1879 [!]

Hochverehrter Herr Regierungsrat!
Ich dachte eben darüber nach, in welche Worte ich die Empfindungen der Dankbarkeit und Freude fassen könnte, welche mich in Erinnerung an alles das, was Sie für mich getan, beseelen. – Beinahe fühle ich mich beschämt; denn ich weiß, *was* ich Ihnen schulde, und daß ich nie im Stande sein werde, Gleiches mit Gleichem zu vergelten.

Und wie weit ging diese Sorgfalt und Güte, die Sie in den letzten Tagen so uneigennützig und edelmütig an mich verschwendet! – Ich bitte es für keine Phrase zu halten, wenn ich Ihnen sage, daß ich mich durch Ihre Bekanntschaft allein für alle Mühe und Aufregungen dieser Zeit hinlänglich belohnt gehalten hätte, auch wenn diese Bemühungen nicht zu diesem mich beglückenden Resultat geführt hätten. – Doppelt freudig muß ich es begrüßen, daß diese Tage mit all den kleinen und großen Sorgen uns schnell über die gewöhnlichen Schranken hinaus einander näher geführt, als dies unter gewöhnlichen Umständen der Fall hätte sein können. Ich möchte es beinahe als einen Waffengang ansehen, der uns durch ein gemeinsames Ziel und einen gemeinsamen Feind vereinigt und zu Waffenbrüdern gestählt.

Ich fühle, daß wir beide zusammen dort an der Stätte der kleinlichen

Interessen und des laissez aller eine Macht bilden können, an der alle Indolenz und Unehrlichkeit scheitern müssen. Ich komme mit einer wahrhaft freudigen Zuversicht an, und bitte Sie, mein lieber und hochverehrter Herr Regierungsrat, mir auch fernerhin zu vertrauen und mich zu unterstützen in dem gewissen und heißen Kampfe, dem ich entgegenschaue. – Ich habe seinerzeit ganz ähnliche Verhältnisse in Pesth vorgefunden. – Aber es war doch leichter für mich, da ich mit unumschränkter Machtvollkommenheit gleich von Uranfang an ausgerüstet war, während ich hier mich mit aller Vorsicht und der Gebundenheit, welche in der Natur meiner anfänglichen Position liegt, werde längere Zeit zu rechnen haben.

Ich werde hier nun alles aufbieten, um möglichst schnell gänzlich zu Ihnen übersiedeln zu können. – Leider ist eben Pollini nicht anwesend, kommt aber Sonntag zurück. Ich werde nicht verfehlen, Ihnen das Ergebnis meiner Bemühungen telegrafisch mitzuteilen. – Es kommt nunmehr alles darauf an, mich künstlerisch in Wien möglichst rasch und vorteilhaft einzuführen und dazu scheint mir die Zeit von *Richters* Abwesenheit die günstigste zu sein. Ich denke, am besten wäre eine *Wagner*sche Oper und der *Fidelio;* dies wären die beiden Hauptrichtungen und es würde den Wagnerianern sowohl wie den Klassizisten dadurch genug getan. – Die Hauptsache wäre es hierauf, einen Feldzugsplan für die nächste Saison zu entwerfen, und sowohl *Neuinszenierungen* wie *Novitäten* so anzusetzen, daß durch vorteilhafte Disposition und voller Ausnützung des Personals und der Zeit je eine Neuinszenierung und eine Novität zusammen herausgebracht werden könnte. Wir könnten so schon im Laufe der nächsten Saison aus dieser Repertoire-Misère hinauskommen. Und ich weiß aus Erfahrung, daß das Publikum sehr leicht zu überrumpeln ist, wenn es *einen Aufschwung* merkt. Es kommt sozusagen alles in Schwung. Aber – die Feder läuft mir unter der Hand weg, so wie ich auf dieses Thema komme. Und ich sehe Sie schon lächeln, wenn Sie den Renner sehen, der es nicht mehr im Stalle aushalten kann.

Herrn von Besetzny [!] habe ich auch eben geschrieben. – Wie ich ihn nun zu kennen glaube, haben Sie ein wahres Kunststück zu Wege gebracht, ihn so rasch zu einem Entschluß und seiner Ausführung zu bringen. Was wir dadurch gewonnen haben, ist jetzt noch gar nicht auszudenken.

Ich danke Ihnen nochmals vom Herzen und drücke Ihnen die Hand, mein lieber und hochverehrter Herr Regierungsrat, als Ihr für immer

treu ergebenster
Gustav Mahler

Quelle: Briefautograph. – *Datum:* Jahreszahl zeigt einen Schreibfehler Mahlers. Es soll natürlich 1897 heißen. – *meiner anfänglichen Position:* diese Wendung bestätigt, daß Rosa Papier und Regierungsrat Wlassack von Anfang an Mahler das Direktorsamt in Wien in Aussicht gestellt hatten. – *eine Wagnerische Oper:* Mahler debütierte in Wien am 11. Mai 1897 mit „Lohengrin". –

230 An Ludwig Karpath

Hamburg, Hoheluft, Bismarckstr. 86
11. IV. 97

In Eile.

Lieber Freund Karpath!

Nehmen Sie herzlichsten Dank für Ihre freundschaftlichen Bemühungen und vor allem für Ihre *Diskretion,* ohne die noch im letzten Momente hätte alles schief gehen können. – Sie haben sich dadurch für immer ein Anrecht auf mein Vertrauen und [meine] Freundschaft erworben. –

Donnerwetter! Eben erfahre ich die Nachricht von der *Demission* Bezecnys. *Das kommt zu früh!* (dies war nämlich die schwere Krise, die ich Ihnen angedeutet, und durch welche sich mein Engagement, das vom Fürsten Liechtenstein * schon *beschlossen* war, sich [!] so plötzlich und unvorhergesehen verzögerte). – Ob die antisemitischen Blätter nicht Kapital daraus ziehen werden? Z[um] B[eispiel] durch die Darstellung, als ob ihn *mein* Engagement gestürzt hätte! *Dem* muß unbedingt vor- und entgegengearbeitet werden! Bitte, lieber Freund, halten Sie ein Auge offen und mich auf dem Laufenden! Orientieren Sie mich recht häufig u[nd] schnell. Eventuell suchen Sie mir Winke in Beziehung auf mein Verhalten zu geben.

Heute oder morgen kommt Pollini zurück, und ich werde versuchen, meine sofortige Entlassung zu erwirken!

Herzlichst und in aller Eile grüße ich Sie.

Ihr ergebener
Gustav Mahler

* Der Obersthofmeister des Kaisers, zugleich „oberster Hoftheaterdirektor", die auch dem Generalintendanten übergeordnete Instanz.

Quelle: Briefautograph. – *von der Demission Bezecnys:* Josef von Bezecny blieb noch bis Anfang 1898 General-Intendant der Hoftheater.

231 An Ludwig Karpath

[Hamburg] 15. April 1897

Lieber Freund!
Herzlichen Dank für Ihre Mitteilungen! Ein Ausschnitt der „Allgemeinen Zeitung", der mir soeben zugegangen, erzählt von „Äußerungen", die ich gemacht haben soll: „Reorganisation – Pensionierungen – Neuengagements!" Das kann mir nicht nützen – sondern nur die Mitglieder auf den Hals hetzen.

Himmel – in welch ein Wespennest habe ich da hineingestochen! Für heute nur die vertrauliche Mitteilung, daß ich am 27. April bereits in Wien stehen werde. Ich habe diese Mitteilung nur an Bezecny und Wlassack* gemacht, und es muß denen überlassen bleiben, nach welcher Richtung sie davon Gebrauch machen wollen. –

Ist es wahr, daß noch jemand neben oder „über" mir engagiert werden soll?

Herzlichst in Eile
Ihr
Gustav Mahler

* Hofrat Dr. Ed. Wlassack, Kanzleidirektor der Generalintendanz.

232 An Friedrich Löhr

[Ohne Datum. Poststempel:
Hamburg, 15. April 1897]

Lieber Fritz!
Ich bin selbst schon ganz wahnsinnig von diesem Hexensabbath. – Die Hauptsache ist: ich bin *27. Apr.* in Wien und werde den Stier bei den Hörnern packen. Aber allerdings: sehr hoffnungsvoll sieht sich dieser Anfang nicht an! – Aber ich *tue recht* und *scheue niemand.* Und wenn ich den Herrn nicht recht bin, so sollen sie mir den Buckel hinaufkraxeln. Gesindel! Freund und Feind!

Herzlichst
Dein
Gustav

Quelle: Briefautograph.

233 An Max Marschalk

[Ohne Datum. Hamburg, 20. IV. 97]

Lieber Freund Marschalk!
Ich übersende Ihnen Ihren armen Lobetanz, dem ich hier leider kein Quartier verschaffen konnte. – Für ihn und Ihre anderen Kinder hat es sich gut getroffen, daß ich mich nun „verbessern“ werde, und ich verspreche Ihnen, wenn ich nur einmal selbst „zu Hause“ bin, mich der Verwaisten anzunehmen, so gut ich es im Stande sein werde.

Ob ich recht daran getan, Wien anzunehmen, weiß ich nicht! Ich gehe mit großer Sorge der nächsten Zukunft entgegen; ich erbitte mir zunächst nur eines von der Vorsehung: sie möchte mich nicht zu lange meinem *„Berufe“* entziehen. Sie wissen ja, am allermeisten habe ich mich vor einer Direktionsstellung gefürchtet; und nun ist gerade *das* gekommen. Aber: vederemo! Lassen Sie mal was von sich hören und vor allem lassen Sie die Fäden, die sich zwischen uns geknüpft, nie wieder abreißen. Ich bedarf in der nächsten Zeit sehr Ihrer Nachsicht; ich werde alle Hände voll haben und Kopf und Herz dazu! Vielleicht suchen Sie mich in Wien auf!

Herzlichst
Ihr
Gustav Mahler

Briefe treffen mich allemal k. k. Hofoper, Wien.

Quelle: Briefautograph. In GMB, 1924, ohne den ersten Absatz publiziert. – *Datierung:* auf dem Briefautograph von fremder Hand, möglicherweise von Marschalk. – *ich verspreche Ihnen:* Mahler hat keine der Opern von Marschalk aufgeführt. – *meinem „Berufe“ entziehen:* dem Komponieren. – *lassen Sie die Fäden . . . nie wieder abreißen:* von dem Fortbestand der Beziehung zwischen Mahler und Marschalk zeugt eine Reihe von unveröffentlichten Schreiben Mahlers an Marschalk in der Deutschen Staatsbibliothek, Berlin, DDR. Es scheint auch mehrere persönliche Begegnungen gegeben zu haben.

234 An Friedrich Löhr

[Ohne Datum. Poststempel:
Hamburg, 20. April 1897]

Lieber Fritz! Warten! Auf allen Linien warten, bis ich komme! Nächsten Dienstag (27. Apr.) bin ich [in] Wien! Ich kann es noch kaum glauben!

Auf einen *Tanz* muß ich mich gefaßt machen; werde aber versuchen, *selbst* den Takt dazu anzugeben!

Herzlichst – auf Wiedersehn!

Dein
Gustav

Erzählen und vorbereiten kannst Du Vesques[88] immerhin!

Quelle: Briefautograph.

235 An Bruno Walter

[Ohne Datum. Hamburg. April 1897]

Lieber Schlesinger!
Ich habe Sie an Dir. Rudolph in Riga in *sehr warmen* Worten empfohlen und ich hoffe, daß er Sie engagieren wird, falls eine Stelle wirklich frei ist. Auch sonst können Sie ja nach alledem ganz außer Sorge sein, was Ihnen Harder gesagt. Auch meine Empfehlungen werden von nun an schwerwiegender sein. Also – all right!

Was sagen Sie zu Wien?*

Herrn Löwe werde ich bei Gelegenheit meine Meinung sagen.

Herzlichst
Ihr Mahler

* Mahler war damals gerade nach Wien berufen worden.

Quelle: Briefautograph. Der Name Harder und der letzte Satz fehlen in GMB, 1924. – *Datierung:* In GMB, 1924, „etwa Frühjahr 1897“. Mahler war im Frühjahr 1897 nur ca. 14 Tage im April in Hamburg. – *Dir. Rudolph:* Direktor Julius R. (1855–1915), zuerst Schauspieler, dann Theaterdirektor in Göttingen, Halle, Riga und Hannover. – *Harder:* Carl H., Mitinhaber der Theateragentur E. Drenker in Berlin.

236 An Arnold Berliner

[Ohne Datum. Poststempel:
Hamburg, 22. April 1897]

Lieber Berliner!
In aller Eile nur herzlichsten Dank für Ihren Brief. Daß er mich sehr erfreut hat, muß ich doch ausdrücklich erwähnen, da Sie es in Ihrer Einleitung bezweifeln. Meine Berufung nach Wien hat zunächst nur eine unerhörte Unruhe und Kampferwartung in mein Leben gebracht. Ob es die mir gemäße Stellung ist, muß ich erst abwarten. In allen Fällen muß ich mich auf ein Jahr der erbittertsten Gegnerschaft aller Elemente, die nicht wollen oder können (was gewöhnlich zusammenfällt) gefaßt machen.

Besonders Hans Richter soll alles aufbieten, um mir die Hölle heiß zu machen*. Aber: vederemo! Hier war ich ja auch nicht auf Rosen gebettet, und besonders in letzter Zeit mußte ich geradezu Unwürdiges über mich ergehen lassen.

Ein neues Kapitel beginnt wieder. Aber ich ziehe in die Heimat ein, und werde alles daransetzen, um meine Wanderschaft für dies Leben zu beendigen. Hoffentlich sehe ich Sie einmal in Wien und wir plaudern wieder wie in alten Zeiten. Ich bin in furchtbarer Hetze und muß schließen.

Mit herzlichsten Grüßen

Ihr ergebener
Gustav Mahler

* Mahler hat B. von einem Briefwechsel mit Richter erzählt, der diese Auffassung vollauf rechtfertigt. Wertvoller Beitrag zum Thema: Mahler im Urteile seiner Zeitgenossen.

237 An Ludwig Karpath

[Hamburg, zwischen 18. und 23. April 1897]

Lieber Freund!
Für heute nur herzlichsten Dank für Ihre Mitteilungen. Ich habe die Hände voller Arbeit. – Samstag also meine Abschiedsvorstellung, und Sonntag ab nach Wien, wo ich Montag eintreffe. Ich werde Sie nach meiner Ankunft gleich benachrichtigen. Vielleicht speisen wir Montag zusammen?

Nun auf baldiges Wiedersehen! Von wem ist denn der Artikel im „Fremdenblatt", der wirklich reizend liebenswürdig ist! Und so „wohlinformiert!"*

Herzlichst

Ihr
Gustav Mahler

* Karpath lancierte diesen Aufsatz durch den ihm befreundeten Redakteur des Wiener Fremdenblatts Julius Stern, dem er das Material für den Aufsatz lieferte.

Datierung: In GMB, 1924, „13. April 1897". In „Begegnung mit dem Genius" (a. a. O.) datiert Karpath diesen Brief mit 23. April. Mahlers Hinweis auf die Abreise am Sonntag (25. April) läßt schließen, daß der Brief zwischen Montag, 18., und Freitag, 23. April, geschrieben wurde.

238 An Camilla v. Stefanovic-Vilovsky

[Ohne Datum. Poststempel:
Hamburg, 25. IV. 1897]

Verehrte Freundin!
Ihre lieben Zeilen finden mich eben vor der Abreise – ich könnte beinahe sagen – vor dem „Einsteigen"! Herzlich habe ich mich über dieselben gefreut; ich hänge an meinen Jugendjahren u. deren Eindrükken so wie Sie! Es ist mein höchstes Glück – nicht eine äußerlich glänzende Stellung errungen zu haben, sondern mir nunmehr eine Heimat, meine Heimat gewonnen zu haben; das heißt, wenn mich die Götter führen werden. Denn auf einen erbitterten Kampf muß ich mich gefaßt machen.

Versäumen Sie es ja nicht, wenn Sie nach Wien kommen, mich aufzusuchen! Sie werden dadurch Ihrem alten Freunde und „Kollegen" eine große Freude bereiten. Vielleicht musizieren wir mal zusammen, wie in alter Zeit* und ich verspreche Ihnen, Sie ebenso wie damals zu „piesacken". Einverstanden?

Ihrem Herrn Gemahl bitte ich meine herzlichsten Grüße und Empfehlungen auszurichten. Hoffentlich werde ich auch einmal die Auszeichnung genießen, seine persönliche Bekanntschaft zu machen.

Mit den herzlichsten Grüßen

Ihr aufrichtig ergebener
Gustav Mahler

Von morgen ab in Wien!

* Die Adressatin ist die in den Achtzigerjahren unter dem Künstlernamen Mila v. Ott wohlbekannte Geigerin, die mit Mahler von Iglau und durch die Jahre des Studiums am Konservatorium der Gesellschaft der Musikfreunde in Wien befreundet war.

Datierung: In GMB, 1924, „Hamburg, 25.? 1897". Zweifellos handelt es sich um den April.

239+ An Rudolph Prinz von und zu Liechtenstein

[Wien] Hôtel Bristol 29. April 1897

Euerer Durchlaucht
melde ich gehorsamst, daß ich in Wien angekommen bin und meine ergebenste Aufwartung machen möchte.

Ich bitte Ew. Durchlaucht um die Gnade, mir hiefür eine Stunde bestimmen zu wollen.

ehrerbietigst
Gustav Mahler
Kapellmeister am k. k. Hofoperntheater

Quelle: Briefautograph.

240 An Ludwig Karpath

[Ohne Datum. Wien, Ende April–Anfang Mai 1897]

Lieber Freund!
Als ich zu Jahn kam, mußte ich warten, da gerade Hans Richter sich bei ihm befand. – Als ich vorgelassen wurde, kam mir Jahn sehr freundlich entgegen – rief gleich Wondra* herbei. Er bot mir als Debüt den Don Juan an, den ich natürlich akzeptieren mußte. Als zweite Vorstellung erbat ich mir Tannhäuser am Dienstag darauf; worauf er als dritte Vorstellung für Hans Heiling plaidierte. Es scheint, daß die Direktion die offizielle Veröffentlichung vor hat; ich bitte daher „abzuwarten"**. Ein „Bild" kann ich mir von der Situation noch nicht machen! Was anderes als Don Juan wäre mir schon lieber – aber ich durfte es nicht zurückweisen.

Wann sehe ich Sie?

Ihr eiligster
Gustav Mahler

* Der artistische Sekretär der Wiener Hofoper.

** Karpath wußte von allem Anfang an von den Verhandlungen der Hoftheaterintendanz mit Mahler, machte aber nach Mahlers Wunsch vor der offiziellen Verlautbarung keinen journalistischen Gebrauch von seinen Informationen.

Datierung: in GMB, 1924, „ungefähr Ende April 1897", in „Begegnung mit dem Genius" (a. a. O.) „Wien, April 1897". Martner datiert mit Anfang Mai 1897. – *als Debüt den Don Juan:* vermutlich die Vorstellung vom 9. Mai, die schließlich von Hans Richter dirigiert wurde. Mahler debütierte am 11. Mai mit „Lohengrin". – Vorher noch fuhr er im Auftrag Direktor Jahns nach Venedig, um „La Bohème" von Leoncavallo und die Oper gleichen Titels von Puccini kennenzulernen.

241 An Anna von Mildenburg

DIE K. U. K. DIRECTION DES KAIS. KÖN. HOFOPERNTHEATERS IN WIEN

[Wien] 14/V 97

Mein liebstes Annerl!
Gestern und vorgestern kam ich nicht einmal dazu, Dir ein Wort zu sagen. Es war ein schrecklicher Wirrwarr von Gratulationen, Besuchen etc.! Gott sei Dank! Es ist nun alle Not vorüber! *Ganz Wien* hat mich geradezu mit *Enthusiasmus* begrüßt! Jetzt kommen nächste Woche Walküre, Siegfried, Figaros Hochz[eit] u. Zauberflöte. Es ist kaum mehr daran zu zweifeln, daß ich in absehbarer Zeit *Direktor* werde. –

Wegen Amerika, mein Lieb, rate ich Dir *unbedingt* ab! Die Gefahr, daß Du Deine Stimme einbüßen könntest, ist *zu groß* bei Deiner Jugend! Außerdem reißt sich ja schon die ganze Welt um Dich, Wien, München, Dresden u. Berlin passen nur auf die *Gelegenheit,* Dich zu bekommen. Das Feld bei Pollini habe ich schon bearbeitet. Er läßt Dich sicher, in 1, längstens 1½ Jahren frei! Ich stellte mich in Hinsicht darauf sehr gut mit ihm und habe in Venedig so ziemlich alles abgemacht.

Für Amerika hast Du in 15 Jahren auch noch Zeit. Schließe *nichts* ab, wenn es noch so glänzend aussieht, bevor Du mich befragt! Deine Frage, ob ich die Absicht habe, Dich wiederzusehen, ist sehr dummerl[!]! Du Fratz! Natürlich werde ich Dich in Bayreuth zunächst aufsuchen, und dann in Hamburg und überall, wo Du nur sein wirst! Schaferl!

Beiliegende Rezension gib der Justi, wenn Du sie gelesen! So schauen alle aus! Orchester u. Chor und die Solisten sind begeistert für mich! Meine Position ist mit einem Schlag dagewesen.

Erzähle mir doch, wie es bei Euch am Theater (in der Strafanstalt) ausschaut!

Ich küsse Dich tausendmal, mein geliebtes Annerl! Schreib mir bald wieder

Dein Gustl

Quelle: Briefautograph. In GMB, 1924, Brief. Nr. 161, nur der 1. Absatz und die Frage nach der „Strafanstalt". Daran schließen sich zwei Sätze aus Mahlers Brief an die Mildenburg vom 16. Mai 1897: „Es geht famos. Das ganze Personal ist *sehr* für mich eingenommen, und meine Position ist eine exceptionelle, *glänzende*!" – *Datierung:* In GMB, 1924, „17. Mai 1897", obwohl von Mahler selbst mit 14. datiert. – *Jetzt kommen nächste Woche:* die genannten Vorstellungen fielen zum Großteil aus, da Mahler erkrankte. – *in Venedig:* siehe Anmerkung Brief 240.

242+ An Richard Heuberger

[Wien] 31. Mai 1897

Lieber Freund!
Liege wieder (seit der „Zauberflöte")! Im Hals Abszeß – sehr schmerzhaft, eben geschnitten worden. Morgen daher *keine* „Figaros Hochzeit"!

Leoncavallos Musik und Partitur ganz wie der Autor selbst. Hohl, aufgeblasen, aufdringlich, überall Stich ins Gemeine. Instrumentation *äußerlich,* lärmend und aufdringlich, für mich geradezu widerwärtig. Ein Takt *Puccini* ist mehr wert als ganz Leoncavallo.

Herzlichst aus dem Bette Ihr

Mahler

Quelle: Ungedruckte Briefe von Gustav Mahler, Anbruch, Jg. 18 (1936), Heft 3, S. 67. – *seit der „Zauberflöte":* die von Mahler dirigierte Vorstellung vom 29. Mai 1897. – *Leoncavallos Musik:* es handelt sich um Leoncavallos Oper „Bohème" (siehe auch Anmerkung Brief 240).

243 An Ludwig Karpath

Wien, 1. Juni 1897

Lieber Karpath!
Gestern wurde mir endlich ein Abszeß in der Mandel geschnitten! Falls Sie nicht die Ansteckung fürchten, so besuchen Sie mich auf ein Viertelstündchen, ich bin heute noch zimmerhütend.

Herzlichst
Ihr
Mahler

244 An Emil Freund

[Ohne Datum, 1897]

Lieber Freund!
Bitte, pumpe mir für einige Tage 200 fl. –

Adler* schreibt eben, wenn mein Curriculum vitae nicht binnen 2 Tagen in seinen Händen ist, so muß die ganze Aktion bis zum Herbst liegen bleiben!

Also augenblicklich absenden!

Prof. Dr. G. Adler
Prag-Weinberge

Herzlichst
Mahler

* Dr. Guido Adler, Freund Mahlers, derzeit Professor der Musikgeschichte an der Universität Wien, erwirkte bei der „Gesellschaft zur Förderung deutscher Kunst in Böhmen" die Subventionierung der Veröffentlichung der Symphonien I–III. [siehe auch Verzeichnis der Adressaten]

245 An Bruno Walter

[Ohne Datum. Wien,
Ende Mai–Anfang Juni 1897]

Lieber Schlesinger!
Sie täuschen sich ganz gewaltig, wenn Sie glauben, daß Sie ein Theater à la Mannheim auf *ein* Jahr engagiert. Meiner Ansicht nach ist es höchste Zeit, daß Sie jetzt Ihr Jahr abdienen. Ihre Bedenken wegen nicht genug Routine etc. sind *Stiefel!* Ich garantiere Ihnen, daß Sie genug Routine haben. Wenn Sie [18]98 Mannheim bekommen könnten, so würde alles daran scheitern, wenn Sie 99 Ihr Jahr abzudienen hätten. Bei *Riga* ist dies gleichfalls der Fall. An *Rudolph* habe ich Sie seinerzeit so warm empfohlen, daß ich nicht daran zweifle, daß er Sie engagiert, wenn eine Vakanz da ist. – Also meiner Ansicht nach: *abdienen.*

Nichtsdestoweniger will ich an Dir. Wester[?] schreiben, wenn Sie glauben, daß das etwas nützt. Aber, was gewinnen Sie schließlich dadurch? Meine Empfehlungen werden von nun an (falls ich leben bleibe) immer wirkungsvoller werden. Falls ich in Wien Direktor werde (wozu, *entre nous,* in allerkürzester Zeit gegründetste Aussicht ist)*, werde ich Sie zwar vorderhand nicht selbst engagieren können; aber für Sie [zu] wirken ganz sicher alle Gelegenheit haben. Aber vor allem: *übertreten* und *abdienen!*

Mir geht es leider noch immer sehr schlecht. Mich hat jetzt das Kranksein gewaltig am Zipfel!

Nehmen Sie daher mit diesen abrupten Zeilen eines Rekonvaleszenten vorlieb, der eben wieder daran ist, sich ins Bett zu legen. (Meine Schwestern wissen es noch nicht.)

Herzlichst
Ihr
Gustav Mahler

Der Brief an Westen geht mit diesem ab!

* Mahler war damals noch Kapellmeister an der Wiener Hofoper. B. W. hatte ihn wohl gefragt, ob es nicht besser wäre, er holte sich in einem weiteren Theaterjahr erst noch mehr Routine und diente danach sein Jahr ab; bald danach erhielt er auf Mahlers Empfehlung ein Engagement als erster Kapellmeister in Preßburg.

Quelle: Briefautograph. – *Datierung:* In GMB, 1924, „August 1897", auch bei Martner. Der Bericht von der Erkrankung („Meine Schwestern wissen es noch nicht") legt eher die letzten Mai- oder ersten Juni-Tage nahe. – *Westen:* oder Wester, nicht eindeutig zu identifizieren. – *Aber vor allem: übertreten ...*: Dieser Satz in GMB, 1924, nicht enthalten. Mahler gibt Bruno Walter den Rat, zum Christentum überzutreten und den Militärdienst zu leisten. – *Meine Schwestern ...*: Dieser Satz fehlt in GMB, 1924.

246 An Anna von Mildenburg

[Ohne Datum. Wien, 4. Juni 1897]

Liebes, gutes Annerl!

Himmel, was war denn das?! Hast Du denn nicht gewußt, daß ich krank war? Es waren furchtbare Tage. Ich lag eine Woche im stärksten Fieber, ohne einen Bissen zu mir zu nehmen. Noch heute bin ich so schwach! Du würdest erschrecken, wenn Du mich sähest. Das kam alles so plötzlich, daß ich nicht einmal eine Zeile schreiben konnte. An Justi ist darum nicht geschrieben worden, um sie nicht unnötiger Weise hieher zu lotsen. Heute Abend kommt sie übrigens aus Berlin an. Die wird Augen machen, wenn sie mich sehen wird. – Nach Deinem Briefe zu urteilen, scheint es zwischen Euch was „gegeben zu haben". Aus ihren Briefen habe ich allerdings *nichts* gemerkt. Die letzte Bemerkung war, daß sie Dich zur Bahn nach Bayreuth gebracht. – Da kann ich mir denken, wie Du alles in einen Zusammenhang gebracht! – *Kennst Du mich denn noch nicht besser?*

Nun bist Du ja in Bayreuth und wirst wohl mitten im Studium sein! Ich dirigiere morgen wieder *Flieg*[ender] *Holl*[änder] u. übermorgen Lohengrin.

Du würdest eine Freude haben, Annerl, wenn Du meine Position hier sehen könntest! Und wie mich das ganze Personal *gern* hat! Man kommt sich wirklich, wie aus einem Strafhause entsprungen vor!

Nach Berlin schließ doch *noch nicht* ab! Du hast ja Zeit! So was geht Dir nicht verloren. Sie werden noch mit ganz anderen Anträgen herausrücken! Übereile nur nichts. Heute kann ich nicht weiter vor Schwäche! Es sind die ersten Zeilen seit 3 Wochen, die ich schreibe.

Ich küsse Dich tausendmal, Du *Dumme* und *Garstige!*

Jetzt schreib wieder lieb und erzähle mir über die letzten Zeiten von Hamburg und die ersten von Bayreuth. Dein treuer

Gustl.

Grüße vielmals Deine liebe Mama
Schreib mir Deine Adresse.

Quelle: Briefautograph. In GMB, 1924, daraus nur drei Sätze enthalten. – *Datierung:* In GMB, 1924, „Juni 1897". Die Vorstellung des „Fliegenden Holländer" unter Mahler am 5. Juni macht eine eindeutige Datierung möglich.

247 An Anna von Mildenburg

[Wien] *12. Juni 1897*

Meine liebe, gute Anna!
Gepflegt wurde ich abwechselnd von der Elise, die bei mir gewohnt hat, und der Natalie Bauer. – Um Euch nicht unnötig aufzuregen, habe ich weder Dir noch der Justi den wahren Sachverhalt mitgeteilt. – Mein Hals ist noch immer in einem entsetzlichen Zustand, und ich befürchte, daß ich noch einen oder 2 Abscesse durchmachen muß. Ich soll einen vernachlässigten chronischen *Rachen* und Nasenkatarrh haben, wie mir der Operateur gesagt, und muß mich zunächst einer täglichen Höllensteinpinselung unterziehen. Im August, wenn ich zurückkomme, werde ich nochmals gründlich operiert. Dies sind also die lieblichen Aufklä-

rungen, mein liebes Annerl, die ich Dir gerne erspart hätte. *Gefährlich* ist ja die Sache *nicht;* aber schmerzhaft und langwierig. Und nun soll ich versuchen, ob mir die *Bergluft (800 Meter)* nicht gut tut. Ich habe ein Häuschen in *Kitzbühel,* Tyrol, gemietet. Da gehe ich morgen schon hin. *Mitte Juli,* zum Beginn der Festspiele, hoffe ich in Bayreuth einzutreffen. Bitte, telegrafiere mir *sofort,* sowie Dir bekannt wird, *wann* Du zum *erstenmale* auftrittst. Da muß ich unbedingt dabei sein!

Hier ist es vor Hitze nicht mehr auszuhalten. Die hat mich auch so heruntergebracht und in der Rekonvaleszenz gestört.

Wirst Du nicht doch einmal die Brünnhilde singen? Es sollte mich wundern, wenn es durch Zufall nicht doch dazu käme! Mir ist hier das Glück bis jetzt noch treu geblieben! So daß ich ordentlich froh bin, den „Göttern" mit meiner Krankheit einen Tribut entrichtet zu haben. Es wäre mir sonst wirklich unheimlich! Der Gegensatz zwischen den hiesigen u. Hamburger Theaterverhältnissen ist zu groß! Aber eine Sängerin, die Dir auch nur das *Wasser reichen* könnte, existiert weder hier noch wo anderswo[!].

Ich bitte Dich, mein liebes Annerl, vergiß nur nie, daß Korrektheit die Seele einer Kunstleistung ist. Du neigst ja ein wenig zur „Schlamperei" und jetzt wird keiner mehr da sein, der Dich zur rechten [Zeit] ausschimpft, lieber Kerl!

Wir werden ja doch einmal wieder zusammen wirken! Denk Du nur immer daran bei *allen* Partien, die Du studierst oder singst! Deinen Briefen merke ich es noch immer an, daß Du mir *gram* bist! *Warum?* Wodurch habe ich es denn mir zugezogen? Mit Justi habe ich noch gar nicht über Dich gesprochen. Erstens sah ich sie in der hiesigen furchtbaren Hatz nicht. 2. habe ich auch eine tüchtige Scheu davor! Gestern ist sie schon vorausgefahren. Morgen folge ich! Ich küsse Dich innigst (Garstige!) und grüße Deine Mama herzlichst

Dein Gustl.

Deinen nächsten Brief schon nach *Kitzbühel* in Tyrol.

Quelle: Briefautograph. In GMB, 1924, nur von „Mein Hals ist noch immer . . ." bis „. . . in Bayreuth einzutreffen." – *Elise:* lt. La Grange, Köchin bei Mahler und seinen Schwestern. – *Gefährlich ist ja die Sache nicht:* Mahlers Todeskrankheit begann im Herbst 1910 mit einer Halsentzündung.

248 An Adele Marcus

Kitzbühel, 18. Juni 97

Liebe, gute Freundin!
Es geht mal wieder was vor! Und etwas ist immer! – Ich melde Ihnen, daß wir wieder einmal im Begriffe sind, einzupacken, um Wohnung zu suchen. – Unten im Ort ist eine Scharlachepidemie zum Ausbruch gekommen, und es bleibt uns leider nichts anderes übrig, als wieder ein Häuserl weiter zu gehen. – Sie können sich unser Mißgeschick nun ausmalen. Wir ertragen es mit bestem Humor – ganz nach Mahlerischer Manier. – – –

Wie ich höre, ist mein Stern in Hamburg wieder im Aufsteigen, und Fräulein Sans soll sich sogar ernstlich mit dem Gedanken tragen, mich doch nun zum Dirigenten der Philharmonischen zu machen. Wenn das so fort geht, so wird mich sogar Marwege* noch einmal für einen ganz passabeln Dirigenten halten. –

Wie konnten Sie nur so eine Dummheit machen, in der Heimhuderstraße weiter zu mieten, da wir schon mitten drin waren, Ihnen in Wien eine angenehme Etage auszusuchen? Gleich setzen Sie Ihre Wohnung in die Zeitung! Und kommen so schnell als möglich zu uns nach Wien! –

Was sagen Sie übrigens zu dem Wind, der jetzt da für mich weht? Zu meiner „Beliebtheit“? Derzeit habe ich in Wien nur drei Feinde: Jahn, Richter und Fuchs**! Alle andern halten mich für einen reizend liebenswürdigen Gesellschafter! Brrr! Wie sich die wundern werden! –

Draußen ist ein entsetzliches Wetter und wir müssen Maus und Mann heraus, um Wohnung zu suchen. Wenn wir eine gefunden haben, schreiben wir wieder. – – –

Mit herzlichsten Grüßen an Sie und die Ihren

Ihr alter
Gustav Mahler

Ihrer Mama ganz extra einen Gruß und Handkuß!

* Cellist des Symphonieorchesters.

** Wilhelm Jahn, Mahlers Vorgänger als Direktor der Wiener Hofoper und die Hofoperndirigenten Hans Richter und Joh. Nep. Fuchs. Mit Richter, dem durch Richard Wagners Erziehung ehrwürdig gewordenen Musiker, hätte sich Mahler gerne vertragen; leider scheiterte es an Richters Verhalten und seinem schließlichen Scheiden.

249 An Adele Marcus

[Ohne Datum]

Liebe, alte Freundin!
Hier sind vor allem die Manuskripte, die ich Ihnen beinahe wieder zurückbehalten hätte. – Und weiter das gewünschte Autogramm. – – –

Für heute zeige ich Ihnen offiziell meine Ankunft in Hamburg Anfang Jänner an, und daß ich Ihnen bei dieser Gelegenheit nicht vom Halse gehen werde. Ich wünsche bei Ihnen sowohl zum Frühstück als auch zum Diner, als auch zum Souper eingeladen zu sein. Speiszettel die bekannten beliebten! Nie mehr als einen Gang bei Strafe der Verdammnis. – Vom ersten Frühstück entbinde ich Sie großmütig. Dagegen haben Sie mir auf Spaziergängen Gesellschaft zu leisten, und dafür zu sorgen, daß ich von anderen Leuten nicht belästigt werde. Gegeben im Winterpalais.

Gustav

Datierung: Dieser Brief konnte bisher nicht datiert werden. Knud Martner verlegt ihn in einen Dezember der 1890er Jahre. Solange Mahler in Hamburg ansässig war, ist es freilich unwahrscheinlich, daß er seine Ankunft im Januar in dieser Form ankündigte. Es handelt sich eher um ein Schreiben aus seiner späteren Wiener Zeit. Dazu würde auch die Anrede „Liebe, alte Freundin" passen, die gleiche wie in Brief 399 aus dem Jahre 1908.

250 An Friedrich Löhr

4. Juli 1897

Mein lieber Fritz!
Da wir wieder einmal Geburtstag haben, so ist es nicht mehr als recht und billig, daß wir unsere greuliche Schreibfaulheit besiegen und uns gegenseitig noch recht viele solcher Geburtstage zu erleben wünschen. Besonders heuer haben wir allen Grund dazu, da begründete Aussicht ist, daß wir von nun an die dazugehörigen Jahre wieder in alter Freundschaft, die noch nicht durch den leisesten Hauch getrübt worden ist, mit- und nebeneinander verleben werden.

So eine Freundschaft von Jugend auf ist nun einmal etwas, was man sich nicht so leicht noch einmal anschaffen kann und wir haben das sehr gescheit angestellt, daß wir sie uns getreulich bewahrt haben; und so soll es zwischen uns bleiben bis an ein hoffentlich seliges Ende. Ich höre, Du wirst Deine Sommerwirtschaft in der Nähe Wiens aufschlagen? Wenn dem so wäre, so würde ich im August meine Schritte recht oft dorthin wenden, und wir könnten uns vom Wiener Wald wieder manches erzählen lassen – oder auch manches ihm erzählen. Hierauf bitte ich Dich um einige Aufklärungen.

Sei herzlichst gegrüßt von Deinem alten

Gustav

Quelle: Briefautograph.

251 + An Anna von Mildenburg

[Ohne Datum. Juli 1897]

Liebste Anna!
Ich falle Dir mit der Tür ins Haus mit einer wichtigen Frage, welche ich nun nicht länger aufschieben kann, obwohl ich Dir es jetzt, da Du so Großes vor Dir hast, noch gerne erspart hätte. Ich habe in Wien für Dich alle Wege soweit geebnet, daß *mit Einwilligung Pollinis* demnächst von dort ein Engagementsantrag an Dich ergehen wird. Es ist aber für den Fall, daß Du ihn annimmst *durchaus nötig* (nachdem ich die Verhältnisse jetzt ganz klar übersehe), daß wir dann unseren persönlichen Verkehr auf das Weitgehendste einschränken, um nicht uns beiden das Leben wieder zur Pein zu gestalten. Schon jetzt ist das ganze Personal durch die Klatschereien von Hamburg aus alarmiert, und die Nachricht von Deinem Engagement würde wie eine Bombe hineinplatzen. Wenn wir dann nur den geringsten Anlaß zu Mißtrauen etc. geben würde[n], so würde binnen kurzer Zeit *meine Stellung* eine *unmögliche* werden, und ich müßte wieder mein Bündel schnüren wie in Hamburg. Auch Du hättest ebenso wieder darunter zu leiden, wenn auch bei Dir nicht die Existenzfrage ins Spiel käme.

Ich frage Dich nun, liebste Anna: fühlst Du die Kraft in Dir, mit mir in Wien engagiert zu sein, und – wenigstens im ersten Jahre – einem persönlichen Verkehre und jeder Begünstigung von meiner Seite zu entsagen? Hoffentlich bist Du davon überzeugt, daß es *mir nicht minder schwer* fallen würde, als Dir, und daß nur die bitterste Notwendigkeit mir diese Frage in den Mund legt. Aber es ist zu wichtig, und ich kann und darf Dir wie mir keine Illusionen darüber machen. Ich bitte Dich, meine liebe Anna – wenn Du von Deiner Aufgabe jetzt auch noch so sehr in Anspruch genommen bist – antworte mir in wenigen Zeilen, aber ganz *aufrichtig* und *unverhohlen!* – Der Antrag wird in kurzer Zeit an Dich erfolgen. Die Schwierigkeiten mit Pollini werden ohne Dein Zutun behoben werden. Aber jetzt, nachdem alles beinahe in Ordnung ist, zittert mein Herz, und ich frage mich und Dich, *was* wir beide auf uns nehmen würden.

Bitte, antworte gleich auf diese Zeilen. Von Deiner Antwort wird für mich vieles abhängen. – Beinahe glaube ich, daß wir uns dadurch eine *unerträgliche* Prüfung stellen würden. Und in dem Falle, daß Du derselben Meinung bist, bitte ich Dich, den Antrag einfach *abzulehnen,* und einen andern von *Berlin,* der auch bald erfolgen wird, anzunehmen.

Für alle Fälle ist es ja jedenfalls *vorteilhaft,* daß Du den Wiener Antrag bekommst; und darum habe ich dort alles so weit geführt, ohne Dich vorher zu fragen. – Ich bitte Dich, antworte mir gleich, *ohne jeden Rückhalt,* wenn auch nur wenige Zeilen. Meine weiteren Ausführungen folgen gleich nach Deinem Brief! Sei innigst von mir gegrüßt, liebste Anna, von Deinem

Gustav

Auch schönste Grüße an Mama!

Quelle: Briefautograph. Über die erste Seite schrieb Anna von Mildenburg „Nach Bayreuth, vor meiner ersten Kundry!".

252+ An Rosa Papier

Vahrn, 26. VII. 1897

Meine liebe, gute Freundin!

Meine Schwestern packen mir eben meinen Koffer, und Natalie im Nebenzimmer den ihrigen, und ich benütze diese Minute mitten im Gewirr der Abreise, um Ihnen noch einen herzlichen Gruß zu senden. Daß Wl[assack] meine „Stellvertretung" doch durchgesetzt hat, war so überraschend für mich, daß ich – der ohne Zeitung im Gebirge lebt – die Glückwünsche meiner Freunde mit Verwunderung empfing – noch ganz ohne Ahnung, was einen Tag vorher in den Wiener Zeitungen verkündigt wurde. – Das war wieder einmal eine „Bombe", glaube ich, von der sich vielleicht verschiedene Leute nicht mehr wieder zusammenfinden werden können. Morgen bin ich bei Wlassack (wo, wird er mir im Laufe des Tages telegrafieren, Abends ruhe ich), Mittwoch bei *Jahn* und Donnerstag bei *Hanslick* in Ischl, der mich durch Heuberger wiederholt auffordern ließ, ihn dort zu besuchen. Ich darf das wohl daher nicht versäumen, da, wie mir alle sagen, dies eine besondere „Gnadenbezeugung" H's ist, und welchen[!] nicht Folge zu leisten einem Crimen laesae majestatis gleichkäme.

Die Zeitungen haben meine Beförderung ohne Ausnahme mit Befriedigung angenommen; und daß auch der Fürst damit zufrieden war, läßt mich mit größter Beruhigung der nächsten Zukunft ins Auge sehen. Bitte, liebste Freundin, lassen Sie mich es vorher wissen, wann Sie nach Wien kommen. Könnten wir nicht irgendwo zusammen zu Mittag speisen? Ich freue mich schon riesig auf den so schmerzlich entbehrten Plausch. Diesmal werden wir uns manches zu erzählen haben.

Nach Bayreuth wäre es doch nicht gegangen; denn die M[ildenburg] singt doch erst in diesen Tagen zum erstenmal, und im August werde ich sicherlich nicht abkommen können? Sonst ginge es vielleicht doch? Das besprechen wir noch. – Am 30. d. M. bin ich in Wien. Wenn Sie mir einige Zeilen schreiben wollen, so richten Sie dieselben schon wieder ans Opernhaus.

In einem Briefe an mich war die Unterschrift Jahns sehr unsicher – fast wie die eines Blinden. – Glauben Sie, daß er am 15. Sept. schon wieder arbeitsfähig sein wird? Ich denke nur, das Provisorium wird doch länger dauern!

Nun seien Sie von mir und meinen Schwestern herzlichst gegrüßt, auch dem *Berndl* bitte ich von mir einen freundschaftlichen Schopfbeutler und Gruß zu verabreichen.

Ihr treu ergebener
Gustav Mahler

Natalie kommt eben herein und läßt tausendmal grüßen.

Quelle: Bernhard Paumgartner, Erinnerungen, Salzburg 1969, S. 59 f. – *meine „Stellvertretung":* General-Intendant von Bezecny teilte dem Operndirektor Jahn bereits mit Schreiben v. 13. Juli mit, daß er Mahler mit seiner Stellvertretung betraut habe. – *auch der Fürst:* vermutlich Liechtenstein. – *auch dem Berndl:* Bernhard Paumgartner (1887–1971), Dirigent, Komponist, Musikhistoriker, Sohn von Rosa Papier und ihrem Gatten Hans Paumgartner, war viele Jahre Präsident der Salzburger Festspiele.

253 An Friedrich Löhr

[Korrespondenz-Karte. Ohne Datum, Poststempel:
Wien, 31. Juli 1897]

Lieber Fritz! Ich habe Deine Adresse verloren! Wann sehen wir uns? Ich glaube, *Donnerst.* 5. d. M. Nachmittag kann ich mich frei machen[89].

Herzlichst
Gustav

Quelle: Briefautograph.

254+ An Richard Heuberger

Wien, 15. August 1897

Verehrter Freund!
Nehmen Sie meinen *herzlichsten* Dank für Ihre reizende Besprechung von „Figaro". Mein „Reorganisationswerk", wie Sie es nennen, wäre nur zur Hälfte gediehen, wenn nicht Sie und die bedeutendsten Vertreter der öffentlichen Meinung mir darin zur Seite stünden. Ihre gestrigen Worte zum Beispiel nageln nun erst meine Aufführung fest, und ich denke, von nun an werde ich keine Schwierigkeiten haben, wenn ich die *Korrektheit* als erste Bedingung des Erfolges bei meinen Künstlern vertrete. Sehr leid ist es mir, Sie gestern nicht mehr getroffen zu haben. Ich hätte gar zu gerne über manche Einzelheit mit Ihnen geplaudert.

Nochmals aufrichtigen Dank Ihr sehr ergebener

Gustav Mahler

Mit Haßreiter habe ich gesprochen. Wir erwarten nunmehr Ihr Eintreffen zur Eröffnung der Vorbereitungen. Er wird sich die größte Mühe geben.

Quelle: Ungedruckte Briefe von Gustav Mahler, Anbruch, Jg. 18 (1936), Heft 3, S. 67. – *„Figaro":* die von Mahler dirigierte Vorstellung vom 14. August 1897. – *Haßreiter:* Josef H. (1845–1940), Ballettregisseur am Wiener Hofoperntheater seit 1891. – *Vorbereitungen:* zur Einstudierung der Ballettpantomime „Struwwelpeter" von Richard Heuberger. Premiere: 8. Januar 1898.

255 An Ludwig Karpath

[Ohne Datum. Wien, Mitte August 1897]

Lieber Karpath!
Vergebens suchte ich zweimal Sie telephonisch zu sprechen. – Generalmusikdirektor Schuch aus Dresden war bei mir. Es wäre ihm sehr erwünscht, wenn die Wiener Journalistik Notiz von seinem am 1. September stattfindenden 25jährigen Jubiläum seiner Tätigkeit am Dresdner Hoftheater nähme. Dies in geschmackvoller Weise zu tun, bitte ich Sie nunmehr, und vielleicht auch ein paar andere Blätter dazu heranzuziehen. –

Sie wissen doch, was zu sagen ist. Bedeutender Dirigent. Außerordentlicher Theatermensch, hohe Orden und Auszeichnungen. Förderer der dramatischen Kunst und ihrer modernen Autoren; große Ehrungen und Ovationen, die in Aussicht stehen. – Kann ich darauf rechnen?

Herzlichste Grüße

Ihr sehr eiliger
Mahler

Datierung: In GMB, 1924, „August 1898". Schuch war jedoch seit 1872 am Dresdener Hoftheater tätig; das Jubiläum wurde 1897 gefeiert.

256 An Ludwig Karpath

[Ohne Datum. Wien, August 1897]

Lieber Karpath!
Hier die gewünschte Loge.

Notiz im „Tagblatt"* sehr unangenehm.

Durch solche Sachen verdirbt man mehr, als man nützen kann. Ich begreife diese Leute nicht! Hoffentlich sehen wir uns wieder bald.

Eiligst
Ihr
Mahler

Wo bleibt die Schuchnotiz?

* Gemeint ist das „Wiener Tagblatt", nicht das „Neue Wiener Tagblatt". Die Notiz, deren Inhalt vollständig aus der Luft gegriffen war, bezog sich auf Hans Richter.

Quelle: GMB, 1924, und Mitteilung von Knud Martner. In GMB, 1924, fehlen der erste Satz und die Nachschrift. – *Datierung:* In GMB, 1924, „September 1897". Der Brief muß vor dem 24. August geschrieben worden sein; an diesem Tag erschien im „Neuen Wiener Tagblatt" Karpaths Notiz über Schuch.

257 An Ludwig Karpath

[Ohne Datum, Wien 24.? August 1897]

Lieber Karpath!
Das haben Sie großartig gemacht. Ich bleibe Ihre Kundschaft*.
Besten Dank und auf Wiedersehen

Ihr
Mahler

* Bezieht sich auf den von Karpath verfaßten Jubiläumsaufsatz über Schuch.

Datierung: In GMB, 1924, „ohne Datum". Mahlers Dank wurde vermutlich am 24. August 1897 geschrieben (siehe auch Anmerkung Brief 256).

258 An Bruno Walter

[Ohne Datum. Wien, August–September? 1897]

Lieber Schlesinger!
Vor allem gehen Sie *sofort* zu *Kraus* und fragen Sie ihn in meinem Namen, ob er Lust hätte, einen *sehr vorteilhaften Kontrakt* an der *Wiener Hofoper* als I. Tenor abzuschließen, *resp*[ektive] *von wann ab er frei ist.* Eventuell käme ich oder mein Abgesandter persönlich nach Berlin, um alles abzumachen. Ich möchte nur prinzipiell eine Verständigung seinerseits haben, um zu wissen, ob überhaupt noch daran zu denken ist.

Sie werden ihm wohl mich schon geschildert haben, und er wird wissen, daß ihm ein Engagement bei uns Garantien für sein künstlerisches Schaffen in alle Zukunft bietet. –

Auch wäre ich bereit, *jede nur halbwegs loyale Bedingung* zu *akzeptieren.* Unter uns – ehe dieser Monat zu Ende geht, dürfte ich meine definitive Ernennung haben; aber auch jetzt schon handle [ich] mit vollster direktorialer Machtvollkommenheit. („Welche Wendung durch Gottes Fügung"!)

Über Ihre Angelegenheiten ein nächstesmal. Halten Sie nur den Kopf hoch. *Jetzt* kann es Ihnen nicht mehr fehlen. Antworten Sie mir *sofort* und *telegrafisch;* lassen Sie dann noch einen erklärenden Brief folgen.

Herzlichst Ihr
Mahler

Quelle: Briefautograph. – *Datierung:* In GMB, 1924, „etwa 1898". Mahlers Hinweis auf seine baldige definitive Ernennung zum Direktor der Wiener Hofoper beweist, daß der Brief 1897 geschrieben wurde, und zwar im August oder September. Mahlers Ernennung wurde am 8. Oktober 1897 vom Kaiser unterzeichnet. – *Kraus:* Ernst K. (1863–1941), Tenor an der kgl. Oper in Berlin, kam nicht an die Wiener Hofoper.

259 An Felix von Weingartner

[Ohne Datum. Wien, September 1897]

Liebster Freund!
In aller Eile will ich Ihnen nur für Ihre lieben Worte meinen Dank sagen. – Sie allein vielleicht unter allen unseren Kollegen werden es begreifen, wenn ich Ihnen sage, daß meine so vielbeneidete Position und Amt und Würden für mich ein Gegenstand der *Sorgen* ist, und daß ich weit entfernt bin, mich in meinem Glanze zu sonnen.

Wogegen ich mich am allermeisten gesträubt, die *Direktion* eines Theaters zu übernehmen, gerade dazu zwingt mich das Geschick. – Mit dem Schaffen hat es nun wohl auf lange hinaus sein Ende. – Was das heißt, werden Sie wohl ermessen können. Dafür gibt es keinen Ersatz! In den nächsten Tagen dürfte wohl meine definitive Ernennung erfolgen und damit hat mein Leben für lange hinaus eine – mir höchst unerwünschte – Gestaltung bekommen; und der Tag, an dem ich von nah und fern die wohlbekannten Glückwünsche erhalten werde, wird für mich ein Tag der *Trauer* sein.

Sie könnten mich allerdings fragen: So *refüsieren* Sie doch!? – Werden Sie es glauben, daß ich seit Jahren um eine Kapellmeisterstelle erfolglos herumhausiert habe, und daß ich schließlich – komisch genug klingt es – *gezwungen* war, um *nicht brotlos* zu werden, diese Stellung zu acceptieren? Außerdem: wer hätte schließlich Kraft genug, einer solchen Verlockung zu widerstehen? Diesen Stoßseufzer *mußte* ich einmal machen, und gerade Sie, lieber Weingartner, sind es, zu dem ich so sprechen kann und darf. – Nie werde ich Ihnen vergessen, wie lieb und kollegial Sie sich meiner angenommen, und wie tief und wahr Sie mich erfaßten zu einer Zeit, wo ich von außen nur Unverständnis und Demütigungen erlebte. –

Verzeihen Sie diese Pfote – ich schrieb im Bureau mitten unter Diktieren, Addieren, Hofieren und weiß Gott – was halt so ein Direktor eben zu tun hat, wenn er mit Dirigieren fertig ist. Werde ich Sie nicht einmal in Wien begrüßen können? Seien Sie und Ihre Frau vielmals von mir und meinen Schwestern gegrüßt.

Ihr treu ergebener
Gustav Mahler.

Quelle: Carmen Weingartner-Studer, Gustav Mahler und Felix Weingartner, in: Österreichische Musik Zeitschrift, Jg. 15 (1960), Nr. 6, S. 308 f.

260 An Max Marschalk

[Ohne Datum. Wien, 1897]

Lieber Freund Marschalk!
Allerdings haben Sie richtig geraten. Ich konnte mich nicht entschließen, Ihr Werk ungesehen abzusenden.

Aber ich komme mit bestem Willen nicht dazu und habe nachgeradezu nicht mehr das Recht, Ihnen die Partitur vorzuenthalten. In ruhigeren Zeiten werde ich Sie wieder darum ersuchen.

Ich bin so „mitten drin", wie es nur ein Theaterdirektor sein kann. Entsetzliches, aushöhlendes Leben! Alle Sinne und Regungen nach außen gewendet, ich entferne mich immer mehr und mehr von mir selbst. Wie wird das enden?

Ich grüße Sie herzlichst, weihen Sie mir das Angedenken, das man gewöhnlich Gestorbenen widmet!

Ihr
Gustav Mahler

Meine Schwestern grüßen vielmals!

Quelle: Briefautograph. Der erste Absatz in GMB, 1924, nicht enthalten. – *Datierung:* wie in GMB, 1924, obwohl der Brief auch aus einem der folgenden Jahre stammen könnte.

261 An Ludwig Karpath

[Ohne Datum. Wien, Herbst 1897]

Lieber Karpath!
Ich bin tot und kann nicht mehr!

Herzlichst Ihr
Mahler

262 An Wilhelm Hesch

[Ohne Datum. Juli 1898?]

Mein lieber, armer Hesch!
Wie ich mit Ihnen fühle, kann ich Ihnen gar nicht beschreiben*. Wir sind alle wie auf den Kopf geschlagen. In einem solchen Unglück können Worte des Trostes nichts nützen; ja, ich wüßte überhaupt keine solchen. Aber eines, weiß ich, tut dem Schwergeprüften wohl; wenn er weiß, daß die Teilnahme des Freundes echt und aus dem Herzen ist. – Und das wissen Sie, mein lieber Hesch, daß Sie an mir einen Freund haben, der mit Ihnen fühlt wie ein Bruder! Wie sehr wünschte ich jetzt, bei Ihnen zu sein, um Sie zu stützen. Aber es dauert nicht lange, Ende dieses Monats bin ich wieder in Wien, und mein erster Weg führt mich dann zu Ihnen, wenn Sie dort sind. Ich bitte Sie, schreiben Sie mir gleich ausführlich über alles! Ich stehe wie vor einem Rätsel. Was machen die Kinder und wie werden Sie jetzt alles ordnen? Und vor allem, wie geht es Ihnen? Mein lieber Freund, dieses Unglück ist eine schwere Prüfung Gottes, und Sie werden aber diese Prüfung bestehen – denn Sie sind ein Mann und ein Künstler! Die Hauptsache ist jetzt, wie unser Fürst Liechtenstein immer sagt: „Halten Sie sich zusammen!" Versprechen Sie mir, mein lieber Hesch, daß Sie vernünftig sein wollen – und wenn schon nicht um Gottes willen, so doch für Ihre Kinder und Ihre Freunde. Wenn ich doch nur schon bei Ihnen wäre. Wohin werden Sie gehen? Wer übernimmt Ihre Pflege? Bitte schreiben Sie mir über alles recht ausführlich! Sie müssen mir jetzt überhaupt öfters schreiben. Und über alles was vorgeht.

Für heute nun drücke ich Ihnen die Hand, mein armer Geprüfter.

Von uns allen sendet viele herzliche Grüße und Wünsche

Ihr alter
Gustav Mahler

* Nach dem Tode der Frau Hesch.

Datierung: In GMB, 1924, „Juli 1897", ebenso bei Martner. Da Hesch im Jahr 1897 noch im Juni auftrat und bereits am 3. August wieder den Gessler in „Wilhelm Tell" sang, kann seine erste Erkrankung nicht in dieses Jahr gefallen sein. Hesch fehlt jedoch auf den Theaterzetteln des Jahres 1898 von Anfang April bis Mitte Oktober.

263 An Wilhelm Hesch

[Ohne Datum. Wien, August 1898?]

Mein lieber Hesch!

Mit Ihren letzten Nachrichten haben Sie mich riesig erfreut. Gott gebe, daß die Besserung anhält und stetig fortschreitet. Uns (besonders aber mir) ist schon sehr bang nach Ihnen. – Sind Sie so lieb und schreiben Sie mir wieder ein paar Zeilen, wie es Ihnen geht. Ich bin schon wieder in der ganzen Arbeitshetze, wie gewöhnlich am Anfang der Saison. Es ist hier unerträglich heiß, und Sie können froh sein, daß Sie jetzt fern der Großstadt sind.

Ich grüße Sie von Herzen, mein lieber Hesch, und bin Ihr

stets getreuer
Gustav Mahler

Datierung: In GMB, 1924, „August 1897". Siehe Anmerkung zu Brief 262.

264 An Bruno Walter

DIE K. UND K. DIRECTION
DES KAIS. KÖN. HOF-OPERNTHEATERS

Wien, 28. Okt[ober 18]98

Lieber Freund!

Über mein Heutiges wahren Sie *strengste Diskretion!*

H. Richter u. *Fuchs* gehen!

Hiemit frage ich Sie, ob Sie meinem Ruf an die Wiener Hofoper Folge leisten können und wollen. – Ich würde Ihnen in diesem Falle einen Vertrag senden, der mit Ablauf Ihrer Verpflichtungen in Riga beginnt; und wir würden dann sehen, Sie ehestens in Riga loszubekommen. – Am liebsten wäre es mir, Sie könnten im nächsten Herbst bei uns eintreten. Schweigen Sie absolut noch über alles und antworten Sie mir umgehend, von welchem Tage an Sie frei sind!*

Mit herzlichsten Grüßen Ihr

Mahler

* Auf diesen Brief erwiderte B. W., daß es ihm noch zu früh schiene als Kapellmeister an die Wiener Oper zu gehen; er fühlte sich noch nicht reif und Mahler möge ihm doch noch Zeit lassen, sich zu entwickeln. B. W. entsinnt sich noch heute, mit welchem Gewicht sich Mahlers Aufforderung damals auf seine junge Seele (er war 22 Jahre alt) legte. Seine unsichere, zögernd-ablehnende Antwort mißdeutete Mahler leider vollständig. Er hatte ihm aus freudigem Herzen geschrieben und war nun bitter enttäuscht, daß W. nicht ebenfalls freudigen Herzens ja sagte. So ist die nun folgende Verstimmung gegen ihn, ja sogar das Mißtrauen in die Echtheit der für seine Ablehnung angeführten Gründe aus seiner Enttäuschung und der Heftigkeit, mit der er alles empfand, was seinen künstlerischen Plänen hinderlich war, erklärlich. Sogar seine besorgte Frage, als wessen Nachfolger er ihn gedacht hätte, deutete er für ihn ungünstig, wie der folgende Brief zeigt.

Quelle: Briefautograph. Letzter Satz in GMB, 1924, sinnstörend gekürzt. – *Datierung:* In GMB, 1924, „ohne Datum". Das Datum stammt jedoch von Mahlers Hand. – *H. Richter u. Fuchs gehen:* In GMB, 1924 statt der Namen „X und Y". Die Mitteilung Mahlers war übrigens verfrüht: Richter verließ die Hofoper erst im April 1900; Johann Nepomuk Fuchs blieb bis zu seinem unerwarteten Tod 1899.

265 An Bruno Walter

K. U. K. DIRECTION DES KK. HOFOPERNTHEATERS

[Ohne Datum. Wien, Herbst 1898]

Mein lieber Schlesinger!

Was ist denn das für eine Gewundenheit in Ihrem Brief? Wenn ich Ihnen einen Antrag stelle, so weiß ich doch, was ich tue. Ich brauche einen *Adjutanten,* der hier seinen Marschallstab im Tornister trägt. (Ich dirigiere jetzt alles und bin schon *hin* davon.) – Wessen *Nachfolger* Sie sind, was geht es Sie, was geht es das Publikum an? – Außerdem werden Sie weder in 2 noch in 10 Jahren fertig sein. Wenn man was Rechtes ist, ist man immer ein *Lernender.* Wo Sie derzeit mehr lernen könnten als bei mir, werden Sie selbst nicht sagen können. Also greifen Sie keck zu und überlassen Sie das andere mir und Ihrem eigenen Streben. Sehr wichtig wäre es mir, Sie vor *1900* zu bekommen, denn bis dahin bin ich tot, wenn das so weiter geht. Also äußern Sie sich nochmals und *umgehend* – ohne Ausflüchte! Sie bekommen in der ersten Zeit 5000 fl.*

Herzlichst Ihr

Mahler

* B. W. blieb dennoch in Riga und bereitete zu seinem heftigen Schmerz Mahler dadurch eine große Enttäuschung.

Quelle: Briefautograph.

266 An Bruno Walter

K. U. K. DIRECTION DES KK. HOFOPERNTHEATERS

[Ohne Datum. Wien 1899]

Lieber Schlesinger!
Sie haben mein Schweigen gänzlich mißdeutet. – Welch fauler Briefschreiber ich bin, wissen Sie ja. – Jetzt aber ist jede Zeile für mich ein Opfer! Also – ich habe Ihnen längst vergeben, wenn etwas zu vergeben war. Ich erinnere mich nicht einmal daran. – In Ihrer Sache war hier nichts mehr zu tun, weil eine neue Wendung eingetreten war. Also – Schwamm über alles – und wir bleiben die alten! Sie hätten mir schon einmal Nachricht von sich geben können, da ich ja gar nicht wußte, wo Sie steckten! Holen Sie nach, lieber Schlesinger, und machen Sie sich nichts aus meiner Kürze! Das muß wohl so bleiben, so lange ich Direktor bin*

Herzlichst in Eile
Ihr
Mahler

* Dieser Brief ist augenscheinlich die Antwort auf ein Schreiben Bruno Walters, in dem er die seinem Vermuten nach noch bestehende Verstimmung durch nochmalige Begründung der seinerzeitigen Ablehnung zu beseitigen versuchte.

Quelle: Briefautograph. – *Datierung:* In GMB, 1924, „1899?" Vermutlich wurde der Brief in den ersten Wochen des Jahres 1899 geschrieben, denn Bruno Walter beklagte sich am 5. Januar gegenüber seinen Eltern: „Er [Mahler] hat mir auf meinen zwölfseiten Brief von Anfang Dezember, in dem ich noch einmal versuchte, jedes Mißverständnis aufs freundlichste aufzuklären . . . nicht einmal geantwortet . . ." – *wo Sie steckten:* Walter war seit Herbst 1898 Kapellmeister in Riga.

267 An Friedrich Löhr

[Ohne Datum. Wien, Anfang April 1899]

Liebster Fritz!
Die Karte zum Konzert hast Du wohl schon. – Die Generalprobe findet *Freitag,* 1/2 3 Uhr, statt. Ich bitte Dich, dabei zu sein, und nach dem Konzert Sonntag bei mir zu essen. Gelegentlich einer solchen Stunde, wo ich sozusagen meine verdammten Direktionsstiefel ausziehe, werden wir uns wohl manches zu sagen haben. Auch möchte ich die Wenigen, für die dieses Werk geschrieben ist, beisammen haben*. Also bitte, Lieber, komm bestimmt.

Herzlich
Dein
Gustav

* Die II. Symphonie.

Quelle: Briefautograph. – *Datierung:* In GMB, 1924, „3. März 1899". Die Aufführung der II. Symphonie von Mahler im Nicolaikonzert der Wiener Philharmoniker fand am 9. April statt.

268 An Ludwig Karpath

[Ohne Datum. April 1899]

Mein lieber Karpath!
Wo stecken Sie denn? Ich habe Sie die ganzen zwei Tage gesucht. Über Ihr Feuilleton habe ich die größte Freude gehabt*. Ich gratuliere Ihnen zu demselben; es würde dem berühmtesten Ihrer Kollegen Ehre machen, so ausgezeichnet ist es dem Inhalt und der Form nach.

Ich glaube, daß es nach jeder Hinsicht Aufsehen machen wird. – Nun aber lassen Sie sich doch einmal wieder blicken.

Den Artikel im „Pester Lloyd" habe ich nicht gelesen, mußte aber über Ihre Zeilen herzlich lachen. Die kriegen es aber von Ihnen! Na! habeant sibi!

Herzlichst
Ihr
Mahler

* Nach der Wiener Erstaufführung der II. Symphonie am 9. April 1899.

269 An Siegfried Lipiner

[Ohne Datum, Juni 1899]

Liebster Siegfried!

Nur mit einer Zeile will ich Dir bestätigen, daß Dein Adam soeben angekommen. Das war eine Freude! Endlich! – Den ersten Akt habe ich soeben fertig! Draußen tobt jetzt ein Südsturm! Das war eigentümlich, wie der in Deine Verse hineingeweht hat, immer aufs Stichwort. –

Das ist ein wahrhaft dionysisches Werk! Glaub mir, das versteht außer mir kein Lebender. In den Bakchen des Euripides finde ich einen verwandten Zug. Nur spricht Euripides immer zu sehr von den Dingen, aber er gibt sie nicht. – *Was* ist es denn, was alles Lebende in die Gewalt des Dionysos gibt? Der Wein berauscht und erhöht den Zustand des Trinkenden! *Was* aber ist der Wein? – Der Darstellung ist es bis jetzt noch nie gelungen, was sich in der Musik in jeder Note von selbst ergibt. In Deiner Dichtung weht *diese* Musik! Sie ist wirklich einzig auf der Welt. – Sie erzählt nicht vom Wein und schildert seine Wirkungen – sondern sie *ist* der Wein, sie *ist* Dionysos! Mir scheint es übrigens, daß die Gestalt des Dionysos bei den Alten eben der *Trieb* war, in diesem mystisch-grandiosen Sinn, wie Du ihn erfaßt! Auch dort treibt es die Ergriffenen hinaus zu den Tieren, mit denen sie *eins* werden. – Ich danke Dir vielmals, lieber Siegfried, ich will Dein Werk in Ehren halten – aber es ist gut, daß gerade *ich* es habe. Ich brauch's und *es* braucht mich!

Herzlichst
Dein
Gustav

Quelle: Briefautograph. – *Datierung:* In GMB, 1924, „Juni 1898". Martner weist unter Berufung auf einen Brief Mahlers an Nina Spiegler (14. Juli 1899) überzeugend nach, daß die „Adam"-Briefe an Lipiner aus demselben Jahr stammen. Das Schreiben an Nina Spiegler erwähnt die Verletzung von Kapellmeister Fuchs (siehe Brief 270); außerdem heißt es darin: „Lipiners Adam ist ein großartiges Ding! Ich habe es ganz in mein Herz geschlossen . . ." – *Dein Adam soeben angekommen:* als Manuskript; das Stück erschien erst nach Lipiners Tod im Druck (Siegfried Lipiner: Adam, ein Vorspiel. – Hippolytos, Tragödie. Stuttgart 1913.).

270 An Siegfried Lipiner

[Ohne Datum, Juni–Juli 1899]

Liebster Siegfried!

Ich war eben im Begriff zu Dir zu fahren, als ich Deine lieben Zeilen bekam. Auch ich bin durch das böse Wetter ganz paralysiert. – Indessen habe ich mich in Deinem Adam ganz häuslich eingerichtet und habe gefunden, daß da oben in diesen Regionen erst das Leben anfängt. Nur ist es schwer, sich da unten wieder zurückzugewöhnen. Mir ist diese Region schon seit langem vertraut, und so habe ich denn das Reisen hin und her besser vertragen, als es manchem anderen gelingen wird. –

Ich kann mir denken, daß Du gerne dazwischen was anderes vornimmst. Das wird gewiß auch danach sein, und ich gäbe was darum, wenn ich was davon erhaschen könnte. – Wenn Du schon in der Lage bist, Erdenreste (allerdings *von Asbest*) ohne Pein zu ertragen, so telegrafiere mir, und ich mache mich zu Dir auf. Du mußt mir viel im ‚Adam' erklären (oder mehr bestätigen). Das ist auch so ein Werk, das dann zurückgelesen werden muß, wenn man auf den Gipfel gekommen ist. – Ich kann Dir gar nicht sagen, was für eine Freude ich darüber gehabt habe. „Der Kaspar steht da wie ein Haus!"* Da ist wirklich alles Stoffliche rein in Form aufgegangen. Eine höhere Erscheinungswelt, in der die Typen die Individualitäten sind. Die Deutung der biblischen Fabel originell und grandios, und alles Gedankliche *anzuschauen!* So feine Züge, wie z[um] B[eispiel], daß das berühmte „bin ich der Hüter meines Bruders" so nebenher und schlicht schon im 1. Akt gesagt wird, sind bezeichnend für die ganze Ausführung. – Das hätte sich wahrscheinlich keiner entgehen lassen, wie vieles andere. Besonders für den Verlauf der 4 Abende ist es mir ganz besonders wichtig. Ich hebe das natürlich nur als *Beispiel* hervor. Ich könnte überall Ähnliches anführen. Schon in diesem Werk ahnt man, daß man einen weiten Weg mit Dir zu gehen hat – nichts, auch nicht die kleinsten Züge sind so eine Art dichterischer Schmuck – sondern die Schlange beißt sich in den Schwanz. – Die Justi schreibt es jetzt ab. –

Wann kann ich also kommen? Zugleich aber bitte [ich] Dich, laß Dich ja nicht hinreißen, mich einzuladen, wenn Du im geringsten jetzt in Schaffensstimmung bist! Da ist es besser, sich alles zu versagen!

Sei Du u. Klementine** herzlichst gegrüßt von

Deinem
Gustav

Ich muß leider schon am 1. August in Wien sein, weil die Meisterhand Fuchsens sich beim Weinabziehen verletzt hat. Auch ein Opfer des Dionysos!

* Ausspruch Beethovens über den Kaspar aus Webers Freischütz.
** Lipiners Frau.

Quelle: Briefautograph. – *Datierung:* siehe Brief 269. – *das Reisen hin und her:* In GMB, 1924, nur „das Reisen". – *für den Verlauf der 4 Abende:* Lipiners „Adam" war als Vorspiel einer Christus-Trilogie konzipiert, die drei große Tragödien umfassen sollte: „Maria Magdalena", „Judas Ischarioth" und „Paulus in Rom". Vorspiel und Trilogie, die Lipiner mehr als ein Jahrzehnt lang beschäftigten, waren zweimal fertiggestellt und wurden vom Autor zweimal verworfen. In dritter Fassung scheint nur „Adam" vollendet worden zu sein. – *eine Art dichterischer Schmuck:* in GMB, 1924, „dichterischer Schmus".

271 An Friedrich Löhr

[Ohne Datum. Aussee, 4. Juli 1899]

Mein lieber Fritz!
Du trittst morgen in Dein viertes Jahrzehnt und ich erinnere mich wie jährlich dieses mir so lieben Tages, um Dir meine innigsten Wünsche für Dich und die Deinen zu sagen. Ein kurioses Geschick hat es gefügt, daß wir uns beim Beginn dieses unseres vierten Jahrzehnts räumlich so nahe gekommen sind, wie in unserer Jugend, und in der Tat aber getrennter sind und weniger von uns haben, als da wir uns in Nord und Süd befanden. Aber ich hoffe, daß Du auch diese Trennung nur als eine örtliche – oder vielmehr „zeit"liche betrachtest; denn, glaube mir, es ist nicht anders. Wir zwei aber können nicht miteinander umgehen wie die andern. Da ich mich selbst jetzt nicht habe, so kannst auch Du mich nicht haben. Aber ich sage Dir nur dieses Wörtchen: Warte noch ein Weilchen, dann ist Direktion und andere Possen bei den Schatten im Tartarus und wir erkennen uns wieder im goldenen Licht[90].

Vom Herzen, mein lieber Fritz,

Dein
Gustav

272 An Ludwig Karpath

[Aussee] 17. Juli 1899

Lieber Karpath!
Herzlichsten Dank für Ihre liebenswürdigen Aufmerksamkeiten. Grüßen Sie auch vielmals Freund Hesch, der hoffentlich ebenso gesund wie frohgelaunt ist*.

Herzlichst
Ihr
Mahler

* Karpath und Hesch schrieben aus Karlsbad eine Ansichtskarte, Karpath hatte obendrein Karlsbader Oblaten und Torten gesandt.

273 An Bruno Walter

K. U. K. DIREKTION DES K. K. HOFOPERNTHEATERS

[Ohne Datum. Wien, Herbst 1899]

Lieber Freund!
Ganz diskret! Bitte, unter keinen Umständen etwas von meinem Heutigen zu verlauten! – Es ist möglich, daß ich Sie an Stelle von *Fuchs* an die Hofoper engagiere. – Wollen Sie jetzt *sans façon* kommen? Wollen und können Sie mir das werden und sein, was ich brauche? Ohne communen point d'honneur – alles im Hinblick auf eine glänzende *Zukunft,* die sich Ihnen hier auftut, – dann schlagen Sie ein und die Sache ist abgemacht! Als Anfangsgehalt hätten Sie *5000 fl.,* das würde sich mit der Zeit bedeutend verbessern. – Bitte um sofortige Antwort!

Herzlichst in Eile
Ihr
Mahler

Quelle: Briefautograph. – *Datierung:* In GMB, 1924, „ungefähr Oktober 1900", bei Martner Vorfrühling 1900, da Martner irrtümlich annimmt, es handle sich um den Posten von Hans Richter. Zur Datierung siehe auch Brief 274. – *an Stelle von Fuchs:* in GMB, 1924 nur X. Johann Nepomuk Fuchs war am 5. Oktober 1899 gestorben.

274 An Bruno Walter

K. U. K. DIREKTION DES K. K. HOFOPERNTHEATERS

[Ohne Datum. Wien, etwa Herbst 1899]

Lieber Schlesinger!
Ich stehe *gar* nicht mit Berlin. Unter den obwaltenden Umständen wäre ohnehin jede Bemühung fruchtlos. – Nehmen Sie jetzt alles so gut als möglich hin! Es muß eben so sein – und wird darum auch gut sein!

An unseren Beziehungen ändert sich gar nichts. Sehen Sie zu, daß Sie hinauf kommen. – Die „chaotischen Stimmungen" sind Ihrem Alter und [Ihrer] Stufe [?] ganz entsprechend und beunruhigen mich gar nicht. Außerdem ist es kein Unglück, in so jungen [Jahren] Berliner Hofkapellmeister zu werden.

Herzlichst Ihr alter
Mahler

Quelle: Briefautograph. – *Ich stehe gar nicht mit Berlin:* Bruno Walter verhandelte damals über ein Engagement an die kgl. Hofoper, Berlin. Am 23. November 1899 meldet er seinen Eltern, daß die Verhandlungen abgeschlossen seien und „so mußte denn Mahler verzichten". Walter trat seine Berliner Stellung zu Beginn der Saison 1900-01 an. Nach Bruno Walters Absage verhandelte Mahler mit Franz Schalk (1863–1931), der im Mai 1900 in die Wiener Hofoper eintrat.

275+ An Richard Heuberger

[Wien] 24. Februar 1900

Sehr geehrter Herr Heuberger!
Ich bitte zu entschuldigen, daß ich erst heute Ihr Telegramm beantworte; der Hinweis auf unabweisbare Geschäfte wird mir von Ihnen gestattet sein.

Meine Partitur gebe ich nicht aus meinen Händen, auch glaube ich nicht, daß Ihnen dieselbe nützen wird, da Ihnen meine Aufführung nicht genützt. – Wohl aber bin ich gern bereit, Ihnen an Hand dieser Partitur, wie jedem anderen, mein Verhalten den Beethovenschen Notationen gegenüber zu demonstrieren, wenn Sie sich zu diesem Behufe zu mir bemühen wollten. Allerdings müßte ich von Ihnen die Versicherung haben, daß es Ihnen wirklich darauf ankommt, sich von mir über meine Intentionen belehren zu lassen, und nicht etwa, sich bloß Material zu einer weiteren Polemik zu verschaffen, zu der ich nicht genug freie Zeit habe, selbst wenn es in meiner Art läge, auf eine solche einzugehen.

Der Künstler beweist durch die Tat. Im vorliegenden Falle aber war ich genötigt, das Wort zu ergreifen und unbewiesenen Behauptungen entgegenzutreten, die ich prinzipiell anzuerkennen schiene, wenn ich sie ohne Entgegnung ließe.

Mit vollster Hochachtung
Gustav Mahler

Quelle: Ungedruckte Briefe von Gustav Mahler, Anbruch, Jg. 18 (1936), Heft 3, S. 68. – *Meine Partitur:* der Neunten Symphonie von Beethoven. Mahler hatte das Werk im Philharmonischen Konzert vom 18. Februar 1900 aufgeführt und war wegen seiner Instrumentationsretuschen scharf angegriffen worden; auch von Heuberger in der Neuen Freien Presse. – *war ich genötigt, das Wort zu ergreifen:* bei der Wiederholung des Konzerts am 22. Februar hatte Mahler gedruckte Zettel verteilen lassen, auf denen er seine Retuschen verteidigte: „In diesem ... Punkte ... kann an der Hand der Partitur ... der Nachweis geführt werden, daß es dem Dirigenten überall nur darum zu tun war, fern von Willkür und Absichtlichkeit, aber auch von keiner ‚Tradition' beirrt, den Willen Beethovens bis ins scheinbar Geringfügigste nachzufühlen ..."

276+ An Nina Spiegler

[Ohne Datum. Paris, zwischen 19. und 21. Juni 1900]

Liebste Nanna!
Trotzdem ich jetzt in der österreichischen Gesandtschaft sozusagen Österreich repräsentiere, lasse ich mich herab, Dir von Paris aus so von oben herab anzukorrespondieren[!]. Die Hauptsache hörst Du von Natalien, deren Brief ich beischließe. –

Das ganze wüste Treiben um mich herum – unerhört deplaciert ist es, den Franzosen *um diese Zeit* der Weltausstellung, Musik vorzumachen, – ist so widerwärtig, daß ich nicht einmal dieses schönes[!] Paris genießen [kann]. – Es ist überhaupt nicht zu sagen, wie sehr *alles* nur Phrase, Pose, Lüge ist! Freitag um 5 Uhr dirigiere ich noch die „Flieg[ende] Holl[änder]-Ouvertüre, und um 8 sitze ich schon im Coupé. Ich kann es wahrhaftig nicht erwarten. – Man kann wirklich zu alledem nur ein Wort sagen: Pfui! – – – Die ersten Tage (vor dem I. Konzert) ging es noch. Da trieb ich mich *draußen* in der Umgebung herum, die wirklich so lieblich ist und voll von Erinnerungen an die Ludwigs und Napoleons, daß man vielleicht die Vergänglichkeit nirgends so stark empfindet als in diesen Örtlichkeiten. Aber jetzt ist täglich Konzert und ich kann mich aus der Stadt nicht mehr entfernen. – Von offiziellen Begrüßungen, Banketten etc. habe ich mich bisher fern gehalten, und gedenke dies bis zu meiner Abreise zu tun. Eigentlich scheint gerade das das Wichtigste zu sein! Ich versichere Euch, es ging[e] auch ohne Musizieren, und es würde la gloire darunter nicht im mindesten leiden. – Es ist mir geradezu komisch, wenn ich den Taktstock ergreifen soll.

O! O! O! O!

Herzlichst grüße ich Dich u. Albert. Sonntag früh hoffe ich schon im Wörthersee zu baden. Weiß Gott, wann ich dieses Gefühl des Ekels los werde! Mir ist, als ob ich mich prostituiert hätte.

Dein Gustav

Quelle: Briefautograph. – *von Paris aus:* Mahler gab an der Spitze der Wiener Philharmoniker drei Konzerte während der Pariser Weltausstellung. – *(vor dem I. Konzert):* am 18. Juni 1900. Die weiteren Konzerte am 20. und 21. Juni. – *im Wörthersee:* Mahler hatte im Sommer 1899 ein Grundstück in Maiernigg am Wörthersee erworben und ließ darauf ein Landhaus errichten, das er 1901 bezog. Schon im Sommer 1900 verbrachte er seine Ferien in der Nachbarschaft.

277+ An Nina Spiegler

Wien, 18. Aug. 1900

Meine liebe Nanna!
Innigst gefreut haben mich Deine lieben Zeilen – warum schreibst Du gar nicht, *wie es Dir geht?*

Dieser Sommer war so herrlich für mich, daß ich mich wahrhaft gerüstet fühle für diesen Winter. Wenn ich mir das für die Zukunft bewahren kann – im Sommer zu innerer und äußerer Ruhe zu kommen – dann wird auch hier in Wien für mich eine menschliche Existenz möglich sein. – *Schaut nur, daß Ihr endlich in meiner Nähe wohnt,* damit man *öfters zusammen sein kann.*

Mein Werk wird heuer im Winter von mir ins Reine gebracht werden; und das wird meinem Leben mitten in dem Trubel einen Halt verleihen, der mir gerade in den letzten Jahren immer gefehlt hat. Man fühlt sich so gottverlassen, wenn man ohne sein Heiligtum weiterleben soll. – Ich besonders bin unfroh und muß eine Maske tragen, die Euch dann manchmal wohl etwas sonderbar angrinst. Vorigen Winter schon gar, wo ich mein Werk, eben das ich heuer zu Ende gebracht, mitten in den zartesten, wahrhaft embryonalen Anfängen im Stiche lassen mußte und ganz *aufgegeben* hatte.

Ich konnte mir gar nicht denken, daß man im Stande ist, an so zarte Fäden wieder anzuknüpfen. Aber, es ist eigentümlich: So wie ich mich in der Natur und mit mir selbst befinde, ist alles Kleine und Gemeine wie ausgelöscht und ohne Spur vergangen. *Mich ficht nichts an* in solchen Tagen; und das hilft mir immer wieder. –

Jetzt kommt es mir allerdings etwas hart an, hier wieder anzupacken; so halb und halb lebe ich immer noch in der Welt meiner IV. – Sie ist so grundverschieden von meinen anderen Symphonien. Aber das *muß sein;* es wäre mir unmöglich einen Zustand zu wiederholen – und wie das Leben weiter treibt, so durchmesse ich in jedem neuen Werk neue Bahnen. Darum wird es im Anfang immer so schwer, ins Arbeiten hineinzukommen. Alle Routine, die man sich erworben, nützt einem nichts. Man muß von neuem erst wieder lernen für das Neue. So bleibt man ewig *Anfänger!* Früher hat mich es geängstigt und mit Zweifeln an mir selbst erfüllt. Aber seitdem ich es so verstehe, ist es mir eine Gewähr für die Echtheit und Dauerhaftigkeit meiner Werke.

So sehe ich zum erstenmal heuer der Zukunft ohne die bängsten Zweifel entgegen – obwohl ich es nicht wagen würde, zuversichtlich zu sein. Es ist und bleibt eben immer ein Gottesgeschenk – das man sich, wie jedes Geschenk der Liebe nicht verdienen und nicht erbitten kann. Sei mir vielmals umarmt und grüße Albert herzlichst von Deinem

Gustav

Quelle: Briefautograph. – *Mein Werk:* Mahlers Vierte Symphonie.

278 An Siegfried Lipiner

[Wien] 19. August 1900

Mein lieber Siegfried!
Heute muß ich mich einmal hinsetzen, um Dir für Deinen herrlichen, tief erschütternden Hippolyt* zu danken. Eben das Bewußtsein, wie ungenügend alle Worte für so etwas sind und die tiefste Empfindung, daß einem solchen Ereignis gegenüber das Verstummen die einzige Sprache ist, ließ mich so lange zögern. – Aber ich weiß es wieder nach mir zu gut, daß ein voller Widerhall aus dem Herzen des Empfangenden dem Schaffenden ein Bedürfnis, und daß ich Dir es sagen muß, um von Dir nicht mißverstanden zu werden. Viel habe ich Dich noch zu fragen – vielleicht werde ich mir manches noch selbst beantworten. (Denn ich lese und lebe noch immer drin – Gott sei Dank, der heurige

Sommer hat mir einen solchen Halt gegeben, daß ich jetzt nicht ganz in dem unseligen Theatertrubel untertauche.) Nur eins will ich Dir berichten: Im 2. Akt war ich von der Motivierung des Endes der Phädra bei der ersten Lesung etwas befremdet. Mir kam es wie eine Abschwächung des naiven Mythos vor, ungefähr wie ich es bei den Argonauten von Grillparzer immer empfinde. Es schien mir, als wäre diese „Milderung" der anscheinend brutalen Lösung sentimental (im Schillerschen Sinn). Aber ich griff zu Deiner probaten Methode, dumm zu werden vor einem Kunstwerk, und ging ein zweites Mal ohne alle Voraussetzungen daran, und nun begriff ich Dich sofort. – Ja, ich könnte mir jetzt eine andere Lösung nicht mehr vorstellen. Also, diese Frage habe ich mir selbst beantworten können.

Eins ist mir wieder groß aufgegangen in Deiner Art: ein neuer tiefer Zusammenhang Deines Schaffens mit Deinem musikalischen Wesen. Ich begreife immer mehr manche halb humoristischen Bemerkungen von Dir, wenn Du mit den Göttern grollst, daß sie Dir keine Musik gegeben. Mein lieber Siegfried: Du musizierst ja! Dich wird nie jemand besser verstehen können als ein Musiker, und ich kann wohl speziell hinzufügen, als ich! Es ist mir manchmal geradezu lächerlich zumute, wie verwandt meine „Musik" der Deinen ist. Besonders im „Adam", den ich auch immer mehr und mehr in mich aufnehme, ist es mir klar geworden. Noch von einem Bedenken muß ich Dir beichten (aber auch das schwindet schon, nachdem ich die „Voraussetzungen" über Bord geworfen) – mehr technischer Natur. Der Priester, der so ein individuelles Gepräge hat, schien mir so eine Art „Vertrauter" des alten Dramas. Da bin ich wohl auch etwas durch Ibsen und die anderen modernen Herren demoralisiert. Ob sich das nicht hätte vermeiden lassen, weiß ich nicht. Es hat immer etwas Absichtliches, wenn man so eine Figur hinstellt, um etwas auszusprechen, was zur Entwicklung gehört. Was sagst Du dazu? Schimpfen? Aber ich denke es mir nur ähnlich wie bei der natürlichen Tochter von Goethe. Wenn man da statt so einen Gattungsnamen einen persönlichen hinsetzt, so sieht es gleich anders aus! Aber immerhin möchte ich Deine Ansicht darüber wissen. – Wann kommst Du übrigens wieder? Ich habe schon sehr das Bedürfnis, Dich zu sprechen. Ad vocem „Adam"! Ich habe immer die Empfindung, als ob das 4. Drama Deines Christus die Barriere wäre, über die es Dir zunächst so schwer ist, hinüberzuspringen! Mir geht es auch oft so – der 4. Satz oder auch ein anderer will keine Gestalt gewinnen, und wenn ich mich entschließe, einfach die anderen vorerst fertig zu machen, so kommt sehr oft zum Schluß der „Rechenfehler" heraus, und ich finde dann den toten Punkt. Immer liegt es daran, daß ich in der Entwicklung von diesem Punkte da einen falschen Weg eingeschlagen. Wenn dann die drei fertigen Sätze vor mir stehen, so hat sich alles so geklärt, daß ich wie von selbst mit logischer Konsequenz den richtigen Pfad aus der Wirrnis entdecke. Ich denke mir immer: könntest Du nicht, ohne Rücksicht auf den vierten Abend, die Magdalena und den Judas machen? – Mein Gott, wenn ich bedenke, was da der Menschheit geschenkt wird! Der Adam „steht da wie ein Haus" (ein Wort Beethovens vom „Freischütz") und wenn auch nichts mehr dazu kommt, so gehört es zu den schönsten Besitztümern der Welt. Aber freilich, wenn man ihn im Hinblick auf das Kommende liest, so wächst er noch riesenhafter hinauf! Mindestens die Magdalena schreibe einmal auf! Ich bitte Dich, setze einfach einen Fuß nach dem anderen auf den Boden – nur so kommst Du weiter – ich erfahre das bei jeder mühsamen Bergpartie. Sehe ich, ermüdet, zum Gipfel hinauf, so schwindet meine Kraft und Mut; da lasse ich dann den Gipfel, wo er ist, und schreite einen Schritt nach dem andern und – bin endlich am Ziele. – Immer glaube ich: das 4. Drama, das so schwer endgültig zu fassen und zu gestalten ist – über das kommst Du schwer hinweg! Einfach die Magdalena hinschreiben – und später den Judas, und dann wird der Johannes klar vor Deinen Augen stehen! Auch das ist mir passiert, daß ich plötzlich darauf gekommen, daß so ein letzter Satz jenseits des Werkes ist. In einem Bilde könnte ich es deutlich sagen: Oft befindet man sich in einem großen Saal, an dessen Ende ein Spiegel steht; man mißversteht die ganze Form, erst wenn man an die Grenze kommt, merkt man, daß man vom Spiegel irregeführt, das Ziel falsch gesetzt. Ich weiß nicht, ob ich mich verständlich gemacht habe.

Und nun viele herzliche Grüße, mein lieber Siegfried. Den ganzen Tag klingt heute der tief ergreifende Schluß des 3. Aktes mir nach! (Heute früh habe ich ihn gerade gelesen.) Bitte, sag' der Klementine, ich möchte den Hippolytos noch behalten; ich geb ihr ihn zurück, wenn sie wieder kommt.

Dieser herrliche Schluß! Bis jetzt habe ich nicht gewußt, daß man so etwas auch in Worten ausdrücken kann. – Eine Zeile wendest Du noch an mich, wie es Dir geht? Und wann Du kommst?

Grüße auch vielmals die Klementine. Richtig: mit meiner IV. bin ich also fertig. Und im Winter mache ich die Reinschrift.

Herzlichst
Dein
Gustav

* Drama Lipiners.

Hippolyt: „Hippolytos“, Tragödie, Manuskript, posthum im Druck erschienen: Siegfried Lipiner, Adam, Ein Vorspiel. – Hippolytos, Tragödie, Stuttgart 1913. – *das 4. Drama Deines Christus:* „Paulus in Rom“ (siehe auch Anmerkung zu Brief 270). – *Könntest Du nicht ... die Magdalena und den Juden machen?:* die Tragödien „Maria Magdalena“ und „Judas Ischarioth“. Mahler versuchte Lipiner, der Schwierigkeiten hatte, sein anspruchsvolles Vorhaben zu realisieren, durch Parallelen mit der eigenen Arbeitsmethode zu helfen.

279 An Siegfried Lipiner

[Ohne Datum, Wien, August 1900]

Liebster Siegfried!
Unter Entwicklung (ad vocem „Vertrauter“) meinte ich nicht: Entwicklung der Handlung, sondern Entwicklung des Charakterbildes einer Hauptperson. Und das sieht ja immer ungeschickt aus, wenn man etwas, was wesentlich ist und das Publikum erfahren muß, durch den Mund einer (offenbar hiezu eigens aufgestellten) Nebenperson erfährt. – Diese Art von Figuren sind bei Racine oder ähnlichen immer vorhanden, und der terminus technicus für sie heißt eben „Vertrauter“. – Aber im Grunde genommen ist ja das alles ganz Wurst. Würden die Vertrauten so herrliche Worte reden wie Dein Priester, so wären sie mir auch recht. – Und schließlich, warum soll man jemandem eine solche Aufklärung nicht in den Mund legen, wenn man unter Umständen vielleicht einen ganzen Akt brauchte, um das in unauffälliger Form zu tun. – Unter diesen Gesichtspunkt fällt für mich auch der Trank in der „Götterdämmerung“, und diese Dinge gehören eben zur Freiheit und zum Mute des Schaffenden.

Herzlichst in aller Eile
Dein
Gustav

durch den Mund einer Nebenperson: Mahlers Einwand ist nicht ganz verständlich. Es ist denkbar, daß Lipiner aufgrund von Mahlers Kritik auch den „Hippolytos“ nochmals überarbeitet hat.

280 An Siegfried Lipiner

[Ohne Datum, Wien, August 1900]

Liebster Siegfried!

Also, wenn es denn sein muß – obwohl ich nicht begreifen kann, warum – so sende ich Dir Deinen Hippolytos. – Jetzt hätte ich noch darin lesen können. Später, wenn Ihr zurückkommt, bin ich schon wieder mitten drin und kann nicht mehr zurück in eine so erhabene Welt. – Jetzt glaube ich den durch das irdische Leben gehenden Konflikt zwischen der jungfräulichen und weiblichen Liebe (Artemis-Aphrodite), der sich im Jüngling wiederholt, gefaßt zu haben. – In Deinem Hippolytos ist es umgekehrt, wie sonst – Phädra, das Weib, wird durch das Widerstreben des Hippolytos gereinigt, und wundervoll ist es, daß man dieses Hohe als den unlöslichen Widerspruch in allem Leben überhaupt empfindet, der nur im Leben der Liebenden zur entschiedensten und verhängnisvollsten Erscheinung gelangt. Darum müssen die Liebenden sterben – nicht um die tragische Schuld zu sühnen – sondern weil ein wundervoller mystischer Zusammenhang zwischen Lieben und Sterben alles in ihnen erst zur Reife und Vollendung bringt. – Eigentümlich ist, was ich noch bei keinem Dichter getroffen habe, wie in Deinen Werken die Begriffe ineinander zu fließen geraten – der eigentümliche Zusammenhang, ja die Einheit alles Lebens und Gestaltens einem so aufgeht, wie nur in der Musik. – Sollte ich jedoch nicht richtig verstanden haben, so bitte ich um ein aufklärendes Wort. – Natürlich ist so ein großes Werk nicht etwa an der Spule so einer „Idee“ aufgewickelt, und man kann sein Wesen ebensowenig dadurch aussprechen, wie das der Welt. Natalie Bauer-Lechner ist jetzt nicht hier. Kann ich diese Photographie nicht für mich behalten?

Herzlichst sei gegrüßt von

Deinem
Gustav

Quelle: GMB, 1924, und Neues Wiener Journal vom 14. Januar 1923. Die Sätze über Natalie Bauer-Lechner und die Photographie sind in GMB, 1924, nicht enthalten. – *Datierung:* in GMB, 1924, „Herbst 1900“, dies wurde in August abgeändert, weil sich dieser Brief deutlich an die beiden vorangegangenen anschließt und Mahler noch nicht „mitten drin“ war.

281 An Bruno Walter

K.U.K. DIRECTION DES K.K. HOFOPERNTHEATERS

[Ohne Datum. Wien, Herbst 1900]

Lieber Freund!
Sie sind jetzt an Ort und Stelle und werden die Situation schon beurteilen können. – Ich werde hier meine Entscheidung früher treffen müssen, als ich gedacht; sonst käme [ich] zwischen 2 Stühlen (eigentlich einem Fauteuil und einem Stuhl – das Fauteuil wären Sie!) auf die Erde zu sitzen. Bitte, sagen Sie mir umgehend, was Sie von unserem Projekt halten, und bis wann Sie mir ein Resultat mitteilen können.

Herzlichst in Eile Ihr
Mahler

Die IV. ist angekommen!

Quelle: Briefautograph. – *Datierung:* In GMB, 1924, „Ende 1900". Einleitungssatz und Nachschrift verweisen den Brief jedoch an den Anfang der Theatersaison, in den Herbst. – *an Ort und Stelle:* an der königlichen Oper, Berlin. – *meine Entscheidung:* über den Nachfolger Hans Richters.

282 An Ludwig Thuille

[Ohne Datum. Wien, November 1900]

Lieber Herr Thuille!
Ihr „Lobetanz" * ist definitiv für Anfang Februar festgesetzt (und zwar wegen der Schoder, die Jänner einen kontraktlichen Urlaub in Weimar absolvieren muß, was dann eine Unterbrechung der Aufführungen zur Folge hätte, welche leicht nach hiesigen Erfahrungen für die Zukunft des Werkes am hiesigen Theater verhängnisvoll werden könnte).

Gewiß werde ich Sie rechtzeitig von allem verständigen.

Für Ihre Mitteilungen bezüglich der zweiten Aufführung meines Werkes danke ich Ihnen herzlichst. – Das „Vergreifen" ist nun einmal Sitte bei unseren Herren Kapellmeistern.

Aber, mein Gott – warum soll es denn „uns" besser gehen, als den großen Meistern, die sich das Jahr aus Jahr ein – Jahrhunderte aus, Jahrhunderte ein – gefallen lassen müssen. – Glücklicherweise dringen die Klavierauszüge langsam in das Bewußtsein und Gemüt der Menschen und das Publikum bringt dann schließlich seine ergänzende Phantasie ins Konzert mit. – Sonst würden die Beethovenschen Symphonien noch heute wie Monstra erscheinen.

Herzlichst
Ihr
Mahler

* Première 18. März 1901 [unter Franz Schalk].

Datierung: in GMB, 1924, nur „Wien 1900". Der Brief von Ludwig Thuille, den Mahler hier beantwortet, stammt vom 7. November 1900. – *wegen der Schoder:* Marie Gutheil-Schoder (1874–1935), Mezzosopran, eine der Hauptstützen des Wiener Mahler-Ensembles. – *bezüglich der zweiten Aufführung meines Werkes:* Mahler hatte am 20. Oktober 1900 in München seine Zweite Symphonie dirigiert; die Aufführung wurde Anfang November unter der Leitung von Bernhard Stavenhagen (1862–1914) wiederholt. Thuille hatte eine genaue Beschreibung von Stavenhagens Interpretation geliefert.

283 An Max Kalbeck

[Ohne Datum, Wien, 20. November 1900?]

Mein lieber Herr Kalbeck!
Sonntag waren Sie „Publikum"; heute aber bin ich es! Und so müssen Sie sich es gefallen lassen, daß ich Ihnen Bravo zurufe und applaudiere! Ich bin ganz erstaunt über manches, was Sie sagen, und möchte immer fragen – woher, zum Kuckuck, haben Sie denn das? – Aber es freut mich – und Sie sehen, wie sehr recht ich habe, kein Programm zu geben. –

So wie Sie auf der Spur sind, werden es nach und nach alle werden, es gibt, von Beethoven angefangen keine moderne Musik, die nicht ihr inneres Programm hat. – Aber keine Musik ist etwas wert, von der man dem Hörer zuerst berichten muß, was darin erlebt ist – respektive was er zu erleben hat. – Und so nochmals: pereat – jedes Programm! – Man muß eben Ohren und ein Herz mitbringen und – nicht zuletzt – sich willig dem Rhapsoden hingeben. Ein Rest Mysterium bleibt immer – selbst für den Schöpfer! –

Seien Sie herzlichst bedankt, daß Sie 3 gute Dinge mitgebracht haben!

Herzlichst
Ihr
Mahler

In Eile, sonst hätte ich noch gar vieles zu sagen.

Datierung: In GMB, 1924, nur „ohne Datum". Martner bringt diesen Brief in Zusammenhang mit der Wiener Erstaufführung der Vierten Symphonie von Mahler (12. Januar 1902). Die Herausgeberin dieses Bandes vermutet, daß er nach der Wiener Erstaufführung von Mahlers Erster Symphonie (Sonntag, 18. November 1900) geschrieben wurde. Mahler hatte nach der Aufführung seiner Zweiten Symphonie in München (20. Oktober 1900) in größerer Gesellschaft den Ausspruch „Pereat den Programmen" getan, der rasch die Runde machte. (siehe auch Ludwig Schiedermair, Gustav Mahler, Leipzig o. J. [1900], S. 14). – *heute aber bin ich es:* Kalbeck veröffentlichte im „Neuen Wiener Tagblatt" vom 20. November 1900 unter dem Titel „Gustav Mahler's Sinfonia ironica" seine Rezension der Ersten Symphonie. – *von Beethoven angefangen:* Kalbecks Kritik enthält Hinweise auf die III. und die VI. Symphonie von Beethoven.

284 An Bruno Walter

III. AUENBRUGGERSTRASSE 2

[Ohne Datum. Wien, Anfang 1901]

Lieber Freund!
In der Schreibfaulheit bin ich gezwungen, Ihnen den Rang abzulaufen. – Vom Herzen freue ich mich, daß Sie in einen Hafen eingelaufen sind, den mein Schiff wohl nicht mehr finden wird.

Ich zweifle nicht daran, daß Sie gut geprüft und sich wohl gebunden haben. Meine Wünsche gelten Ihnen und Ihrer lieben Braut, die ich mich herzlich freuen werde, gelegentlich eines Sommerbesuches kennen zu lernen. Die 4. existiert nur in einem einzigen Exemplar. Ich werde sie Ihnen im Sommer vorzeigen. Pfitzner soll mir seine Oper* schikken. Der arme Heinrich ist derzeit für meine Wiener noch nicht möglich.

Herzlichst eiligst Ihr
Gustav Mahler

* „Die Rose vom Liebesgarten", die zu jener Zeit in Elberfeld, wo damals Hans Gregor Direktor war, ihre Uraufführung erlebte.

Quelle: Briefautograph. – *in einen Hafen eingelaufen:* Bruno Walter hatte sich Ende 1900 mit Elsa Wirthschaft (1871–1945) verlobt. – *Der arme Heinrich:* Oper von Hans Pfitzner (Uraufführung 1895).

285 An Bruno Walter

DER DIREKTOR DES
K. K. HOF-OPERNTHEATERS

[Ohne Datum, Wien, Februar 1901]

Lieber Freund!
Am 17. Feber, ½1 Vormittag, kommt hier mein *„Klagendes Lied“* unter meiner Leitung zur 1. Aufführung. Könnten und wollten Sie dabei sein? Suchen Sie sich den Urlaub für den Tag zu verschaffen; wenn Sie beide Nächte durchfahren, genügt *ein Tag!* Es wäre doch sehr nötig, daß Sie es hören; da ich vorhabe, für den Fall einer auswärtigen Aufführung, Sie als den Dirigenten zu designieren! Antworten Sie sofort! Pfitzners Oper interessiert mich sehr! Sollte wirklich von Elberfeld nicht *ein* Klavierauszug flüssig gemacht werden können? Das wäre doch komisch! Also, tun Sie auch da, was Sie können! Hoffentlich auf Wiedersehen am Sonntag!

Ihr
Mahler

Quelle: Briefautograph. – *auf Wiedersehen am Sonntag:* in GMB, 1924, irrtümlich „Freitag“. Das Konzert fand Sonntag, 17. Februar 1901 statt.

286 An Friedrich Löhr

[Ohne Datum, Wien]

Mein lieber Fritz!
Hier übersende ich Dir ein Billett, welches ich Dir sofort zugedacht habe. – Ich war daher etwas erschrocken, als ich erfuhr, Du hättest Dir beinahe eins gekauft. – Übrigens ist der ganze Saal bis auf das kleinste Plätzchen ausabonniert. Du siehst, ich bin jetzt „in Mode“.

Herzlichst
Dein
Gustav

sehr herunten von der Plage[91].

Quelle: Briefautograph. – *Datierung:* Martner bringt diese Mitteilung mit der Uraufführung des „Klagenden Lieds“ (17. Februar 1901) in Zusammenhang und datiert sie mit „Februar 1901?“.

287 An Franz Bartolomey

[Ohne Datum, vor dem 24. Februar 1901]

Lieber Herr Professor!
Erst in der Probe erfuhr [ich], von welchem Unglück* Sie betroffen wurden, und danke Ihnen herzlichst, daß Sie uns das große Opfer gebracht, trotz Ihres großen Schmerzes, die Probe mitzumachen.

Seien Sie versichert, daß ich es zu würdigen weiß, welcher Selbstentäußerung und welches Opfermutes es bedurfte, in einem solchen Augenblick seine Pflicht zu tun, und nehmen Sie mein innigstes Beileid und meinen herzlichsten Dank entgegen, lieber Herr Bartolomey.

Ich werde es Ihnen nicht vergessen.

Ihr aufrichtig ergebener
Gustav Mahler

* Vorzüglicher Klarinettist im Wiener Hofoperntheater, wirkte trotz Krankheit und Tod seines Kindes bei den Proben zu Charpentiers *Luise* mit, was Mahler nur zufällig erfuhr. Die Premiere fand am 24. März 1903 statt.

Quelle: Briefautograph. – *Datierung:* In GMB, 1924, nur „ohne Datum". Die Fußnote jedoch bringt dieses Schreiben mit den Proben zu Charpentiers „Louise" und somit mit dem März 1903 zusammen. Die Herausgeberin verdankt dem Enkel des Adressaten, Herrn Franz Bartolomey jun., die Mitteilung, daß Maria, das kleine Töchterchen des Klarinettisten Franz Bartolomey, am 19. Februar 1901 gestorben ist. Zu dieser Zeit könnte es sich um eine Probe zum VI. Philharmonischen Konzert dieser Saison gehandelt haben, bei dem die Serenade für Bläser von Antonin Dvořák aufgeführt wurde. Das Konzert fand am 24. Februar statt. Am Abend desselben Tages dirigierte Mahler in der Oper „Die Zauberflöte" und erlitt den schweren Blutsturz, der ihn wochenlang vom Dienst fernhielt (La Grange, S. 614).

288 An Emil Freund

Abbazia, 30. III. 1901

Lieber Emil!
Du erhältst per Postpaket zugleich mit diesem Brief ein weiteres Manuskript, welches ich Dich mit den andern aufzubewahren bitte. Teile mir sofort durch C. K. den Empfang der Sendung mit.

Mir geht es famos! Ostersonntag bin ich wieder in Wien und hoffe Dich bald zu sehen.

Herzlichst
Dein
Gustav

Abbazia: Mahler hatte am 24. Februar einen Blutsturz erlitten, war operiert worden und suchte mit seiner Schwester Justine Erholung in diesem damals zu Österreich gehörenden Ort. – *ein weiteres Manuskript:* vermutlich zur Partitur der Vierten Symphonie gehörend, an der Mahler in Abbazia arbeitete. – *durch C. K.:* durch Korrespondenzkarte.

289+ An die Wiener Philharmoniker

DER DIREKTOR DES
K. K. HOF-OPERNTHEATERS

Wien, April 1901

Sehr geehrte Herrn!
Zu meinem aufrichtigsten Leidwesen muß ich Ihnen die Mitteilung machen, daß ich mit Rücksicht auf die große Arbeitslast, welche mir mein Amt auferlegt, und meine geschwächte Gesundheit mich nicht mehr im Stande fühle, die philharmonischen Konzerte zu dirigieren. –

Ich bitte Sie, dies unter dem Ausdrucke meines tiefsten Bedauerns zur Kenntnis der geehrten Körperschaft zu bringen und den Herrn meinen herzlichsten Dank für das mir bisher entgegengebrachte Vertrauen auszusprechen.

Ich brauche wohl nicht erst hinzuzufügen, daß ich es auch in Zukunft als eine liebe und langgewohnte Pflicht ansehen werde, die philharmonischen Konzerte und ihre Veranstalter mit Rat und Tat zu fördern und für sie einzustehen, so weit es in meinen Kräften steht.

Gustav Mahler
Direktor des k.k. Hofoperntheaters

Quelle: Briefautograph. – *die philharmonischen Konzerte zu dirigieren:* Mahler war von Herbst 1898 an bis zu seiner Erkrankung im Februar 1901 Dirigent sämtlicher philharmonischen Konzerte gewesen.

290 An Bruno Walter

DER DIREKTOR DES
K.K. HOF-OPERNTHEATERS

[Ohne Datum. Wien, Anfang Juni 1901]

Lieber Freund!
Also famos! Ich fahre heute abend an den Wörthersee, habe aber alles bereits dahin vorbereitet, daß auf Ihre endgiltige Zusage hin Ihnen ab 1. Juli ein 2jähriger Vertrag mit 6000 fl. Jahresgehalt zugesendet wird. (Die kurze Dauer deshalb, damit Ihre Bezüge bei einer Erneuerung erhöht werden können.) Über alles andere korrespondieren wir miteinander. Briefe treffen unter Adresse:

Maiernigg am Wörthersee
via Klagenfurt.

Vielleicht suchen [Sie] mich dort im *August* auf.

Eines ist durchaus wichtig. Ihr Engagement darf vor Ihrem Eintreffen in Wien *nicht* bekannt werden. Ich habe dafür die triftigsten Gründe. *Auch in Berlin nicht!* – Es wird am besten sein, Sie führen sich in Wien mit einer *Novität ein!* Ich habe für den Anfang *Hoffmanns Erzählungen* und *Bohème von Puccini* vor. Ich hoffe, Sie werden nunmehr im *Hafen* einlaufen. In aller Eile vor der Abreise die herzlichsten Grüße von

Ihrem
Mahler

Das Theater beginnt am 11. August. Sie können sich also ordentlich vorher ausruhen.

Quelle: Briefautograph. – *Datierung:* in GMB, 1924, „Frühjahr 1901". Mahler fuhr im Juni nach Maiernigg. – *mit einer Novität:* Bruno Walter debütierte in Wien am 27. September 1901 mit einer Repertoire-Oper: „Aida". – *Hoffmanns Erzählungen:* Premiere am 11. November 1901 unter Mahler. – *Bohème:* Die Wiener Erstaufführung von Puccinis Oper fand erst am 25. November 1903 statt. Dirigent: Francesco Spetrino. – *beginnt am 11. August:* In GMB, 1924, irrtümlich 18. August.

291+ An Nina Spiegler

[Ohne Datum. Ansichtskarte mit Poststempel Klagenfurt, unleserlich. Wiener Poststempel 21. 6. 01]

Dieses alles, was Du auf der Karte siehst
ist die Ansicht, wie sie hier gewöhnlich ist.
Ich schick sie, trotz Du sonst nicht meiner Ansicht bist.
Vielleicht bist ihrer sie [!], wenn Du sie liest!
Da hier noch ein schönes Platzel,
schreib ich hier ein kleines Satzel
– leider nur in Eil und Hatzel.
– Von einem Vers ist's nur ein Latzel
– Hoffentlich krieg' ich kein Patzel!
Diese Zeile schreib' ich nur
Weil sie paßt in die Architektur!
Ich sitze hier in dem Kaffé
und grüße Dich, Dein treuer G.
u. auch dabei Natalie!
o je! o je! sie fällt in'n See!
das ist ihr „Portrait"

Quelle: Autograph einer Ansichtskarte vom Wörthersee, die rings um die Ansicht beschrieben ist. – *Weil sie paßt in die Architektur!;* in die „Architektur" der Karte, die links unten noch Raum ließ. – *sie fällt in'n See!:* diese Zeilen sind bereits auf das „Wasser" der Karte geschrieben. – *das ist ihr „Portrait":* von Mahler gekritzeltes Strichmännchen am linken Kartenrand.

292 An Max Kalbeck

Maiernigg am Wörthersee, 22. Juni 1901

Verehrter Herr Kalbeck!
Ich befinde mich bereits seit 14 Tagen auf Urlaub und bin gestern in den Besitz Ihres werten Schreibens gelangt.

Ich freue mich wirklich, daß Ihnen die Arbeit der Mühe wert scheint, und bin nun doppelt froh, daß ich noch in letzter Stunde auf Hoffmans Erzählungen – die ohnehin mehr gereimte Prosa sind – zu Gunsten der Pique Dame verzichtete, welche ich für das reifste und artistisch gediegenste Musikwerk Tschaikowskys halte.

Bezüglich des Honorars habe ich bereits die üblichen Schritte bei der Intendanz getan; nur fürchte ich, daß sich durch das Ferialtempo die

Sache etwas in die Länge ziehen wird. Sollte Ihnen eine rasche Erledigung der Sache wünschenswert sein, so bitte ich um 2 Worte*.

Von Scharlach ist hier am See nicht viel zu merken; und wenn auch – J'y reste! Sie sehen, das ist auch so ein Stück Glauben; obwohl es auch ein Wissen ist, daß die wahren Feinde des Menschen nicht draußen, sondern in seinem Innern sind. – Ich kann es nämlich nicht begreifen, daß Sie, eine Musiker-Poetenseele nichts glauben=wissen. Was entzückt Sie denn, wenn Sie Musik empfinden? Was macht Sie leicht, frei? Ist die Welt weniger rätselhaft, wenn Sie sie aus Materie konstruieren – ist es eine Erklärung, wenn Sie sie als Spiel der mechanischen Kräfte erkennen? Was ist Kraft? Wer spielt? Sie glauben an die „Erhaltung der Kraft", an die Unzerstörbarkeit der Materie! Ist das nicht auch Unsterblichkeit?

Versetzen Sie das Problem an welchen Punkt Sie wollen – zum Schluß geraten Sie doch an die Stelle, wo „Eure Weisheit" zu „träumen" anfängt.

Ich kehre Ende August nach Wien zurück.

Zu dieser Zeit dürften Sie sich wahrscheinlich auf Reisen befinden. Daher bitte ich Sie, Ihre Übersetzung, wenn sie fertig ist,

an Herrn Graf, Direktionskanzlei

gelangen zu lassen. Doch nur persönlich in seine Hände, da sie sonst jetzt leicht verloren gehen könnte.

Seien Sie und Ihre Frau Gemahlin aufs beste gegrüßt von

Ihrem sehr ergebenen
Gustav Mahler

* Die Briefe an Max Kalbeck, den Kritiker, Dichter und Übersetzer, beziehen sich großen Teils auf Kalbecks Neuübertragungen Mozartscher Werke, von denen vor allem „Figaro" und „Don Giovanni" in Kalbecks Übertragung zu unvergeßlichen Aufführungen unter Mahler wurden. Auch „Pique Dame", „Othello", späterhin „Tosca" sind von Kalbeck übersetzt worden. Zur materialistischen Weltanschauung, gegen die Mahler im ersten Briefe polemisiert, hat sich Kalbeck gewiß nicht uneingeschränkt bekannt.

293 An Bruno Walter

[Ohne Datum, Maiernigg, Sommer 1901]

Lieber Freund!
Hurrah! Ihr Engagement ist – vorbehaltlich Ihrer definitiven Entlassung in Berlin – ab *1. Juli* genehmigt, und Sie beziehen daher schon in

diesem Monat Ihr Gehalt.

Um so eher können Sie also etwas Ordentliches für Ihre Erholung tun. – Von mir [?] haben Sie unumschränkten Urlaub bis zum Eintreffen der kaiserlichen Genehmigung und wenn es bis in den Herbst dauerte. Schreiben Sie bald.

Ihr
Mahler

Quelle: Briefautograph.

294 An Bruno Walter

Maiernigg am Wörthersee
[Ohne Datum. Anfang Juli? 1901]

Lieber Freund!
Nur um Ihnen alle Beruhigung zu geben und zugleich meiner Freude über die glückliche Lösung der Angelegenheit Ausdruck zu geben – mitten in „gewöhnlicher" Ferialarbeit – diese Grüße. Mein Sekretär schreibt alles Nähere. Sowie Sie die kaiserliche Bestätigung in Händen haben, telegrafieren Sie mir. Dann erfolgt alles Definitive. – Bitte noch zu jedermann um strengste Diskretion! Im Interesse Ihrer Wiener Zukunft. Es wäre gut, wenn wir im August vor Beginn der Saison zusammenträfen. Es ist schwer, Sie hier zu beherbergen. Vielleicht geht es aber doch. Vielleicht quartieren wir Sie im Hotel ein.

Noch eine Frage: wie klingt es im *Kroll*saale? Strauss will dort meine III. machen! Orchester auf der Bühne! Geht das?

Herzlichst in Eile
Ihr
Mahler

Quelle: Briefautograph. In GMB, 1924, fehlt Abschnitt „Es ist schwer, Sie hier zu beherbergen" etc. – *Datierung:* in GMB, 1924, nur „Sommer 1901". „Anfang Juli" wird durch einen Brief von Mahler an Richard Strauss vom 6. Juli 1901 nahegelegt, wo ebenfalls von der Akustik der Berliner Kroll-Oper die Rede ist. – *meine III. machen:* dieser Plan wurde zugunsten von Mahlers Vierter Symphonie aufgegeben. Mahler dirigierte die Vierte in Berlin am 16. Dezember 1901.

295+ An Nina Spiegler

[Ohne Datum. Poststempel: Klagenfurt 20. 8. 01]

Liebste Nanna!
Endlich also kommt der Ferienbrief! Daß die Natalie Dich so wacker auf dem Laufenden erhält, macht es mir leichter, damit so lange zu warten, bis ich mit meinem Pensum da droben im Häuschen fertig bin. Sonst wäre ich sicherlich braver. – Mit der heurigen Fechsung kann man tantum quantum ganz zufrieden sein. Vielleicht fällt auch für Dich im Winter etwas davon ab.

Natürlich, die *alte* Klage bleibt immer dieselbe: Zuviel Hetze – zu wenig Zeit! Und immer muß ich etwas mittendrin stehen lassen. Nur bin ich mit der Zeit etwas beruhigter darüber, nachdem ich gelernt habe, daß der Schaffende seine Geburtswehen ganz ohne Schaden für das Kind unterbrechen kann und zu gelegener Zeit wieder fortsetzen. – Oder vielleicht wie es die Hühner machen, die das Ei eifrigst bebrüten – und mitten drin auf Futter gehen.

Aber Du führst Dich ja gar nicht gut auf!

Ich sage Euch: schützt Euch im Sommer vor Regen und Kälte! Zu schade, daß Ihr Euch unser Retiro hier nicht ansehen könnt. Ihr möchtet es gewiß nachmachen. Freitag oder Samstag gehe ich nach Wien. Justi bleibt noch ungefähr 3 Wochen. Die Arme hat es leider sehr nötig und muß heuer in Wien sehr geschont werden. Momentan hat sie sich wieder herausgerappelt. Meine Ausflüge heuer waren nicht so schön wie voriges Jahr. Vom Wetter gar nicht begünstigt. In Folge dessen war es mir auch nicht möglich, in meinen letzten Augenblicken an Dich zu denken, und noch weniger, Dir vorher noch eine Ansichtskarte zu schicken. In strömendstem Regen und Gewitter bin ich auf die 3 Zinnenhütte hinauf und hinuntergerannt und mußte nur immer an meine Stiefel denken, die ein Loch hatten und vor Nässe schwapperten.

Meine IV. kommt wahrscheinlich im Oktober in Wien dran und wird Dir so einmal eine Seitenansicht von mir geben, die Du noch nicht kennst. Nur fürchte ich, daß Dir die am Besten gefallen wird, und Du mich von nun an nur mehr von der Seite anblicken wirst.

Da ich heuer die philharmonischen nicht mehr dirigieren werde, so fallen die Festsoupers aus, und ich bitte, sich nun etwas auszudenken, wie mir dieser Ausfall am besten eingebracht wird: auch bitte ich um etwas feinere Behandlung bei solchen Gelegenheiten – wie es meiner Arroganz entspricht. Gelesen habe ich wieder so gut wie gar nichts in diesem Sommer, weil ich zu viel amtlich beschäftigt war. Das geht mir jetzt schon seit 10 Jahren so. Und so wird mir nichts anderes übrig bleiben als wie der Quintus Fixlein mir meine Bibliothek selbst zu schreiben. Dafür kommt aber einmal eine Gedenktafel an mein Häuschen im Walde: hier saß jeden Morgen der seinerzeit so berühmte G. M. Nur bitte, sich nicht zu irren und die Tafel nicht an der daneben befindlichen kleineren Dependance anzubringen, wo das noch mehr passen würde, aber als Ausdruck der Pietät nur Natalien und mir verständlich wäre. So! Der Ferienbrief ist geschrieben und bleibt mir nur so viel Platz, um Dich ordentlich zu knutschen und Albert und den Kleinen herzlichst zu grüßen

Dein Gustav

Quelle: Briefautograph. – *Natalie:* N. Bauer-Lechner. – *da droben im Häuschen:* „Komponierhäuschen", das sich Mahler im Wald oberhalb seiner am Seeufer gelegenen Villa errichtet hatte. – *Mit der heurigen Fechsung:* Teile der Fünften Symphonie, Lieder auf Texte von Friedrich Rückert, darunter die ersten „Kindertotenlieder", und „Der Tambours g'sell" aus „Des Knaben Wunderhorn". – *auf die 3 Zinnenhütte:* in den Dolomiten, Südtirol. Mahler machte vom Wörthersee aus häufig Ausflüge in die Dolomiten. – *im Oktober in Wien:* Mahlers Vierte Symphonie wurde erst am 12. Januar in Wien aufgeführt. – *Quintus Fixlein:* Romangestalt von Jean Paul.

296 An Henriette Mankiewicz

[Ohne Datum. Zwischen 22. und 24. August 1901]
Maiernigg, am Tag der Abreise

Jeden Brief an Sie, meine liebe Henriette, muß man immer mit einem Dank anfangen. Schreibt man nun einen, wie ich heute, dann weiß [man] nicht, wie man es anfangen soll, anzufangen.

Gestern kamen Ihre Japaner*. Allerdings weiß ich zunächst nichts damit auszumalen; da müßte ich Ihre Phantasie dazu haben – aber da sie von Ihnen kommen, so weiß ich schon jetzt, daß sie mein Haus mehr schmücken werden, als alles, was mir Gärtner oder Maler bereiten könnten. Und wenn sie ganz häßlich wären und niemandem kenntlich, als nur mir, so wären sie mir lieb und schön – da sie von Ihnen zugedacht sind und von Ihnen blühen werden. So! Sehen Sie , das ist ein Liebesbrief! Wenn vielleicht auch nicht in „optima forma" – die habe ich bereits verlernt.

Heute gehe ich fort von hier, mit einem *schweren* Herzen! Zu wissen, daß man ein Jahr warten muß, ist traurig.

Auch schon deshalb, weil ich mein Werk mitten drin stehen lassen muß – wie gewöhnlich. Welch ein Glück ist es für die Mütter, daß sie nicht gezwungen werden können, ihre Geburtswehen zu unterbrechen – und vielleicht auch für die Kinder.

Ich habe eine Angst, meine liebe Freundin, daß ich mein Versprechen nicht werde halten können, und Sie im September in Gmunden aufsuchen. Dafür haben meine Rabenkinder in der Oper gesorgt, die sich so schlecht aufführen, daß ich hier ganz über Hals und Kopf abreisen muß, um sie schleunigst zur Raison zu bringen. Davon, ob und wie mir das gelingen wird, hängt es ab, ob ich, was ich *so gerne* möchte, Sie in Gmunden besuchen werde, denn 3 Tage muß ich dafür rechnen – wie ich es auch hin und her wende. Ich kann nicht 2 Nächte hintereinander reisen. – In Wien spiele ich Ihnen vor, was ich heuer (so nebenher) gemacht habe. Es ist manches darunter – mancher Schößling, den Sie in liebendem und verstehendem Herzen aufnehmen und pflegen werden. Bei meinen Liedern denke ich immer ganz persönlich an einen Lieben, dem ich es vorsingen möchte; und diesmal sind Sie auch aufgenommen. Ich wüßte mir *keinen Liebern.* So! Mit einer Liebeserklärung habe ich meinen Brief begonnen und mit einer [?] solchen höre ich auf. Nur schnell dann, denn das Briefschreiben ist und bleibt einmal meine Qual!

Leben Sie wohl, meine liebe Freundin, und lassen Sie mir durch Gretchen nach Wien ab und zu eine Karte über Ihr Befinden senden, da ich jetzt durch Natalie nicht so schnell etwas erfahren kann.

Ihr
Gustav

Gretchen und Frl. Nacke [?] viele Grüße.

* Japanische Rosen.

Quelle: Briefautograph. – *Datierung:* In GMB, 1924, „wahrscheinlich 1901". Das Jahr erscheint durch den Hinweis auf die komponierten Lieder gesichert; die Abreise erfolgte am 23. oder 24. August. – *über Hals und Kopf abreisen muß:* in GMB, 1924, versehentlich „Hals über Kopf arbeiten muß". – *Gretchen:* nicht identifiziert, vielleicht eine Tochter von Henriette Mankiewicz. – *Frl. Nacke [?]:* nicht identifiziert.

297 An Bruno Walter

DER DIREKTOR DES
K.K. HOF-OPERNTHEATERS

[Ohne Datum, Wien, Ende August 1901]

Lieber Freund!
Für alle Fälle will ich Ihnen nur sagen, daß Sie ja recht ruhig bleiben sollen, so lange Sie es brauchen. Sie verlieren ja hier nichts mehr, und ich will einen *gesunden* und gar nicht nervösen Walter. – Seien Sie nach keiner Richtung unruhig!

Herzlichst
Ihr sehr eiliger
Mahler

Quelle: Briefautograph. – *Datierung:* In GMB, 1924, „Maiernigg August 1901". Da Mahler das Briefpapier der Hofoper in Maiernigg nicht zu benützen pflegte, ist es wahrscheinlich, daß diese Mitteilung Ende August in Wien geschrieben wurde.

298 An Arnold Berliner

Wien, 29. August 1901

Lieber Freund!
Ihre Zeilen haben mich herzlich erfreut. Sie sind mir ein willkommener Anlaß, Ihnen zu sagen, daß ich ganz der Alte geblieben, und mit unveränderter Herzlichkeit unserer alten Beziehungen gedenke. Ich habe als den eigentlichen Anlaß unserer Trennung immer nur – unsere Trennung angesehen; eines anderen erinnere ich mich wahrhaftig nicht mehr. Auch wäre es zu wichtig und unserer Art nicht entsprechend, wenn eine momentane Mißstimmung und ihre Folgen weiter hinausreichen würde als über den Augenblick. Mein Leben bringt es eben mit sich, daß ich die Beziehungen, die ich mit mir lieben Menschen angeknüpft, in der Ferne nicht unterhalten kann; dazu fehlt es mir vor allem an der physischen Zeit. Daß sie dann zu „Erinnerungen" erstarren, liegt in der Natur der Sache. Aber kommen Sie einmal her und leben Sie wieder einige Tage mit uns, und sie werden sich gleich zur „Gegenwart" umgestalten.

Auch diese Viertelstunde, in der ich Ihnen schreibe, muß ich mir nur abstehlen. – Ich hoffe, daß ich im Laufe des heurigen Winters nach Berlin komme. Ich werde Sie dann sicher aufsuchen, und ich bin überzeugt, daß wir im ersten Augenblick uns wieder erkennen werden. Dafür bürgt mir die Genesis unseres Verhältnisses; da es eben die Gesinnung und die Geistesanlage war, die uns zusammengeführt und nicht irgendeine Empfindung oder Stimmung, die ganz junge Menschen aneinander knüpft. Meine Kürze werden Sie mir zugute halten. –

Ich muß an die Arbeit.

Wenn Sie hieher denken, so tun Sie dies ganz ohne Scheu, und wischen Sie die letzten Hamburger Tage (die mir heute mehr lächerlich als peinlich vorkommen) von der Tafel Ihres Gedächtnisses, und seien Sie versichert, daß Ihnen hier in ganz unveränderter herzlichster Gesinnung lebt

Ihr alter
Gustav Mahler

nach Berlin komme: zur Aufführung der Vierten Symphonie am 16. Dezember 1901.

299 An Bruno Walter

DER DIREKTOR DES
K.K. HOF-OPERNTHEATERS

[Ohne Datum. Wien, Winter 1901]

Lieber Walter!
Ich höre, Sie sind über den 2. Akt verzweifelt. – Das ist aber doch ganz unnötig, denn wenn die Elizza, die Gans, blöd umschmeißt und Slezak verschlampt ist, so ist so ein Ensemble eben nicht korrekt durchzuführen. Also, keine grauen Haare deshalb.

Herzlichst grüßend
Ihr
Mahler

Quelle: Briefautograph. – *Datierung:* hier lt. GMB, 1924. Die Aufführung, um die es sich handelte, konnte nicht identifiziert werden; möglicherweise war es bloß eine Probe. – *die Elizza:* (in GMB, 1924, nur X) Elise E. (1870–1926), Sopranistin, seit 1895 an der Wiener Hofoper. Mahler schätzte sie im übrigen sehr, vertraute ihr eine Partie bei der Uraufführung des „Klagenden Liedes“ an und wollte sie auch für die Uraufführung der Achten Symphonie gewinnen (siehe Brief 436). – *Slezak:* (in GMB, 1924, nur „Y“) Leo S. (1873–1946), Tenor, wurde von Mahler 1901 ans Hofoperntheater engagiert.

300 An Carl Moll

[Ohne Datum. Wien, Anfang Dezember 1901]

Lieber Herr Moll*!
Ihre Karte habe ich eben bekommen und herzlich lachen müssen. An Würde fehlt es mir nun ganz, wie Sie schon wissen. Außerdem wird mir Ihr Auftrag gar keine besondere Anstrengung zumuten. Ich werde ihn in Ihrem und meinem eigenen Namen ausführen. – Da ich Ihnen morgen die Billetts zur „Zauberflöte" reservieren will, so bitte ich, mir wieder, wie neulich, zu telephonieren, ob Sie am Sonntag noch da sind. Die Schoder singt die Pamina – es ist eine ihrer kostbarsten Leistungen –. Die herzlichsten Grüße an Ihre liebe Familie, die ich in jedem Falle am Sonntag abends noch par distance zu sehen hoffe.

Ihr aufrichtig ergebener
Mahler

* Carl Moll, der bekannte Wiener Maler, Stiefvater von Mahlers Gattin Alma Maria Schindler.

Datierung: In GMB, 1924, „November 1901". Nach Mahlers Briefen an Alma Schindler zu schließen, muß es sich um die „Zauberflöten"-Vorstellung von Sonntag, 8. Dezember 1901 (unter Mahler) handeln. – *Die Schoder:* Marie Gutheil-Schoder. *Alma Maria Schindler:* (1879–1964), Tochter des Malers Emil Jakob Schindler, heiratete Mahler am 9. März 1902.

301 An Anna Moll

[Ohne Datum. Wien, 9. Dezember 1901]

Verehrte Freundin*!
(Sie erlauben mir doch diese Anrede, welche ich als ein liebes Anrecht für mich in Anspruch nehmen möchte – und zwar eines, welches ich zunächst mir noch nicht verdient habe, aber das mir in so herzlicher Weise geschenkt worden ist.) – So! Diese Parenthese ist nun beinahe länger ausgefallen als mein Brief! Für diesen Schnitzer in der „Formenlehre" werde ich mir am Ende die Verachtung von Fräulein Alma zuziehen. – Heute abend geht es fort, und zwar leider auf länger, als ich gedacht. Ich muß nämlich auf dringendes Verlangen auch den Proben zu meiner II., welche für den 20. Dezember in Dresden angesetzt ist, assistieren. Ich werde Sie alle also erst in vierzehn Tagen wiedersehen.

Darf ich es Ihnen gestehen, daß mir diese Trennung sehr lange erscheint und sehr nahe geht? Daß ich in dieser kurzen Zeit mich Ihnen und Ihrer lieben Familie so vertraut und verbunden fühlen gelernt habe, und die Zeit der Entfernung von Ihnen als eine Entbehrung empfinden werde? Ich spreche dies so offen aus, weil ich fühle, daß Sie ein solches Bekenntnis so herzlich wie es gemeint, aufnehmen werden, und daß auch Sie mich nicht mehr als einen Fremden betrachten. Leben Sie recht wohl, und bleiben Sie mir gut!

Ihr sehr ergebener
Gustav Mahler

Der Inhalt des Päckchens soll nach dem geheiligten Usus zwischen Mutter und Tochter geteilt werden.

* An die Gattin Carl Molls.

Datierung: In GMB, 1924, nur „Dezember 1901". Mahlers Briefe an Alma machen deutlich, daß es sich um den Tag nach der „Zauberflöte", den 9. Dezember handelt. – *Proben zu meiner II.:* unter Ernst von Schuch.

302 An Misa Gräfin Wydenbruck

[Ohne Datum. Wien, Januar 1902]

Verehrte Gräfin!
Für Ihre lieben, herzlichen Worte danke ich Ihnen vielmals*. Die Zeitungsnachricht kam mir sehr ungelegen. Es ist doch zu peinlich, eine solche ganz persönliche Angelegenheit vor die Öffentlichkeit gezerrt zu sehen. Aber, daß so liebe Freunde, wie Sie, liebe Gräfin, an meinem Glücke teilnehmen, macht manches daran wieder gut. Daß Sie mir Ihre Freundschaft auch in mein neues Leben bewahren wollen, ist mir eine Freude, und glauben Sie, daß ich jene stets vom ganzen Herzen erwidern werde.

Ihr
Gustav Mahler

* Dank für die Verlobungsgratulation.

Datierung: In GMB, 1924, nur „1902". Mahlers Verlobung mit Alma Maria Schindler wurde Ende Dezember 1901 bekannt. Glückwünsche müssen Mahler um die Jahreswende 1901/1902 erreicht haben.

303 An Carl Goldmark

[Wien] 16. Jänner 1902

Hochverehrter Freund!
Verzeihen Sie, daß ich Ihnen erst heute auf Ihren Glückwunsch zu meiner Verlobung und zugleich für Ihre lieben Worte über mein jüngstes Werk danke*. Sie werden mein Stillschweigen gewiß nicht mißdeutet haben und ich brauche Ihnen nicht erst die Versicherung zu geben, daß unter allen Kundgebungen mir keine werter gewesen als die Ihre. – Die Unruhe, die ein solches Ereignis ins Leben bringt, dauert fort, und zwingt mich, schon wieder abzubrechen. Seien Sie herzlichst gegrüßt und nochmals bedankt von

Ihrem
Gustav Mahler

* Erstaufführung der IV. Symphonie in Wien am 12. Januar 1902.

304 An Alfred Roller

DER DIREKTOR DES
K. K. HOF-OPERNTHEATERS

[Ohne Datum. Wien, Mai 1902]

Lieber Herr Professor!
Meine Frau und ich bitten Sie, morgen um 1 bei uns zu Tisch zu essen. Sie finden auch Moser* da. – Mir selbst wäre es sehr lieb, wenn Sie zusagen würden, da wir dann noch vor meiner Abreise (die Samstag stattfindet) noch ein wenig über Tristan reden könnten.

Die Herren Lefler u. Brioschi** sind von mir (ohne Namensnennung) instruiert und machen die beste Miene zum „bösen Spiel"***. –

In Eile herzlichst

Ihr
Mahler

* Kolo Moser [1868–1918], Wiener Maler.
** Theatermaler Lefler und Brioschi.
*** Mahler hatte seine Absicht, Alfred Roller die Neuinszenierung von „Tristan" zu übertragen, noch nicht offiziell bekannt gegeben.

Quelle: Briefautograph. – *Datierung:* In GMB, 1924, „Sommer 1903". Da es sich um das erste Stadium der Vorarbeiten zu „Tristan und Isolde", Premiere 21. Februar 1903, handelt, ist diese Briefkarte mit 1902 zu datieren. – ***vor meiner Abreise:*** vermutlich die Fahrt nach Krefeld, wo am 9. Juni Mahlers Dritte Symphonie uraufgeführt wurde. – *Lefler:* Heinrich L. (1863–1919), Maler, Mitbegründer des Künstlerbundes Hagen, Vorstand des Ausstattungswesens an der Wiener Hofoper vom 1. August 1900 – 31. Mai 1903. – *Brioschi:* Anton B. (1855–1920), Dekorationsmaler an der Wiener Hofoper.

305 An Alfred Roller

DER DIREKTOR DES
K. K. HOF-OPERNTHEATERS

[Ohne Datum. Wien, Juni 1902]

Lieber Herr Professor!
Wir sind von der Reise zurück, und ich brenne schon darauf, Ihre Modelle* zu sehen! Wann kann ich sie abholen lassen? Es wäre nett, wenn Sie Sonntag Mittag auf die Hohe Warte kämen, da könnten wir ein wenig plaudern.

Indessen herzlichste Grüße u. Dank von

Ihrem
Mahler

* Zum „Tristan".

Quelle: Briefautograph. – *Datierung:* In GMB, 1924, „Sommer 1903". Siehe Brief 304. – *auf die Hohe Warte:* Viertel im nördlichen Wien, wo Carl Moll und Familie eine von Josef Hoffmann erbaute Villa bewohnten.

306 An Alfred Roller

[Ohne Datum. Wien, Juni 1902]

Mein lieber Herr Professor!
Von Ihren Farbenskizzen, die ich soeben empfangen, bin ich ganz entzückt, und sie übertreffen noch die ohnehin schon hochgespannten Erwartungen, die ich gehegt. – Die Modifikation[en] im 3. Akt (bezüglich der Terrainverhältnisse) waren wohl mit Rücksicht auf die gegebenen Hindernisse nötig? – Ich sende Ihre Skizzen sogleich, Ihrer Anweisung gemäß, an Herrn Lefler, und bin schon freudig gespannt

auf unsere gemeinschaftliche Arbeit in der nächsten Saison, die hoffentlich noch manche Folge haben wird. Empfangen Sie, werter Herr Professor, nochmals meinen wärmsten Dank und sein Sie aufs herzlichste gegrüßt von meiner Frau und

Ihrem Sie hochschätzenden
Mahler

Quelle: Briefautograph. – *Datierung:* In GMB, 1924, „Sommer 1903". Siehe auch Brief 304.

307 An Misa Gräfin Wydenbruck

[Ohne Datum. Wien, 21. VI. 1902]

Verehrte Gräfin!
Ich bin eben im Begriffe abzufahren, und bitte um Entschuldigung meiner „Kürze"!

1. Herr Kafka ist von mir mit einer Sustentationsgage engagiert und studiert bei Prof. Reß. Ob seine zweifellos schönen Mittel einer Ausbildung fähig wären, soll er demnächst erweisen. Davon wird es abhängen, ob er bei mir definitiv engagiert wird.

2. Für Herrn Reiter* etwas zu tun, bin ich gewiß stets bereit, so weit es in meiner Macht liegt. – Aus Konnivenz für ihn seine Oper aufzuführen, liegt nicht in meiner Macht, da die Hofoper nicht mein Privateigentum, sondern ein öffentliches Institut ist, dessen Leiter ich unter voller Verantwortlichkeit bin. Ich glaube nicht, daß seine Oper bühnenfähig ist, es ist jedoch mein Urteil noch nicht ganz feststehend, da ich gewohnt bin, ein selbst abgelehntes Werk einer nochmaligen Durchsicht zu unterziehen. Über Schoderchen** bin ich außer mir – und betrachte ihr Glück als eine Kalamität für unser Institut.

Mit den herzlichsten Grüßen und Empfehlungen bin ich

Ihr stets ergebenster
Gustav Mahler

* Josef Reiter [1862–1939], oberösterreichischer Komponist, dessen Oper „Der Bundschuh" unter Mahler aufgeführt wurde [13. November 1900] und dessen Chöre weite Verbreitung gefunden haben.

** Frau Marie Gutheil-Schoder erwartete ein Kind.

Prof. Reß: Johann R., bekannter Wiener Stimmbildner, von 1880–1892 am Konservatorium der Gesellschaft der Musikfreunde, dann privat tätig.

308 An Wilhelm Hesch

[Ohne Datum. Maiernigg, Juli 1902]

Mein lieber Hesch!
Über Ihren Brief habe ich eine Riesenfreude. Gott sei Dank, daß Sie endlich so weit sind. Schon vor einigen Tagen hatte ich von Dr. Boër einige Zeilen über den Ausfall der Operation, der auch sehr tröstlich war. Alle sind sehr froh, daß es so gut ausgefallen ist, und wir wollen hoffen, daß es nun endlich ganz gut wird*. Allerdings glaube ich, daß Sie sich werden ordentlich erholen müssen und nicht gleich wieder an die Arbeit gehen. Schonen Sie sich nur, so lange es nötig ist. Ich lasse Sie nicht eher auftreten, als bis die Ärzte es erlauben. Welches Glück, daß Sie in einer so guten Hand waren. Professor Hochenegg ist, abgesehen von seinem Riesenkönnen, noch dazu ein Mensch; eine Vereinigung, die leider in seinem Beruf nur selten angetroffen wird.

Lassen Sie wieder einmal etwas von sich hören! Sie können sich ja denken, wie sehr ich darnach verlange. – Sowie ich nach Wien komme, suche ich Sie auch gleich auf!

Seien Sie tausendmal gegrüßt von

Ihrem alten
Mahler

* Hesch ist nach langem Leiden am 4. Januar 1908 gestorben.

... endlich so weit sind: Hesch war seit 5. Juni offiziell krankgemeldet. – *Dr. Boër:* Ludwig B., ein von vielen Mitgliedern des Hofoperntheaters konsultierter Arzt. Er behandelte auch Mahlers Halsentzündung im Mai/Juni 1897. – *Professor Hochenegg:* Julius von H. (1859–1940), prominenter Wiener Chirurg. Laut La Grange war er es, der Mahler im Februar 1901 operierte.

309+ An Nina Spiegler

Maiernigg am Wörthersee

[Ohne Datum. Poststempel 28. 7. 02]

Liebstes Nannerl!
Ihr müßt mich entschuldigen! Ich bin über Hals und Kopf im *Arbeiten* – habe wirklich kaum Zeit, Luft zu schnappen. Ich bin sehr betrübt über Deine schlechte Aufführung.

Von mir berichte ich Dir freudigst alles Schöne: Du weißt, alle meine Wünsche und Forderungen an das Leben konzentrieren sich darin, ob ich mich zur Arbeit gefördert sehe, oder nicht! Und Letzteres ist in reichstem Maße der Fall wie nur je. Daraus schließe, daß alles in schönster Ordnung ist!

Wenn ich mich wieder vom atemlosen Lauf ausschnaufen und umschauen kann, schreibe ich wieder. Aber Du, Albert, schreibe mir doch und bald ein bissel ausführlicher!

Seid beide herzlichst gegrüßt von

Euerem alten
Gustav

Quelle: Briefautograph. – *im Arbeiten:* Mahler vollendete im Sommer 1902 seine Fünfte Symphonie. – *Deine schlechte Aufführung:* Nina Spiegler war oft kränklich. –

310 An Josef Krug-Waldsee

[Ohne Datum, Sommer 1902]

Lieber Herr Krug!
Sehr überrascht und noch mehr erfreut war ich durch Ihre Mitteilung. Also Sie sind so kühn, sich an mein Monstrum* zu wagen? Nehmen Sie meinen herzlichsten Dank und den aufrichtigen Wunsch, daß Sie ein wenig Freude daran erleben mögen. – Nun zur Beantwortung Ihrer Frage. Jene Titel waren von mir seinerzeit ein Versuch, eben für Nichtmusiker einen Anhaltspunkt und Wegweiser für den Gedanken- oder vielmehr Stimmungsgehalt der einzelnen Sätze und für das Verhältnis derselben zueinander und zum Ganzen zu geben. Daß es mir nicht gelungen ist (wie es ja in der Tat nie gelingen kann) und bloß zu Mißdeutungen schlimmster Sorte geführt hat, ist mir leider allzubald klar geworden. Es ist dies dasselbe Mißgeschick, das mich schon bei früheren ähnlichen Gelegenheiten ereilt hat und ich habe es nunmehr endgültig aufgegeben zu kommentieren, analysieren oder durch welche Hilfsmittel immer! Diese Titel, die Nodnagel angegeben hat (sie sind richtig bis auf den ersten, der so lautet: Einleitung zum I. Satz: Pan erwacht, der Sommer marschiert ein [Bacchuszug]) werden Ihnen nach Kenntnis der Partitur gewiß manches zu sagen wissen. Sie werden auch aus ihnen eine Andeutung schöpfen, wie ich mir die stetig sich steigernde Artikulation der Empfindung vorgestellt habe, vom dumpfen starren, bloß elementaren Sein (der Naturgewalten) bis zum zarten

Gebilde des menschlichen Herzens, welches wiederum über dieses hinaus (zu Gott) weist und reicht. –

Bitte, drücken Sie dies in Ihrer Sprache aus, ohne die höchst unzureichenden Überschriften zu zitieren und Sie haben dann in meinem Sinne gehandelt. Ich bin Ihnen sehr dankbar, daß Sie mich gefragt, es ist mir für die Zukunft meines Werkes wie meines Schaffens nicht unwichtig, wie dasselbe nun in die „Öffentlichkeit" eingeführt wird. Möge es Ihnen doch gelingen, durch den Ernst Ihres Wesens vorbildlich für andere zu werden.

Nochmals herzlichsten Dank für Alles von

Ihrem sehr ergebenen
Mahler

* Die III. Symphonie.

Datierung: In GMB, 1924, nur „1902". Da Josef Krug-Waldsee bereits am 22. Oktober 1902 Mahlers Dritte Symphonie in einem Extrakonzert der städtischen Kapelle Magdeburg dirigierte, muß dieser Brief im Sommer, vermutlich bald nach der Uraufführung des Werks am 9. Juni 1902, geschrieben worden sein. – *Nodnagel:* Ernst Otto N. (1870–1909), Musikkritiker und Komponist, einer der frühesten Anhänger Mahlers, dessen erste Symphonien er in der Schrift „Jenseits von Wagner und Liszt", Königsberg 1902, untersuchte.

311 An Franz Wüllner

Maiernigg am Wörthersee
[Ohne Datum. Sommer 1902]

Hochverehrter Herr und Meister!
Ich habe Herrn Direktor Hofmann bereits geschrieben, daß ich Ihrer Einladung mit Vergnügen Folge leisten werde. Zeit und Anzahl der Proben sind mir, wie Sie angegeben ganz recht. Ich erlaube mir jedoch darauf aufmerksam [zu machen], daß von Krefeld außer den Streichern auch noch eine Anzahl Bläser und Schlag[werk] mitgewirkt hat. – Es ist ferner noch ein *Flügel*horn in einem Satze beschäftigt. Derselbe war aus Köln zugezogen worden, hat seine Sache aber sehr schlecht gemacht. – Ich glaube, daß beim Militär leicht ein tüchtiger Künstler auf diesem Instrument zu finden sein wird. – Schließlich erlaube ich mir, noch daran zu erinnern, daß ein Frauenchor und Knabenchor in einer Nummer (5.) beschäftigt sind. – Ich weiß mich in den besten Händen, wenn ich Sie bitte, sich auch freundlichst dieser Partie anzunehmen.

Die Intonation bei den Frauenpartien ist nicht ohne Klippen (hauptsächlich in einigen a capella Takten). Und besonders schwer ist der *Eintritt* der Knabenstimmen, da diese ganz ohne Anhaltspunkt die Nummer zu eröffnen haben. – Ich hatte bei dieser Stelle in Crefeld zu zittern.

Erlauben Sie mir, Ihnen zum Schluß noch zu sagen, wie sehr ich mich freue, endlich einmal Ihre persönliche Bekanntschaft machen zu können, was mir durch eine seltsame Verkettung von Umständen bis jetzt noch nicht beschieden war.

Mit dem Ausdrucke meiner Verehrung bin ich, hochgeehrter Herr Doktor

Ihr ganz ergebener
Mahler

Eines muß ich aufrichtig sagen: Ich fühle mich nicht ganz wohl dabei, meine Symphonie der Akustik eines Theaters (noch dazu einer, welche offenbar noch nicht erprobt ist) auszusetzen. Viel sympathischer wäre mir der Gedanke gewesen, wenn Sie, verehrter Meister, mein Werk auf eines der gewöhnlichen Gürzenichprogramme gesetzt hätten. Jedoch – ich werde mich allem fügen, was Sie beschließen*.

* Es muß sich hier um eine geplante Aufführung der III. Symphonie gehandelt haben, die nicht zustande gekommen zu sein scheint.

Quelle: Briefautograph. – *Adressat:* In GMB, 1924, wird als Empfänger Fritz Steinbach genannt. Martner führt überzeugende Argumente an, daß der Brief an Franz Wüllner gerichtet war, der in Köln eine Aufführung von Mahlers Dritter Symphonie im November 1902 plante, jedoch im September unerwartet starb. Fritz Steinbach wurde daraufhin zu Wüllners Nachfolger als Leiter der Kölner Gürzenich-Konzerte ernannt. Wie Martner darlegt, paßt Mahlers respektvolle Anrede „Hochverehrter Herr und Meister" auch eher für den siebzigjährigen Wüllner als für den siebenundvierzigjährigen Steinbach. (Als weitere Stütze für diese Argumentation könnte gelten, daß sich unter Mahlers Briefen an Fritz Steinbach, die in der Library of Congress, Washington, aufbewahrt werden, dieser Brief nicht findet). – *Direktor Hofmann:* Julius H. (1840–1910) Direktor der Kölner Oper. – *Krefeld:* die erste Gesamtaufführung von Mahlers Dritter Symphonie fand am 9. Juni 1902 bei der Tonkünstler-Versammlung des Allgemeinen Deutschen Musikvereins statt.

312+ An Nina Spiegler

[Ansichtskarte aus Klagenfurt. Ohne Datum.
Ankunftspoststempel: Engelberg 24. VIII. 02]

Liebste! Endlich bin ich fertig! V. ist also auch da! Bin ganz frisch trotz anhaltender Anstrengung. Jetzt geht es wieder ins Joch!

Herzlichst Euer

G.

Quelle: Briefautograph. – *V.:* Mahlers Fünfte Symphonie.

313 An Arnold Berliner

[Ohne Datum]

Lieber Berliner!
In großer Eile: auf Frau Götze* kann ich nicht reflektieren. Das Fach ist mehrfach bei uns besetzt. Grüßen Sie sie schönstens von mir. Heuer im Herbst waren Sie mir zum Besuche angekündigt. Ich hatte mich sehr gefreut, Sie hier zu begrüßen. Hoffentlich führen Sie also Ihre Absicht im nächsten Jahre aus.

Mit herzlichsten Grüßen

Ihr
Mahler

Sie hätten wohl ein Wörtchen einschließen lassen können, wie es Ihnen geht, und was Sie treiben. – Was macht das „Lehrbuch der Physik"?

* Frau G. wollte gerne von Berlin weg.

Datierung: Martner gibt für diese Mitteilung einen Poststempel „Wien 29. 12. 02" an. – *„Lehrbuch der Physik":* Arnold Berliner, Lehrbuch der Experimentalphysik in elementarer Darstellung, Jena 1903.

314 An Alfred Roller

[Ohne Datum.
Wien, zwischen 22. Februar und 3. März 1903]

Mein lieber Herr Roller!
Wie haben Sie mich beschämt! Die ganzen Tage her habe ich darüber nachgesonnen, wie ich Ihnen danken könnte für alles Große und Schöne, was Ihnen die Oper und ich zu danken habe[n]. – Und bin zur Überzeugung gelangt, daß ich gar nicht zu reden, sondern nur zu schweigen habe. – In einem weiß ich uns gleich: in der gänzlich uneigennützigen Hingebung an die Kunst, wenn wir auch [auf] verschiedenen Wegen zu ihr hinstreben. Und ich war mir auch voll bewußt, daß Sie mich nicht für unerkenntlich oder un-einsichtsvoll halten werden, wenn ich gar keine Worte zu machen versucht [habe], über das, was Sie geleistet haben, und was Sie mir geworden sind.

Und ich würde sehr traurig sein, wie über einen Abschied, daß wir hier solche Worte miteinander tauschen, wenn ich nicht die freudige Sicherheit erhalten hätte, daß unser bisheriges Zusammenwirken nur ein *Anfang* und ein Hinweis auf die Zukunft ist. In diesem Sinne seien Sie mir nun herzlichst begrüßt und lassen Sie sich recht bald sehen (noch vor der 2. Tristanaufführung). Könnten Sie nicht Freitag bei uns essen? Wenn Sie hierauf nicht antworten, so nehme ich an, daß Sie kommen.

Von meiner Frau auch die herzlichsten Grüße.

Ihr sehr ergebener
Gustav Mahler

Quelle: Briefautograph. – *Datierung:* In GMB, 1924, „Herbst 1903". Dieser Brief wurde jedoch sicherlich nach der „Tristan"-Premiere am 21. Februar 1903 geschrieben. – *nur ein Anfang:* Alfred Roller wurde auf Mahlers Initiative zum Vorstand des Ausstattungswesens am Wiener Hofoperntheater bestellt und übte dieses Amt vom 1. Juni 1903 bis 31. Mai 1909 aus. – *vor der 2. Tristanaufführung:* am 3. März 1903.

315 An Julius Buths

Wien, 25. März 1903

Hochverehrter Freund!
Mit allem, was Sie vorschlagen, bin ich einverstanden, und ich bitte Sie, in jeder Beziehung zu schalten und zu walten.

Demnach wäre also die Hauptpause im Konzert zwischen 4. und 5.

Satz. Ich staune über das Feingefühl, mit dem Sie (im Gegensatz zu meiner eigenen Angabe) den naturgemäßen Einschnitt im Werke erkannt haben. Ich bin schon lange dieser Ansicht, in welcher mich auch alle Aufführungen, die ich bisher geleitet, immer wieder aufs neue bestärkt haben.

Trotzdem müßte allerdings auch nach dem 1. Satze eine ausgiebige Sammlungspause eintreten, weil der 2. Satz nicht als Gegensatz, sondern als bloße Diskrepanz nach dem 1. wirkt. Es ist dies meine Schuld und nicht mangelndes Verständnis des Zuhörers. Vielleicht haben Sie dies schon empfunden, wenn Sie die beiden Sätze hintereinander probiert haben. – Das Andante ist als eine Art Intermezzo komponiert (wie ein Nachklang längst vergangener Tage aus dem Leben desjenigen, den wir im 1. Satz zu Grabe getragen – „da ihm noch die Sonne gelacht" –).

Währenddem 1., 3., 4. und 5. Satz thematisch und stimmungsinhaltlich zusammenhängen, steht das 2. Stück für sich selbst da und unterbricht in gewissem Sinn den strengen, herben Gang der Ereignisse. Vielleicht ist dies eine Schwäche der Disposition, deren Absicht Ihnen aber durch obige Andeutung gewiß klar geworden ist.

Ganz konsequent ist es, den Anfang des 5. Satzes als Anknüpfung an den ersten zu deuten, und durch die große Pause vor demselben wird dies auch dem Zuhörer deutlich werden. –

Darf ich mir erlauben, Ihnen bezüglich des a capella Chores im letzten Satz eine Erfahrung mitzuteilen?

Ich habe bisher beobachtet, daß es unmöglich ist, eine unerträgliche Störung zu vermeiden, wenn sich die Chorsänger zu ihrem Eintritt erheben, wie dies gewöhnlich zu geschehen pflegt. Die Aufmerksamkeit wird durch die Trompetenfanfaren aufs höchste gespannt, und nun soll der mysteriöse Klang der menschlichen Stimmen (welche ppp – wie aus weitester Ferne eintreten sollen) überraschend wirken. – Ich rate, den Chor (der bis dahin wohl gesessen hat), weiter sitzen bleiben zu lassen, und erst bei der Es-dur-Stelle: „Mit Flügeln, die ich mir errungen" (Bässe) aufstehen zu lassen. Dies war bisher immer von erstaunlicher Wirkung. Sehr wichtig ist auch eine wohlerwogene Aufstellung der Hörner und Trompeten im „großen Appell". Hörner und Paukenisten müssen zusammen und den Trompeten womöglich entgegengestellt – diese aber wieder voneinander weit entfernt erklingen, Flöte und Baßklarinette im Orchester so sicher und geschult fungieren, daß sie den Dirigenten kaum mehr brauchen, so daß Sie während der ganzen Passage nicht Takt schlagen. – Ich rate, für diese Stelle eine eigene Probe zu halten; ich halte sie für die schwierigste des ganzen Werkes. Die beiden Solostimmen „O Schmerz, du Alldurchdringer – o Tod, du Allbezwinger" müssen sehr stark über das Orchester dringen, dieses hat sich der größten Diskretion zu befleißigen, um die Sänger nicht zu „decken".

Wie ich es vorausgesehen, ist es mir zu meinem größten Leidwesen nicht geschenkt, am 2. April bei Ihnen zu sein.

Nehmen Sie aus der Ferne meine herzlichsten Wünsche und tiefgefühlten Dank für Ihre Bemühungen und Ihre Gesinnung, die mich ebenso erhebt als innig erfreut. – Ich werde in diesen Tagen viel zu Ihnen hindenken.

Ihr sehr ergebener
Gustav Mahler

zu schalten und zu walten: Buths führte als städtischer Musikdirektor von Düsseldorf am 2. April 1903 Mahlers Zweite Symphonie auf. – *Ich habe bisher beobachtet:* Mahler hatte seine Zweite Symphonie bereits in Berlin, Wien und München dirigiert und die Aufführung unter Schuch in Dresden gehört.

316 An Bruno Walter

[Ohne Datum. Maiernigg? Ende Juni/Anfang Juli 1903]

Lieber Freund!
Es trifft sich aufs beste, daß ich eben mich mit meinem bisherigen Verleger gütlich auseinandergesetzt habe, so daß ich von nun an über meine Werke *frei verfügen kann!* Ich bin daher gerne bereit, mit Peters zu negoziieren, wenn er sehr anständige Bedingungen zu bieten hat. Schreiben Sie dies dem Brecher, den ich bestens grüßen lasse und danken, daß er sich der Sache so treulich annimmt.

Ihrem „ordentlich[en] Brief" sehe ich entgegen und grüße Sie und Ihre Frau herzlichst.

Ihr alter
Mahler

Gott sei Dank eilig*!

* Das heißt mitten im Komponieren.

Quelle: Briefautograph. – *Datierung:* In GMB, 1924, „Ohne Datum. Wien?". Brief 317 an Emil Freund läßt annehmen, daß dieser Brief an Bruno Walter Ende Juni–Anfang Juli in Maiernigg geschrieben wurde. – *Peters:* (in GMB, 1924, nur „P") angesehener Musikverlag in Leipzig. – *Brecher:* (in GMB, 1924, nur „B.") Gustav B. (1879–1940), Kapellmeister und Komponist, auf Empfehlung von Richard Strauss ein Jahr lang (Juni 1901 – Mai 1902) am Wiener Hofoperntheater engagiert, seither mit Bruno Walter befreundet. Brecher war auch Berater des Verlagshauses Peters.

317 An Emil Freund

Maiernigg am Wörthersee
[Ohne Datum. 24.–28. Juli 1903]

Lieber Emil!
Beiliegendes Schreiben habe ich soeben von Peters Editionsverlag in Leipzig (eine der bedeutendsten Welt-Firmen) bekommen.

Bitte, gib mir einen Wink, wie ich mich jetzt benehmen soll.

1. Um für mich am vorteilhaftesten zu wirken.

2. Um nicht gegen meine Verpflichtungen gegen Stritzko zu handeln.

N. B. – Ich möchte mindestens 10.000 fl. für mein Werk* bekommen. – Soll ich nicht zuerst an Stritzko mit der Frage herantreten, ob er mir diese Summe zugestehen will – eventuell, indem ich durchblicken lasse, daß ich sonst den Antrag einer anderen Firma akzeptieren möchte?

Herzlichst und in Eile

Dein
Gustav

Schicke mir den Brief wieder zurück.

* V. Symphonie.

Datierung: In GMB, 1924, „August 1903", ebenso bei Martner. Die genauere Datierung läßt sich aufgrund von Klemm, S. 21, erschließen. – *Beiliegendes Schreiben:* Angebot von Peters (23. Juli 1903), Mahlers Fünfte Symphonie zu veröffentlichen. – *gegen Stritzko:* Josef S. (1861–1908), Leiter der Notendruckerei Eberle & Co. in Wien, welche unter anderem die Erste, Dritte und Vierte Symphonie und „Das klagende Lied" hergestellt und durch verschiedene Verlage (Weinberger, Doblinger) vertrieben hatte. Stritzko ist auch als Komponist von Operetten hervorgetreten.

318 An Carl Goldmark

[Ohne Datum. Sommer 1903?]

Hochverehrter Freund!
So schnell, wie Karpath meinte, läßt sich die Sache nicht machen. Es kam mir ja so überraschend, und ich hatte schon alle Dispositionen für

die Saison getroffen, die sich nun nicht so ex abrupto ändern lassen, da sie sehr zusammenhängen. Anderseits ist es für mich selbstverständlich, daß, wenn von Ihnen etwas Neues vorliegt, ehebaldigst daran geschritten werden muß. – Ich lasse mir daher zunächst die Sache durch den Kopf gehen – wesentlich unterstützt würde ich, wenn Sie mir die Änderungen zusenden wollten – und teile sofort die Partien zum Studium aus, sobald ich mir nur klar bin, wie mein Personal aussieht – was auch jetzt, am Anfang der Saison, schwierig ist. Wir haben manche Neue, von denen gewiß einige für Merlin in Betracht kommen werden –*

Indessen in Eile meine herzlichsten Grüße, und bitte um einige Worte auf meinen Vorschlag.

Ihr ganz ergebenster
Gustav Mahler

An den „Berghof"** die herzlichsten Grüße!

* Goldmark hatte seine Oper „Merlin" wesentlich umgearbeitet und diese neue Fassung Mahler durch Karpath anbieten lassen.

** „Berghof", Landsitz bei Unterach am Attersee, wo sich Freunde Mahlers (Ignaz Brüll und seine Geschwister, Richard Specht etc.) zur Sommerzeit aufhielten.

Datierung: In GMB, 1924, „ungefähr 1900". Die Vermutung, der Brief könne aus dem Jahr 1903 stammen (auch bei Martner), hängt mit Brief 325 zusammen, in dem ebenfalls von „Merlin" die Rede ist; für den Sommer spricht die Erwähnung des Berghofs (siehe Brief 181). Im Juni 1903 schrieb Goldmark auch einen achtseitigen Brief an Mahler, um ihn zur Annahme seiner Oper „Götz von Berlichingen" zu bewegen.

319 An Julius Buths

Wien, 12. September 1903

Hochverehrter Herr und Freund!
Also Sie wollen es mit der IV. wagen?

Diesem verfolgten Stiefkinde, das bis jetzt noch wenig Freude auf der Welt erlebt hat. Mich freut es riesig, daß Sie an dem Werke Gefallen finden, und ich möchte nur wünschen, daß ein von Ihnen erzogenes Publikum mit Ihnen fühlen und verstehen möchte. Im allgemeinen habe ich die Erfahrung gemacht, daß Humor dieser Sorte (wohl zu unterscheiden von Witz und muntrer Laune) selbst von den Besten oft nicht erkannt wird.

Daß meine V. bald im Druck erscheinen soll (sowie nur einmal der Verleger sich gefunden hat), freut mich, Ihnen bei dieser Gelegenheit als erstem mitteilen zu können.

Haben Sie herzlichsten Dank für alle Freude, die Sie mir bereiten.

Ihr sehr ergebener
Mahler

Die Pregi dürfte allerdings sehr dafür passen und auch für diese liebevolle und sorgfältige Auswahl danke ich herzlichst.

Ich mache das Kuvert noch einmal auf, um Ihnen mitzuteilen, daß ich im 1. Satz einige kleine, jedoch sehr wichtige Instrumentationsänderungen gemacht habe.

Vielleicht wäre es am besten, wenn Sie mir Ihre Partitur einsenden wollten, damit ich jene darin gleich eintragen könnte.

mit der IV. wagen?: Buths dirigierte Mahlers Vierte Symphonie in Düsseldorf beim 2. Musikvereinskonzert am 5. November 1903. – *Die Pregi:* Marcella P., Konzertsängerin, sang das Sopransolo im letzten Satz. Mahler kannte sie von der Wiener Aufführung seiner Zweiten Symphonie am 9. April 1899.

320 An Arthur Seidl

[Ohne Datum. Wien, 23. September 1903]

Verehrter Herr Doktor!

Mit lebhaftem Interesse empfing und las ich Ihre Artikel und habe mich besonders über die Abführung des Verwandlungskomponisten und Kritikers gefreut. Sehr bedauere ich, Sie in München verfehlt zu haben. Nicht einmal Ihre Karte ist mir zugekommen. – Daß meine V. eben kopiert wird, wird Sie interessieren. Noch weiß ich nicht, wo dieselbe verlegt und wo sie aufgeführt werden soll. – Nikisch möchte sie für Berlin haben, doch traue ich mich nicht, wegen der Ihnen gut bekannten Haltung der dortigen Presse gegen mich. – Schließlich möchte ich nicht, daß es mir mit diesem Werke ebenso ergeht, wie mit der I., II. und IV., die dort alle drei bei den Premièren blutrünstig abgeschlachtet und infolgedessen anderswo nicht mehr „verlangt" wurden.

Was raten Sie?

Mit herzlichstem Gruße und Danke

Ihr sehr ergebener
Mahler

Nikisch möchte sie für Berlin haben: Nikisch dirigierte Mahlers Fünfte Symphonie erst im Berliner philharmonischen Konzert vom 20. Februar 1905.

321+ An den Verlag Peters

Wien, 4. Oktober 1903

Hochgeehrter Herr!
Ihr geschätztes Schreiben vom 2. Okt. l[aufenden] J[ahres] habe ich erhalten und mit Vergnügen zur Kenntnis genommen.

Ich bestätige Ihnen hiemit, daß Sie die Verlagsrechte zu meiner 5. Symphonie, d. i. das Recht der Veröffentlichung, Vervielfältigung und des Vertriebes derselben um den einmaligen, nach Erhalt der Partitur zahlbaren Betrag von 10.000 fl. (zehntausend Gulden) erworben haben.

Ordnungshalber füge ich bei, daß ich das ausschließliche Recht der öffentlichen Aufführung in Gemäßheit einer der Genossenschaft deutscher Tonsetzer gegenüber eingegangenen Verpflichtung mir vorbehalte. Ich bitte Sie daher diesen Vorbehalt in allen auszugebenden Exemplaren auf dem Titelblatt oder an der Spitze des Werkes ersichtlich zu machen.

Die Partitur, die ich noch ein letztesmal durchsehen möchte, sende ich in den nächsten Tagen und bitte um die Freundlichkeit, mir den Erhalt derselben telegrafisch zu bestätigen.

Soweit das Geschäftliche.

Ich fühle mich aber auch veranlaßt, Ihnen für die prompte und vor allem für die vornehme Art, mit der Sie die Angelegenheit behandelt haben, meine nachdrücklichste Anerkennung und aufrichtigen Dank auszusprechen.

In vollster Ergebenheit

Hochachtungsvoll
Gustav Mahler

Quelle: Klemm, S. 24. – *zehntausend Gulden:* Obwohl in Österreich seit 1900 die Kronenwährung eingeführt war, rechnete Mahler noch in Gulden. 1 Gulden entsprach 2 Kronen. – *Genossenschaft deutscher Tonsetzer:* Diese Urheberrechtsgesellschaft wurde im Januar 1903 von Richard Strauss, Friedrich Rösch und Hans Sommer gegründet. Strauss hatte Anfang 1903 Mahler als Mitglied geworben.

322 An Willem Mengelberg

DER DIREKTOR DES
K. K. HOF-OPERNTHEATERS

[Ohne Datum.
Ankunftpoststempel, Amsterdam 1. XI. 1903]

Lieber und werter Freund*!
Anbei, wie versprochen, ein Schock von uns „eingerichteter" Partituren. Lassen Sie mich Ihnen bei dieser Gelegenheit nochmals sagen, wie wohl mir die schönen Tage getan, die ich in Ihrer und Ihrer lieben Frau Gesellschaft verlebt, und daß ich das Gefühl habe, daß mir in Amsterdam eine zweite Heimat erstanden ist, dank Ihrer freundschaftlichen Fürsorge und Ihres so innigen künstlerischen Verständniss[es]. Nochmals herzlichsten, treuesten Dank für alles**.

Ihr stets verbundener
Gustav Mahler

Diepenbrock***, den ich auch herzlich liebgewonnen, grüßen Sie vielmals von mir. Bei Gelegenheit antworte ich auf seinen sehr lieben Brief, den ich in der Bilderrolle erst nach meiner Ankunft in Wien aufgefunden.

* Willem Mengelberg, der außerordentliche, weltbekannte Dirigent, dessen jahrelanger Kampf für Mahler und sein Werk ein großes Beispiel und eine wahrhafte Liebestat bedeutet, die durch den Sieg des großen Amsterdamer Mahlerfestes vom Mai 1920, an dem sämtliche Schöpfungen Mahlers zu unvergleichlichen Aufführungen gelangten, gekrönt wurde.
** Mahler war im Oktober 1903 zum ersten Male in Amsterdam gewesen und hatte seine I. und III. Symphonie dirigiert [am 22. und 23. Oktober: III. Symphonie, am 25. Oktober: I. Symphonie].
*** Alphons Diepenbrock, holländischer Komponist (1862–1921).

Quelle: Briefautograph. – *Datierung:* lt. Reeser; in GMB, 1924, nur „Oktober 1903".

323 An Hugo Reichenberger

[Wien] 8. November 1903

Lieber Herr Kapellmeister!
Es ist nicht unmöglich, daß von nächstem Jahre ab bei uns eine Vakanz entsteht, und ich bitte daher, mich für alle Fälle davon zu benachrichtigen, wenn Sie im Begriffe stehen, einen Vertrag abzuschließen.
Eiligst

Ihr ergebenster
Mahler

Datierung: In GMB, 1924, „21. November 1903", ein Versehen, das in GMB, 1925, richtiggestellt wurde.

324 An Hugo Reichenberger

[Wien] 21. November 1903

Lieber Herr Kapellmeister*!
Die Vakanz, von der ich gesprochen, hängt ebenfalls mit der Besetzung der Karlsruher Stellung zusammen. Falls der hiesige Bewerber um dieselbe nicht gewählt würde, so ist für lange Zeit hier jeder Wechsel ausgeschlossen. Ich bitte aber, dies vor allem in Betracht zu ziehen und in Anbetracht der so vagen Aussichten betreffs Wien sich keinesfalls irgend welche Rücksichten aufzuerlegen. Wenn hier eine Vakanz eintritt und Sie frei sind, so ist Ihnen die hiesige Stellung zugesichert – und daß Sie hier die Bahn frei hätten (ich dirigiere ja nur höchst selten), kann ich behaupten. Sollten Sie in Karlsruhe gewählt werden und Ihnen diese Stellung zusagen, so nehmen Sie doch sicher an! Ich glaube nach mir gewordenen Informationen nicht recht daran, daß der hiesige Bewerber Aussichten hat. – Überdies wäre wohl in Frage zu ziehen, ob Sie nicht in München auch einen sehr entsprechenden Wirkungskreis finden könnten – wenn Fischer wirklich geht. München braucht doch zwei erste Kapellmeister und Mottl ist schließlich kein Jüngling mehr und sicherlich etwas bequem – außerdem sehr viel auf Reisen. –

Köln würde ich ablehnen. – Das sind keine Verhältnisse, wo sich ein junger, aufstrebender Mensch wohl fühlen könnte. Ich bitte freundlichst, diese meine Mitteilungen und Ansichten diskret zu behandeln und bin

Ihr sehr ergebener
Gustav Mahler

* Hugo Reichenberger, damals Kapellmeister am kgl. Hof- und Nationaltheater in München, derzeit an der Wiener Staatsoper.

Datierung: In GMB, 1924, „8. November 1903", ein Versehen, das in GMB, 1925, richtiggestellt wurde. – *Fischer:* Franz F. (1849–1918), Dirigent, seit 1879 Hofkapellmeister in München. – *Anmerkung:* die Originalanmerkung von GMB, 1925, weicht von der in GMB, 1924, ab. Die vorliegende Ausgabe folgt GMB, 1925.

325 An Carl Goldmark

Wien, 2. Dezember 1903

Hochverehrter Freund!
Ich bereite für Weihnachten eine Aufführung von der „Saba" vor mit Slezak als „Assad" und der Schubert als „Königin". Bei dieser Gelegenheit will ich auch das Anfangsduett des IV. Aktes machen. – „Merlin" kann nur mit Slezak gegeben werden, die Note war daher entschieden verfrüht. Ich bitte wegen Frankfurt ganz ohne Rücksicht zu entscheiden, ganz im Gegenteil würde ich eine Erstaufführung in Frankfurt befürworten, weil man daraus Vorteile für die hiesige Aufführung ziehen könnte.

Mit den herzlichsten Grüßen

Ihr verehrungsvoll ergebener
Mahler

für Weihnachten: diese Aufführung, obwohl auch in der Presse angezeigt, fand zu Weihnachten 1903 nicht statt. „Die Königin von Saba" in der genannten Besetzung wurde erst am 25. Mai 1904 gespielt. – *Schubert:* Betty Sch., Koloratursopranistin, von 1902–05 am Wiener Hofoperntheater.

326 An Carl Goldmark

Wien, 6. Dezember 1903

Hochverehrter Freund!
Ich werde ganz Ihren Weisungen gemäß verfahren und freue mich, zu hören, daß Sie mit unserer Besetzung zufrieden sind. Ich hoffe nun endlich einmal einen Assad gefunden zu haben, der auf der Höhe seiner Aufgabe steht.

Aber schwer war es, diese Partie aus Herrn Slezak herauszubekommen. Mit den herzlichsten Grüßen in aller Eile

Ihr verehrungsvoll ergebenster
Mahler

327 An Max Kalbeck

[Ohne Datum. Wien, Januar–Februar? 1904]

Verehrtester Herr Kalbeck!
Diesmal habe ich Ihnen ins Handwerk gepfuscht, und muß daher um Absolution bitten. Ich glaube, daß es Ihnen erwünscht sein dürfte, noch vor der samstägigen Aufführung über die Änderungen orientiert zu sein, die ich am Text und (teilweise – notgedrungen) an der Musik vorgenommen. – Ich habe den Klavierauszug für Sie so eingerichtet, daß alle Unterschiede gegen die üblichen Aufführungen recht in die Augen fallen, so daß Sie sich ohne besonderen Zeitverlust zurecht finden werden.

Ich wäre glücklich, wenn dadurch der armen Euryanthe, die ich unendlich liebe, ein wenig geholfen würde, und sie nunmehr auf der Bühne, wenn auch kein fürstliches, so doch wenigstens ein bürgerliches Auskommen fände; verdienen würde sie es ja doch schon um ihrer sehr respektablen Nachkommen willen.

Mit herzlichsten Grüßen

Ihr sehr ergebener
Mahler

Quelle: Briefautograph. – *Datierung:* In GMB, 1924, „Januar 1903". Am 19. Januar 1903 fand die Premiere einer Neuinszenierung von Webers „Euryanthe" statt, allerdings nicht in Mahlers Bearbeitung, von der hier die Rede ist. Diese wurde zum erstenmal Dienstag, 19. Januar 1904 gespielt. Die erwähnte „samstägige Aufführung" kann auf eine Verschiebung der Premiere hinweisen, auf einem Schreibfehler Mahlers beruhen oder mit der „Euryanthe"-Aufführung von Samstag, 20. Februar 1904 in Zusammenhang stehen.

328 An Max Kalbeck

Zu meiner gestrigen Sendung, verehrter Herr Kalbeck, habe ich zur Vermeidung von Mißverständnissen noch zu bemerken, daß die beiden Einlagen, 1. zum Duett der beiden Frauen in die 2. Verwandlung im I. Akt, ferner 2. das Duett zwischen Adolar und Euryanthe im III. Akt, 1. Verwandlung nur der Bequemlichkeit des Lesers wegen handschriftlich eingetragen ist[!]. *Gedruckt* steht es im „Anhang" und wurde von Weber persönlich nach der I. Wiener Aufführung gestrichen. – Ich fand es im Sinne meiner Einrichtung zweckentsprechend, diese beiden

Partien der Partitur wiederherzustellen und habe sie *ohne* geringste Änderung aufgenommen.

Herzlichst in Eile
Ihr
Mahler

Quelle: Briefautograph. In GMB, 1924, sind dieser und der vorhergehende Brief unter einer Nummer publiziert. – *Datierung:* siehe Brief 327.

329 An Willem Mengelberg

DER DIREKTOR DES
K. K. HOF-OPERNTHEATERS

Wien, 12. Juni [1904]

Lieber, guter Freund!
Vielen Dank für Ihre mich hoch erfreuenden Nachrichten! Daß Sie endlich *Herr* im Hause geworden sind, das ist ja eine sehr frohe Botschaft! Ich habe mir – offen gesagt – schon die größten Sorgen gemacht, und bereits daran gearbeitet, Sie herzuberufen. (Es ist hier die Stellung eines Direktors des Musikverein[s] vakant geworden und vorläufig interimistisch besetzt.) Und nur der Umstand, daß das *Gehalt* so unverhältnismäßig klein (gegen 8000 Kronen), ließ mich zögern. – Für alle schlimmsten Fälle ließ ich im Gedanken diese Hintertür für Sie offen. – Aber es ist ja so viel besser und hoffentlich für immer!

Ihren Antrag, im November bei Ihnen meine II. u. IV. zu dirigieren, nehme ich umsomehr mit Freuden an, als es mir eine sehr liebe Gelegenheit sein wird, mit Ihnen und Ihrer verehrten Gemahlin wieder beisammen zu sein, und unsere junge Freundschaft aufs Neue zu befestigen und zu kräftigen. Die Tage in Amsterdam gehören für mich zu den erfreulichsten, die ich in Gemeinschaft mit einem Kunstgenossen verlebt.

Mit dem Honorar wie im Vorjahr bin ich natürlich einverstanden. – Wenn es jedoch möglich wäre, die Konzerte wie damals schon im *Oktober* anzusetzen, so wäre ich Ihnen sehr verbunden; da ich am *18. Oktober* in Köln meine neue Symphonie (5.) dirigiere, und im Anschluß daran sehr bequem nach Amsterdam gelangen könnte – währenddem ich sonst wieder die ganze lange Reise (die mir so schrecklich zuwider ist, wie Sie wissen) zum 2. Male machen müßte. Ob vor Köln oder nach Köln ist mir gleich, wenn es nur im Anschluß daran sein könnte.

Aber nein, wenn das nicht ginge, so werde ich auch im November zur Verfügung stehen. – Nur müßte [ich] *bald* Definitives darüber erfahren, um meine Dispositionen im Theater treffen zu können. Diesmal aber bringe ich meine Frau mit, und da hoffe ich, daß sich unsere Beziehungen auch von Haus zu Haus knüpfen werden, und unsere Frauen ebenso gute Freunde werden, als wir 3 es jetzt schon sind.

Wegen *Leuwen* und Willeke werde ich alles mögliche tun, um Ihnen die Beiden zuzusenden; denn ich habe das Gefühl, daß das *Ihre Stellung befestigen* muß, wenn Sie sich Ihre Landsleute, besonders die hervorragenden wie van Leuwen, nach Hause holen. – Willeke ist allerdings *nicht so* ersten Ranges wie van L.; dazu fehlt es ihm noch an Reife und Routine. Jedoch glaube ich, daß er sich im Konzert doch heimischer fühlen wird, als in der Oper, wo ihm eben die langjährige Erfahrung abgeht. In jedem Falle bitte ich Sie noch um eine umgehende *Depesche,* ob Sie endgültig auf Beide reflektieren, damit ich dann die Sache in die Hand nehme. Da wir hier schon am 22. Juni schließen, müßte bis dahin Alles geordnet sein.

Wie die beiden Herren darüber denken, weiß ich natürlich noch nicht.

Wenn Sie Willeke nehmen, und Mossel los werden wollen, so nehme ich ihn gerne (ich glaube, wir werden ihn hier etwas kleiner kriegen) und lege auf einem kleinen Zettel die Bedingungen bei, die ihm übermittelt werden müßten, damit er sich äußert, ob es ihm recht ist.

Jedoch bitte ich erst meine nächste Antwort auf Ihr zu erwartendes Telegramm abzuwarten. *Leuwen* würde ich *sehr* ungern verlieren; doch ist es *für Sie* so *vorteilhaft,* daß ich mich im Hinblick darauf trösten muß.

Nun grüßen Sie vielmals Ihre liebe Frau und die werten Nachbarn und Freunde Boissevain und seien Sie auch herzlichst begrüßt von

Ihrem treu ergebenen
Gustav Mahler

Quelle: Briefautograph. In GMB, 1924, die Abschnitte über van Leuwen und Willeke stark gekürzt. – *18. Oktober in Köln:* In GMB, 1924, irrtümlich 1. Oktober. – *van Leuwen:* Ary van Leeuwen, holländischer Flötist, seit 1903 an der Wiener Hofoper. – *Willeke:* Willem W. (1879–1950), holländischer Violoncellist, bis 1907 an der Wiener Hofoper, dann in Amerika tätig. – *Mossel:* Isaac M. (1870–1923), holländischer Violoncellist, im Concertgebouw-Orchester engagiert. *Boissevain:* Charles E. H. Boissevain, Chefredakteur des „Allgemeen Handelsblad", Amsterdam, seit 1903 im Vorstand des Concertgebouw.

330 An Arnold Berliner

[Ohne Datum. Poststempel:
Wien, 19. Juni 1904]

Lieber Freund!
Von meinem Sommer darf ich nichts weggeben. Mittwoch dampfe ich nach Maiernigg ab. Meine Frau hat am 15. ein Mädchen bekommen, und muß mindestens drei Wochen hier bleiben. Ich lasse sie unter Obhut ihrer Mutter und gehe mutterseelenallein an den See. Warum, wissen Sie ja. Es ist einfach Pflicht, und Neissers werden dies einsehen. Die Uraufführung meiner V. findet 15. Oktober in Köln statt. Vielleicht sehe ich Sie dort?

Herzlichst in großer Eile

Ihr
Mahler

Alma befindet sich recht wohl und der kleine Racker auch.

ein Mädchen bekommen: Mahlers zweite Tochter Anna Justine. Die erste Tochter hieß Maria Anna (1902–1907).

331 An Alfred Roller

DER DIREKTOR DES
K. K. HOF-OPERNTHEATERS

[Ohnc Datum. Maiernigg, Sommer 1904]

Lieber Freund!
Beifolgende Hiobspost* muß ich Ihnen gleich übersenden. (Ihre Adresse haben Sie vergessen, Ihrem Briefe beizufügen; ich wollte Ihnen schreiben, und erinnerte mich erst heute des natürlichsten Mittels, meinen Brief an Sie durch das Bureau in Wien befördern zu lassen.)

Am besten wäre es, wir besprächen diese Angelegenheit *mündlich,* da Sie ja doch hoffentlich bald (und auf recht lang) bei uns eintreffen werden. – Falls Sie es aber erst für später vorhaben, so müßten Sie doch so rasch als möglich Stellung nehmen zu diesem famosen „Intimat“, das mich aber, aufrichtig gesagt, auf unsere letzte Eingabe hin, durchaus nicht überrascht.

Seien Sie von mir und meiner Frau herzlichst gegrüßt und auf *baldiges* Wiedersehen hier.

Ihr
Mahler

* Verweigerung der Kosten für „Walküre“.

Quelle: Briefautograph. – *Datierung:* lt. GMB, 1924, von Alfred Roller stammend. Bestimmt hatte Mahler ursprünglich beabsichtigt, die Teile der Tetralogie in kurzen Abständen neu herauszubringen. „Rheingold“ wurde in Mahler-Rollers Neuinszenierung zum erstenmal am 23. Januar 1905 gespielt. Erst mit Bericht Z 822 vom 10. August 1905 hat die General-Intendanz den Kostenvoranschlag für „Walküre“ genehmigt; Mahler jedoch ersuchte am 23. September 1905 wegen „technischer Schwierigkeiten“ darum an, den für „Walküre“ genehmigten Betrag von K 43.649 für die Ausstattung von „Don Giovanni“ und „Entführung aus dem Serail“ verwenden zu dürfen. Die neue „Walküre“ hatte erst am 4. Februar 1907 Premiere. Durch Mahlers Demission (1907) blieb der geplante „Ring des Nibelungen“ ein Torso.

332 An Friedrich Löhr

[Ohne Datum. Maiernigg, 6. Juli 1904?]

Liebster Fritz!
Wie ich aus einer Torte ersehe, ist morgen mein Geburtstag! Da muß also heute der Deine sein.*. – Ich gebe schon lange weder auf den Deinen noch den meinen etwas. Jeder Tag, an dem wir ein Stück „weiter“ kommen, ist mir ein Geburtstag. In Wahrheit wissen wir *den* am wenigsten. Jedenfalls ist mir der heutige Tag ein lieber Anlaß, Dich zu grüßen. Nun mußt Du auch bald fort[92]! Laß mich es nur wissen, wohin! Kurrent geht mir schlecht, da ich schon seit langem nur Noten gewöhnt bin. Ich habe wieder einiges an das Licht zu bringen!

Herzlichst und treulichst

Dein
Gustav

* Soll heißen: gestern – gewesen sein.

Quelle: Briefautograph.

333+ An den Verlag Peters

[Ohne Datum. Poststempel:
Klagenfurt, 23. Juli 1904]

Sehr geehrter Herr!
Es ist nach Disposition der Sätze (von denen der gewöhnliche I. Satz erst an 2. Stelle kommt) schwer möglich von einer *Tonart* der „ganzen Symphonie" zu sprechen, und bleibt, um Mißverständnissen vorzubeugen, lieber eine solche besser unbezeichnet. (Der Hauptsatz (Nro 2) ist in A-moll – das Andante (Nro 1) ist in Cis-moll.)

Man nennt die Symphonie nach dem Hauptsatz – aber nur wenn er an erster Stelle steht, was bisher immer der Fall war – mit einziger Ausnahme *dieses* Werkes.

Hochachtungsvoll Mahler

Quelle: Klemm, S. 35. – *der „ganzen Symphonie":* der Fünften.

334 An Bruno Walter

[Ohne Datum, Sommer 1904]

Lieber Freund!
Vielen Dank für Ihren Brief.

Das Wort Wagners, das Sie zitieren, leuchtet mir völlig ein. Ich weiß nicht, wo Sie den Irrtum erblicken. Man darf nicht das Kind mit dem Bade ausschütten! Daß unsere Musik das „rein Menschliche" (alles was dazu gehört, also auch das „Gedankliche") in irgendeiner Weise involviert, ist ja doch nicht zu leugnen. Es kommt wie in aller Kunst, eben auf die reinen Mittel des Ausdrucks an, etc. etc. Wenn man musizieren will, darf man nicht malen, dichten, beschreiben wollen. Aber *was* man musiziert, ist doch immer der *ganze* (also fühlende, denkende, atmende, leidende etc.) Mensch. Es wäre ja auch weiter nichts gegen ein „Programm" einzuwenden (wenn es auch nicht gerade die höchste Staffel der Leiter ist) – aber ein *Musiker* muß sich da aussprechen und nicht ein Literat, Philosoph, Maler (alle die sind im Musiker enthalten).

Mit einem Wort: Wer kein Genie besitzt, soll davon bleiben, und wer es besitzt, braucht vor nichts zurückzuschrecken. – Das ganze Spintisieren über all das kommt mir vor, wie wenn einer, der ein Kind gemacht hat, sich nachträglich erst den Kopf zerbricht, ob es auch wirklich ein Kind ist, und ob es mit richtigen Intentionen gezeugt etc. – Er hat eben geliebt und – *gekonnt.* Basta! Und wenn einer nicht liebt und nicht *kann,* dann kommt eben kein Kind! Auch basta! Und *wie* einer liebt und *wie* er ist und kann – so wird das Kind! Noch einmal basta!

Meine VI. ist fertig. Ich glaube, ich *habe gekonnt!* Tausend Basta*!

Mit herzlichsten Grüßen

Ihr alter
Mahler

Frau und Kinder befinden sich den Umständen angemessen. Grüßen Sie herzlichst Ihre Frau.

* Antwort auf einen Brief, in dem B. Walter gegen Programmusik, speziell gegen eine Stelle aus Richard Wagners Brief über Liszts symphonische Dichtung polemisiert. Mahler antwortet ihm nach Vollendung der VI. Symphonie, also im Sommer 1906 [Irrtum: 1904], und der Brief atmet die frohe und fast übermütige Stimmung, die ihn jedesmal nach Beendigung eines Werkes beherrschte.

Quelle: Briefautograph. – *Datierung:* In GMB, 1924, „Sommer 1906". Die Meldung von der Vollendung der Sechsten Symphonie verweist den Brief in den Sommer 1904. – *Und wie einer liebt:* dieser Satz in GMB, 1924, verstümmelt wiedergegeben.

335 An Arnold Berliner

[Ohne Datum. Poststempel:
Wien, 9. September 1904]

Lieber Freund!

Natürlich wird jeder, der von Ihnen kommt bestens aufgenommen. Die Dame soll sich also mit einer Karte von Ihnen melden. – Ich bin wieder im Strom. Über Ihr Avancement freuen wir uns sehr. Nach Köln (10. Oktober)* müssen Sie aber unbedingt! Meine VI. ist fertig. – Ich auch!

Herzlichst
Ihr alter
Mahler

Am 4. Oktober der neue Fidelio!

* Uraufführung der V. Symphonie.

Nach Köln (10. Oktober): die Uraufführung von Mahlers Fünfter Symphonie fand am

18. Oktober statt. – *Am 4. Oktober der neue Fidelio:* die Premiere war für diesen Tag (Namenstag des Kaisers Franz Josef) angesetzt, mußte aber wegen Erkrankung der Mildenburg auf den 7. verlegt werden.

336 An Richard Specht

[Ohne Datum. Herbst 1904]

Lieber Specht!
Ich glaube, Walter hat durch seinen Lakonismus Ihren Schrecken verursacht*. – Also – ich habe nur ein paar winzige Kleinigkeiten richtiggestellt; die Stelle, S. 11, in der Sie eines der wichtigsten psychologischen Probleme anschneiden, wäre wohl breiter und bedeutender auszuführen; denn ich glaube, daß es sich mit allem Menschenwert so verhält.

S. 16 habe ich die „literarische" Fassung bezeichnet. – Die Wortwiederholungen sind erst durch die musikalische Behandlung dazu gekommen. –

Die „Schank" (die Sie meinen Eltern vindizieren) scheint mir eine etwas triviale Spezifizierung. Ich glaube, daß der Kaufmannsstand meinen Vater zur Genüge bezeichnet.

Schließlich sage ich Ihnen meinen herzlichen Dank für Ihre liebevolle Behandlung, der ja allein (wie Sie richtig bemerken) das Verständnis – und vice versa – entstammen kann. Trotz meiner sporadischen Erfolge (die ich vielleicht nur äußerlichen Begleitumständen verdanke) scheint sich noch ein langer Leidensweg für meine Werke zu eröffnen und für meine zukünftigen vielleicht noch mehr!

Daher ist jetzt wohl die Zeit gekommen, wo ein solcher tapferer und reproduzierender Pionier not tut. –

Meine VI. wird Rätsel aufgeben, an die sich nur eine Generation heranwagen darf, die meine ersten fünf in sich aufgenommen und verdaut hat.

Herzlichst ergeben
Ihr
Mahler

Das Ganze hat mir ungemein gefallen; und ich bin erstaunt, wie tief Sie in mein Wesen eingedrungen sind. Und doppelt wert ist mir Ihr Verständnis, da es den Weg von den Werken zum Menschen genommen hat.

* Es handelt sich um eine Broschüre des Adressaten über Mahler, die in einer Sammlung kleiner Biographien im Verlag Gose & Tetzlaff, Berlin, 1905, erschienen ist. Mahler hatte zu Bruno Walter geäußert, daß er Änderungen für nötig fände und Walter überbrachte dem Autor diesen Wunsch in so temperamentvoller Art, daß es einem Verwerfen der ganzen Arbeit gleichkam. Eine Anfrage bei Mahler wurde durch den vorliegenden Brief beantwortet.

Datierung: In GMB, 1924, nur 1904. Mahler hätte jedoch den Satz „Meine VI. wird Rätsel aufgeben ..." wohl nicht vor Vollendung dieses Werks im Sommer 1904 geschrieben.

337 An Arthur Seidl

[Ohne Datum. Wien, September 1904]

Mein lieber Herr Doktor!
Ich möchte nicht verfehlen, Ihnen die Mitteilung zukommen zu lassen, daß meine V. Symphonie am 18. Oktober ihre Uraufführung in Köln erleben soll. – Wie die Menschen dort sind, habe ich noch nicht erprobt. Daß ich aber bei einer solchen Gelegenheit Menschen wie Sie gerne dabei hätte, ist natürlich. Vielleicht habe ich Glück, und es ist Ihnen möglich und es interessiert Sie hinreichend, dabei zu sein. Das würde mir eine große Freude und – ich gestehe es – Beruhigung sein. Köln steht doch ein wenig im Winkel, und gar leicht wird ein Schlagwort ausgegeben, wodurch manchmal für eine längere Epoche die Auffassung eines Werkes besiegelt erscheint. Meine IV. hat lange unter einer von unverständigen Tagschreibern ausgegebenen Parole gelitten. Also – ich wage es, und lade Sie ein!

Herzlichst
Ihr ergebener
Mahler

338 An Willem Mengelberg

DER DIREKTOR DES
K. K. HOF-OPERNTHEATERS

[Ohne Datum. Poststempel:
Amsterdam: 4. XI. 1904]

Mein lieber Freund!
Nachdem ich nun in meiner Heimat angekommen, und mich ein

wenig von den Strapazen meiner Reise erholt, richten sich meine Gedanken auf die so wundervoll verlebten Tage in Amsterdam, das mir so schnell eine 2. musikalische Heimat geworden. – Was ich nach dieser Richtung Ihnen zu danken habe, Ihrer jugendfrischen und tatkräftigen Initiative, Ihrer kongenialen Interpretationskunst und durchdringendem Verständnis meiner Werke – dies gehört zu jenen Dingen, von denen wir uns gelegentlich eines freundschaftlichen Symposion[s] gesagt haben, daß man sie tief empfinden, aber für sie nicht danken kann.

Und so drücke ich Ihnen im Geiste Ihre Freundeshand, und bitte Sie, mir auch fernerhin alle diese Gesinnungen zu bewahren, die mir um so viel mehr wert, als sie selten, um so viel bewunderungswürdiger sind, als nur aus ihnen lebendige Kunst erwächst, als deren begeisterten Adepten ich Sie erkannt habe. –

Der Zweck meines heutigen Briefes ist hauptsächlich, Sie zu bitten, bei Ihrem wundervoll[en] Chor, bei Ihrem prachtvollen Orchester der Dolmetsch meiner dankbaren Empfindungen zu sein. Was diese beiden Korporationen in jenen Tagen geleistet*, kann nur ich beurteilen und – Sie. Dieser einzige Elan, dieser tiefe Ernst waren es allein, denen ich eine geradezu mustergiltige Aufführung des allerschwierigsten Werkes verdanke, und ich bitte, allen Beteiligten zu sagen, daß ich ihren mich rührenden Eifer und ihren befeuernden Schwung nie vergessen werde.

Indem ich Sie und Ihre liebe Frau herzlichst grüße, bin ich Ihr sehr dankbarer

Gustav Mahler

Freund Diepenbrock, Boissevains und alle die lieben Freunde und Bekannten meine herzlichsten Grüße.

* Ende Oktober 1904 war Mahler in Amsterdam gewesen. Erstaufführungen der II. [27. Oktober] und IV. Symphonie [23. Oktober] im Concertgebouw. Die IV. wurde an einem Abend zweimal hintereinander gespielt.

Quelle: Briefautograph. – *Datierung:* Lt. Reeser. In GMB, 1924 nur „November 1904". – *eine 2. musikalische Heimat geworden:* dieser Nebensatz fehlt in GMB, 1924, ebenso die Nachschrift.

339 An Rudolf Kastner

[Ohne Datum. November 1904]

Mein lieber Herr Kastner!
Eben aus Amsterdam zurückkehrend, wo man meine „Vierte" in einem Konzert zweimal hintereinander aufführte – (eine famose Idee, nicht wahr?) – finde ich Ihre Zeilen vor und Ihren Aufsatz in den Münchener Neuesten Nachrichten.

Sie haben mir damit wirklich eine große Freude bereitet.

Ich glaube, Sie verstehen mich wie nur ganz Wenige und ich wünschte, Sie schrieben einmal mehr über meine ganze Art (und Weise). Die Welt hat's nötig!! Muß man denn immer erst tot sein, bevor einen die Leute leben lassen?

Nochmals vielen Dank, lassen Sie bald von sich hören, und wenn Sie nach Wien kommen, erwarte ich Sie bestimmt.

Mit herzlichsten Grüßen

Ihr
Gustav Mahler

340 An Alexander von Zemlinsky

[Ohne Datum. Wien, etwa 1905]

Lieber Herr v. Zemlinsky!
Möchten Sie mich nicht einmal aufsuchen; unsere Angelegenheit * muß mündlich behandelt werden.

Haben Sie vielleicht heute Nachmittag Lust, den „Schwarzen" bei uns zu trinken.

In diesem Falle bitte ich um 2 Uhr circa.

Herzlichst
Ihr
Mahler

Eventuell mit Schönberg.

* Es handelte sich um die Uraufführung aller Orchesterlieder (auch Kindertotenlieder) Mahlers in einem der Konzerte der „Vereinigung schaffender Tonkünstler", deren Ehrenpräsident er war.

Quelle: Briefautograph. – *Datierung:* lt. GMB, 1924. Das Konzert, auf das die Originalanmerkung anspielt, fand am 29. Januar 1905 statt (Wiederholung 3. Februar). Eine Vorbesprechung müßte schon 1904 stattgefunden haben, wenn Mahlers Einladung überhaupt mit diesem Anlaß in Zusammenhang stand.

341 An Ludwig Karpath

[Wien] 2. März 1905

Lieber Herr Karpath! *

Meines Wissens sind die Wunderhornlieder nur vereinzelt komponiert worden. Also ein kleiner Unterschied ist es schon, wenn ich bis zu meinem 40. Lebensjahre meine Texte – sofern ich sie nicht selbst verfaßte (und auch dann gehören sie in gewissem Sinne dazu) – ausschließlich aus dieser Sammlung gewählt habe. – Aber ich denke, die Priorität nach dieser Richtung aufrecht erhalten zu wollen, wäre müßig. –

Etwas anderes ist es, daß ich mit vollem Bewußtsein von Art und Ton dieser Poesie (die sich von jeder anderen Art „Literaturpoesie" wesentlich unterscheidet und beinahe mehr Natur und Leben – also die Quellen aller Poesie – als Kunst genannt werden könnte) mich ihr sozusagen mit Haut und Haar ** [verschrieben habe].

Und daß ich, der lange Jahre hindurch wegen meiner Wahl verhöhnt wurde – schließlich den Anstoß zu dieser Mode gegeben habe, ist außer Zweifel. Es ist dabei allerdings komisch, daß eben meine Kompositionen dieser Texte bis jetzt noch unaufgeführt blieben, während meine Nachahmer bereits sehr berühmt und gesungen sind.

Mit herzlichem Dank und Gruß

Gustav Mahler

Ich muß von ihrem Versprechen Gebrauch machen, daß Sie mich nicht als Ihren Informator in dieser Sache bezeichnen. –

* Die geänderte Anrede ist darauf zurückzuführen, daß das Verhältnis Mahlers zu Karpath allmählich erkaltet war.

** Karpath schrieb hierüber einen Aufsatz in den „Signalen für die musikalische Welt", deren Wiener Korrespondent er damals war.

sofern ich sie nicht selbst verfaßte: die Texte zu den „Liedern eines fahrenden Gesellen" stammen von Mahler selbst, klingen aber an die Sammlung „Des Knaben Wunderhorn" an.

342 An Ludwig Karpath

[Wien] 7. März 1905

Lieber Herr Karpath!
Ich wüßte nicht, wodurch Sie mich verletzt haben sollten – allerdings auch nicht, daß Ihr letzter Brief eine Antwort erheischte*.

Für Ihr freundliches Anerbieten bezügl. Lauterbach** danke ich herzlichst, doch sehe ich keinen Grund, zu den Bewerbern, die sich bereits gemeldet haben, noch einen heranzuziehen.

Zunächst ist es mir überhaupt nicht sympathisch, diese Sache zu veröffentlichen.

Die „Streitaxt" begraben Sie in aller Gemütsruhe! Ich habe ohnehin Ihre Gegnerschaft nicht so ernst genommen, respektive sie Ihnen nicht besonders nachgetragen. Daß ich gegen dergleichen ziemlich unempfindlich bin, wissen Sie ja aus Erfahrung.

Hat jemand einen so vorgezeichneten Weg wie ich, so kann ihn weder ungerechter Tadel noch einsichtsloses Lob aus dem Gleichgewicht bringen. Im übrigen glauben Sie mir, daß ich all den Zorn, den ich errege, besser begreife und verzeihe, als die Gegner meinen Gleichmut. Also: sei wieder alles in Ordnung (womöglich bleibe es auch) – nur keine Korrespondenz verlangen von so einem gehetzten und geplagten Menschen, wie Ihr bestens grüßender, immer sehr eiliger

Mahler

* Karpath, der sich öfters durch Mahler verletzt fühlte, sah sich im vorliegenden Fall Mahler gegenüber im Unrecht und schrieb in diesem Sinne an Mahler, worauf die vorstehende Antwort erfolgte.
** Verleger in Leipzig [Lauterbach & Kuhn].

für Ihr freundliches Anerbieten: vermutlich wollte sich Karpath um einen Verleger für Mahlers Orchesterlieder umsehen. – *zu den Bewerbern:* Mahlers „Kindertotenlieder" und andere Lieder auf Texte von Friedrich Rückert erschienen lt. Hofmeister-Bericht im Juli und im August 1905 im Verlag C. F. Kahnt, Leipzig.

343 An Max Kalbeck

[Ohne Datum. Wien, Juni 1905]

Verehrtester Herr Kalbeck!
Beiliegendes Schriftchen habe ich mit Nutzen gelesen. – Das Kapitel Partitur und Textbuch werden Sie vielleicht mit Interesse durchsehen, falls Sie es nicht schon kennen.

Ich fahre morgen abends ab, und wünsche Ihnen einen schönen Sommer und uns einen Don Juan, der leben und uns überleben soll.

Wollten Sie die Skizzen noch sehen, so wird Ihnen Roller gerne zur Verfügung stehen. Er bleibt noch einige Tage.

Mit herzlichsten Grüßen

Ihr ganz ergebenster
Mahler

Datierung: In GMB, 1924, „ohne Datum". Die Erwähnung des „Don Juan" sichert 1905, die Abreise den Juni dieses Jahres. – *Beiliegendes Schriftchen:* konnte bisher nicht identifiziert werden. – *und uns einen Don Juan:* Kalbeck hatte Lorenzo da Pontes Text zu Mozarts Oper neu übersetzt. Das Werk wurde unter dem Titel „Don Giovanni" am 21. Dezember 1905 unter Mahlers Leitung in neuer Inszenierung zum erstenmal gespielt. – *Roller:* Alfred Roller hatte Bühnenbilder und Kostüme zum „Don Giovanni" entworfen, unter Verwendung der später berühmten „Rollerschen Türme".

344 An Emil Freund

[Maiernigg] 6. Juli 1905

Lieber Freund!
Bitte, beifolgendes freundlichst beantworten zu wollen, und mir mitzuteilen, um was es sich schon wieder handelt! Hat denn diese Präexistenz nie ein Ende! Teufel noch einmal!

Herzlichst
Dein
Mahler

345 An Max Kalbeck

[Ohne Datum. Wien, Herbst 1905]

Verehrtester Herr Kalbeck!
Ich bitte freundlichst um den Text der Basilio- und Figaro-Arie im letzten Akt. Ich habe das Ganze mir durchgearbeitet und akzeptiere mit Freuden Ihre wahrhaft inspirierte, ganz köstliche Übersetzung. Nur einige wenige Nummern möchte ich in der alten, gewohnten Fassung behalten. Erstens solche, die durch ihre Popularität sich das Bürgerrecht erworben haben (wie wir es ja auch mit dem Don Juan gehalten haben) und ferner manche Einzelheiten, die mir in der alten Fassung zwar nicht

so poetisch, aber drastischer erscheinen, was für einen Lustspieltext sehr ins Gewicht fällt. Auch die Rezitative habe ich gründlich durchgefeilt. – Die endgültige Fassung wird natürlich wieder erst in den Proben entstehen. –

Sowie ich einen fertiggestellten Klavierauszug habe, sende ich Ihnen denselben zur Revision zu. Es wird eine herrliche Zeit werden, ich freue mich wie ein Kind darauf.

Ihr verehrungsvoll ergebener
Mahler

erst in den Proben: die Premiere von „Figaros Hochzeit" in Kalbecks neuer Übersetzung fand am 30. März 1906 statt. Der Klavierauszug dieser Fassung wurde vom Verlag Peters veröffentlicht.

346 An Willem Mengelberg

DER DIREKTOR DES
K. K. HOF-OPERNTHEATERS

[Ohne Datum. Wien, November 1905]

Lieber Freund!
Beifolgenden Brief, den ich von der Post reklamiert habe, sende ich Ihnen nochmals zu; ich mache nochmals darauf aufmerksam, daß ich am 5. März meine V. in Antwerpen dirigiere. Hernach können Sie mich gleich haben.

Nunmehr bitte ich aber um *sofortige* Zusendung der großen Partitur der V., da ich sehr umfangreiche und *wichtige Retouchen* gemacht habe, damit Sie dieselben noch rechtzeitig in die Orchesterstimmen eintragen lassen können. Sie können ja von dort aus leicht berechnen, wann ich ehestens von Antwerpen in Amsterdam ankommen kann, und die Proben darnach ansetzen. Bitte, teilen Sie mir die genaue[n] Dispositionen mit.

Haben Sie herzlichsten Gruß und Glückwunsch zu den amerikanischen Erfolgen. Die Amsterdamer werden jetzt vielleicht leichter erwägen, was sie an Ihnen haben.

Herzlichst der Ihre
Mahler

Ihrer lieben Frau alles Schöne!

Quelle: Briefautograph. – *Datierung:* lt. Reeser; in GMB, 1924, nur „1905?" – *Beifolgenden Brief:* Mahler hatte in derselben Angelegenheit bereits fünf Briefe an Mengelberg geschrieben. – *zu den amerikanischen Erfolgen:* Mengelberg dirigierte im Herbst 1905 mehrere Wochen hindurch Konzerte der Philharmonic Society, New York.

347 An Willem Mengelberg

DER DIREKTOR
DES K. K. HOFOPERNTHEATERS

[Ohne Datum. Wien, Anfang Dezember 1905]

Lieber Freund Mengelberg!
Auch ich freue mich schon unendlich, Sie und Ihre liebe Frau und alle die werten Freunde wiederzusehen. Aber mit den Proben, die Sie mir angegeben haben, wird es ein wenig „hapern" (wie der Wiener sagt). Ich müßte unbedingt *3 Proben* zur Symphonie haben! Wäre es nicht möglich, daß ich schon am *Dienstag* irgendwie *eine* Probe einschiebe? Vielleicht, wenn ich in Antwerpen einen Früh- oder Nachtzug erwischen kann, schon am Vormittag? Außerdem, lieber Freund, die *5.* ist *sehr, sehr schwer.* Ich bitte, diesmal *ganz* gehörig *vorzuproben,* sonst erleben wir *Greuliches!* Ich werde ausgezischt, wenn die Aufführung nicht *glänzend* wird. Wenn Sie die Lieder machen wollen – so würde ich Ihnen *Messchaert* vorschlagen, der hier im Jänner einen *Mahler-*Abend gibt, also wahrscheinlich die Sachen gerne singt. Vielleicht am selben *Abend* wie Das Klagende Lied; denn nach der Symphonie paßt höchstens eine Ouverture oder so was, damit ich die Proben ganz allein für die Symphonie habe. – Anbei die *Partitur* mit einer Unmenge *Retouchen,* die aber alle äußerst wichtig sind.

Tausend Grüße von Ihrem
Mahler

Lieber Freund! Eben sehe ich im Eisenbahncourier, daß ich Dienstag 7 Uhr früh in Antwerpen abfahren kann und in Amsterdam um 11 Uhr ankomme. Wir könnten also um 12 Uhr eine Symphonieprobe machen!
Herzlichst Mahler

Quelle: Briefautograph. – *Datierung:* lt. Reeser; in GMB, 1924, „1906". – *Wenn Sie die Lieder machen wollen:* Mahler brachte in Amsterdam die Gesänge „Der Schildwache Nachtlied", „Des Antonius von Padua Fischpredigt", „Ich bin der Welt abhanden gekommen", die „Kindertotenlieder" und die Fünfte Symphonie (Programm vom 8. März 1906) sowie „Das klagende Lied" (am 10. März 1906) neben Werken von Richard Strauss und Max von Schillings. – *Messchaert:* Johannes M. (1857–1922), hervorragender Konzertsänger, sang am 18. Januar 1906 in Wien Mahler-Lieder. Am 14. Februar 1907 kam Mahler eigens nach Berlin, um Messchaert am Klavier zu begleiten, als dieser einen Mahler-Abend gab.

348 An Albert Neisser

[Ohne Datum. Mitte Dezember 1905?]

Verehrtester Freund!
Ich komme also Sonntag früh in Breslau an. – Ich habe nun die große Bitte, daß ich weder am Bahnhof noch zu Hause (zu so früher Stunde) erwartet werde. Es gehört entschieden zu meiner Gemütlichkeit, niemandes Nachtruhe durch meine Ankunft am frühesten Morgen zu stören, und Sie haben mir auch versprochen, daß ich mich bei Ihnen wie zu Hause – und nicht als „Gast" fühlen soll. – Ich bitte also ganz ungeleitet in der Fürstenstraße ankommen zu dürfen. Dort nimmt mich ein Diener oder ein Stubenmädel in Empfang, führt mich in mein Zimmer, woselbst ich mich so schön zu machen gedenke, als es mir meine Natur gestattet. Hierauf begebe ich mich sehnsüchtigster Gewalt ins Frühstücksboudoir, woselbst ich eigenhändig meinen Kaffee mit Butterbrot einnehme, und dann bei einer Zigarre und einiger Lektüre die Ankunft der Ereignisse erwarten werde.

Nicht wahr, Sie sind so lieb und nehmen gar keine Notiz von meiner Ankunft und kommen zur gewohnten Stunde zu Ihrem Frühstück. Ich bin schon sehr neugierig, was Sie mir von Salome erzählen werden, die ich für das bedeutendste Werk Strauss' halte. Ich freue mich schon sehr, Sie und Ihre Frau wiederzusehen und bin

Ihr sehr ergebener
Mahler

Meine Symphonie, die V., dauert knapp ¾ Stunden.

Datierung: In GMB, 1924, „Oktober 1906". Mahler gastierte zweimal in Breslau; am 20. Dezember 1905 dirigierte er seine Fünfte Symphonie, am 24. Oktober 1906 die Dritte Symphonie. Die Nachschrift zu obigem Brief erscheint im Zusammenhang mit dem Konzert von 1905 sinnvoller. Beide Konzerte fanden an einem Mittwoch statt; Mahler scheint beide Male am vorhergehenden Sonntag in Breslau eingetroffen und bei Neisser abgestiegen zu sein. – *Salome:* Uraufführung am 9. Dezember 1905 in Dresden, die Neisser möglicherweise besucht hatte.

349 An Alexander von Zemlinsky

[Ohne Datum. Wien, 17. April 1906?]

Lieber Freund!
Wäre es Ihnen recht, daß wir den Klavierauszug* vorher allein durchspielten. In diesem Falle bitte ich Sie um 6 Uhr in mein Bureau zu kommen.

Nachher gehen wir zusammen zu uns. Schönberg holt uns ab.

Herzlichst in Eile
Mahler

* Es ist von seiner VI. Symphonie die Rede, von der Z. den vierhändigen Klavierauszug gemacht hat.

Datierung: In GMB, 1924, „etwa 1906". Wenn man, wie auch Martner, annimmt, daß dieser und der folgende Brief zusammengehören, dann ergibt sich aufgrund des Gastspiels von Lilli Lehmann für beide die Datierung 17. April 1906. (Lilli Lehmann sang allerdings auch im Mai 1904 in Wien die Violetta in „Traviata").

350 An Alexander von Zemlinsky

[Ohne Datum. Wien, 17. April 1906?]

Lieber Freund!
Ich habe einen Palawatsch angestellt. Wäre es Ihnen gleich, statt heute morgen Mittwoch zu kommen? Heute ist nämlich Lehmann Traviata erstes Auftreten. –

Da muß ich dabei sein! –

Jedenfalls aber bitte ich Sie, um 6 Uhr ins Bureau zu kommen.

In aller Eile
Ihr
Mahler

Schönberg eventuell verständigen.

Datierung: siehe Brief 349. In GMB, 1924, nur „ohne Datum". *Lehmann:* Lilli L. (1848–1929), deutsche Sopranistin von ungewöhnlicher Stimmtechnik, die die „Traviata"-Koloraturen ebenso meisterte wie den Brünnhilden-Ruf.

351 An Albert Neisser und Frau

[Ohne Datum. Wien, Frühjahr 1906]

Verehrte gnädige Frau!
Ich werde mein möglichstes tun, Ihnen in der ersten Maiwoche ein paar sehens- und hörenswerte Vorstellungen anzusetzen. (Hätten Sie Lust zu einem Mozart-Zyklus? Eventuell dazwischen etwas von Wagner?)

Nachher aber muß ich schön in Wien sitzen und arbeiten, denn Essen verschlingt für mich 14 Tage. – Bringen Sie doch Freund Berliner mit, damit ich den schönen Traum Fürstenstraße wieder träumen kann. Es war sehr schön. Seien Sie und Ihr lieber Mann (an den ich in den Stettiner Tagen mit ingrimmiger Freundschaft gedacht – tout comme chez nous) herzlichst gegrüßt von

Ihrem sehr eiligen
Mahler

Datierung: In GMB, 1924, nur „1906". – *Mozart-Zyklus:* Mahler dirigierte zwischen 29. April und 5. Mai 1906 im Wiener Hofoperntheater drei Opern von Mozart. – *Essen:* 42. Tonkünstlerfest des Allgemeinen Deutschen Musikvereins, bei dem am 27. Mai 1906 Mahlers Sechste Symphonie uraufgeführt wurde. – *den schönen Traum Fürstenstraße:* offenbar Anspielung auf Mahlers Aufenthalt in Breslau bei Neisser im Dezember 1905.

352 An Ludwig Karpath

[Ohne Datum. Wien, Anfang Juni 1906]

Lieber Karpath!
Herzlichen Dank für Ihre Zeilen. Ich dediziere Ihnen anbei ein Exemplar der kleinen Partitur*. Einen Klavierauszug (der vortrefflich ist) werden Sie sich leicht vom Verleger verschaffen können. Ich habe keinen. – Die Kritiken habe ich gleich nach den ersten (Leopold Schmidt) zu lesen aufgehört.

Die Leutchen bleiben sich immer gleich. Jetzt gefallen ihnen auf einmal meine ersten fünf Symphonien. Die VI. muß mal warten, bis meine VII. erschienen ist. –

Herzlichst grüßend
Ihr
Mahler

* Kleine Partitur der V. Symphonie.

Datierung: In GMB, 1924, „Oktober 1904" (Uraufführungsmonat von Mahlers Fünfter Symphonie). Aus dem Briefinhalt ergibt sich indes, daß diese Zeilen nach der Uraufführung der Sechsten Symphonie (27. Mai 1906) geschrieben wurden, vermutlich Anfang Juni. Mahlers Formulierungen gestatten überdies die Annahme, daß Karpath auch bezüglich des „dedizierten" Exemplars irrte und es sich um die kleine Partitur der Sechsten handelte. Eine Studienpartitur der Fünften Symphonie hatte er bereits am 29. September 1904 vom Verlag erhalten. (Siehe Klemm, S. 114). – *Leopold Schmidt:* (1860–1927) Musikkritiker, besprach Mahlers Sechste Symphonie im Berliner Tageblatt vom 2. Juni 1906 (Morgenausgabe).

353 An Josef Reitler

[Ohne Datum. Juni 1906]

Hochgeehrter Herr!
Mit vielem Vergnügen empfing und las ich Ihren Brief*. Haben Sie herzlichsten Dank für Ihre sehr lieben Zeilen und Ihr Interesse für mein Schaffen. Ich muß mich vorderhand begnügen, wenn ich da und dort einen kleinen Kreis von Kunstkennern weiß, dem meine Werke etwas bedeuten und vielleicht auch wert geworden sind. Der Aufführung stellt sich aller Orten erstens der Aufwand von Mitteln, welche dazu nötig sind, entgegen. Vor allem aber die entschieden abseits von allem Gewohnten liegenden Ausdrucksformen, von denen nur die wenigsten gegenwärtig empfinden, daß sie aus der Natur des Autors und nicht aus seiner Willkür und Laune entflossen sind.

Ich bezweifle aufrichtig, ob in Paris gegenwärtig ein Boden für meine Kunst gewachsen ist; und der Gedanke, nach Paris zu gehen, um den Leuten meine selbst in meiner Heimat so befremdende Art aufzuzwingen, ist mir, aufrichtig gesagt, noch nicht gekommen, und ich kann noch nicht sagen, ob ich dazu raten soll, wenn Sie, geehrter Herr Reitler, sich der sehr undankbaren Aufgabe unterziehen wollen, mir den Boden dazu zu bereiten.

Im Prinzipe denke ich so: Wenn mir in Paris die orchestralen Mittel in vollem Ausmaße (worunter ich auch die genügende Anzahl von Proben verstehe) geboten werden und dies in eine Zeit fällt, wo ich von Wien (meine Tätigkeit ist dort, wie Sie wissen, nur schwer zu entbehren) abkommen kann, so stehe ich gerne zur Verfügung. Alles Administrative wollen Sie mir ja, wie Sie freundlichst bemerken, abnehmen. –

Wie dem aber auch wäre – ob es Ihnen gelingt oder nicht – Sie haben mir durch Ihre Worte eine unendliche Freude bereitet; ich habe manchmal die Empfindung, daß ich „meine Zeit" nicht erleben werde;

und da kommt so ein Echo aus unbekannter Welt recht gelegen; also vielleicht doch „legor" et – (wessen ich übrigens mich sicher fühle) „legar"!

Mit herzlichstem Dank

Ihr sehr ergebener
Gustav Mahler

* R. lebte damals als Musikschriftsteller in Paris, und hatte im Frühjahr 1906 die Aufführung einer Symphonie des dort in weitesten Kreisen unbekannten Mahler angeregt.

354 An Friedrich Löhr

[Ohne Datum. Maiernigg, 21. Juni 1906]

es *eilt* sehr!

Lieber Fritz!

1. Übersetze mir folgendes
   Qui paraclitus diceris
   Donum Dei altissimi,
   Fons vivus ignis caritas
   et spiritalis unctio.
2. Wie betont man (resp[ektive] skandiert man) paraclitus diceris?
3. Übersetze mir folgendes
   hostem repellas longius
   pacemque dones protinus
   ductore sic te praevio
   vitemus omne noxium.
4. Das Ganze ist aus „*Veni creator spiritus*". Gibt es eine schöne (am Ende gar *gereimte*) Übersetzung davon?

Bitte *sofort* pr. *Eilbrief* absenden! *Sonst* kommt es zu spät. Ich brauche es als creator und creatur!

Herzlichst
Dein
Gustav

Quelle: Briefautograph. – *Veni creator spiritus:* der Hymnus bildet die Textgrundlage des ersten Teils der Achten Symphonie von Mahler.

355 An Alfred Roller

[Ohne Datum. Maiernigg, Juli 1906]

Mein lieber Freund Roller!
Der 20., der auf Ihrer famosen Korrespondenzkarte auf Gerechte und Ungerechte herniederleuchtet, naht heran, und ich weiß Ihnen jetzt nichts Besseres zu sagen, als: Segeln Sie wohlgemut in jenes Ihnen noch unbekannte Land, von dem Sie noch nicht ahnen, welcher Mut dazu gehört, es entdecken und bewohnen zu wollen. Wir, Ihre Freunde, können vorderhand Ihrem Schiffchen von ihrem sicheren (oder eigentlich unsicheren) Gestade aus nachsehen und zuwinken. – Wenn wir also nächstens (und ich hoffe, dies ist *bald* und *hier* in Maiernigg) uns entgegentreten, werden wir die verständnisinnige Miene des Haruspex haben, von dem Sie ja wohl das alte Sprüchlein kennen:

haruspex ridet,
si haruspicem videt. – Eins aber hoffe ich (und dies bitte ich auch an Frl. Milewa weiterzugeben): daß wir „die Alten" bleiben, und daß wir nunmehr *reicher* geworden sind. Denn Ihre Frau ist in unseren Freundschaftsbund legaliter aufgenommen. Wir sind also jetzt eine Gesellschaft, die sich sehen lassen kann. Es wäre schön, wenn Sie Ihre Tiroler Reise durch das Pustertal nehmen wollten und einige Tage in unserer Mitte (vollkommen ungestört, wann Sie es nur wollen) zubringen möchten. Sein Sie, lieber Freund, herzlichst gegrüßt, und sagen Sie Ihrer Braut alles Schöne und Liebe von mir.

Ihr alter
Mahler

Meine Frau wird wohl selbst schreiben. Wir reden alle Tage von Ihnen Beiden.

Quelle: Briefautograph. – *Datierung:* In GMB, 1924, irrtümlich „Anfang Juni 1906". Roller heiratete am 21. Juli. – *(oder eigentlich unsicheren):* fehlt in GMB, 1924. – *Frl. Milewa:* Rollers Braut Milewa Stoisavljevic (1886–1949). – *Nachschrift:* fehlt in GMB, 1924.

356 An Friedrich Löhr

[Ohne Datum. Poststempel:
Klagenfurt, 18. Juli 1906]

Lieber Fritz! In aller Eile, da mich wirklich der spiritus gepackt hat – heute sandte ich an Dich für Heinrich 100 Spieße. –

Dieser verfluchte Kirchenschmöker, aus dem ich den Text des Veni creator entnahm, scheint mir nicht ganz einwandfrei. – *Bitte,* sende mir mal einen authentischen Text der Hymne, wie sie Franziscus gedichtet[93].

Infirma nostri corporis
Virtute firmans *perpeti?*

Ist perpeti richtig? Wie ist die Übersetzung?

Per te *sciamus da Patrem*
noscamus atque filium.

Ist das richtig? Was ist das für eine Syntax?

Herzlichst
Dein
Gustav

Quelle: Briefautograph. – *Heinrich:* H. Krzyzanowski. – *Hymne:* siehe Brief 354.

357 An Josef Reitler

[Ohne Datum.
Maiernigg am Wörthersee, Juli 1906]

Verehrtester Herr Reitler!
Für die erste Hälfte August habe ich eine Fußtour projektiert, kann daher nicht das Vergnügen haben, Sie hier in meiner Sommerfrische zu begrüßen. – Dagegen paßt es Ihnen vielleicht mich zwischen 16. und 20. August in Salzburg aufzusuchen, wo ich gelegentlich des daselbst in diesen Tagen stattfindenden Mozartfestes „Figaros Hochzeit" dirigiere. –

Ich werde mich sehr freuen, Ihre persönliche Bekanntschaft zu machen und verbleibe in dieser angenehmen Hoffnung

Ihr ergebenster
Mahler

358 An Josef Reitler

[Ohne Datum. Juli 1906]
Telegramm.

Wie Ihnen nach Paris angezeigt, bin ich im Begriffe, eine zweiwöchentliche Fußreise anzutreten, schlage Ihnen daher, wenn Ihnen passend, Salzburg zur Zusammenkunft vor, 16.–20. August.

Grüßend
Mahler

359 An Friedrich Löhr

[Ansichtskarte Lago di Misurina
Ohne Datum. Sommer 1906]

Danke Dir vielmals für philologischen Beistand. Der sanctus spiritus bedankt sich bei Dir.

Leider muß ich Mitte August nach Salzburg, was mich heuer ganz besonders stört. Hier auf zwei Tage zur Erholung.

Herzlichste Grüße, auch an Uda.

Dein
Gustav

360 An Willem Mengelberg

Maiernigg am Wörthersee

[Ohne Datum. Poststempel: Amsterdam,
18. August 1906]

Mein lieber, guter Freund!
Haben Sie herzlichsten Dank für Ihre lieben Zeilen. Mir ist es von großem Wert und ein herzlicher Trost gewesen, unter so vielem wüsten Zeug (selbst von solchen Seiten, wo man ein vernünftiges Wort über das Wesen des Werks und nicht bloß oberflächlich technische Bemerkungen erwartet hätte) – so Verständnisinniges und tief Begreifendes zu vernehmen*.

Schade, daß Sie mir Ihre Bemerkung bezüglich des „Hammers" so spät mitgeteilt. Jetzt ließ sich da nichts mehr tun, da mein „Imprimatur“ schon vor Wochen gegeben war. Aber sie haben *ganz recht* in der Sache; ich habe es auch gefühlt, aber wieder daran vergessen. – Nun, wir können es ja in Amsterdam nach *Ihrer* Methode versuchen und eventuell in einem Nachtragsblatt der Partitur anschließen. – Ich freue mich herzlich auf die schönen Tage bei Ihnen und habe sogar vor, diesmal auch meine Frau mitzubringen. Aber, liebe Freunde, sorgt Euch doch nur nicht wegen der Unterkunft. – Wir schlafen einfach im Amstel-Hotel und sind den ganzen Tag zusammen. Also abgemacht, ich komme von Frankfurt gleich nach Amsterdam und dirigiere am 24. meine 6.te. –

Der *Kölner* Hornist, den ich bei der V. hatte, war *großartig*. Wenn es noch derselbe ist (fragen Sie ihn doch), dann ist er unbedingt zu empfehlen. – Der *Berliner* soll aber nicht sehr gut sein. –

Auf *Ihre Komposition* zur Rembrandt-Feier bin ich *sehr* begierig. Können Sie mir sie nicht schicken? Ich bin überzeugt, daß, was Sie machen, nicht schlecht sein kann.

Wegen 2. Kapellmeister und event[uell] Hornisten will ich von Wien aus schauen. Hier stecke ich in *viel Noten!* Ich habe eben meine 8. vollendet. – Es ist das Größte, was ich bis jetzt gemacht. Und so eigenartig in Inhalt und Form, daß sich darüber gar nicht schreiben läßt. – Denken Sie sich, daß das Universum zu tönen und zu klingen beginnt. Es sind nicht mehr menschli[che] Stimmen, sondern Planeten und Sonnen, welche kreisen. – Näheres mündlich.

Mit vielen Grüßen Ihnen und Ihrer lieben Frau und Diepenbrocks

Ihr sehr ergebener
Mahler

Hier müssen Sie mich einmal mit Ihrer Frau besuchen.

* Bezieht sich auf die VI. Symphonie.

Quelle: Briefautograph. – *Datierung:* lt. Reeser. Der 18. August ist nicht der Aufgabestempel, wie GMB, 1924, verzeichnet, sondern der Ankunftsstempel. – *von Frankfurt gleich nach Amsterdam:* Mahler dirigierte am 18. Januar 1907 in einem Frankfurter Museumskonzert seine Vierte Symphonie; die anschließend geplante Konzertreise nach Amsterdam kam nicht zustande. – *Ihre Komposition zur Rembrandtfeier:* Mengelberg hatte Begleitmusik zur Projektion von Radierungen Rembrandts komponiert, aufgeführt 1906 im Stadttheater Amsterdam. – *Hier stecke ich in viel Noten:* In GMB, 1924, irrtümlich „Nöten“.

361 An Josef Reitler

[Ohne Datum. nach dem 20. August 1906]

Verehrter Herr Reitler!
Suchen Sie mir jedenfalls durchzusetzen, daß Colonne die III. bringt*, denn hinterher sind mir über die neueren Symphonien bei dieser Gelegenheit selbst Bedenken aufgestiegen. Sie haben ganz Recht, in Paris muß man zuerst mit den früheren Werken kommen. Aber die I. rate ich keinesfalls; die ist sehr schwer verständlich. Da wäre schon die VI. oder V. vorzuziehen. Die Texte zur III. sind aber nicht übersetzt. Weinberger verwechselt das mit der II., die in Brüssel und Lüttich gespielt wurde.

Man wird also die Übersetzung machen. – Und ich müßte sie jedenfalls vorher approbieren.

Ich schreibe in der Eile der Abreise nach Wien und begrüße Sie herzlichst.

Ihr
Mahler

* R. ging nach Salzburg und sprach mit Mahler alle Einzelheiten des Projektes durch. Die III. Symphonie war, als die nach seiner Ansicht am leichtesten verständliche, in Aussicht genommen. Er stellte die Forderung, daß die Symphonie an erster Stelle im Programm stehen müsse (die Konzerte der Herren Chevillard und Colonne umfaßten damals gewöhnlich 7–12 Nummern!) und daß er mindestens fünf Proben abhalten könne. Glocken, erste Posaune und Flügelhorn wollte er aus Wien mitbringen. Colonne machte in engherzigster Weise Schwierigkeiten, wollte durchaus eine Reduktion der vorgeschriebenen Orchesterbesetzung erzwingen. Deshalb schlug er auch statt der III. die V. oder VI. vor.

Datierung: In GMB, 1924, nur „August 1906"; die genauere Bestimmung ergibt sich aus Mahlers Aufenthalt in Salzburg. *Colonne:* Edouard Judas C. (1838–1910), Pariser Konzertunternehmer. – *Weinberger:* Josef W. (1855–1928), Musikverleger, der mehrere Werke Mahlers vertrieb. – *mit der II.:* Mahlers Zweite Symphonie wurde 1898 in Lüttich und 1902 in Brüssel aufgeführt, beide Male unter Leitung von Sylvain Dupuis (1856–1931).

362 An Josef Reitler

[Ohne Datum. Herbst 1906]

Lieber Herr Reitler!
Bisher stand ich nur in Korrespondenz mit Herrn Astruc*. Sein zweiter Brief war jedoch so gestaltet, daß ich mich zu einer Beantwortung

desselben nicht mehr angeregt fühlte. Dasselbe möchte ich jetzt von der Einladung des Herrn Colonne behaupten. – Auf eine Reduktion der Instrumente lasse ich mich unter keinen Umständen ein; selbst das Ansinnen schon erfüllte mich mit Widerwillen und ich bitte Sie, die Sache mit Colonne nunmehr auf sich beruhen zu lassen. –

Es ist für mich mit so großen Schwierigkeiten verbunden, hier abzukommen, daß ich mich nur unter ganz exzeptionellen Umständen – vor allem nur, wenn mir die künstlerische Möglichkeit einer vollkommenen Verwirklichung meiner Absichten garantiert ist – entschließen könnte, nach Paris zu kommen. Und – glauben Sie mir, die Sache ist noch nicht reif! Lassen wir noch ein oder zwei Jahre vorübergehen! Jedenfalls habe ich mich gefreut, Sie kennengelernt zu haben und ich hoffe, daß wir einander recht bald wieder begegnen werden.

Ihr sehr ergebener
Mahler

* Astruc war der Pariser Konzertagent.

Datierung: In GMB, 1924, nur „1906", doch steht fest, daß dieser Brief in Zusammenhang mit Brief 361 geschrieben wurde.

363 An Josef Reitler

[Ohne Datum]

Lieber Herr Reitler!
Danke für die Mitteilungen. Lassen Sie, bitte, Colonne nur seine Wege wandeln. Sollte er nochmals an Sie herantreten, so fällt mir eben ein, daß meine V., die verhältnismäßig *normal* besetzt ist, seinen Intentionen besser entsprechen würde. Am Ende ist sie auch zur Einführung doch besser geeignet als die 6.* – Ein harter Bissen sind beide für die Pariser.

Herzlichst in Eile
Ihr
Mahler

* Nachdem Mahler resigniert hatte, war es Colonne, der durchaus die VI. Symphonie aufführen wollte.

Quelle: Briefautograph. – *Datierung:* In GMB, 1924, kein Datierungsversuch. Der Brief gehört offensichtlich zu Brief 361 und 362, obwohl die Reihenfolge nicht ganz eindeutig erscheint.

364 An Willem Mengelberg

DER DIREKTOR DES
K. K. HOF-OPERNTHEATERS

[Ohne Datum. Poststempel:
Wien, 12. IX. 1906]

Lieber Freund!
Ich muß in der nächsten Zeit einige *Konzerte* dirigieren und brauche dazu meine retouchierten Partituren! Bitte, Ihre liebe Frau möchte mir meine bei Ihnen liegenden Partituren zusammensuchen und mir einsenden. – Sie können sie natürlich jeden Moment wieder haben. – Ferner möchte ich auch die Retouchen, die ich in meiner V. bei Ihnen gemacht, und die sich vorzüglich bewährt haben, in meinem Exemplar eintragen, und erbitte mir auch diese auf einige Zeit.

Mit herzlichsten Grüßen aus dem verdammten Theatertrubel, den ich nicht lange mehr vertrage, an Sie, Ihre liebe Frau und Diepenbrocks.

Ihr ergebener
Mahler

Quelle: Briefautograph.

365 An Arnold Berliner

[Ohne Datum. Poststempel:
Wien, 4. Oktober 1906]

Lieber Freund!
1. Ich komme Sonntag früh in Berlin gegen 6 Uhr an und erwarte Sie in meinem Absteighotel „Habsburger Hof" von 7–½ 9. Falls es Ihnen zu früh (ich nehme an, daß Sie spät aufstehen), so bin ich von 10 Uhr ab in der Philharmonie, wo geprobt wird.

2. Repertoire zwischen 10.–20. Oktober:
Mittwoch 10.: Fidelio.
Freitag 12.: Figaro.
Sonntag 14.: Entführung.

Mittwoch 17.: Zauberflöte.

Freitag 19.: Tristan.

Vorausgesetzt, daß nicht Störungen eine Änderung erzwingen.

3. Ich komme Sonntag, 21. Oktober morgens in Breslau* an und bleibe bis 24. nachts. Ich gedenke mit Ihnen gewaltige Spaziergänge zu unternehmen.

4. Reproduktion von Erler** erhalten. Er scheint nach meiner Abreise aus dem Gedächtnis noch Retouchen gemacht zu haben – leider!

5. Der Brief von Frau X. ist ein kulturhistorisches factum humanum. Die Dame hat sich allmählich von Papst Gregor zu Leo X. entwickelt. Der Kirche in . . . fehlt bald nur ein Tetzel.

Der Borgia dürfte schon zu Haus sein.

Auf Wiedersehen. Schlafen Sie sich ordentlich aus, damit Sie den Strapazen am 7. und 8. Oktober*** (des Nachts nach dem Konzert dampfe ich ab) gewachsen sind.

Herzlichst
Ihr
Mahler

* Mahler hat am 24. Oktober 1906 im Breslauer Orchesterverein seine III. Symphonie [und vier Orchesterlieder] dirigiert.

** Portrait Mahlers von Fritz Erler.

*** Erstaufführung der VI. Symphonie in der Berliner Philharmonie unter Oskar Frieds [1871–1941] Leitung [am 8. Oktober].

2. *Repertoire:* Mahler gab nur die Vorstellungen an, die er selbst zu dirigieren gedachte. Der Spielplan vom 10. Oktober wurde abgeändert, die „Zauberflöte" vom 17. auf den 18. Oktober verlegt.

366 An Willem Mengelberg

DER DIREKTOR DES
K. K. HOF-OPERNTHEATERS

[Ohne Datum. Poststempel:
Wien, 15. X. 1906]

Lieber Freund Mengelberg!
Mit schönstem Dank die Partitur der V. zurück. – Auch meine anderen Partituren habe ich bekommen. Wenn Sie sie wieder haben wollen, bitte ich um eine Korrespondenzkarte. Sie stehen jeden Moment zur

Verfügung. – Meine 6. scheint wieder eine harte Nuß zu sein, welche von den schwachen Zähnchen unserer Kritik nicht geknackt werden kann. Indessen wurstelt sie sich doch einigermaßen durch die Konzertsäle. Ich freue mich auf die Aufführung in Amsterdam. – Soll ich die Herdenglocken mitbringen? – Einen ziemlich ausführlichen Brief aus Maiernigg, in welchem ich Ihnen erzählte, daß heuer meine 8. fertig geworden, scheinen Sie nicht erhalten zu haben.

Herzlichste Grüße an *alle*

Ihr Freund
Mahler

Haben Sie meine Manfredouverture noch dort? Ich konnte sie nicht im Paket finden.

Quelle: Briefautograph. – *die Aufführung in Amsterdam:* kam nicht zustande. Siehe Brief 368. – *Einen ziemlich ausführlichen Brief aus Maiernigg:* offenbar Brief 360, den Mengelberg allerdings erhalten hat. – *Nachschrift:* In GMB, 1924, nicht enthalten.

367 An Albert Neisser

[Ohne Datum. Wien,
Ende Oktober – Anfang November 1906]

Lieber Freund!
Schön Dank für alles! Ich zehre noch im Geiste und rauche im Fleische. – Die Kritiken machen mich wieder paff. Ich glaube wirklich, daß ich mit der Zeit Breslauer Nationalkomponist werde. –

Wie schade, daß Dohrn so was nicht wiederholen kann; denn das ist eigentlich die Hauptsache, wenn man verstanden werden soll. Aber, wie die Sachen einmal stehen, ist es wirklich besser, daß nicht! Ich werde mich also auch in den Jahreszeiten einquartieren. Mit aller Liebe und Gegenliebe Ihnen und Ihrer Frau alles Schöne

Ihr
Mahler

Datierung: In GMB, 1924, „Ende Dezember 1906?“. Das Breslauer Konzert fand bereits am 24. Oktober statt; Mahler dirigierte seine Dritte Symphonie. – *in den Jahreszeiten:* möglicherweise das renommierte Hotel in München. Mahler dirigierte seine Sechste Symphonie in München am 8. November 1906.

368 An Willem Mengelberg

IMPERIAL
FRANKFURT A. M.
OPERNPLATZ

[Ohne Datum. Poststempel: Frankfurt, 17. I. 1907]

Mein lieber Freund!
Mir selbst tut es schrecklich leid. Es ist mir schon eine liebe Gewohnheit, jedes Jahr mit Ihnen einige Tage zu verbringen, und es wird mir heuer *sehr* fehlen. Aber Montag muß ich in Wien sein. (Auf höheren Befehl). – Es ist daher wohl am besten, heuer *nicht* auf mich zu zählen. Sie wissen ja, wie ich mich bei Ihnen nicht nur persönlich, sondern auch künstlerisch wohl aufgehoben fühle, und so wäre es wohl das Richtigste, Sie machten meine 6. heuer ohne mich. Die Herdenglocken schicke ich Ihnen. Ferner bitte ich um Zusendung Ihrer Partitur (der großen). Ich möchte Ihnen eine sehr wichtige *Retouche* im letzten Satz hineinschreiben. Hoffentlich können Sie mich nächstes Jahr (vielleicht zu 7.) brauchen.

Seien Sie und Ihre liebe Frau tausendmal gegrüßt von

Ihrem Freunde
Mahler

Diepenbrocks und die liebe Familie (wo wir letztes Jahr im Landhaus zusammen waren) herzliche Grüße.

Quelle: Briefautograph. – *Datierung:* lt. Reeser; in GMB, 1924, „12. Jänner 1907". – *Frankfurt:* Mahler dirigierte am 18. Januar 1907 in Frankfurt ein Museumskonzert, auf dessen Programm unter anderem seine Vierte Symphonie stand. – *Mir selbst tut es schrecklich leid:* Mahler hatte das für 24. Januar 1907 geplante Konzert in Amsterdam (Aufführung der Sechsten Symphonie) bereits Ende Dezember 1906 absagen müssen. – *Nachschrift:* fehlt in GMB, 1924.

369 An Richard Horn

[Ohne Datum. Frankfurt, Januar 1907]

Lieber Doktor!
Im Anschluß an unsere Diskussion von neulich abend sende ich Ihnen beiliegenden Artikel (Köln. Ztg.) über „Materie, Äther und Elektrizität", den ich eben gelesen. Was denken Sie nun über die Unveränder-

lichkeit der durch Naturwissenschaft gewonnenen Anschauung? – Wie wird die „Beschreibung" aussehen, wenn unsere Erfahrungen auf diesem dunklen Gebiete so geordnet sein werden wie etwa heute unsere astronomischen Anschauungen? – Und selbst zu meinem Ausspruche (ungefähr) „die Naturgesetze werden dieselben bleiben, aber unsere Anschauungen darüber werden sich ändern" – muß ich noch hinzufügen, daß mir selbst dies nicht sicher ist. Es ist eine Denkmöglichkeit, daß sich im Laufe von Äonen (etwa infolge eines natürlichen Evolutionsgesetzes) selbst die Naturgesetze ändern können; daß also beispielsweise die Gravitation nicht mehr statthaben wird – wie ja Helmholtz schon jetzt annimmt, daß auf unendlich kleine Distanzen das Gravitationsgesetz seine Gültigkeit verliert. Vielleicht (setze ich hinzu) auch auf unendlich große Entfernungen – zum Beispiel höchst entfernte Sonnensysteme. Denken Sie einmal das alles bis ans Ende.

Eiligst
Ihr
Mahler

Datierung: In GMB, 1924, nur „Frankfurt 1907". Siehe auch Brief 368. – *unsere Diskussion:* Mahler war, wie auch Arnold Berliner bezeugte, an naturwissenschaftlichen Fragen interessiert und verfolgte mit dessen Hilfe die Entwicklung der modernen Physik.

370 An Julius v. Weis-Ostborn

[Ohne Datum. Wien, April 1907]

Verehrter Herr Finanzrat!
Verzeihen Sie, daß ich erst heute auf Ihren lieben Brief antworte, den ich bei meiner Rückkehr von Rom vorfand. Ihre Ausführungen waren mir sehr interessant und ich hätte manches zu erwidern, was gelegentlich einmal mündlich geschehen soll.

Vielleicht gelegentlich einer „Iphigenie"-Aufführung, die Sie und Freund Decsey nicht versäumen sollten sich anzusehen. Ich glaube, daß sie das Beste ist, was Roller und ich bisher geleistet haben. Jedenfalls sind wir auf unserem Wege einen guten Schritt weiter gekommen. In dieser Saison ist sie am 5. April, Sonntag, wohl das letztemal. Also! werde ich Sie sehen? In Eile und mit herzlichen Grüßen

Ihr ergebener
Mahler

von Rom: Mahler dirigierte Ende März 1907 drei Konzerte in Rom. – *„Iphigenie"-Aufführung:* Glucks „Iphigenie in Aulis", Premiere 18. März 1907. – *Freund Decsey:* Ernst D. (1870–1941), Musikschriftsteller und -kritiker in Graz. – *am 5. April, Sonntag:* Schreib- oder Druckfehler. Soll heißen: 5. Mai, Sonntag.

371 An Arnold Berliner

[Ohne Datum. Wien, Juni 1907]

Mein lieber Berliner!
Alles ist richtig. Ich gehe, weil ich das Gesindel nicht mehr aushalten kann. Nach Amerika fahre ich erst Mitte Jänner und bleibe bis Mitte April. Bis dahin hoffe ich Sie noch einigemal in Berlin und Wien zu sehen. Jetzt nur eiligst diesen herzlichen Gruß von

Ihrem
Mahler

Datierung: In GMB, 1924, „Poststempel: Wien, 17. Juli 1907". Der Briefinhalt läßt vermuten, daß die Nachricht schon im Juni geschrieben wurde, da Mahler schon Anfang Juni mit dem Direktor der Metropolitan Opera verhandelte. Auf alle Fälle scheint es unglaubwürdig, daß diese Zeilen nach Brief 372 geschrieben wurden.

372 An Arnold Berliner

[Ohne Datum. Poststempel:
Klagenfurt, 4. Juli 1907*]

Lieber Freund!
Mein Vertrag** ist von einem Advokaten gemacht; ich werde Ihnen, sowie alles erledigt ist, denselben zur Ansicht einschicken. Sie können ganz beruhigt sein! Es ist alles wohlweislich überlegt. Ich riskiere nur, mich drei Monate im Jahr unbehaglich zu fühlen, dagegen habe ich binnen vier Jahren rein 300.000 Kronen verdient.

So steht die Geschichte. Wir haben furchtbares Pech! Davon mal mündlich. Jetzt hat meine Ältere Scharlach – Diphterie! Vielleicht sehen wir Sie im Sommer – August? Lassen Sie nur bald wieder was hören.

Herzlichst
Ihr
Mahler

* Auf der Rückseite des Kuverts: Absender Mahler, Maiernigg am Wörthersee.
** Für Amerika.

Jetzt hat meine Ältere: Mahlers Tochter Maria Anna starb am 12. Juli 1907. (Lt. Sterbebuch des Pfarramtes Keutschach/Kärnten) Im Mai – Juni desselben Jahres war Mahlers jüngere Tochter Anna Justine an Scharlach erkrankt.

373 An Arnold Berliner

[Briefkarte. Ohne Datum. Wien Herbst 1907?]

Lieber Freund!
Mir, uns, können Sie selbstverständlich nie ungelegen kommen. Allerdings müssen Sie sich manchmal Ihre Zeit ohne mich vertreiben, denn ich bin, wie ich mündlich auseinandersetzen werde, nicht mehr so „leistungsfähig", wie Sie mich aus früherer Zeit kennen.

Vom 5. bis 11. Oktober bin ich nicht hier. Vorher und nachher sind Sie schönstens willkommen.

Herzlichst in Eile
Ihr
Mahler

Datierung: In GMB, 1924, „1908?". Für 1907 sprechen die angegebenen Tage im Oktober. Mahler ersuchte bei der General-Intendanz der Hoftheater um Urlaub vom 6.–11. Oktober 1907 (Haus-, Hof- und Staatsarchiv, Oper, 397/1907), um am 9. Oktober ein Konzert in Wiesbaden zu dirigieren. – *„leistungsfähig":* Unmittelbar nach dem Tod seiner Tochter war an Mahler ein Herzleiden festgestellt worden.

374 An Alexander von Zemlinsky

[Ohne Datum. Wien, Herbst 1907]

Lieber Zemlinsky!
Wir möchten Ihnen gerne Adieu sagen* – könnten Sie und Schönberg nicht noch einmal zu uns heraufschauen? Leider haben wir keinen Abend frei, und es müßte in den Nachmittagsstunden sein. – Am liebsten um 4 Uhr, wo wir immer zu Hause sind. – Bitte bringen Sie mir auch meine Partitur (VII. Symphonie) mit. Nach meiner Rückkehr können Sie sie wieder haben.

Herzlichst grüßend
Ihr
Mahler

* Erste Reise nach Amerika.

375 An Max Kalbeck

[Ohne Datum.
Wien, wahrscheinlich Dezember 1907]

Mein lieber Kalbeck!
Ihre lieben Zeilen sind mir eine große Freude gewesen. Ich fühle, daß eine persönliche, über die Konvention hinausreichende Empfindung darin den Tenor angegeben. Unser Verhältnis ist ja leider ein Torso, zu dem wohl alle Themen gegeben, deren „Durchführung" aber aus vielen Gründen nicht zur „Durchführung" kommen konnte.

Ich hoffe bestimmt, daß die Neugestaltung meines Lebens mir in den Kreis des Lieben und Werten auch Sie zuführen wird, den ich seit langem schon als einen Freund und Wahlverwandten im Bewußtsein trage.

Mich Ihnen und Ihrer werten Frau herzlichst empfehlend,

Ihr aufrichtig ergebener
Gustav Mahler

376 An die geehrten Mitglieder der Hofoper!

Wien, am 7. Dezember 1907

Die Stunde ist gekommen, die unserer gemeinsamen Tätigkeit eine Grenze setzt. Ich scheide von der Werkstatt, die mir lieb geworden, und sage Ihnen hiemit Lebewohl.

Statt eines Ganzen, Abgeschlossenen, wie ich geträumt, hinterlasse ich Stückwerk, Unvollendetes: wie es dem Menschen bestimmt ist.

Es ist nicht meine Sache, ein Urteil darüber abzugeben, was mein Wirken denjenigen geworden ist, denen es gewidmet war. Doch darf ich in solchem Augenblick von mir sagen: Ich habe es redlich gemeint, mein Ziel hochgesteckt. Nicht immer konnten meine Bemühungen von Erfolg gekrönt sein. „Dem Widerstand der Materie" – „der Tücke des Objekts" ist niemand so überantwortet wie der ausübende Künstler. Aber immer habe ich mein Ganzes darangesetzt, meine Person der Sache, meine Neigungen der Pflicht untergeordnet. Ich habe mich nicht geschont und durfte daher auch von den anderen die Anspannung aller Kräfte fordern.

Im Gedränge des Kampfes, in der Hitze des Augenblicks blieben Ihnen und mir nicht Wunden, nicht Irrungen erspart. Aber war ein Werk gelungen, eine Aufgabe gelöst, so vergaßen wir alle Not und Mühe, fühlten uns reich belohnt – auch ohne äußere Zeichen des Erfolges. Wir alle sind weiter gekommen und mit uns das Institut, dem unsere Bestrebungen galten.

Haben Sie nun herzlichsten Dank, die mich in meiner schwierigen, oft nicht dankbaren Aufgabe gefördert, die mitgeholfen, mitgestritten haben. Nehmen Sie meine aufrichtigsten Wünsche für Ihren ferneren Lebensweg und für das Gedeihen des Hofoperntheaters, dessen Schicksale ich auch weiterhin mit regster Anteilnahme begleiten werde.

Gustav Mahler

377 An Anna von Mildenburg

[Ohne Datum. Wien, 7. Dezember 1907]

Liebe, alte Freundin!
Ich habe eben einen Schreibebrief* an die „geehrten Mitglieder" geschrieben, der ausgehängt wird. Aber unter dem Schreiben ist es mir doch vorgekommen, daß Sie da nicht inbegriffen sind, und für mich da *ganz abseits* stehen. Immer habe ich gehofft, Sie in diesen Tagen zu Gesicht zu bekommen. Nun sind Sie aber am Semmering (wo es freilich schöner ist). Und da kann ich Ihnen zum Abschied (vom Theater – nicht von Wien, wo ich wohnen bleibe) nur diese wenigen herzlichen Worte nachsenden, und Ihnen im Geiste die Hand drücken. Ich werde immer in alter Anhänglichkeit und Sympathie Ihre Schritte verfolgen, und hoffe, daß uns ruhigere Zeiten wieder einmal zusammenführen.

Jedenfalls wissen Sie, daß ich Ihnen auch in der Ferne ein Freund bleibe, auf den Sie zählen können. Ich schreibe dies in einem schrecklichen Trubel. Leben Sie recht wohl und halten Sie sich oben!

Ihr alter
Gustav Mahler

* Abschiedsbrief bei Mahlers Scheiden aus der Wiener Hofoper.

Quelle: Briefautograph. – *Datierung:* In GMB, 1924, nur „Herbst 1907". Die genaue Datierung ergibt sich aus dem Schreiben an die „geehrten Mitglieder" (Brief 376).

378 An Bruno Walter

[Ohne Datum. Wien, Dezember 1907]

Mein lieber Freund!
Herzlichen Dank für Ihre lieben Zeilen. Wir haben es ja beide nicht nötig, Worte zu verlieren über das, was wir uns bedeuten. Ich weiß niemanden, von dem ich mich so verstanden fühle, wie von Ihnen, und auch ich glaube in den Schacht Ihrer Seele tief eingedrungen zu sein. Hier sende ich Ihrer Frau das gewünschte Bild. Leben Sie beide recht wohl. Im Mai hoffe ich Sie wiederzusehen*.

Ihr alter
Gustav Mahler

* Mahler hatte die Wiener Oper verlassen; Bruno Walter war tief erschüttert von der Trennung der beiden Lebenswege und hatte ihm in diesem Sinne geschrieben.

Quelle: Briefautograph. – *Datierung:* In GMB, 1924, „Frühjahr 1907". Der Satz „Im Mai hoffe ich ..." zeigt jedoch, daß der Brief kurz vor Mahlers Abreise (9. Dezember 1907) geschrieben wurde.

379 An Alfred Roller

HOTEL MAJESTIC, NEW YORK

20. Jänner abends [1908]

Lieber Freund!
In aller Eile kündige ich Ihnen (ganz offiziell) für die nächste Zeit den Besuch des Herrn *Cottenet,* eines maßgebenden Mitglieds des *Direktoriums* der Metropolitan-Oper an, der sich morgen pr. Schiff nach Italien begibt und von dort, also in ungefähr einigen Tagen nach dem Empfang dieses Briefes, in Wien ankommen wird. – Er begibt sich nach Wien, nur zum Zwecke einer Rücksprache mit Ihnen und um Sie eventuell für die hiesige Oper zu gewinnen.

Zur Orientierung diene Ihnen folgendes:

Im allgemeinen.

Die Verhältnisse an dem Institute sind infolge der *absoluten* Unfähigkeit und Schwindelhaftigkeit der jahrelangen geschäftlichen und künstlerischen Machthaber der Bühne (Direktoren, Regisseure, Dekorateure etc.), die beinahe ausschließlich sich aus Eingewanderten zusammensetzen, desolate. –

Das Publikum hier und alle für den Künstler in Betracht kommenden Faktoren – nicht zum Geringsten die Direktoren selbst (meistenteils Multimillionäre) – zwar verdorben und irregeleitet, aber – im Gegensatze zu „unsere Leut" in Wien (womit ich auch die Herrn Arier meine) *unblasiert,* hungrig nach dem Neuen und im höchsten Grade lernbegierig. –

Die Situation hier ist folgende: *Conried* hat schon lange hier abgewirtschaftet. – Er ist unmöglich geworden – hauptsächlich weil er unfair und ungeschickt vorgegangen ist. – Die Direktoren (nämlich das Millionenkomitee) haben ihm gekündigt. – Zugleich bestand die Absicht, mich an seine Stelle zu berufen – dies schon lange, bevor ich eingetroffen. – Mein (mir unbegreiflicher) sehr tiefgehender Erfolg hat offenbar die Sache noch beschleunigt. – Wie Sie erraten haben, habe ich aufs Entschiedenste abgelehnt. Mich jedoch gerne bereit erklärt, auch fernerhin in irgendeiner Form künstlerisch den Herrn zur Seite zu stehen und jedenfalls weiter zu dirigieren und inszenieren. – Leider steht unter solchen Umständen die weitere Gestaltung der zukünftigen Verhältnisse nicht in meiner Hand. – Zunächst haben die Herren den Plan, den gegenwärtigen Manager der *Scala* zum Manager der Metropolitan-Opera zu machen und für die italienische Oper den *sehr* gerühmten Kapellmeister *Toscanini* zu berufen und mir sozusagen die deutsche Oper zu übergeben. – Doch ist dies alles Zukunftsmusik. Ich für meinen Teil muß erst sehen, wie mir das alles anschlägt. –

Aber nun die Hauptsache!

Ich habe den Herrn (eigentlich einem von ihnen, der der Hauptmacher ist) aufs gründlichste nachgewiesen, daß hier *vor allem* die *Bühne* einen neuen Herrn braucht, und daß ich nur einen Einzigen kenne, der künstlerisch wie persönlich den Karren aus dem Dreck ziehen kann. – Zur gleichen Zeit die Notwendigkeit versichert (und bin nach dieser Richtung noch weiter tätig), daß diesem Herrn die Bühne und alles, was damit zusammenhängt, mit Haut und Haar übergeben werden muß. Ähnlich, wie ich mir Ihre Stellung in Wien immer gedacht. –

Es ließe sich viel noch schreiben. Persönlich muß ich Ihnen sagen, daß Sie hier die *reichsten* Mittel vorfinden und nobelste Gesellschaft – ohne Intrigue – ohne Beamtenkram. – Mit einem Worte, den herrlichsten Wirkungskreis, den ich mir für Sie wünschen könnte. Würde ich die Direktion übernehmen können, so würde ich kein Wort verlieren. So aber – da Sie es mit einem mir gänzlich Unbekannten (dem Italiener der Scala – oder sonst einem) zu tun haben werden, muß ich zur

Vorsicht mahnen. – Vor allem – sollte es, was alles noch nicht sicher ist – zu einem offiziellen Antrag kommen, müssen Sie sich vollkommene Bewegungsfreiheit und Macht über alles *Bühnliche* sichern.

Mindestens die Stellung, wie Sie sie in Wien haben. –

Sie müssen vor allem darauf dringen, daß Sie so bald als möglich herüberkommen, um alles in Augenschein nehmen zu können und sich noch im Verlaufe der Saison selbst hier informieren zu können. (Die Herrn werden alle Wünsche erfüllen, sobald Sie nur ernstlich an sie herantreten.)

Zu Ihrer Information sage ich Ihnen, daß Sie hier eine Saison von ungefähr 5 Monaten hätten – und 7 Monate Ferien – teilweise zur Vorbereitung ausnützen können. Last not least – ich denke, daß Sie 15.000 Dollar (75.000 Mark) verlangen können. Jedoch, um sicher zu gehen – für alle diese Dinge schützen Sie zunächst Unkenntnis der Verhältnisse vor und verlangen Sie Bedenkzeit. Eventuell bitten Sie die Herren, alle diese Verhandlungen für Sie hier mit mir persönlich zu führen – da ich die hiesigen Verhältnisse nunmehr genau und Ihre Bedürfnisse und Ansprüche ebensogut kenne. – Bezüglich der 15.000 Dollar – falls es zur Besprechung dieses Punktes kommt – seien Sie nicht zu *entschieden.* Ich weiß nämlich noch nicht recht, wie weit wir darin gehen können, weil eine derartige Stellung, wie Sie sie fordern müssen, an diesem Theater noch nicht kreiert ist. – Am besten wäre es, wenn Sie es so einrichten könnten, daß Sie die Verhandlungen über diesen Punkt *mir* zuschöben, mit der Begründung, daß ich allein *imstande* bin, sowohl Ihren Interessen, als auch den hiesigen Verhältnissen gerecht zu werden – und Sie die Verhältnisse hier zu wenig kennen.

Greifen Sie zu, lieber Freund, wenn die Sache an Sie herantritt, und Sie nicht durch andere Gründe in Wien gehalten werden. – Die Menschen hier sind ungeheuer frisch – alle Roheit und Unbelehrtheit nur – *Kinderkrankheiten.* Die *Gemeinheit* und Verlogenheit rührt nur von unseren lieben eingewanderten Landsleuten her. Hier *herrscht nicht* der Dollar – er ist nur leicht zu verdienen. Man hat hier nur vor einem einzigen Ding Respekt: *Können* und *Wollen!* Also nach dieser Richtung hoffe ich Sie orientiert.

Alles ist hier großzügig, gesund – aber verdorben durch das Einwandererpack. – Ich schreibe in rasender Eile – ich habe erst vor einer halben Stunde die Ermächtigung zu diesem Briefe bekommen und morgen früh geht das Schiff ab. –

Meine Frau liegt (seit 8 Tagen, der arme Kerl) zu Bett, grüßt tausendmal. Ihre Karte haben wir heute bekommen.

Sein Sie herzlichst gegrüßt, alter Freund, und sein Sie recht kaltblütig, wenn Herr Cottenet kommt. Auf diese Leute wirkt am besten das, was Sie in hohem Maße haben: *Bestimmtheit,* Ruhe ohne Kühle.

Ihr
Mahler

Antworten Sie mir bald.

Etwas *Wichtiges* hätte ich vergessen: Sie sind hier von jenen dunkeln Ehrenmännern, die geahnt hatten, daß ich Sie vorschlagen werde, in übeln Geruch gesetzt worden: Sie „schmissen die Millionen hinaus und es wären in New York nicht genug dazu" –

Ich habe die Leute aufgeklärt, daß Sie am *rechten Orte* das Geld hinausschmissen und infolgedessen *sehr sparsam* wären.

Dies erschien den *(sehr großzügigen)* Komiteeherrn sehr plausibel.

Aber in Ihren Reden kehren Sie unbedingt den *rationellen* Haushälter heraus. Dies wird die Leute ruhig stimmen und umso eher können Sie dann hier verlangen, was Sie brauchen.

Nochmals: Es ist dies alles noch nicht fix. Durch meine Weigerung können vielleicht auch unvorhergesehene Verhältnisse eintreten. In *jedem Falle* aber, bevor Sie sich in *Wien* binden, lassen Sie mich es *zuerst* wissen.

Quelle: Briefautograph. – *New York:* Mahler hatte am 1. Januar 1908 mit „Tristan und Isolde" als Dirigent an der Metropolitan Opera, New York, debütiert. – *Cottenet:* Rowlins L. C. (1866?–1951), Direktoriumsmitglied der Metropolitan Opera von 1908–1950. – *Conried:* Heinrich C. (1848–1909), aus Österreich stammender Impresario, leitete seit 1903 die Metropolitan Opera. – *den ... Manager der Scala:* Giulio Gatti-Casazza (1869 bis 1940), seit 1898 Leiter der Mailänder Scala, seit 1908 Leiter der Metropolitan Opera. – *Toscanini:* Arturo T. (1867–1957), seit 1898 Dirigent an der Mailänder Scala, kam 1908 mit Gatti-Casazza nach New York.

380 An Josef Reitler

HOTEL MAJESTIC, NEW YORK

4. Februar 1908

Lieber Herr Reitler!
Ihre lieben Zeilen habe ich soeben bekommen und beeile mich, Ihnen, wenn auch noch so kurz, dafür zu danken. (Denn wenn ich es nicht sofort tu, so komme ich sicher nicht dazu.)

Ihre Nachrichten waren mir sehr interessant*, und wenn Sie sich nicht meiner erbarmt hätten, so wüßte ich noch immer nicht, wie das große Werk meines Nachfolgers ausgefallen ist. Es ist allerdings nur ein Freudenbecher, der mit Wermut gefüllt ist, zu erfahren, daß man mein Werk nicht augenblicklich vergessen hat, wenn man es auch ohne jede Verteidigung dem Zerstörer überließ. – Ich sage es offen – es hat mich sehr geschmerzt, daß sich der Zahn der Zeit gerade den Fidelio ausgesucht hat, von dem ich gehofft hatte, daß er mich dort lange überleben sollte**.

Daß ich hier die Berufung ausgeschlagen habe, können Sie sich wohl selber sagen, nachdem ich Ihnen ja seinerzeit die Gründe auseinandergesetzt habe, aus denen ich hauptsächlich meine Wiener Stellung aufgegeben. Und so fest bin ich in dieser meiner Meinung, daß mich selbst die unglaublichen Verlockungen, die mir New York zu bieten hat – unbegrenzte Mittel und einen Gehalt, der in Wien märchenhaft berühren würde (300.000 Kronen für 6 Monate nebst einigen Nebensporteln) – nicht wankend machen konnten.

Haben Sie nochmals herzlichsten Dank für Ihre wiederholten Freundschaftszeichen und seien Sie herzlichst gegrüßt von

Ihrem ergebensten
Mahler

* Bericht über die erste Fidelio-Aufführung unter Weingartner.

** Mahlers Fidelio-Aufführung wurde durch Direktor Gregor wieder hergestellt.

das große Werk meines Nachfolgers: Felix von Weingartners erste Tat als Direktor des Wiener Hofoperntheaters war eine teilweise Neuinszenierung des „Fidelio", wodurch das Konzept von Mahler-Roller (Oktober 1904) zerstört wurde. Bei der Aufführung vom 23. Januar 1908 kam es zu Demonstrationen von Mahler-Anhängern gegen Weingartner. In der Neuen Freien Presse vom 24. Januar 1908 schrieb Julius Korngold: „Roller muß diesen Herzstich gegen seine Prinzipien empfunden haben."

381 An Alfred Roller

HOTEL MAJESTIC, NEW YORK

New York, 15. Feber 1908

Mein lieber Freund!

Indessen sind die Ereignisse hier ihren unaufhaltsamen Gang geschritten. Die zukünftige Direktion hat sich etabliert und alles sich soweit geklärt, daß diejenigen, auf die es in Zukunft zunächst ankommt: d. i. der Vertreter der Theaterinhaber (Millionäre), dann Dippel, der mit der

Administrierung betraut wurde, und meine Wenigkeit, die bisher und wahrscheinlich auch in Zukunft, wenn sich die Verhältnisse nicht ändern, als eine Art Geist über den Wassern schweben wird, nunmehr Ihre Berufung ernstlich ventilieren. Sie werden hoffentlich in den nächsten Tagen, also noch bevor dieser Brief ankommt, eine Depesche bekommen, welche Ihnen vorschlägt, in der nächsten Zeit, sobald Sie nur abkommen können, hier einen zunächst informatorischen Besuch zu machen. Bei diesem Besuch soll alles ventiliert und hoffentlich auch fixiert werden. Erstens, ob Sie die Stellung hier annehmen wollen und können, resp. wie Sie sich zu den Verhältnissen, die Sie hier vorfinden, stellen, und welchen Einfluß Sie in Zukunft auf die Dinge nehmen können. Zwischen mir u. den maßgebenden Faktoren ist besprochen, daß Sie *als Oberregisseur* und Chef des gesamten Bühnen- und Theaterwesens mit unumschränkter Machtvollkommenheit innerhalb Ihres Ressorts – nur verantwortlich der Direktion. –

Als Gehalt hoffe ich Ihnen nach allen Pourparlers 12.000 Dollars (60.000 Kronen) pro Jahr auszumachen. Nach allen Erkundigungen, die ich eingezogen, können Sie sich davon bequem 7000 Doll[ars] jährlich ersparen. – Was Hr. Cottenet indessen mit Ihnen ausmacht, ist alles überholt, und halten Sie sich nur an diese meine Mitteilungen. Am besten wäre es, Sie bekämen für April Ihren Urlaub und richteten Ihre Reise hieher so ein, daß Sie mit uns am 23. April zurückfahren können und vorher mindestens *14 Tage* behufs Einsichtnahme in alles, was zu Ihrem Amte gehört, hier verweilen können. – Wie steht es aber mit Ihrem Wiener Kontrakt? Haben Sie den schon bekommen? Und wenn ja, wie ist derselbe gestaltet? Das müssen Sie natürlich in Betracht ziehen. – Schreiben Sie mir darüber umgehend, damit ich für mich im Bilde bin! Frl. Uchatius, die hier lebt und oft bei uns ist, behauptet, sie wüßte für Sie keinen glänzenderen Aufenthalt und Sie würden hier reichste Anregung und Befriedigung finden. – Ich selbst glaube es auch. Es ist noch alles zu tun und Sie finden gerade den passendsten Moment. Es wäre reizend, wenn wir wieder zusammen wären; jedoch kann ich Ihnen nicht verhehlen, daß ich nur kurze Zeit davon profitieren werde; ich gedenke nicht lange hier zu bleiben; doch wenn ich gesund bleibe, wenigstens noch nächste Saison. – Dies letztere jedoch *ganz unter uns!* Sein Sie (in aller Eile) herzlichst gegrüßt, so auch Ihre Frau, die sich, soweit ich sie kenne, hier sehr glücklich fühlen würde.

Ihr alter
Mahler

Quelle: Briefautograph. – *der Vertreter der Theaterinhaber:* Otto H. Kahn (1867–1934), Präsident der 1908 gegründeten Metropolitan Grand Opera Company. – *Dippel:* Andreas D. (1866–1932), Tenor, von 1893–1898 am Wiener Hofoperntheater, danach am Metropolitan Opera House, New York, wurde 1908 Co-Direktor von Gatti-Casazza. – *Frl. Uchatius:* Marie U. (1882–1958), Graphikerin, Absolventin der Wiener Kunstgewerbeschule.

382 An Paul Hammerschlag

[Ohne Datum, Poststempel:
New York, 17. Februar 1908]

Verehrter Freund!
Schön ist es nicht von mir, daß ich Ihnen noch immer kein Lebenszeichen gegeben habe. Nach einer Aufführung des „Don Giovanni" mit italienischen Künstlern, von denen Ihnen wohl nur Bonci (Ottavio), Sembrich (Zerline) bekannt sein dürfte, gedachte ich Ihrer lebhaft und bedauerte, daß ich den treuen Begleiter meiner Mozart-Erlebnisse nicht neben mir hatte. Und trotzdem, daß alles Gesangliche beinahe unübertrefflich gelöst war, sehnte ich mich nach meiner Wiener Aufführung, die auch Mozart, glaube ich, besser gefallen hätte.

Aber wäre ich jung und hätte die Tatkraft, die ich in Wien zehn Jahre lang verschwendet, so ließe sich hier vielleicht ein Zustand schaffen, der uns in Wien als Ideal vorgeschwebt hat: das Ausschalten eines jeden kommerziellen Motivs. So fair sind die hier maßgebenden Faktoren und so unbegrenzt die Mittel, über die sie verfügen. Daß mir von den „Stockholdern" (das sind die Besitzer des Hauses) die Direktion mit unbeschränkter Machtvollkommenheit angeboten wurde und daß ich dieselbe standhaft zurückgewiesen, werden Sie wohl schon gehört haben. Ich habe meine Ansichten über das Wesen der ganzen Institution nicht geändert. Vor fünf Jahren hätte ich aber einer solchen Verlockung nicht widerstehen können. Das Klima, die Menschen hier und die überaus großzügigen Verhältnisse behagen mir außerordentlich. – Ihren Vetter, der uns überaus liebenswürdig entgegengekommen, werde ich zum ersten Male am Donnerstag mit meiner Frau heimsuchen. Diese war den größten Teil der letzten Monate leidend und konnte das Zimmer nicht verlassen. Nun geht es ihr aber recht gut, und ich hoffe, sie soll das Versäumte nachholen.

Mir geht es – den Umständen angemessen – auch recht gut. – Ich freue mich jeden Tag auf meine Rückreise und das Wiedersehen mit den alten lieben Freunden in Wien. Manchmal (leider nur sehr unregelmäßig) wird mir die „Neue Freie" zugeschickt, und da erfahre ich oft, daß das Lager, auf welchem mein Nachfolger sich gebettet, wahrscheinlich auch nicht von Rosen zubereitet, und da schätze ich mich glücklich, diesem Alp (der mich oft noch in meinen Träumen plagt) entronnen zu sein. Aber ich freue mich darauf, mit Ihnen einmal „tratschen" zu können. Wenn Sie diesen Brief bekommen, dauert es noch zwei Monate.

Seien Sie und Ihre Frau herzlichst gegrüßt und sehen Sie mir dieses sehr ungenügende Schreiben nach. Ich will mich nicht auf Mangel an Zeit berufen, sondern Ihnen offen eingestehen, daß ich ein sehr untauglicher Korrespondent bin – auch darin vielleicht allzusehr ein Kind unserer Zeit. Vielleicht lassen Sie aber einmal ein Wörtchen hören.

Ihr sehr ergebener
Gustav Mahler

Meine Frau ist eben aus, sonst schriebe sie sicher einen Gruß hieher. Ihren Bruder Albert* grüßen Sie, bitte, auch herzlichst. Ich halte mich ganz strikt nach seinen Vorschriften.

* Dr. Albert Hammerschlag [1863–1935], Arzt in Wien [bekannter Internist].

des „Don Giovanni": am 23. Januar 1908 unter Mahler an der Metropolitan Opera. – *Bonci:* Alessandro B. (1870–1940), berühmter italienischer Tenor. *Sembrich:* Marcella S. (1858–1935), bedeutende Koloratursopranistin. – *„Neue Freie":* Neue Freie Presse, Wiener Tageszeitung.

383 An Willem Mengelberg

HOTEL MAJESTIC
NEW YORK

[Ohne Datum. Poststempel:
New York, 24. II. 1908]

Lieber alter Freund!
Es wird (so hoffe ich) in der nächsten Zeit an Sie von Boston ein Antrag ergehen, die Musik-Direktion des (herrlichen) Orchesters als Nachfolger Mucks zu übernehmen. – Mir sagte zwar Schelling*, mit dem ich gestern über die Sache sprach, daß Sie nicht sehr geneigt seien, die Stellung anzunehmen. Da ich mir die Gründe sehr leicht denken kann, so ist es vielleicht am Platz, daß ich Ihnen einige Worte zur

Information sage, damit Sie bei Ihrer Entscheidung von den Verhältnissen hier einen übersichtlichen Eindruck haben, um nicht zu einseitig zu urteilen.

Die Stellung in Boston ist die denkbar schönste für einen Musiker. – Es ist die *erste und oberste* des ganzen Kontinents. Ein Orchester ersten Ranges, dem nur das *Wiener* noch an die Seite zu stellen ist. Eine unumschränkte Machtvollkommenheit. Eine soziale Stellung, wie sie der Musiker in Europa gar nicht erringen kann. – Ein Publikum von einer solchen Lernbegierigkeit und Dankbarkeit, wie sich es der Europäer gar nicht vorstellen kann. Nach Ihren New Yorker Erfahrungen können Sie dies gar nicht beurteilen. Hier in New York ist das Theater der Mittelpunkt der Aufmerksamkeit und das Konzert nur die Sache einer kleinen Minorität.

Nun zu dem, was für Sie wohl auch sehr in die Wagschale fallen muß: dem Gehalte. – Wenn man an Sie herantreten [sollte], so fordern Sie 20.000 Dollars (so viel wie ungefähr *50.000* Gulden, ja noch etwas darüber). Sie können ganz famos mit 6–8000 Dollars auskommen und das andere beiseite legen. Ich würde die Stellung an Ihrer Stelle unbedingt akzeptieren, denn das wichtigste ist für den Künstler das Instrument, das er hat und das Echo, das seine Kunst weckt. – Bitte, lassen Sie mich umgehend wissen, wie Sie darüber denken + ob ich die Sache für Sie weiter bearbeiten soll. Ende März komme ich mit *Higgins* zusammen (bis jetzt habe ich nur mit ihm korrespondiert) und könnte dann für Sie noch alles besprechen und vielleicht auch manches erreichen, was schriftlich schwer zu machen ist. – Herrlich wäre es für mich, Sie wieder in der Nähe zu wissen. Ich werde wohl auch die nächsten Jahre hier in Amerika zubringen.

Ich bin ganz entzückt von dem Lande, wenn auch die künstlerische Befriedigung an der Metropolitan nur eine sehr mäßige [ist]. Aber – jetzt muß ich endlich auch mal was für meine Familie tun. –

Ich bin sehr in Eile und möchte diesen Brief bald in Ihren Händen wissen. Bitte, antworten Sie mir gleich, wenn auch nur ganz kurz. Grüßen Sie Ihre liebe Frau und die Amsterdamer Freunde und sein Sie [gegrüßt] von

Ihrem alten Freunde
Gustav Mahler

Meine Frau, die hier bei mir ist, grüßt vielmals.

* Ernest H. Schelling, Komponist und Pianist. (1876–1939]

Quelle: Briefautograph. – *Datierung:* lt. Reeser. In GMB, 1924, nur „Februar 1908". – *dem nur das Wiener noch . . .:* der Vergleich des Bostoner Orchesters mit den Wiener Philharmonikern fehlt in GMB, 1924. – *Higgins:* vermutlich Henry Lee Higginson (1834–1919), amerikanischer Bankier, Gründer (1881) und Mäzen des Boston Symphony Orchestra. – *Sie wieder in der Nähe zu wissen:* Mengelbergs Berufung nach Boston kam nicht zustande. – *auch mal was für meine Familie tun:* fehlt in GMB, 1924.

384 An Alfred Roller

HOTEL MAJESTIC, NEW YORK

[Ohne Datum. Poststempel: New York 27. Februar 1908]

Lieber Freund!

Die Dinge haben eine Wendung genommen, die ich noch nicht ganz überblicke. Nur soviel scheint mir klar, daß irgend jemand mir mit meinen Plänen „in die Suppe gespuckt" hat. – Auffälligerweise ist dieser Umschwung, den ich zu bemerken glaube, seit der Anwesenheit *Cottenets* in Wien eingetreten. – Was ist dort geschehen? War er bei Ihnen? Und bei wem noch? – Ich konnte bis jetzt noch nichts darüber erfahren (auch dies ist schon sehr verdächtig); spüre aber eine bedeutende Erkaltung der Temperatur bei den hiesigen maßgebenden Personen. Ich wollte allem ein Paroli bieten und hoffte, Sie zum Fidelio hier zu haben. Leider ist dies nicht möglich, wie aus Ihrem Telegramm hervorgeht. Und so ist die einzige Gelegenheit, unsere Sache mit positiven Gründen zu unterstützen, zunichte geworden. – Ich glaube nicht mehr an Ihre Berufung. Das einzige, was ich durchgesetzt habe, ist, daß Sie eingeladen werden, im *April* (selbstverständlich auf Kosten der Gesellschaft) hier 1–2 Wochen zuzubringen, um eben diese Frage (die ich für abgetan halte) zu ventilieren. – Ich stelle das hier so schroff hin, um allen Illusionen aus dem Wege zu gehen. Hat es für Sie einen Wert, hier sich ein wenig umzusehen – als Künstler würden Sie, wie auch Frl. Uchatius versichert, eine mächtige Anregung gewinnen – so sagen Sie mir zu, und ich ordne alles. Aber bedenken Sie auch das Gerede in Wien, und daß Sie sich vielleicht dort durch eine solche Reise (wenn sie nicht zu Ihrem Engagement hier führt) bloßstellen und Ihre Position erschweren. –

Jedenfalls, bitte, schreiben Sie mir sofort – auch über den Besuch *Cottenets* – damit ich im Bilde bin. – Wie steht es denn mit Ihrem Vertrag in Wien? etc. Bitte, sein Sie ein wenig ausführlich! Ich muß nunmehr alles wissen, um gegebenen Falles gleich mit Sicherheit handeln zu können. – Ich bin überzeugt, daß Mr. Cottenet – ein großer Schwachmatikus und Anhänger der Italiener – von den lieben Landsleuten über Sie und mich gründlich „informiert" worden ist. –

Ich rate nunmehr: Interessiert es Sie, Amerika zu sehen und können Sie den Urlaub *so gut kaschieren,* daß man unter *keinen* Umständen einen mißlungenen Versuch, hier unterzukommen, daraus lesen und konstruieren kann, so nehmen Sie den Antrag an und zeigen Sie uns gleich Ihre Ankunft an. Am besten so, daß Sie mit uns am 23. April wieder zurückfahren können. – Ist es aber nicht möglich, dort den Verdacht zu vermeiden – (und dies glaube ich) – dann sagen Sie mir sofort ab brieflich. Aber schreiben Sie gleich über alles, damit ich klar sehe und eventuell das Zipferl von Hoffnung noch packen kann.

Herzlichst grüßt Sie

Ihr
Mahler

Ihre Frau grüßen Sie auch herzlichst. Meine Frau war sehr übel daran und ist jetzt wieder munter, schließt sich meinen Grüßen herzlichst an.

Quelle: Briefautograph. – *zum Fidelio:* Mahler bereitete an der Metropolitan Opera einen neuen „Fidelio" vor (Premiere: 20. März 1908), für den er Rollers Wiener Bühnenbilder von 1904 nachbauen ließ. – *wie auch Frl. Uchatius:* fehlt in GMB, 1924. – *Nachschrift:* fehlt in GMB, 1924.

385 An Anna Moll

HOTEL MAJESTIC
NEW YORK

[Ohne Datum. Anfang März 1908]

Liebste Mama!
Almschi hat sich den Brief an Karl, anstatt ihn zu expedieren, zurückbehalten, um ihn zu lesen – und so benütze ich denn die Gelegenheit, um noch ein paar Grüße und Busserln an Dich beizuschließen. Wie Du und Karl uns beiden abgehst, kannst Du Dir gar nicht vorstellen. Wir denken und reden bei jeder Gelegenheit von Euch – und es schmeckt uns beinahe nichts recht, weil Ihr nicht dabei seid. – Wenn ich für nächstes [Jahr] einen Kontrakt durchsetze, wie ich mir ihn denke, dann mußt Du aber für 4 Wochen uns besuchen *(abholen),* und Karl kommt auch auf eine Woche. So viel Urlaub wird er sich schon herausschinden können; besonders da er ja für Miethke wird sehr

vorteilhaft tätig sein können. Bis dahin haben wir uns auch festgesetzt und können ihm bei allem an die Hand gehen. – Almschi ist Gott sei Dank wieder der alte Übermut – fühlt sich pumperlwohl – hat sich auch eine Wienerin (Fr[äu]l[ein] Uchatius*) aufgegabelt, mit der sie sich recht wohl fühlt. Halte Du Dich nur recht zusammen, damit wir heuer im Sommer recht herumflanieren können. Wenn Du diesen Brief liest, so dauert es noch 8 Wochen und wir sind beisammen.

Bei jeder Dummheit, die Weingartner macht, freue ich mich immer in Deinem Geiste und denke daran, welches Spaß Ihr dabei habt.

Tausend Grüße von Deinem

Gustav

* Malerin (Kunstgewerbe).

Quelle: Briefautograph. – *Datierung:* In GMB, 1924, nur „1908". Für die genauere Datierung diente Mahlers Rückkehr nach Wien (Anfang Mai) als Anhaltspunkt. – *Karl:* Carl Moll. – *für Miethke:* Der Satz, der in GMB, 1924, fehlt, bezieht sich auf Carl Molls Berater- und Einkäufertätigkeit bei der Wiener Kunstgalerie Miethke.

386 An Emil Gutmann

HOTEL MAJESTIC
NEW YORK

[Ohne Datum. Anfang 1908]

Lieber Herr Gutmann!
Durch den Rücktritt Conrieds und meine Weigerung, sein Amt zu übernehmen, ist leider hier alles in Schwebe geraten, und so weiß ich momentan noch nicht, ob ich und für wie lange ich nächste Saison hieher zurückkehren soll.

In jedem Falle glaube ich den Monat Oktober für mich zu haben, und so würde ich raten, die Tournee *Anfang* Oktober beginnen zu lassen. In diesem Falle stände ich zu den angegebenen Bedingungen zur Verfügung. Natürlich müßte ich vor Antritt der Tournee ausreichende Proben für 2 Programme zur Verfügung haben. Unter besagten Umständen wäre mir beinahe ein anderes *erstklassiges* Orchester lieber, als ein erst in Bildung begriffenes, welches zu einem Körper zu verschmelzen doch längerer Zeit bedürfen wird, als mir zu Gebote stünde.

Sollte Ihnen meine Proposition, schon Anfang Oktober zu beginnen, nicht konvenieren, so müßten Sie sich bezüglich meiner Zusage gedulden, bis hier definitive Verhältnisse geschaffen sind. Ich denke am 1. April bezüglich meiner nächsten Saison verfügen zu können.

Mit herzlichsten Grüßen
Ihr
Mahler

Falls Sie Anfang Oktober annehmen, so bitte ich um ein kurzes *Kabel,* auf welches ein ebenso kurzes von mir erfolgen wird und durch welches wir die Sache dann als fixed ansehen können.

Quelle: Briefautograph.

387 An Emil Gutmann

[Ohne Datum. New York,
Hotel Majestic, Anfang 1908]

Lieber Gutmann!
Meinem Gestrigen schicke ich heute noch Folgendes nach. Wäre es Ihnen eventuell erwünscht, für die geplante Tournee meine neueste VII. Symphonie als Uraufführung zu haben*?

Besetzung ist, glaube [ich], auch passend, da nur vier Hörner und drei Trompeten und mäßiges Schlagwerk vorgeschrieben. Nur vierfache Holzbläser und eine Guitarre und Mandoline. Es ist mein bestes Werk und vorwiegend heiteren Charakters. Auch diesbezüglich ersuche ich um Antwort bis 1. April, da ich sonst andere Propositionen akzeptieren muß.

Herzliche Grüße
Ihr
Mahler

Natürlich nur, wenn ich eine in jeder Beziehung vorzügliche Besetzung haben kann.

* Die Uraufführung der VII. Symphonie fand in Prag statt, und zwar am 19. September 1908.

388 An Anna Moll

[Ohne Datum. Hotel Majestic,
New York, nach dem 20. März 1908]

Liebste Mama!
Eiligst wie immer.

Hier sende ich Dir schnell ein „News-paper". Nicht nur, weil es sehr ins Zeug geht (und das macht Dir Spaß, wie ich weiß), sondern weil es die gegenwärtige Situation sehr gut charakterisiert. Der Fidelio hat mächtig eingeschlagen und meine Chancen mit einem Schlage ganz verändert. Ich steuere oder vielmehr „es" steuert jetzt drauf los, mir ein Mahler-Orchester lediglich zu meinem eigenen Zweck zu bilden und damit nicht nur viel Geld zu verdienen, sondern auch ein wenig mir selbst genug zu tun. Es kommt jetzt nur ganz darauf an, wie sich die New Yorker zu meinem Schaffen verhalten werden. – Da sie ganz vorurteilslos sind, so erhoffe ich mir hier einen fruchtbaren Boden für meine Werke und damit eine geistige Heimat, die ich mir trotz aller Sensation in Europa nicht erringen könnte. Das braucht aber der Baum, sonst geht er ein. Ich fühle das sehr stark. Jedenfalls gehe ich und Almschi mit einem fröhlichen Herzen fort (die Fröhlichkeit wird ganz bedeutend erhöht, liebes Mammerl, daß wir Dich und Karl bald wieder haben) und werden uns einen guten Sommer gut schmecken lassen.

Tausend Grüße Ihr Lieben von

Eurem
Gustav

Datierung: In GMB, 1924, nur „März 1908". Die „Fidelio"-Premiere am 20. März gestattet eine genauere Datierung.

389 An Alexander von Zemlinsky

[Ohne Datum. Philadelphia, Ende März 1908]

Lieber Freund!
Eine ganz zufällig mir in den Schoß gefallene Viertelstunde der Muße und des Alleinseins auf einer „Gast"reise setzt mich in den Stand, wenigstens mit einem herzlichen Gruß Ihren lieben und interessanten Brief zu beantworten.

Leider waren mir die Mitteilungen über Ihre Abenteuer mit dem neuen Regime nicht unerwartet. Trotzdem hätte ich nicht gedacht, daß

W. sein Versprechen, vor allem anderen Ihre Oper* herauszubringen, so ohneweiters ignorieren werde.

Das ist sehr fatal für Sie, wie ich mir leicht konstruieren kann. Überhaupt fühle ich mich sehr mitschuldig, wenn auch „ohne Schuld". Und ich habe auch sehr häufig Gewissensbisse. Aber – wer konnte das alles voraussehen!

Ich denke mir nun, daß Sie alles dransetzen müssen, um Ihr Werk im Jubiläumstheater herauszubringen.

Was machen Sie und Schönberg? Darüber hätte ich gerne ein Wort gehört. Doch antworten Sie nicht mehr auf diesen Brief – da ich Anfang Mai in Wien eintreffe und Sie dann sofort aufsuche. – Nun liegen diese wenigen Zeilen seit einer Woche in der Tasche meines Gehrocks – in welchem ich die Matinee in Philadelphia dirigierte und in welchen ich das Kuvert steckte, als ich im Schreiben gestört wurde – und ich sende sie nur ab, weil Ihnen dies mein Leben hier besser illustrieren kann, als irgend ein Wort von mir.

Ich lebe wahrhaftig in den Tag hinein, dirigiere, probiere, diniere, spaziere, wie es die Stundeneinteilung mit sich bringt, die meine Frau bei sich stehen hat. Ich strenge mich gar nicht an, tue sehr wenig und habe noch nie so wenig Zeit gehabt, wie jetzt. Dies werden Sie aus eigener Erfahrung wissen. – Ich freue mich schon sehr, Wien und die alten Freunde wiederzusehen. Im nächsten Winter gehe ich wieder zurück. Wir beide haben sehr großes Gefallen an diesem Lande gefunden; die Frische, Gesundheit und Geradheit aller Verhältnisse ziehen uns stark an. In allem liegt Zukunft. Darüber mal mündlich mehr. Für heute nur herzlichste Grüße an Sie und Schönberg in aller Eile des Müßiggangs.

Ihr
Mahler

* [Der] Traumgörge. [Oper in 2 Akten und einem Nachspiel von Alexander von Zemlinsky.]

Datierung: In GMB, 1924, „ohne Datum", bei Martner März 1910. Die Erwähnung des „neuen Regimes" an der Wiener Oper und die noch ungetrübte Einstellung zu Amerika verweisen den Brief in Mahlers erste amerikanische Saison. Er wurde vermutlich Ende März 1908 während des Gastspiels der Metropolitan Opera in Philadelphia begonnen. – *daß W. sein Versprechen:* Zemlinsky war 1907 von Mahler an die Wiener Oper engagiert worden und schied bereits im Februar 1908 wieder aus. „Der Traumgörge" war noch von Mahler angenommen worden. – *im Jubiläumstheater:* die Wiener Volksoper, an der Zemlinsky (von den Monaten an der Hofoper abgesehen) von 1904 bis 1911 als Kapellmeister wirkte.

390 An Misa Gräfin Wydenbruck

[Ohne Datum. New York, 17. April 1908]

Verehrteste Gräfin!
Einmal muß ich Sie doch begrüßen, bevor ich meinen Fuß wieder nach Europa setze, und Ihnen sagen, wie innig mich Ihre lieben Zeilen erfreut und gerührt haben. Wenn Sie diesen Brief erhalten, so schwimme ich schon lustig und auch in diesem Moment habe ich keine Ruhe mehr; nicht zum Sitzen und nicht zum Schreiben. Mein Heimweh, das mich die ganze Zeit geplagt hat (leider bleibe ich ein eingefleischter Wiener), verwandelt sich in jenes gewisse erregte Sehnen, das Sie gewiß kennen. – Seien Sie mir noch tausendmal gegrüßt (umarmt, hätte ich bald gesagt), in Bälde sehen und sprechen wir uns wieder. Bitte, betrachten Sie diesen Papierfetzen nur als „Ansichtskarte".

Ihr freundschaftlich ergebener
Gustav Mahler

391 An Alfred Roller

[Ohne Datum. Wien, Juni 1908]

Lieber Freund!
Wenn Dippel Wort hält, so wird er in den nächsten Tagen bei Ihnen vorsprechen und Sie bitten, *Tristan* und *Figaro* für New York zu übernehmen. Über die Sache möchte ich gerne mit Ihnen ausführlich sprechen (überhaupt vor meiner bevorstehenden Abreise nach Toblach noch einmal mit Ihnen beisammen sein).

Für heute möchte ich Sie nur darauf aufmerksam machen, daß gelegentlich einer Unterredung mit Dippel es am Platz [wäre], auf die noch unberichtigte Honorarforderung aufmerksam zu machen, die Ihnen noch von Fidelio her zusteht. Vergessen Sie also nicht daran.

Was machen Sie morgen (Samstag) abend? – Ich kann mich nicht entschließen, die Oper zu betreten und wäre also frei. – Hätten Sie Lust, den Abend mit mir ein wenig durchzubummeln?

Herzlichst
Ihr
Mahler

Quelle: Briefautograph. – *Datierung:* in GMB, 1924, „1909". Da Mahler mit Ende der Spielzeit 1908–09 von der Metropolitan Opera Abschied nahm, wurde dieser Brief wohl schon 1908 geschrieben. Dafür spricht auch die Erwähnung von Rollers Honorarforderung für „Fidelio". – *für New York zu übernehmen:* auch diese Bemühung Mahlers, Roller nach New York zu bringen, ist fehlgeschlagen. – *Abreise nach Toblach:* Mahlers Feriendomizil in den Jahren 1908–1910.

392 An Karl Horwitz

[Ohne Datum. Poststempel:
Toblach, 27. Juni 1908]

Lieber Herr Doktor!
Der „Figaro" ist bei Peters unter dem Namen „Wiener Bearbeitung" ohne Reservat erschienen und daher frei. Sie können sich also desselben unbedenklich überall bedienen. Jedoch fürchte ich, daß die Kräfte an einem so kleinen Theater wie Gablonz nicht ausreichen werden – denn „Figaro" gehört zu den schwersten Aufgaben. Wäre es nicht vorteilhafter für Sie, sich dort an bescheidenere Aufgaben zu halten und sich „Figaro" bis zu einer Zeit zu versparen, wo Ihnen ausreichende Kräfte zur Verfügung stehen? Von der Walkürenaffäre habe ich schon gehört. Für einen so fernstehenden Beobachter wie mich, ist die ganze Sache völlig unverständlich. W. scheint nicht nur mich, sondern auch R. Wagner als „Vorgänger" zu betrachten. Mit herzlichen Grüßen, der sich immer freuen wird, von Ihnen zu vernehmen *

Gustav Mahler

* Karl Horwitz war Schüler Schönbergs.

„Wiener Bearbeitung": die neue Übersetzung von Max Kalbeck, zu der Mahler ein Rezitativ hinzukomponiert hatte (Premiere: 30. März 1906). Die Bearbeitung erschien im September 1907 im Druck. – *Walkürenaffäre:* Weingartner hatte in der von ihm dirigierten „Walküre" vom 17. Juni 1908 wesentliche Teile gestrichen; Mahler hatte seit 1898 den „Ring des Nibelungen" ohne Striche aufgeführt.

393 An Arnold Berliner

[Ohne Datum. Poststempel:
Toblach, Juni 1908]

Lieber Freund!
Es erhob sich ein Gerücht, Sie hätten jemanden ausgeraubt. Eine Bibliothek wurde mir soeben vom Postboten überbracht. – Es ist also

wahr und Sie tun nun zur Vergebung Ihrer Sünden gute Werke und verbreiten Bildung unter Ihren Freunden. – Übrigens zog Alma ein Schnoferl, als sie die vielen Bücher sah (eine Ordensverleihung, bei der sie leer auszugehen fürchtete) – als jedoch die Goethe-Miniaturausgabe zum Vorschein kam, erhellten sich die verzerrten Züge und sie vergab Ihnen.

Nun in Eile herzlichsten Dank – ich will beim Himmel erwirken, daß Ihnen Ihre Sünden vergeben werden. Das Nähere dürfte Ihnen Alma mitteilen.

Viele Grüße von
Ihrem
Gustav Mahler

Was wäre es doch mit einem Sprüngerl hieher in die Dolomiten? Eventuell von Prag?

394 An Bruno Walter

[Ohne Datum. Toblach, Sommer 1908]

Mein lieber Freund!
Ich habe mich hier zunächst einzurichten versucht. Diesmal habe ich nicht nur den Ort, sondern meine ganze Lebensweise zu verändern. Sie können sich vorstellen, wie schwer mir letzteres wird. Ich hatte mich seit vielen Jahren an stete und kräftige Bewegung gewöhnt. Auf Bergen und in Wäldern herumzuschweifen und in einer Art keckem Raub meine Entwürfe davonzutragen. An den Schreibtisch trat ich nur, wie ein Bauer in die Scheune: um meine Skizzen in Form zu bringen. Sogar geistige Indispositionen sind nach einem tüchtigen Marsch (hauptsächlich bergan) gewichen. – Nun soll ich jede Anstrengung meiden, mich beständig kontrollieren, nicht viel gehen*. Zugleich fühle ich in dieser Einsamkeit, wo ich nach innen aufmerksam bin, alles deutlicher, was in meinem Physischen nicht in Ordnung ist. Vielleicht sehe ich sogar zu schwarz – aber ich fühle mich, seitdem ich am Land bin, schlechter als in der Stadt, wo auch die Zerstreuung über manches wegtäuschte. – Ich kann Ihnen also nicht viel Tröstliches vermelden und wünsche zum erstenmal in meinem Leben, daß meine Ferien zu Ende wären. – Herrlich ist es hier; hätte ich so was nur einmal in meinem Leben nach Vollendung eines Werkes genießen können! – Das ist nämlich, wie Sie ja selbst wissen werden, der einzige Moment,

in dem man wirklich genußfähig ist. Zugleich mache ich eine sonderbare Bemerkung. Ich kann nichts als arbeiten; alles andere habe ich im Laufe der Jahre verlernt. Mir ist wie einem Morphinisten oder einem Potator, dem man mit einem Schlage sein Laster verbietet. – Ich gebrauche jetzt die einzige Tugend, die mir noch übrig geblieben ist: Geduld! Höchstwahrscheinlich habe ich ganz zur Unzeit die Einsamkeit erwählt. In einer solchen Verfassung ist man freilich auf die Unterhaltung angewiesen, die einem von außen zukommt. Und da muß ich den Schluß der Opernsaison sehr beklagen, der nun die Hauptquelle meines Amusements verschließt. – Der letzte Don Quixote-Streich ist köstlich. Schade, daß man nicht die Einzelheiten erfahren kann. Für diesmal nur noch herzliche Grüße, auch von meiner Frau, die erst im September zu Lahmann zu gehen die Absicht hat, und wahrscheinlich werde ich sie dahin begleiten. – Ich bitte, reden Sie doch mit Dr. Novak, ob er nicht uns beide als Patienten annehmen kann (weihen Sie ihn auch in meinen Zustand ein, damit ich weiß, ob es für mich *überhaupt geraten ist).*

Ihrer Frau und Ihrer reizenden Kleinen viele Grüße

Ihr alter
Mahler

* Mahler war [Juli 1907] über sein Herzleiden und die hiedurch notwendig gewordene Änderung seiner Lebensweise unterrichtet worden.

Quelle: Briefautograph. – *Potator:* Säufer. – *Der letzte Don Quixote-Streich . . . :* Dieser Satz und der folgende fehlen in GMB, 1924.

395 An Carl Moll

[Ohne Datum. Toblach 1908]

Mein lieber Karl!
Aus meiner Ferne sehe ich so quasi durch Nebel oder Schleier allerlei Verwirrung in den „schwankenden Gestalten".

Es war eine Zeitlang, wie Du weißt, äußerst turbulent bei uns und die Gaudee in Permanenz erklärt, es kristallisierten sich dann Anginen und allgemeine Nervositäten etc. etc. – Jetzt aber ist die Luft ziemlich rein. – Und wenn auch nicht – Ihr müßt doch wissen, daß Eure Gegenwart bei uns nie zu den Störungen gezählt würde. Ganz im Gegenteil hilft sie sogar die Unannehmlichkeiten ertragen.

Ich bitte Dich also ausdrücklich, und Mama ebenso, nicht einen Tag später zu kommen, als es Euch möglich ist und Ihr intendiert habt. –

Wir freuen uns schon so sehr auf Euch und Freund Nepallek* (von dessen Brief ich eben erst erfuhr) war nur in seiner zarten Weise über Gebühr vorsichtig und rücksichtsvoll. Almschi ist, Gott sei Dank, wieder ziemlich mobil, und so hoffe ich denn auf einen (endlich) geruhigen und angenehmen Sommer. – Telegraphiere, wann Du kommst.

Warst Du so lieb, in meiner Wohnung nachzuschauen, ob die eiserne Kasse auch verschlossen ist. Ich weiß nicht recht, ob ich es getan habe.

Herzlichst
Dein
Gustav

Bitte nochmals, kommt so bald als möglich.
Alma tut nun wirklich zum erstenmal etwas Rationelles für ihre Gesundheit, und ich bin mit den Fortschritten sehr zufrieden. Sie ist auch sehr heiter und hoffnungsvoll.

* Dr. Richard Nepallek, Nervenarzt.

Alma tut nun wirklich . . .: Lt. Martner steht dieser Teil des Postskriptums in GMB, 1924, irrtümlich bei diesem Brief und gehöre in Wahrheit zu Brief 459.

396 An Bruno Walter

Toblach, 18. Juli [1908]

Mein lieber Freund!
Sie sehen, ich schreibe noch immer von hier, und mit der Nordlandsreise war es nichts! Haben Sie schönen Dank für Ihren lieben, famosen Brief. Ich habe lächeln müssen, da ich bemerken wollte, daß Sie auf mich mit meinen eigenen Klingen losschlagen. Aber Sie haben weiß Gott wohin getroffen, nur nicht auf den „Feind"! Was ist das mit dieser Seele? Und mit ihrer Krankheit*? Und wo sollte ich diese kurieren? Auf einer Nordlandreise? Da hätte ich mich doch wieder nur „zerstreuen" können. Aber zu mir selbst zu kommen und meiner mir bewußt werden, konnte ich nur hier in der Einsamkeit. – Denn seit jenem panischen Schrecken, dem ich damals verfiel, habe ich nichts anderes gesucht, als wegzusehen und wegzuhören. – Sollte ich wieder zu meinem Selbst den Weg finden, so muß ich mich den Schrecknissen der Einsamkeit überliefern. Aber im Grunde genommen spreche ich

doch nur in Rätseln, denn was in mir vorging und vorgeht, wissen Sie nicht; keinesfalls aber ist es jene hypochondrische Furcht vor dem Tode, wie Sie vermuten. Daß ich sterben muß, habe ich schon vorher auch gewußt. – Aber, ohne daß ich Ihnen hier etwas zu erklären oder zu schildern versuche, wofür es vielleicht überhaupt keine Worte gibt, will ich Ihnen nur sagen, daß ich einfach mit einem Schlage alles an Klarheit und Beruhigung verloren habe, was ich mir je errungen; und daß ich vis-à-vis de rien stand und nun am Ende eines Lebens als Anfänger wieder gehen und stehen lernen muß. – Ist das eine geistige Disposition, die man mit Waffen eines Geistesarztes bekämpfen muß, wie Sie meinen? Und was meine „Arbeit" betrifft, so ist es eben etwas Deprimierendes, da erst wieder umlernen [zu] müssen. Am Schreibtisch kann ich nicht arbeiten. Ich brauche für meine innere Bewegung die äußere. – Was Sie mir von den Ärzten sagen, nützt mir nichts. Ich bekomme von einem gewöhnlichen, bescheidenen Marsch eine solche Pulsbeschleunigung und Beängstigung, daß ich den Zweck eines solchen, seinen corpus zu vergessen, nicht erreiche. – In diesen Tagen las ich Goethesche Briefe. – Ihm war sein Sekretär, dem er zu diktieren gewöhnt war, erkrankt; dies war für ihn eine solche Störung, daß er mitten in der Arbeit 4 Wochen pausieren mußte. – Denken Sie einmal, dem Beethoven wären durch einen Unglücksfall seine Beine amputiert worden. Wenn Sie seine Lebensweise kennen – glauben Sie, daß er zunächst nur einen Quartettsatz hätte entwerfen können? Und das läßt sich wohl nicht mit meinen Umständen vergleichen. Ich gestehe, dies ist – so äußerlich es scheint – die größte Kalamität, die mich getroffen. Ich muß eben ein neues Leben beginnen – bin auch da völliger Anfänger. –

Nun aber, um nicht gar so larmoyant zu schließen, will ich doch versichern, daß es mir verhältnismäßig schon gelungen ist, zum Genuß meiner selbst und des Lebens zu kommen. Auch daß es mir physisch im ganzen nicht schlecht geht. Es ist wundervoll hier! Ich bedauere, daß Sie am entgegengesetzten Ende des Kontinents herumvagieren; sonst hätten Sie mich hier besuchen müssen. Meine Symphonie kommt nun am *19.* Sept. in Prag heraus – falls bis dahin nicht sich Tschechen und Deutsche in die Haare gefahren sind. Erfreuen Sie sich nun eines schönen Sommers und laufen Sie (auch für mich)! Sie wissen gar nicht, wie schön das ist.

Herzlichst grüße ich Sie und Ihre Frau

Ihr alter
Mahler

* Hiezu bemerkt Bruno Walter: Ich vermute, daß ich Mahler geraten hatte, sich mit Feuchtersleben „Diätetik der Seele“ zu beschäftigen; seine Ablehnung ist aus seiner Natur nur zu verständlich.

Quelle: Briefautograph. – *Meine Symphonie:* Die Siebente.

397 An Emil Freund

[Ohne Datum. Alt-Schluderbach, 1908 oder 1909]

Lieber Freund!
Leider paßt mir keine der Federn*. Sie sind so spitz. Ich brauche sie hauptsächlich zum Notenschreiben! Bitte, laß mir sofort und expreß eine gleiche – rote – kommen, aber die Federn mit breiter Spitze. Und so weich als möglich.

Wie kann es kommen, daß eine Feder, die doch offenbar von Dir Montag früh bestellt – erst Mittwoch früh bei mir ankommt. – Das passiert regelmäßig bei Wiener Sendungen – das ist doch saumäßig. – Bitte, laß die Feder, die Du doch morgen früh bestellen wirst, noch mit dem Abendzug (gegen 7 Uhr) abschicken, so daß sie übermorgen früh bei mir ist.

Ich bin schrecklich behindert.

Diese beiden Federn, die gar keinen Wert für mich haben, schicke ich gleich zurück. Respektive schreibe mir, ob ich es gleich tun soll oder ob es Zeit hätte, wenn ich sie letzten August persönlich nach Wien bringe.

Herzlichst eiligst
Dein
Gustav Mahler

* Goldfüllfedern.

Alt-Schluderbach: Ortsteil von Toblach, in dem Mahlers Feriendomizil lag.

398 An Emil Gutmann

[Ohne Datum. 23. Juli 1908]
Toblach, Villa Alt-Schluderbach

Lieber Herr Gutmann!
Ich stehe Ihnen für den 5. November zu einem Konzert in München zur Verfügung. Was das Programm anbetrifft, so kann ich mich noch nicht entscheiden. Falls die VII. einschlägt, so bin ich gerne bereit, diese aufs Programm zu setzen. – Wenn nicht, so schlage ich Ihnen meine V. vor, die auch für München Novität ist. Ich muß aber zur Grundbedingung stellen, daß das Orchester auch wirklich vortrefflich – hauptsächlich 1. Horn, 1. Trompete – und ich die nötige Anzahl von Proben hiezu zur Verfügung habe. – Dies dürften 5 Proben sein. –

Wenn Ihnen dies nicht möglich wäre, so bin ich bereit, ein Konzert mit klassischem Programm zu dirigieren. Für ein solches brauche ich bloß drei Proben.

Mein Honorar ist – wie in allen zukünftigen Fällen, auch wenn es nicht zwischen uns ausdrücklich vereinbart werden sollte – 1500 Mark. Ich erwarte nunmehr Ihre Entschließung, da auch ich mich wegen gewissen Plänen entscheiden muß.

Mit bestem Gruß
Ihr ergebenster
Mahler

für den 5. November ... in München: Mahler dirigierte seine Siebente Symphonie in München am 27. Oktober 1908.

399 An Adele Marcus

Toblach, August 1908

Liebste, alte Freundin!
In diesen Tagen mußte ich unseres Gespräches von neulich (in der Heimhuderallee) denken. Ich las wie meistens im Sommer im „Eckermann" und fand dort Goethe selbst das Wort ergreifen zu jener Rätselfrage, die Sie in jenen Tagen auch beschäftigt. – Ich finde nun freilich seine Antwort nicht nur „informierter", sondern auch geeigneter, Ihnen das Geheimnis aufzuhellen. Allerdings, ein Rest, ein unaufgelöster, bleibt trotz aller rationellen Aufklärung immer in solchen Dingen, die an das Ursprüngliche – an das „Urlicht" –

grenzen. – Ich kann es mir nicht versagen, Ihnen, liebste Freundin, das Buch zu schicken. Ich lese seit Dezennien immer und immer wieder darin, und ich kann sagen, daß es zu meinen liebsten Besitztümern gehört. – Sehen Sie zu, was Sie im Verlaufe Ihres Lebens noch daraus ziehen können. Man tritt in jeder Epoche als ein anderer, neuer an das Buch heran. – Verzeihen Sie diesen Bogen; ich habe gerade kein Briefpapier. – – –

Ich befinde mich in diesem Sommer auf neuem Terrain. Es ist wundervoll hier, und die Abgeschlossenheit und Ruhe dieses Plätzchens erlaubt mir, mich wieder in gewohnter Weise einzuspinnen. Vielleicht klingt es auch einmal in Ihre Welt, was mir hier im Herzen und im Kopfe herumrumort. –

Seien Sie in alter Freundschaft gegrüßt von Ihrem stets und wärmstens ergebenen

Gustav Mahler

Beinahe hätte ich das Wichtigste vergessen: die erwähnte Stelle steht (in dieser Ausgabe)* 2. Band, Seite 2–5.

Sie können, wo Eckermann spricht, gewöhnlich dafür Goethe setzen; denn Jener hat sich in die Gedankenwelt und die Ausdrucksweise seines Meisters so eingelebt, daß er wie aus ihm heraus spricht. –

* Jena, Diederichs 1908.

unseres Gespräches von neulich: in Hamburg.

400 An Bruno Walter

[Ohne Datum. Toblach, Anfang September 1908]

Mein lieber Freund!

Ich bereite mich jetzt zur Reise. – Ich komme am 5. früh (wohl ungefähr ½9 Uhr) am Südbahnhof an, muß allerdings leider in aller Eile – schon nachmittags um 3 Uhr – nach Prag weiterreisen. Vielleicht könnten wir aber miteinander zu Mittag speisen und diese Gelegenheit zu einem „Plausch“ benützen. – Falls mich also eine Nachricht von Ihnen (bis zum 4. abends) nicht hier trifft – oder eventuell noch bei meiner Ankunft am Südbahnhof, so werde ich um 1 Uhr ungefähr bei *Meissl und Schadn* Neuer Markt zu Mittag essen, und Sie daselbst erwarten. –

Ich war sehr fleißig (woraus Sie ersehen, daß ich mich so ziemlich

„akklimatisiert" habe). Ich weiß es selbst nicht zu sagen, wie das Ganze benamst werden könnte. Mir war eine schöne Zeit beschieden und ich glaube, daß es wohl das Persönlichste ist, was ich bis jetzt gemacht habe*. Davon vielleicht mündlich.

Grüßen Sie Ihre liebe Frau und sein Sie selbst herzlichst gegrüßt von

Ihrem
Mahler

(Ich muß bis zum letzten Tage fleißig sein, um fertig zu werden.)

* Mahler berichtet hier vom „Lied von der Erde".

Quelle: Briefautograph. – *Datierung:* In GMB, 1924, „Herbst 1908". *nachmittags um 3 Uhr:* in GMB, 1924, irrtümlich „6 Uhr". – *Falls mich also eine Nachricht . . .:* dieser Satz in GMB, 1924, nicht enthalten.

401 An Alfred Roller

[Ohne Datum. Toblach, September 1908]

Lieber Freund!
Ich komme am 5. morgens in Wien an und fahre schon Nachmittag weiter. Wie gewöhnlich muß ich bis zum letzten Moment arbeiten, um meine Ernte unter Dach und Fach zu bringen. Falls Sie nichts abhält (in welchem Falle ich entschieden bitte, sich keinen Zwang aufzuerlegen), würde es mich sehr freuen, Sie einen Moment zu sehen und zu sprechen; und ich schlage Ihnen zu diesem Behufe [vor], mich zwischen ½10–½11 Uhr beim Frühstück heimzusuchen, das ich im Café Schwarzenberg* (Berta Kunz) einnehmen will.

Wir könnten uns auch um 1 Uhr zu Mittag im Hotel Meißl u. Schadn sehen; doch vermute ich, daß Sie gleich mir die Vormittagsstunde vorziehen werden, da wir zum Mittag nicht ungestört sein werden. Ich esse mit Carl und Walter.

Also auf Wiedersehen, *wenn Sie keine Abhaltung haben.*

Herzlichst
Ihr
Mahler

* gegenüber Café Imperial

Quelle: Briefautograph. – *mit Carl und Walter:* Carl Moll und Bruno Walter.

402 An Emil Gutmann

[Ohne Datum. Wien, Herbst 1908]

Lieber Herr Gutmann!
Meinem heutigen Telegramm sende ich noch nachstehende Ausführungen nach: 1. die Orchesterbesetzung ist folgende*:

4 Flöten }	1 Tenorhorn	2 Harfen
1 Piccolo }	4 Hörner	1 Mandoline
3 Oboën }	3 Trompeten	1 Guitarre
1 engl. Horn }	3 Posaunen	4 Pauken
1 Es-Clarinette }	1 Baßtuba	Tam-tam } 3–4 Mann
3 B (resp. A-) Clarinetten }	ferner eine I. Trompete (muß vorzüglich sein) } zur Verstärkung	Gr. Trommel } 3–4 Mann
1 Baßclarinette }	2 Hörner (dto) } zur Verstärkung	Triangel } 3–4 Mann
3 Fagotte		Kl. Trommel } 3–4 Mann
1 Contrafagott		Tambourin } 3–4 Mann
		Herden-Glocken } 3–4 Mann

Die ersten beiden Proben möchte ich geteilt, u. zwar: Streicher, Harfen, Mandoline u. Guitarre/Bläser und Schlagwerk. Hierauf kämen 5 Gesamtproben. – Von diesen Gesamtproben kann ich täglich nur *eine* halten. – Die obigen Spezialproben könnten eventuell je 2 an einem Tage stattfinden. – Am Tage des Konzerts bitte ich *keine* Probe zu machen, da die Symphonie für die Bläser sehr anstrengend ist und dieselben *ausruhen* müssen. –

Ich werde daher Dienstag, 20., in München sein und zur Verfügung stehen. Vorausgesetzt, daß jeden Tag, also auch Sonntags, probiert werden kann. Sonst müßte ich einen Tag früher kommen, was mir aber sehr fatal wäre. Bitte, bestätigen Sie mir dies alles, damit ich darüber beruhigt bin. Wegen des Materials müssen Sie sich an Lauterbach u. Kuhn in Leipzig, Roßstraße, wenden, die den Verlag haben. Ich werde die Stimmen, die ich [in] Prag mitgehabt, teilweise mitbringen; die anderen lasse ich über Hals und Kopf bei uns in Wien hier kopieren.

Herzlich grüßend,
Ihr
Mahler

N. B. *1. Trompete, 1. Horn* und Pauker müssen *ganz vorzüglich* sein. – Der Pauker muß sehr gute Maschinen-Pedalpauken haben.
Bitte, reservieren Sie in einem *angenehmen, ruhigen* Hotel für mich ein besonders ruhiges Appartement.

* Gemeint ist die VII. Symphonie. [Aufführung in München unter Mahler am 27. Oktober 1908]

Quelle: Briefautograph. – *3–4 Mann:* In GMB, 1924, „4–5 Mann".

403 An Anna Moll

[Ohne Datum. New York, Spätherbst 1908]

Mein liebstes Mammerl!
Ich bin ja nie dabei, wenn Almschi den Brief an Dich expediert! Wir denken und sprechen doch immer von Dir. Einen „Gruß" hinzusetzen, erscheint der Almschi doch zu formell. – Heuer habe ich alle Kräfte zusammenzuhalten, denn es geht ans „Beuschel". Aber ich halte mich sehr tapfer und es geht mir vorzüglich. – Wir freuen uns schon riesig auf Deine Ankunft, denn, daß Du herkommst, ist doch ganz sicher? Du richtest Dir es so ein, daß Du dann pikfein in der Staatskabine mit uns zurückfährst. Karl holt uns dann in Paris ab, wo wir ein paar Tage zusammen verbummeln. – Ich verdiene nur durch einen Zufall extra 500 Dollars. Die spendieren wir dazu. Sei Du und Karl tausendmal von mir gegrüßt. Und wißt nur, daß ich [mich] täglich mit Euch unterhalte, wenn ich auch nicht schreibe. – Aber ich habe den Kopf und die Hände voll.

Dein treuer
Gustav

Dr. Haberfeld soll die Zigaretten, wenn er mir welche mitbringt, angeben und extra legen. Circa 300 Stück sind zollfrei.
[in Alma Mahlers Handschrift] Nein – *mir* wärs im Februar lieber – da seh ich Dich schneller, oder Mitte Jänner.

Quelle: Briefautograph. Nachschriften fehlen in GMB, 1924. – *Datierung:* In GMB, 1924, Januar 1909, ebenso bei Martner. Alma Mahlers Nachschrift („Mitte Jänner") legt nahe, daß der Brief noch aus dem Jahr 1908 stammt. – *Dr. Haberfeld:* nicht identifiziert.

404 An Bruno Walter

HOTEL SAVOY
NEW YORK

[Ohne Datum. New York, Anfang 1909]

Mein lieber Freund!
Ein Brief des H. Reitler erinnerte mich daran, daß ich Ihnen noch immer nicht geantwortet, obwohl ich mich mit Ihnen in Gedanken schon recht oft unterhalten habe. – Eine Frage darf ich nicht unterlassen, gleich zu beantworten: die Philharmoniker haben ja die Symphonie* seinerzeit schon unter mir gespielt, und es wäre das beste, Sie benützten dasselbe Material, das sich, samt Partitur, im Besitze des *Musikvereins* befinden muß. Schalk wird es Ihnen sicher zur Verfügung stellen. – Von mir ist zuviel zu schreiben, als daß ich auch nur versuchen könnte, anzufangen. Ich durchlebe jetzt so unendlich viel (seit anderthalb Jahren), kann kaum darüber sprechen. Wie sollte ich die Darstellung einer solchen ungeheueren Krise versuchen? Ich sehe alles in einem so neuen Lichte – bin so in Bewegung; ich würde mich manchmal gar nicht wundern, wenn ich plötzlich einen neuen Körper an mir bemerken würde. (Wie Faust in der letzten Szene.) Ich bin lebensdurstiger als je und finde die „Gewohnheit des Daseins" süßer als je. Diese Lebenstage sind eben wie die sibyllinischen Bücher.

Mich selbst finde ich jeden Tag unwichtiger, kann es aber oft nicht begreifen, daß man im täglichen Leben doch seinen alten gewohnten Trott weitergeht – in allen „süßen Gewohnheiten des Daseins".

An Lipiner muß ich sehr oft denken. Warum schreiben Sie mir nichts über ihn? Ich möchte wissen, ob er über den Tod noch immer so denkt wie vor 8 Jahren, als er mir über seine so höchst merkwürdigen Anschauungen Auskunft gab (auf mein etwas zudringliches Befragen – ich war gerade von meinem Blutsturz rekonvaleszent). –

Wie unsinnig ist es nur, sich vom brutalen Lebensstrudel so untertauchen zu lassen! Sich selbst und dem Höheren über sich selbst nur eine Stunde untreu zu sein! Aber das schreibe ich nur so hin – denn bei der nächsten Gelegenheit, also z. B., wenn ich jetzt aus diesem meinem Zimmer hinausgehe, werde ich bestimmt wieder so unsinnig wie alle anderen. Was *denkt* denn nur in uns? Und was *tut* in uns?

Merkwürdig! Wenn ich Musik höre – auch während des Dirigierens – höre ich oft ganz bestimmte Antworten auf alle meine Fragen – und bin vollständig klar und sicher. Oder eigentlich, ich empfinde ganz deutlich, daß es gar keine Fragen sind.

Nun vergelten Sie nicht Gleiches mit Gleichem und schreiben Sie mir wieder einmal. – Hier scheint das permanente Orchester wirklich zusammenzukommen. Wüßten Sie mir für diesen Fall einen jungen Musiker von wirklicher Dirigentenbegabung und sonstiger musikalischer Routine, der zu mir als „*assistent* conductor" ginge?

Dies wäre nämlich doch die Bedingung, unter der ich mich noch für ein Jahr verdingen würde. Ich müßte jemanden haben, der mir Proben vorarbeitet und auch ab und zu ein Konzert für mich übernimmt.

Sein Sie, lieber Freund, 1000mal gegrüßt wie auch Ihre liebe Frau.

Wenn Sie Lipiner sehen u[nd] Nanna, grüßen Sie viele Male**.

Ihr alter
Mahler

* Es handelt sich um die III. Symphonie, die Walter damals zur Aufführung brachte. [am 25. Oktober 1909]

** Hiezu bemerkt Bruno Walter: Mahlers innere Bewegtheit in diesen letzten Lebensjahren war ohnegleichen. Eine tiefe Erschüttertheit war sein Grundseelenzustand. Um Siegfried Lipiner, den Dichter des Adam und Hippolytos, seinen hochgeliebten und verehrten Freund, kreisten in diesen letzten Zeiten Mahlers Gedanken und Wünsche mit besonderer Intensität.

Auch hier ist jedes begleitende Wort zu viel. Der Brief ist ebenso wie die vorhergehenden vom Sommeraufenthalte 1908 eines der erschütterndsten Dokumente für alle die quälenden (und oft auch beglückenden) seelischen Krisen, in denen sich Mahler aufzehrte.

Quelle: Briefautograph. – *des H. Reitler:* Josef R. (in GMB, 1924, bloß „X".) – *im Besitze des Musikvereines:* Mahler hatte seine Dritte Symphonie am 14. und 23. Dezember 1904 in außerordentlichen Konzerten der Gesellschaft der Musikfreunde, Wien, dirigiert. – *Schalk:* (in GMB, 1924, „N".) Franz Sch., seit 1904 Leiter der Gesellschaftskonzerte der Musikfreunde. – *das permanente Orchester:* der mehrfach genannte Plan, für Mahler ein eigenes Orchester zu schaffen, wurde fallengelassen. Er dirigierte in den folgenden zwei Wintern die Konzerte der New York Philharmonic Society (gegründet 1842).

405 An Carl Moll

[Ohne Datum. New York, Anfang 1909?]

Mein lieber Karl!
Ich komme wieder einmal „geschäftlich". Dies ist der höchste Standpunkt, zu dem ich mich in Amerika aufschwingen kann; dies allerdings nur in Briefangelegenheiten.

Was bei mir latent weiterschwingt, ist die Liebe zur Heimat (die mir

Almschl nun einmal nicht abdisputieren kann) – und diese Heimat, Ihr wißt es ja, ist auf der Hohen Warte. – Also nunmehr zur Sache!

Meinem Kopisten Hr. *Forstig*, St. Andrä-Wördern an der Stadtbahn, so lautet seine volle Adresse, habe ich vor meiner Abreise die Partitur mein[er] 5. Symphonie mit dem Auftrage übergeben, die darin von mir angebrachten zahlreichen Korrekturen in das Material des Wiener Conzertvereins zu übertragen und hierauf dieses korrigierte Material dem Conzertverein zu Hand[en] des Dir. Hammerschlag, dagegen meine Partitur *Dir* zu übergeben, damit Du mir dieselbe hieher überschickst. – Aus einer Mitteilung der Mama werde ich nicht klug. Hat Forstig Dir die Partitur übergeben? Oder konfuserweise dem Conzertverein? In diesem letzteren Falle bitte ich Dich, durch Forstig oder eventuell durch Hammerschlag die Partitur (*mein* Exemplar) einzufordern, sie aber nunmehr nicht hieher zu senden, sondern sie freundlichst in Deiner eisernen Kasse bis zu meiner Rückkehr aufzuheben.

Tausend Grüße an Dich und Mammerl Dein

Gustav

Quelle: Briefautograph. – *Datierung:* In GMB, 1924, „1908 oder 1909", bei Martner Herbst 1910?. Es ist indes sehr wahrscheinlich, daß die Korrekturen im Material des Wiener Konzertvereins mit der Aufführung der Fünften Symphonie durch den Konzertverein am 2. März 1909 (unter Ferdinand Löwe) in Zusammenhang stehen. – *(die mir Almschl . . . nicht abdisputieren kann):* Klammersatz fehlt in GMB, 1924. – *die . . . zahlreichen Korrekturen:* Mahler hat die Instrumentation des Werks mehrmals revidiert (siehe auch Briefe 460 und 463). – *Conzertverein:* In GMB, 1924, stattdessen mehrmals „Konservatorium". Der Wiener Konzertverein, 1900 gegründet, war die Organisation des Konzertvereinsorchesters.

406 An Alfred Roller

HOTEL SAVOY
NEW YORK

[Ohne Datum. New York, Ende Februar 1909]

Mein lieber Freund!

Ich muß mich wirklich schämen, auf Ihren so lieben Brief, der für mich in mehr als einer Beziehung befreiend war, so lange nicht geantwortet zu haben. – Meine erste Regung war, mich gleich hinzusetzen und Ihnen zu sagen, wie glücklich ich über Ihre Mitteilungen war. Ich habe wirklich den ersten fröhlichen Tag in diesem Winter gehabt. – Sie in dieser Wüste zu wissen, war seit meinem Abgang ein steter Alb für mich und eine immerwährende Sorge, wie Sie sich aus diesem Netz von inneren und äußeren Schwierigkeiten befreien könnten*.

Nun ist es in jeder Beziehung über alles Erwarten gut gegangen. Für Sie beginnt nun ein *neues* (nicht etwa „das alte") Leben. – Sie haben dies alles sicherlich nicht umsonst durchlebt. Und selbst an einen Abschied vom Theater glaube ich nicht. Wer wie Sie dafür berufen ist, kann nicht davon lassen – und *es* wird auch sicher *nicht von Ihnen lassen!* Vielleicht wird Ihr Wirken jetzt erst recht Ihrer würdig sein, wo Sie, ganz als Künstler, losgelöst von allen Nebenrücksichten, schaffen können. – Über die „Hoffnungen" kann man schreiben und Glück wünschen, aber über die *„Hoffnung"* darf man schweigen. Und doch hat mich diese kurze Andeutung von Ihnen vielleicht noch mehr erfreut, als das andere. Mir kam es immer geradezu unfaßbar vor, daß Sie, der der Kinderseele so liebe- und verständnisvoll entgegenkommt, diesen Segen entbehren sollen. Ich glaube, auch Ihre Frau wird daran erst zum vollen Menschen werden, so phrasenhaft so was auch klingt! Ich denke, Sie brauchen es nur zu Ihrem Glück – aber Ihre Frau vielleicht zu ihrem Leben.

Von mir weiß ich nur Erfreuliches zu berichten. Ich erfreue mich verhältnismäßig eines ziemlichen Wohlbefindens, so auch meine Familie. Meine Tätigkeit ist zum mindesten nicht entehrend und nicht ganz unerfreulich. Ich habe eine recht gute Figaro-Aufführung zustandegebracht (in ganz und gar Leflerschem Geiste) und eine prachtvolle *verkaufte Braut* (oben Lefler, unten Mahler); scheide heuer endgültig vom Theater und übernehme vom nächsten Jahre ab ein Konzertunternehmen. – Ihr Wilhelm Tell ist *kläglich* bei Baumfeld – größtenteils ohne dessen Schuld, bloß durch klein[lich]e Sparsamkeit und gröbliches Unverständnis der Regie – zugrunde gerichtet worden, hat aber großen Effekt gemacht und dem Theater den ersten Kassenerfolg gebracht.

Eben ist Mama Moll bei uns, die sich mit ungeminderter Genußfähigkeit alles wohl schmecken läßt und wohl persönlich manches zu berichten haben wird.

Über Wien erfahre ich durch ab und zu ankommende Blätter der „N. Fr. Presse" – da ich ja die Geheimschrift, die zwischen den Zeilen dieses Blattes steht, zu entziffern gewöhnt bin. – Ich freue mich schon, mit Ihnen bald über alles das plauschen zu können. Für heute nehmen Sie mit diesem summarischen Bericht vorlieb, den ich mir auch nur so zwischen diesem Trubel durch – der einmal vom amerikanischen Leben unzertrennbar ist – abgerungen habe.

Seien Sie mir herzlichst gegrüßt, lieber Freund, und grüßen Sie auch Ihre Frau und Walter.

Ihr herzlichst ergebener
Mahler

* Zu Rollers Abgang von der Oper.

Quelle: Briefautograph. – *Datierung:* In GMB, 1924, „Frühjahr 1909". Der Hinweis auf die „Verkaufte Braut" und den Besuch Anna Molls gestattet eine genauere Datierung. – *Abschied vom Theater:* Roller schuf in den folgenden Jahren mehrere Bühnenausstattungen, darunter für die Uraufführung des „Rosenkavalier", Dresden 1911, und trat im November 1918 wieder als Vorstand des Ausstattungswesens in die Wiener Oper ein. – *über die „Hoffnung":* Rollers älterer Sohn Dietrich kam am 20. April 1909 zur Welt. – *eine recht gute Figaro-Aufführung:* an der Metropolitan Opera am 13. Januar 1909. – *eine prachtvolle verkaufte Braut:* am 19. Februar 1909. – *bei Baumfeld:* Maurice B. (1868–1913), Leiter des deutschen Theaters in New York. – *Eben ist Mama Moll:* dieser Satz fehlt in GMB, 1924. Siehe dazu auch Brief 409 an Carl Moll.

407 An Bruno Walter

[Ohne Datum. New York, Frühjahr 1909]

Liebster Freund!
In aller Eile! Bitte, *eruieren* Sie sofort, ob der *famose* Trompeter aus dem Konzertverein, der uns damals so gefiel, noch in *Wien ist,* und wenn ja, suchen Sie ihn auf, ob er gewillt wäre, zu mir nach New York zu kommen. Wenn er nicht mehr in Wien wäre, dann eruieren Sie seinen gegenwärtigen Aufenthalt und *kabeln* Sie mir gleich in Schlagworten *Namen, Adresse* und ob er kommen kann. – Sie sind so lieb und legen das Geld einstweilen für mich aus. Es ist definitiv, daß ich das Orchester in *New York* übernehme*. Bald Näheres. Sollte an Sie nächstens ein Ruf ergehen, so machen Sie nichts Definitives, ohne mich zu fragen.

Tausend Grüße

Ihr
Mahler

Eiligst!

Fragen Sie *Dreyer* und *Schnellar,* ob sie einem Rufe von mir Folge leisten würden. Auch ganz kurz dem *Kabel* zufügen.

* Mahler verließ die Metropolitan-Opera und übernahm die Leitung eines eigenen Konzertorchesters. [siehe Anmerkung zu Brief 404]

Quelle: Briefautograph. – *Datierung:* In GMB, 1924, „Frühjahr 1908". Mahlers Bemühungen, das New York Philharmonic Orchestra durch Neuengagements auf einen höheren Standard zu heben, begannen aber erst im Frühjahr 1909. – *Nachschrift:* fehlt in GMB, 1924. – *Dreyer und Schnellar:* Franz D., Posaunist, Hans Sch., Pauker, beide Mitglieder des Hofopernorchesters respektive der Wiener Philharmoniker.

408 An Carl Moll

[Ohne Datum. New York, Hotel Savoy, 1909]

Mein lieber Karl!
Meinen letzten Brief hast Du hoffentlich schon empfangen. Heute muß ich Dich um einen Gefallen ersuchen! Schicke bei Erhalt dieses Briefes sofort an .... 300 Kronen (in meinem Namen).

Es ist ein alter Freund von mir, der wie ich höre, sich in bitterster Verlegenheit befindet.

Tausend Grüße von Deinem

Gustav

an . . . 300 Kronen: laut Martner an Dr. Heinrich Krzyzanowski.

409 An Carl Moll

HOTEL SAVOY
NEW YORK

[Ohne Datum. 10. März 1909]

Mein lieber Karl!
Aus meiner unüberwindlichen Schreibunlust raffe ich mich zu einigen Zeilen auf. Glücklicherweise steht unsere Rückkunft so nahe bevor, daß ich mich kurz fassen kann.

1. Hab tausend Dank, daß Du uns Mammerl geschickt hast. Es hat uns allen mächtig wohlgetan; und jetzt sitzt [sie] wohl schon bei Euch und packt tüchtig aus.

2. Und dies ist der Grund meines heldenmütigen Entschlusses: Mama hat Dir gewiß von ihren Konsultationen mit Dr. Fränkel erzählt. – Ich möchte hier noch kurz resumieren – bei der Wichtigkeit der Sache – um der neuen Ansicht über die Dinge einen rechten Nachdruck zu verleihen und Euch alle darin möglichst zu *bestärken.*

Fränkel ist ein genialer *Diagnostiker,* und ich bitte Euch, vertraut ihm menschenmöglichst. – Es handelt sich also bei der Mama um die *Niere,* die Herzerscheinungen sind nur sekundär. Wenn die Mama sich einige *Monate* strikt nach seinen Anweisungen hält und *nie* Diätfehler macht, so wird sie *ganz* wiederhergestellt. Wenn nicht, so ist eine ernstliche Erkrankung der Niere in 2–3 Jahren unausbleiblich. – Fränkel läßt nun der Mama sagen, sie soll einen tüchtigen *jüngeren* Wiener Arzt beiziehen (keinen „Professor"), der seine Diagnose sicher bestätigen wird und sie überwachen soll. Er empfiehlt folgende: *Mannaberg, Wilh[elm] Schlesinger, Paal* oder einen von den Assistenten van Noordens (nicht *ihn selbst,* weil er zu beschäftigt ist), z. B. *Falta.* – *Milch* muß ihre Hauptnahrung sein. Ich bitte Dich, überwache sie ordentlich, obwohl sie *sehr* brav ist, aber die lieben *Freunderln* halten ja das nicht aus, wenn man nicht ordentlich bei den Einladungen frißt und sauft.

Alkohol, Gewürze sind absolut untersagt. Alles, was dick macht – Mehlspeisen, Brot etc. auf ein Minimum reduziert. *Schwarzes Fleisch* verboten. *Weißes Fleisch sehr mäßig. Gemüse, Salate empfohlen. Essig* untersagt. – Also, bitte Euch, meine Lieben, nehmt die Sache *sehr genau,* dann ist Mammerl in 6 Monaten gesund und jung. – Laßt Euch durch niemanden beirren. – Freund Nepallek wird auch mithelfen. Hoffentlich ist Mama recht erfrischt bei Euch angekommen; hier war sie, wie gewöhnlich, die jüngste von allen.

Tausend Grüße und auf baldiges Wiedersehen – Alma ist sehr wohl – über ihren Zustand hat sie wohl selbst geschrieben. Sie ist von ihrer Last befreit. Diesmal tut es ihr aber selbst leid.

Euer
Gustav

Quelle: Briefautograph. – *Dr. Fränkel:* Dr. Joseph F. (1867–1920), aus Wien stammender, in New York praktizierender Arzt, mit Mahler befreundet. – *van Noordens:* unter den vielen hier genannten Ärzten ist Carl van Noorden (1858–1944) die überragende Erscheinung. Er war Vorstand der I. Medizinischen Klinik in Wien seit 1906, Spezialist für Stoffwechselerkrankungen, und gilt als der eigentliche Schöpfer der diätetischen Therapie. Wilhelm Falta (1875–1950) war Noordens Assistent; die weiteren Ärzte, Julius Mannaberg (1860–1941), Wilhelm Schlesinger (1869–1947) und Jakob Pal (nicht „Paal"), waren auch alle Internisten. – *Gemüse, Salate empfohlen:* Dieser Satz fehlt in GMB, 1924, ebenso die letzten Sätze über Alma. Zu dem gesamten Brief ist zu bemerken, daß Mahler seit seinen vegetarischen Jugendjahren an Diätproblemen sehr interessiert war und auch selbst häufig eine gewisse Diät beobachtete.

410 An Willem Mengelberg

[Ohne Datum. Poststempel Wien: 6. 6. 1909]

Lieber Freund!
Herzlichen Dank für Ihre Nachrichten. – Ich bitte für den *3. Oktober* auf mich zu zählen, falls Ihre Dispositionen dies zulassen. Vorher könnte ich kaum abkommen. Für diesmal lassen wir noch die 6. Falls Sie mich am 8. Okt[ober] in Frankfurt haben wollen, stehe ich Ihnen ebenso zur Verfügung. – Nur müßte ich bis *Ende Juli* Ihre definitive[n] Entschlüsse haben, um mich danach einrichten zu können. Die Symphonie erscheint bei Bote und Bock. Wollen Sie sich freundlichst mit den Herr[e]n in Kontakt setzen, damit alles rechtzeitig in Ihre Hände kommt. – Sie haben doch nichts dagegen, daß wir die Sache in Amsterdam aus *geschriebenen* Stimmen spielen (die Ihnen nachher gegen gedruckte umgetauscht werden), damit ich etwaige Fehler noch korrigieren kann. Wir können dann *eventuell* das Material nach Frankfurt mitnehmen. –

Ich habe den Verlegern eben geschrieben, daß das Material längstens 10. September in Ihren Händen sein muß, damit Sie die Sache mit Ihren Leuten sowohl in Amsterdam wie in Frankfurt vorstudieren können. Dies wird wohl nötig sein, und ich rechne wieder, wie immer, auf Ihre freundschaftliche Fürsorge.

Es wäre zu reizend, wenn wir auf diese Art wieder einmal eine kleine Zeit zusammen hausen könnten! Lassen Sie mir, bitte, Ihre nächsten Nachrichten nach *Toblach* a[n] d[er] Südbahn, Villa Altschluderbach in Tirol, zugehen, wohin ich am 9. Juni abreise und bis Mitte September zu bleiben gedenke.

Dahin, bitte ich Sie auch, mir die Partitur der 6. zu schicken. Sein Sie und Ihre liebe Frau vielmals gegrüßt. Über Ihre wachsenden Erfolge freue ich mich immer, wenn ich davon lese. *Jetzt* glauben es wohl auch die Herren in Amsterdam?

Herzlichst
Ihr
Gustav Mahler

De Boys u. Diepenbrocks tausend Grüße.

Quelle: Briefautograph. – *Datierung:* laut Reeser. In GMB, 1924, „Frühsommer 1907". – *für den 3. Oktober:* Mahler dirigierte seine Siebente Symphonie am 2. Oktober (Den Haag) und am 3. und 7. Oktober 1909 (Amsterdam). – *in Frankfurt:* Mengelberg war seit 1907 auch Leiter der Frankfurter Museumskonzerte. – *Nachschrift:* fehlt in GMB, 1924.

411 An Josef Reitler

[Ohne Datum. Wien, 1909*]

Lieber Herr Reitler!
Ich würde mich sehr freuen, wenn Sie mich in meiner Wohnung gelegentlich mal aufsuchen könnten. – Am besten treffen Sie mich gegen 11 Uhr vormittags. Jedoch erwarte ich nur den Freund und nicht den Journalisten.

Herzlichst grüßend
Ihr
Mahler

* Nach Mahlers Rückkehr aus Amerika.

412 An Friedrich Löhr

[Ohne Datum. Poststempel:
Wien, 8. VI. 1909]

Mein lieber Fritz!
Ich danke Dir herzlichst für das Bild[94], das mir auch alte liebe Zeiten vor die Augen gestellt hat. – Ich war ganz überrascht, wie sehr Dein Junge Dir gleicht; denn ich glaubte zuerst, es sei eine Photographie von ihm. Ich fahre heute nach Toblach, wo ich den Sommer über bleibe. – Meine Adresse dort ist einfach:

Toblach a. d. Südbahn.

Solltest Du irgendwo in erreichbarer Distanz sein, so würde es mich herzlich freuen, Dich gelegentlich aufzusuchen, oder auch deinen Besuch zu empfangen.

Jedesfalls aber sehen wir uns nach meiner Rückkehr im September. Über mein langes Stillschweigen nach Deiner lieben Sendung mündlich.

Für heute nur herzlichste Grüße an Dich und Deine Lieben von Alma und

Gustav

Beiliegenden Scherz nimm freundlich auf[95]!

413 An Emil Freund

[Ohne Datum. Alt-Schluderbach, Juni 1909]

Lieber Freund!

Bitte, setze Dich sofort mit Direktor Hertzka von der Universal-Edition (verlängerte Wipplingerstraße) in Verbindung (falls dies nicht schon von ihrer Seite geschehen ist) und besprich – respektive setze einen Verlagsvertrag über meine achte Symphonie auf, den ich mit Hertzka (ich glaube, daß er so heißt) bereits im einzelnen fixiert.

Bedingungen sind:

1. Ich trete das Verlagsrecht ab.

2. Ich erhalte von sämtlichen Einnahmen (Brutto) 50 Prozent.

3. Sie stechen Partitur und zweihändigen Klavierauszug mit Text und autographieren die Orchester- und Chorstimmen.

4. Ich bekomme jährlich einmal an einem bestimmten Tage die Abrechnung und habe zu jeder Zeit das Recht, die Bücher einzusehen.

5. Der Klavierauszug wird sofort gestochen; Partitur und Stimmen unmittelbar nach der ersten (Ur-)Aufführung.

6. Das Recht der Uraufführung behalte ich mir ausdrücklich vor.

7. Das Aufführungsrecht verbleibt mein; doch steht ein Teil der von den Aufführungen herrührenden Tantiemen in jenem Ausmaße, wie sie die Berliner Gesellschaft (Rösch etc., ich weiß den Namen nicht) zwischen Autor und Verleger teilt, der Universal-Edition zu.

Bitte, den Vertrag so bald als möglich mir zur Unterschrift zuzusenden, da ich aus bestimmten Gründen mich noch vor Mitte August entscheiden muß. – Wann kommst Du?

Mir wäre es am liebsten, wenn es Dir paßt, vom 4. bis 9. Juli.

Bitte, bringe mir ein Mittel namens new skin (Albi wird es Dir angeben, eine Art flüssiges Heftpflaster) mit.

Herzlichst grüßt Dich

Dein
Gustav Mahler

Schreibe bald.
Deine Idee mit dem Grahambrot war genial!

Direktor Hertzka: Emil H. (siehe Verzeichnis der Adressaten). – *Verlagsvertrag:* Mahlers Vertrag mit der Universal Edition über die Achte Symphonie trägt das Datum 26. Juni

1909. – *die Berliner Gesellschaft:* die Genossenschaft deutscher Tonsetzer, deren Mitglied Mahler seit 1903 war. – *Rösch:* Friedrich R. (1862–1925), Mitbegründer der Genossenschaft. – *Albi:* möglicherweise Albine Adler, eine Freundin des Hauses.

414 An Arnold Berliner

[Ohne Datum. Poststempel:
Toblach, 20. Juni 1909]

Lieber Freund!
Ich bin gegenwärtig Strohwitwer (Alma ist zur Kur in Levico). Ich muß daher die Korrespondenz eigenhändig ergreifen. Wie Du Dir denken kannst, möchte ich gerade jetzt was von Dir wissen. Denn da ich Deine psychische Konstitution kenne, bin ich überzeugt, 1. daß Du in absehbarer Zeit den Hungertod erwartest, 2. in „solcher" Stimmung zu Mitteilungen ganz ungeneigt. Gerade im Moment, wo man einen Freund am notwendigsten braucht. – Abgesehen aber davon, möchte ich nun unbedingt wissen, wie es um Dich steht, wie sich die beruflichen Angelegenheiten entwickelt haben, und welche Aussichten, welche Pläne Du für die Zukunft gefaßt hast. Ich bin mutterseelenallein in einem großen Hause, das unzählige Zimmer und Betten umfaßt. Wie schade, daß alle Sommerpläne so verfahren sind. Vor allem: Wann kommst Du zu uns? Ein gutes Bett in einem angenehmen Zimmer und wundervolle Bücher, die Dir ganz neu sein werden, findest Du zu jeder Zeit. – Für die Stunden mit Selbstmordgedanken wird denkbarste Ungestörtheit garantiert – Nachmittage und Abende werden plaudernd, essend und spazierengehend verbracht.

Wann Fränkel kommt und wo er ist, weiß ich nicht. Ich habe ihm nach Paris an Credit Lyonnais geschrieben. Ist dies die Adresse, von der ich munkeln gehört habe?

Hier ist es wunderherrlich und repariert ganz sicher Leib und Seele. Für Butterbrot und gute Stiefel für Deine ganze fernere Lebenszeit garantiere ich. Sogar auf Schinken soll es mir nie ankommen. Also: Kopf hoch. Jedenfalls Brust heraus (dann muß der Bauch hinein und faßt weniger). Bitte, schreib ein Wort, wie es Dir geht und wann Du kommst.

Herzlichst in Eile

Dein
alter Mahler

415 An Anna Moll

[Postkarte. Ohne Datum.
Toblach, Sommer 1909]

Also, liebste Mama, wenn ich also einen Wunschzettel Dir aufhalsen soll, so bitte ich um folgendes: 1. Ein Flaschel *echten Honig* (nicht diesen ekelhaften Lakrizensaft, den mir die Agnes seit heute auftischt). 2. Ein Flaschl Füllfedertinte. 3. 2 Ketterl für *Schlüssel.* 4. Ein bißchen Pfefferminzöl oder dgl. zum Wasserspülen nach Tisch. – Von Almschi bekomme ich wahre Jammerbriefe, woraus ich schließe, daß die Kur sie sehr mitnimmt. Außerdem weiß ich, daß das Alleinsein für sie momentan nicht taugt. – Es ist ein Glück, daß sie wenigstens die Gucki mit hat. – Wären wir doch nur schon alle hier wieder beisammen!

Tausend Grüße
Dein
Gustav

Etwas hätte ich noch vergessen: nämlich so ein Stürzerl zum Löschen der Kerzen. Wenn man sie ausbläst, so „placht"[?] es dann.

Quelle: Briefautograph. Nachschrift fehlt in GMB, 1924. – *Gucki:* Kosename Anna Mahlers.

416 An Emil Freund

[Ohne Datum. Alt-Schluderbach, 26.? Juni 1909]

Lieber Freund!
Beiliegend den unterschriebenen Brief. Bezüglich einiger mir sehr wichtiger Details werde ich im Herbst, nach meiner Rückkehr vom Land mit Dir[ektor] Hertzka, von dessen Urbanität ich die angenehmsten Beweise habe, persönlich Fühlung nehmen. Dazu gehören vornehmlich zwei Punkte. 1. Die Herstellung einer möglichst billigen, handlichen Partiturausgabe für Studienzwecke.

2. Der Preis für die zweihändigen Klavierauszüge, der im Interesse der Verbreitung meines Werkes und schließlich sogar im finanziellen Interesse des Verlags möglichst billig angesetzt werden möge. Den

Gegenvertrag bitte ich mir vorläufig nach Toblach zuzustellen, da ich meiner Frau (die, wie Du weißt, jetzt nicht hier ist) gerne Einblick in denselben verschaffen möchte.

Mein Programm hat sich unterdessen dahin modifiziert, daß ich mir Deine Ankunft hier schon für den 2. oder wenigstens 3. Juli erwünsche, warum dies, habe ich hoffentlich bald Gelegenheit, Dir mündlich mitzuteilen.

Mit herzlichen Grüßen
Dein
Gustav Mahler

Bitte, grüße Direktor Hertzka herzlichst von mir.

Datierung: In GMB, 1924, nur „Juni 1909?". Da es sich aber offensichtlich um ein Begleitschreiben zu Mahlers Vertragsbrief vom 26. Juni handelt (siehe auch Anmerkung zu Brief 413), wäre dieses Datum wahrscheinlich.

417 An Bruno Walter

[Ohne Datum] Toblach [Sommer 1909]

Lieber Freund!
Ich habe einen Brandbrief bekommen und muß binnen 2 Wochen *24* Programme für die nächste Saison abliefern! Bitte, *dichten* Sie etwas für mich – und schicken Sie mir es bald. Das Zeitungsgeflügel hat sich[!] doch mit seinem Schnattern nicht etwa beunruhigt? Scheint alles aus den Fingern gesogen!

Herzlichst
Ihr
Mahler

Quelle: Briefautograph. – *Datierung:* In GMB, 1924, „New York, Anfang 1909". Da Mahler eigenhändig „Toblach" über den Brief gesetzt hat, muß es der Sommer 1909 gewesen sein. – *24 Programme:* für die Konzerte der New York Philharmonic Society.

418 An Theodor Spiering

[Ohne Datum. Poststempel:
3. Juli 1909]

Mein lieber Herr Spiering!
Besten Dank für Ihre freundlichen Zeilen.

Sie haben Ihre Wünsche so klar ausgedrückt und ich anerkenne voll und ganz die Berechtigung Ihrer Anschauungen und werde ganz Ihnen entsprechend vorgehen.

Ich bitte mir freundlichst zu bezeichnen, welches der nachgenannten Konzerte Ihnen zusagen würde.

1. Beethoven, 2. Mendelssohn, 3. Brahms – ferner was Sie außerdem noch gerne (als erstes) spielen wollen. Doch muß ich Ihnen gestehen, daß ich es für notwendig halte, daß Sie mit einem gediegenen Meister – und nicht mit einem Effektstück à la Vieuxtemps, Bruch usw. zuerst auftreten sollten.

Wir sind übrigens, wie ich höre, durch das Engagement des Herrn Kreisler und der Maud Powell ein wenig eingeschränkt in unserer Wahl. Ich werde aber trachten, Ihr Interesse in dieser Sache in den Vordergrund zu stellen, da ich persönlich ja nach keiner Richtung gebunden bin. –

Ich stelle also die Programme jetzt zusammen und teile Ihnen das Ergebnis dann mit. Auch ich freue mich, Sie als Reisegenossen zu haben.

Ich bitte mir auch anzugeben, was ich zu fragen vergaß, ob Sie einen Vorschuß brauchen und ob ich veranlassen soll, daß die Überfahrt von New York für Sie bezahlt wird. – Bitte, ganz sans gêne. Wir Musikanten sind nicht verpflichtet, Kapitalisten zu sein – nur gut dirigieren, Violine spielen müssen wir können.

Mit herzlichsten Grüßen, auch unbekannterweise an Ihre Gemahlin, denen sich meine Frau anschließt.

Ihr ganz ergebener
Gustav Mahler

des Herrn Kreisler und der Maud Powell: Fritz K. (1875–1962), österreichischer Violinvirtuose und Komponist, Maud P. (1868–1920), amerikanische Violinvirtuosin, traten in je drei von Mahler geleiteten Konzerten des New York Philharmonic Orchestra auf (Saison 1909–10).

419 An Emil Freund

[Ohne Datum. Sommer 1909?]

Lieber Emil!
Beifolgender Brief versetzt mich in größte Sorge.

Ich übergab vor meiner Abreise dem Herrn Direktor Hertzka* persönlich die Partitur – und zwar in Gegenwart des H. v. Wöß. So viel ich glaube, nahm letzterer sie zu sich, um den Klavierauszug in den Ferien zu machen.

Bitte, untersuche gleich die Sache, da sie für mich von größter Wichtigkeit ist. Ich kann nur annehmen, daß der Brief in Abwesenheit des Herrn Hertzka geschrieben ist.

Bitte, depeschiere sogleich.

In Eile Dein
Gustav Mahler

* Emil Hertzka, Direktor der Universal-Edition.

Datierung: In GMB, 1924, ohne Datierungsversuch, bei Martner Oktober 1909 (New York). Da Josef Venantius von Wöss (1863–1943) den Klavierauszug zur Achten Symphonie „in den Ferien" machen wollte, dürfte sich auch das Mißverständnis um die noch handschriftliche Partitur in den Ferien abgespielt haben. Im November 1909 wurde der Klavierauszug von Wöss bereits Mahler zur Durchsicht vorgelegt.

420 An Julius v. Weis-Ostborn

[Ohne Datum. Toblach, 25. Juli 1909]

Mein lieber Herr von Ostborn!
Tausend Dank für Ihren lieben Brief. Als Freund Decsey noch hier war, müssen Ihnen die Ohren wohl oft geklungen haben. – Die Idee mit meiner II. war nur so eine Seifenblase, wie man sie in guter Laune manchmal macht. Selbstverständlich bin ich Ihrer Ansicht, einen solchen Plan nur bei günstiger Gelegenheit aufzunehmen; wenn Sie nächstes Jahr das Klagende Lied bringen wollen, so ist dies für die Zähnchen des P. T. Publikums genügende Arbeit. Frl. Kittel und Fr. Elizza haben die Solopartien ganz vortrefflich gesungen und ich kann beide Damen aufs beste empfehlen.

Verzeihen Sie dieses Geschmier – – Ich habe im Sommer so wenig Schreibelaune, möchte Sie aber nicht ganz ohne Antwort lassen. Ich riskiere daher diesen saloppen Gruß an Sie in der Hoffnung, daß Sie meinen guten Willen für die Tat nehmen.

Die allerherzlichsten Grüße an Sie und Dr. Decsey, denen sich auch meine Frau anschließt.

Ihr sehr ergebener
Gustav Mahler

nächstes Jahr das Klagende Lied: in einem a. o. Konzert des Akademischen Gesangsvereines „Gothia" am 14. März 1910 in Graz. – *Frl. Kittel:* Hermine K. (1876–1948), Altistin des Wiener Hof-Operntheaters, von Mahler sehr geschätzt. Bei der Grazer Aufführung wurden die Solopartien von Mitgliedern der Grazer Oper gesungen.

421 An Emil Freund

[Ohne Datum. Alt-Schluderbach, 8. August 1909]

Lieber Emil!
Ich denke, wir lassen nunmehr die Sache* auf sich beruhen, falls wirklich Gefahr vorhanden wäre, daß die höhere Instanz eine schärfere Tonart anschlagen könnte. Im übrigen überlasse ich es Deiner Einsicht, ob noch etwas zu unternehmen sei oder nicht. Meine Wohnung, für die ich schon einen Mieter vom 1. November habe, verlasse ich anfangs Oktober!

Sollte dies vielleicht eine Korrektur des Erkenntnisses der Schätzungsbehörde nach sich ziehen können? Mach, wie Du es für gut befindest. Ich bin sehr fleißig – Du erläßt mir daher alles Nähere bis zu unserem Zusammentreffen in Wien.

Bitte, teile mir daher jedenfalls mit, was Du in dieser Sache zu tun gedenkst.

Herzlichst
Dein
Gustav Mahler

Der Honig vom Semmering ist prachtvoll!

* Steuerangelegenheiten.

Meine Wohnung: Wien III, Auenbruggergasse 2.

422 An Theodor Spiering

[Ohne Datum. 15. August? 1909]

Lieber Herr Spiering!
Ich vermute, daß ich alle Ihre Briefe bekommen habe. –

Soviel ich mich erinnere, waren es die Antworten auf meine Anfragen. – Seitdem habe ich eine größere Arbeit begonnen und bin darin ganz begraben. Verzeihen Sie also, daß ich so lange nichts mehr von mir hören ließ.

Das erste Programm ist:

Beethoven:	Weihe des Hauses
"	Eroica
Liszt:	Mazeppa
Strauss:	Till Eulenspiegel

Der zweite Abend ist das erste historische Konzert – ich bitte Sie, doch das Bachsche Violinkonzert zu spielen. Eine Klavierstimme (Continuo) müßte allerdings dazu ausgearbeitet werden, denn ich finde, daß man die Bachschen und Händelschen Werke ohne ausgeführte Continuo entschieden vergewaltigt.

Ist Ihnen vielleicht bekannt, ob eine solche Ausführung existiert?

Ich bleibe bis Ende August hier – nachher in Wien.

Ich freue mich sehr, Sie am „Kaiser Wilhelm" wiederzusehen und grüße Sie herzlichst als

Ihr ergebenster
Mahler

Datierung: In GMB, 1924, „Poststempel: Toblach, 15. September 1909". Dies muß ein Lesefehler sein, da Mahler in diesem Brief angibt, daß er bis Ende August in Toblach bleiben werde; möglicherweise stammt der Poststempel vom 15. August. – *das erste Programm:* Konzert vom 4. November 1909 in New York. – *das erste historische Konzert:* am 10. November 1909 in New York. – *das Bachsche Violinkonzert:* in E-Dur. – *am „Kaiser Wilhelm":* Passagierdampfer des Norddeutschen Lloyd.

423 An Bruno Walter

[Ohne Datum. Toblach, August 1909]

Mein lieber Freund!
Nie dürfen Sie glauben, daß ich Ihnen (oder sogar einem andern) etwas übelgenommen hätte. Wäre ich aber auch so beschränkt, so hätte ich doch nach Ihrem lieben und schönen Brief doch nicht den leisesten

Anhalt zu einer Ursache. Ganz im Gegenteil hat er mich innigst erfreut. Sie haben für mein Stillschweigen den richtigen Grund erraten. Ich war sehr fleißig und lege eben die letzte Hand an eine neue Symphonie*. Leider gehen auch meine Ferien zu Ende – und ich bin in der dummen Lage – wie seit jeher – auch wieder diesmal, noch ganz atemlos, vom Papier weg in die Stadt und in die Arbeit zu müssen. Das scheint mir nun einmal beschieden zu sein. Das Werk selbst (soweit ich es kenne – denn ich habe bis jetzt nur blind darauf losgeschrieben und kenne jetzt, wo ich den letzten Satz eben zu instrumentieren beginne, den ersten nicht mehr) ist eine sehr günstige Bereicherung meiner kleinen Familie. Es ist da etwas gesagt, was ich seit längster Zeit auf den Lippen habe – vielleicht (als Ganzes) am ehesten der 4. an die Seite zu stellen. (Doch ganz anders.) Die Partitur ist, bei der wahnsinnigen Eile und Hetze, recht schleuderhaft und für fremde Augen wohl ganz unleserlich. Und so möchte ich es sehnlichst wünschen, daß es mir heuer im Winter gegönnt sein möge, eine Reinpartitur herzustellen.

Nun tausend Grüße, lieber Freund – warum schreiben Sie nichts von Lipiner? (Das sollten Sie in keinem Brief versäumen, mir alles mitzuteilen, was Sie über ihn wissen.) Ich komme in den ersten Tagen des September nach Wien und sehe Sie dann sogleich.

Ihr alter
Mahler

* Die IX. Symphonie.

Quelle: Briefautograph. – *Datierung:* In GMB, 1924, „etwa Herbst 1909". Da Mahler angibt, er werde in den ersten Septembertagen nach Wien kommen, müßte der Brief im August in Toblach geschrieben worden sein. – *Eile und Hetze:* In GMB, 1924, nur „Eile".

424 An Alfred Roller

[Ohne Datum. Toblach.
Ankunftsstempel: Graz, 23. 8. 1909]

Mein lieber Freund!
Dem Telegramm meiner Frau von heute morgen trage ich noch nach, daß ich gerade im Begriff war, ein Lebenszeichen von mir an Sie zu geben, als Ihre Depesche kam. Ich konnte mir denken, daß Sie beim Antritt einer neuen Stellung* kaum zu Atem gekommen sind. Und ich war unterdessen wieder nach meiner Façon „selig". Jetzt aber ist es Zeit, daß Sie bei uns ankommen. Das Schreiben ist ja doch nur ein

miserables Auskunftsmittel. Kommen Sie recht bald! Ende der Woche haben sich Redlichs bei uns (aber nicht zum Logieren) angemeldet. Das wird Sie wohl nicht genieren. Außerdem übernimmt Karl die Kosten. Strauss mit Frau werden auch in diesen Tagen (wahrscheinlich Dienstag) kommen.

Also auf baldiges Wiedersehen

Ihr alter
Mahler

Grüßen Sie vielmals Ihre Frau. Warum erwähnen Sie das Gedeihen Ihres Sprößlings nicht? Das ist *mir doch sehr interessant!*

* Die Leitung der Wiener Kunstgewerbeschule.

Quelle: Briefautograph. – *Datierung:* In GMB, 1924, nur „Sommer 1909". – ***nach meiner Façon „selig":*** Mahler schuf in diesem Sommer seine Neunte Symphonie. – *Redlichs:* Fritz Redlich (1868–1921), Industrieller, durch Carl Moll mit Mahler bekannt. – ***Strauss mit Frau:*** Richard Strauss und Familie besuchten Mahler in den letzten Augusttagen 1909 in Toblach.

425 An Friedrich Löhr

[Ohne Datum. Poststempel:
Wien, 17. September 1909]

Lieber Fritz!
Verzeih, daß ich mich noch immer nicht gemeldet. Ich habe es täglich vor, Dich aufzusuchen, bin aber so gehetzt, daß ich mit bestem Willen nicht dazu komme. – Nächste Woche sehen wir uns!

Bis dahin herzlichst

Dein
Gustav

Quelle: Briefautograph.

426 An Friedrich Löhr

[Pneumatisch. Ohne Datum. Poststempel:
Wien, 25. September 1909]

Lieber Fritz!
Ich erwarte Dich heute Nachmittag 5 Uhr im Café Central.[96]

Herzlichst
Dein
Gustav

Quelle: Briefautograph. – *Datierung:* Der Herausgeberin liegt im Zusammenhang mit diesem Schreiben ein Kuvert mit dem Poststempel „Wien, 8. VI. 09" vor. Da immerhin die Möglichkeit besteht, daß Mahlers Mitteilung nach der Herausgabe von GMB, 1924, in einen falschen Umschlag geriet, folgen wir der Originaldatierung.

427 An Emil Gutmann

[Ohne Datum. Wien, Herbst 1909]

Lieber Herr Gutmann!
Ich schiffe mich auch am 12. Oktober in Bremen ein. Es tut mir daher sehr leid, den Herren in Nürnberg diesmal nicht zur Verfügung stehen zu können. Es hätte mir sonst ein großes Vergnügen bereitet. Falls die Herren dennoch ihre Absicht durchführen wollten, so würde ich raten, hiezu Herrn Hofkapellmeister Walter von der hiesigen Hofoper einzuladen, der mich wie kein anderer zu vertreten befähigt ist.

Beste Grüße
Ihr
Mahler

Bezüglich der zyklischen Konzerte haben Sie mich mißverstanden. Ich meinte, dieselben sollen im Herbst 1910 (statt im Frühjahr 1910) stattfinden, da ich zu dieser Zeit leicht disponibel bin und außerdem auch eine größere Novität zur Verfügung stellen könnte; während dies und überhaupt meine Mitwirkung für ein so umfassendes Programm im Frühjahr (nach einer anstrengenden Herbstsaison) fraglich sein könnte.

D. O.

der zyklischen Konzerte: ein solcher Zyklus kam nicht zustande. – *eine größere Novität:* die Achte Symphonie.

428 An Paul Hammerschlag

[Ohne Datum. Poststempel:
New York, 19. November 1909]

Verehrter Freund!
. . . Mit meinem Amte hier bin ich recht zufrieden. Ich wünschte Sie zu manchem Konzert her. Besonderen Spaß hatte ich neulich an einem Bach-Konzert, wofür ich das Basso continuo für Orgel gesetzt, und an einem von Steinway hiezu präparierten Spinett von sehr großem Klange dirigierte ich und improvisierte – ganz nach Art der Alten. – Da sind für mich (und auch für die Hörer) ganz überraschende Dinge dabei herausgekommen. – Wie mit einem Schlaglicht war diese verschüttete Literatur beleuchtet. Es wirkte stärker (auch koloristisch) als jedes moderne Werk. Aber angehängt bin ich wie noch nie. Seien Sie herzlichst gegrüßt und empfehlen Sie mich auch Ihrer Gattin.

Ihr getreuer
Mahler

an einem Bach-Konzert: am 10. November 1909. Mahler hatte Sätze aus zwei Suiten von J. S. Bach neu arrangiert. Seine Bearbeitung erschien 1910 im Verlag Schirmer, New York.

429 An Bruno Walter

[Ohne Datum. New York,
18. oder 19. Dezember 1909]

Mein lieber Freund!
Hoffentlich haben Sie sich über mein Schweigen keine Gedanken gemacht. Es hat keinen anderen Grund gehabt als eine ungeheure Arbeitslast (sie hat mich an die Wiener Zeit erinnert), die mir nur 4 Dinge erlaubt hat: Dirigieren, Notenschreiben, Essen und Schlafen. Ich sehe nachgeradezu, daß ich unverbesserlich bin. Leute unserer Art können nicht anders, als was sie tun, gründlich tun. Und das heißt, wie ich geradezu sehe, sich überarbeiten. Ich bin und bleibe einmal der ewige Anfänger. Und das bißchen Routine, die ich mir erworben, dient höchstens dazu, meine Anforderungen an mich zu steigern. So wie ich meine Partituren alle 5 Jahre aufs neue herausgeben möchte, so brauche

ich zum Dirigieren der anderen jedesmal eine neue Präparation. Das Tröstliche für mich ist nur, daß ich eigentlich bis jetzt noch nie auf meinem Wege eine neue Richtung einschlagen, sondern immer die alte weiterschreiten mußte. – Aber allerdings entfernt man sich dadurch auch wieder so von allen gebahnten Wegen, daß man schließlich wie die Ansiedler eines neuen Weltteils mit Hacke und Spaten zugreifen muß. – Daraus erklärt sich auch der leidenschaftliche Widerspruch, den ich in allen Dingen erfahre, die ich unternehme. – Mein Orchester hier ist das richtige amerikanische Orchester. Talentlos und phlegmatisch. Man steht am kürzeren Hebel. Als Dirigent wieder von vorne anzufangen, ist recht unerquicklich für mich. Das einzige Vergnügen sind für mich die Proben eines Werkes, das ich noch nicht unter den Händen hatte. Das Musizieren macht mir noch immer einen ungeheuren Spaß. Hätte ich nur ein bißchen bessere Musikanten! Ihre Nachrichten über Ihre Aufführung der III. waren eine große Freude für mich! Wie sehr lieb ist es mir vor allem für Sie, daß Sie einen so großen Erfolg davongetragen. Nach den übereinstimmenden Berichten (auch von Fernstehenden) muß die Aufführung außerordentlich gewesen sein.

Das sind so die Lichtblicke in unserem Leben. Daß diese Lausbuben an Ihnen wieder vorbeigegangen sind und Schälkchen als Interregenten eingesetzt haben, war wieder echt! Hoffentlich lassen Sie [sich] das nicht nahe gehen! Die haben sich damit selbst gerichtet. Ihre Prädominanz in Wien kann Ihnen doch nicht genommen werden. Bleiben Sie nur *gelassen!* Sie müssen doch ans Ziel kommen. Ich brachte vorgestern hier meine Erste! Wie es scheint, ohne besondere Resonanz. Dagegen war ich mit diesem Jugendwurf recht zufrieden. Sonderbar geht es mir mit allen diesen Werken, wenn ich sie dirigiere. Es kristallisiert sich eine brennend schmerzliche Empfindung: Was ist das für eine Welt, welche solche Klänge und Gestalten als Widerbild auswirft. So was wie der Trauermarsch und der darauf ausbrechende Sturm erscheint mir wie eine brennende Anklage an den Schöpfer. Und in jedem neuen Werk von mir (wenigstens bis zu einer gewissen Periode) erhebt sich dieser Ruf von neuem: „daß du ihr Vater nicht, daß du ihr Zar!"* – d. h. *nur während des Dirigierens!* Nachher ist alles gleich ausgewischt. (Sonst könnte man gar nicht weiterleben.) Diese merkwürdige Realität der Gesichte, die sofort zu einem Schemen auseinanderfließt, wie die Erlebnisse eines Traumes, ist die tiefste Ursache zu dem Konfliktleben eines Künstlers. Er ist zu einem Doppelleben verurteilt und wehe, wenn ihm Leben und Träumen einmal zusammenfließt – so daß er die Gesetze der einen Welt in der anderen schauerlich büßen muß. – Bitte, eben fällt es mir ein, und ich unterbreche alles, um es nicht zu vergessen.

Schicken Sie mir aus Pique-Dame den Übergang zur Transposition Slezaks – auch bis wohin sie dauert. – Ich soll die Oper nämlich im Metropolitan dirigieren, und sie zahlen ein solches Geld dafür, daß ich wahrscheinlich nicht widerstehen werde. – Ferner sagen Sie dem Hohmann, ich möchte ihn riesig gerne haben. Aber mit der hiesigen *Union* gibt es ekelhafte Schwierigkeiten: – Sie untersagen nämlich die Importation eines Musikers. D[as] h[eißt] sie nehmen einen solchen, der mit einem Kontrakt in der Tasche hieher kommt, *nicht auf*. Es ist daher nur ein Mittel für H[errn] *Hohmann* – nämlich *ohne* Kontrakt hieherzukommen; 6 Monate ohne Unterbrechung sich hier aufzuhalten, *keiner* menschlichen Seele ein Wörtchen davon zu verraten, daß er bei mir engagiert ist (man tratscht schauerlich, und wenn es angezeigt [wird], so werfen sie ihn sofort hinaus und er darf nicht spielen – das ist mir voriges Jahr mit einem Paukisten so geschehen[).] Kann Herr Hohmann nun 6 Monate und *länger* (denn auch nachher wird sofort die Vehme in Bewegung gesetzt) *schweigen?* Und ist er einverstanden, bloß auf mein Wort herzukommen? In diesem Falle wäre alles zwischen uns perfekt. Aber ich weiß, daß dies ein außerordentliches Ansinnen ist. – Falls Hohmann es so wollte, so bitte ich wieder um folgendes Kabel von Ihnen:

„Mahler New York Hotel Savoy
Einverstanden Hohmann“

Ich werde darauf zurückkabeln:

„Hohmann etc. abgemacht Mahler.“

Er soll aber zugleich *umgehend schreiben,* damit ich meiner Sache ganz sicher sein kann. Dies muß aber alles umgehend geschehen! Schreiben Sie mir doch, bitte, immer, wie es Lipiner geht *(genau!),* auch was Nanna und die anderen [machen]. Ich druckse immer schon an einem Brief an Nanna (wie den an Sie), aber ich setze mich immer schwerer zu so was. Auch bin [ich] furchtbar in Anspruch genommen: Grüßen Sie alle herzlichst. Ich freue mich schon riesig auf eine Zeit, da ich wieder mit allen zusammenleben kann! Möge mir doch das noch [für] eine Spanne Zeit gewährt sein. – Auch über Ihre Frau und Kinder. Mit einem Worte: ich möchte einen richtigen Tratsch-Schreibebrief[?] von Ihnen haben. –

Das Publikum hier ist sehr lieb und verhältnismäßig viel anständiger als in Wien. Sie hören aufmerksam und wohlwollend zu. Die Vorgesetzten** sind wie überall. Ich lese keinen und lasse mir manchmal berichten. *(Ich rate Ihnen dieselbe Usance* – berichtet klingen diese Dinge alle bedeutend weniger aggressiv.) Nun also tausend Grüße und schreiben Sie bald – auch so was Ihnen gerade durch den Kopf fährt. Demnächst hoffe ich mit meiner 9. anzufangen***.

Ihr

Gustav Mahler

* Schluß der „Improvisation" in Mickiewicz' „Totenfeier" (Poet. Werke von Adam Mickiewicz, übersetzt von S. Lipiner, II 152).

** „Vorgesetzte" nannte Mahler die Kritiker.

*** Siehe Brief 436 am Schlusse.

Quelle: Briefautograph. – *Datierung:* In GMB, 1924, „Etwa Dezember 1909". Die erwähnte Aufführung der Ersten Symphonie in New York (16. und 17. Dezember) ermöglicht die genauere Datierung. – *Ihre Aufführung der III.:* am 25. Oktober 1909 in Wien (siehe auch Brief 404). Walter bezeichnete die Aufführung in einem Brief als „den größten Erfolg meines Lebens". – *Schälkchen als Interregenten:* In GMB, 1924, statt „Schälkchen" (Franz Schalk) nur „X". Die Wiener Philharmoniker hatten Schalk anstelle des erkrankten Weingartner die ersten drei Konzerte der Saison 1909–10 übertragen. – *Realität der Gesichte:* in GMB, 1924, „Realität der Geschichte". – *Pique Dame:* Mahler dirigierte am 5. März 1910 an der Metropolitan Opera die Premiere sowie drei Repertoirevorstellungen mit Leo Slezak als Hermann. – *Hohmann:* Albert H. (in GMB, 1924, „Y"), von Herbst 1907 bis Frühjahr 1910 Schlagwerker im Wiener Konzertverein. – *mit der hiesigen Union:* der New Yorker Musikergewerkschaft. – *Nanna:* Nina Spiegler. In GMB, 1924, ist dieser Absatz verstümmelt wiedergegeben, ebenso fehlt die Aufforderung, Walter möge über Frau und Kinder berichten.

430 An Guido Adler

[Ohne Datum. New York, 1. Januar 1910]

Lieber Freund!
Mein letzter Brief scheint von Dir arg mißverstanden worden zu sein. Ich erfahre dies aus einer Menge von Briefen, die ich seit einigen Tagen aus Wien bekomme*, und aus denen hervorgeht, daß höchst unrichtige und (ich gestehe es) auch kränkende Interpretationen daran geknüpft worden sind. Also erstens ad vocem Brief: Ich lege mich oft nach den Proben ins Bett (ich hörte zuerst von Richard Strauss von dieser Hygiene), weil es mich prachtvoll ausruht und mir ausgezeichnet bekömmt. In Wien hatte ich zu so was eben keine Zeit. – Ich habe sehr viel zu tun, aber durchaus nicht zuviel wie in Wien. Im ganzen fühle ich mich bei dieser Tätigkeit und Lebensweise frischer und wohler als seit vielen Jahren. – Glaubst Du wirklich, daß ein an Tätigkeit gewöhnter Mensch wie ich sich andauernd als „Pensionär" wohlfühlen könnte?

Ich brauche eine praktische Betätigung meiner musikalischen Fähigkeiten unbedingt als Gegengewicht gegen die ungeheuren inneren Ereignisse beim Schaffen: und gerade die Leitung eines Konzertorchesters war lebenslang mein Wunsch. Ich bin froh, dies einmal in meinem Leben zu genießen (abgesehen davon, daß ich dabei wieder manches lerne, denn die Technik der Theater ist eine ganz verschiedene, und ich bin überzeugt, daß eine Menge meiner bisherigen Unzulänglichkeiten im Instrumentieren nur daher rühren, daß ich gewöhnt bin, unter dem gänzlich verschiedenen akustischen Verhältnis des Theaters zu hören). Warum hat mir Deutschland oder Österreich so was nicht geboten? Kann ich dafür, daß Wien mich hinausgeschmissen hat? – Ferner: Ich *brauche* einen gewissen Luxus, eine Behaglichkeit der Lebensführung, die mir meine Pension (das einzige, was ich mir in einer beinahe 30jährigen Dirigententätigkeit erwerben konnte) nicht hätte erlauben können. Daher war es ein willkommener Ausweg für mich, daß mir nunmehr Amerika nicht nur eine meinen Neigungen und Fähigkeiten adäquate Tätigkeit, sondern auch einen reichlichen Lohn dafür geboten hat, der mich nun bald instand setzen wird, den mir mir noch beschiedenen Abend meines Lebens in menschenwürdiger Weise zu genießen. Und nun im engsten Zusammenhange mit diesem Umstande komme ich auf meine Frau zu sprechen, der Du mit Deinen Ansichten und Äußerungen ein großes Unrecht zugefügt hast. Du kannst mir es aufs Wort glauben, daß sie nichts anderes im Auge hat als mein Wohl. Und wie sie acht Jahre lang in Wien an meiner Seite sich weder von dem äußeren Glanz meiner Stellung blenden ließ, noch je trotz ihres Temperaments und trotz der Verlockungen, die das Wiener Leben und die „guten Freunde" daselbst (die alle über ihre Verhältnisse leben), sich zu irgend welchem, selbst unserer sozialen Stellung gemäßen Luxus verleiten ließ, so ist auch jetzt nichts anderes ihr ernstes Bestreben, als meinen Anstrengungen (die übrigens, ich wiederhole es, keine Überanstrengungen sind wie in Wien) für meine Unabhängigkeit, die mir das Schaffen erst recht ermöglichen soll, ein baldiges Ziel zu setzen. Du kennst sie ja doch zur Genüge! Wann hast Du bei ihr Verschwendungssucht oder Egoismus bemerkt? Glaubst Du wirklich, daß sie in der letzten Zeit, in der Du mit ihr nicht mehr zusammengekommen bist, sich so urplötzlich verändert hat? Automobil fahre ich ebenso gerne (ja viel lieber) als sie. Und sind wir vielleicht verpflichtet, in einer Dachkammer in Wien das Gnadenbrot der Wiener Hofoper zu essen? Soll ich mir nicht, da es mir geboten wird, in kurzer Zeit in ehrlicher künstlerischer Arbeit ein Vermögen verdienen? Nochmal versichere ich Dich, daß mir meine Frau nicht nur ein tapferer, an allem Geistigen teilnehmender treuer Genosse, sondern auch (eine seltene Verbindung) ein kluger, besonnener Hausverwalter ist, die mir trotz aller Behaglichkeit der leiblichen Existenz sparen hilft, und der ich in eigentlichem Sinne Wohlstand und Ordnung verdanke. Ich könnte Dir das alles in Ziffern ausführen. Aber ich denke, es ist unnötig, Du wirst bei einigem guten Willen (und Erinnerung an eigene Eindrücke) Dir alles selbst sagen können. – Verzeih mein Gekritzel und schreibe meine Ausführlichkeit der Achtung und Freundschaft zu, die ich für Dich bewahre, und dem Wunsche, daß Du nicht durch das Mißverstehen einer brieflichen Äußerung meiner Frau und infolgedessen auch mir selbst, ein schweres Unrecht antust.

Sei Du und Deine Familie herzlichst gegrüßt von

Deinem
Gustav Mahler

* Während des letzten Winters, den Mahler in Amerika zubrachte, war in Wien allerlei Gerede über angebliche Überanstrengung, über die seiner nicht würdige Minderwertigkeit seiner Stellung und über ähnliche Dinge mehr aufgetaucht, worauf Mahler mit diesem impetuosen Brief erwidert.

An Guido Adler: lt. Edward Reilly, Gustav Mahler und Guido Adler, Wien 1978, S. 56, hat Adler diesen Brief nie erhalten; Mahler scheint ihn nicht abgesandt zu haben. Alma Mahler fand ihn offenbar unter den Papieren ihres verstorbenen Mannes und nahm ihn in ihre Briefsammlung auf.

431 An Alfred Roller

New York, 6. Jänner [19]10

Mein lieber Freund!

Ich bin seit vielen Wochen im Begriff, Ihnen zu schreiben. – Es sind aber so viel äußere und innere Hindernisse vorhanden, daß es ewig nur beim Wollen bleibt; und das ist ein miserabler Zustand. Diesem Zustand hat ein sehr lieber Brief Ihrer Frau, den ich soeben erhalten (hoffentlich ist es nicht indiskret von mir, es Ihnen zu schreiben), ein Ende gemacht. Sie selbst verbot mir, ihr zu antworten und Sie müssen es übernehmen, ihr für die lieben Worte meinen Dank zu überbringen.

Briefe schreiben ist schon lange nicht mehr meine Sache. Und 2 Menschen, die ein so reiches und strömendes Leben zusammengeführt und gehalten, und die so viel mit- und durcheinander erfahren, können mit so kümmerlichem Surrogat nichts anfangen. – Alles was ich jedoch wünsche und aufrecht erhalten möchte, ist: Von Zeit zu Zeit einen Wegweiser aufzustecken, damit man doch wenigstens aus der Ferne erfährt, wo der andere wandert oder weilt. – Von mir wissen Sie alles – da alles nur das gleiche bleibt. Jedoch möchte ich von Ihnen erfahren, wie Sie sich in Ihrem neuen Hause zurechtfinden. Dafür, daß sich die Lücke in Ihrem Leben schnell schließt, haben die Herren am Opernring gesorgt; ich vermute, es geht Ihnen so wie mir, und der Gedanke dorthin ist wie ein böser Alb. Aber die Hauptsache ist, daß etwas an die Stelle tritt, die leer geworden. Ist dies bei Ihnen der Fall? Und haben Sie nun einen Wirkungskreis, der Ihrem Wesen gemäß ist, in dem Sie sich einigermaßen genug tun können? Für mich ist die Zeit des Theaters so in den Abgrund gesunken – in so grauer Ferne, als ob ich mit 7 Meilenstiefeln gegangen wäre.

Allerdings muß ich hinzufügen, daß mich der Wirbel der Ereignisse und meines inneren Lebens noch nicht zur Besinnung hat kommen lassen. Auch hier geht es mir wie dort: Jede Minute ist ausgefüllt, und der Stunden sind zu wenig. – Mit Genugtuung sehe ich die Distance, die ich hier noch zurückzulegen habe, immer kleiner werden. Und wenn Gott es will, so hoffe ich ungefähr in einem Jahr zu einer menschlichen Existenz zu gelangen. Irgendwo zu Hause zu sein und da leben und arbeiten (nicht mehr vegetieren und arbeiten) zu dürfen, und hoffentlich so nahe meinen wenigen Freunden, daß ich sie von Zeit zu Zeit sehen kann. Trotzdem wir, (ich und Alma), jede Woche einen neuen Sport haben bezüglich unserer Zukunft – Paris, Florenz, Capri, Schweiz, Schwarzwald – dehnen Sie diese Liste je nach Ihren geographischen Kenntnissen aus – so denke ich, besonders da die Amerikabegeisterung meiner Frau glücklicherweise ganz gehörig nachzulassen beginnt, daß wir in absehbarer Zeit irgendwo in der Nähe von Wien, wo die Sonne scheint und schöne Trauben wachsen, anlangen und nicht mehr weggehen werden. – Dies ist *kein Schreibebrief* (denn ich hätte eigentlich ganz andere Sachen zu sagen) aber das beste Mittel, meinem (wie ich schon anfangs erwähnte) miserablen Zustande ein Ende zu machen.

Sein Sie und Ihre liebe Frau herzlichst gegrüßt und schreiben Sie einige Worte über Ihre neue Stellung.

Ihr alter Freund
Gustav Mahler

Quelle: Briefautograph. – *Datierung:* In GMB, 1924, ebenso datiert, aber irrtümlich mit dem Zusatz „ohne Datum". – *die Amerikabegeisterung meiner Frau:* dieser Nebensatz fehlt in GMB, 1924.

432 An Emil Freund

[Ohne Datum. New York, 3. Februar 1910]

Lieber Emil!
Einen Gruß! (how do you do, nennt man es hier). Mir geht es famos – ich halte alle Anstrengung ohne die geringste Beschwerde aus. – Bitte (dies aber nicht der Grund meines Aufraffens zu einem Gruß), poche einmal energisch bei der Zeitungsgesellschaft an, die seit Jahren nicht mehr die kontraktliche Verpflichtung erfüllt, mir eine Abrechnung zu schicken.

Laß mal eine Zeile los, wie es Dir geht. – Nimm mit dieser Art von Ansichtskarten vorlieb und sei herzlichst gegrüßt von

Deinem alten
Gustav Mahler

Zeitungsgesellschaft: Eberle & Co., Wien (siehe auch Brief 317, Anmerkung).

433 An Emil Gutmann

[Ohne Datum.
New York, Februar–März 1910]

Lieber Herr Gutmann!
Vor 6 Wochen ungefähr kabelten Sie:
Bedingungen erfüllt – Absage unmöglich*.

Hierauf kam ein Brief, der den Wiener Singverein als sicher – und Mengelberg in Aussicht stellte. – Unter meinen Bedingungen war in erster Linie, daß die Chöre am 1. Jänner zu studieren beginnen und die Dirigenten mir persönlich garantieren, daß sie rechtzeitig fertig werden. Dies ist sehr schwierig, weil der Sommer dazwischen liegt, in dem die Chorvereine *nicht* studieren, und das Wenige, was sie erlernt, wieder verschwitzen.

Jetzt kommt ein Brief, in dem mir angezeigt wird, daß *Ochs* sich bereit erklärt hat, daß er persönlich die Chöre einstudieren wird. Der Singverein in Wien *studiert* bereits. – Auf der nächsten Seite bitten Sie mich, bei der Universal-Edition zu urgieren, daß sie den Klavierauszug endlich fertigstellen, damit das Studium beginnen kann. – Nach einigen Tagen kommt ein Telegramm, daß der Riedelverein in Leipzig den einen Chor übernommen hat. – Sie werden begreifen, daß ich nun ein wenig konfus bin. Ich hätte Ihnen gekabelt: Halte Aufführung unter den gegenwärtigen Umständen für unmöglich! Ich weiß jedoch, daß darauf von Ihnen ein Kabel erfolgt wäre: Bedingungen erfüllt, Absage unmöglich. – Mein lieber Herr Gutmann – ich kann von hier aus nichts beurteilen. – *Ich halte* es für ausgeschlossen, daß die Chöre fertig werden! Und ich *rate* Ihnen *dringend* und freundschaftlichst, suchen Sie nach einem plausiblen Vorwand, die Aufführung abzusagen (eventuell, wenn Sie wollen, ein anderes meiner Werke dafür anzusetzen). – Denn sonst erleben Sie es im letzten oder vorletzten Moment, daß wir absagen müssen; und was nicht nur Sie, sondern auch *ich* dadurch für einen Klaps erleiden, können Sie sich selbst sagen. – Hertzka sandte mir *Ende Jänner* den Korrekturabzug mit der Bemerkung, daß sie in Wien den Druck 2 Wochen unterbrechen mußten, weil die Druckerei andere Verpflichtungen zu erfüllen hatte. – Ich konnte zu jener [Zeit] nicht an die Arbeit gehen, weil ich krank war und trotzdem dirigieren mußte, um nicht zuviel Geld zu verlieren. Also noch eine weitere Verzögerung von 14 Tagen. – Wie weit der Klavierauszug gediehen ist, weiß ich nicht. Aber daß die ganze Angelegenheit in dieser Hetze nicht gemacht werden kann, ist klar.

2 Gesamtproben sind *entschieden zu wenig.* – Doch alle Einzelheiten kann ich erst beurteilen, wenn ich nach Europa zurückgekehrt bin. Am 17. April dirigiere ich bei Colonne meine II.! Vielleicht spreche ich Sie da. – *Folgen Sie meinem Rat* und sehen Sie von der Aufführung ab! Später wird es noch unangenehmer sein.

In furchtbarster Hetze
Ihr ergebenster
Mahler

* Bezieht sich auf die Vorbereitungen zur Uraufführung der VIII. Symphonie, die in München am 12. September 1910 stattfand.

Quelle: Briefautograph. – *Datierung:* In GMB, 1924, „New York 1910". Da Mahler Ende Januar – Anfang Februar die Korrekturabzüge des Klavierauszugs zurücksandte, dürfte der Brief an Gutmann im Februar oder März 1910 geschrieben worden sein. – *Wiener Singverein:* Chorvereinigung der Gesellschaft der Musikfreunde. Die Einstudierung besorgte Franz Schalk. – *Ochs:* Siegfried O. (1858–1929), Leiter des Philharmonischen Chors, Berlin. (Dieser wirkte bei der Uraufführung der Achten Symphonie nicht mit.). – *den Druck . . . unterbrechen mußten:* Mahler meint den Notenstich.

434 An Anna Moll

[Ohne Datum. New York, Ende März 1910]

Liebstes Mammerl!
Darf ich Dir einen Wunschzettel schreiben? Ich bitte Dich, mir nach Paris hundert Stück Zigarrenspitzen, mit Nachtmanns Raucherwolle präpariert, mitzubringen, wie ich solche seit Jahren aus der Spezialitätentrafik am Kohlmarkt beziehe. Ferner ein Päckchen Raucherwolle (Nachtmanns), drittens ein paar Zigaretten mit Mundstück (nicht zu viel, damit Du keine Scherereien mit dem Zoll hast). Gegen fünfzig genügen mir völlig für die kurze Zeit. Ich denke schon täglich an unser Zusammenkommen in Paris.

Das Jahr habe ich famos überstanden und mich eigentlich gar nicht geschont. Von uns dreien war ich eigentlich der einzige stets auf dem Damm.

Almschi hat zweifellos heuer einen so guten Winter gehabt, wie seit vielen Jahren nicht mehr. – Ein paar Verkühlungen, aber gutartigen Charakters, von denen sie ziemlich bald aufstand. Guckerl scheint das Klima hier weniger gut zu vertragen. Sie hat einen langwierigen (sogar mit Fieber verbundenen) katarrhalischen Zustand – Gott sei Dank, hinter sich. Jetzt ist sie kreuzfidel und sieht schon wieder prächtig aus.

Wenn Du diesen Brief in Händen hast, so dauert's nicht viel länger als zwei Wochen, daß wir uns wieder sehen. Glaub's, mir zappelt's schon in allen Gliedern.

Ist gar keine Aussicht auf ein Landhaus im Charakter von Göding etc. . . ., wie ich mit Karl besprochen?

Tausend Grüße, meine liebste Mama, an Karl und Maria.

Dein
Gustav

Datierung: in GMB, 1924, nur „1910". Die Nennung von Paris macht Ende März 1910 plausibel. – *Landhaus im Charakter von Göding:* in Göding (Hodonin), Mähren, besaß Fritz Redlich eine Zuckerfabrik und ein schloßartiges Haus. Mahler weilte dort im September 1909 und arbeitete am „Lied von der Erde". – *Maria:* Tochter von Carl und Anna Moll.

435 An Bruno Walter

[Ohne Datum.
New York, etwa Ende März 1910]

Liebster Freund!
Bis heute habe ich mich innerlich und äußerlich gegen die mir fatale Münchner Barnum und Bailey-Aufführung meiner 8. gewehrt. Ich hatte seinerzeit, als Gutmann mich in Wien überrumpelte, an alles Drum und Dran solcher „Feste" nicht gedacht. – Nun scheint nach allem, was ich erfahre, das Unzulängliche Ereignis zu werden. Wenigstens sehe ich nicht, wie ich mich meiner Verpflichtungen entledigen kann. Natürlich stelle ich heute wie immer die Bedingung, daß die Chöre meinen Anforderungen entsprechen. – Nach Ankunft in Europa und Absolvierung meiner Pariser und Römischen Verpflichtungen werde ich mir [!] durch Augen- (und Ohren-)schein davon überzeugen, wie die Sachen stehen. Sollte es also wirklich dazu kommen, so müßte nun die Solistenfrage befriedigend gelöst werden und da zähle ich ganz auf Ihre Freundschaft. Bitte, nehmen Sie sich der Sache an. – Ich stehe nach wie vor auf dem Standpunkt, daß das Hauptkontingent von *Wien gestellt* wird, sonst wüßte ich nicht, wie und wo ich die Solisten unter einen Hut bringe. – Die Elizza, Förstel etc. werden doch schließlich in Wien nicht unentbehrlich sein (resp[ektive] überhaupt tauglich dafür, was Sie allein beurteilen können).

Bitte, schreiben Sie mir ein Wort über alle diese Ding[e] nach Paris – Hotel Majestic – wo ich nächste Woche eintreffe u. bis 17. April verweile. Hierauf geht es nach Rom.

Mit Slezak habe ich nicht gesprochen. Der Kerl hat gewiß für sowas weder Zeit noch Lust. Sie müssen also Rat schaffen. Wäre Weidemann nicht zu haben, und wie sind seine stimmlichen Dispositionen? Hilgermann – et tutti quanti?

Mir geht es physisch recht gut. Mein Glück wäre ein vollständiges, hätte ich mich nicht in den Netzen des Herrn Gutmann gefangen.

Seien Sie und Frau herzlichst gegrüßt von

Ihrem – vor der Abreise sehr eiligen
Gustav Mahler

Was macht Lipiner?
Ich mache den Brief nochmals auf, da mir einfällt, daß Weidemann nicht den Impetus und stählernen Ton [hat], den ich für den Pater brauche.

Aber die Kittel schiene mir sehr rätlich. Wenn ich von Wien Mayr –

pater profundus – Kittel, eine mater und Elizza dto. habe, und wo möglich auch die *3 3* dazu, damit das in Wien fertig gestellt werden kann – Förstel ist doch jedenfalls zu haben, da sie, wie ich lese, fortgeht – so wäre das *Damenquartett* und Pater profundus in Wien; man müßte also dann nur [?] noch einen stimmgewaltigen *Tenor* (wahrscheinlich am schwersten zu beschaffen – wie denken [Sie] über Urlus oder ähnliche) und ein[en] metalligen Pater ecstaticus [finden].

Quelle: Briefautograph. In GMB, 1924, statt aller Eigennamen nur „X" und „Y". Abschnitt über Slezak, Weidemann und Hilgermann fehlt, ebenso die gesamte Nachschrift. – *meiner Pariser und römischen Verpflichtungen:* Mahler dirigierte am 17. April 1910 seine Zweite Symphonie in Paris und gab anschließend Konzerte in Rom. – *Weidemann . . . Hilgermann et tutti quanti:* von den vielen genannten Sängern (fast alle vom Wiener Hof-Operntheater) wirkten bei der Uraufführung der Achten Symphonie nur Gertrud Förstel (1880–1950) als I. Sopran und Magna peccatrix und Richard Mayr (1877–1935) als Baß und Pater profundus mit. – *die 3 3:* unklar.

436 An Bruno Walter

[Ohne Datum.
New York, 1. April 1910]

Mein lieber Walter!
Unsere Briefe haben sich gekreuzt!

Also: 1) *Förstel, Jadlowker, Mayr* jedenfalls einverstanden. – 2) Winternitz-Dorda kenne ich nicht. Ist sie mindestens so brauchbar wie die Elizza, dann auch gut. – Sonst sehen Sie doch zu, die Elizza oder eine solche zu bekommen.

3) Auf jeden Fall bitte ich die Kittel in Aussicht zu nehmen. – Wenn die Therese Behr gut ist, kann ja sie gewählt [werden]. – Die *Preusse-Matzenauer* scheint mir gefährlich, da sie bei Mottl engagiert ist, der mir, wo es ihm nur möglich sein wird, Hindernisse in den Weg legen wird. –

Vielleicht ist doch in Wien an einen Mezzosopran zu denken, damit man da wenigstens die 4 Weiber beisammen hat. – Eventuell könnte ich ja Montenuovo um seine Intervention bitten – aber gerne tue ich letzteres nicht.

4) Kommt also noch der Bariton in Betracht. Ich sollte meinen, einer der Telramunde oder Wotäner in den deutschen Gauen dürfte doch aufzutreiben sein. –

5) Eine feine liebe Stimme für die mater gloriosa möchte ich extra

haben; dies läßt sich gewiß leicht und im letzten Moment bestimmen. (Forst?)

6) Dies alles nur akademisch gesagt, denn ich glaube bisher nicht an die Aufführung. – Mir ist das alles so konfus. – *Studieren* die Chöre schon – und sind sie im Sommer beisammen? Können sie fertig werden? Ich glaube es nicht. – Ich stellte, wie Sie sich erinnern, vor *allem andern* die Bedingung, daß das Material am 1. Jänner fertig [ist] und der Chor mit dem Studium beginnt. Heute – am 1. April – habe ich noch immer keine Auskunft darüber, ob der Chor bereits studiert – ja wer überhaupt singen wird.

Ich werde *rücksichtslos* absagen, wenn nicht alle künstlerischen Bedingungen zufriedenstellend sind. Morgen gehe ich aufs Schiff – heute wird gepackt – herrliche Zeit.

In Paris hoffe ich von Ihnen Nachrichten vorzufinden. Ich bleibe vom 12.–17. April im Hôtel Majestic.

Tausend Dank und Grüße von

Ihrem alten
Gusti Mahler

Die Reinpartitur meiner IX. ist fertig.

Quelle: Briefautograph. Die Punkte 1), 2), 3) in GMB, 1924, nicht enthalten, ebenso gegen Schluß die Sätze über Abreise und Paris. – *Förstel, Jadlowker, Mayr ... Winternitz-Dorda:* von den genannten Sängern wirkte neben Förstel und Mayr (siehe Anmerkung zu Brief 435) nur Martha Winternitz-Dorda (1880–19??) als una poenitentium mit. – *Montenuovo:* (in GMB, 1924, nur „M") Alfred Fürst M. (1854–1927), Erster Obersthofmeister von 1909–1917, vorher Zweiter Obersthofmeister, in diesen Funktionen die oberste Instanz der k. k. Hoftheater.

437 An Anna Moll

[Postkarte, ohne Datum.
Poststempel: Tobelbad 2. ? 1910]

Liebste Mama!
Nur in wenigen Worten, daß ich Almschi viel frischer und fester angetroffen habe und der festen Überzeugung bin, daß ihr die Kur hier sehr gut anschlägt. Bitte, halte sie nur hier, so lange Du kannst (denn sie scheint bedenkliche Absichten in Beziehung auf die Dauer ihres Aufenthaltes zu haben). Bitte, vergiß nicht, mir einen solchen Bett-

Tisch machen zu lassen und nach Toblach zu schicken, wenn er fertig ist. Seid beide herzlich gegrüßt von

Eurem
Gustav

Quelle: Briefautograph. – *Datierung:* In GMB, 1924, nur „1910"; der Poststempel ist bis auf „Tobelbad" und „2" unleserlich. Vermutlich handelt es sich um den 2. Juni, da Mahler um diese Zeit Alma, die zur Kur in Tobelbad bei Graz weilte, besuchte und auch in einem Brief an sie ihr gutes Aussehen hervorhob. Natürlich könnte es sich auch, wie Martner annimmt, um den Juli 1910 handeln.

438 An Carl Moll

REGINA-PALAST-HOTEL, MÜNCHEN

[Ohne Datum. Juni 1910]

Lieber Karl!
Ich weiß vor Proben * und Stimmenkorrigieren nicht, wo ich den Kopf habe. Aber Gutmann macht seine Sache famos, bis jetzt ist alles vortrefflich gegangen. Ich hoffe, daß Ihr im Herbst eine Freude haben werdet. An Pollack ** habe ich soeben geschrieben; bitte zwinge ihn nicht, in Grado zu bleiben. Der Aufenthalt dort soll nicht über 2–3 Wochen dauern, da er für seinen Fall sehr anstrengend sein soll. Aber suche ihm ein Sanatorium für Lungenkranke irgendwo im Wienerwald oder am Semmering aus, wo er seine Diät und Lebensweise lernen soll. Ich habe in diesem Sinn eben an ihn geschrieben und hoffe, daß es wirken wird. Man muß diesen Kindskopf eben am Bandel behalten.

Grüße vielmals Mama. – Ich komme nicht zum Schreiben.

In größter Hetze

Dein
Gustav

* Teilproben zur VIII. Symphonie.
** Dr. Theobald Pollack, Hofrat im Eisenbahnministerium.

439 An Carl Moll

[Ohne Datum. München, Juni 1910]

Lieber Karl!

Sei so lieb, beifolgendes Muster mit solcher Beschleunigung ausführen zu lassen, daß es Almschili an ihrem Geburtstag (30. August) bekommen kann.

Bald mehr, mein lieber Karl

Dein
Gustav

Die besten Sitze sind Logen und Parterre-Rund (ich glaube, so heißt es). Miserabel sind alle Parterresitze.

Geburtstag (30. August): Alma Mahlers Geburtstag war der 31. August.

440 An Theodor Spiering

[Ohne Datum. Poststempel:
München, 21. Juni 1910]

Mein lieber Spiering!

Ich sitze nun hier in München und probiere nur, was Zeug hält, an meiner VIII. – Sie fehlen mir sehr. Der Konzertmeister ist ganz passabel, jedoch nicht sehr tief verstehend und ohne Einfluß auf das Orchester. Hoffentlich sehe ich Sie im September hier.

Von Amerika bin ich ganz ohne Nachrichten. Wie Sie wissen, ist auf mein Drängen ein ordentlicher Manager engagiert worden, der aber zu meinem nicht geringen Mißvergnügen 65 Konzerte vorgeschlagen hat und behauptet, ohne diese gewaltige Vermehrung des Arbeitsprogramms keinen Erfolg garantieren zu können. – Ich verlangte nun für diese kolossale Mehrleistung eine kleine Erhöhung meines Honorars (ich bin kontraktlich nur zu 45 Konzerten verpflichtet), welche Forderung aber vom Komitee abgelehnt wurde, so daß ich mich nun einfach auf meine kontraktlichen Rechte und Pflichten zurückziehe.

Dies habe ich nun dem Komitee angezeigt, aber seitdem nichts von ihm gehört.

Seien Sie herzlichst gegrüßt und danken Sie Ihrer Frau für ihre lieben Zeilen. Hoffentlich lerne ich sie heuer kennen. Von meiner Frau soll ich Sie auch herzlichst grüßen.

Ihr sehr ergebener
Gustav Mahler

ein ordentlicher Manager: Loudon Charlton (1869–1931). – *Vermehrung des Arbeitsprogramms:* die Erhöhung der Zahl der Konzerte führte zu einem ernsten Konflikt zwischen Mahler und der Philharmonic Society, in dessen Verlauf im Januar 1911 ein Schiedsgericht angerufen wurde.

441 An Anna Moll

REGINA-PALAST-HOTEL, MÜNCHEN

[Ohne Datum. Juni 1910]

Liebste Mama!
Ich bin so beunruhigt durch die Briefe der Almschi, die einen so eigentümlichen Ton haben. Was geht denn da vor?

Ich will am Sonntag nach Toblach fahren. Doch bitte, schreibe mir sofort einige Zeilen, ob Du es für angezeigt hältst, daß ich lieber nach Tobelbad zu Almschi gehe. Lieber und besser wäre es, mich jetzt eine Zeit in Toblach stille halten zu können, weil die Strapazen hier ganz ungeheuer sind. (Täglich sechs Stunden Proben.) Jedoch, wenn es der Zustand der Almschi erfordert, so fahre ich gewiß sofort (über Wien) nach Tobelbad. Hältst Du letzteres für angezeigt, so depeschiere nur. Wenn nicht, so genügt eine Karte. Du bist dann auch so lieb, in Toblach zu veranlassen, daß ich ein Bett, Butter und Spinat etc. vorfinde. – Für Brot etc. habe ich in Wien gesorgt. – Mit dem Verlaufe der Proben bin ich recht zufrieden. – Ich hoffe, Ihr werdet im Herbst eine Freude haben.

An Karl depeschierte ich um meine Partitur (Kopie) der VIII., die ich hier mächtig brauche. Wenn ich nur nicht so unruhig über Alma wäre. Das macht mich ganz traurig.

Grüß Dich, mein liebes Mammerl und Karl

Dein
Gustav

442 An Carl Moll

REGINA-PALAST-HOTEL
MÜNCHEN, MAXIMILIANPLATZ

[Ohne Datum. 22.? Juni 1910]

Lieber Karl!
Aus beiliegendem Brief ersiehst Du, daß meine Vermutung, daß das Klima zu anstrengend für P[ollack] ist, sich bewahrheitet. Jetzt heißt es: kontrollieren, daß er den richtigen Platz wählt, recht lange dort bleibt und dann keinesfalls noch nach Wien zurückkehrt, sondern bis in den Winter hinein am Lande bleibt. Eventuell fährt man dann mit dem großen Geschütz auf: 1. eine krasse Darstellung seines Zustandes und der Gefahren, 2. meine Berufung nach Wien.

Bis heute früh (Mittwoch) ist die Partitur noch nicht eingelangt.

Grüß Dich, lieber Karl, in Eile

Dein
Gustav

Quelle: Briefautograph. – *Datierung:* In GMB, 1924, nur „Juni 1910". Die genauere Datierung ergibt sich aus dem vorhergehenden Brief an Anna Moll und aus „heute früh (Mittwoch)".

443 An Emil Gutmann

[Ohne Datum München, 26.? Juni 1910]

Lieber Freund!
Heute abend fahre ich nach Toblach ab, wo ich von Ihnen bald Nachrichten zu haben hoffe. Sorgen Sie unbedingt dafür, daß Maikl in den Besitz seines Urlaubs kommt, bevor er plakatiert wird, denn so was nehmen die Herren in der Intendanz gewaltig übel. – Wenn die Altistin in München mit ihrer Partie fertig ist, so schicken Sie sie nach Toblach, damit ich mich überzeuge, wie sie das bewältigt.

Hat Fried meinen Brief an Senius* abgeschickt? Dies ist wichtig, damit wir uns dieses „zweite Eisen" im Feuer erhalten.

Herzlichst grüßend

Ihr
Mahler

* Der bekannte seither auch schon verstorbene Oratoriensänger. [Felix S.: 1868–1913]

Datierung: In GMB, 1924, nur „1910“. In einem Brief an seinen Quartiergeber in Toblach kündigte Mahler seine Ankunft für Sonntag (26. Juni) oder Montag an. – *Maikl:* Georg M. (1872–1951) sang nicht bei der Uraufführung der Achten Symphonie. – *die Altistin:* vermutlich Anna Erler-Schnaudt (Maria Aegyptiaca).

444 An Siegfried Lipiner

Toblach, 7. Juli 1910 *

Liebster Siegfried!
Ich habe geflucht und geflucht, als ich das Schock Telegramme erhielt (denk Dir nur für jedes einzelne ein Rezepis zu unterschreiben) – aber als ich das Deine erwischte, da habe ich wirklich so eine Freude gehabt, daß ich alle anderen gerne in Kauf nahm. Da es aus dem Reichsrat datiert ist, so nehme ich an, daß Du wieder Deine alte Stundeneinteilung hast, und ich wage Dich gar nicht zu fragen, ob Du wieder einen einigermaßen menschlichen Zustand erlangt hast, ob wenigstens diese entsetzlichen Nachwirkungen des Radiums schon vorüber sind? – Wann und wohin gehst Du im Sommer? Bitte eine Korrespondenzkarte mit lakonischer Meldung. – Ich habe mich für diese Zeit, wie alljährlich, aber besonders für diesen Tag ganz allein hieher geflüchtet. – Es ist im Anfang jedesmal ein schweres Stück Arbeit, sich selbst gegenüber zu treten. Die Erfahrung nützt einem da leider gar nichts, denn es ist jedesmal so, als ob man sich erst sich selbst vorstellen müßte. – Wahrscheinlich ist dies aber nur bei Leuten meines Lebensganges der Fall, die in einem solchen Saus dahinbrennen müssen.

Meine Proben in Leipzig und München waren recht befriedigend. Jetzt erst glaube ich an die Aufführung am 12. September. Es wäre herrlich, wenn Du kommen könntest. Du hättest sicherlich was davon. Ich glaube, Du würdest ein Stück Deines Geistes erkennen; speziell der Hymnus ist aus Deiner Seele.

Der journalistische Platzregen in „W. und Hofoper“ scheint mir ganz aus den Wolken gefallen (es ist ja sein gutes Recht) und lediglich auf ein Geschwätz W.s mit einem Reporter entstanden. Besonders die Berufung Mucks scheint mir nur Kombination. Es wird da schon nichts vor dem Herbst erfolgen, und da werde ich wohl ja wieder befragt werden.

Klementines Karte nach München war so lieb. Ich lasse ihr herzlichst danken.

Seid beide tausendmal gegrüßt von Eurem
Gustav

* Mahlers 50. Geburtstag.

Quelle: GMB, 1924, und Neues Wiener Journal, 14. Januar 1923. – *einen einigermaßen menschlichen Zustand:* Lipiner war an Zungenkrebs erkrankt. – *Meine Proben in Leipzig:* Vorproben zur Achten Symphonie mit dem Chor des Riedel-Vereins. – *W. und Hofoper:* Weingartner verließ die Wiener Oper bereits Ende Februar 1911. Es gab Bemühungen, Mahler, zumindest als Dirigent zurückzugewinnen (siehe Briefe 458 und 459). – *Klementines Karte:* Die beiden Sätze fehlen in GMB, 1924.

445 An Anna Moll

[Ohne Datum. Toblach, Juli 1910]

Mein liebes Mamatschili!
(Donnerwetter, ist das aber schwer, Dir einen Kosenamen zu geben.)

Das war heute ein Schreck, als ich Almschis Brief bekam! – Als später ein zweiter, etwas geduldigerer und hauptsächlich Dein liebes Schreiben ankam, beruhigte ich mich ein wenig und vermute nun, daß ich ohne Sorge diese wenigen Tage noch hier bleiben kann. Ich bin aber furchtbar traurig, daß sich doch wieder dieses quälende Leiden eingestellt hat. – Ich lebe hier, wie Du aus meinen Briefen an Alma weißt, und beschäftige mich in Gedanken viel mit Euch.

Welches Glück, daß wir Dich haben!

Ich sage aber das nicht aus Egoismus, denn [wenn] Du, statt uns so lieb zu helfen, selbst hilfsbedürftig wärest, so wäre es uns beiden eine Freude, alles das Dir zurückzugeben, was wir unausgesetzt von Dir erhalten – und sagte ich immer wieder: Welches Glück, daß wir Dich haben.

Jetzt muß aber alles geschehen, daß Alma wieder ein gesunder Kerl wird! An meinen Geburtstag hatte ich ganz vergessen, und erst Eure Briefe erinnerten mich so plötzlich dran, daß ich bei dem Gedanken lächeln mußte, wie unwichtig mir dieser Tag erscheint, und wie liebevoll Ihr Euch desselben erinnert. Ich danke Dir tausendmal für Deine lieben Worte und bleibe mir, was Du bist, Freundin und Mutter (wie es das Schicksal in seiner seltsamen Laune einmal schon wollte).

Dein alter
Gustav

446 An Carl Moll

[Ohne Datum. Toblach, 1910]

Lieber Karl!
Hier sind, wie ich hoffe, die Wohnungsschlüssel. Nach der Beschreibung Almschis habe ich sie aus einer der 150 Laden herausstudiert.

Mama war so lieb, mir Zigaretten anzutragen. Ein paar Stück würden mir sehr gut kommen, doch bitte ich in diesem Falle mit Mundstück. Ich war riesig froh ihren Brief zu haben; da ich seit meiner Abreise nichts gehört hatte, so machte ich mir doch Gedanken – hier ist's wunderbar! Gerade jetzt! Du solltest mal auf einen Sonntag herkommen; nur um das einmal zu sehen! Ich kann mir nicht denken, daß ein Maler dieser Herrlichkeit nicht auch was abgewinnen sollte. Mir geht es recht gut. Wie Du weißt, vertrage ich Einsamkeit so gut, wie ein Trinker den Wein. Ich glaube sogar, alle Menschen hätten es einmal im Jahre nötig. So eine Art Purgatorio – oder eventuell Purgieren im Geiste – beides ist richtig.

Herzlichst danke ich Euch, meine Lieben

Euer
Gustav

Bitte retourniere die Schlüssel.

Datierung: hier lt. GMB, 1924. Martner datiert mit Sommer 1909, da er die „Wohnungsschlüssel" mit Mahlers Wohnung, Auenbruggerg. 2, verbindet, die im Herbst 1909 aufgegeben wurde. Das Wort „Purgatorio" hingegen könnte auf den Sommer hindeuten, in dem Mahler seine Zehnte Symphonie entwarf (1910), deren 3. Satz „Purgatorio" überschrieben ist.

447 An Emil Gutmann

[Ohne Datum. Wien 1910]

Lieber Gutmann!
Meine Verblüffung ist groß! Also die ganze Zeit rede ich davon, daß ich den 3.ten Probetag nicht entbehren kann! Sie kommen her, um das Hindernis zu beseitigen – Schalk und ich reden uns heiser, um allen zu erklären, warum das sein muß. – Sie ordnen alles, wir besprechen den *unumgänglich* nötigen Probeplan. Sie schicken mir von München aus die fixierte Liste. Nun zeigen Sie mir an, daß der Singverein „begeistert" ist, daß also der 3te Probentag nicht nötig ist, und daß statt

dieses Tages nur Begeisterung zur Verfügung steht. Eventuell wollen Sie zwischen die 3 Proben (die im ganzen etwa 15 Stunden dauern werden – darum habe ich auf eine einstündige Pause in jeder Probe gedrungen), noch eine 4te einschieben. Ja sogar wollen Sie am Aufführungstag noch eine weitere Probe möglich machen. Und rechnen also faktisch darauf, daß die Kunstbegeisterung eines Gesangvereins *Tote* lebendig macht. Denn nach diesen beiden Tagen wären die Leute tot. – Bitte nun *ein für allemal!* Entweder es bleibt bei unserer Abmachung in *allen* ihren *Teilen!* Ich habe die besprochenen 3 *Tage* ganz und voll, ohne jede Einschränkung zur Verfügung (nebenbei gesagt das *Minimum* dessen, was nötig ist) – oder Sie nehmen hiemit meine endgültige Resignation zur Kenntnis. – Eine Diskussion hierüber bitte ich mir in aller Zukunft zu erlassen.

Mit besten Grüßen

Ihr ergebenster
Mahler

Quelle: Briefautograph. – *Datierung:* hier lt. GMB, 1924. Martner schlägt Juli 1910 vor, obwohl nicht bekannt ist, ob Mahler im Juli 1910 in Wien war. Dem Vermerk „Wien" in GMB, 1924, ist allerdings nicht unbedingt zu trauen, trotz Mahlers „Sie kommen her". – *Probeplan:* die Proben dauerten schließlich vom 5. bis 11. September (Generalprobe), wobei an manchen Tagen zwei Proben stattfanden. (lt. „Signale für die musikalische Welt", Berlin, 17. August 1910).

448 An Emil Freund

[Ohne Datum. Niederdorf im Pustertal, Juli ? 1910]

L. E.!
Vergiß nicht bei der vorzunehmenden Abmachung mit der U.-Edition, daß dieser äußerst unbequeme, vor allem schmähliche Passus, daß ich immer erst anfragen muß, wenn ich etwas gemacht habe, fallen muß. Es ist ja wahrscheinlich nur akademischer Natur, denn ich gedenke von der U.-E. nicht mehr wegzugehen. Aber trotzdem stört mich die Sache, so oft ich daran mich erinnere.

Denk Dir, Dein Brief nach Tobelbad kam mir soeben erst zu.

Herzlichst
G.

Datierung: In GMB, 1924, „15. Juni 1910". An diesem Tag befand sich Mahler noch bei den Vorproben zur Achten Symphonie. – *vorzunehmende Abmachung:* konnte nicht festgestellt werden.

449 An Emil Freund

[Ohne Datum. Alt-Schluderbach, Juli 1910]

Lieber Emil!

Eben erhalte ich Deinen Brief.

Die Sache mit der Edition hatte seine Richtigkeit. Jedoch muß der Passus („ Retouchen") präziser gefaßt werden. Die Edition muß sich verpflichten, 1. alle Änderungen in sämtlichen Platten (Partitur und Orchesterstimmen) vorzunehmen; 2. so lange sie die vorhandenen Materialien zum Verkauf bringt, muß sie sich verpflichten (aber auf ihre Kosten – und nicht so, daß ich für dieselben zur Hälfte aufzukommen hätte), die von mir vorgeschriebenen Änderungen in den betreffenden Partituren, respektive Orchesterstimmen eintragen zu lassen. (Daß dies mit schwarzer und nicht mit roter Tinte geschehen soll, bitte ich privatim dem Direktor Hertzka zu sagen, falls ich es vergessen sollte, denn es ist mir bis jetzt beinahe jedesmal passiert, daß der Schafskopf von Kopisten sich bemüßigt sah, auch meinem Beispiele in der Vorlage zu folgen, so, daß die Orchestermusiker am Abend nicht daraus spielen konnten, weil man beim Lampenlicht rote Tinte nicht lesen kann.) 3. mit den Gesangskompositionen bleibt es, wie bisher. Von diesen bekomme ich sofort die Hälfte der Einnahmen ohne irgendwelchen Abzug.

Unter diesen Bedingungen erkläre ich mich einverstanden, daß die Edition die Kosten für die vier ersten bei ihr erschienenen Symphonien mit 50.000 Kronen berechnet und für diese zusammen ein Konto führt, das heißt ohne für die einzelnen separat zu notieren.

So lautet meine Abmachung mit Direktor Hertzka.

Bitte, also ganz präzis und klar diese Punkte schriftlich zur Unterzeichnung vorzulegen.

Was ist das für eine Geschichte mit der Steuer?

Ich werde ja immer päfferer!

Habe ich denn noch immer weiter zu fatieren? Bitte, erkläre mir das. –

Herzlichst grüßend

Dein
Gustav

Die Sache mit der Edition: dieser Brief sowie Brief 450 an Emil Freund behandeln die Übernahme der Verlagsrechte von Mahlers Erster, Zweiter, Dritter und Vierter

Symphonie durch die Universal Edition (lt. Vertragsbrief vom 11. August 1910). Studienpartituren dieser Werke waren bereits 1906 in der Universal Edition erschienen; im Herbst 1910 folgten große Partituren und Taschenpartituren.

450 An Emil Freund

[Ohne Datum. Alt-Schluderbach, 15. Juli 1910]

Lieber Freund!
In dem mir zugestellten Vertragsbrief war ich genötigt, zwei Korrekturen, respektive Eintragungen, vorzunehmen. Sie lauten:

1. Mit der nun definitiv festgestellten Partitur in Übereinstimmung zu bringen.

(Dieser Passus besagt, daß nicht nur diese Eintragungen, die ich jetzt mache, sondern auch die schon seit dem Erstdruck bereits in den Platten niedergelegten),

2. (nach „innerhalb sechs Monaten"), die der vierten Symphonie nach erfolgter Aufführung unter meiner Leitung in der dann endgültig festgestellten Version. – Dies ist aus sich selbstverständlich.

Wenn ich nicht irre, so ist der Verkaufsparagraph durch Wegfall der Konventionalstrafe irrelevant. – Wenn ja, so bin ich mit dem Abkommen einverstanden. – Wenn nicht, dann bitte ich, mich zu verständigen. – Den Brief an Flinsch* habe ich ganz ohne jegliche Änderung expediert. – Daß Charlton die Hand im Spiele hätte, glaube ich nicht; sondern es ist der ganz naive, brutale Egoismus dieser Leute, die den Standpunkt des Gegners einfach gar nicht in Betracht ziehen. – No, vederemo, die Antwort.

In großer Eile herzlichst dankend

Dein
Gustav Mahler

* Geschäftsführer des Komitees für Veranstaltungen von Gustav Mahler-Konzerten in New York. – Der genannte Brief war von Dr. Freund entworfen. [Rudolf Flinsch, 1867–1948].

Vertragsbrief: siehe Anmerkung zu Brief 449. – *nach erfolgter Aufführung unter meiner Leitung:* am 17. Januar 1911 in New York; die damals „endgültig festgestellte Version" wurde erst 1963 von Erwin Ratz veröffentlicht.

451 An Georg Göhler

[Ohne Datum. Toblach, Juli oder August 1910]

Mein lieber Doktor!

Im Sommer ist es schwer, von mir einen Brief zu bekommen. Das mußten Sie sogar erfahren, dem ich doppelt und dreifach Schuldner bin. – Auf Ihren Brief will ich nur in wenigen Worten zurückkommen. Es ist leider durchaus nicht sicher, daß ich am 3. Sept.[ember] zu einer Probe abkommen werde. Es ist nämlich in Wien dies wahrscheinlich der einzige Abend, an dem ich auf eine ausreichende Beteiligung des Chores rechnen kann. Und das ist mir zu *wichtig* und ich denke, unumgänglich notwendig, so daß ich in meinem so wohlbegründeten Vertrauen auf Sie und Ihre wackere Schar einfach auf eine weitere Probe mit Ihnen verzichten werde. –

Ihr Artikel* war wirklich eine Herzensfreude für mich – ich glaube nicht, daß jemand schon so tief schürfend und phrasenlos meam rem egit.

Ihnen für so was danken, hieße diese prachtvollen Worte auf das Niveau eines Zeitungsartikels zu stellen.

Ich freue mich sehr auf Zusammensein mit Ihnen in München.

Verzeihen Sie für heute meine Kürze – immer im Hinweis auf meine Ferien-Brief-Faulheit, die Sie wahrscheinlich richtig deuten werden.

Ihr herzlich ergebener
Gustav Mahler

* Wie Mahler Dr. Göhler in München sagte, meint er von den verschiedenen Aufsätzen, die dieser damals zur Vorbereitung der VIII. und zur Feier seines 50. Geburtstages geschrieben hatte, einige kurze Zeilen in den „Dresdner Neuesten Nachrichten". Wegen dieses Aufsatzes wünschte er auch, daß Dr. Göhler „Veni creator spiritus" für das Textbuch übersetze.

Quelle: Briefautograph.

452 An Alfred Roller

[Ohne Datum. Toblach, Sommer 1910]

Liebster Freund!

Ihr lieber Brief hat uns allen viel Freude und lange Zähne gemacht. Wie gerne wäre ich eigentlich gleich zu Ihnen gekommen (und nicht nur zur Besichtigung der Villa) – jedoch befinde ich mich in komplizierten Verhältnissen, die es mir nicht erlauben, auch nur über die nächste Stunde zu verfügen. Auf unser Zusammensein in München, welches freilich mehr ein Zusammensein im Geiste sein wird, freue ich mich riesig. Und besonders nachher in Wien, wohin ich gleich nach der Aufführung gehe, werde ich mir alles nachklingen lassen, was dort im Trubel nur dahinrauschen und wehen wird.

Sein Sie und Ihre liebe Familie vielmals gegrüßt. – Wenn Sie hier in der Nähe vorüberkommen, werden Sie vom ganzen Hause mit Jubel begrüßt werden. Doch bitte vorher *telegrafieren* – denn ich bin in diesem Sommer ein ruheloser Wanderer.

Ich denke bis 2. September hier zu bleiben.

Ihr Freund
Gustav Mahler

Quelle: Briefautograph. – *Besichtigung der Villa:* Mahler plante den Ankauf einer Villa in der Nähe von Wien, erwarb aber schließlich ein Grundstück im Semmeringgebiet (siehe Brief 458).

453 An Carl Moll

GRAND HOTEL CONTINENTAL,
MÜNCHEN

[Ohne Datum. 5. September 1910]

Mein lieber Karl!
Entschuldige die fortwährenden Sekkaturen, aber ich bitte Dich, bringe mir, wenn Du nach München kommst (ob über Toblach oder direkt) meinen amerikanischen Riesenkoffer mit seinem ganzen Inhalt, wie er geht und steht, mit. Es ist sehr wichtig – der häusliche Frieden und alles mögliche wird dadurch bedeutend gefördert werden. Vor allem brauche ich ihn als Schrank, denn in dem Zimmerl, das Almschi und ich bewohnen, ist kaum Platz für ihre Sachen. Ich war ganz unglücklich, daß Mammerl nun auch daran gekommen ist. Hätte ich Euch nur alle wieder da! Ich selbst lag gestern an einer Rezidive der Angina im Bette und schwitzte, in Seelenangst, daß es wieder Tage dauern würde. Aber glücklicherweise hat mich die Roßkur ein wenig vorwärts gebracht, und so konnte ich heute programmäßig meine erste Probe* halten. Zeige mir, bitte, Euere Ankunft einen Tag zuvor (womöglich 2 Tage) an und sei herzlichst gegrüßt von

Deinem
Gustav

Das Diadem hat Entzücken hervorgerufen.
Der Winterrock ist wohl schon abgeschickt. Es ist wahnsinnig kalt hier! Zieht Euch alle winterlich an!

* Erste Gesamtprobe zur Uraufführung der VIII. Symphonie in München.

Datierung: In GMB, 1924, „Herbst 1910". Die von Mahler erwähnte erste Probe fand am 5. September 1910 statt.

454 An Emil Gutmann

GRAND HOTEL CONTINENTAL
MÜNCHEN

[Ohne Datum. Anfang September? 1910]

Lieber Herr Gutmann!
Mit bestem Willen ist es mir nicht möglich, den Sologeiger des Konzertvereins für diese ungewöhnliche schwierige Aufgabe zu akzeptieren, und ich muß Sie ernstlich bitten, eine andere Lösung vorzuschlagen. Ich habe wirklich Qualen gelitten während der heutigen Proben und befürchte, daß sehr wichtige Stellen meines Werkes einfach unverständlich sein werden. Der beste Ausweg wäre, auf meinen ersten Vorschlag zurückzukommen und Rosé aus Wien für dieses Konzert zu berufen.

Mit herzlichstem Gruß

Ihr ergebenster
Mahler

Quelle: Briefautograph. – *Datierung:* In GMB, 1924, nur „1910". Das Briefpapier legt den September nahe, da Mahler nur in dieser Zeit im Hotel Continental wohnte. Dennoch fällt es schwer zu glauben, daß er wenige Tage vor der Uraufführung noch den Konzertmeister auswechseln wollte. *Rosé:* Mahlers Schwager Arnold R. (1863–1946), Geiger, Konzertmeister der Wiener Philharmoniker, Primarius des Rosé-Quartetts.

455 An Alfred Roller

GRAND HOTEL CONTINENTAL,
MÜNCHEN

[Ohne Datum. September 1910]

Lieber Freund!
Eben im Begriff, meine Frau von der Bahn abzuholen – sie kommt gegen 10 Uhr. Bitte holen Sie uns morgen ½ 10 Uhr im Hotel zur Probe ab*!

Herzlichst
Ihr
Mahler

* Aufführung der VIII. in München. Letzte Mitteilung Mahlers an Alfred Roller.

Quelle: Briefautograph.

456 An Julius v. Weis-Ostborn

[Ohne Datum. Wien, 12. Oktober 1910]

Mein lieber Freund!
Haben Sie herzlichsten Dank für Ihre schönen und tiefen Worte, die ich knapp vor meiner Abreise nach Amerika mit einem herzlichen Gruße erwidere. Sie haben über Kunst und Künstler das Schönste gesagt und der Schaffende möchte sich immer solch einen Empfangenden wünschen. Aber ich bin überzeugt, daß beide sich selten begegnen. Von Ihnen mich so verstanden zu wissen, ist mir eine große Freude und Ihre Worte sind mir liebe Begleiter über das große Wasser hinüber. Seien Sie von meiner [Frau] herzlichst gegrüßt wie von

Ihrem sehr ergebenen
Gustav Mahler

Quelle: Briefautograph.

457 An Georg Göhler

[Ohne Datum. Wien, Oktober 1910]

Mein lieber Herr Doktor!
Vor meiner Abreise nach Amerika, die mich in den letzten Wochen so in Atem gehalten hat, daß ich nicht dazu kam, Ihre lieben Worte zu beantworten, nur einen herzlichen Gruß. Ihre Partitur*, die ich bisher einer oberflächlichen Lektüre unterziehen konnte, interessiert mich entschieden. Ich kann Ihnen nur wiederholen, was ich Ihnen schon über Ihre Lieder gesagt [habe], daß ich sie echt musikalisch finde. Ich nehme sie nach Amerika mit, wo ich mich mit ihr in gelegener Stunde eingehender beschäftigen werde. – Entschieden muß ich Ihre Zweite kennen lernen, wenn ich wieder zurück bin. Für heute entschuldigen Sie meine Kürze. Ich bin in größter Eile. Seien Sie nochmals herzlichst bedankt für Ihre Liebe und Freundschaft; auch meine Frau grüßt Sie bestens.

Ihr sehr ergebener
Gustav Mahler

Meine Adresse in Amerika: Hotel Savoy, New York.

* Um Göhlers Musik kennenzulernen, hatte Mahler die Zusendung der Partitur seiner ersten Symphonie gewünscht.

Quelle: Briefautograph. – *Datierung:* in GMB, 1924, „ohne Datum". Die Datierung ergibt sich aus Mahlers bevorstehender Abreise.

458 An Emil Freund

[Ohne Datum. New York, 21. November 1910]

Lieber Emil!
Herzlichsten Dank für Deine Nachrichten. – Ich vergaß, Dir zu sagen, daß ich den Grund auf unser beider Namen gebucht haben möchte. (Alma und Gustav Mahler). Vielleicht hast Du daran gedacht, was mir sehr lieb wäre. Wenn nicht, was ließe sich tun, um die Sache noch ins Geleise zu bringen. Die Zeitungsente bezüglich meines Wiedereintrittes in die Hofoper wirst Du Dir wohl schon entsprechend umgedeutet haben. In Wirklichkeit fällt es mir gar nicht ein, als Mitarbeiter eines mir ganz unbekannten und nach allem, was ich von ihm höre, durchaus unsympathischen Menschen einzutreten.

Haltet nur um Himmelswillen W.

Einen solchen Kontrakt, wie er ihn in Wien hat, bekommt er nicht wieder zum zweitenmal. Die Stellungen mit Gehalten von 12.000 Gulden sind dünn gesät in der Welt. Ich selbst hatte nicht mehr in den ersten Jahren meiner Direktorschaft, wie Du doch weißt. Sei herzlichst gegrüßt und bedankt.

Mir geht es recht gut, habe rasend zu tun und vertrage alle Arbeit sehr gut. Alma und Gucki laborieren leider an ihrer Gesundheit.

Dein
Gustav Mahler

Bitte, sage Hertzka, wenn er mir die fertige Partitur der VIII. einschickt, so möge er die letzten Korrekturen mitschicken. Auch möchte ich wissen, ob zu der Frankfurter Aufführung Mengelberg zugesichert hat.

für Deine Nachrichten: Freund hatte am 3. November als Mahlers Bevollmächtigter ein Grundstück in Breitenstein am Semmering erworben. – *durchaus unsympathischen Menschen:* vermutlich Hans Gregor (1866–1919) Direktor des Wiener Hof-Operntheaters vom 1. März 1911 bis 15. November 1918, der bereits vor seinem offiziellen Amtsantritt Bruno Walter und Franz Schalk brüskierte. – *Haltet . . . W.:* vermutlich Bruno Walter. – *Frankfurter Aufführung:* erst am 3. April 1912 beim Geistlichen Musikfest.

459 An Carl Moll

[Ohne Datum. New York, Herbst 1910]

Mein lieber Karl!
Wir empfingen heute Eure lieben Nachrichten. Wir beide hatten schon mit Spannung auf das Endresultat gewartet, welches nun allen unseren Wünschen und Hoffnungen ein schönes und wahres Ziel setzt*. Almschi schreibt wieder ausführlich über alles. Ich habe heuer faktisch keine Stunde recht für mich, fühle mich aber sehr wohl und frisch, bei aller – ja vielleicht infolge dieser Arbeit.

Ich möchte Dir nur, bevor Du die Pläne für das Haus fertig stellst, ans Herz legen, auf alle Fälle sowohl für mich, als auch für Almschi je ein (wenn auch noch so kleines) Badezimmer dazu aufzunehmen, denn dieses ist der Komfort, ohne den ich nun einmal eine „residence" nicht behaglich – ja sogar nicht einmal gesund denken kann. Wir beide brauchen das dringendst und ich bitte Dich, in diesem Punkte keine Schwierigkeiten zu scheuen und zu meiden.

Was die schönen Pläne . . . (wahrscheinlich Montenuovos) betrifft, so habe ich bis jetzt keine wie immer geartete Verständigung erhalten. Bin aber vor allem durchaus nicht geneigt, das Geschick meiner nächsten Jahre in irgend einer Form an die Persönlichkeit eines Mannes zu knüpfen, von dem ich bis jetzt immer nur das denkbar Unvorteilhafteste gehört.

Ich fühle mich Montenuovo gegenüber nicht im geringsten verpflichtet, da ich immer betont habe, mich erst dann entscheiden zu können, wenn ich die Verhältnisse nach künstlerischer Richtung zu überschauen imstande bin. Daß Du im Innern nun darein willigst, daß uns Mammerl eine Zeit hier besucht, hat unseren Jubel erregt. Gott vergelte es Dir, lieber Karl.

Seid nun Ihr Lieben tausendmal gegrüßt von

Eurem
Gustav

* Bezieht sich auf den Bau eines Häuschens auf dem Semmering.

die schönen Pläne: Mahlers Rückgewinnung nach Wien (siehe auch Brief 458). – *Postskriptum:* Laut Martner gehört ein Teil der Nachschrift von Brief 395 zu diesem Brief.

460 An Emil Gutmann

[Ohne Datum. New York,
Dezember 1910–Januar 1911]

Lieber Gutmann!
Vom 1. Juni bis 1. Oktober bitte ich unter allen Umständen stets um „Schonzeit". Wenn nicht außerordentliche Gründe vorliegen, so möchte ich in diesen Monaten Ruhe zur Erholung und zum Schaffen haben. – Meine IX. möchte ich vorderhand noch nicht aufführen. Es ist soviel wie sicher, daß ich in der nächsten Saison wieder hieher zurückkehre. Wenn der Konzertverein gebührend an mich herangetreten wäre, so hätte ich unter allen Umständen ein Pensionskonzert dirigiert.

Meine V. habe ich allerdings neu bearbeitet und möchte diese Quasi-Novität bei Gelegenheit mal machen (meinetwegen auch in München oder sonst wo).

Mit herzlichsten Grüßen

Ihr ergebener
Mahler

Datierung: In GMB, 1924, „1909?“, bei Martner Herbst 1910. Da Mahler in einem bisher unveröffentlichten Brief an Gutmann, der den Poststempel: New York, 31. Jan. 1911, trägt, dieselben Themen (Aufführung der Neunten Symphonie, Ärger über den Münchner Konzertverein) ausführlicher behandelt, muß dieser Brief etwa um die Jahreswende entstanden sein.

461 An Anna Moll

[Ohne Datum. New York,
Hotel Savoy, Januar–Februar 1911]

Mein liebes Mammerl!
Seit einiger Zeit tust Du keine Erwähnung mehr in Deinen Briefen von Deinem Kommen, auf das wir uns alle so freuen. Ich habe das Gefühl, daß Almscherl mit ihren temperamentvollen Brandreden das verschuldet. Oder läßt Dich Karl nicht gerne fort? Bitte, schreibe doch gleich darüber! Es wäre wirklich zu lächerlich, daß da ein Mißverständnis und so etwas wie von einer „Pique“ zwischen uns entstanden wäre. Wir haben für 20. März auf dem schönsten Schiffe der deutschen Marine „George Washington“ unsere protzigen Kajüten, und Du richtest Dir doch sicher die Reise so ein, daß wir zusammen alle drei zurückfahren; das wird herrlich sein. Wann kommst Du?

Von Almscherl kann ich Dir diesmal das Allerschönste berichten. Sie blüht ordentlich auf, sieht täglich jünger aus. Fleißig ist sie und hat ein paar neue reizende Lieder gemacht, die von einem großen Fortschritt zeigen. Das trägt natürlich auch zu ihrem Wohlbefinden bei.

Ihre gedruckten Lieder machen Furore hier und werden demnächst von zwei verschiedenen Sängerinnen gesungen werden. Guckerl ist auch sehr frisch. Jetzt fehlst uns nur noch Du (da wir ja auf Karl verzichten müssen). Von mir wird Euch Almscherl alles geschrieben haben. Auch, daß ich wahrscheinlich noch auf ein Jahr hierher zurückkehren werde. Wie sehr hoffe ich, daß wir das alles mündlich besprechen werden. Im heutigen Brief will ich nichts anderes, als die Nachricht über Dein Herkommen mehr in den Gang bringen, denn die Empfindung, Mammerl, daß Du im Herzen eine Mördergrube hast, kann ich nicht los werden. Almschi versteht es zu gut, ihre liebsten Menschen durchzuschütteln. Vielleicht hat sie Dich gekränkt. Aber muß ich Dir erst sagen, daß sie es herzensgut meint?

Also bitte, kable ein Wort, wann Du kommst, Gott sei Dank, daß ich schon Frühjahrslüfterln spüre! (Das heißt auch mir ist es heuer famos gegangen, aber ich freue mich schon riesig hinüber.)

Sei tausendmal umarmt und auch Karl und Maria von

Deinem treuen
Gustav

Datierung: In GMB, 1924, „März 1910", bei Martner Februar 1911. Der Hinweis auf Almas Lieder (Alma Maria Schindler-Mahler: Fünf Lieder, Universal Edition), die Mitte Dezember ausgedruckt waren, lassen sowohl den Januar wie den Februar 1911 möglich erscheinen. – *für den 20. März:* Datum unsicher. Siehe Brief 462 an Gutmann, wo vom 30. März die Rede ist; auch dauerte die Konzertsaison bis Ende März. – *Wann kommst Du?:* Anna Moll fuhr 1911 tatsächlich nach New York, um ihrer Tochter beim Rücktransport des todkranken Mahler zu helfen. – *von zwei verschiedenen Sängerinnen:* bisher bekannt ist nur das Konzert vom 3. März 1911, in dem Frances Alda u. a. „Laue Sommernacht" von Alma Mahler sang.

462 An Emil Gutmann

[Ohne Datum. New York, Januar/Februar 1911]

Lieber Herr Gutmann!
Nur in aller Eile. Am 8. April kann ich selbst im günstigsten Falle noch nicht in München sein. – Gelingt es mir, am 30. März hier mit „George Washington" abzureisen, so bin ich bei günstigem Wetter am 8. April in Paris und kann am 9. in München sein. Ist das Wetter schlecht, so komme ich am 9. nach Paris und bin am 10. in München. Die Räson verlangt also, daß Sie nicht vor dem 10. April in München auf mich rechnen. – Ferner bitte ich die Pariser Angelegenheit durch Casellas* Hände gehen zu lassen, da er allein meine Beziehungen zum Unternehmer der Gräfin Grefullhe, der ich mich schon verpflichtet habe (vorigen Frühling), kennt und eventuell die verwirrten Fäden entwirren kann. Von Wien ist mir gar nichts bekannt. Ich habe auch gar keine Zeit, Projekte für das nächste Jahr zu machen. – [Für] Herrn Schalk habe ich 2 000 Kronen, Herrn Schnellar 200 Kronen bezahlt. Sollten noch welche Rechnungen in München aufgelaufen sein, so bitte ich sie nur an mich zu schicken.

In Eile

Ihr ergebenster
Mahler

* Alfredo Casella, [1883–1947] der bekannte italienische Komponist und Dirigent.

Datierung: In GMB, 1924, „1910", bei Martner Januar-Februar 1910. Der Hinweis auf den Passagierdampfer „George Washington" (siehe auch Brief 461) verweist auf 1911, ebenso die „Pariser Angelegenheit" (siehe auch Brief 464), die offenbar im April

1910 vereinbart worden war. – *Grefullhe:* richtig Greffulhe, Präsidentin der Pariser „Société des Grandes Auditions", die Mahlers Konzert vom 17. April 1910 (Zweite Symphonie) veranstaltet hatte. – *Herrn Schalk . . . Herrn Schnellar:* Diese Sätze legen die Vermutung nahe, daß Mahler einen Teil der Kosten, die für die Uraufführung der Achten Symphonie entstanden, aus eigener Tasche trug, wie er es auch am Anfang seiner Laufbahn als Symphoniker getan hatte.

463 An Georg Göhler

HOTEL SAVOY, NEW YORK

8. Feber 1911

Mein lieber Freund!
Eben habe ich Ihre Zeilen erhalten und mich an den köstlichen Auseinandersetzungen über meine 4.* erfreut. Gerne antworte ich Ihnen sogleich, um Ihnen zu sagen, wie sehr es mich rührt, so verstanden zu sein. Besonders Ihre Auffassung dieses Werkes ist mir neu und ungemein einleuchtend. Sie sagen wirklich, was mir bisher nicht eingefallen war, wenn ich etwas darüber sagen mußte. Nun kommt es mir wie das Ei des Columbus vor. Eins vermisse ich: haben Sie die thematischen Zusammenhänge, die auch für die Idee des Werkes so überaus wichtig sind, übersehen? Oder glaubten Sie bloß, das Publikum mit technischen Erklärungen verschonen zu sollen? In jedem Falle bitte ich gerade dies in meinem Werke aufzusuchen. Jeder der 3 ersten Sätze hängt thematisch aufs innigste und bedeutungsvollste mit dem letzten zusammen.

Auch ich habe oft an Sie gedacht und wünsche aufs herzlichste, dazu beitragen zu können, daß Sie auf irgendeine Weise aus der drückenden Enge Ihres jetzigen Lebens in eine Ihnen und Ihren Fähigkeiten angemessene Situation befreit werden, und werde Augen und Ohren offen halten. Nur geht so etwas nicht schnell. Wo Sie der Schuh drückt, weiß ich wohl. Doch weiß ich noch nicht, welcher Ihnen sitzt.

Wir müssen uns unbedingt nähertreten. Vielleicht bringt der heurige Sommer ein Zusammensein ohne Hast und Geschäftigkeit.

Seien Sie herzlichst gegrüßt, lieber Freund, von

Ihrem sehr ergebenen und dankbaren
Gustav Mahler

Die 5.** habe ich fertig – sie mußte faktisch völlig um-instrumentiert werden.

Es ist unfaßbar, wie ich damals wieder so völlig anfängerhaft irren konnte.

(Offenbar hatte mich die in den ersten 4 Symphonien erworbene Routine hier völlig im Stich gelassen – da ein ganz neuer Stil eine neue Technik verlangte.)

* Hiezu bemerkt Georg Göhler: Ich hatte Mahler das Programmbuch der von mir geleiteten Leipziger Erstaufführung der IV. mit meinen Erläuterungen gesandt und ihn um schonungslose Kritik meiner Ausführungen gebeten, da ich mit ihm über das Werk nicht gesprochen, es auch niemals gehört hatte.

** Hiezu bemerkt Georg Göhler: Ich hatte Mahler, als er zu den Chorproben der VIII. in Leipzig war, gefragt, mit welcher Symphonie ich wohl am besten für ihn zuerst in Leipzig eintreten könne, und ihm gesagt, daß ich die V. sehr liebe, die ich bereits in Karlsruhe angekauft und angesetzt, aber nach einer Probe weggelegt hatte, weil mir die nötige Streicherverstärkung nicht bewilligt werden konnte. Er sagte, die V. solle in der alten Fassung überhaupt nicht mehr aufgeführt werden, da sie schlecht instrumentiert sei. Ich habe dann nicht nur die Leipziger Erstaufführungen der IV., I., VIII. und des „Liedes von der Erde“, sondern auch die Uraufführung der neuen Fassung der V. leiten können, die leider andauernd noch vernachlässigt wird.

Quelle: Briefautograph.

464+ An Emil Hertzka, Universal Edition

HOTEL SAVOY
NEW YORK

[Ohne Datum. Eingangsvermerk Wien: 21. Februar 1911]

Lieber Herr Direktor!
Vor allem bitte ich den „trouble“ mit Novak-Suk zu entschuldigen; er ist auf ein Mißverständnis des ungemein stupiden Bureaus des Managers zurückzuführen. – Ich stellte die Aufführung der beiden Werke zurück (weil ich in den nächsten Programmen ein[en] Abend „Böhmen“ geben will) und der Clerk übersetzte sich dies in – ich stelle es dem Verleger zurück. – Selbstverständlich ist nun All right – für Ihre Mitteilungen danke ich Ihnen herzlichst. Ich habe keinen Moment daran gezweifelt, daß Sie loyal vorgegangen sind. Aber nehmen Sie es nicht übel, wenn ich wiederhole, daß ich den Entdecker oder Erfinder des Plan[s] nicht loyal gegen mich finde. Also nun Schwamm drüber. Und in Zukunft wissen Sie ja, wie ich über derlei denke. Vor allem bitte ich nochmals in Beziehung die Ihnen von mir zur Veröffentlichung übergebenen Werke bis zum Tage der Publikation unbedingte

Discretion ge[ge]n Jedermann üben zu wollen. Mir ist dies aus 1 000 Gründen äußerst wichtig. – Die Correkturbögen der 4. habe ich erhalten. Die Partituren der 8. noch nicht. Im April dirigiere ich in Paris und im Mai bin ich in Wien. Da sprechen wir dann ausführlich über alles.

Die Sache mit Casella war mir recht unangenehm. 2mal schon setzte ich ihn vom Programm ab. Nun verschiebe ich ihn endgültig auf die nächste Saison – die ich leider wieder hier verbringen muß. Ich konnte mich hier noch nicht los machen. Aber diesmal ist es sicher das letztemal.

Bitte, lieber Freund, nur sehr sorgfältig darüber zu wachen, daß meine Symphonien nur mit den Retouchen herausgegeben werden. Die in der IV. haben sich hier prachtvoll bewährt. Das Werk hat einen großen Erfolg gehabt. – Nun herzlichste Grüße und besten Dank von Ihrem

ergebensten
Gustav Mahler

Die Fehler in den Stimmen der IV. sind unglaublich! Ich glaube, daß eine neue Auflage unausweichlich ist!

Quelle: Hans Moldenhauer, Unbekannte Briefe Gustav Mahlers an Emil Hertzka, Neue Zeitschrift für Musik, Jg. 135 (1974), Heft 9, S. 548 f. – *Novak – Suk:* Vitězlav Novák (1870–1949), und Josef Suk (1874–1935), tschechische Komponisten. Bei den irrtümlich zurückgestellten Werken handelte es sich vermutlich um „V Tatrách" (In der Tatra), symphonische Dichtung von Novák, Universal Edition 1910, und um „Pohádka léta" (Ein Sommermärchen) symphonische Dichtung von Suk, ebenfalls Universal Edition 1910. – *den Erfinder des Plan[s]:* Projekt, ein neues Werk von Mahler in seiner Abwesenheit uraufzuführen. – *Die Korrekturbögen der 4.:* für Eintragungen nach der Aufführung der Vierten Symphonie am 17. Januar 1911 in New York (siehe auch Brief 450). – Dieser Brief ist einer der letzten, die Mahler geschrieben hat. An dem Tag, an dem das Schreiben im Verlag einlangte, stand er zum letztenmal am Dirigentenpult. In hoffnungslosem Zustand wurde er von New York nach Paris und von Paris nach Wien transportiert, wo er am 18. Mai 1911 starb.

ANMERKUNGEN
VON FRIEDRICH LÖHR

Vorbemerkung

Im Einvernehmen mit der Herausgeberin dieses Bandes hab' ich es übernommen, diese Sammlung an mich gerichteter Briefe Mahlers für den Druck fertigzustellen. Wer sie gelesen haben wird, wird sich es denken können, was es mir gewesen, sie hinzugeben. Bewogen ward ich dazu durch die Einsicht, daß, wo es gilt, eines großen Menschen echtes Wesen zu vermitteln, kein persönliches Opfer scheuen Gefühls zu groß erscheinen darf. – Ich habe hievon schon bei einer früheren Veröffentlichung gesprochen (Musikblätter des Anbruch 1920, 301) und wenn die Lauterkeit und Wärme des Gefühls bei ihm, so recht seine eigentliche Natur, von der ich dort sprach, irgendwo zutage tritt, so liebenswert ohnegleichen in diesen Briefen, die nicht eine Sammlung von Gedanken sind – an denen es in ihnen nicht fehlt –, sondern ein Stück warmen Lebens mit wichtigen Aufschlüssen ebenso wie mit manch dessen sorglichem Kleinzeug.

Von manchen Dingen ist in den Briefen die Rede, manch Geschehen kündigt sich an, das ins Leben getreten, dann hier nicht mehr zu Worte kommen kann. Solche Lücken dem echt teilnehmenden Leser auszufüllen, wäre nur ein volles Lebensbild imstande: daß sie nicht allzuempfindlich würden und ein wenn noch so schlichter Rahmen das kostbare Stückwerk zusammenhielte, hab' ich die hier folgenden Anmerkungen bei aller gebotenen Beschränkung reichlicher gestaltet, als die einzelnen Briefstellen unbedingt erforderten und tritt da ein persönlicher Ton stärker hervor, so liegt es am Objekte und daran, daß der, zu dem hier M. spricht und der all dies an ihm erlebt, nun selbst der Schreiber ward – auf mich ist es mir nie angekommen, man glaube mir's.

Eine nicht unerhebliche Zahl von Briefen ist bei mir nicht erhalten geblieben. Alle die undatierten Briefe chronologisch einzuordnen ist genug schwierig und Sache vielen gewissenhaften Nachdenkens gewesen und bedurfte mitunter dessen, was man in der philologischen Kritik divinatio nennt: ich glaube für die Richtigkeit der Ansätze nunmehr einstehen zu können.

Im Sommer 1923.

F. L.

[1] Mahler ist damals – nicht allzulange – Vegetarier gewesen, in der vorangegangenen Wiener Zeit Stammgast des vegetarischen Gasthauses in der Wallnerstraße.

[2] Dr. Heinrich Krzyzanowski, sowie sein jüngerer Bruder, der Musiker Rudolf Krzyzanowski, einer der nächsten Jugendfreunde Mahlers. Aus Eger

gebürtig, studiert an der Wiener Universität von Heinzel geschätzt Germanistik, dann kurze Zeit Gymnasiallehrer; übersiedelt verehelicht nach Deutschland, wo er in Starnberg, München, zeitweilig in Berlin als Schriftsteller lebt; Verfasser der Erzählung „Im Bruch" (Spemann 1885); nach Jahren nach Wien zurückgekehrt als Privatlehrer und Vortragender tätig; lebt derzeit in Tirol. – Seine Braut: Auguste Tschuppik.

[3] Mit meinem alten Schulkameraden Joseph Reiff war Mahler durch mich bekannt geworden, er stand jahrelang in regem Verkehr mit ihm. Opernsänger, Theaterdirektor, derzeit Gesangslehrer in Wien.

[4] Am 25. Juni 1883 war mein älterer Bruder im 27. Lebensjahre gestorben. Wenige Tage vor seinem Tode in ernstester Krisis der Krankheit mußte Mahler, der mit ihm gefühlsmäßig innig befreundet war, obwohl Geist, Charakter, Lebenshaltung beider damals auseinanderstrebten, nach Kassel abreisen. Noch lebt es in mir, wie wir am Montag der Woche, an deren vorletztem Tage mein Bruder verschied, zum letzten Male im Café Imperial tieftraurig beisammensaßen.

[5] Hier sind wenige Zeilen weggeblieben, unverständlich ohne ausführliche Erklärung, die sich nicht nur auf Mahler selbst hätte beziehen müssen.

[6] Kurz vorher hatten Heinrich und Gustl Krzyzanowski geheiratet und eine Reise in Deutschland angetreten, bevor sie sich in Starnberg niederließen, wo sie Mahler in den Sommerferien wiederholt aufsuchte.

[7] Kasseler Liebesdinge haben ihren überschwenglichen Verlauf zu nehmen begonnen, sie haben dort die junge stürmische Seele nicht mehr aus ihrem Banne entlassen. – Warum Mahler in dem Zitate aus Ibsens Peer Gynt (2. Akt, gegen Schluß) den großen Krummen vervielfältigt, ist nicht erfindlich. – Daß der Peer Gynt ein Lieblingsbuch Mahlers gewesen, wird niemanden wundern.

[8] Rudolf Krzyzanowski, um ein Jahr älter als Mahler, vier Wochen nach ihm gestorben, 1875–78 mit Mahler zusammen am Wiener Konservatorium, dem er schon mehrere Jahre vor Mahlers Ankunft angehörte, zuerst in Violine und Klavier, dann in Orgelspiel und Komposition sich ausbildend, musikalisch glänzend begabt und mit manch bezauberndem Reize der Erscheinung. Mahler hat in dieser Zeit innigste Zuneigung zu ihm gefaßt, er teilte mit ihm alles Erlebnis, alle Phasen menschlichen und künstlerischen Wachstums in vieljährigem täglichen Umgang und hat diese Zuneigung ins fernere Leben mitgenommen, unverbrüchlich getreu, als es ihm gut, dem andern schlecht erging, um dessen Fortkommen bemüht und nie darin erschüttert, wenn ihm gewiß nicht immer im gleichen vergolten wurde. – Daten über Krzyzanowskis Lebenslauf: „Unser Egerland", herausgegeben von Alois John in Eger, XVIII. Jahrgang 1914, Heft VI.

[9] Vermutlich hatte ich nach seiner Märchenoper „Rübezahl" gefragt, an der er vor der Kasseler Zeit mit viel Lust und glücklicher Inspiration arbeitete.

[10] Ludwig Basler, später, soviel ich mich erinnere, Landesbeamter, hochgewachsen, kräftigmännlich von Gestalt und Wesen, in unserm Kreise freundschaftlich aufgenommen und im Wiener Wagner-Kreise wohlgelit-

ten, versuchte längere Zeit hindurch mit mächtigem Baß sein Glück als Sänger: hierin der Anlaß zu seinem Briefe an Mahler.

11 Zusammen spazieren gegangen sind wir zu jeder Zeit unseres Zusammenlebens furchtbar viel und mit Leidenschaft. Damals waren die Gelände des Leopolds- und Kahlenberges bis hin zum Hermannskogel, weithin die Waldhügel und Wiesen um die Josefswarte des Parapluiberges oberhalb Perchtoldsdorf, wo ich mit den Meinen in mehreren Jahren von 1882 an den Sommer über wohnte, unser Lustrevier. Orgiastische Hingabe an die Natur, ein inniges Gefallen an den Reizen altösterreichischer Siedelung und ihrer Erinnerungen, das warmgefühlte Einvernehmen unsrer Seelen, das war der Inhalt dieser sentimenterfüllten Wanderungen, gesprochen wurde nicht allzuviel auf ihnen. – Der erste Spaziergang nach Heiligenstadt, von dem Mahler spricht, der uns fraglos auf die Beethovenwege in Heiligenstadt und Nußdorf führte, dürfte ins Jahr 1882 nach Mahlers Rückkehr aus Laibach fallen, zu welcher Zeit ich mich erst so recht mit Mahler befreundete, der „letzte" Perchtoldsdorfer in den Frühsommer 1883 vor der Erkrankung meines Bruders.

12 An meine Mutter gerichtet.

13 Mahler ist am 1. Juli bei uns in Perchtoldsdorf eingetroffen und bis über den 7. Juli, seinen Geburtstag, geblieben. Dieser Aufenthalt Mahlers bei mir und der meinige kurz darnach bei ihm in Iglau bildeten wohl den Höhepunkt eines zweijährigen Verkehrs, dessen Intensität infolge unsrer Lebensläufe sich so nicht mehr wiederholen konnte, der wohl aber den Grund legte für eine fortan unverlierbare Lebensgemeinschaft. Damals in Perchtoldsdorf gab's zweierlei im Vordergrunde, unsre Wanderungen und viele Stunden lang Musik. Die Fenster meines Zimmers im ersten Stock des Eder-Hauses am Marktplatze waren trotz Sommerhitze geschlossen, aber drunten standen immer mehr Leute, die staunend lauschten. Wie wenige heut mehr gibt es, die es wissen, was das bedeutete, damals Mahler am Klavier. Freilich, er sagte, ja vor 5 bis 6 Jahren, da hätte er Klavier spielen können. Ich habe ähnliches von Entmaterialisierung eines menschlich-technischen Vorganges nie erlebt, Mahler wußte überhaupt gar nichts vom Werke seiner Hände, hätte nie Rechenschaft geben können, wie er seine Wiedergabe zustandebrachte, jeder Gedanke an technische Schwierigkeiten war restlos ausgeschaltet, entrückt, entkörpert, leidenschaftlich seelisch hingegeben dem, was aus den Notenköpfen ohne bewußte materielle Berührung in ihn überging, wie er es konnte, es erfassend und begabt mit der bis in jede Nuance, jeden Grad des Ausmaßes zwingenden Energie der Vollziehung ließ er es erklingen mit allen Gewalten, wie es aus der Seele des Schaffenden quoll. So brach in der Beethovensonate op. 111 das Ungewitter des Anfangs maestoso furchtbar und jäh gesteigert mit einer wilden Heftigkeit herein, wie ich's nie wieder gehört, und ebenso aufs äußerste verklärt verklang der Schluß in holdester Schönheit leis und leiser aus aller Erdennähe hin in die Ewigkeit. Doch was läßt mit Worten über die Wirkung dieses Spiels sich sagen – es schauert mich nur vor der Höhe des Glücks, das mir zuteil ward, denk ich daran zurück, was ich in diesen Jahren als alleiniger Zuhörer von Mahler empfing,

alle Beethovensonaten darunter, Bachs Wohltemperiertes Klavier und manch andres Werk des geliebtesten Meisters und an einem nie vergessenen Nachmittag im langen Hause neben der Karlskirche, wo Mahler damals wohnte, Beethovens „Missa solemnis" ganz in einem Zug. Mahler hat bald nach dieser Zeit nicht mehr gerne Klavier gespielt, besonders nicht Klavierwerke, seitdem er ganz in der gleichen Art das Orchester zu meistern gewohnt war. Aber wer ihn in dieser Frühzeit am Klavier im wahrsten Sinne reproduzieren gehört hatte, der verstand ihn, seine Wirkungen und anfänglichen Schicksale als Dirigent. Sowie er selbst als allein ausführendes Organ seines Willens reproduziert hatte, so sollte und mußte es nun das von ihm geleitete Orchester. Bei ihm war die Materie ausgeschaltet gewesen, hier meldete sie sich mit ihren Widerständen. Die ihn zwingende Energie drang auch hier durch und immer mehr durfte die Wirkung jetzt viele Tausende beglücken.

14 Ponce de Leon, Lustspiel in 5 Aufzügen. Clemens Brentanos Gesammelte Schriften, hrsgg. von Christian Brentano 7. Band, Frankfurt a. M. 1852.

15 Sulpiz Boisserée, 2 Bde., Stuttgart, Cotta 1862.

16 Leopoldine, verehelichte Quittner, gestorben im September 1889.

17 In den acht Tagen, die ich nun mit Mahler in Iglau in seinem Elternhause verlebte, trat meines Erinnerns das Musizieren zurück. – Hauptsache und unersetzlicher Gewinn ist mir's geblieben, daß ich den Grund und Boden kennen gelernt, auf dem er erwachsen, die alten Stadtteile, die herrliche Landschaft um Iglau, die wir in hochsommerlicher Zeit halbe Tage lang durchstreiften, mit ihren blumigen Gefilden, reichen Wasserläufen und Teichen, weit ausgedehnten Wäldern, die eigenartigen, runden Tanzplätze darin und die zum Teile slawischen Bauerndörfer und Häuser. Und Sonntag nachmittags Landpartie dahin, wo im Freien echteste böhmische Musikanten Burschen und Dirnen zum Tanz aufspielten. Ja, das war Tanz, Rhythmus, daß Herz und Sinne einem wie im Rausche bebten. Lebenslust und Leid verhalten wie der tiefe Ernst auf den Gesichtern der Mädchen, die das Haupt zur Brust des Tänzers gesenkt, die runden fast bloßen Glieder von den mehreren bunten Röcken hoch umkreist, fast feierlich gemessen sich schwangen. – Urwüchsige Reize in Natur und Menschenwesen, in früher Jugend erfahren, haben für Mahlers Schaffen den Untergrund bereitet und in seinem Kunstwerk immer fortgelebt.

18 Sollte sich ein Leser finden, der hier Jean Pauls innig gedächte, so drücke ich ihm im Geiste die Hand. Das soll aber nicht heißen, daß mir die überaus schönen Worte Mahlers heute als anempfundne Nachahmung erschienen. Es hat damals noch junge Menschen gegeben, die Jean Paul wesensverwandt empfanden und drum von ihm so tief aufgewühlt und beseligt wurden. Und es gibt sogar heut noch ältere Leute, die diese Gesinnung für Jean Paul bewahrt haben im Gegensatze zu Gottfried Keller, der die herzenswarmen Worte, die er im ersten Grünen Heinrich Jean Paul gewidmet hat, in der zweiten Bearbeitung zu streichen fand. Mahler ist seiner Jugendliebe zu Jean Paul immer treu geblieben.

[19] Am 28. März war meine Mutter gestorben.

[20] Damit kann der vorangegangene Neujahrsbrief gemeint sein, der nach Starnberg gerichtet sein mußte, wo ich damals bei Heinrich Krzyzanowski weilte. Mehrere noch folgende Stellen dieses Briefes (vom April 1885) zeigen aber, daß mindestens ein Brief aus dem ersten Quartale dieses Jahres mir verloren gegangen sein muß, in dem er mir schon von dem in Vorbereitung stehenden Musikfeste und dem bevorstehenden Probedirigieren in Leipzig erzählt hatte.

[21] Mahler hatte vor Kassel meine Schwester Bertha im Klavierspiele zu unterrichten begonnen.

[22] Clothilde Tschuppik, Schwester von H. Krzyzanowskis Frau.

[23] Deutsche Worte, Monatshefte, herausgegeben von Engelbert Pernerstorfer. In diesen Jahren sind mehrere Aufsätze von mir unter dem Pseudonym Hanns Maria in dieser Zeitschrift erschienen, später noch ein paar unter meinem eigenen Namen.

[24] Joseph Seemüller, der Germanist, etwa um 4 Jahre älter als Mahler, zu dieser Zeit Gymnasiallehrer und Privatdozent in Wien, nachmals Professor an den Universitäten Innsbruck und Wien, meines Bruders Studienkamerad und mir ein teurer Freund geworden, hatte in unserem Kreise Mahler kennengelernt, verkehrte wohl nicht für sich allein mit ihm, oft aber mit uns zusammen. Als echter Musikfreund hatte er bald seine helle Freude an seinem Musizieren, spielte auch vierhändig mit ihm, befeuert durch solchen Partner. Bemerkenswert die erstaunliche Wandlung, die sich bei Seemüller damals, sowie in die Gebundenheit seiner Lebenshaltung jugendliche Bewegung drang, in seinem wohlausgebildeten, korrekt-pedantisch abgezirkelten Klavierspiele vollzog, es fuhr Fluß und Schwung hinein, drängendes Pathos des Rubato, frei gewordene Heftigkeit des Gefühlsausdrucks. – Eine Fortsetzung des Verkehrs zur Zeit, als Mahler Operndirektor in Wien war, hat nicht stattgefunden.

Dr. Seraphin Bondi, Wiener Advokat und führend tätig im Deutschen Schulvereine sowie mit Theodor Gomperz zusammen in dem Vereine, der das Wiener Mädchengymnasium gründete und unterhielt, war durch Seemüller, mit dem er auf der Schulbank im Schottengymnasium zusammengesessen und innigste Freundschaft geschlossen, in unsern Freundeskreis getreten und von uns allen warm geliebt bis zu seinem tragischen Untergang im Bodensee.

[25] Der Eingang gilt meinem Geburtstage. – „Großes Musikfest zu Kassel am 29. Juni, 30. Juni und 1. Juli 1885“ steht auf dem Titelblatte des mir vorliegenden Programmbuches. Das erste Konzert am 29. Juni, das Mahler dirigierte, brachte Mendelssohns Paulus mit Frau Rosa Papier als Solistin; sie wußte noch nach 12 Jahren von dieser begeisternden Aufführung zu erzählen und das blieb damals, da es sich um die Berufung Mahlers an die Wiener Oper handelte, nicht ohne Eindruck. – Der Brief ist von Münden datiert, einem Orte nahe bei Kassel, wohin Mahler gefahren war, um sich vom Chorvereine, dessen Dirigent er gewesen, zu verabschieden.

26 Soll heißen: Juli. – Mahler ist also, wohl um sich Direktor Neumann vorzustellen, von Kassel über Prag heimgereist und kann sich, da das Theater in Prag am 1. August eröffnet wurde, nur kurz in Iglau aufgehalten haben; wie es aber mit dem Probedirigieren in Leipzig wurde, wüßte ich nicht mehr sicher zu sagen.

27 Schon abgedruckt: Musikblätter des Anbruch 2. Jahrgang 1920, Nr. 7–8, 302; desgleichen die darauf folgende Postkarte ebenda S. 303, wo auch, was ich dieser Veröffentlichung hinzugefügt, zu vergleichen ist. – Unmittelbar hieran schloß sich mein mehrwöchiger Aufenthalt bei Mahler in Prag.

28 Gemeint ist die Besprechung der Tannhäuser-Aufführung vom 16. August 1886 am darauffolgenden Tage im Leipziger Tageblatte von M. Krause. Was Mahlers Mißfallen erregen mußte, ist die offenbare persönliche Mißgunst, indem die Vorstellung als sehr gute, auch in Details, anerkannt wird, die reichen Beifall gefunden habe, Mahler in der bekannten Manier als außerordentlich befähigtem Künstler auf die Schulter geklopft, dann aber die ganze Art des Dirigierens herabsetzend getadelt wird, zu auffälliges Markieren aller Einsätze, offenbar ungewöhnlich beschwingte Tempi wie beim Einzugsmarsche, wobei eine Reihe allgemeiner Zitate aus R. Wagners Schriften gegen Mahler aufgeboten wird. – In demselben Blatte wird am 12. August von G. Schlemüller der Rienzi-Aufführung unter Mahler bester, sowohl äußerlicher wie künstlerischer Erfolg, ihm selbst große Hingebung, sichere Hand, Schwung und Feuer nachgerühmt. Ähnlich äußert sich über diese Aufführung in einem anderen Leipziger Blatte Bernhard Vogel, ganz abfällig aber ein mit S–r zeichnender Rezensent am 21. August in der Leipziger Zeitung über die Freischütz-Aufführung, der typisch irritierte Schützer der Tradition. Diesen Ausschnitt hat mir Mahler mit famosen Randbemerkungen versehen, die ich gerne hier mitteilte, wenn nicht das Textobjekt dazu nötig wäre – das die Ehre mit abgedruckt zu werden nicht lohnte. – Dies waren wenige Beispiele von Schwankungen und Anfechtungen von seiten der Kritik, denen Mahler standzuhalten lange noch verhalten war, bis er sie völlig ignorieren durfte.

29 Meine Frau, damals meine Braut Ludovica Czilchert, die Mahler noch nicht persönlich kannte.

30 Über Siegfried Lipiner, den großen Wiener Denker und Dichter hier ein paar armselige Worte zu sagen, darauf verzichte ich, sei es auch, daß manche Leser sowie die ganze Welt zu wenig oder nichts von ihm wissen; er wird noch einmal in seiner ganzen reinen und schlichten Größe vor ihr stehn. Mahlers Freundschaft zu ihm in früher Jugend begründet, getrübt und durch Störungen schlackenlos und warm hindurchgerettet, werden seine Briefe an ihn, eine kostbarste Zierde dieses Bandes, dartun.

31 Mahlers Nachfolger in Prag Muck.

32 Hans Emanuel Sax, Sekretär an der Wiener Handelskammer und Privatdozent, dann Professor der Nationalökonomie an der Hochschule für Bodenkultur in Wien, Verfasser von „Die Hausindustrie in Thüringen 3 Teile, Jena 1884–88". Unsrem Kreise engst zugehörig, bald nach dieser

Zeit unheilbarer Lungenkrankheit verfallen und nach Meran übersiedelt, wo er noch ein paar Jahre inneren Glücks mit einer edlen Frau ehelich verbunden durchleben konnte, mit heroischem Humor seine Leiden ertragend; er starb 38 Jahre alt am 29. Juni 1896 in Dreikirchen bei Waidbruck.

33 Drei kurze, nicht sicher zu lesende Worte.

34 Es hat sich um meine Heirat gehandelt.

35 Desgleichen; dieser Brief muß also vor den 17. Februar 1887, den Tag meiner Hochzeit fallen.

36 Med. Dr. Albert Spiegler zählt zu den frühesten und intimsten Wiener Freunden Mahlers; er ist auch Lipiners vertrautester Freund gewesen. Mahler hat, bevor er von Wien aus in die Fremde zog, viel im Familienkreise Spieglers verkehrt, später dann in Sommerferien und schon dauernd in Wien ansässig, bevor er den eigenen ehelichen Hausstand gründete, von der wenigen freien Zeit, die ihm eine unvergleichliche künstlerische Arbeitsleistung ließ, einen großen Teil in den Heimen Lipiners und Spieglers verlebt. Frau Nina Spiegler war allezeit Mahlers liebste Freundin. – Heinrich Braun hatte damals in erster Ehe Spieglers Schwester Josephine zur Frau. Mahlers Verkehr mit ihm ist kein nachhaltiger gewesen.

37 Gustav Adolfstraße 12.

38 In der Zeit zwischen diesem und dem vorangehenden Briefe waren wir ausgiebig beisammen gewesen. Vom Ferienaufenthalte in Iglau hatte er sich mir am 17. Juli angekündigt: „Lieber Fritz! Mittwoch oder Donnerstag erscheine ich auf der Bildfläche. Grüße alle Deinen. Gustav.“

39 Mag sein, daß mir auch aus diesem letzten Leipziger Jahre der eine und der andere Brief verloren gegangen. Aber auch die bloße Dreizahl in der einzigen Beredsamkeit ihrer Sprache verstünde ich restlos. Es war eine Zeit in Mahlers Leben nicht überbotener Seelenbewegung, deren Höchstes er in heiliger Verschwiegenheit bewahrt hat. Das Werk, von dessen Vollendung er mir spricht, ist seine 1. Symphonie, deren Anfänge in das Kasseler Jahr 1884 zurückreichen. In dieser Zeit hat Mahler Webers nachgelassene Oper „Die drei Pintos“ fertiggestellt und in Leipzig zur Erstaufführung gebracht (20. I. 1888). – Der erste dieser Briefe aus dem Jahre 1888 ist der einzige, den mir Mahler mit roter Tinte geschrieben hat.

40 Ich weiß nicht, was er damit gemeint hat; ein „Werk“ von mir hat es damals nicht gegeben – also vielleicht eine ihm gesendete Sammlung von Versen, allenfalls Aufsätzen und Übersetzungen.

41 Unser erstes Kind, dessen Geburtstag die Datierung des Briefes gesichert hat.

42 Nach peinlichst genauer Erwägung war dieser Brief hier anzureihen und ist dann in München geschrieben, wo Mahler zum ersten Male wegen eines Darmleidens operiert wurde, das ihn auch darnach noch weiter heimsuchte.

43 Auf diesen Wiener Aufenthalt Mahlers beziehen sich zwei abgerissene Zettel mit Bleistift beschrieben und unkuvertiert durch Boten an mich bestellt, die ihre Adressierung auf den Sommer 1888 festlegt. Ihr Wortlaut: „Lieber Fritz! Ich bin heute abend Restaurant *Kührer* bei der Musikkapelle Rotun-

denpark mit Familie Spiegler. Bitte komme dorthin nach! Ja? Um 1/2 oder 3/49. Dein Gustav." – „Lieber Fritz! Ich bitte Dich, nimm Dir auf meine Kosten *sofort* einen Komfortabel und komm *sofort* in den *Prater,* Gasthaus des Kaubeck „Zur Schäferin" (beim Aquarium). Ich warte mit Dr. Bondy bis 10 1/2 Uhr daselbst! Gustav." – Damals, wie sonst nach solchen Zusammenkünften mit anderen, waren wir noch lange allein zusammen im Café, das Erlebnis von Monaten, halben, auch ganzen Jahren wollte in diesen wenigen Stunden zu Worte kommen.

44 Unmittelbar nach Leipzig hatte sich Mahler zunächst, wie immer in diesen Dingen pessimistisch, schon brotlos gesehen und war besonders wegen seiner Familie von Sorgen gequält; da ergaben sich plötzlich die Verhandlungen mit Pest – diese sind hier gemeint – die rasch zum Abschlusse führten. Zu Anfang Oktober trat Mahler seine Stellung als Direktor des Pester Operntheaters an.

45 Ich habe damals in den Sommermonaten wieder in Perchtoldsdorf gewohnt.

46 Mahlers Bruder Otto stand damals im 16. Lebensjahre und hatte schon früh ungewöhnliche musikalische Begabung gezeigt. Er kam damals nach Wien, zunächst zur Schwester Leopoldine ins Haus, zur musikalischen Ausbildung und um eine mangelhafte Schulbildung in Privatstudium zu ergänzen.

47 Aus den ersten Monaten des Jahres 1889 fehlen Briefe. Ich bin am 17. April 1889 nach Pest gefahren und habe Ostern von Gründonnerstag bis zum Abende des Ostermontags bei Mahler verbracht. Wir sind wieder viel zusammen im Freien gewesen, in der Stadt, in Ofens Umgebung, auf der Margaretheninsel, und daheim bei sich saß er doch wieder für mich am Klavier und spielte mir aus der in ihm werdenden zweiten Symphonie. In der Oper gab's zur Zeit nur den „Barbier von Sevilla" und „Das Glöckchen des Eremiten" unter seiner Leitung. Von den Leuten, mit denen er dort damals regen Verkehr unterhielt, hab' ich in erfreulicher Erinnerung behalten Herrn v. Mihalovich, den trefflichen ernsten Musiker Professor Kößler vom Pester Konservatorium, den ich später noch in Salzburg und Berchtesgaden wieder bei Mahler traf, Sängerin Bianchi, den Schauspieler Ujhazy, Familie Dr. Ebner. Wie gründlich zielbewußt es Mahler anfaßte, im fremden Lande seinen Absichten den Boden zu bereiten, bezeugte, daß er am Karsamstag für einen kleinen Kreis von Künstlern und Zugehörigen so recht nach magyarischem Wohlgefallen ein ganz üppiges Diner gab, das animiertest verlief, lebhaftesten Beifall fand, aber auch für seine ernsten Pläne die erwünschten guten Früchte trug. – Da es für mich dort auch sonst noch zu schaffen gab, im Museum, wo ich beim alten Pulszky und seinem Stabe liebenswürdige Aufnahme fand, in der Eszterhazy-Galerie, Besuch von Aquincum, ein paar eigene Bekannte – wie rasch und erregt verflogen die schönen Tage!

48 Aus dem Sommer dieses Jahres liegen mir nur zwei kurze Nachrichten Mahlers vor: 1. Ohne Datum. München. Wiener Poststempel, 16. Juni 1889. „Lieber Fritz! Beifolgend erhältst Du 40 Mk für den Otto. Ich bin furchtbar in Anspruch genommen. Viel Erfreuliches habe ich hier erlebt. Ich

schreibe nächstens davon . . ." [Ergänzt nach Briefautograph] – Mahlers damaliger Aufenthalt in München, zuvor in Wien, wird durch einen Brief von mir vom 31. Mai 1889 an meine Schwester Luise, die damals in München der Malerei oblag, bestätigt. – Die von Mahler mir angekündigte Mitteilung stand vermutlich in seinem Briefe aus Salzburg, dessen Existenz nur mehr ein leeres Kuvert mit dem deutlichen Ankunftspoststempel, „Perchtoldsdorf, 20. Juli 1889" bezeugt. – Der noch folgende Schlußsatz hatte aus persönlichen Gründen wegzubleiben. – Ferner bezeugt 2. ein Telegramm aus Prag vom 17. August 1889 einen nochmaligen Aufenthalt Mahlers in Wien in diesem Sommer: „Komme morgen Sonntag abends 8 Uhr Franz Josefsbahn. Wenn möglich erwarte mich. Mahler."

49 Otto hatte das Haus der Schwester Leopoldine, die um diese Zeit starb, verlassen, und in dem Hause, in dem wir in der Breitegasse wohnten, ein Hofzimmer bezogen und wir hatten die Fürsorge für ihn völlig übernommen.

50 Es war die Zeit, da es mit Mahlers Mutter nach langem Leiden zu Ende ging. Seine Schwester Justine war den Anstrengungen der Pflege, all dem Herzenskummer nicht mehr gewachsen, der Kollaps drohte und es fragte sich, ob es zuzulassen war, daß sie den Tod der Mutter miterlebte. Da eilte Mahler, der gerade damals in Pest fieberhaft tätig war, nach Iglau, sah nach der Mutter, versorgte sie und entführte die Schwester für einige Tage aufrichtenden Beisammenseins nach Wien, wo er auch die Meinung eines Arztes über ihren Zustand einholte. Von diesem hierin beraten und beruhigt, konnte er sie nach Iglau zurückfahren lassen. Dort trat noch für kurze Zeit eine Besserung im Zustande der Mutter ein. Sie ist am 11. Oktober 1889 verschieden, eine Frau, reichgeschmückt mit weiblichen Tugenden, die Zartheit und Sanftmut ihres Wesens, ihre Herzensgüte und warme seelische Empfänglichkeit muß dem, der ihr näher trat, unvergeßlich bleiben.

51 An meine Frau gerichtet.

52 Nach dem Tode der Mutter Mahlers wurde der Iglauer Haushalt aufgelöst (der Vater war am 18. Februar 1889 gestorben). Die Geschwister Otto und Emma, diese damals vierzehnjährig, lebten ein Jahr lang in unserem Haushalte, in demselben Hause, in dem wir wohnten, bequartiert; die Schwester Justine ging bald zu Mahler nach Pest, der dort am Theresienring Nr. 3 Wohnung genommen hatte.

53 Dieser Brief kann wohl nur hier angereiht werden, demnach muß meine Reise nach Pest um zwei Wochen verschoben worden sein.

54 Flüchtigst mit Bleistift hingeworfen.

55 „. . . jetzt eben nach erstem Anhören, sehr tief mitnehmendem Anhören der Symphonie – ich bin sehr froh, sie morgen nochmals zu hören . . ." schrieb ich meiner Frau: die Erstaufführung von Mahlers 1. Symphonie war es, zu der ich diesmal zu ihm nach Pest hinabfuhr, sie hat am 20. November 1889 stattgefunden und ich war in der Tat Dienstag am 19. früh dort eingetroffen, um vormittags der Generalprobe beizuwohnen. Ich nehme an, daß Otto

mitgefahren war, habe aber keine wirkliche Erinnerung daran. – Daß dies unser Zusammensein ganz unter dem Zeichen des Erlebnisses dieser Aufführung stand, bedarf keines Zusatzes. Hatte ja Mahler beim Einstudieren selbst zum ersten Male sein Werk erklingen gehört, vielleicht die Hauptsache im ganzen und bleibende Förderung. Aber auch die Aufnahme, die das Werk fand, war innerlich zu verarbeiten. Der Pester Kreis nah um Mahler war tief bewegt, ein erheblicher Teil des Publikums hier wie sonst formal Neuartigem gegenüber lieblos unverstehend, besonders durch die dynamische Heftigkeit tragischen Ausdrucks, wie sie hier sich austobte, aus gedankenloser Gewöhnung unliebsam aufgescheucht. Einer eleganten Dame neben mir entfielen bei der in den letzten Satz überleitenden Attacca sämtliche Gegenstände, die sie in den Händen hielt, zu Boden, so war ihr der Schreck in die Glieder gefahren. Am nächsten Tage die obligaten Kritiken in den Tagesblättern: neben einer erfreulich warmgefühlten Besprechung im Pester Lloyd von A[ugust] B[eer] eine vernichtende Kritik im Feuilleton des Neuen Pester Journals, deren abstoßend häßliche Selbstsicherheit in gleicher Weise wie die Größe des Fehlgriffes solchen Urteils den Skribenten V. v. Herzfeld richtet. So hat damals für Mahler als Schaffenden die lange Zeit des Leidens und der einsamen, oft schmerzlichen, unbeirrt zuversichtlichen Erhebung über den Tageserfolg ihren Anfang genommen.

[56] Es war wohl bei der Rückkehr aus Iglau, daß Mahler gerade bei uns eintrat, als die Kerzen am Christbaum aufflammten.

[57] Einer Postkarte vom Februar 1890 eines Freundes entnehme ich, daß zu dieser Zeit der Tag meiner Abreise nach Pest schon bestimmt war; ich konnte mich aber doch nicht frei machen. – Das Gedicht von Sax (siehe Anmerkung 32), von dem darauf die Rede ist, war von dem schwer erkrankten Freunde, der damals bereits aus dem Berufsleben ausgeschieden in Lainz wohnte, Albert Spiegler gewidmet; was Mahlers Komposition betrifft, so ist's bei der guten Absicht geblieben.

[58] Dieser Brief ist nicht erhalten, der Zusammenhang mir nicht erinnerlich.

[59] Der hübsche Plan für den Sommer, von dem im Februarbriefe die Rede ist, hat sich verwirklicht. Mahler muß wohl doch im März in Wien gewesen sein und alles mit mir abgeredet haben. Bereits am 1. April war, wie ich aus der mir vorliegenden Quittung über empfangenes Angeld ersehe, zu gemeinsamem Sommeraufenthalt für Mahler mit seinen Geschwistern und mich und die Meinen in der Hinterbrühl Weißenbachstraße Nr. 12 die Villa der Frau Lehnhart gemietet, die in großem Garten gelegen, Mahler Ruhe und Abgeschiedenheit sicherte. Zuvor aber trat er mit Schwester Justine eine mehrwöchige Reise nach Italien an.

[60] Dieser Aufenthalt zur Kur in Franzensbad von Schwester Justine, dessen Vorbereitung hier getroffen wird, fand von der Hinterbrühl aus in den Monaten Juni und Juli statt.

[61] Wer etwa hier italienische Reiseeindrücke von Mahler erwartet hat, muß enttäuscht sein. Aber abgesehen von der karg bemessenen Zeit, die ausführlicheres Briefschreiben nicht begünstigte: ein Hauptelement bei

Italienfahrten, der Enthusiasmus für die unvergleichlichen Schätze dort der bildenden Kunst, fehlte bei Mahler, ihn besaß nur eine Sprache der Kunst, die der Musik, ganz und allein. So mied er die Sammlungen, auch die berühmtesten, in Florenz ebenso wie nachmals in Paris. Nicht daß er Bildwerken gegenüber des Eindrucks unfähig gewesen, brachte man ihm Großes zu – so als ich ihm später einmal Photographien von den Reliefs des „Thrones Ludovisi" gab, die Geburt der Aphrodite darunter – war er tief erfreut und hingerissen. Aber die eigene Initiative trieb ihn an ihm neuen Orte nur den ihm nie und nirgends versiegenden Reizen der Natur zu, im blühenden Gelände von Florenz und Fiesole wie in Paris' Umgebung.

62 Die Hinterbrühler Zeit, zweieinhalb Monate, war für Mahler zu Ende gegangen, er war um Mitte August nach Pest zurückgekehrt, während der Sommerhaushalt, dem meine Frau vorstand, bis Mitte September aufrecht blieb. Die Dauer dieser reichbewegten Zeit war zum Glück lang genug bemessen, daß die Gunst ihrer Bedingungen mit voller Wohltat für Mahler sich auswirken konnte – so hohe Naturschönheit, Behaglichkeit und in jedem Augenblicke die erwünschte Ungebundenheit der Lebensführung, war doch alles Leben hier ihm zuliebe eingestellt, Erfüllung, wenn er es brauchte, oft leidenschaftlichen Verlangens nach Aussprache und Mitteilung, und mit schönster Aussicht lockend ein lieber Wohnraum zu einsamem Hausen. Auch Unruh hat's in erheblichem Grade gegeben, ein Kommen und Gehen im Hause, durch zahlreiche Gäste und auch die Verhältnisse der eigenen Siedlung. Bis in den Juli hinein war ich durch Unterricht in der Stadt festgehalten, zumeist nur über den Sonntag den Hinterbrühlern zugesellt. Otto blieb seiner Studien halber mit mir zurück. Zu dieser Zeit ist Mahler oft zur Stadt gefahren, einmal auch dienstlich kurz nach Pest verreist, oder er übernachtete auch im nahen Kaltenleutgeben bei Bekannten. Dann im Juli, als ich dauernd freigeworden, nun mit Mahler zum größern Teile des Tages ausschließlich allein zusammen war, kam ich ohne Zaudern andrer Freundespflicht nach und verweilte acht Tage in Aussee bei Sax, als wir hörten, daß sein Zustand, namentlich auch innerlich bedrohlichst sich verschlimmerte. Pester Theaterbeamte erschienen bei Mahler zur Berichterstattung und schon auch befaßte er sich mit der Vorbereitung des kommenden Spieljahres, nahm in Betracht kommende Partituren durch, darunter mit wachsendem Erstaunen die soeben eingetroffene von Mascagnis Cavalleria rusticana, für deren Aufführung er sich rasch entschied. – Noch war die neue Zeit des großen Schaffens nicht gekommen, es gohr in ihm heiß und kraftvoll der Wechsel sommerlichen Lebens, dem er sich ungestüm beweglich hingab, auch ausbündig heiter gesprächig, wenn nicht ein plötzliches Sinnen jede Umgebung für ihn versinken ließ, wenn nicht, waren wir allein, in ihm, in unverhaltener Erregung, doch kaum des Wortes mächtig, gerade damals Nachklänge aufstiegen erfahrener leidvoller Seelenlust.

63 Ein belangloser Satz, dessen Erklärung unpassend, ist weggeblieben.

64 Ich habe ein zweites Mal zu Sax nach Aussee fahren müssen.

65 Zwei Angelegenheiten kommen hier zur Sprache, die seit langem Gegenstand unsrer ernstesten Erwägungen gewesen. Ich trat bald nach diesem Briefe eine Studienreise nach dem Süden an, an welcher bis März 1891 Frau und Kind teilnahmen. Nach Mitte September 1891 bin ich wieder in der Heimat angelangt. Damals also, als dieser Brief von Mahler geschrieben wurde, war unser Wiener Haushalt zeitweilig aufzulösen und für Mahlers Geschwister auf diesen Rückhalt zunächst nicht mehr zu rechnen. Mahler, der sich so sehr liebevoll und opferwillig der Sorge um die Geschwister hingab, entschied sich nun unter all den Plänen, die wir erwogen, dahin, der Schwester Justine in Wien einen eigenen Haushalt einzurichten, der auch Otto und Emma aufnahm, die passende Wohnung fand sich rasch in dem schon vertraut gewordenen Hause Nr. 4 der Breitegasse. – Die hier erwähnte Reiseermäßigung sollte mir die Bahnfahrt nach Italien verbilligen, kam aber nicht zustande. – Ein noch vor meiner Abreise eingetroffener Brief ist nicht mehr erhalten.

66 Ein Absatz, der den akuten Anlaß zu diesem Briefe betraf, ist aus persönlichen Gründen weggeblieben.

67 Georg Haußmann, gebürtiger Stuttgarter, Direktor der Güter des Herrn v. Dormitzer in Mähren, war, zu dieser Zeit in Stuttgart zu Besuch, dort in Vollkraft des Lebens einem Schlaganfalle erlegen. Mahler hatte ihn sowie seine Gattin bei ihrem oftmaligen Aufenthalte in Wien bei uns kennengelernt und freute sich des Umgangs mit dem echt deutschen vielgebildeten Manne. – Meine Schwester Bertha ist bald darauf mit einer Freundin in Rom eingetroffen. Unmittelbar vor ihrer Abreise aus Wien hatte sie einen mir vorliegenden Brief Mahlers erhalten, den ich hier einfüge:

[Ohne Datum. Pest, Januar 1891]

„Liebe Bertha! So oder so – gefreut hat es mich für Sie, daß Sie nach Italien kommen Ihre Frage bezüglich Ancona – Rom – Pest muß ich folgendermaßen beantworten. [Randzeichnung: Bahnroute Wien–Ancona–Rom.] Also von Wien über Pest nach Venedig ist ein Unsinn. Von Wien über Pest–Ancona nach Rom ist ein *kleiner* Umweg, der sich noch dazu sehr lohnt, weil es um die Hälfte billiger kommt, und ferner, weil man da den berühmten Direktor Mahler sehen kann, der so schön Trübsal blasen kann und fremde Gäste sehr leutselig empfängt und am Ende nach Rom mitspaziert. Mit dem letzteren allerdings scheint es schon recht schlimm zu stehen. –

Die Ernestine grüßen Sie herzlich von mir – die ist viel braver als Sie. Ich werde ihr auch [ein] schönes lebzelternes Herz kaufen, darauf wird stehen: „Zum Andenken!"

Heute habe ich dem Fritz geschrieben!

Und noch heute geht ein Band Nietzsche an Sie ab. – Sie werden dann hoffentlich aufhören, mich mit gemeinem Schmutz zu bewerfen. Ich bin überhaupt froh, daß Sie nicht Rezensent für Oper sind. – Diesen Brief schreibe ich Ihnen für Ihre Autographensammlung.

Also, wenn Sie über Pest fahren, dann kündigen Sie sich schön an, damit ich Sie am Bahnhof erwarten kann.

Grüßen Sie alle schönstens.

Sofort wieder berichten! Verstanden?

Ihr wohlaffektierter
Gustav Mahler."

Was sonst den Schlußpassus des Briefes betrifft, so hatten die bekannten Vorgänge, die im März dazu führten, daß Mahler in Pest seinen Abschied nahm, bereits eingesetzt, Mahler sah deren Verlauf voraus, stand auch schon anderorts, unter anderem mit Dresden, in Fühlung, und dachte damals für den Fall seines Abgangs daran, zu mir nach Rom zu fahren. Dazu ists nicht gekommen. Mahler hat am 23. März mit Schwester Justine, die ihm beim Aufbruche geholfen hatte, Pest verlassen und ist nach zweitägigem Aufenthalte in Wien, wie ich einer Postkarte meiner Schwester Ernestine vom 24. März 1891 entnehme, nach Hamburg gefahren, wo er am 1. April seine neue Tätigkeit aufnahm.

68 Hier war eine längere Briefstelle aus persönlichen Gründen auszuscheiden.

69 Nach Wien zurückgekehrt, nahm ich mich wieder Ottos und seiner Studien an, nicht minder sorgenvoll darob als Mahler, entwuchs er ja immer mehr der Bevormundung, schon von Wesensanlage scheu, schwer zugänglich, überempfindlich, ohne doch aus eigenem recht vorwärtszukommen und hatte sich als für jedes systematische Studium ungeeignet erwiesen. Die hier erwähnte Prüfung sollte er ablegen, um als Einjährig-Freiwilliger den Militärdienst ableisten zu können und es war ein verhängnisvoller Irrtum, daß uns dies als unerläßlich galt: stellte es sich doch nur zu spät eindeutig heraus, daß er physisch für den Militärdienst untauglich war.

70 Die nun doch hierüber folgende Auslassung war nicht zu veröffentlichen.

71 Hamburg war um diese Zeit durch die schwere Cholera-Epidemie heimgesucht. Mahler, schon auf der Hinreise begriffen, kehrte von Berlin aus wieder nach Berchtesgaden zurück und verbrachte auch noch eine Woche in München, die Eröffnung des Theaters war verschoben.

72 Der Aufenthalt nicht lange vorher in London, wo Mahler im Drury Lane Theatre deutsche Opernaufführungen geleitet hatte, klingt noch nach.

73 Natalie Bauer-Lechner, seit Jahren und noch durch ein Dezennium Mahler in freundschaftlichstem Verkehre nahestehend.

74 Unser Zusammensein ist unter manchen Schwierigkeiten doch noch zustandegekommen. Ich befand mich zum Sommeraufenthalte mit Frau und Kind in St. Gilgen, wo ich auch in der Brunnwinkler Niederlassung Ferialunterricht zu erteilen und daher nicht unbeschränkte Verfügung über meine Zeit hatte. Drum Brief- und Depeschenwechsel mit Mahler, der wieder *seine* Abhaltungen hatte. Zwei dieser Schriftstücke seien hier eingeschaltet. Das eine knüpft daran an, daß meine Schwester Ernestine damals bei Mahler zu Besuche gewesen und darauf zu uns gekommen ist:

[Ohne Datum. Berchtesgaden, August 1892]

„(Ein vom Wind auf meinen Tisch gewehter Vorhang hat die Verheerung unten angerichtet.)

Lieber Fritz!

Ich stehe an jedem Tag und zu jeder Stunde bereit, Dich auf dem Wege, den Du mit Ernestine besprechen wirst, abzuholen.

Selbstverständlich müssen wir die ganze Zeit, die Du frei bist, zusammen verbringen.

Lasse mich alles zur rechten Zeit wissen – ich finde mich dort ein, wo Du mit Ernestine, welche alle Gelegenheiten und Verhältnisse am besten kennt, übereingekommen bist, mich zu finden. Herzlichst

Dein

Gustav.“

Wahrhaft sinnreich komisch aber war das eine der Telegramme; wir haben, nachdem es mich gebührend verblüfft hatte, genug darüber gelacht. Es kam so zustande: Mahler wollte bei dieser Ausfahrt in Salzburg mit einer Sängerin Lieder durchnehmen und hinterließ in Berchtesgaden die Weisung, falls noch ein Telegramm in dieser Sache einträfe, es ihm an mich nachzutelegraphieren. Es kam auch von Mahlers gutem Bekannten Steinitzer aus Salzburg abgeschickt und wurde von Schwester Justine mit ihrem prompt durchgeführten Zusatze weiterbefördert. An mich gelangte folgender Wortlaut: „Samstag fahren den Schüler auch mitbringen Steinitzer wird sofort durch Boten geschickt. Justine“ – gemeint freilich war: Samstag fahrenden Schüler auch mitbringen. Steinitzer. Wird sofort durch Boten geschickt. Justine (Mahler sollte auch seine Lieder eines fahrenden Gesellen mitbringen). – Nach schließlicher Vereinbarung hat mich Mahler abgeholt, wir fuhren zusammen nach Salzburg, wo wir übernachteten, und dann in Gesellschaft des oben erwähnten Pester Musikers nach Berchtesgaden für wenige tiefschöne Tage der Gemeinschaft – und dann wieder ein Abschied für Jahresfrist.

75 Ist nicht mehr erhalten.

76 „Nina“ ist unsere teuerste Freundin Frau Nina Hoffmann-Matscheko, Gattin des Malers Joseph Hoffmann, Verfasserin des Dostojewski-Buches (Berlin 1899) und der Madame Guyon (Jena 1911), gestorben am 10. Oktober 1914. Mit Mahler durch uns bekannt geworden, stand sie zeitweilig in herzlichst regem Verkehre mit ihm, in liebevollstem Bemühen um ihn und seine Geschwister hochverdient. Nicht immer war Mahler darauf gestimmt, ihr empfindsames Wesen echt zu erfassen – und das Geschehen des Lebens sorgte für Irrung und Wirrung im Verstehen – war er es, so fanden sie einander ganz und Mahler hat ihr viel von sich gesagt und vertraut; so erinnerte sie sich bewegtest des Besuches Mahlers bei ihr zur Sommerszeit einmal in den 90er Jahren in Marienbad. – Es ist dies das letzte Mal hier, daß in diesen Briefen Otto erwähnt wird. Keine zwei Jahre mehr und er selbst, noch nicht zweiundzwanzigjährig, setzte dem unglücklichen

jungen Leben ein Ende. Die Fesseln des Zwangstudiums waren wohl gefallen, aber diese kranke Seele, diese gewiß reine hochgestimmte Innerlichkeit, ganz in sich verschlossen, war immer weltfremder geworden und selbst was der Bruder bei ihm an musikalischer Begabung so hoch eingeschätzt, versagte, wenn es Ausdruck finden sollte, ganz. Es war am 6. Februar 1895, daß er in der Wohnung der alten Freundin Nina sich erschoß.

77 Es ist doch Donnerstag, der 13. Juli geworden, bis ich bei Mahler in Steinbach am Attersee – diesmal mit meiner jüngsten Schwester Gretel – eintraf; am 26. reisten wir von dort wieder heim, nachdem ich zuvor, von Mahler bis Salzburg begleitet, ein paar Tage in München mit alten Freunden verbracht. Mahler wohnte mit den Seinen eine Viertelstunde vom Orte entfernt in einem auf dichtem Wiesengrunde alleinstehenden Hause unweit über dem See, in geräumiger Wohnung mit zwei zimmergroßen Terrassen. Ich traf Mahler mitten drin im Komponieren. Regelmäßig vom frühen Morgen an einen langen Vormittag hindurch lebte er unzugänglich abgeschieden seiner Innenwelt hingegeben, in den Nachmittagsstunden entspannt oder fortsetzend nach dem Gebote seines Tags. Zu dieser Zeit war's, daß Mahler aus der Not der ihm beschiedenen Lebensbedingungen heraus, unter dem Zwange der Theater- und Konzertsaison, die das Höchstmaß seines Kunsttemperaments anforderte und verpflichtete, die Flucht fand in sein System konzentriertester Ferienarbeit im Wechsel mit der Hingabe an blühend erquollene Natur, das fortan festgehalten die Ökonomie seines eigenen Schaffens bestimmte und dieses der Welt rettete; worüber hier nicht in gebotener Ausführlichkeit gesprochen werden kann. War er wieder nach außen gekehrt, so trug er wohl mehr oder weniger die Spuren dessen an sich, was in solcher Einsamkeit in ihm gewaltet, widmete sich aber gern dann dem Erleben des Sommeraufenthalts und den Seinen und in diesen zwei Wochen viel Zeit sich und mir selbander allein, so daß das alte Lebensgefühl der Perchtoldsdorfer und Brühler Zeit in uns wieder wach ward. Treue Dokumente, die Briefe aus dieser Zeit an meine Frau liegen vor mir; ich greife zwei Stellen heraus: „Am Abend vorhin nach dem Essen spielte G. eine Menge von seinen Liedern, auch mir noch Unbekanntes, stark und voll ist mir die Musik zu Herzen gegangen, Du weißt's ja, es sind die Töne darin, die Innerstes in mir erschüttern und unaussprechlich rühren." – „Er hat etliche Lieder, aus des Knaben Wunderhorn natürlich, für Symphonie und Orchester wieder komponiert und in erstaunlich kurzer Zeit einen Symphoniesatz ganz in Partitur fertig gebracht. Heut oder morgen soll ich's hören, ich ahne fast, daß auch diese Musik wieder notgedrungene Selbstbelustigung eines eigenartigen großen Menschen- und Künstlergemütes bleibt, man steckt nichts auf mit Worten dem gegenüber, muß es nur selbst verstehen." – Kann es Charakteristischeres dafür geben, wie ganz neuartig und eigenartig kühn damals – es ist eine volle Menschengeneration seitdem dahingegangen – Mahlers Stil erscheinen mußte, als solche Resignation aus meinem Munde?

78 Das gutbürgerliche Altwiener Gasthaus „Zum roten Igel" nah bei St. Ste-

phan besteht lange nicht mehr; auch der Platz, an dem es stand, ist baulicher Veränderung zum Opfer gefallen; es war durch lange Zeit Anton Bruckners Stammlokal und wir saßen dort mit ihm an einem Tische zusammen – ob damals gerade noch mit dem Siebzigjährigen, obwohl mir's in der Erinnerung so scheint, kann ich nicht mehr sicher sagen.

79 Bei der ersten Veröffentlichung dieses Briefes („Der Merker", 1. März – Heft 1912, 174 f.) ist in der Datierung ein schwerer Irrtum unterlaufen, der hiermit berichtigt wird. Er stammt nicht, wie in den einbegleitenden Zeilen, die übrigens in dieser Fassung nicht von mir herrühren, gesagt ist, aus der letzten Hamburger Zeit Mahlers, sondern muß rund zwei Jahre früher geschrieben sein, nämlich vor dem Tode des Bruders Otto, wie aus einem damals weggelassenen Passus des Briefes hervorgeht; er wird hier in vollem Wortlaute mitgeteilt. Für seine Erläuterung muß vorderhand die Bemerkung genügen, daß schon in den Jahren vor dem Zustandekommen von Mahlers Berufung bei der Vielbeschäftigung Hans Richters, in Wien selbst wie in England, und der Unzulänglichkeit Jahns das Bedürfnis nach einem Neuengagement sich geltend machte, wobei immer wieder auf Mahler hingewiesen wurde, ohne Erfolg gegenüber den mannigfachen Widerständen. Die Stelle im Briefe vom 29. August 95, die eine Unterredung mit dem damaligen Hoftheaterintendanten Bezečny bezeugt – sie dürfte ein Jahr vorher stattgefunden haben – zeigt ja, daß die Fäden angeknüpft waren.

80 Nach langem und quälendem Schwanken glaube ich recht zu tun, wenn ich dies in seiner heftigen Anteilnahme so menschlich schöne Schriftstück wegen des persönlichen Inhalts ganz aus Mahlers Wesensäußerungen auszuschalten mich nicht entschließen kann; den Bedenken suchte ich durch Auslassungen Rechnung zu tragen.

81 Daraus ist der bald aus Hamburg folgende Brief geworden.

82 Ich hatte die Absolvierung der Lehramtsprüfung vorübergehend wieder ins Auge gefaßt.

83 Es ist bekannt, daß Mahler selbst dieses „Programm", sowie das zur 1. Symphonie zurückgezogen hat und durch rein musikalische, traditionelle Bezeichnungen ersetzt wissen wollte. Die Wichtigkeit dieser authentischen Äußerungen für das Wissen um das Werden der Dritten bedarf nicht der Ausführung.

84 Nach Groß-Lobming in Steiermark adressiert, wo wir 1894–1896 unsere Sommerferien verbrachten; diese Terminierung bleibt mir in betreff der Konzertsaison auffallend, doch wüßte ich diesen Brief an keiner anderen Stelle einzureihen.

85 Es dürfte mein Aufsatz über Ibsens Catilina in Pernerstorfers Monatsheften „Deutsche Worte" (XVI, 1896) gemeint sein. – Das Verweilen Mahlers zur darauffolgenden Sommerszeit (1896) in Wien und unser Zusammensein bezeugen mir folgende zwei Postkarten:

[Ohne Datum. Poststempel: Wien, 5. Juni 1896]

„Lieber Fritz!

Ich bin da und habe rasend viel zu tun! Den Sonntag habe ich für Dich reserviert. Wenn es Dir recht ist, komme ich gegen 1/22 zu Mittag zu Euch und wir bummeln nachher aufs Land. – Wann hast Du morgen (Samstag) Zeit? Abends bin ich bei Nanna! Aber im Laufe des Tags?

Herzlichst

Gustav.

Ich wohne bei Natalie, Jasomirgottgasse 3.“

[Pneumatisch. Ohne Datum.
Poststempel: Wien, 9. Juni 1896]

„Lieber Fritz!

Magst Du heute abends noch ein Stündl mit mir zusammen sein? Dann komm um 11 Uhr ins Café Europe, wenn es Dir nicht *ungelegen* ist. Herzlichst

Dein

Gustav.“

Nanna: Frau Spiegler. – Café Europe am Stephansplatze, heute nicht mehr am alten Orte. Diese Zusammenkunft ist zustande gekommen und mir in liebster Erinnerung. Mahler war in heiterster Laune gekommen und ist lang in die Sommernacht hinein mit mir geblieben.

86 Mahler reiste damals, wie ich glaube, von Moskau, wo er Konzerte geleitet hatte, über Wien nach Hamburg zurück, bei welchem Aufenthalte die nun ernstgemeinten letzten Verhandlungen der Wiener Hoftheaterbehörden mit ihm begannen, deren Schwankungen und Aufregungen sich in den paar nächsten Briefen widerspiegeln. Auch diesmal schien es alsbald, daß wiederum die Bemühungen Sachverständiger, sowie geistig, zum Teil auch gesellschaftlich hochstehender Freunde Mahlers, an mannigfachen Gegeneinflüssen scheitern sollten, bis schließlich eine überraschend gefaßte Entschließung des Obersthofmeisters Fürsten Rudolf Liechtenstein zum 1. Mai die Berufung Mahlers an die Wiener Oper brachte.

87 Mahler war von Wien nach Pest gefahren – er schreibt auf einem Briefbogen des dortigen Hotels „Zur Königin von England“ – um dort ein großes, außerordentliches philharmonisches Konzert zugunsten des Unterstützungsfonds der Pester Journalistenvereinigung zu dirigieren, in dem er zur Aufführung brachte: 1. Rienzi-Ouverture; 2. Tannhäuser, 2. Akt, 1. Szene, Arie der Elisabeth (Frl. Sedlmair); 3. den 2. Menuettsatz seiner 3. Symphonie; 4. Webers Aufforderung zum Tanze für Orchester, bearbeitet von Felix Weingartner; 5. Rezitativ und Arie der Leonore aus Fidelio (Frl. Sedlmair) und 6. Beethovens 5. Symphonie.

88 Die Baroninnen Vesque-Püttlingen, die auf meine Information hin gern bereit waren, bei der Unterstützung von Mahlers Sache mitzuwirken.

89 Aus der Stadtwohnung mir nach Grinzing nachgeschickt, wo wir in den Sommerferien wohnten. Daß Mahler zu dieser Sommerszeit in Wien

festgehalten war, muß auffallen und zeugt für die Summe von Arbeit, die er nach seinem Amtsantritte zu bewältigen hatte.

90 Was bliebe denn noch zu sagen nach solch allessagenden Worten in ihrer hinreißend holdesten Herzlichkeit, ihrem ahnenden Verlangen nach dem ungebrochenen Strahle reinen Lichts – es ist recht eigentlich der Abschluß der *Briefe* Mahlers an mich und gilt auch für manche Zeitspanne des letzten Dezenniums von Mahlers Leben und unserer Freundschaft. Was hier noch folgt aus den Jahren etwa von 1900 ab mit wenigen Ausnahmen besonderen Anlasses, sind einige erhaltene Beispiele der kurzen Botschaften, wie sie mir immer wieder zukamen, heraus aus dem Drange der unerreichten Wiener Arbeitsleistung Mahlers, welcher oft die Gelegenheiten, uns zu sehen, einmal ein altbewährter Spaziergang im Prater oder in Heiligenstadt-Nußdorf abgezwungen werden mußten. Blieb unser Verkehr auch intensiv aufrecht, so konnte seine Art nimmer doch uns befriedigen. Immerhin das Bedürfnis wie früher bei jahrelanger Trennung nach schriftlicher Mitteilung war entfallen. War die Saison zu Ende, so kam a tempo Mahlers Flucht – in die eigene Arbeit, an deren Sommerstätten ihm zu folgen meine Lebensverhältnisse mir nicht mehr gestatteten. Nur einmal mehr hab ich ihn in Maiernigg aufgesucht und bin mit ihm unter dem Laubdache zu seinem Waldhäuschen hinangestiegen.

91 Mögen hier noch einige Proben der oben erwähnten Botschaften sich einfügen: „Iß um 1 Uhr bei uns! Nachmittag Ausflug! Von uns dreien? Wenn du magst! Eiligst Gustav." – „Mit bestem Willen konnte ich nichts anderes herausschlagen als ein Rendezvous morgen (Mittwoch) zwischen 2 und 3 Uhr im Café Imperial. Herzlichst auf Wiedersehen Dein Gustav." – „Wenn Du morgen, Dienstag, 1/21 Uhr, zur Generalprobe willst (auch Uda etc.), so komme einige Minuten vorher ins Bureau. Herzlichst Dein Gustav." – „Hol mich um 1/24 Uhr bei der *Nanna* zum Spaziergang ab. Herzlichst Dein Gustav." – „Lieber Fritz! Mir kommt es manchmal doch etwas seltsam vor, daß ich in Wien bin und von Dir nichts zu sehen bekomme. Ein Viertelstündchen dürfte sich doch für uns ab und zu herausschlagen lassen. Ich *kann* nichts erübrigen als ungefähr *5 Uhr* oder am Abend. Also, altes Vorhaus! Wann sieht Dich wieder Dein Gustav? Könntest Du nicht einmal *abends?*"

92 Dies dürfte sich auf meine Studienreise im Sommer 1904 nach Deutschland, Brüssel und Paris bezogen haben, womit der Brief sein volles Datum erhielte.

93 Um die übrigens nicht sicher gelöste Frage nach dem Dichter des Hymnus, den er dem 1. Teile seiner 8. Symphonie zugrundelegte, hatte sich Mahler damals begreiflicherweise nicht weiter gekümmert, hatte da seinem „Kirchenschmöker" was Falsches entnommen; der Hymnus wird Hrabanus Maurus zugeschrieben. Vergleiche Blume-Dreves, Analecta hymnica medii aevi L. 2. Folge Leipzig 1907 pp. 180 sqq. und Dreves, Hymnologische Studien zu Venantius Fortunatus und Rabanus Maurus, München 1908 pp. 55 s pp.

[94] Mir war das einzige Exemplar einer Jugendphotographie von mir unvermutet wieder zugekommen, ich hatte einige Abzüge herstellen lassen und Mahler ein Exemplar geschickt.

[95] Photographie als Postkarte: Mahler auf Deck des Dampfers bei der Überfahrt aus Amerika. – Mit diesem Briefe zugleich erhielt ich einen zweiten des gleichen Inhalts: Mahler hatte den ersten vor Absendung ihm abhanden gekommen geglaubt.

[96] So lang wie damals sind wir nicht wieder beisammen gewesen in inniger Gemeinschaft, „5–8 Uhr m. G." steht für diesen Tag in den Aufzeichnungen meines Vormerkkalenders. Noch einmal ein Jahr darauf, am 2. Oktober 1910, war's, daß ich mit Mahler von der Villa Moll auf der Hohen Warte über den Hungerberg nach Grinzing ging, dort über den Friedhof vorbei an seinem eigenen Grabe und zurück zu Frau Alma. Acht Tage später war er bei mir zu kurzem Abschiede vor Amerika und dann hab ich ihn auf dieser Erde nicht wieder gesehen.

ANMERKUNG ZU BRIEF 11 VON DR. E. FREUND

Von 1878 bis 1883 pflegte Mahler einen Teil seiner Ferien in meinem Elternhause in Seelau (von seinem Heimatsorte Iglau mit Wagen in drei Stunden zu erreichen), mit mir zuzubringen.

Für die Freuden des Landlebens empfänglich und dankbar, damals auch noch gerne bereit, sich am Klaviere hören zu lassen, dabei starken Geistes und voll Humor riß er seine zumeist jugendliche Umgebung mit sich fort. Darunter auch – 1878 – ein mir verwandtes junges Mädchen, das von seiner Persönlichkeit enthusiasmiert wurde.

Sie mißfiel ihm nicht und die naive Regung ihrer Mädchenseele machte Eindruck auf ihn. Allein der erst Achtzehnjährige hatte soviel sittlichen Ernst, daß er sich von der Gelegenheit zu einer leichtfertigen Liebelei nicht verlocken ließ. Er begegnete ihr warm und freundlich, gab ihr aber die freundschaftliche Mahnung, sich vor Leidenschaft in acht zu nehmen, es könnte ihr sonst einmal ein großes Leid widerfahren. Darauf schieden sie in warmer Freundschaft.

Leider ist das von ihm Vorausgesehene tatsächlich eingetreten. Sie hat ein großes Leid erfahren, welches die kaum Zwanzigjährige nicht zu überleben vermochte und ich mußte Mahler (es war Ende Oktober 1880) die Mitteilung machen, daß sie Hand an sich gelegt habe. Sein Brief ist eine Erwiderung auf diese Todesnachricht.

VERZEICHNIS DER ADRESSATEN

ADLER Dr. Guido (1855–1941), Musikwissenschaftler, wuchs wie Mahler in Iglau auf, studierte am Wiener Konservatorium und an der Wiener Universität, ab 1885 Professor für Musikgeschichte an der Deutschen Universität in Prag, ab 1898 an der Universität in Wien. Seit den 1870er Jahren war Adler mit Mahler befreundet und griff mehrmals fördernd in dessen Laufbahn ein (siehe: Edward R. Reilly, *Gustav Mahler und Guido Adler, Zur Geschichte einer Freundschaft,* Wien 1978). Nach Mahlers Tod veröffentlichte Adler eine Studie über seinen Freund in *Biographisches Jahrbuch und deutscher Nekrolog,* 16, Berlin 1914.

BARTOLOMEY Franz (1865–1920), Klarinettist, Mitglied des Hofopernorchesters, der Wiener Philharmoniker und der Hofkapelle, Professor am Konservatorium der Gesellschaft der Musikfreunde.

BATKA Dr. Richard (1868–1922), Prager Musikwissenschaftler, gab 1896 bis 1898 die *Neue Musikalische Rundschau* heraus, wirkte als Kritiker in Prag und später in Wien, trat als Verfasser zahlreicher musikwissenschaftlicher Schriften und Analysen und auch als Autor von Opernlibretti hervor.

BERLINER Dr. Arnold (1862–1942), Physiker, studierte in Breslau, arbeitete in den USA bei der General Electric Company, dann in Hamburg und Berlin bei der Allgemeinen Elektrizitätsgesellschaft (AEG) und widmete sich nach 1900 in zunehmendem Maß der wissenschaftlichen Publizistik. Er war Verfasser eines *Lehrbuchs der Experimentalphysik,* Herausgeber der angesehenen Zeitschrift *Die Naturwissenschaften,* eines *Physikalischen Handwörterbuchs* usw. und genoß das Ansehen und die Freundschaft von Gelehrten wie Albert Einstein. 1891 lernte Berliner Mahler in Hamburg kennen, gab ihm Unterricht in englischer Sprache und weckte sein Verständnis für die Probleme der modernen Physik. Als er, im Jahre 1942, von den Nationalsozialisten aus seiner Berliner Wohnung gewiesen wurde, beging er Selbstmord. Sein Nachlaß, darunter ein Manuskript mit Erinnerungen an Mahler, ist wohl verloren.

BEZECNY Josef Freiherr von (1829–1904), Beamter, Komponist, 1885–1898 Generalintendant der Wiener Hoftheater.

BIE Dr. Oskar (1864–1938), Musikschriftsteller, Professor für Kunstgeschichte in Berlin, redigierte die *Neue Rundschau* und schrieb Kritiken für den Berliner *Börsen-Courier.*

BRUCKNER Anton (1824–1896), Komponist. Mahler war ihm, obwohl formell nicht sein Schüler, seit den 1870er Jahren eng verbunden und verfaßte einen Klavierauszug von Bruckners Dritter Symphonie, der 1880 im Druck erschien. In seinen Prager und Hamburger Jahren trat Mahler mehrfach für Bruckners Werk ein und brachte in einem Philharmonischen Konzert in Wien die Uraufführung von Bruckners Sechster Symphonie.

BÜLOW Hans Guido von (1830–1894), Dirigent, Pianist, Komponist, viele Jahre hindurch Mahlers Vorbild. In Hamburg, wo Bülow seit 1887 ansässig war, errang Mahler als Kapellmeister dessen Achtung, doch verweigerte ihm Bülow jede Anerkennung als Komponist.

BUTHS Julius (1851–1920), Pianist und Dirigent, seit 1890 städtischer Musikdirektor in Düsseldorf und Dirigent mehrerer Niederrheinischer Musikfeste. In diesen Eigenschaften trat er auch für Mahlers Werke ein.

DIÓSSY Dr. Béla (1863–1930), Budapester Musikkritiker, mit Mahler gut bekannt, verfaßte für Guido Adler die erste Zusammenfassung über Mahlers Tätigkeit an der Budapester Oper.

EICHBERG Oskar (1845–1898), Chorleiter und Musikschriftsteller, Kritiker des *Börsen-Courier* und der *Neuen Berliner Musikzeitung.*

EPSTEIN Julius (1832–1926), Pianist, von 1867 bis 1901 Professor am Konservatorium der Gesellschaft der Musikfreunde in Wien, Mahlers Lehrer, förderte ihn durch Vermittlung von Klavierlektionen und durch sein Eintreten für ihn gegenüber der Schulbehörde.

FREUND Dr. Emil (1959–1928), besuchte gleichzeitig mit Mahler das Gymnasium in Iglau, studierte in Wien und ließ sich hier 1892 als Rechtsanwalt nieder. Er zählte zu Mahlers engsten Freunden und war sein Rechtsberater.

GERNSHEIM Friedrich (1839–1916), Komponist, Dirigent und Pianist, seit 1890 Professor am Stern'schen Konservatorium in Berlin und Leiter des Stern'schen Gesangvereins, der bei der Uraufführung von Mahlers Zweiter Symphonie mitwirkte.

GILSA Adolph Freiherr von und zu (1838–1910), preußischer Offizier, 1875 bis 1906 Intendant der Königlichen Schauspiele in Kassel, die unter seiner Leitung hohes künstlerisches Niveau erreichten.

GÖHLER Dr. Georg (1874–1954), Komponist und Musikwissenschaftler, langjähriger Dirigent des Leipziger Riedel-Vereins (Chor), der bei der Uraufführung von Mahlers Achter Symphonie mitwirkte.

GOLDMARK Carl (1830–1915), sehr erfolgreicher Opernkomponist. Mahler brachte während seiner Wiener Direktionsjahre als Novität „Die Kriegsgefangene" (1899), als Neuinszenierung „Die Königin von Saba" (1901) und plante die Aufführung der Oper „Ein Wintermärchen" (Premiere: 2. Januar 1908 unter Bruno Walter).

GUTMANN Emil (1877–19??), Konzertunternehmer, Sohn des Wiener Hofmusikalienhändlers und Konzertunternehmers Albert Gutmann, leitete ein Konzertbüro in München, das u. a. die Aufführung von Mahlers Siebenter Symphonie in München und die Uraufführung der Achten Symphonie organisierte.

Hammerschlag Dr. Paul (1860–1933), Direktor des Wiener Giro- und Kassenvereins, ab 1910 Direktor der k. k. priv. Creditanstalt für Handel und Gewerbe. Er war Gründungs- und Vorstandsmitglied des Wiener Konzertvereins.

Hertzka Emil (1869–1932), Musikverleger, zuerst im Verlag Weinberger tätig, ab 1907 Direktor der Universal Edition. Zu seinen ersten Handlungen in dieser Funktion gehörten die Verträge mit Mahler.

Hesch (eigentlich: Heš) Wilhelm (1860–1908), debütierte 1880 am Prager Nationaltheater, gastierte 1892 in seiner Glanzrolle, dem Kezal, in Smetanas *Verkaufter Braut* bei der Wiener Theaterausstellung, wurde 1895 an die Wiener Hofoper engagiert. Mahlers Briefe an Hesch zeigen, wie sehr er sich seinem Ensemble zugetan fühlte. Im August 1899 gewährte er Hesch einen Sonderurlaub, wurde deshalb von der General-Intendanz zur Rede gestellt und verteidigte seinen Standpunkt in einem Brief (undatiert) aus Aussee: „Nochmals erwähne ich, daß ich mich Urlauben gegenüber zum Behufe von *Geldverdienen* unbedingt ablehnend verhalte und dieselben unter keinen Umständen befürworten würde . . . dagegen war ich bisher, und wünsche es bleiben zu dürfen, umso liberaler bei Erteilung von Urlauben zum Zwecke der Erholung."

Heuberger Richard (1850–1914), Komponist, Musikkritiker und Chordirigent, zuerst für das *Wiener Tagblatt* und seit 1896 neben Eduard Hanslick für die *Neue Freie Presse* tätig. Zwischen ihm und Mahler herrschte seit Heubergers Besuch in Budapest eine fast freundschaftliche Beziehung, die jedoch nach der Aufführung von Beethovens Neunter Symphonie im Februar 1900 zerbrach.

Horn Dr. Richard, in GMB, 1924, als Rechtsanwalt bezeichnet. Tatsächlich gab es in Wien einen Juristen dieses Namens, der von 1893–1916 eine Anwaltskanzlei führte. Seine Beziehung zu Mahler ist unbekannt.

Horwitz Dr. Karl (1884–1925), Komponist, wie Anton von Webern und Egon Wellesz gleichzeitig Student der Musikwissenschaft bei Guido Adler und Kompositionsschüler von Arnold Schönberg, dadurch mit Mahler bekannt. Er wirkte ab 1908 an kleineren Bühnen, dann in Prag als Kapellmeister, mußte diesen Beruf aber wegen Ertaubung aufgeben. Im symphonischen Prolog zu seinem Liederzyklus *Vom Tode* findet sich ein Zitat aus Mahlers Zweiter Symphonie, eine Huldigung für das Idol seiner Jugend.

Kalbeck Max (1850–1921), Musikkritiker, Musiker, Lyriker, aus Breslau stammend, seit 1880 in Wien ansässig, Freund von Brahms und Brahms-Biograph, ab 1886 Kritiker beim *Neuen Wiener Tagblatt*. Im Auftrag Mahlers und in Zusammenarbeit mit ihm übersetzte Kalbeck eine Reihe von Opernlibretti, so zum Beispiel *Pique Dame, Don Giovanni* und *Hochzeit des Figaro,* und spielte dadurch eine wichtige, noch wenig beachtete Rolle bei der Wiener Opernreform.

KARPATH Ludwig (1866–1936), Musikkritiker, ursprünglich Sänger, lernte Mahler 1888 in Budapest kennen, war später in Wien Mitarbeiter des *Neuen Wiener Tagblatts* und Korrespondent zahlreicher Zeitungen und Zeitschriften. Seine Erinnerungen an Mahler veröffentlichte Karpath in dem Band *Begegnung mit dem Genius,* Wien 1934, der Alma Mahler gewidmet ist.

KASTNER Rudolf (1879–1948?), Musikkritiker, aus Wien stammend, jedoch hauptsächlich in Deutschland tätig, Vorkämpfer der Moderne und der Internationalen Gesellschaft für Neue Musik (IGNM).

KRISPER Dr. Anton (1859–1914), Musikwissenschaftler, studierte gleichzeitig mit Mahler Komposition am Wiener Konservatorium. Er stammte aus Laibach, lebte später in Graz und soll in geistiger Umnachtung gestorben sein. Seine Schrift *Die Kunstmusik in ihrem Prinzipe, ihrer Entwicklung und ihrer Konsequenz* war beachtlich genug, daß Anton Krispers Name in den Musiklexika der Jahrhundertwende genannt wurde (Riemann, 1905, 1909).

KRUG-WALDSEE Josef (1858–1915), Komponist und Dirigent, ab 1901 Leiter der Symphoniekonzerte in Magdeburg, wo er bis zu seinem Tod blieb.

KRZYZANOWSKI Dr. Heinrich (1855–19??), aus Eger stammend, maturierte am Schottengymnasium in Wien, studierte Germanistik an der Universität Wien, promovierte 1877. Einer der engsten Freunde Mahlers, von dem man am wenigsten weiß. Siehe die Anmerkungen von Friedrich Löhr (Nr. 2).

LESSMANN Otto (1844–1918), Musikkritiker, Komponist und Lehrer, gab von 1881–1907 in Berlin die *Allgemeine Musik-Zeitung* heraus, Funktionär im Allgemeinen deutschen Musikverein.

LEWY Gustav (1824–1901), Theateragent, Sohn eines Philharmonikers, seit 1854 Hof-Musikalienhändler in Wien, an der Wiederbelebung der Philharmonischen Konzerte, 1860, beteiligt, seit 1869 Leiter einer der führenden Wiener Konzert- und Theateragenturen. Mahler schloß mit ihm im Mai 1880 einen Fünfjahreskontrakt, durch den er u. a. die Engagements nach Hall, Olmütz und Kassel erhielt.

LIECHTENSTEIN Rudolph Fürst von und zu (1838–1908), Erster Obersthofmeister des Kaisers von 1896–1908 und als solcher Oberster Hoftheater-Direktor.

LIPINER Dr. Siegfried (1856–1911), Philosoph und Schriftsteller, Bibliothekar des österreichischen Reichsrates. Mahler, der ihn seit seiner Studienzeit kannte und bewunderte, stand in manchen Lebensabschnitten stark unter dem Einfluß seiner Gedanken. Werke: *Der entfesselte Prometheus,* Versepos, 1876, durch das er Wagners und Nietzsches Interesse weckte; *Über die Elemente der Erneuerung religiöser Ideen in der Gegenwart,* Vortrag, 1878; *Buch der Freude,* Gedichte, 1880; *Merlin,* Operntext, vertont von Carl Goldmark u. a.; Übersetzungen: *Todtenfeier* und *Herr Thaddäus* aus dem Polnischen des Adam Mickiewicz, 1887 und 1898. Um diese Zeit begann auch seine Arbeit an der Christus-Trilogie, von der nur das Vorspiel *Adam* posthum veröffentlicht wurde. Lipiner war in erster Ehe mit Nina (= Anna) Hoffmann (1855–1937) verheiratet, die nicht, wie Martner fälschlich annimmt, mit der Schriftstellerin Nina Matscheko-Hoffmann (1844–1914) identisch ist; in zweiter Ehe heiratete er im Jahre 1891 Klementine Spiegler, die Schwester Albert Spieglers.

LÖHR (eigentlich: LÖWI) Dr. Friedrich (1859–1924), Archäologe, studierte gleichzeitig mit Mahler an der Wiener Universität, woraus eine lebenslange Freundschaft entstand, in die auch Löhrs Angehörige eingeschlossen waren. Löhr scheint bis zur Gründung des Archäologischen Instituts in Wien durch Otto Benndorf (1898) als Privatlehrer gewirkt zu haben, danach war er Sekretär des Instituts und Mitarbeiter Benndorfs bis zu dessen Tod.

LÖHR Uda, geborene Czilchert, Gattin von Friedrich Löhr.

LÖWE Theodor (1855–1936), Direktor der Vereinigten Bühnen in Breslau.

MAHLER Bernhard (1827–1889) und Marie (1837–1889), Mahlers Eltern. Bernhard Mahler betrieb von 1861 bis zu seinem Tod eine Spirituosenerzeugung in Iglau. Der Ehe entsprossen vierzehn Kinder, von denen acht im Kindesalter starben, auch der erstgeborene Sohn, so daß Gustav Mahler nach dem Tod der Eltern als Ältester unter den überlebenden Geschwistern viele Jahre die volle moralische und finanzielle Verantwortung für diese tragen mußte.

MANKIEWICZ Henriette (1854–1906), Kunststickerin, schuf effektvolle Bilder, zumeist Blumenstücke und Landschaften. Ihre Freundschaft mit Mahler und seiner Schwester Justine war sehr herzlich, endete aber offenbar, als Mahler heiratete.

MARCUS Adele (1854–1927), in Hamburg ansässig. Sie bot Mahler und seinen Schwestern Justine und Emma Familienanschluß.

MARSCHALK Max (1863–1940), Musikkritiker, Komponist und Musikverleger in Berlin, langjähriger Mitarbeiter der *Vossischen Zeitung* und anderer Blätter, Schwager von Gerhart Hauptmann und Emil Strauß. Mahlers Briefe an Marschalk aus den 1890er Jahren gehören zu den aufschlußreichsten Briefen des Komponisten, so wie auch Marschalks Aufsätze über Mahler zu den verständnisvollsten jener Zeit gehören.

MENGELBERG Willem (1871–1951), holländischer Dirigent, seit 1895 an der Spitze des Concertgebouw-Orchesters, Amsterdam, lud Mahler zu insgesamt vier Konzertreisen in die Niederlande ein, bei denen Mahler eigene Werke dirigierte. Auch nach Mahlers Tod setzte sich Mengelberg in Holland und in Deutschland für Mahlers damals noch als umstritten geltendes Werk ein, am nachdrücklichsten durch das bereits legendäre Mahler-Fest in Amsterdam, 1920.

MILDENBURG (eigentlich: BELLSCHAN von Mildenburg) Anna von (1872–1947), Sopranistin, Schülerin von Rosa Papier in Wien, debütierte 1895 unter Mahler in Hamburg, wurde von ihm nach einem Gastspiel, 1897, ab 1. Juni 1898 an die Wiener Hofoper engagiert, wo sie in seinen wichtigsten Neuinszenierungen sang (darunter *Tristan und Isolde,* 1903, *Fidelio,* 1904). Die leidenschaftliche Beziehung von Hamburg verwandelte sich in Wien in eine kollegiale Freundschaft. Anna von Mildenburg, die 1909 den Schriftsteller Hermann Bahr heiratete, gedachte Mahlers in mehreren Zeitungsaufsätzen und in ihren *Erinnerungen,* Wien 1921.

MOLL Anna (1858–1938), Mutter von Alma Schindler, der Gattin Mahlers. Sie war in Hamburg geboren, wurde als Sängerin ausgebildet, heiratete 1878 den österreichischen Landschaftsmaler Emil Jakob Schindler.

MOLL Carl (1861–1945), Wiener Maler, Schüler von Emil Jakob Schindler, heiratete nach dessen Tod (1892) im Jahre 1897 dessen Witwe Anna (siehe Moll Anna). Moll zählte zu den Mitbegründern der Wiener Secession, die er 1905 mit der Klimt-Gruppe verließ, er gilt als einer der wichtigsten Organisatoren im Wiener Kunstleben und als Entdecker von Oskar Kokoschka. Mahler, der Moll sehr zugetan war, verdankte ihm die Verbindung zu bedeutenden Künstlern der Zeit, vor allem zu Alfred Roller.

NEISSER Dr. Albert (1855–1916), berühmter Dermatologe, Universitätsprofessor, Vorsitzender des Breslauer Musikvereins. Mahler wurde mit ihm vermutlich durch Arnold Berliner bekannt, der mit Neisser von früher Jugend an befreundet war.

PAPIER Rosa (1858–1932), Sängerin, debütierte 1881 an der Wiener Hofoper als Amneris und wirkte nach dem Verlust ihrer Stimme, 1891, als Gesangslehrerin. Zu ihren Schülerinnen gehörten Anna von Mildenburg, Lucie Weidt, Bella Paalen, Helene Wildbrunn u. a. Rosa Papier, die unter Mahler am 29. Juni 1885 in Kassel sang, war 1897 wesentlich am Zustandekommen seiner Berufung nach Wien beteiligt. Ihr Gatte war der Pianist Hans Paumgartner, ihr Sohn der langjährige Präsident der Salzburger Festspiele Bernhard Paumgartner.

POLLINI Bernhard (eigentlich: Baruch POHL) (1838–1897), ursprünglich Sänger, 1874–1897, Direktor des Stadttheaters Hamburg, das unter seiner Leitung zu den führenden Operntheaters Deutschlands gehörte. Unter seiner Direktion war Mahler 1891–1897 erster Kapellmeister in Hamburg. Ihre Beziehungen waren fast immer gespannt.

REICHENBERGER Hugo (1873–1938), aus München stammender Dirigent, wurde nach Mahlers Abgang ans Wiener Hofoperntheater engagiert, wo er von 1908–1935 tätig war.

Reitler Josef (1883–1948), Musikkritiker und Musikpädagoge, 1907–1936 bei der *Neuen Freien Presse,* Wien, gründete und leitete das Neue Wiener Konservatorium bis Ende der 1930er Jahre und nach seiner Emigration das Opera Department des New York College of Music.

Roller Alfred (1864–1935), Maler, Plakatkünstler, Professor an der Kunstgewerbeschule, Gründungsmitglied und zeitweise Präsident der Wiener Secession, wurde durch Mahler für die Bühnenausstattung interessiert (erste gemeinsame Produktion: *Tristan und Isolde,* 1903) und schließlich ab 1. Juni 1903 zum Chef des Ausstattungswesens am Wiener Hofoperntheater berufen. Da diese Position nach Mahlers Abgang von Wien Roller nicht mehr befriedigte, verließ er 1909 die Hofoper, um an die Kunstgewerbeschule zurückzukehren. Noch zu Mahlers Lebzeiten entwarf er Ausstattungen für Max Reinhardt.

Schwarz Gustav, Domänenverwalter auf den mährischen Gütern Ronow und Morawan, lernte durch ein Mitglied der Familie Steiner (siehe Steiner Josef) den fünfzehnjährigen Mahler als verblüffend wendigen Pianisten kennen. Er überzeugte Mahlers Eltern, daß ihr Sohn am Wiener Konservatorium studieren müsse, und war nach eigener Aussage derjenige, der Mahler im Herbst 1875 zu Professor Julius Epstein nach Wien brachte.

Seidl Dr. Arthur (1863–1928), Musikschriftsteller, Nietzsche-Forscher, ab 1904 Professor am Leipziger Konservatorium. Er zählte zu jenen Publizisten, die Mahlers Bedeutung schon früh erkannten.

Specht Richard (1870–1932), Wiener Musikpublizist, Verfasser zahlreicher Analysen und Musikermonographien, darunter zwei über Mahler (Gose und Tetzlaff, Berlin 1905, und Schuster und Löffler, Berlin 1913). Im Jahre 1909 gründete er in Wien die Zeitschrift *Der Merker,* deren Mahler-Nummer, 1912, noch immer als wichtige Quelle gilt.

Spiegler Dr. Albert (1856–1940), dem Studium nach Arzt, der sich als Privatgelehrter auf dem Gebiet der Ernährungschemie betätigte. Er gehörte von Jugend an dem Kreis um Viktor Adler und Heinrich Braun an und war mit Siegfried Lipiner befreundet und seit 1891 verschwägert. Seine Freundschaft mit Mahler begann in den 1870er Jahren und endete mit Mahlers Vermählung.

Spiegler Nina (= Anna) (1855–1937), geborene Hoffmann, heiratete am 4. September 1881 in erster Ehe Siegfried Lipiner, von dem sie 1890 geschieden wurde, und am 10. August 1891 in zweiter Ehe Albert Spiegler. Bruno Walter, der mit ihr und ihrem Gatten Albert befreundet war, schildert sie als hochgebildete, künstlerisch empfindsame Frau und schrieb wörtlich: „In meinem Leben habe ich mich als Musiker von niemandem tiefer verstanden gefühlt als von Nina Spiegler." Solches Verständnis scheint auch die Grundlage ihrer Freundschaft mit Mahler gewesen zu sein.

Spiering Theodor (1871–1925), amerikanischer Geiger und Dirigent, studierte unter anderm bei Joseph Joachim in Berlin, wirkte als Orchestergeiger und Violinlehrer in Chicago und ging 1905 als Professor am Stern'schen Konservatorium nach Berlin. 1909 engagierte Mahler ihn als Konzertmeister des New York Philharmonic Orchestra.

Staegemann Max (1843–1905), Schauspieler und Sänger, seit 1882 Direktor des Stadttheaters in Leipzig, wo Mahler von 1886–1888 neben Arthur Nikisch als Kapellmeister wirkte. Staegemann förderte Mahlers damals noch unsichere kompositorischen Ambitionen und blieb mit ihm noch viele Jahre in Kontakt.

Stefanovic-Vilovsky Camilla von (1858–1938), unter dem Namen Mila von Ott bekannte Geigerin, verheiratet mit Theodor Stefanovic von Vilovsky, einem hohen serbischen Beamten. Mahler spielte mit ihr am 11. August 1883 in Iglau in einem Konzert die Kreutzer-Sonate.

Steiner Josef (1857–1913), gleichzeitig mit Mahler am Iglauer Gymnasium, verfaßte in den 1870er Jahren ein Opernlibretto *Herzog Ernst von Schwaben,* das Mahler vertonte oder vertonen wollte. Es gilt als verloren.

Steinitzer Max (1864–1936), aus Innsbruck stammender, in Deutschland wirkender Musiker und Musikpublizist. Er war in Mahlers Leipziger Zeit (besonders in der Saison 1887/88) auf vertrautem Fuß mit ihm und veröffentlichte seine Erinnerungen an Mahler in Leipzig in mehreren Aufsätzen. Als Klavierbegleiter der Sängerin Amalie Joachim vermittelte er 1892 eine Zusammenkunft zwischen Mahler und ihr. Wenige Monate später sang sie in einem Berliner Konzert einige Lieder von Mahler.

Strecker Dr. Ludwig (1853–1943), Musikverleger, Leiter von B. Schott's Söhne in Mainz.

Thuille Ludwig (1861–1907), Komponist, aus Bozen stammend und hauptsächlich in München tätig. Mahler führte 1901 sein Bühnenspiel *Lobetanz* an der Wiener Hofoper auf.

Tolnay-Witt Gisela. Über die junge Budapesterin, die Mahler 1893 zu einem Briefwechsel veranlaßte, ist nichts Näheres bekannt. Martner nimmt an, daß sie mit der Musikpublizistin Gisela Selden-Goth identisch ist, obgleich deren Lebensdaten (1884–1975) eher dagegen sprechen.

Walter (eigentlich: Schlesinger) Bruno (1876–1962), Dirigent, Komponist, aus Berlin stammend, 1894–1895 am Hamburger Stadttheater engagiert, wo er eine lebenslange Freundschaft mit Mahler schloß. 1901 wurde er von Mahler an die Wiener Hofoper engagiert. Bruno Walter dirigierte die posthumen Uraufführungen von Mahlers *Lied von der Erde* (München 1911) und der Neunten Symphonie (Wien 1912). Seine Erinnerungen an den großen Freund veröffentlichte er in *Gustav Mahler,* Wien 1936, und in seinen Memoiren *Thema und Variationen,* Frankfurt 1947.

WEINGARTNER Felix von (1863–1942), österreichischer Dirigent und Komponist, leitete die königliche Kapelle in Berlin und ab 1895 die vormals von Bülow dirigierte Konzertreihe in Hamburg, wo er Mahler kennenlernte. Er gehört zu den wenigen Dirigenten, die bereits in den 1890er Jahren für Mahler eintraten und widmete ihm auch in seiner Schrift *Die Symphonie nach Beethoven,* Berlin 1898, verständnisvolle Worte. Die Motive der späteren Entfremdung zwischen Mahler und Weingartner, der 1908 Hofoperndirektor in Wien wurde, sind nicht geklärt.

WEIS-OSTBORN Dr. Julius von (1862–1927), Hofrat bei der Grazer Finanzbehörde, Leiter des Deutschen Akademischen Gesangvereins „Gothia", ein früher Bewunderer und Förderer Mahlers.

WLASSACK Eduard (1841–1905), Kanzlei-Direktor der General-Intendanz der Wiener Hoftheater 1881–1893 und 1895–1903. Durch sein Betreiben wurde Mahler nach Wien verpflichtet.

WÜLLNER Franz (1832–1902), Dirigent und Pianist, kam 1869 als Nachfolger Bülows an die Münchener Hofoper, wo er die Uraufführungen von *Rheingold* und *Walküre* leitete, ging 1884 als Dirigent der Gürzenich-Konzerte nach Köln, wo er bis zu seinem Tod blieb.

WYDENBRUCK Misa (1859–1926), eine geborene Gräfin Eszterhazy-Galanta, verheiratet mit August Graf Wydenbruck. Ihre Verbindung zu Mahler ist noch unerforscht.

ZEMLINSKY Alexander von (1871–1942), Komponist und Dirigent, 1904 bis 1907 und 1908–1911 an der Wiener Volksoper, dazwischen, von Mahler engagiert, einige Monate am Hofoperntheater. Mahler führte im Jahre 1900 Zemlinskys Oper *Es war einmal* an der Hofoper auf und nahm die Oper *Der Traumgörge* zur Aufführung an. Auf Betreiben Zemlinskys und dessen Freundes und Schülers Arnold Schönberg wurde Mahler 1904 Ehrenpräsident der „Vereinigung schaffender Tonkünstler" in Wien.

ZICHY Géza von (1849–1924), Komponist und Pianist (einarmig), wurde 1891 (bis 1894) Intendant der königlichen Oper in Budapest. Da er alle Entscheidungsmacht an sich riß, zwang er Mahler binnen weniger Wochen zu demissionieren.

GUSTAV MAHLER LEBENSTAFEL

1860	7. Juli	Gustav Mahler in Kalischt, Böhmen, geboren.
1875	September	Eintritt ins Konservatorium der Gesellschaft der Musikfreunde in Wien (Diplom: Juni 1878)
1877	September	Reifeprüfung in Iglau
1878/79		Inskription an der Universität Wien (kein Studienabschluß)
1880	Sommer	1. Engagement als Kapellmeister in Hall, Oberösterreich
	Oktober	Komposition des „Klagenden Liedes" (1. Fassung) abgeschlossen
1881	September	Engagement als Kapellmeister in Laibach (bis Ende März 1882)
1883	Jan.–März	Engagement in Olmütz
	August	Engagement als 2. Kapellmeister in Kassel (bis Juni 1885)
1884		Entstehung der „Lieder eines fahrenden Gesellen"
1885/86		1. Kapellmeister am Deutschen Theater in Prag
1886	August	Engagement als 2. Kapellmeister am Stadttheater Leipzig (bis Mai 1888)
1887		Bearbeitung der Skizzen zu den „Drei Pintos" von Carl Maria v. Weber
1888	März	Vollendung der Ersten Symphonie
	August	1. Niederschrift der „Totenfeier" (nunmehr 1. Satz der Zweiten Symphonie)
	September	Direktor der Königlich Ungarischen Oper, Budapest
1889	20. Nov.	Budapest: Uraufführung Erste Symphonie
1891	März	Demission in Budapest, Engagement als 1. Kapellmeister in Hamburg
1893	Sommer	Komposition der Mittelsätze der Zweiten Symphonie (Steinbach am Attersee)
1894	Sommer	Letzter Satz der Zweiten Symphonie (Steinbach)

1895	Sommer	Sätze 2–6 der Dritten Symphonie (Steinbach)
	13. Dez.	Berlin: Uraufführung Zweite Symphonie
1896	Sommer	1. Satz der Dritten Symphonie (Steinbach)
1897	April	Mahler verläßt Hamburg und wird Kapellmeister an der Wiener Hofoper
	Oktober	Ernennung zum artistischen Direktor der Hofoper
1900	Sommer	Vollendung der Vierten Symphonie (Maiernigg am Wörthersee)
1901	17. Februar	Wien: Uraufführung „Das klagende Lied"
	Sommer	Rückert-Lieder, Kindertotenlieder, Fünfte Symphonie (Maiernigg)
	25. Nov.	München: Uraufführung Vierte Symphonie
1902	9. März	Eheschließung mit Alma Maria Schindler
	9. Juni	Krefeld: Uraufführung Dritte Symphonie
	Sommer	Vollendung der Fünften Symphonie (Maiernigg)
1903	Sommer	Sechste Symphonie (Maiernigg)
1904	Sommer	Vollendung der Sechsten Symphonie, weitere Kindertotenlieder (Maiernigg)
	18. Oktober	Köln: Uraufführung Fünfte Symphonie
1905	Sommer	Siebente Symphonie (Maiernigg)
1906	27. Mai	Essen: Uraufführung Sechste Symphonie
	Sommer	Achte Symphonie (Maiernigg)
1907		Demission als Direktor der Wiener Hofoper
	12. Juli	Tod von Mahlers älterer Tochter; an ihm selbst wird ein Herzschaden festgestellt.
1908	1. Januar	Dirigentendebut an der Metropolitan Opera, New York
	Sommer	„Das Lied von der Erde" (Toblach/Südtirol)
	19. Sept.	Prag: Uraufführung Siebente Symphonie
1909	Sommer	Neunte Symphonie (Toblach)
	Herbst	Chefdirigent des New York Philharmonic Orchestra
1910	Sommer	Entwürfe zur Zehnten Symphonie, unvollendet (Toblach)
	12. Sept.	München: Uraufführung Achte Symphonie
1911	21. Februar	New York: Mahler dirigiert zum letzten Mal
	18. Mai	Mahler stirbt in Wien.

VERZEICHNIS DER BRIEFE

Die Briefe sind anhand der authentischen oder ermittelten Briefdaten fortlaufend numeriert. Die Zahlen in runden Klammern ( ) verweisen auf die Briefnummern in der Ausgabe von 1924; ein + zeigt an, daß der Brief in GUSTAV MAHLER BRIEFE, 1924, nicht enthalten war. Neben dem Namen des Empfängers sind die Datierungen der Briefe angegeben. Stehen sie in eckigen Klammern [ ], so bedeutet dies, daß der Brief nicht von Gustav Mahler selbst datiert wurde.

Seite

Seite

Seite

Seite

Seite

PERSONENREGISTER

Das Register enthält die in der vorliegenden Ausgabe genannten Personen und Musikverlage. Seitenhinweise beziehen sich mitunter auch auf Abschnitte in Mahlers Briefen, in denen eine bestimmte Person nicht namentlich genannt, aber unzweifelhaft gemeint ist. Nicht aufgenommen wurden Personennamen in Zusammenhang mit bibliographischen Angaben.

REGISTER DER ERWÄHNTEN WERKE VON GUSTAV MAHLER

Bearbeitungen und Arrangements

REGISTER DER ERWÄHNTEN WERKE ANDERER KOMPONISTEN

Bibliothek der Internationalen Gustav Mahler Gesellschaft

Herta Blaukopf	Gustav Mahler – Richard Strauss, Briefwechsel 1888–1911 R. Piper & Co. Verlag, München
Eduard Reeser	Gustav Mahler und Holland/Briefe Universal Edition, Wien
Edward R. Reilly	Gustav Mahler und Guido Adler Zur Geschichte einer Freundschaft Universal Edition, Wien

Kritische Gesamtausgabe der Werke Gustav Mahlers

Herausgegeben von der Internationalen Gustav Mahler Gesellschaft

I. Symphonie	Universal Edition, Wien
II. Symphonie	Universal Edition, Wien
III. Symphonie	Universal Edition, Wien
IV. Symphonie	Universal Edition, Wien
V. Symphonie	C. F. Peters, Frankfurt/Main
VI. Symphonie	C. F. Kahnt, Lindau
VII. Symphonie	Bote & Bock, Berlin
VIII. Symphonie	Universal Edition, Wien
IX. Symphonie	Universal Edition, Wien
X. Symphonie – Adagio	Universal Edition, Wien
Das Lied von der Erde	Universal Edition, Wien
Das klagende Lied	Universal Edition, Wien
Kindertotenlieder (Orchester- und Klavierfassung)	C. F. Kahnt, Lindau
Lieder eines fahrenden Gesellen (Orchester- und Klavierfassung)	Josef Weinberger Ltd., London

Die weiteren Lieder-Hefte sind in Vorbereitung.